区域城市发展的复合生态管理

Integrative Ecological Management for Regional Urbanization

王如松　胡　聃　李　锋　刘晶茹　叶亚平　著

气象出版社
China Meteorological Press

内容简介

城市问题的生态学症结在于对城市系统中物、事、人之间生态关系的耦合机理认识不清、管理体制不顺、管理方法不宜。本书是中国科学院城市与区域生态国家重点实验室承担的国家自然科学基金重点项目《区域城市发展的复合生态管理》(70433001)以及"十一五"国家科技支撑计划课题(2007BAC28B04)部分研究成果的荟萃。全书力求通过实证分析、方法综合及系统模拟，在作者多年城市生态管理研究成果的基础上，研究快速城市化地区高强度人类活动胁迫下城市发展的区域生态服务、生态资产和生态安全管理、城市土地扩展和景观格局的生态功能管理、城乡人口流动的动态管理、城市典型物质代谢的生命周期分析以及循环经济管理的系统方法，探讨从过程的量化走向关系的序化、从数学优化走向生态进化的自适应式城市生态管理技术，为区域城市化中的重大自然和人类生态问题提供区域统筹、城乡统筹、社会经济统筹、人与自然统筹和内外统筹的科学方法和决策依据。本书为从事城市和区域生态、经济、环境和社会研究、教学、规划、决策与管理的专业人员、领导干部和科研院校师生提供了一本有益的方法论参考书。

图书在版编目(CIP)数据

区域城市发展的复合生态管理/王如松等著.—北京：气象出版社，2010.4

ISBN 978-7-5029-4694-4

Ⅰ.区…　Ⅱ.王…　Ⅲ.①地区经济：城市经济-经济发展-研究-中国②城市环境：生态环境-环境管理-研究-中国
Ⅳ.F299.27　X321.202

中国版本图书馆 CIP 数据核字(2009)第 096821 号

Quyu Chengshi Fazhan de Fuhe Shengtai Guanli

区域城市发展的复合生态管理

出版发行：气象出版社

地　　址：北京市海淀区中关村南大街 46 号	**邮政编码**：100081
总 编 室：010-68407112	**发 行 部**：010-68409198
网　　址：http://www.cmp.cma.gov.cn	**E-mail**：　qxcbs@263.net
责任编辑：张　斌	**终　　审**：黄润恒
封面设计：博雅思企划	**责任技编**：吴庭芳
责任校对：时　人	
印　　刷：北京中新伟业印刷有限公司	
开　　本：787mm×1092mm　1/16	**印　　张**：30.75
字　　数：800 千字	
版　　次：2010 年 4 月第 1 版	**印　　次**：2010 年 4 月第 1 次印刷
定　　价：100.00 元	

国家自然科学基金委管理学部支持的重点项目
“区域城市发展的复合生态管理”(70433001)
“十一五”国家科技支撑计划课题(2007BAC28B04)

主要研究人员

项目负责人：王如松

主要研究人员(按姓氏拼音排序)：

曹爱新　陈　敏　胡　聃　黄锦楼

黄一凡　金家胜　李　栋　李　锋

刘晶茹　王如松　王志理　薛怡珍

阳文锐　叶亚平　张小飞　周传斌

前　言

城市是全球环境污染和生态破坏的源，物质、能量、信息、资金和人口集结的汇。进入21世纪，中国大陆正在快速城市化。强烈的现代化需求，密集的人类开发活动，大规模的基础设施建设和高物耗、高污染型的产业发展，带来了一系列城市问题：人口、道路、建筑拥挤；热岛效应、温室效应、环境污染、资源耗竭、景观破碎、环境与经济脱节，生产与消费脱节，厂矿与区域脱节，企业间横向耦合松散，废物制造与还原脱节；政策左右摇摆，体制条块分割，科学还原论主导，决策就事论事，管理短期行为。

城市是一类进化型的生态系统，物理上沿着熵增方向耗散而生物学上却沿着负熵或能值增加的方向进化，生产上沿着内部效益最大化而外部环境效益最小化方向进化，社会上沿着公平性方向均衡而财富上却按马太效应向富者倾斜；城市经济因乡村廉价劳动力的涌入获益而城市社会环境却因此而受累。这一切给新时期的城市化管理科学提出了新的挑战。

城市问题的生态学症结在于资源代谢在时间、空间尺度上的滞留和耗竭，系统耦合在结构、功能关系上的破碎和板结，社会行为在局部和整体关系上的短见和调控机制上的缺损。即物、事、人在城市发展过程中生态关系的管理不力，管理的对象、机理和方法不清。很多地方政府解决城市问题往往满足于每年为市民做多少件实事，由于只是就事论事，结果总是按下葫芦浮起瓢，老问题的解决导致更多的新问题。

面对还原论与整体论、物理学与生态学、经济学与环境学、工程学与生物学的矛盾，中国城市管理应摸索出一条有中国特色的融中国传统文化与现代技术为一体的社会主义市场经济下的生态管理模式，开展一场技术、体制、行为及学术领域的革命。研究对象上应从以物与事为中心转向以人为中心，空间上应扩展到区域和流域尺度，时间尺度上应重视中跨度间接影响的研究，研究目的上要从应急型、消耗型转向预防型、效益型，为统筹城乡关系、区域协调关系、经济社会协调关系、人与自然的关系以及内涵与外延的关系提供科学方法。

面对这些冲突，党的十六届三中全会和十七大报告都特别强调了坚持五个统筹，即统筹城乡发展，统筹区域发展，统筹经济社会发展，统筹人与自然的和谐发展，统筹国内发展和对外开放。这就需要在时、空、量、构、序的范畴和结构、功能、过程层面上的系统整合管理。城市是一类以环境为体、经济为用、生态为纲、文化为常的社会—经济—自然复合生态系统(SENCE)，其自然子系统由中国传统的五行元素水、火(能量)、土(营养质和土地)、木(生命有机体)、金(矿产)所构成；经济子系统包括生产、消费、还原、流通和调控五个部分；社会子系统包括技术、体制和文化。

当前各国区域城市生态系统管理特别注重区域各种自然生态因素、技术物理因素和社会文化因素耦合体的等级性、异质性和多样性，注意城乡物质代谢过程、信息反馈过程和生态演替过程的健康程度，以及城市的经济生产、社会生活及自然调节功能的强弱和活力。其中生态资产、生态健康和生态服务功能是当前区域复合生态系统管理的热点。为此，几门应用生态管理学分支正逐渐形成：一是产业生态管理(Eco-Industrial Management)，研究工农业生产中资源、产品及废物的代谢规律和耦合调控方法，促进资源的有效利用和环境的正面影响；二是景观生态管理(Eco-Settlement Management)，研究按生态学原理将城乡住宅、交通、基础设施及消费过程与自然生态系统融为一体，为居民提供适宜的人居环境(包括居室环境、交通环境和社区环境)；三是区域生态管理(Eco-Regional Management)，研究城镇及乡村生态支持系统的景观格局、风水过程、生态秩序、环境承载力及生态服务功能的管理等。城市环境管理的四个发展阶段体现了从末端治理、过程控制、结构优化到功能整合的进化历程。

联合国人居环境署指出："城市管理是个人和公私机构用以规划和管理城市公共事务的众多方法的总和。这是一个调和各种相互冲突或彼此不同利益以及可以采取合作行动的连续过程。它包括正式的体制，也包括非正式的安排和市民的社会资本；健全的城市管理，强调任何人，无论男女老幼，均不得被剥夺取得城市生活必要条件的机会，包括适当的住房、房屋租用权保障、安全的饮水、卫生清洁的环境、保健、教育和营养、就业、公共安全和流动性。通过健全的城市管理，使市民得到发表意见的讲坛，充分发挥其才智，以便改善其社会和经济状况，健全的城市管理应表现为可持续性、权力下放、公平、效率、透明度和责任制、市民参与、市民作用和安全保障，这些规范是相互依存的，又是相辅相成的。"

城市可持续能力的维系有赖于对城市环境、经济、社会和文化因子间复杂的人类生态关系的深刻理解、综合规划及系统管理。城市生态管理的科学实质是如何协调人与自然、经济与环境、局部与整体间复杂的生态控制论关系。城市生态系统的生存与发展取决于其生命支持系统的活力，包括区域生态基础设施(光、热、水、气候、土壤、生物)的承载能力及生态服务功能的强弱、城乡物质代谢链的闭合与滞竭程度以及景观生态的时空量构序的整合性。生态整合包括结构整合(城市各种自然生态因素、技术物理因素和社会文化因素耦合体的等级性、异质性和多样性)、过程整合(城市物质代谢、能量转换、信息反馈、生态演替和社会经济过程的畅达、健康程度)功能整合(城市的生产、流通、消费、还原和调控功能的效率及和谐程度)以及在交通、建筑、社区、景观领域的方法整合(从技术、体制、行为三层次上开展生态系统的综合评价、规划、设计、建设、管理和调控)。

城市生态管理的一个关键科学问题是多属性评价、多目标决策和多主体管理的系统整合方法。常用的评价方法有：H. T. Odum(1982)提出的能值分析法(Energy Analysis)，环境毒理和化学学会(SETAC)提出的物质代谢全过程的生命周期分析法(Life Cycle Assessment)，F. Vester 等(1980)提出的基于反馈机制的生态控制论分析法(eco-cybernetics)，Daily 等(1997)提出的生态系统服务功能和 Costanza 等(1997)人提出的自然资产评价法，以及 Boulding 等提出的生态经济方法，W. Rees 等(1997)提出的基于土地利用的生态足迹法(ecological footprint)，以及 Bartell(2003)等的生态风险分析法、前景展望法(Scenario，包括趋势外推，目标反演，替代方案和对照遴选等)。它们分别从能流、物流、信息流、资金流以及空间、时间尺度上评价和分析人类活动影响下的生态过程。

本书是国家自然科学基金委管理学部支持的重点项目"区域城市发展的复合生态管理(2005—2008)"(70433001)群体攻关研究以及"十一五"国家科技支撑计划课题(2007BAC28B04)部分成果的荟萃。该项目在作者们多年城市复合生态管理研究积累的基础上，聚焦城市发展的区域生态安全管理、城市扩展的土地利用管理、城乡人口流动管理以及城市物质代谢管理方法，研究快速发展地区高强度人类活动胁迫下城市土地、人口、代谢和区域环境的动态管理机制，发展一种在时、空、量、构、序范畴内辨识、模拟、调控城市社会—经济—自然耦合关系的系统管理技术，探讨从过程的量化走向关系的序化、从数学优化走向生态进化的自适应性城市生态管理方法，为国家快速城市化、工业化、现代化过程中的重大自然生态和人类生态问题提供区域统筹、城乡统筹、社会经济统筹、人与自然统筹和内外统筹的科学方法和决策依据。几年来，课题组对京津冀、苏锡常以及海峡两岸部分城市化地区区域城市化的动力学机制、控制论方法以及复合生态管理手段进行了系统研究，在理论、方法和实证研究上取得了一些很有意义的结论，特汇总于此，希望得到同行们的批评指正。主要参加者除封面注明的中国科学院生态环境研究中心高级研究人员外，还包括一批博士、博士后和客座研究员，如叶亚平、张小飞、黄锦楼、周传斌、金家胜、阳文锐、王志理、薛怡珍等。各章节主要作者分工如下：前言和第 1 章，王如松、胡聃；第 2 章，李锋、阳文锐；第 3 章，胡聃、刘晶茹、游芳、张海涛；第 4 章，黄锦楼、阳文锐；第 5 章，叶亚平、李婷；第 6 章，王志理、陈敏、王如松、黄一凡；第 7 章，刘晶茹、周涛、石垚；第 8 章，黄锦楼、王如松；第 9 章，张小飞、薛怡珍；第 10 章，金家胜、王如松；第 11 章，周传斌、胡聃、王如松。本书最后由高林研究员、盛学斌研究员以及赵丹、柳敏进行文字修改，曹爱新进行统稿。

本书出版之际，我们衷心感谢国家自然科学基金委管理学部的资助和支持，感谢北京、天津、承德、常州、日照、郑州等地政府决策、规划、管理人员以及中国科学院生态环境研究中心各管理部门和研究人员对我们工作的大力支持。希望本书所开展的工作能引起区域城市生态和经济管理工作者的兴趣，起到抛砖引玉的作用，推进区域城市的协调、持续发展。

王如松

2009 年 5 月

目　录

第1章　区域城市复合生态管理的动力学机制和控制方法

城市是地球表层一种具有高强度社会、经济、自然集聚效应和大尺度人口、资源、环境影响的微缩生态景观。城：城池，指一类密集的人工景观格局和适宜的自然基础设施，是安全、权力、财富、吸引力、标志和文明的象征。市：集市，指一定区域范围内物质、能量、信息、资金、人口的集散地，是人类交易、交流等经济、社会活动场所。

1.1　城市化的生态学基础

1.1.1　城市化的生态挑战

地球上的生命史不到40亿年，如果把它化约为1年，生命出现在1月1日，脊椎动物则出现在10月20日，哺乳类出现在12月7日，人类作为一个人种是在12月31日下午7点钟出现的，北京猿人是晚上10点54分出现的。现在，城市人口占世界人口的比例已经达到50%，中国城市人口已占全国总人口的42%。城市文明的诞生是12月31日晚上11点59分13秒，就是在这47秒之内，人类对地球造成了巨大的改变。城市化、工业化已危及我们子孙后代的生存环境。

改革开放30年来，中国发生了翻天覆地的变化，从农业经济走向工业经济，从田园社会走向城市社会。但是，目前的工业经济、城市社会和人本文化都还有一定的弊病和不完善的地方。首先，未来的经济应该是生态循环型经济，国家也正在大力倡导发展循环经济。其次，未来的社会应该是生态整合型社会。第三，未来的文化应该是生态和谐型文化。

现在，我国几乎所有的城市都在做快速发展规划。大多数城市在5年左右的时间里，其建成区面积和人口都要扩大1倍。现代化的基础是城市化、工业化，但是现在很多城市的居民都工作或生活在高楼里，下了宿舍楼就上车，到上班的地方又是高楼，城市成了钢铁、石油和混凝土组成的灰色森林。从生态学角度讲，城市如此盲目扩展与区域资源承载能力和环境容量是不融洽的。

城市大气污染严重，城市地区频繁出现大面积灰霾，严重威胁人体健康。根据国家环保总局2006年中国环境状况公报，在2006年监测的559个城市中，地级及其以上城市（含地、州、盟首府所在地，以下同）322 个，县级城市 237 个；空气质量达到一级标准的城市 24 个（占 4.3%），达到二级标准的城市 325 个（占 58.1%），达到三级标准的城市 159 个（占 28.5%），劣于三级标准的城市 51 个（占 9.1%）。城市主要污染物为可吸入颗粒物。大气污染导致的灰霾现象日趋严重，并常常大面积连续出现，尤其在城镇密集地区，区域性灰霾现象更为频繁。以广州市为例，2002 年，大气灰霾最长持续天数为 7 天；2003 年，大气灰霾最长持续天数为 20 天；2004 年 9—11 月，大气灰霾更是频繁出现。大气灰霾已成为珠江三角城市群主要的气候和气象灾害之一。

区域性大气灰霾导致能见度降低，影响海陆空交通；此种天气造成空气质量恶化，诱发呼吸道疾病及传染病；减少太阳辐射，影响植物生长，使人群中佝偻病高发；同时，还会导致灾害性气候频发，严重影响城市居民的生产和生活。煤烟型污染和因机动车尾气造成的光化学污染的共存，是造成我国灰霾天气的根本原因。这与许多发达国家在煤烟型污染得到有效控制后才出现机动车尾气污染的情况不同。

2005 年，我国城市人口已占总人口的 42%。我国有 20000 多个镇，660 多个城市，城市人口超过 5 亿。现在，我国城区面积已经达到 28000 km^2。其中，北京在建面积超过 1.2 亿 m^2，比整个欧洲的在建面积要大 1 倍。以前，国外对北京印象很深的是自行车城。现在，整个北京城到处都是汽车，高峰期简直就是一个停车场。

2003 年的非典都是在大城市爆发的，包括香港、广州、台北、北京。这些城市的生态系统已经退化了，一方面是自然退化，包括环境污染、系统退化、资源枯竭、生态服务功能下降，环境越来越不适宜人类生存；另一方面是人类生态退化，现在的人越来越懒（包括小学生都依靠计算机），越来越胖，越来越不适应自然环境。

城市固体废弃物在迅速增长，但无害化处理率低。据统计，2003 年，全国 660 个城市生活垃圾清运量达到 1.49 亿吨，比 1980 年增加了 4.96 倍，城市生活垃圾累积堆存量达 60 亿吨，占地 30 多万亩。近年来，城市生活垃圾平均以每年 4.8% 的速度持续增长，已使全国近 2/3 的城市陷入垃圾的包围之中。我国城市实际垃圾处理率较低。2002 年，国家环保总局对 46 个环保重点城市的监测结果表明，全国城市生活垃圾无害化处理率不足 15%。全国近千座垃圾填埋场中有 90% 仍是简易堆放，每年有 7900 万吨生活垃圾简易填埋或露天堆放在城市郊区、江河沿岸，由此引发水源污染、水质下降、土壤污染和传染病流行等一系列问题。

此外，持久性有机污染物的危害也日益凸显。被公认为毒性最大的二噁英类化合物已在我国有关化工产品和三废排放物中检出，在深圳等地的市售奶粉、牛奶中也有发现，甚至在江苏、浙江一些地区的母乳中检出了高含量的二噁英，说明二噁英等恶性污染物正通过食物链危及人体健康。

地下水超采加剧了城市灾害的发生和危害程度。仅长江三角洲地区，过量开采地下水造成的地面沉降面积达 8000 km^2，给长三角中心地区带来的经济损失约为 3150 亿元人民币。其中，上海市区、江苏苏锡常地区和浙江杭嘉湖等地区，已形成 3 个区域性沉降中心，并且有连成一片的趋势。最严重的漏斗中心（无锡洛社），地下水位深达 84 m。

我国城镇建筑能耗效率低。据统计，到 2000 年底，我国能够达到建筑节能设计标准的建筑累计仅占全部城乡建筑总面积的 0.5%，占城市现有采暖居住建筑面积的 9%，绝大部分新建建筑仍是高能耗建筑。与相同气候条件的西欧或北美国家相比，我国住宅的单位采暖建筑面积要多消耗 50%～100% 的能量，而且舒适性较差。北京市在执行 1995 年新节能标准后，建筑能耗大幅降低，但仍比瑞典、丹麦、芬兰等国高出近 1 倍。与发达国家相比，公共建筑能耗也是居高不下。据统计，上海办公楼年平均耗能量为 1.8 GJ/m^2，比条件大致相当的日本办公楼能耗高出 43.3%。清华大学对北京市 10 家大型商场进行详细测试，发现这些商场的全年空调系统运行能耗平均大约是 0.7 GJ/m^2，比条件大致相当的日本商场的平均能耗高出将近 40%。

城市的食品安全风险也在骤增。食品安全风险在早期的细菌、病毒、寄生虫、霉菌、毒素等基础上，增加了农药、兽药、添加剂、环境污染物、放射性污染物、重金属、亚硝酸盐、转基因成分、有毒包装材料等因素。目前，我国化肥用量高达 2500 万吨/年，农药用量超过 130 万吨/年，高出世界平均水平 2～3 倍，而且所施用的化肥有 40%～60%残留在土壤中。2003 年，全国被污染农田超过 1.4 亿亩，占全国耕地总面积的 10%。农田污染导致食品中有害成分普遍超标。2001 年，国家质量技术监督局对 23 个大、中城市的大型蔬菜批发市场进行抽检发现，47.5%的蔬菜农药残留超标。食品污染会对人体造成普遍和长期的慢性危害。我国有超过 8 亿人体内残留有早期使用的农药六六六和 DDT 成分。近年来，我国每年新增先天性残疾儿童数高达 80 万～120 万，其中因食品污染所致的比例约为 65%。

1.1.2　城市问题的生态学根源

城市环境问题可以归纳为“五化”：能源化石化、地表硬化、生物退化、空气酸化、水体富营养化；它们交互作用产生城市地区特殊的“五色”效应：红色的热岛效应、绿色的水华效应、灰色的灰霾效应、黄色的沙尘效应和白色的秃斑效应。城市环境问题的生态学实质主要表现在三个方面：一个是物，即资源代谢问题；一个是事，即系统结构和功能的问题；一个是人，即人的行为和信息反馈机制问题。

第一，物的问题，主要指资源代谢在时间、空间尺度上的滞留和耗竭。环境污染的实质是资源浪费，即资源在错误的时间、错误的空间上的错误利用。资源浪费包括两种情况：一是生态滞留，例如，一个城市中输入了大量的资源、物质，只有一小部分变成产品，大部分流失到水体、空气和土壤中造成污染，这种输入远远大于输出的现象叫做生态滞留。二是生态耗竭，我们从自然生态系统，如海洋、淡水、草原、农田、森林里面取得大量的东西，但是我们用于修复和保护的投入却很少，生态系统持续供给的资源能力降低了，危害了我们子孙后代生存发展的能力，这种输入远远少于输出的现象叫做生态耗竭。生态滞留与耗竭导致了物质代谢的失衡，由此产生了一系列发展中的环境问题。

到北京东南郊到处可以看到垃圾问题、污水问题。以前，这里是很清的河水和湿地，现在变得干枯起来，只有污水滞留在里面。北京的资源耗竭十分明显。北京的两条河（潮白河、永定河）已经断流几十年，除了雨季有一点水之外，平常就是一些污水。天津原来是九河末梢，湿地资源非常丰富。到了 20 世纪 90 年代以后，除了丰水年有一些湿地外，基本上没有湿地了。湿地是地球的“肾”，没有湿地作缓冲，我们的环境质量就会降低，人们的感受就要差得多，包括现在满天遍野的扬沙，这实际是生态服务功能退化的表现，和水有很大的关系。类似的例子还有很多，如江苏扬州干旱的河湖。北京东灵山的草甸原来很好，过度旅游开发把草甸全破坏了。一些地方开展的所谓生态旅游，实际上是破坏生态的旅游。城市建设需要很多建筑材料，但像北京房山、门头沟地区大量的开山炸石挖沙采矿，而生态修复措施又没有跟上，不仅形成生态耗竭现象，而且还引起山体滑坡、泥石流等灾害。

第二，事的问题，主要指系统在结构功能关系上的破碎和板结。北京的河流走向大多是从西北往东南流的，城郊结合部有大量的生态缓冲湿地。但是，由于城市的扩展，大多数河道上游都被水库截流。除了京密饮水渠外，其他河道都干枯了，城郊湿地和城区河道大都被改成了建设用地。河道下游变成了污水沟，只剩温榆河，也基本上成为一条内流排污河。由于大量抽取地下水，北京的地下水位年年下降，下降到一般深井打不到水的地步。例如，北京2001年的第一绿化带将近70%被其他建设项目所占用。现在，北京正在规划第二绿化带。如果按现在的发展趋势，到2020年第二绿化带也将所剩无几，特别是东部地区。北京郊区的平原地带原来都是各类景观星罗棋布，现在大多萎缩或消失了。这种水、土、绿地和生态系统的结构四分五裂的现象，生态学上叫景观破碎。它导致生态承载力下降，生态系统结构和功能退化，生态代谢过程失调，最终影响到城市的生态服务功能。

热岛效应是指由于城市过度密集的人类活动以及不合理的建筑、交通和景观格局，导致城里的温度比郊区高3～5℃的现象。在城市热岛分布图上，越红的地方温度越高。长安街一带，现在红色已经全部连在一起了，形成一个大火炉。原因就是地表全部被水泥、柏油密封，在城区形成一个吸热能力强而释热能力弱的下垫面。雨水渗不到地下去，热辐射就导致整个城市的热岛效应越来越严重。北京除了风雨过后的少数晴朗天气可以看到蓝天外，大多数时日总是被灰蒙蒙、雾茫茫的灰霾笼罩着。这是局地气候、城市下垫面以及人类活动排放的尘埃联合作用的结果，整个城市好像被罩在一口大锅底下。这种土地、水文、大气的成块化被称为生态板结。这些局地气候、大气和水文的异常现象都是生态板结的结果。

为了防止水漏掉，沟渠也是用水泥、石头全部密封的。因此，首先，我们的景观是破碎的，主要包括生境的破碎、群落的退化、城市和乡村的分割、风水断裂、地表硬化以及功能分化等。

其次，我们的产业是破碎的。环境与经济脱节，各自为政，环境管理基本上是末端治理导向的。生产和消费也是脱节的，生产环节不回收产品消费过程中的废弃物。厂矿和区域也是脱节的，厂里的生产和周边均忽视污染环节。企业间横向耦合的关系很松散，废物制造和还原相互脱节。

最后，我们的文化是破碎的。我们的进化过程是断续的，我们的体制是条块分割的，我们的认知是支离破碎的。另外，“科学”这个词的英文Science中文翻译得非常确切，就是分科别类的学问。从工业革命以来，科学对于推进社会进步确实起到了极大的促进作用。但是，越分越细以后，学科之间就缺乏联系。因此，科学基本上还是还原论占主导而缺乏整体论的配合，决策往往就事论事，管理基本上是救火，哪里有问题就到哪里去解决。

回过头来看一下我们的景观。如果你坐飞机在城市上空盘旋，即使是北京城郊，看到的也到处是水泥景观——屋顶破破烂烂，屋顶空间没有充分利用；阳台五彩缤纷；交通拥堵不堪，一个地方瓶颈刚拓宽，另一个地方又堵起来了。从生态健康观点来看，如今社会的很多建材都有污染效应。一方面，我们还没有出台健康建材的标准和禁止有害建材的生产和销售；另一方面，健康建材的研发和生产也没有形成规模，满足不了日益增长的城乡建设的巨大需求。

另外，大家还能感受到其他类型的生态效应，如能量的耗散、气候的热岛效应、水分的流失效应、交通堵塞效应、建筑的拥挤、景观的压抑，等等。这是事的方面。

第三，人的问题，主要指社会行为在局部和整体关系上的短见和反馈机制上的开环和时滞。社会行为的短见包括先污染后治理、先规模后效益、先建设后规划等。

信息反馈机制的问题有两种表现，一是反馈渠道不通，二是反馈速度缓慢。部门之间缺乏沟通机制，内部组织的自主调节机制比较弱，对外则是封闭的。应当承认，我国的对外开放远未达到预期的程度。特别是就数据的共享而言，各个部门都有自己的数据，但是互相之间共享很难，有时在国外获得数据比国内还容易一些。

实际上，现在全社会从领导到群众都看到了发展中的这些问题，但是解决问题的途径还是问题导向。资源、环境、土地、健康等问题的研究互不联系、彼此孤立。在学科上，物理学、经济学、社会学各行其道，互相之间缺乏交叉融合，所以我们希望学科之间交叉协同，不能就问题解决问题，要坚持功能导向，从系统的角度来解决问题。

1.1.3 生态学与城市可持续发展

1.1.3.1 新世纪的生态学

当前，生态一词在国内外非常流行。美国著名的生态学之父 E. P. Odum 出版《生态学——科学与社会的桥梁》(1997)一书。他认为，生态学不仅是一门生物科学，也是一门自然科学，还是科学联系社会的桥梁。生态学是天地生灵和人类福祉的纽带，是自然和人的纽带，是社会科学和自然科学融合的桥梁，也是决策管理和科学技术联姻的一种方法。中国著名生态学泰斗马世骏先生也提出，生态学是“研究有机体的生死过程、物的生灭过程、事的兴衰过程与环境关系的系统科学”。德国原国际生态学会主席 Haber 提出，生态学是“研究自然界中自组织原理的科学”。前国际人类生态学会主席 G. L. Young 认为，“生态学是个体和整体关系的学问”。我国系统工程泰斗许国志先生认为，“系统方法的精髓在于复杂问题简单化，不是相反”。德国著名生态控制论专家 E. Vester(1980)提出，“再复杂的系统，其状态变量个数不能超过30个”。

当前，生态学研究正从传统生物生态学向可持续发展生态学，从经验生态学向管理决策生态学，从自然生态学向社会生态学，从恢复生态学向工程生态学扩展、升华和转型。国际科联(ICSU)未来10年的任务，是要建立一门可持续发展的科学。国际科联环境问题科学委员会(SCOPE)提出，世界前沿的生态议题是自然与社会的资源管理、生物多样性和生态系统、环境和健康。

2002—2005年，联合国秘书长安南在世界范围内组织了全球千年生态系统研究。该研究报告指出，传统生态学家只研究自然生态系统，而社会学家只研究人类福利问题。这两者之间的关系表现为：自然生态系统给人类提供生态服务。如果人类建设生态系统、胁迫生态系统超过它的承载能力，生态系统往往以灾难的形式对人类行为做出反馈和响应。研究自然生态系统与人类福祉之间的服务、胁迫、响应、建设关系，已成为当今应用生态学研究的核心议题。从技术上来说，如今的生物技术、材料技术、认知技术、计算机技术，其基本单位分别是基因、纳米、神经元、比特，从生态学角度研究，这四者相互间的耦合关系将有可能使未来的可持续发展科学取得重要突破。美国从20世纪90年代开始推进生态工业、城市生态和可持续发展科学的研究，并在2000年提出生物—自然—社会复杂系统的研究。马世骏先生早在1984年就提出了社会—经济—自然复合生态系统的研究。2004年，美国生态学会组织了一批顶级专家开展了21世纪生态学前景的研究。这项研究指出了未来生态学的三大走向：一是研究重点从纯自然系统转向人类活动为主导的生态系统；二是研究方法从单学科纵深型个体研究转向多学科横向型集团研究；三是研究目的从描述性、保护性生态学转向决策性、创建性生态学。传统的生态学只注重消极保护和恢复，现在生态学界逐渐认识到生态学还必须有创建性、决策性的主动一面（Palmer 等 2004）。

2007 年 5 月 22—27 日，由 20 多个国际生态学组织和 10 余个国际生态学术期刊支持和发起、70 多个国家的 1400 余名代表参加的第三届世界生态高峰会在北京举行。大会主题为“生态复杂性与可持续发展”，13 位世界著名生态学家应邀作大会主旨报告。会议发表了推进全球可持续发展的北京生态宣言。全球生态安全、区域生态服务和人群生态健康，被确认为 21 世纪当代生态学最紧迫的三大前沿议题，而这些议题都与城市化、工业化密切相关，是当前生态学从郊野走向城市、从经院走向社会的标志。

1.1.3.2 生态的内涵

据统计，“生态”是近年来国内外报刊媒体、政府文件乃至街谈巷议中出现频率最高的名词之一。但是，对于生态的内涵，人们却理解不一、说法各异。我们曾在北京市的一些学者、官员、经理和市民中作过生态学知识调查，有以下几种典型认识：生态是一个生物学术语，生态是一个哲学名词，生态是一种政治口号，生态是一种环境伦理。大多数人认为，生态是绿、是美、是景观建设或绿化效果的体现，是环境状态好坏的表征。在某种意义上说，这些说法均有合理之处，但又不太准确。

生态有三种内涵：一是包括人在内的生物有机体与其环境间的一种耦合关系；二是一门包括人在内的生物与其环境间关系的学问；三是人类及生物生存发展环境的一种良好或理想状态，比如生态旅游、生态城市、生态食品等。如今，许多生态学家愤愤不平，认为整个社会都在讲生态，把生态给庸俗化了。其实，社会上大多数人讲的是生态关系而不是生态学。人人注重生态关系，本身是一件好事，但我们必须分清生态学与生态关系的界限。生态学作为一门科学只在生态学工作者圈子里使用。在英文中，“Ecology”既是生态又是生态学，不像经济，经济有“Economics”（经济学）和“Economy”（经济），两者是分开的。美国著名生态学泰斗 H. T. Odum 访华时曾提出，将来可能需要创造“Ecologics”一词来指代生态学，而用“Ecology”专指生态关系。在汉语中，生态是一个多义词，既是关系又是学问，既是名词又是形容词，既可当中性词又可当褒义词，必须通过上下文的分析才能区别。

首先，生态是生物与环境、生命个体与整体之间的一种相互作用关系。生态在生物世界和人类社会中无处不在，无时不有，每个人都要处理这些关系。民间泛谈的生态是生命生存、发展、繁衍、进化所依存的各种必要条件和主客体间相互作用的关系。

通俗地讲，生态学是联结你、我、他的一门环境关系学，是与寻常百姓的生存、发展密切相关的待人、接物、处事的生计、谋术学，是人的生存之道、生活之理、生命之魂。

生态联结着“你”：大千世界，熙熙攘攘，蜂涌蚁聚，五彩缤纷。我们每天的生活、学习和工作，无不在和周围环境中的人打交道。父母兄弟、亲戚朋友、妻室儿女、同事同学、上级下级、业主客户，大家一起开拓环境、改造环境、建设环境、破坏环境。人人需要别人的帮助：友情、亲情、爱情。人人需要帮助别人：物质的、精神的、直接的、间接的。生态学的“竞争共生，优胜劣汰”普遍规律作用在人际关系和社会管理上，体现为爱与恨、得与失、誉与毁、乱与治。如何处理好与周围人群的社会生态关系、促进社会的可持续发展，生态学原理起着重要的作用。

生态联结着“我”：喜怒哀乐、生老病死，“我”每天都要同环境打交道。“我”，有温饱情欲之需；“我”，有功名利禄之求；“我”，有道德伦理之爱；“我”，有宗教信仰之信；“我”，还渴求天地宇宙之悟。五类境界，惟有相辅相成，才能构成完美的生态交响曲。思想指挥行动，不同的人生观、价值观导致不同的生态后果。如何自生、自省、自强、自力，生态学将引导“我”去趋适趋成。

生态联结着“它”：物质进进出出，能量聚聚散散，生物生生不息。我们的衣、食、住、行、玩无一不和环境中的“物”打交道：食物的代谢给我们以营养，能量的转换给我们以动力，水文的循环给我们以生命的源泉，空气的调节能清新我们的血液，矿物的冶炼加工给我们以生活的工具。日出日落，花开花谢，植物的光合作用和动物的蛋白合成提供我们用之不竭的食物，微生物的还原作用和自然的净化功能使废弃物得以循环再生，生物多样性的关系网协调并维持着生命支持系统的平衡、和谐及永恒运转。

其次，从学术上讲，生态是一种哲学、一种科学、一种美学和工艺学，是一门既古老又年轻的自然科学与社会科学的交叉学科；是一门有关天人关系的物理、事理与情理的系统科学。

作为一门学问，生态学包含这样几个层次：第一层是人类认识环境、改造环境的一门世界观和方法论或自然哲学。第二层是包括人在内的生物与环境之间关系的一门系统科学。第三层是人类塑造环境、模拟自然的一门工程学。比如，一只小鸟在空中飞，它的结构并不复杂，但是它能飞翔自如；如果它有什么病，也不会突然爆炸或解体。然而，我们的飞机，只要里面某一个部件出问题，很可能会爆炸或突然掉下来，因为它是刚性的而不是柔性的。因此，仿生学研究如何将生物的这些功能、结构引入到我们人类社会中来，应用到生产、生活中去。第四层是人类享受自然、品味自然的环境美学。例如，我们的景观，桂林、张家界、黄山非常漂亮。与此对比，现在很多城市建筑，如瓷砖贴面、玻璃幕墙、粗制滥造的仿欧、仿古建筑等，人们看多了觉得很丑，并不自然。总之，生态学是一种观念、一种方法、一种工艺，也是一门艺术。

第三，生态还是生态关系的一种理想或良好状态，表示生命和环境关系间的一种机理、体制、境界和秩序。比如，生态学里面的生态位(Ecological Niche)、生态风险、生态文化等，再如生态城市、生态旅游、生态建设、生态卫生等，这些实际上是生态合理的城市、生态合理的旅游、生态合理的建设、生态合理的卫生的简称。人们讲多了就把“合理”二字去掉了，“生态”随即变成约定俗成的用语。

1.1.3.3 生态哲学

生态是辩证的：和谐而不均衡，开拓而不耗竭，适应而不保守，循环而不回归。它主要体现在以下几个方面：第一，生态强调和谐。一般人认为，生态强调生态平衡，强调系统组分间的绝对公平和输入输出的绝对平衡。其实不然，生态强调的是和谐而不是均衡。生态食物链中，大鱼吃小鱼，小鱼吃虾米，它们是和谐的。这种和谐并不意味着绝对平等，捕食者一直在吃被捕食者，寄生者一直在利用寄主，并不公平，但生态链是稳定、持续的。同样，人类社会的发展也不能强调所有组分一律公平，如果全部平衡，整个生态系统就不能进化，必须要有差异才能够进化。第二，生态强调开拓。生态学的重要原理是开拓，即尽可能把资源开拓出来、占领可利用的生态位为自己所用。但是，这种开拓是有原则的，不是只为一个物种、一个个体所用，它只用其中一部分，其余的留给食物链下一个环节用，并不把资源耗竭殆尽，而使系统不能持续生存。这是生态学的第二个原则。第三，生态强调适应，与环境一起协同进化。生态既要改造环境，也要改造自己，使自己能够更好地适应环境。适应是生态学中一个非常重要的原则。这种适应不是保守的单方面适应环境，而且要改造环境，实现生物与环境的协同进化。第四，生态强调循环反馈。生态系统中的各种物质都是在生产者、消费者和分解者之间不断地无限循环下去，但是这种循环不是简单地回归到原地，而是一种螺旋式上升的过程。它在循环过程中促进了生物的进化，能够积累和回馈更多的信息到生物的信息系统或遗传基因里，使生物逐渐适应环境的变化。这是物质循环和信息反馈协同作用的结果。

生态主要包含什么呢？我们认为，生态的内涵是"无"。老子有一段话："三十辐，共一毂，当其无，有车之用。埏埴以为器，当其无，有器之用。凿户牖以为室，当其无，有室之用。故有之以为利，无之以为用"《老子》(第十一章)。这段话的意思是，轱辘和辐条本身是没有多大作用的，真正起作用的是轱辘和辐条之间的空间，它支撑车子的重量；碗的陶器本身没有用，有用的是中间那空凹的部分；房间墙壁里的砖体是没有使用价值的，有用的是墙壁、地板和天花板构成的空间，墙壁是为支撑这个"无"所用的。因此，生态学既不研究生物的结构形态，也不研究物理环境本身，而是研究生物和环境之间的关系。避实就虚，生态学研究的内容，是这个"中间"有哪些用处(老子早就讲到一点)。正是这个"间"字，空间的间，时间的间，物质和物质之间，事情和事情之间，人和人之间的这个"间"字，是生态学要研究的。可以说，生态学是个体和整体、有和无、形和神、生和灭、分和整之间关系的一门学问。这些关系无处不在，无时不有，无形、无界、无量、无我、无为。生态学的应用就是要为无。我们常说的"无为而治"所包含的就是一种生态学哲理。实际上，"无为而治"不是无所作为，也不是无所不为，而是为无，为所不为，做那些人家没有做的、看不到的东西；这是反过来的"为无，为用"。城乡生态系统的研究、规划与管理，就是要辨无、格无、策无、调无、为无，它的核心是生态整合。我们认为，生态学的核心是处理生态系统中的复杂关系。所以，生态学首先是一门哲学，研究生物和环境之间关系的认识论、宇宙观、世界观、人生观、得失观和苦乐观问题。

比如，沙尘暴作为一种恶劣天气，给人体健康和社会经济发展带来的危害是众所周知的。为此，人们需要认真研究沙尘暴的起源和监控沙尘暴的动态，以尽可能减缓其对人类的危害。其实，沙尘暴也是一柄"双刃剑"。从生物地球化学循环角度来看，它对海洋生态系统和区域酸沉降发挥着重要作用。从生态大循环来说，风在地球生态系统的演化里起着很重要的作用，风把石头变成沙土，并将沙土从陆地吹到占地球面积71%的海洋中去。海洋生物主要靠两种途径来补充营养，一是从水里，大陆河流的输入，二是靠风(光靠水路是不够的)。海洋浮游植物生长必须有两种主要营养元素——氮和磷——来支持。磷是合成蛋白质的基本物质，只存在于陆地的磷酸盐矿石中，经由水和风两种途径带入海中；普通的氮并不能被生物直接利用，氮气只有被固定后，大部分浮游植物才能利用它们合成蛋白质。而固氮需要铁元素做中介来传递电子。美国化学家约翰·马丁通过实验证明，铁是海洋浮游生物生长过程中最重要的元素，铁抵达海洋表面的主要途径是通过风吹起的沙尘。科学家们把1吨铁溶液投放于约300平方千米的海域，在8星期内使初级生产力提高了10倍。中国科学院大气物理研究所发现，沙尘及其土壤粒子的中和作用使中国北方降水的pH值增加0.8～2.5，韩国增加0.5～0.8，日本增加0.2～0.5。最近，日本的《朝日新闻》以《黄沙，中国来的恩惠》为题大幅报道了相关的研究成果。随后，《环境新闻》、日文版《国家地理杂志》、日本共产党机关报《赤旗》和韩国《文化放送》电视台也制作了专题节目。据有关研究报道，每年从中国西北输入太平洋的含有丰富的铁、铝等矿物元素的尘土大约6000万～8000万吨；每年落入亚马逊盆地的撒哈拉沙尘也达1000多万吨以上，给亚马逊河流域的热带雨林带去了丰富的肥料。不过，降到海里的浮尘也是一柄"双刃剑"，利弊兼有。美国地质测绘局的专家们发现，非洲沙尘暴造成的铁沉积与藻类过量繁殖之间有着明显的联系。这些藻类很多都是有毒的，它们是佛罗里达沿海有毒赤潮的元凶。

台风也是如此。大家对台风都感到恐惧。其实,中国大陆的农业是一种雨养农业,靠台风带来的雨水养育。如果哪一年没有台风或者台风很少,农业就要遭受旱灾,就要减产。洪水在造成人民生命财产严重损失的同时,也能带来一些营养物质。洪水过后第二年一般都会丰收。再以火灾为例。有控制的森林火灾是生态演替的一个重要途径。生态学研究中有一门火生态学。它认为,适度的火对森林生态系统的演替起积极作用。当然,我们要控制火灾,而不是到处放火。甚至,水土流失也是一柄“双刃剑”。我国沿海的淤积平原,是内陆河流上游水土流失带去的泥沙淤积出来的。黄土高原有坝地农业的习惯,利用水土流失造坝地。现在,环境治理工作者最恨水葫芦。其实,水葫芦有很大功劳,它可以净化污水,吸收污水里面的氮和磷并转化为生物质。如果不把这些生物质收割出来,它就会烂在里面,造成水体污染和缺氧,以致水里其他生物都无法生存。如果通过合理的生态管理去回收和利用水葫芦,水就会变清。当然,这里并不是要为这些害群之马翻案,而是提倡祸福相倚、相辅相成的生态哲学观,正确认识各种生态因子和生态现象的负面和正面功效,在发挥人的主观能动性减灾防灾的同时,努力趋利避害,发挥自然生态因子的正面作用,将其负面危害降到最小。科学上的真、伦理中的善以及美学中的美往往是不统一的,这在上面的例子中得到了验证。

1.1.3.4 生态科学

生态科学的三大起源,是18世纪的博物学、19世纪的进化论以及20世纪的生物控制论。在此基础上发展起来的生态科学,包括自然生态学和人类生态学。前者包括动物、植物、微生物生态学,个体、种群、群落、生态系统和景观生态学,以及不同的类型(如草原、湿地、森林、农田、海洋、流域)生态系统生态学等。后者包括心理生态学、社会生态学、经济生态学、产业生态学、城市生态学与文化生态学等,是一门关注人和环境之间关系的学问。总的说来,自然生态研究的学科比较齐全,人类生态研究显得相对薄弱一些。

生态学是交叉学科。生态学的英文 Ecological Sciences 是一个复数,这门学科已经从个体到群体,从单科纵深到合纵连横,从学院走向了社会。生态学逐渐成长为一门可持续发展的学科。可持续发展需要从科学层次认识生态,从系统层次管理生态,从工程层次建设生态,从社会层次宣传生态和从美学层次品味生态。

生态建设有三类,第一是生态保护,如封山、休渔、禁牧、风水林和自然保护区等。传统生态学强调的是对自然生态系统的保护,不主张改变或破坏自然生态系统的原有功能。其代表观点来自绿色和平组织,认为世界上任何一种生物都有生活的权利,保护其生存权利是每个地球公民的责任。第二是生态修复,恢复其原有的生态功能,包括矿山恢复、森林草地恢复、水体修复等。第三是生态创建,通过人工措施去设计和建设人工生态系统,为人类提供更好的生态服务,如桑基鱼塘、稻田养鱼、沼气及庭院生态工程、坝地、人工湿地等。美国生态学界近年来开始强调创建性生态学研究,而中国这一方面的研究已有几千年传统。

下面,解释一下和谐社会的生态内涵。我们认为,和谐社会有四层次的含义。第一层是人与自然环境的和谐,包括水、土、气、生、矿等自然生态因子、生态过程和生态服务功能的自然生态和谐;第二是人的社会生产、流通、消费、还原和调控方式的经济生态和谐;第三是人的境界,温饱境界、功利境界、道德境界、信仰境界、天地境界等人类生态境界的和谐;第四是社会的技术、体制、文化在时、空、量、构、序层面的系统生态管理方法的和谐。

和谐的核心是八个字,一个是“开拓”,必须要有发展的力度,否则将停留在一个水平上;第二是“适应”环境,不能超越环境去发展;第三是“反馈”,要有信息的反馈和物质的循环;第四是

"整合",结构、功能、格局、过程的多维生态空间的协调与统筹。

图 1.1 是三维坐标图,三个坐标轴分别代表科技、政治、文化。科技是格物的,强调推动经济发展,设计的是物理空间;政治是主事的,是管理众人之事,要创造一种政治文明,是一种事理空间;文化是育人的,是精神文明,强调调节心灵空间。而生态关系的调控就是想把这几方面穿针引线,促进一种精神文明、物质文明和政治文明和谐的生态文明,强调一种多维空间生态关系的协同。

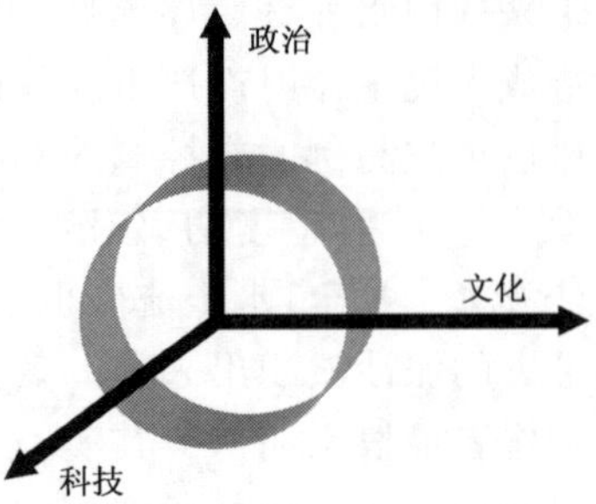

图 1.1　和谐城市的生态管理

和谐社会的核心是人,要处理人和天、地、事、物之间的关系。天是指气候、可更新能源等外部环境,地是指土地、土壤和景观,事是指人类的生产、生活、流通、服务及决策管理活动的运筹,物指水、土、气、生、矿等物质的开发、利用和循环。要调和、整合好自然和社会,有形和无形的生态关系(图 1.2)。

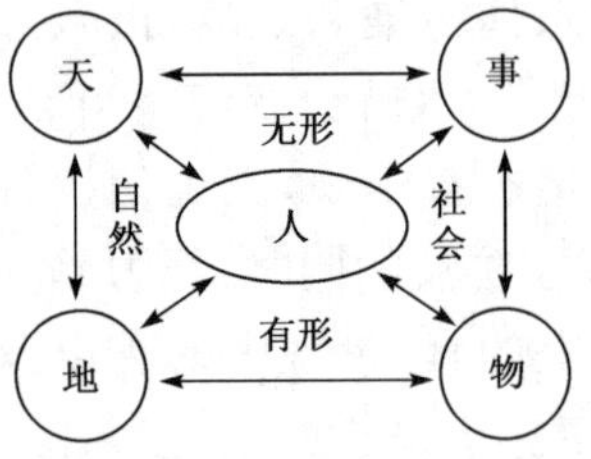

图 1.2　和谐社会的生态关系

1.1.3.5　生态工程学

生态学也是一门工程学,是一种设计工艺、一种生存艺术。生态学的研究对象是自然生态的原理在人工生态系统建设中的应用。

近年来,生态工程学是异军突起的一门着眼于生态系统持续发展能力的整合工程技术。生态工程学的称谓不尽相同,台湾称之为生态工法,日本称之为生态工学。生态工程是模拟自然生态的整体、协同、循环、自生原理,并运用系统工程方法去分析、设计、规划和调控人工生态系统的结构要素、工艺流程、信息反馈关系及控制机构,疏通物质、能量、信息流通渠道,开拓未被有效利用的生态位,使人与自然双双受益的系统工程技术。不同于传统末端治理的环境工程技术和单一部门内污染物最小化的清洁生产技术,生态工程强调资源的综合利用、技术的系统组合、学科的边缘交叉和产业的横向结合。生态工程学是中国传统文化与西方现代技术有机结合的产物。

生态工程概念是著名生态学家 H. T. Odum 及马世骏教授于 20 世纪 60 及 70 年代分别提出来的。但是,东西方学者的侧重点不同。西方生态工程理论强调自然生态恢复、环境效益和自然调控。中国生态工程强调人工生态建设,追求经济与生态效益的统一和人的主动改造与建设,被认为是发展中国家可持续发展的方法论基础。20 世纪 70 年代以来,我国生态工程理论和实践研究取得长足进展,成为我国生态学领先国际前沿的少数几个领域之一。

1.1.3.6　生态美学

美学研究人与现实(自然、社会、艺术)的审美关系。生态学和美学的结合点在于人与自然关系的和谐,是对人类理性的必然性和功利性的挑战和超越。生态美学研究生物、环境与人类社会间相互关系的审美状态与自然潜在的审美性。根据生态美学的界定,美的内涵包括了整体和谐美、协同进化美、循环反馈美、自生自然美。生态美学包括哲学视野、系统方法、工程技艺、文化传承和审美品位,能使人怡神悦目,陶冶情操。

生态美学的产生,是随着人类对美的环境的追求和全球生态危机出现后,人类对自己的生存环境的哲学思考而产生的。对称、均衡、对比、秩序、节奏韵律，多样统一，是生态审美的共同规律。按照生态学的审美观，大自然是美的，同时也是理性的。大自然以她特有的色彩、线条、形状、位置和声音，以她特有的有序、和谐与统一，在人们心中唤起了美的形象、美的思考、美的愉悦，给人以启发、深思和力量。人类通过对大自然的审美，激发出对大自然的热爱，启发出向大自然学习和与自然和谐共进的悟性和理性。

生态美学也是一门应用科学。在揭示自然美的实质和规律的同时，它向人们介绍如何创造一个适合于人类身心健康的环境，包括自然环境的保护、城市环境的布局、居住环境的美化、园林的风格、居室的布置、庭院的绿化与美化、人的衣着、服饰、环境中色彩的搭配、光的应用等等。

1.2　城市生态管理的科学基础

1.2.1　生态管理的内涵

对管理的一般理解如下：管是约束、控制，理是疏导、调谐。传统管理的对象是人，是通过计划、组织、领导和控制，协调以人为中心的组织资源与职能活动，以有效实现目标的社会活动。而生态管理是运用生态学方法对人为资源环境开发、利用、破坏和保育活动的系统管制、诱导、协调和监理。生态管理不仅要管，更要理，要营建人与环境（包括自然环境、经济环境和社会环境）的共生关系，孕育生态系统的整合、进化、循环、自生能力，维系目标生态关系的持续发展。

生态管理的“生态”有三层含义：一是作为管理工具的生态学理念、方法、技术，包括生态动力学、生态控制论和生态系统学；二是作为管理主体的人与其环境（物理、化学、生物、经济、社会、文化）间的共轭生态关系（生产、流通、消费、还原、进化）；三是作为管理客体的各类生态因子（水、土、气、生、矿）和生态系统（如森林、草原、湿地、海洋、农田）的功能状态。生态管理不同于传统环境管理，不着眼于单个环境因子和环境问题的管理，更强调整合性、共轭性、进化性和自组织性。

生态管理科学是要运用系统工程的手段和人类生态学原理，去探讨这类复合生态系统的动力学机制和控制论方法，协调人与自然、经济与环境、局部与整体间在时间、空间、数量、结构、序理上复杂的系统耦合关系，促进物质、能量、信息的高效利用，技术和自然的充分融合，使人的创造力和生产力得到最大限度的发挥，生态系统功能和居民身心健康得到最大限度的保护，经济、自然和文化得以持续、健康的发展。

现代生态管理始于 20 世纪六七十年代，它是末端治理为特征的对环境污染和生态破坏的应急环境管理。70 年代末到 80 年代兴起的清洁生产促进了环境污染管理向工艺流程管理的过渡，力图通过对污染物最小排放的环境管理减轻环境的源头压力。90 年代发展起来的产品生命周期分析和产业生态管理将不同部门和地区之间的资源开发、加工、流通、消费和废弃物再生过程进行系统组合，优化系统结构和资源利用的生态效率。90 年代末兴起的系统生态管理旨在动员全社会的力量优化系统功能，变企业产品价值导向为社会服务功能导向，化环境行为为企业、政府和民众的联合行为，将内部的技术、体制、文化与外部的资源、环境、政策融为一体,使资源得以高效利用,人与自然高度和谐、社会经济持续发展(表 1.1)。生态管理将为解决国家、地区及部门重大生态环境问题提供决策支持、科学依据和管理方法。

表 1.1　生态管理的 4 个发展阶段

阶段	I	II	III	IV
	应急环境管理	工艺流程管理	产业生态管理	系统生态管理
管理理念	被动响应	内部突破	部门调控	系统综合
管理方法	末端治理	过程控制	结构耦合	功能整合
主要行动者	环保部门	生产部门	行业和地区	全社会
优化目标	最小污染	最小排放	最优结构	最适功能
管理对策	污染防治	清洁生产	生态产业	生态社区

复合生态管理旨在倡导一种将决策方式从线性思维转向系统思维,生产方式从链式产业转向生态产业,生活方式从物质文明转向生态文明,思维方式从个体人转向生态人的方法论转型。复合生态管理将单一的生物环节、物理环节、经济环节和社会环节组装成一个有强大生命力的生命系统,旨在从技术革新、体制改革和行为诱导入手,调节系统的主导性与多样性、开放性与自主性、灵活性与稳定性,使生态学的竞争、共生、再生和自生原理得到充分体现,资源得以高效利用,人与自然高度和谐。

社会对减缓和适应环境变化压力的加大,要求科学界提供人类活动的生态影响机理和管理方法的呼声越来越高。为此,国际科联和国际社科联(ISSC)发起了有关全球环境变化研究的几个主要计划,其中与人类活动管理密切相关的有 SCOPE 及 IHDP 计划。国际科联(ICSU)环境问题科学委员会(SCOPE)正在开展的科学计划包括人文和自然资源管理、生态系统过程和生物多样性管理、健康与环境的生态安全管理等三大领域。根据全球环境变化的人类影响国际研究计划(简称 IHDP)的界定,人类影响是个人和社会对环境变化的影响方式和途径、受环境变化影响的程度和过程以及减缓和适应环境变化的对策和行动。IHDP 组织了以下 4 大科学领域的研究:(1)土地利用管理与土地覆盖变化(LUCC);(2)全球环境变化和人类安全管理(GECHS),包括环境和人类安全的概念和理论框架,环境变化、资源利用和人类安全,人口、环境和人类安全;区域性环境胁迫和人类脆弱性的模型;环境安全的体制和政策建设;(3)全球环境变化的体制因素(IDGEC);(4)产业转型(IT),包括宏观环境经济、激励与调控政策、生产、消费等 4 大研究方向以及转型过程、分析方法与工具、管理、监测与体制、城市和产业转型、能源、食物、信息与通讯等 7 个研究领域。产业转型计划是其中最活跃的一组,提出了产业转型研究中与城市生态系统有关的一系列关键科学问题。该计划认为,为了满足世界人口增长的需要而可持续地利用环境资源,生产、生活体制及行为方式的改变是必需的。IT 的目标是理解复杂的社会经济相互作用,辨识变化的动力学机制,探索能显著减少环境影响的发展途径。IT 研究以产业为突破口,将生产者和消费者相关联,研究城市社会—经济—环境变化间的系统关系,及其与全球环境有关的系统变化,如水、交通、居住、食物、能源、物质利用、信息与通讯、金融服务、娱乐旅游等。IT 研究的实质是人类生态关系的管理。

1.2.2 社会—经济—自然复合生态系统

荀子有一句话说得很生动:“金石有形而无气,水火有气而无生,草木有生而无知,禽兽有知而无义,人有形、有气、有生、有知且有义,故最为天下贵也!”当然,人是不是“最为天下贵”值得商榷,但是,人作为最有创造性和破坏性的高级动物的观点不容置疑。在这里,荀子把整个生态系统从环境到生物都描述出来了:金、石、水、火、草、木、禽、兽、天、地构成绚丽多彩的生态景观,再加上人气、人生、人知、人义、人文,构成了生机盎然的生态社会。生态社会不仅是物理世界、生物世界,还包括人的社会网络,它们组成了一个社会—经济—自然复合生态系统(马世骏等 1984),见图 1.3。

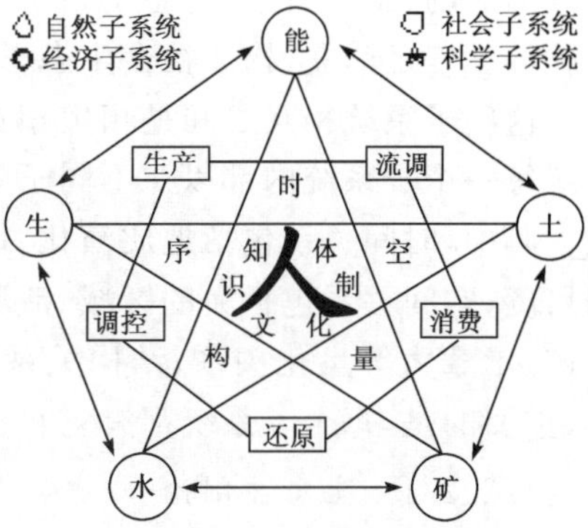

图 1.3 社会—经济—自然复合生态系统

首先,人的生存环境表现为自然环境。我们可以用水、土、气、生、矿或者用中国传统的五行元素金、木、水、火、土及其间的相互关系,来描述人类赖以生存、繁衍的自然子系统。

第一种生态因子是水。水资源、水环境、水景观有利有弊,既能成灾,也能造福。第二种生态因子是火,即能源、太阳能以及太阳能转化成的化学能。能的流动导致了一系列空气流动和气候变化,提供了生命生存的气候条件,也导致了各种气象灾害、环境灾害。每个人、每种生命活动、每一个生态层次时时处处都需要能,都要面对火的问题。第三种生态因子是土。我们依靠土壤、土地、地形、地景、区位等提供食物、纤维,支持社会经济活动。土是人类生存之本。第四种生态因子是木,即植物、动物、微生物,特别是我们赖以生存的农作物,还有灾害性生物,比如病虫害甚至流行病毒。它们与我们的生产和生活都息息相关。最后一种生态因子是金,即生物地球化学循环。人类活动从地下、山里、海洋开采大量的建材、冶金、化工原料,但我们开采、加工、使用过程中只用了其中很少一部分,大多数以废弃物的形式出现,产品用完了又都扔到土地上造成污染,还有很多对生命活动至关重要的微量元素。以上这些都是我们人类赖以生存的自然子系统。这些生态因子数量的过多或过少都会发生问题,比如水多、水少、水浑、水脏,往往会发生水旱灾害和环境事故。

其次,人的生存环境是以人类的物质能量代谢活动为主体的经济生态子系统。人类能主动地为自身的生存和发展组织有目的的生产、流通、消费、还原和调控活动。

人们将自然界的物质和能量变成人类所需要的产品,满足眼前和长远发展的需要,就形成了生产系统;生产规模大了,就会出现交换和流通,包括金融流通、商贸物质流通以及信息和人员流通,形成流通系统。第三,人的生存环境是消费系统,包括物质的消费、精神的享受以及固定资产的耗费。第四,人的生存环境是还原系统。城市和人类社会的物质总是不断地从有用的东西变成没用的东西,再还原到我们的自然生态系统中去为生态循环所用,也包括我们生病的还原以及人的还原。例如,人生病就医,罪犯的劳动改造,都是具体形式的还原。第五,人的生存环境是调控系统。调控有几种途径,一是政府的行政调控;二是市场的经济调控;三是自然的响应和灾害,自然能通过各种正负反馈来进行强制性调控;四是人的行为和精神调控。这些子系统的协同作用，形成了经济生态子系统。

社会的核心是人，人的科技、体制和文化构成社会生态子系统。首先，社会生态子系统是人的认知系统，包括哲学、科学、技术等；第二，社会生态子系统是体制，是由社会组织、法规、政策等形成的；第三，社会生态子系统是文化，是人在长期进化过程中形成的观念、伦理、信仰和文脉等。三足鼎立，构成社会生态子系统中的核心控制系统。

这些子系统相互之间是相生相克、相辅相成的。我们研究、规划和管理人员的职责，是要了解每一个子系统内部以及不同子系统之间在时间、空间、数量、结构、秩序方面的生态耦合关系。其中，时间关系包括地质演化、地理变迁、生物进化、文化传承、城市建设和经济发展等不同尺度；空间关系包括大的区域、流域、政域甚至小街区；数量关系包括规模、速度、密度、容量、足迹、承载力等量化关系；结构关系包括人口结构、产业结构、景观结构、资源结构、社会结构等；重要的是，每个子系统都有它自己的序，包括竞争序、共生序、自生序、再生序和进化序。

1.2.2.1 生态控制论

复合生态系统有它的动力学机制。复合生态系统的动力体现为：第一是能源，包括太阳能及其转化而成的化石能源；第二是资金，资金实际上相当于能量、物质在异地异时的集聚；第三是权法，即政府管理的权力法规；第四是人的伦理、信仰、精神。上述几种动力形成合力，推动了人类社会的发展和演化。如果哪一种力量亏缺，整个系统就会不平衡。

生态控制论包括整合、适应、循环、变异机理。整个生态系统的进化过程，不仅仅是趋同，还存在不断的分异、变异。适应、整合是一个趋同的问题，但只有通过变异，整个社会才能进步。我们关于生态控制论原理的研究表明，有开拓适应原理、竞争共生原理、连锁反馈原理、乘侮协同原理、循环再生原理、多样性主导性原理、功能发育原理、最小风险原理等。简言之，生态控制论原理可以用八个字概括——整合、适应、循环、更新。

生态学强调竞争和共生的结合、开拓和适应的结合、乘侮和替补的结合。所谓乘侮，就是当一个系统在环境变化时出现某些整合功能失调时，系统中某些组分会突然疯长或畸变，乘机膨胀为主导组分。比如，蝗虫种群的爆发、人体癌细胞的扩散、水葫芦的疯长等，就是在外部条件变化的情况下内部机制的一种乘侮。乘侮是中药中的专门用语，是指对其他一些组分的抑制现象。所谓替补，就是当一个系统由于环境变化出现某些整合功能失调时，一些组分能自动补偿或代替系统的原有功能，维持系统的正常运行，使整体功能趋于稳定。比如，血液系统如遇外部侵扰，白细胞会大量增加，以提高免疫功能，使整体回到正常状态。生态系统演替过程中经常要用到乘侮和替补现象。要推进一个系统的演化，应使乘强于补；要维持一个系统的稳定，应使补胜于乘。另外，生态系统进化过程中，在某些情况下，往往也会出现一些局部退化而保证全局的进化。生态系统还有滞留和耗竭：局部地方一些物质和能量会有滞留，输入大于输出，如水体富营养化和热岛效应；另外一些地方则出现耗竭，输出大于输入，如草场退化、渔场枯竭等。这种宏观的盈亏是一种客观存在，需要生态学从生态过程的角度加以调节。

竞争、共生、再生和自生机制的完美结合、整合与复合，就是坚持有中国特色的社会主义市场经济下资源节约、环境友好型的可持续发展。其中，中国特色是自生，社会主义是共生，市场经济是竞生。这里，整合包括结构整合、过程整合、功能整合和方法整合。复合包括对象的复合、学科的复合、方法的复合、体制的复合以及人员的复合。

生态二字，“生”是“竞争衍生”，只有竞争整个种群才能够进化；是“协同共生”，不同生物之间必须要共生；是“循环自生”，指物质的循环和信息的反馈。“态”是物、事、人的形态、状态和心态。“物态谐和”、“事态祥和”、“心态平和”，除了包含达尔文的物竞天择的含义外，还要加上人类生态的心和文化。

生态是复杂的。我们要从生态哲学的高度去认识、理解复杂性，从生态科学的量度去简化、模拟复杂性，从生态技术的深度去规划、管理复杂性，从生态美学的广度去品味、建设复杂性，将生态复杂性转变为社会可持续性。为了简化复杂性，我们需要建立一系列相关的机理学习、过程模拟和关系调控模型，包括诊断模型、动力学模型、控制论模型和可持续发展能力模型等。由于我们辨识的系统是不完全的，数据是粗糙的，很多变化是不确定的，因此，如何把确定的和不确定的结合起来，是把复杂性转变为可持续性的关键。

1.2.2.2　复合生态系统管理

由于体制条块分割，认知还原论占主导，我们的管理往往是 1＋1＜2，即各个部门的合力小于各个分力的代数和。我们的任务是怎么使 1＋1＞2。现在，很难断定 1＋1 究竟等于几。由于生态学是横向耦合的科学，它的系统方法需要整体论和还原论的结合，而不是排斥还原论。科学的基础仍然是还原论。没有还原论，科学不能进步，社会不能进步。整体论必须和还原论结合，硬的方法必须和软的方法结合，定性和定量结合，分析和综合结合，主观和客观结合，网状和链状的关系结合。

由此可见，系统方法论正面临一场新的革命：一是从物态到生态，从机械控制论到生态控制论，兼顾到系统的静态和动态，考虑到生物的能动性和自组织性。二是从量化到序化。一般而言，科学界追求的最高状态是所有的东西都能量化，但是许多事物不一定完全能够定量化。很多东西我们只要掌握它的序和纲，一些问题就可迎刃而解。也就是说，序化是最高级的量化。三是从优化到进化。传统数学规划通过简化、固化、优化、控制，最后得出一个最优结果，其优化结果是在一系列严格的初始值、边界值和耦合参数以及优化规则假设下的刚性规划。优化结果只是全部前提假设的函数，往往并不可行。既然我们不可能把未来的发展全部刚化，那么应该采取进化式的策略，让决策者、管理者在管理实践中利用现代计算机模拟、空间技术和认知科学的工具，不断获取和修正数据，不断辨识和学习其控制论机理，在系统控制过程中渐进地摸索出一种适应环境的进化式路径。尽管这可能不是最优的路径，而是次优的，但它是逐渐走向最终目标的可行进化式策略。四是从刚化到柔化。我们的经济结构和功能应该是一种柔化型的经济，而不是刚化型的经济，这在讲循环经济时会讲到。

数学处理的很多系统，要么是大数系统，是随机的，具有一定的分布规律；要么是小数系统，是确定性，服从一定的动力学机制或第一定律。而生态系统属于中数系统，既不是特别大的数、很有确定性的数，也不是完全随机的，这是因为生态系统的进化有一定的方向、层次、结构、功能和过程，具有能动性，可以自调节、自组织、自补偿。但是，它也是粗糙的，其数据不完全、机理不清楚、甚至关系较复杂。所以，生态系统方法需要从数据到信息、离散到整体、优化到进化、量化到序化、物化到人化、刚化到柔化的转型。如何使生态学方法从单尺度、描述性发展为多尺度、前瞻性、机理性和信息化的集团攻关，涉及观念整合、学科整合、景观整合、产业整合、文化整合等多方面的系统方法。

城市生态管理的根本目的是在生态系统承载能力范围内，运用生态经济学原理和系统工程方法去改变人们的生产和消费方式、决策和管理方法，挖掘区域内外一切可以利用的资源潜力，建设一类经济高效、社会和谐、生态安全的可持续发展社区。城市生态管理的技术途径，是从技术革新、体制改革和行为诱导入手，调节系统的结构与功能，促进区域社会、经济、自然的协调发展，物质、能量、信息的高效利用，技术和自然的充分融合，使人的创造力和生产力得到最大限度的发挥，生命支持系统功能和居民的身心健康得到最大限度的保护，经济、生态和文化得以持续、健康的发展，促进资源的综合利用、环境的综合整治及人的综合发展。城市生态管理的三个支撑点，是安全生态、循环经济与和谐社会（图 1.4）。

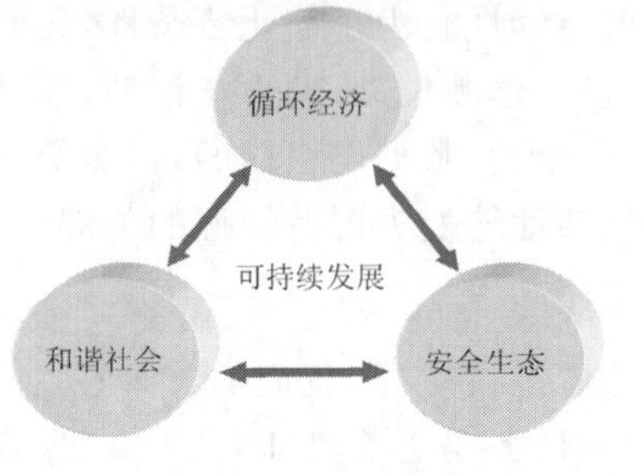

图 1.4　城市生态管理的三角构架

1.2.3　循环经济建设的生态整合方法

1.2.3.1　经济生态的和谐

近来，循环经济非常流行。有学者认为，现在的循环经济主要是 3R 原则——减量化（Reduce）、再循环（Recycle）、再利用（Reuse）。实际上，这是清洁生产的代名词。如果循环经济仅仅是搞废弃物经济，国民经济不可能取得强势发展。循环经济强调的是循环、自生，市场经济强调的是开拓、竞争，两者的有机结合才是高效和谐的生态经济。经济（Economy）和生态（Ecology）两词均源于希腊词“oikos”，意为“房子”，-nomy 的希腊词根为 nemein，意为“管理”。经济不仅有“家庭管理”，而且有“节约”、“指示”、“行政”、“运筹”等含义。生态学一词中的-logy是学问的意思，指有关生物和人的“房子”（栖境）的学问。一个是管理房子的学问，一个是关于房子的学问，二者源于同一个词根。

1.2.3.2　面向循环经济的产业生态转型

本质上，传统农业经济是一类封闭式的自生经济，是一类小规模、低效益和低污染的循环经济；传统工业经济是一类掠夺式的竞争经济，循环机制太弱。生态经济则是一类融自生、共生和竞争经济为一体的循环经济，是物态、事态、生态和人态的整合与运筹。其实，循环经济是生态经济的俗称，是基于系统生态原理和市场经济规律组织起来的，具有高效的资源代谢过程、完整的系统耦合结构及整体、协同、循环、自生功能的网络型、进化型的复合生态经济。循环经济的循环不仅是废弃物循环（废弃物循环仅属于产业生态的小循环，包括研发、生产、营销、废弃物管理和培训等），还包括社会生态的中循环和自然生态的大循环。其中，社会生态的中循环包括规划、管理、研究、教育、消费等，自然生态的大循环包括水、土、气、生、矿从摇篮到坟墓再到摇篮的全代谢过程。循环经济是物质循环、能量更新、信息反馈、空间和谐、时间连贯、资金流通、人力进化过程的整合（王如松等 2006）。

3R 原则是循环经济的重要原则。但是，在推行 3R 原则前，首要任务是促进社会和产业的观念转型（Rethinking）、体制改革（Reform）和技术创新（Renovation），可称为循环经济建设的大 3R 原则。

观念转型是指从还原论走向整体论，从掠夺型走向共生型，从产品导向走向功能导向，促进生产、消费、流通、还原和调控理念的更新，决策者、经营者、消费者、科技工作者和社会传媒的观念转型。

体制改革是指从基于产值与利润的物流型部门经济小循环走向面向社会与自然的服务型区域经济大循环，推进产业、产品结构、景观结构、管理和科技体制的改革。

技术创新是指从工艺革新、产品革新走向功能革新、系统革新，从物态、事态走向人态，强化规划与孵化、研究与开发、服务与培训的技术主导作用，软件和硬件的协同效应。

1.2.3.3　循环经济的产业生态整合

循环经济涉及四个方面的创新。一是生态效率(Eco-efficiency)的创新，是指改进产品生产工艺以生态和经济上最合理的方式利用资源；二是生态效用(Eco-effectiveness)的创新，是指设计一类生态和经济上更合理的产品，以最大限度地满足市场的需求；三是生态服务(Eco-service)的创新，是指企业经营目标从产品导向变为服务导向，减少中间环节，为社会和区域自然环境提供一条龙的功能性服务；四是生态文化(Eco-culture)的创新，是指企业经营目标进一步从物、事转向人，聚焦于员工、用户、周边社区居民以及全社会的观念、技术、能力、境界的培训，培育一类新型的企业和社区文化。在上述几种类型中，工艺改革可能提高效率 2 倍，产品创新有 5 倍的效率，功能创新有 10 倍的效率，系统革新则有十几倍到 20 倍的效率。至关重要的是实现产业生态整合，其中主要包括以下一些方面：

纵向闭合：从链式经济走向循环经济。第一、二、三产业在企业内部形成完备的功能组合，产品和废弃物在其从摇篮到坟墓的生命周期全过程实施系统管理。

横向联合：从竞争经济走向共生经济。不同工艺流程、生产环节和生产部门间的横向耦合、废弃物交易及资源共享，变污染负效益为资源正效益。

区域耦合：从厂区经济走向园区经济。厂内生产区与厂外相关的自然及人工环境构成空间一体化的产业生态复合体，逐步实现有害污染物向区域外的零排放，保障区域生态资产的正向积累、国土生产功能和生态服务功效的正常发挥。

社会复合：从部门经济走向网络经济。企业将社会的生产、流通、消费、生态服务和能力建设的功能融为一体，为辖地和周边居民提供就业机会和宜居环境，培育一种新型的企业和社区文化；

功能导向：从产品经济走向服务经济。未来的生态产业有三个目标：生产优质低耗廉价的产品，提供社会和自然生态服务，以及改造教育人、培育先进的企业和社会文化。尤其是，未来的生态产业要提供社会服务，这种服务可能超出传统产品的范围。只有这样，才是进化式的，才能不断发现新的服务，抛弃旧的产品。再好的产品也会被市场淘汰，所以生态产业应该想到几年之后淘汰这些产品，预先开发那些新产品和服务。当然，未来的生态产业要也要重视文化，包括企业内部的文化以及在社会上倡导一种新型的消费文化(图 1.5)。

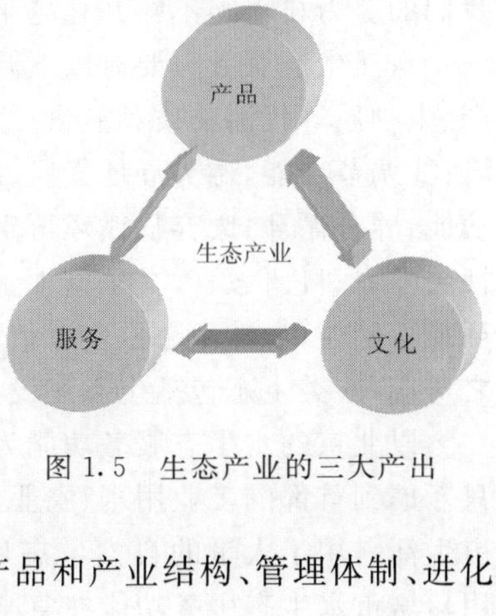

图 1.5　生态产业的三大产出

结构灵活：从刚性生产走向柔性生产。灵活多样的柔性产品和产业结构、管理体制、进化策略和完善的风险防范对策，可随时根据资源、市场和外部环境的随机波动调整产品、产业结构及工艺流程；

软硬结合：从自然经济走向知识经济。硬件、软件和心件能力建设相配套，决策管理、工程技术、研究开发和服务培训能力相匹配，学科边缘交叉，技术横向组合，企业信息及技术网络保持畅通性、灵敏性、前沿性和开放性；

增加就业：从减员增效走向增员增效。一线生产的两头，即研究与开发、服务与培训环节的劳力和智力需求将大大增加，企业内第三产业的智力和劳力从业人员将急剧增加。提高劳动生产率的结果，是增加而不是减少就业机会；

人性化生产：从务工谋生走向生态乐生。劳动不只是一种成本，也是劳动者实现自身价值的一种享受，员工一专多能，是产业过程自觉的设计者、调控者和所有者，而不是机器的奴隶。

同时，循环经济也需要体制上的整合。未来应该把能源和大气环境保护纳入一个部门管理；土地不仅是生产生物质，还要与它的自然和人文生态服务功能结合在一起，矿山的开采与废弃物的处理结合在一起；林、草、园林、作物、生物多样性等也应该结合在一起管理。实现产业生态整合的关键，是体制上的整合，真正将生态建设、经济发展、环境保护和社会公益事业融为一体。

1.2.4 和谐社会的生态调控途径

1.2.4.1 生态服务功能

国际上的生态观大致有三大派：一是生态掠夺，先污染后治理；二是生态回归，保持生态的原貌；三是生态建设，适度地开发资源，但不能过多地掠夺资源，这与我们的观点较为相似。生态系统研究主要包括基础研究（生态服务、生态代谢、生态景观）和应用研究（景观生态、产业生态、人居生态），其中每一种研究都脱离不开水、土、气、生、矿。

生态服务是近年来国内外生态学研究的一个核心概念，这里着重作一介绍。在城市化过程中，人们从大自然中得到各种食物、矿产、水、能源等，并以废水、废气、废渣、粪便的方式排到大自然中去，导致了生态的耗竭和滞留现象。自然生态系统为城市提供了很多自然生态服务，而城市化又给区域提供了社会生态服务，这两者应该是和谐的。但是，在自然生态服务方面，我们的努力显得很不够并且越来越式微。

自然生态服务主要有以下几种类型：①供给功能，为城市生产和生活提供水、能、气、土、矿产、生物质等代谢物质和能量；②涵养功能，活化土壤、稳定大气、保持水土、调节水文、孕育生境；③调节功能，调节局地气候、净化环境、减缓灾害、有害生物防治、生物多样性维持；④流通功能，养分循环、废弃物循环再生、传授花粉、基因遗传、污染物扩散；⑤支持功能，为经济建设、社会发展、科研教育、文化精神生活等提供承载、容纳、欣赏、休闲的物理空间、生态景观和美学环境。同时，自然生态也会以负面胁迫的方式（主要是各种自然灾难）迫使人类进行改变。与之对应，人类生态包括生态建设，研究如何去修复、治理和保育自然生态环境。

以北京的水生态服务功能为例。水资源短缺，成为北京的瓶颈问题。然而，规划部门往往只考虑到首都的工业用水、农业用水、生活用水，而很少考虑生态用水。由于工农业生产和城市生活占用了大量的自然生态用水（包括土壤、植被、空气和地下水以及上下游水资源的占用），城市水生态服务功能在急剧降低。例如，2006 年 5 月份我们到北郊的沙河水库周边去考察，由于沙河水库蓄有水，周边生物多样性很高，气候也比较适宜，一阵微风吹过，人体感到很舒适。但是，20分钟以后，我们来到东边潮白河两岸，河床是干的，只有一些污水排进去，河两边几十个水井一天24小时在抽地下水往水源厂输送，周边野生植被全都没有了，河床干枯裸露，土地沙化严重，同样一阵微风吹过，飞沙走石，令人十分烦躁，这就是水生态服务功能低下的缘故。城市居民需要一定湿度的空气和土壤、一定面积的湿地和野生植被提供适宜的生态服务。许多到国外留学的北京学生回到北京，常常感到适应不了，呼吸道总得病，其原因就是缺乏适宜的大气生态服务。

1.2.4.2 和谐社会建设的生态文化基础

文化是当前我国社会可持续发展的一个软肋。改革开放以来，我们引进了市场经济的竞争机制，但是传统社会的自生和共生机制有所削弱。西方有宗教在平衡市场机制条件下的社会心态，而中国人本质上是不信宗教的。但是，我们却有2000多年儒释道诸子百家文化荟萃的中华文化，来维持社会的稳定持续和人们的家庭观念，社会共生能力很强。新形势下如何恢复弘扬中华民族传统的认知文化、体制文化、物态文化和心态文化的精华，是中国现代文化面临的严峻挑战。应该说，我们发展的正面形象是"政通人和、百废俱兴、社会安定"。但是，我们也有局部的负面影响，即"物欲横流、生态滞竭，心浮气躁，假冒伪劣"。

当前，我国的文化，一方面是马克思列宁主义、毛泽东思想、邓小平理论传承的社会主义文化，另一方面是儒、释、道合一的中华传统文化。另外，市场经济、民主政治、生态社会及宗教信仰混合的西方现代文化，对我国社会也有一定的影响。另外，半封建半殖民地的腐朽残余文化和资本积累早期的血腥掠夺自然、掠夺人的掠夺文化，在一些地方死灰复燃；一些基层单位的口号主义、形式主义文化也不乏其例。这几类文化虽然只是支流，但却有一定的市场和影响，严重制约着科学发展观的落实。人有温饱、功利、道德、信仰和天地五类生态境界。人的动物本能是温饱境界，市场经济基于功利境界，是社会进步的基本动力。但是，一个可持续发展的社会必须有道德境界、信仰境界和天地境界，而当前这三方面在一些人群中还比较淡薄。"文化大革命"把一切传统文化全部砸烂，市场经济请来了金本文化，社会的功利境界极度膨胀，道德、信仰抛之脑后。只有五类境界相辅相成，我们的现代化才可能持续。"八荣八耻"、"三个代表"和共产党员先进性教育，主要是解决这后几类境界问题。

1.2.5 城市发展的区域生态安全管理

高速的城市化、工业化过程在显著提高人民物质生活水平的同时，也给区域生态环境和人民身心健康带来了一定的负面影响。经过20余年的快速发展，中国经济已到了事故高发、生态响应和环境还债阶段，生态安全问题已在区域水、土、气、生、矿等自然生态尺度和城乡居民生理、心理、生殖、发育健康等人类生态尺度上凸显出来。进入"十一五"第一年的头六个月，我国环境污染总量不仅未按计划削减1%，主要污染物COD和SO_2总量反而增加了3.7%和4.2%。

生态环境的退化和自然资源的耗竭削弱了经济可持续发展的支撑能力，食物、饮水、空气和人居环境的污染威胁着人民生命财产的安全，使生活质量下降、环境诱发型疾病上升，甚至产生了局部环境难民，影响社会稳定。以城市生态风险为例，城市是生态胁迫始作俑者的源和生态响应归宿的汇。当前，我国大多数城市普遍遭遇水体富营养化的"绿"、气候热岛效应的"红"、沙尘暴或酸雨的"黄"、城市灰霾的"灰"四色效应的现实生态尴尬，面临水资源枯竭、化石能源短缺、气候变暖和海平面上升的长期生态威胁。

1.2.5.1 区域生态安全

区域生态安全是对包括人在内的生物与环境关系稳定程度、生存和发展的风险和区域生态系统可持续支撑能力的测度，包括资源承载能力、环境容纳能力、灾害应变能力以及支持、缓冲、孕育、净化、调节人类社会经济活动的基本生态服务和建设能力。

区域生态安全是人与自然、经济、社会环境组成的复合生态系统安全。例如，淮河污染不只是一个沿河工厂偷排污水的法制问题，滇池污染也不是只靠户户截污、村村建污水处理厂就能见效的问题，而是流域社会经济环境的综合发展问题，是点源、线源、面源和内源复合污染调控的科学技术问题，也是区域生态系统中地理、水文、物理、化学、生物以及社会经济关系的综合规划管理问题。首先，生态安全是自然子系统为人类活动提供的承载、缓冲、孕育、支持、供给能力的安全，主要是人与水、土、能、生物、地球化学循环等五类生态因子相互耦合形成的生态过程的安全，其中包括：环境容量是否溢出、战略性自然资源承载力是否超载、重大生态灾害是否得到防范等。其次，生态安全是作为人类生存发展基础的经济子系统为人类提供的生产、流通、消费、还原和调控功能的安全，企业为追求最大利润而大批量单功能生产、廉价倾销，结果产品只有一小部分有用，大多数物质以不可降解的形态弃置在环境中形成污染，对自然资源产生耗竭效应并对周边环境产生污染效应，利润留给了企业，亏损留给了环境。第三，生态安全是社会生态关系的安全，涉及个体和群体的生理、心理、生殖、发育健康以及社会关系健康的人口生态安全。

区域生态安全是一个城市可持续发展的支持基础。区域生态安全的客观属性有三个方面，一是生态风险，二是生态脆弱性，三是生态服务功能。生态风险是指在一定区域内，具有不确定性的事故或灾害对生态系统及其组分可能产生的不利作用，包括生态系统结构和功能的损害，从而危及生态系统的安全和健康。生态脆弱性是指一定社会政治、经济、文化背景下，某一系统对环境变化和自然灾害表现出的易于受到伤害和损失的性质，这种性质是系统自然环境与各种人类活动相互作用的综合产物。对于生态安全来说，生态风险表征了环境压力造成危害的概率和可能后果；而通过脆弱性分析和生态服务功能评价，可以知道生态安全的威胁因子和利导因子有哪些，它们如何起作用，人类可以采取怎样的应对和适应战略。

1.2.5.2 城市生态风险

生态风险是各种自然和人为灾害导致人居环境和人类赖以生存的生态支持系统（水文、土壤、空气、气候、生物、地质）及人群生态健康损害的连锁反应型风险。这种风险引起的生态灾难是各类生态因子从量变到质变长期积累、集中爆发或慢性释放的结果，而不只是直接的单因单果关系。这种类型的灾难跨越大的时间尺度（累积性）、空间尺度（区域性）、管理尺度（行业、部门），产生多种复合的生态效应（化学的、物理的、生物的、生理的、心理的、社会的、经济的）和多环节的链式反应，打破正常的生态平衡，最终导致生物和人的致病、致残、致畸、致癌，给区域、部门和行业的社会经济发展带来直接和间接的负面影响。

生态风险是对生态安全危及程度的逆向测度，由自然退化和人工胁迫两部分原因造成。生态风险包括资源承载风险、环境容纳风险、灾害危害风险。但是，生态安全不等同于生态风险，它还有正向测度，由自然进化和人工建设两部分结果组成，可以用生态服务来衡量。生态安全不仅需要防护，还可以建设。生态风险越小，生态服务功能越强，生态关系就越安全。

当前，下述10类城市生态风险尤其令人担忧：①有毒、有害、易燃、易爆化学物质生产、运输、储存、处置过程中突发事件引发的化学生态风险(例如，2006年北京宋家庄地铁施工挖出毒气弹事件，反映出城市存在危险化学品、垃圾及其他有害废弃物堆置、掩埋的信息不清楚、修复方案和修复途径不落实等尴尬现实)；②城市水、电、油、气、热开采、供应和动力系统失灵等突发事件引发的"动脉"生态风险；③城市垃圾、污水、废气和工业固体废弃物排放、弃置和处理引发的"静脉"生态风险；④重金属、持久性有机化学品、农药及各类激素在生物和人体富集的食物链生态风险；⑤汽车行驶、停放和恶性交通事故引发的对车内外人体健康和交通环境影响，以及交通堵塞通道上汽车尾气和极端气候条件复合形成光化学烟雾的交通生态风险；⑥因地质、气象、人为灾害(如水灾、火灾)和恐怖事件造成城市瘫痪间接引发的灾祸生态风险；⑦人工环境和人体免疫功能下降导致的有害生物传播和瘟疫流行的生物生态风险；⑧"豆腐渣工程"建设的结构性隐患和劣质建材的功能性污染间接引发人体健康伤害的工程生态风险；⑨科研、生产、医疗单位生物试剂、辐射品和危险废弃物管理不严、处置不当间接引起的管理生态风险；⑩以上影响通过河流输送、大气扩散、生物传播、人员流动、物资贸易、交通运输等途径波及邻近地区甚至全球的区域生态风险。

风险并不可怕，生态也不神秘，可怕的是对生态风险和系统反馈的麻木、无知和失措。环境污染与经济贫困交织，资源枯竭与发展滞后共轭，生态脆弱与素质低下孪生，这是所有生态退化地区的共同特征。淮河流域污染的反弹说明，区域生态安全不能只从单个环境因子或单项控制措施出发去治标，而要同时从经济建设和社会调控出发实施复合生态管理，从根本上铲除生态破坏的土壤。

1.2.5.3　城市生态安全

城市生态安全包括稀缺性的生态资产供给安全(如淡水、能源、矿产、生物质等)，由资源过载程度表达；环境污染物容纳净化和适宜生境的支撑安全(如水体、大气、土地、景观等)，由环境负荷与容量关系来表达；维系生态过程平衡的缓冲调节安全(如碳氧平衡、气候调节、水文循环等)，由生态调节活力来表达。

生态安全是动态、进取的，而不是回归、保守的。生态安全不仅需要环境本身有一定的刚性和柔性，还需要环境与经济的协同进化和可持续发展。生态安全取决于资源承载能力、环境恢复能力、协同进化能力和社会自调节能力的大小。生态安全的科学内涵如下：一是生态系统结构、功能和过程对外界干扰的稳定程度(刚性)；二是生境受破坏后恢复平衡的能力(弹性)；三是开拓生态位、与外部环境协同进化的能力(开拓性)；四是生态系统内部的自调节自组织能力(自组织性)(图1.6)。

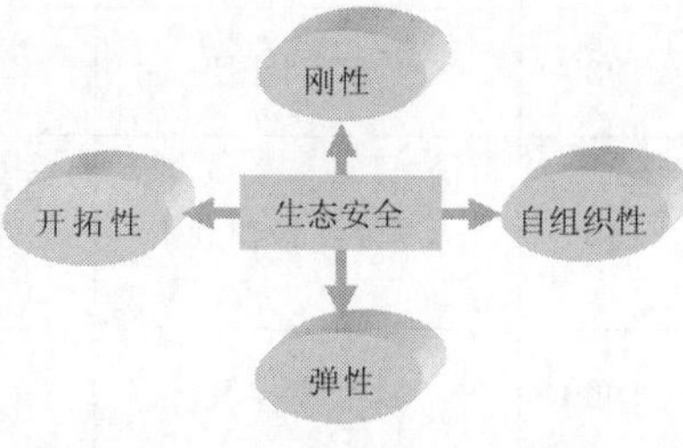

图1.6　生态安全的科学内涵

生态安全的动力学机制有客观和主观两方面。瘠薄脆弱的生态环境、僧多粥少的自然资源、积重难返的历史问题和违背生态规律的人类活动是生态安全失衡的客观原因；还原论的思想方法和科学技术、条块分割的管理体制和考核指标，是生态风险经久不下的人文土壤。生态安全管理的宗旨不是单纯头痛医头地治理污染、强化控制，而是从深入了解风险的生态动力学机制出发，运用生态控制论方法调理系统结构、功能，诱导健康的物质代谢和信息反馈过程，建设和强化生态服务功能，把生态风险降到最低程度。

1.3 城市生态规划与建设实践

1.3.1 国外生态城市建设的发展趋势

生态城市建设起始于英国的新城镇运动，城市发展理论的演化及不同阶段见表 1.2。19 世纪末，英国政府以“城市改革”和“解决居住问题”为名，授权英国社会活动家霍华德(Ebenezer Howard)进行城市调查和提出整治方案。霍华德受到圣西门、傅立叶、欧文和其他空想社会主义者的社会思想和“理想城市”的影响，对社会上出现的种种问题，如农民流入城市造成城市膨胀和生活条件恶化等问题进行了研究，于 1898 年出版《明天——一条引向改革的和平道路》，1903 年该书再版时更名为《未来的田园城市》，该书的基本思想是“田园”思想。霍华德认为，城镇是一种完全社会和功能化的结构，能为城里的居民提供足够多的工作机会；有足够的空间为城市提供阳光、空气和优雅的生活；周围被绿化带环绕，不仅能为城镇人口提供农产品，而且能为他们提供休闲和娱乐的场所。

表 1.2 城市发展理论的演化及不同阶段

年份	集中主义		分散主义	
	解决方法	提倡者	解决方法	提倡者
1800			“自然分散”	Owen R.
1850			“点状分布” “自由村落”	Salt T. Cadbury G. Lever W.
1900			“田园城市”运动	Howard E.
1935	“城郊小屋”	Corbusier	“广亩城市”理论：新村落计划	Wright F. L.
1955	反“城乡一律化”	Nairn	新“镇”运动	Mumford Osborn TCPA
1960	城市多样性	Jacobs Sennett		
1970	“返回城内”	De Wofle		
1975	紧凑城市	Dantzig Saaty		
1990	紧凑城市	各国政府 Newman Kenworthy ECOTEC CPRE FOE	市场解决 “完好生活”	Richardson G. Evans Cheshire Robertson S. Holliday G.

在这本著作中，霍华德进行了有关建设田园城市的论证，即当时的城市和乡村都具有相互交织着的有利因素和不利条件。城市的有利因素在于有获得职业岗位和享有各种市政服务设施的机会；不利条件为自然环境的恶化。乡村有极好的自然环境，但是没有城市的物质设施和就业机会，生活简朴而单调。他虽然认识到了城市这个庞然大物所固有的危机和问题，但在这个基础上，霍华德并不寻求用治本的建筑规划改建城市本身来摆脱困境。霍华德认为，庞大的城市是“重病号”，不应该用规划的手段，而首先应该把居民迁移到别的居民点，用不断减少城市居民数量的办法医治这些“重病号”城市。

在上述论证的基础上，霍华德产生了关于建立“城乡磁体”来调整、重新安置人口的概念。该概念出现于城市与乡村以外的自然生境中，兼有城市与农村生活的一切优点，并使城市生活和乡村生活像磁体那样相互吸引、共同结合。在人工环境的规划上，霍华德在 1902 年开始在离伦敦 30 英里的 Letchworth 建立第一座花园城市。1920 年，霍华德在 Welwyn 开始建立第二座田园城市。它是一种以联盟形式组成的城市居民点，每个联盟由 6 个田园城市围绕着 1 个地区性文化公共中心组成，其中每个田园城市的人口为 3.2 万人，公共中心的人口为 5.8 万人，所以每一联盟的城市居民总人口就是 25 万人。按照这个设想，田园城市既保持了农村环境的特点，又在文化教育等服务设施方面取胜，因而具有巨大的吸引力。由此可见，田园城市是一个经济自治和完全独立的实体。这两座田园城市的建设是最早探索生态城市的成功尝试。

近年来，在许多发展中国家，城市的健康问题日益突出。因此，“健康城市”成了第三世界一些国家可持续城市或生态城市的代名词。例如，在墨西哥，许多城市的健康和营养问题已经成为其人口迁入市中心的主要限制因子。所谓“健康城市”其实就是城市在建设和发展过程中，不会出现影响城市居民健康的因素，也不会产生对城市动植物的危害效应。“健康城市”最为基本的要求，是没有生活极为穷困和不卫生的贫民区，没有严重危害居民身体健康的各种疾病，没有可见的环境污染。

根据世界卫生组织（WHO）的提法，健康城市是“通过政府和群众组织的联合，致力于解决城市的主要健康和环境问题，作为其从事或计划的动议权”。在此，WHO 强调了城市建设和发展过程中健康成分的重要性。并且，由于城市健康问题涉及城市基础设施、土地管理、市政财务和工农业生产的发展，因而具有一定的综合性。

WHO 还强调，每届市政府应该通过政治信奉、机构强化、改革举措、公众参与和管理信息网络等机制，以改善城市地区的卫生和生活条件。也就是说，健康城市的关键在于市政府管理城市环境、改善城市居民生活与卫生条件的能力和措施。

特别是，健康城市的基本条件，是首先检查能量、食物、农业、宏观经济规划、住房、土地利用、交通和其他领域的决策和着手的建设项目是否具有健康的内涵和意义。对于那些有碍卫生和不健康的条例或内容，必须进行必要的调整和删改，以促使其符合健康城市的基本条件。因此，各种发展和建设项目的健康影响评价以及提出有关居住区、工作场所和学校等特定区域的健康政策，是健康城市的重要环节。

根据 WHO 的调查，在美洲地区，符合健康城市条件的城市有 100 座；在非洲地区，有 30 座；在地中海以东地区，有 30 座；在太平洋以西地区，有 30 座；在东南亚地区，有 10 座。

1991—1992 年，WHO 首先在巴西的里约热内卢开展了一项“城市健康计划”。随后，孟加拉国吉大港市和泰国首都曼谷也相继开展了“城市健康计划”的探索。

在曼谷，主要的健康问题包括环境污染、固体废物大量排放和营养不良以及有关的问题。曼谷的“城市健康计划”分3个阶段：(1)启动阶段，主要包括熟悉城市环境、揭示健康问题、财力状况与来源、草拟建议书、生态决策和环境许可等；(2)组织阶段，包括环境分析、工作计划、环境战略、建设容量等；(3)实施阶段，包括提高居民的健康意识、鼓励公众参与、促进改革、提出公共健康方针和城市发展战略规划等。

吉大港市是孟加拉国的一座古老城市，到1960年，人口仅有30万，面积10.24 km^2。20世纪60年代以来，城市迅速膨大。到1993年，其人口达到200万左右，面积为183.4 km^2。目前，吉大港市已成为孟加拉国主要的工商业城市、主要的海港和第二大城市。然而，城市的迅速发展导致许多健康问题的出现。尤其是，占全城40%～67%的人口拥挤在110个贫民区，卫生条件恶化。为了改善健康状况，在WHO的协调下，吉大港市于1993年开始了“健康城市项目”。参与这个项目的组织和个人极为广泛，包括国际组织、政府部门、私人机构和社会团体等，涉及的问题主要有7个：城镇规划、基础设施和经济发展；改善贫民区的居住和生活条件；教育和雇佣(降低失业率)；供水与卫生；环境保护；排水和污水管网建设；医疗和儿童健康。

目前，被联合国授予“最适宜人居城市”的分别是加拿大的温哥华、法国的巴黎、意大利的罗马、澳大利亚的悉尼、巴西的库里蒂巴。其中，前4个在发达国家，库里蒂巴在发展中国家。库里蒂巴的生态城市建设始于20世纪60年代，它的建设深刻地体现了城市中自然与人的融合和和谐的思想，成为国际上生态城市建设的典范。

库里蒂巴生态城市建设的特点体现在几个方面：

(1)公交导向式的城市开发规划

该市的城市规划思想是沿着5条交通轴线进行高密度线状开发；改造内城；以市民为本，而非小汽车为本，大力改进公共交通。促进交通系统中人与自然的和谐，这与巴西大多数城市依赖于小汽车的城市发展方式截然不同。

在土地开发上，该市逐步拓展形成了一体化交通网络、道路网络，并着力实施有利于改善和保护城市生活质量的各种土地利用措施。城市外缘是大片线状公园绿地。总体规划规定城市沿着几条结构轴线向外进行走廊式开发。城市主轴放射状的公共汽车系统是城市开发的重点，这些轴线在城市中心交汇。城市轴线构成了一体化道路系统的第一个层次；拥有公交优先权的道路把交通汇聚到轴线道路上，而通过城市的支路满足各种地方交通和两侧商业活动的需要，并与工业区连接。

库里蒂巴不仅鼓励混合土地利用开发的方式，而且总体规划以城市公交线路所在道路为中心，对所有的土地利用和开发密度进行了分区。5条轴向道路中的4条所在地块的容积率高，而其他公交线路服务区的容积率相对低，离公交线路越远的地方容积率越低。城市仅仅鼓励公交线路附近2个街区的高密度开发，并严格抑制距公交线路2个街区外的土地开发。

一体化道路系统提供的高可达性促进了沿交通走廊的集中开发，轴线开发使宽阔的交通走廊有足够的空间用作快速公用干道。目前，城市有2/3市民每天都使用公共汽车，并且做到公共汽车服务无需财政补贴。每年减少的小汽车出行达2700万辆次。

(2)绿化与水系统

库里蒂巴的绿化注重树种多样化配置和视觉美学效果，同时也为野生动物提供栖息地，绿化所用树木多是本地树种。公园建设强调文化多样性和生物多样性。公园由政府免费提供绿地，由不同社会实体进行保护和开发，建成有特色的主题公园，公园中的建筑面积不超过1/3。

公园中保留一定面积的森林、草地和湿地，维护地方的生物多样性稳定。

在水治理方面，没有搞“截弯取直”工程，也没有铺设硬化的河床与河道，全部是自然水道和水体，维护了城市的水文生态平衡。

(3)社会和谐发展

库里蒂巴的生态城市建设突出体现社会可持续发展。目前，库里蒂巴有几百个社会公益项目，从建设新图书馆系统到帮助无家可归的人。在最贫穷的邻里小区，城市开始了“Line to work”的项目，目的是进行各种实用技能培训。库里蒂巴还积极开展救助街道儿童项目，把露天市场组织起来，以满足街道小贩们的非正式经济要求。公园和绿地建设项目使得人均公共空间从0.5 m^2 增加到52 m^2。此外，该市已经增加植树150万棵。公园和绿地网络受到专职人员和志愿者的保护与维修。

公共汽车文化渗透到各方面。该市把淘汰的公共汽车漆成绿色，提供周末从市中心至公园的免费交通服务或用于学校服务中心/流动教室等，为低收入邻里小区提供成人教育服务。

环境得到改善并且保护了中心区的文化遗产。许多街道、广场被改造为步行区，历史建筑得到很好保护。古老的工业建筑转变为商业中心、戏院、博物馆和其他文化设施。库里蒂巴较为著名的环境项目是1988年实行的“垃圾不是废物”的垃圾回收项目，垃圾的循环回收在城市中达到95%。每月有750吨的回收材料售给当地工业部门，所获利润用于其他的社会福利项目。同时，垃圾回收利用公司为无家可归者和酗酒者提供了就业机会。这些简单的、讲究实效且成本很低的社会公益项目，旨在成为库里蒂巴环境规划的一部分，并使得城市在环境和社会方面走上了一条健康的发展之路。

1.3.2 生态城市建设的基本内涵

生态城市是一类具有经济高产生态高效的产业、系统负责社会和谐的文化、结构健康生命力强的景观的行政单元。其建设目标是通过规划、设计、管理和建设生态景观、生态产业和生态文化来实现结构耦合的合理、代谢过程的平衡和功能的可持续性。生态城市是以生态经济学、系统工程学为理论基础，通过改变生产方式、消费行为和决策手段，实现在当地生态系统承载能力范围内可持续的、健康的人类生态过程。体制综合、科技孵化、企业投资、公众参与和政府引导，是生态城市发展的关键。

生态城市建设是基于城市及其周围地区生态系统承载能力的、走向可持续发展的一种自适应过程，它有下列5类进化式目标：

(1)生态卫生。通过鼓励采用生态导向、经济可行和与人友好的生态工程方法处理和回收生活废物、污水和垃圾，减少空气和噪声污染，以便为城镇居民提供一个整洁健康的环境。生态卫生是由技术和社会行为所控制、自然生命支持系统所维持、生态过程给予活力的人与自然间的一类生态代谢系统，它由相互影响、相互制约的人居环境系统、废物管理系统、卫生保健系统、农田生产系统共同组成。生态卫生系统是人类与其工作、生活环境(包括食物、水、能量和其他物资的源；臭气、粪便、苍蝇、病原体和肥料的汇；具有物理、化学、生物和工程净化功能的流；具有缓冲和储存厨房、洗澡间、厕所污水功能的库等)及其社会网络(包括文化、组织、技术等)的生态复合体系。

(2)生态安全。为居民提供安全的基本生活条件，如清洁安全的饮用水、食物、服务、住房及减灾防灾等。生态城市建设中的生态安全包括水安全(饮用水、生产用水和生态系统服务用水的质量和数量);食物安全(动植物食品、蔬菜、水果的充足性、易获取性及其污染程度);居住区安全(空气、水、土壤的面源、点源和内源污染);减灾(地质、水文、流行病及人为灾难);生命安全(生理、心理健康保健,社会治安和交通事故)。在发展中国家城市尤其是其城郊结合部的边缘地带,这些问题尤其突出。

(3)生态产业。强调产业通过生产、消费、运输、还原、调控之间的系统耦合,从传统利益导向的产品生产转向功能导向的过程闭合式的生产。对于那些具有一定的产业基础、需要进行提高和改革而又缺乏经济增长动力的城市而言,产业的生态转型尤其紧迫。环境污染源于人类活动对生态系统耗竭与未被充分利用的资源在环境中的滞留,即系统的输入与输出相比或者过少或者过多。为解决此类问题,生态城市建设中应大力发展生态产业。产业的生态转型应遵循以下原则:功能服务为导向而不是产品生产为导向;企业间及部门间食物网式的横向耦合;产品生命周期全过程的纵向耦合;工厂生产与周边农业生产及社会系统的区域耦合;具有多样性、灵活性和适应性的工艺和产品结构,软件、心件优于硬件,实行进化式管理,增加研发和售后服务业的就业比例,实现增员增效而非减员增效,尊重人格和知识经济等。

(4)生态景观。强调通过景观生态规划与建设、优化景观格局及过程来减轻热岛效应、水资源耗竭及水环境恶化、温室效应等环境影响。城市生态问题有三类主导因素:资源在输入与输出人类社会时物质的滞留与耗竭,生态系统结构和功能的破碎与板结,处理整体与局部关系时的短视与自私。为了使破碎与板结的生态系统得到恢复,人类必须借助景观生态规划提高生态整合度。这里,生态景观是社会—经济—自然复合生态系统的多维景观,包括地理格局、水文过程、生物活力、人类影响和美学上的和谐程度。生态景观规划是一种整体论的学习过程,推动人们认识生态景观是如何耦合、行使功能和具有生命活力的。它是一种整体性的设计过程,以此达到物理形态、生态功能和美学效果上的创新。可持续的生态景观应该根据中国具有几千年传统的风水理论中的科学原理进行规划,其中包括整合性、和谐性、流通性、活力、自净能力、安全性、多样性和可持续性等。为达到景观的生态整合,应加强法制建设及规划管理,并对现在的总体规划进行细致而具有生态内涵的修订。

(5)生态文化。以整体、和谐、还原和自生的生态学原理为基础,培养一类具有高的生态意识和继承历史文化的群体生态智人。管理者们习惯于短期的、小规模的、原因—效果的链式推理和单目标管理方法,并试图通过简单的链式管理来解决复杂的生态系统网络问题。在生态城市建设中,应在以下领域加强生态文化建设:认知文化(哲学、科学、教育);体制文化(组织、立法、政策制定);物态文化(建筑、景观、艺术);规范或准则(宗教、价值、道德);行为(生产、消费方式、习俗)等。这是生态城市建设中最重要和最困难的工作,需要自上而下和自下而上相结合的双向方法以及科学和行政上的诱导,改变人们的生活方式、生产方式和生态意识。

结合以上五个层面,各个城市应根据自己的具体情况制定发展目标。基础比较差的发展中城市应从前三项抓起,发达地区城市应重点抓好后三项建设。

生态城市的发展可分为四个阶段:概念启动与综合规划,景观规划和立法,生态工程设计与建设,生态系统调控与管理。生态城市建设有赖于五种动力:政府引导,科技催化,企业赞助,公众参与和舆论监督。以上是对过去 20 年中国不同规模和不同发展水平的多个城市生态规划和建设案例的研究所做的简要总结。

1.3.3　大丰生态市规划与管理:上下三十年

大丰是苏北沿海淤长型滩涂地区的一个县级市。20世纪80年代中期,大丰也希望像苏南一样大力发展先污染后治理的乡镇工业。当时,我们组织了一个考察组到大丰调研。我们认为,它不能走苏南地区的路,必须首先要做好规划,即立足本地资源、潜力,制订未来发展计划。从1987年开始,在国家环境保护总局和国家科委的支持下,我们配合大丰县人民政府编制了全国第一个生态县规划。该规划于1989年完成,于1990年被县、市人大通过付诸实施。

规划分成三个阶段:1990—2005年,是生态市建设的生态农业、生态工业和生态社会全面启动、观念转型和能力建设阶段;2005—2020年,是生态市建设全面展开、产业转型和体制改革阶段;2020年以后是生态市建设全面优化、社会转型和功能和谐阶段(李锋等2006b)。

2006年,规划的第一阶段完成。我们组织了对过去15年经验教训的回顾性研究和未来15年的第二轮生态市规划编制。过去15年,大丰的工农业生产总值翻了三番,2004年GDP比1986年增长100亿元,城市化水平从1992年的16.5%提高到2004年的38.7%,三产业比例由1986年的53.1∶28.6∶18.3调整到2004年的29∶39∶32。作为以前全国2000多个县中处平均水平的县,大丰从2004年起跻身全国县域经济百强县第95位。15年来,大丰与相邻地区相比人口少生20万人,出生性别比正常。另外,大丰增加了30万亩土地,人少地多,好于全国人均占有土地比例。大丰的环境基本上保持在20世纪80年代中期刚刚改革开放时的环境质量,包括水、气、绿地等。麋鹿、丹顶鹤两个国家级自然保护区核心区面积扩大1倍,麋鹿种群增加10倍。大丰在国际上获得了很多荣誉,在国内也得到了30多个国家级的称号。

大丰生态建设的成功经验是探索了"统筹城乡,统筹人与自然,生态整合,科学规划,系统管理"的新型发展模式,在全县大力推进生态农业与生态工业的链团网点建设和社会生态能力建设,在良性循环中高效利用各种资源,把环境污染问题解决于生产过程之中,为发展"循环经济"奠定基础。大丰的生态建设主要采取了以下措施:一是生态农业的规模化、产业化和链网化,不仅是单一的农户式经营,而是公司加农户一条龙的生产体系;二是生态工业与链网型生态经济,把工业企业之间、工业与农业之间紧密结合成一个有机的整体,以农副产品为原料的食品加工业已逐步形成"原料基地—加工—销售"的"农—工—贸"生态模式,成为大丰的一个支柱产业,纺织业已形成完整的棉(桑)—轧花—纺(缫丝)—织(丝织)—印染—服装的一条龙加工工业体系和规模化的纺织产业基地生态链;三是生态城镇及区域生态整合,从区域层面扭转了"村村冒烟"、"组组排污"的局面,建立了大丰生态经济开发区和海洋经济开发区,基本形成了工业向经济开发区和产业园区集中的态势,积极推进城乡一体化、产业生态化的进程,不断加强市域的环境基础设施建设、城区绿地建设、小城镇及中心村的生态建设和绿色社区、绿色学校建设,大幅度提升了城镇生态建设水平和可持续发展能力;四是观念转型和社会生态能力建设,通过举办各种学习班、培训班进行技术培训和观念培训,在全市树立了全局观念、长远观念、资源观念、法制观念、群众观念和正确的政绩观念,为生态建设奠定了科学民主决策的社会基础。

但是,我们的规划也只有20%被接受和实施,80%未被实施。造成这种情况的原因,除规划本身的问题外,还有很多深层次的问题,主要是体制性的障碍、能力性的瓶颈和技术性的营养不良。这些问题制约了大丰的生态建设,使生态建设遭遇了很多矛盾:一是面向循环经济和和谐社会的生态整合要求与现实条块分割的传统管理体制间的矛盾；二是生态规划缺乏法律基础支撑；三是政绩考核缺乏可持续性，生态激励机制不健全；四是政府主要官员调动频繁，政策缺乏连续性；五是生态资源缺乏统筹管理；六是生态基础设施投入过低，建设不足；七是信息反馈和生态补偿机制匮缺；八是生态建设人才奇缺，培训机制不健全；九是科技投入不足，技术产业孵化、催化和集成化的能力不足。

在总结经验教训的同时，我们对大丰下一个十五年的可持续发展作了第二阶段的新规划，主要包括生态建设、循环经济、和谐社会三方面内容。新规划的战略重点包括：

——弘扬张謇屯垦移民精神，加速滩涂湿地生态保育、自然保护区建设和土壤的快速熟化与合理开发利用，为国家培育更多的熟地，吸纳更多的移民，为市民创造更多的财富。

——滩涂生态演替过程中，必须以保护为主，但也必须适度少量地开发利用，如拿出10%的滩涂土地进行合理开发利用，以增强当地农民生态保护和建设的能力。当然，也有人认为，滩涂土地应该完全任其自然，不能开发利用，另一方面沿海渔民过度无序地开发也导致了滩涂生态系统的一系列问题，我们不赞同这种观点。

——积极推进乡村生态卫生、城市生态社区、农田生态管理和区域生态景观建设，加速城乡水资源、水环境、水生境、水安全的生态工程整治，活化区域水生态，净化城乡水环境。

——水是大丰生态建设的瓶颈。由于大丰的面源污染还未能有效地控制，河沟里的水基本上是不自然流动的，为此要通过乡镇的生态卫生、城市的生态社区和农田的生态管理来保障区域的生态安全。

——大力推广普及太阳能、风能、生物质能、地热和潮汐能等阳光能源的基础建设和系统研发，大力节约生产和生活用能。

——系统推进从封闭、低效的传统小农经济向光合资源深加工、生态产品物流业以及自然生态服务业转型。以公司带农户的方法把小农经济转变成现代的规模型经济。

——系统推进从产品导向、利润挂帅的传统工业经济向功能导向、服务为本的一二三产业复合型社会生态和农田生态服务业转型。

——系统推进从传统旅游服务业向生态休闲产业、传统建筑业向人居环境产业转型，发展高档次、高产值、高信息含量、新型服务理念的第三产业。

——以公司加农户、农场带农村、农业升工业、二三产带一产的模式推进大丰的农业产业化、农民集约化、农村现代化和农田信息化建设。

——借势上海，加快大丰和上海的协同共生、互利互补，把大丰建成上海可靠、放心的米袋子、菜篮子、肉铺子和后花园。

——加大与国内外、特别是上海市科研院所及企业在体制改革、产业转型、人才培养和能力建设领域的全方位合作，强化大丰科技规划、策划、催化、孵化的自生能力。

整体来讲，大丰市有一些成功的经验值得推广，但是也有一些失败的教训可以借鉴。

1.3.4 北京共轭生态规划

北京城市发展面临的主要问题是“摊大饼”，不断地往外摊，建设五环、六环。可以证明，“摊大饼”格局经济效益高但生态效益低。传统规划强调建设用地规划、城镇体系规划，缺乏区域生态统筹规划和非建设用地规划；只考虑二维平面规划，很少考虑三维的地下和近地空间资源以及建筑物顶层和里面的合理利用规划；重视生产生活用地用水，忽视生态用水；重点考虑物理环境和脆弱地带的约束性控制，对生态服务功能的诱导性发展规划不多；关注单个文物保护，没有考虑到整个生态文脉和城市肌理的保育；对“动脉”设施建设考虑多，对“静脉”设施建设考虑少；对纵向管理分工明确，部门与部门之间横向耦合机制和体制薄弱。

在北京新一轮城市总体规划研究中，我们针对这些问题探讨了兼顾以上方面的共轭生态规划方法。我们把整个空间分为四类：绿色空间指植被、农田、林地等，蓝色空间是水体、湿地等，红色空间是建筑物、构筑物，灰色空间是交通干道、废弃地、河滩缓冲地等。灰色空间具有两面性，交通主干道在白天高峰期是污染的廊道，大量污染物排放出来，但在深夜交通流量小时又是一个环境净化的廊道。再如蓄洪区，洪水来了能起到蓄洪的作用，洪水退了以后成为缓冲地。因此，灰色空间是我们要研究的重点。

传统规划只是控制性规划，只强调不能干什么，哪里不能干。鉴于此，我们需要一个诱导性规划，进行具体指导。例如，1958年北京已经规划了许多卫星城，但是这些卫星城的居民到城里来很不方便，而且卫星城本身的基础设施和配套服务不健全，人们不愿意去。诱导性规划既要集约利用土地，优化土地的经济服务效益，又要与自然和农林生态系统有最大的边缘效应，实现最大的生态效益。城市发展应通过“糖葫芦串”格局往外扩展，沿着交通主动脉布局多功能的城镇串。如果每一个小城镇到城里的时间不超过半小时，那里的自然条件又很好，基础设施很方便，那么企业和居民自然会去落户。

首先，首都共轭生态规划要“展肢瘦身”。市中心活动太密集，要想办法舒展开去。所谓“展肢”就是几条“胳膊”要伸出去，但是“胳膊”一定是交通非常方便的轻轨主动脉，而且沿着主动脉部署“糖葫芦串”。其次，要“舒筋活络”，即疏浚、活化城市人、物、气、水的流通网络，特别是城区的风道、水道、交通和静脉网线，改造、优化城市不同等级的交通枢纽、节点和物质、人员转运站点。第三，要“外楔内插”，即从外向内楔入有一定经济效益的绿蓝空间，内部见缝插针，利用各种灰色和蓝色空间廊道如高压线走廊、河道和交通干线切红缀绿、改灰复蓝。第四，要“入地上天”，即从平面生态建设向空中和地下空间发展生态经济活动。

1.3.5 扬州生态市建设规划与管理

扬州市地处江苏省中部，长江下游北岸、江淮平原南端，属于亚热带湿润气候区。区内气候温和，年平均气温15℃，四季分明，季风明显，雨量充沛，年平均降水量1030 mm。扬州南部濒临长江，地处江淮两大水系下游，境内河湖众多，水网密布，京杭大运河和淮河入江水道纵贯南北。全市总面积6638 km^2，市区973 km^2，总人口447万人，其中农业人口340万人，市区人口107万，建成区人口51.4万。下辖仪征、邗江、江都、高邮、宝应、广陵、维扬7个县(市)、区。

扬州生态市规划的基本思路是：在复合生态系统理论指导下，坚持可持续发展理念，使城市的发展程度、开发强度与城市的自身承载能力相适应，促进人口、资源、环境和经济社会的协调发展；生态建设与文化创新并举，物质文明、精神文明与生态文明同步；实现健康、财富与文明发展的生态现代化；激活生产力要素，提高民众素质，创新淮扬文化，增强可持续发展能力。充分发挥和凸显扬州市的生态区位优势、历史文化强势、人力资源潜力和生态资产实力，实现扬州经济财富的稳定、快速积累以及社会文明的持久繁荣、生态系统与生态服务的持续健康(王如松等 2005)。

在区域生态系统层面上，该规划为市域发展提供指导性、控制性的发展战略；在城市生态系统层面上，为古城保护、旧城改造、新区建设和城郊结合部的开发提供生态调控战略；在社会经济层面上，为产业转型和生态产业建设、为跨越式的发展提供科学依据；在能力建设层面，为体制文化、认知文化、物态文化和心态文化的振兴提供宏观指导对策。

规划包括了扬州生态市建设规划纲要、扬州生态市建设规划和八个专项规划。

扬州生态市建设的总体目标包括三个方面：①以生态产业为龙头，以社会服务和生态服务为目标，促进传统链式经济向循环经济、产品经济向功能经济、效率经济向效用经济、自然经济向生态经济的转型；②促进城乡及区域生态环境向绿化、净化、美化、活化的水乡生态景观演变，为社会经济的可持续发展积累良好的生态资产；③弘扬传统淮扬文化，促进城乡居民传统生产、生活方式及价值观念向生态文化的转型，培育一代有文化、有理想、高素质的生态社会建设者。

规划将全市划分为 5 个复合生态经济区，即中心城市一体两翼生态经济区、滨江平原生态经济区、里下河平原生态经济区、三湖一河湿地生态经济区、西部丘陵缓岗生态经济区。

在产业布局上根据生态市建设原则，结合扬州市域及市区的现状与发展，在 5 个复合生态经济区的基础上形成以"三廊一核"为骨架的扬州产业空间格局，拉动市域经济的腾飞和城乡现代化建设，其相应布局如下：

三廊包括：①沿江及仪征—扬州绿色化工、生态产业走廊。充分利用 81 km 长江岸线，以国内外新兴生态技术和填补市场空白为切入点，以现有优势化工、机械等行业为生长核并与相关产业耦合的生态工业走廊。②大运河光合资源产业及观光农业走廊。发展以生物质产品的生产、加工、集散、营销和再生为主线的生态食品和其他生物质产品加工配送基地及观光产业走廊。③广陵—江都人居环境建设产业走廊。发展以生态建筑为引导、以人居环境和基础设施规划、建设、管理为核心的绿化、美化、净化、活化型人居建筑业和相关环保产业。

一核：指核心城区，包括新老城区和近郊生态功能保护区，重点发展以水乡生态资产和历史文化遗产为基础、以生态旅游为先导的商饮、休闲、保健、文化、教育等百花齐放的人文商旅业；城区产业布局分为五区五园。具体来说，五区包括：古城人文商旅产业区、蜀岗—瘦西湖风景文化产业区、扬州经济开发区、城市生态农业区、归江河网休闲旅游产业区；五园包括：沿江产业园、邗江产业园、江阳产业园、广陵产业园和杭集产业园。核心城区重点部署生态产业研究、开发与孵化基地、休闲度假文化产业基地、高新技术中试基地、生态产品展示博览基地和教育培训产业基地。

在城市景观生态建设上，结合各区、园内的绿色空间落实"有机疏散"的理论，运用景观生态理论对城市发展形态加以疏导和控制，形成合理的人文景观和自然景观格局。人文景观格局主要由古城历史文化保护区、风景旅游文化区、商住混合功能区、经济开发区及生态产业园区和交通网络体系等构成。自然景观呈一弧、两楔、三带、四网的生态网络格局。

在扬州市生态规划与实施期间，全市在环境保护和生态建设方面取得了很大成效。主要成效体现在：①在全市范围内已建成各级"生态村"90 个、环境与经济协调发展示范镇 6 个，宝应、高邮、江都和仪征 4 个全国生态示范区已通过国家环保总局组织的考核验收；全市开展生态建设的地区面积已占全市总面积 95%以上；②开展了农村环境综合整治和农村环境保护目标责任制的"611 工程"等工作；③开展了合理规划乡镇工业小区和防治乡镇工业污染的工作，已创建"清洁文明生产乡镇企业"20 家；④建立了江都绿洋、宝应运西两个市级自然保护区以及仪征铜山、扬州西郊两个省级森林公园，自然保护区和森林公园面积占全市总面积的 5%以上；⑤开展了以防治污染、改善和美化环境为主要内容的城市生态建设；⑥在各县（市）、区普遍开展了生态县（市）建设的科研和试点工作；⑦已得到国家环保总局批复成为南水北调东线水源区国家级生态功能保护区。生态市的建设使扬州地区环境质量明显优于苏南地区。同时，在区域生态建设规划与管理、传统产业的转型与生态产业孵化、城镇人居环境和景观的生态建设以及生态文化的创新等方面，扬州也取得了长足的进展，逐步摸索出了一条保证社会经济快速发展又为城乡居民提供舒适环境的可持续发展之路，成为我国生态市规划与建设的龙头。

扬州生态市建设开展了三大重点基础生态建设，实施了 10 大类、148 项工程项目，其中包括：以水资源调控、水环境治理、水生境保育、水景观建设和水安全保障为核心的区域水生态建设；以生物资源再生、生态工程技术集成、传统产业转型和生态产业园区建设为核心的循环经济建设；以可再生能源利用、人居环境建设、生活方式转变和生态文化振兴为核心的淮扬文化生态建设。

扬州生态市规划是我国一部最系统、最全面的生态城市规划，其对生态市内涵的界定、规划方法和规划一直引导着全国的生态市规划与建设，一些基本理念已为国内学术界所接受，并成为国家环境保护总局制定生态市建设指标与规划编制技术导则的理论与方法依据。不仅如此，在与规划编制单位中国科学院生态环境研究中心的共同努力下，扬州市获得了德国政府的资金和技术支持，开展了生态城市建设与管理的中德合作项目，已取得了明显的社会、经济和生态效益。

生态市建设大大提高了城市的竞争力。在中国社会科学院发布的“2006 跨国公司眼中最具投资价值中国城市”排名中，扬州入围 20 强。2007 年，中国科学院发布的中国城市竞争力蓝皮书表明，扬州排名第 45 位，其中，“环境竞争力”、“制度竞争力”和“政府管理竞争力”都居于前 10 位。根据江苏省城市环境综合整治定量年度考核结果，在 13 个省辖市中，扬州 1998 年列全省第 7 位，1999 年列全省第 6 位，2002 年列全省第 4 位，2006 年列全省第 2 位，所辖 4 县（市）全部成为国家级生态示范市。1999 年以来，该市先后荣获全国优秀旅游城、国家卫生城市、国家环保模范城市、国家园林城市等称号；2006 年，该市获“联合国人居奖”和江苏省科技进步奖。

大丰和扬州的生态规划、建设和管理模式在江苏省和全国城市建设中已产生广泛影响。江苏省在推广大丰和扬州生态建设经验的基础上，形成了人居生态、产业生态、景观生态、人文生态和系统生态五个层次的自下而上、由点到面、滚动发展的江苏生态县—市—省建设网络模式，得到国家及省市有关部门的好评和国际社会的高度关注。全国已有 13 个省开展了生态省建设，223 个县、市被命名为国家级生态示范区，另有 292 个正在创建之中。

第2章 基于生态服务功能的区域共轭生态规划与管理

生态服务功能是当前城市生态系统研究的热点之一。城市的蔓延和强烈的人类活动明显影响着生态系统的服务功能,导致城市自然生态系统的服务功能不断降低。随着城市化进程的加速和环境问题的加剧,人们越来越认识到生态系统服务功能的重要性,开展基于生态服务功能的区域共轭生态规划与管理具有非常重要的意义。

2.1 共轭生态规划

生态规划是包括生态工程、生态管理在内的城乡生态建设三大方法论体系之一,其目的就是通过生态评价的结果和系统规划,运用生态学原理、方法和系统科学的手段来模拟和设计人工生态系统内的各种生态关系,探讨改善系统的生态功能,促进人与环境关系发展可行的调控性对策,重新安排人与环境关系的复合生态系统规划。其最终的目的就是要依据生态控制论原理去调节系统内部各种不合理的生态关系,提高系统的自我调节能力,在外部投入有限的情况下,通过各种技术的、行政的和行为诱导的手段去实现因地制宜的持续发展(王如松等 2001)。

土地生态规划的实质就是处理好社会经济发展与土地生态服务功能保养和培育之间的关系。不同于简单的规划,它是一个多属性多目标的复合生态规划,追求人地关系和谐,社会—经济—土地协调发展。

2.1.1 传统城市规划中的用地规划

(1)独立于自然生态过程的人工环境规划

在我国《城市规划法》中,对城市规划的定义是:指导城市发展和建设的方略,是为了实现一定时期内城市的经济和社会发展目标,确定城市的性质、规模和发展方向,合理利用土地,协调城市空间布局和各项建设的综合部署和具体安排。在我国《土地管理法》中,土地利用规划是指在土地利用的过程中,为达到一定的目标,对各类用地的结构和布局进行调整或配置的长期计划。因此可以说,在我国城市规划中的用地规划是指为了实现城市的社会和经济发展目标，对用地的结构和布局进行调整和配置。这种用地规划是为城市的社会和经济发展而服务的，以人类的需求为导向，将“城市”看作独立于自然生态系统之外的人工环境，强调人类在城市发展过程中的作用，以人类社会生产、生活的空间需求作为土地资源开发和利用的依据。我们必须看到，城市生态系统的演替发展，一方面具有与地球生物圈相通的固有节律和平衡，同时又不可磨灭地被打上了深刻的人为烙印，它受到自然与人的双重作用。所以传统的城市用地规划忽视了城市生态系统本身的自然生产功能，以及由这些功能所衍生的其他生态与环境效益。

(2)用地评价着重点在于建设用地质量评价

为满足城市建设用地的需要，对城市的用地评价着重点在建设用地的质量评价方面，而忽视了用地的自然生态功能。我国现行城市土地利用评价指标体系，在城市总体规划中被称为“建设用地质量评价”，主要包括地形、地貌、地质、地基承载、地表坡度、地质灾害分布、水文条件等内容，大多属于“土地建设经济性”范畴，针对重点是建设活动本身的经济性，这样的土地评价标准是片面的，也是导致现行土地利用规划不符合城市生态系统运作规律的直接原因。

(3)静态规划

现行的城市用地规划只重视规划最终“蓝图”以及与既定城市的性质和预期规模相适应的用地规划，而忽视了对土地资源利用实际发展过程的控制，是一种静态的规划。城市的发展、建设以及其中的生态环境本身就是一个动态的过程，这种静态的规划往往缺乏对规划实施过程的预测和动态的指导，容易造成城市规划过程的失控。因此，必须以发展的、动态的眼光来对城市用地进行规划。

(4)用地资源的生态效率发挥低下

现行城市土地规划和空间建设基本规律之一就是追求城市生态系统运作综合效益的最大化。由于生态与文化效益的发挥具有潜在性和滞后性，现行土地利用规划常常被经济效益的目标所主导，而使土地资源的生态效率发挥十分低下。“摊大饼”式的城市发展被认为是经济效益最佳的发展模式，但同时也是生态效率十分低下的模式，其中城市环境问题尤为突出。因此必须综合考虑城市用地资源的社会和生态效益，进行合理的规划。

2.1.2　共轭生态规划的内涵

共轭生态规划是指协调人与自然、资源与环境、生产与生活、城市与乡村以及空间与时间之间共轭关系的复合生态系统规划。这里的共轭指矛盾的双方相辅相成、协同共生；生态包括自然生态（水、土、气、生、矿等自然生态要素间的系统关系）、经济生态（生产、消费、流通、还原、调控等经济生态活动间的系统关系）和人文生态（认知、体制、文化等上层建筑间的系统关系）三层含义；而规划则指从时间、空间、数量、结构、序理五方面去调控共轭组分间的整合、协同、循环和自生机制及耦合关系。

轭（yoke）是马车行驶时套在马颈上用于拉车的人字形马具，要求左右两轮平衡，车马前后默契，节奏快慢和谐，车马一体共生。如果共轭关系调控不当，就会翻车或偏离前进方向。

共轭（conjugate）是常见于数学和有机化学学科的一个概念，在数学中共轭的定义是以某轴为对称。例如，复平面上的两点以实数共轭轴为对称，则称这两点共轭；在有机化学中，有分子的共轭体系理论。分子共轭体系中原子群体之间的相互制约、相互配合和相互影响，结构和性质发生变化，可以产生共轭效应，表现为单双键交替部分的键长均匀化，即单键键长缩短，双键键长增加；原子趋于共平面；体系的能量降低，趋于稳定化，从而使整个有机化合物的分子结构更加趋于稳定，内能内耗减少，分子极性增大，抗力增加，外力对它不容易破坏。

由此可见，共轭事实上是一种以动态平衡为主要目的的控制方法。共轭的生态规划方法在城市土地管理中主要体现在协调城市建设用地增长和非建设用地保护、城市土地生态服务正向服务和逆向服务、城市与乡村之间共轭关系。城市土地共轭生态规划是在生态学方法的基础上，将生态规划引入城市规划，以协调城市土地内部之间的各种矛盾。它是对现代城市规划理念、技术方法的更新和改进，并不是对当前城市土地规划的否定，而是以调控城市用地机制为主体、以协调城市用地和生态环境之间矛盾为目的，融生态理念和手法于其中的规划方法。

2.1.3 共轭生态规划控制论基础

共轭生态规划旨在协调城市发展过程中的各种动态生态关系，其控制论基础是复合生态控制论原理，即开拓适应原理、竞争共生原理、连锁反馈原理、乘补协同原理、循环再生原理、多样性主导性原理、生态发育原理和最小风险原理。集中于以人为中心的社会—经济—自然复合生态系统发育、演化、兴衰的系统整合、协同、循环和自生机理。竞争是促进生态系统演化的一种正反馈机制，强调发展的效率、力度和速度，强调资源的合理利用、潜力的充分发挥，倡导优胜劣汰，鼓励开拓进取。共生是维持生态系统稳定的一种负反馈机制，强调发展的平稳性、环境的和谐性以及组分间的互补性，强调体制、法规和规划的权威性，倡导合作共生，鼓励协同进化。自生是生物应对环境变化的一种生存本能，强调自组织、自适应、自循环、自修复，倡导天人合一，力避生态风险。共轭生态规划的生态控制论不同于传统控制论的特点就是对于“事理”的调理，强调方案的可行性，即合理、合法、合情、合意。合理指一般的物理规律；合法指符合法律法规；合情指人们的行为习惯为习俗所能接受；合意指符合系统决策者以及系统利益相关者的意向。

城市土地共轭生态规划强调充分发挥生态系统的自组织、自调节的能力，从分析土地生态系统内部的各种生态关系入手，辨识生态系统内部的各种生态关系，探讨通过合理配置土地的空间资源改善系统结构和功能的生态对策，促进城市发展与自然相适应，提高自然空间对人工环境的正面生态服务，强化土地的供给、支持、还原、调节、流通的功能，规避生态风险，将城市发展中的土地生态风险降低到最低程度，弱化人工构筑环境的负面生态效应。

2.1.4 共轭生态规划的目标

共轭生态规划的目标导向是在正确认识人与自然、环境等生态关系的基础上，对城市复合生态系统的发展和演替进行科学预测，提出城市土地科学的规划措施和管理对策。其目标包括生态效率、生态活力、生态稳定。

生态效率可以用生态成本投入产出的比率来衡量。它将资源和环境的消耗和损失纳入经济效益的核算体系中，并不一味追求经济效益的最大化。工业革命以来，经济效益是社会追求的主要目标，人们通过先进的工业技术大大提高了物质和劳动力的利用率，从而提高了系统的效率，但是，这种效率的目标是“投入—产出”效率，该效率是基于资源承载力无穷、环境承载力无限的观念而产生的。生态效率目的在于引导资源循环多级利用、区域之间耦合、产业之间纵向闭合横向耦合、产品的功能服务导向替代产品经济导向。

城市土地共轭生态规划的生态效率目标在于因地制宜地发展当地的潜势产业，优化资源利用结构，提高资源的利用效率。在土地的生态承载力范围内，合理配置产业用地结构和空间布局，提高土地的集约化程度，强化土地的正向生态服务功能，使之为城市的发展提供更好的生态基础，使经济效益达到生态效益以及社会效益齐头并进，综合效益达到最优。

生态活力是对系统持续自生能力的呈现，也是生态规划得以运用到城市土地系统中的特色之一。该目标强调城市人工系统的自我维持并不是依靠大量的能源、资金、劳力的输入才得以完成(如确保城市粮食生产安全的耕地保护、城市人力资源的自我培植、资金的多渠道多途径融资机制)。生态活力包括经济活力(市场竞争力、技术进步贡献、产品多样性、产业链形成等)和社会活力(群众生态意识、体制灵活性等)，它强调自然生态过程在城市土地利用过程中尽可能延续甚至强化，自然生态服务功能在城市复合生态系统中尽可能地发挥。

生态稳定与生态效率和生态活力同样重要。生态稳定强调生态风险最小、系统发展速度与波动幅度的平衡、主导性与多样性的平衡、依赖性与独立性的平衡，它是生态系统组分之间共生关系的表达。稳定的生态系统内部各组分之间普遍存在整体共存、互动共生、和睦共处、和谐共荣、协调共进的关系。这种共生稳定是一种动态的稳定过程，它是在不同的时间、空间、条件下，相互关联、相互组织的演化过程及结果。一方面，这种共生的关系对生态系统的整体性具有制约的作用；另一方面，它又受到系统整体的制约，这是一种相辅相成的关系。稳定的生态系统内部组分之间不是水火不容、你存我亡的关系，而是一种能够相容、和睦共处的关系。这种协调性使生态系统内部诸元素和组分在一定的环境作用下，形成了系统内部一定的结构，而对系统外部却形成了相应的功能。系统互利共生的关系使生态系统得以稳定地可持续发展。

但是以上这种理念在现代城市土地规划和资源配置中却没有得到足够的重视。城市生态共轭规划中的生态稳定性强调土地资源开发利用与生态环境保护之间的平衡，土地生产功能与生态服务功能的协调，城市建设用地和非建设用地之间的合理配置与布局以及土地生态安全格局的构建。

城市复合生态系统的效率、活力、稳定的目标构成了土地共轭生态规划的原则。这三个目标并不是静态一成不变的，城市土地生态规划在系统动态演进过程中强调系统整体可持续能力的提高，而不是某一阶段系统的最优。

2.1.5　共轭生态规划的方法

共轭生态规划有赖于对城市环境、经济、社会和文化因子间复杂的人类生态关系的深刻理解、综合规划及生态管理，这就需要在时、空、量、构、序的范畴和结构、功能、过程层面上进行生态整合。

结构整合：城市各种自然生态因素，技术物理因素和社会文化因素耦合体的等级性、异质性和多样性。

过程整合：城市物质代谢、能量转换、信息反馈、生态演替和社会经济过程的畅达、健康程度。

功能整合：城市的生产、流通、消费、还原和调控功能的效率及和谐程度，以及在交通、建筑、社区、景观领域的方法整合：从技术、体制、行为三层次上开展生态系统的综合评价、规划、设计、建设、管理和调控。

2.2　生态服务与城市共轭生态规划

2002—2005 联合国秘书长安南年在世界范围内组织了一场全球千年生态系统研究。该研究报告指出，传统生态学家只研究自然生态系统，而社会学家只研究人类福利问题。这两者之间表现为四类关系：一是自然给人类提供的生态服务；二是人类对自然的生态胁迫；三是生态胁迫到了一定程度，自然就有一定的响应，通过灾害等各种负面的影响来反馈给城市；四是人还具有主观能动性，可以用正面的建设来减缓这些响应，来建设我们的环境。在城市化过程中，人们从大自然中得到食物、矿产、水、能源等，却以废水、废气、废渣、粪便的方式排到大自然中去，导致了生态的耗竭和滞留现象。自然生态系统为城市提供了很多自然生态服务，而城市化又为维持区域生命支持系统提供了社会生态服务，这两者应该是和谐的，但是城市在生态服务方面能力很弱，这也是久居城市的人向往回归自然的原因。

城市生态服务是指为维持城市的生产、消费、流通、还原和调控功能所需要的有形或无形的自然产品和环境公益。它是城市生态支持系统的一种产出和功效，如合成生物质，维持生物多样性，涵养水分与稳定水文，调节气候，保护土壤与维持土壤肥力，对环境污染的净化与缓冲，贮存必需的营养元素，促进元素循环，维持城市大气的平衡与稳定等。城市生态服务有时折合为生态足迹来计算。城市生态代谢是城市的食物、原材料、产品、能流、水流及废弃物的流入、流出生命周期全过程，具有正负两方面的生态效益和生态影响，城市生态代谢评价是城市产业发展和市政建设的基础和依据，可以通过生命周期评价和投入产出分析来测度。

生态服务的类型主要有以下几种：

(1)供给功能，为城市生产和生活提供水、能、气、土、矿产、生物质等代谢物质和能量；

(2)涵养功能，活化土壤、稳定大气、保持水土、调节水文、孕育生境；

(3)调节功能，调节局地气候、净化环境、减缓灾害、防治有害生物、维持生物多样性；

(4)流通功能，养分循环、废弃物循环再生、花粉传授、基因遗传、污染物扩散；

(5)支持功能，为经济建设、社会发展、科研教育、文化精神生活等提供承载、容纳、欣赏、休闲的物理空间、生态景观和美学环境。

同时，自然生态也会以负面胁迫的方式迫使人类进行改变，胁迫的方式主要是各种自然灾难。与之对应，人类生态中就包括有生态建设，研究如何去修复、治理和保育自然生态环境(王如松等 2004)。

城市是一类双向进化型的生态系统，物理上沿着熵增方向耗散而生物学上却沿着负熵或能值增加的方向进化；生产上沿着内部效益最大化而外部环境效益最小化方向进化；社会上沿着公平性方向均衡而财富上却按马太效应向富者倾斜；城市经济因乡村廉价劳动力的涌入获益而城市社会环境却因此而受累。城市规划与管理的主要任务就是要辨识、模拟和平衡好这些冲突关系。

在北京总规划修编研究中，我们提出和发展了处理城市冲突关系的一种共轭生态规划方法。共轭生态规划是指协调人与自然、资源与环境、生产与生活以及城市与乡村、外拓与内生之间共轭关系的复合生态系统规划。这里的共轭指矛盾的双方相辅相成、协同共生，特别是社会服务和生态服务的平衡、经济生产和自然生产的平衡、空间关联与时间关联的协调、物态环境和心态环境的和谐。

传统城市规划主要是建设用地规划，注重资源的供给和土地利用的控制，而对非建设用地、对区域生态关联考虑较少。环境只被当作一种限制条件在专项规划中出现，对城市生态服务功能以及城乡生态耦合关系等总规中基本不涉及。共轭生态规划从以下九方面考虑如何处理、规划和管理好区域、城乡、人与自然、社会与经济以及内部与外部的统筹关系。

第一，与市镇建设规划相对应的区域、流域和腹地生态系统建设规划，包括区域水、土、气（含能源）、生、矿五大自然生态要素的时空分异规律及其可持续开发、利用与保护规划；区域农、林、牧、渔系统，水资源、水环境、水生境、水景观和水安全网络，以及自然保护区、森林公园、风景名胜区、开放空间的生态整合规划。

第二，与环境敏感区、生态脆弱带、自然保护区控制性规划相对应的风水廊道、生态网络、边缘效应、城市农林业等生态服务空间的诱导规划。一方面控制城市发展不能干什么，另一方面诱导城市发展可以干什么。即，一方面要辨识和避开那些不宜建设的生态敏感用地或生态脆弱带，包括水源涵养区，洪水调蓄区，土壤侵蚀、土地沙化、土壤盐渍化、地下水敏感区以及地质灾害敏感区等；另一方面还要在城乡建设过程中充分利用、有意营建和精心保育生态系统本身的调节能力，如土壤、湿地、水网、廊道、荒地、地上及地下空间以及建筑物构筑物表面为人类活动提供的服务功能，实施近于自然的生态调节。

第三，与传统基本农田、文物古迹、风景名胜和自然保护区的单项保护规划相对应的城市生态肌理、社会文脉和基本生态服务功能整体保育规划。很多保护规划往往只保护单个景点、单栋房屋、单个文物，但从生态系统尺度上对城市的自然和人文的风水、文脉、肌理、特征的整合性保护与系统管理很缺乏。

第四，与建设用地规划相对应的非建设用地（农、林、草、水、园、废弃物堆放场及开放空间）的结构和功能规划。可以把北京的空间分为绿色空间（有植被覆盖的农田、林地、灌丛、草地、园林等）、蓝色空间（河流、湖泊、水库和湿地等）、红色空间（建成区内的人工建筑物、构筑物所占用的非开阔空间）和灰色空间（无植被覆盖的开阔工程用地、矿山、废弃地、蓄洪用地和交通廊道等）四类。北方的绿色空间到冬天就变成了灰色空间。灰色空间具有两重性，可能转变成绿色空间，也可转变成红色空间。如交通廊道在交通拥堵时是污染滞留的廊道（研究表明，城市交通干线近地表污染物的浓度是城市公园的 2～5 倍），但在交通稀少和气候条件较好时又是污染扩散的通道。又如蓄洪区，洪水来时能起到蓄洪的作用，洪水过后，它可能变为绿地。共轭生态规划考虑怎么有效安排四类空间的有机耦合，使“绿韵”、“蓝脉”、“红斑”和“灰廊”相辅相成，城市绿业（园林）、农业、林业、水业和（废弃）物业等综合生态服务业协调发展，实现每一生态基本单元都有共轭的生产、生活与生态服务的复合空间，使其人流物流发生量最小而平均享受的自然生态服务功能最强，达到经济生产、社会生活与自然服务功能的共轭。

第五，与传统二维土地利用规划相对应的地下及近地空间的三维资源利用、环境保护和环境容量规划。将有限的二维土地扩展到三维空间，确保被占用土地的原有生物质生产潜力、五大自然生态要素的生态服务功能以及原住地居民的社会福利和发展机会不减少或有所增加，城市的文脉肌理和生态特征得到保存或改善。

第六，与工农业生产用水、生活用水、城市用水相对应的自然生态用水规划。城市人类活动占用和污染了大量的自然生态用水，包括对上下游自然生态用水的占用、对地下水的过度开采、对地表水的污染和城市过度密集的硬化地表对地表水的过量蒸发和蒸腾，导致城市水脉的破坏、水文的紊乱、水质的恶化和湿地生态系统的退化。自然生态用水还包括野生生物需水、水文循环需水、蒸发蒸腾需水、郊野景观需水、气候调节需水等。据估计，城市对自然生态用水的占用相当于工业用水、生活用水、城市用水以及部分农业用水的总和。而传统城市规划除少量景观补水外，很少考虑自然生态用水问题。北京的自然生态需水被人为占用达60%以上，那相当于建成区土地2.5倍的水资源全被利用了，由此造成植被退化、空气干燥，居民生活舒适度降低。北京的水生态足迹为人均232 m^2，水文面积总计32000 km^2，为市域面积的两倍或建成区面积的32倍。建设中的南水北调中线工程从长江流域的丹江口水库调水，每年将给北京补水10亿m^3，基本上能解决平水年北京的生产生活用水和水安全的缺口问题，但要补齐首都的自然生态占水36.57亿m^3，这无论在生态和经济上都是个天文数字，单靠从丹江口水库调水是解决不了的，这就是为什么北京的人口承载力不能超过1800万人的主要原因。水的共轭生态需要权衡上水（水资源）与下水（水环境）、径流与地下水、防渗与回灌、抗旱与防洪、生产生活用水与生态服务用水、污水的集中与分散处理、人工与自然处理等冲突关系。

第七，与能源开发、利用、节约规划相对应的能源耗散、更新和影响减缓规划。现行的城市能源专项规划只计算需要多少化石能和配套的基础设施建设，不仅缺乏对可更新能源的利用规划，对于能源使用后变成废热形成的热岛效应、污染效应、温室效应和扰民效应也缺乏关注。环保部门只对主要物态型污染排放有控制方案，但缺乏对能源利用的整个生命周期过程的研究和相应的减缓环境影响的规划。

第八，与城市物流、人流、交通和资源能源供给的生态动脉（维持城市复合生态系统生产和生活功能的资源流，如水、电、热、气、原材料、成品、半成品等及人流通道）规划相对应的下游废弃物循环再生的生态静脉规划（城市污水、垃圾、粪便、固体和危险废弃物代谢的运输、储存、净化、处理和循环再生通道），包括污水资源的集中与分散处理相结合的净化、再生、循环利用规划，固体废弃物和粪便的无害化、资源化和生态工程建设规划。将传统水利管理改为包括水资源、水环境、水生境、水景观、水安全在内的水务管理，垃圾清运和化粪池管理改为生态卫生和经脉产业管理。

第九，与纵向、树状管理体制建设相对应的横向耦合、综合决策、系统监测、信息反馈和能力建设的复合生态整合规划。举个例子，中国大多数城市道路中间的绿地都高于两边路面，雨水一来，将地表污染物冲到路面，由路面再通过下水沟汇集到地表水体中，增加了水体的污染负担，同时水又无法回渗到地下，阻断了地下水的正常补偿途径。城市给排水的概念已从传统的给水改为补水（补齐循环利用周期的损失部分，补齐地下和自然生态占水），传统的排水改为净水和滞水（尽可能把水变干净、留下来，回渗到地下）。绿地的功能也从单纯怡神悦目的景观功能向涵养水资源、净化水环境、调节微气候的复合生态功能转化。所以国外很多城市的绿化带一般比周边路面要低一些，下设湿地生态工程和溢流管。这样既有景观功能，又有雨水净化、水源涵养、湿地回渗、减灾防灾和气候调节等生态服务功能，能大大减少头道雨水对地表水体的污染负荷、减少雨洪灾害。但现行城市管理体制，环卫、绿化、水利、建设部门各司其职、各尽其责，单个部门似乎都没问题，但整体效率却很低下。

城市共轭生态规划包括生态概念规划、生态工程规划和生态管理规划。城市生态概念规划包括自然和人类生态因子规划、生态关系规划、生态功能规划、生态网络规划。

(1)自然生态因子规划：水(水量、水质、水生、水景、水灾)；火(太阳能、化石能、气候、大气)；土(土壤、土地、地质、地理、景观)；木(植被、作物、动物、微生物及其他生命有机体)；金(矿产、建材、营养物、废弃物)。

(2)人类生态因子规划：人口(数量、质量、结构、动态)；人力(劳力、智力、购买力)；人文(技术、体制、文化)；人心(价值、信仰、伦理、道德、风尚)；人气(集聚效应、环境影响)。

(3)生态关系规划空间：区域、流域、政域、城域、街区；时间：地质、地理、城建、经济、人文；数量：规模、速度、密度、容量、足迹；结构：人口、产业、景观、社会、基础设施；序理：竞争、共生、自生、再生、进化。

(4)生态功能规划：生产功能(物质和精神产品)；生活功能(就业、消费、居住、游息)；流通功能(人、财、物、信息)；还原功能(环境净化缓冲、废物循环再生、医疗保健、教育改造)；调节功能(人工管理和自然调节)

(5)生态网络规划：物质代谢网络(输入、排出)；能源聚散网络(供需、耗散)；水榭网络(量与质、自然与人工)；交通运输网络(人、物、信息)；城市景观肌理(风、水、形、神)；城市社会文脉(商贾、人文、邻里)；城市管理体制(社会、经济、环境)；城市安全网络(治安、急救、防灾)。

(6)生态工程规划：包括水、能源、景观、交通和建筑等的系统工程规划；

(7)生态管理规划：包括生态资产、生态服务、生态代谢、生态体制、生态文明的管理。

2.3　城市土地的生态服务评价——以常州为例

快速的城市化主要表现为城市用地规模和人口的迅速增加，大规模的城市建设和强烈的人类活动对土地复合生态系统的服务功能影响深刻，主要是对于生态服务用地的影响，即非建设用地规模在城市范围内逐步被建设用地所占用，一方面非建设用地提供城市的生态服务受到影响，另一方面是城市人类活动导致的生态环境问题影响到非建设用地的功能。对快速城市化过程中的土地生态服务功能进行评价，并以土地的生态服务功能作为城市可持续发展规划的重要依据，从而确保城市的生态安全，具有现实的指导意义。常州是我国快速城市化过程大城市的典型代表，随着经济的高速发展与人口的快速增长，城市扩张迅速、土地资源的利用与产业结构调整成为制约常州及其社会经济持续发展的重要因素。本节从空间上对常州的土地进行生态服务评价，为下一步的合理城市生态规划提供依据。

2.3.1　研究区概况

(1)自然地理概况

常州地处江苏省南部、沪宁线中段，属长江三角洲沿海经济开放区。位于北纬 31°09′至 32°04′，东经 119°08′至 120°12′之间，北倚长江天堑，南与安徽省相邻，东濒太湖与无锡市相连，西与南京、镇江两市接壤。该区域属北亚热带季风性湿润气候区，气候温和湿润，年平均气温 15.4℃；雨量丰沛，年平均降水量 1071.5 mm；日照充足，年平均日照时间 2047.5 小时；无霜期长，年平均 227.6 天；常年主导风向东南偏东，平均风速 2.9 m/s，全年静风频率为 5.07%，春夏秋冬四季分明。

常州市辖 5 个市辖区，代管 2 个县级市，即天宁区、钟楼区、戚墅堰区、新北区、武进区、溧阳市、金坛市。全市面积 4375 km^2，其中平原、圩田 2410 km^2，水面 731 km^2，丘陵 1234 km^2；总人口约 380 万。研究区为市域主要辖区，即天宁、钟鼓、戚墅堰、新北和武进区，总面积 1864 km^2。

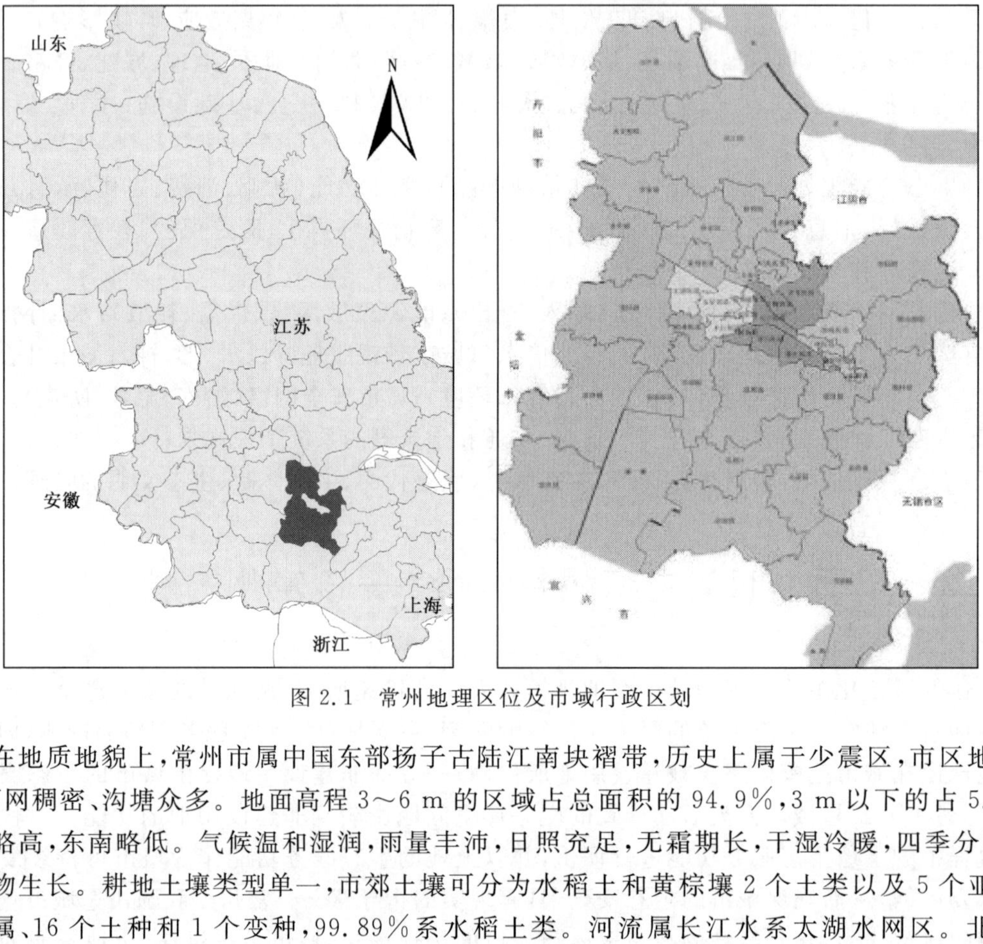

图 2.1　常州地理区位及市域行政区划

在地质地貌上，常州市属中国东部扬子古陆江南块褶带，历史上属于少震区，市区地势平坦、河网稠密、沟塘众多。地面高程 3～6 m 的区域占总面积的 94.9%，3 m 以下的占 5.1%，西北略高，东南略低。气候温和湿润，雨量丰沛，日照充足，无霜期长，干湿冷暖，四季分明，适合作物生长。耕地土壤类型单一，市郊土壤可分为水稻土和黄棕壤 2 个土类以及 5 个亚类、5 个土属、16 个土种和 1 个变种，99.89%系水稻土类。河流属长江水系太湖水网区。北临长江、南濒太湖，市区西南为滆湖。全区共有干、支流河道 200 余条与江、湖相连，沟、塘星罗棋布。

(2)研究区历史沿革

常州早在 6000 多年前就有原始居民在今戚墅堰圩墩村一带聚居、繁衍，境域古为延陵地，自西晋至清代，均为郡、州、路、府建制，其境域随辖县变动而异。民国时期统称为武进县，以武进县域及附廓为常州境域。新中国成立后，市县分治，才有明确界限。1949 年，常州解放，城乡分别建立常州市和武进县。1953 年，常州市成为省辖市。1983 年 1 月，国务院批准江苏省实行市管县体制，同年 3 月起，常州市管辖武进、金坛、溧阳三县。

1949 年，市区面积 11.68 km^2，后与武进县数次划进划出，屡有增减。1985 年，全市总面积为 4375 km^2，市区 94 km^2，全市行政区划有市辖县 5 个(城区 4 个，郊区 1 个)，城区有街道

18 个，居民区 232 个，郊区有乡 8 个，行政村 67 个，居民区 6 个。有市辖县 2 个，县辖区 14 个，县辖乡 117 个，镇 16 个，行政村 1847 个，居民区 50 个。

(3)社会经济发展概况

常州市是江苏省历史文化名城，有两千五百年历史，素有“三吴重镇、八邑名都”之称。2006 年，市区总城镇人口 222.5 万人，建成区面积 107.58 km²。全市实现地区生产总值 1560 亿元，占江苏省国民生产总值的 7.3%，其中第二产业产值占全省比重 7.7%，第三产业产值占全省比重 7.2%。按常住人口计算，人均地区生产总值达到 37210 元。近年来，常州市大力发展工业，第二产业发展很快，同时第三产业也迅速的发展。三产业构成比例为 3.8 ∶ 60.4 ∶ 35.8，见图 2.2、2.3：

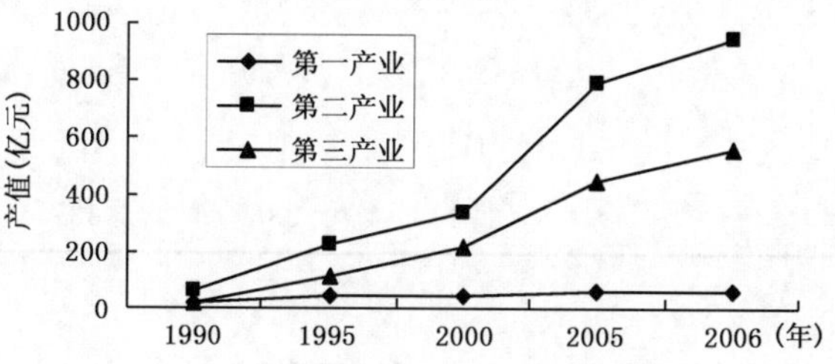

图 2.2 常州近年产业发展动态图

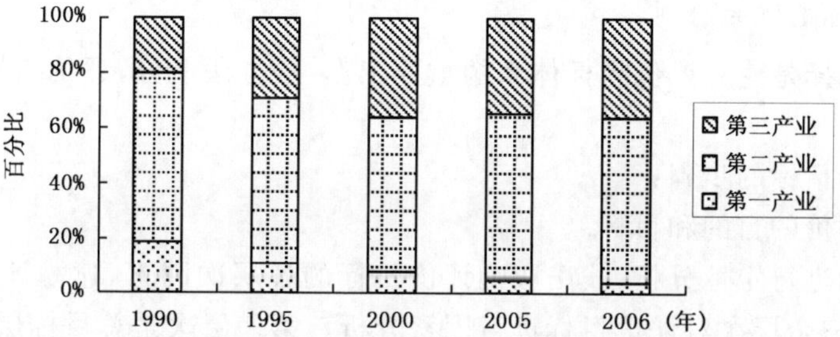

图 2.3 常州近年产业构成图

其中第一产业增加值 59.5 亿元，增长 5%；第二产业增加值 947.4 亿元，增长 15.8%；第三产业增加值 562.6 亿元，增长 15.9%。

近年来由于城市的迅速发展以及农业产业结构的变化，市区农业耕地面积逐年下降。如图 2.4：

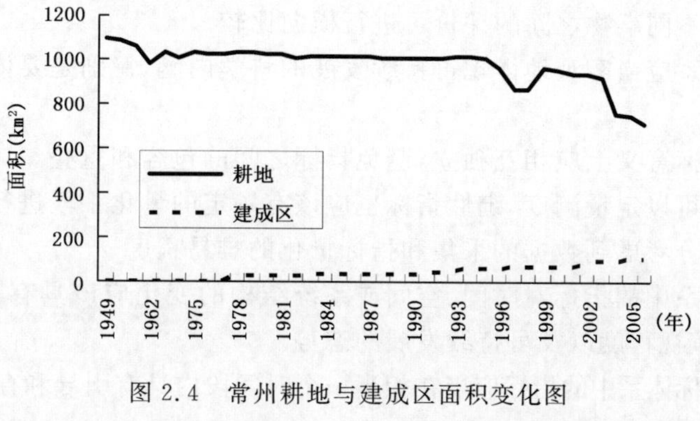

图 2.4 常州耕地与建成区面积变化图

2006 年城市建成区绿化覆盖率已达 40.6%，人均绿地 11.4 m^2。自 2002 年以来常州市建成区绿化覆盖面积不断提升，人均公园绿地面积也由 5.23 m^2 增长至 8.6 m^2，展现了城市生活环境质量的提升(见表 2.1)。

表 2.1　常州市城市公园绿地动态变化表

年份	2002	2003	2004	2005	2006
园林绿地面积(hm^2)	4779	4813	5213	5529	4037
公园绿地面积(hm^2)	1101	1193	1433	1568	1333
建成区绿化覆盖面积(hm^2)	2973	3239	3700	4047	4368
建成区绿化覆盖率(%)	32.9	35.1	37.6	38.8	40.6
人均公园绿地面积(m^2)	5.23	5.59	6.6	7.1	8.6
城市公园个数(个)	17	18	18	18	19
公园面积(hm^2)	174	236	337	387	328

2.3.2　城市土地生态服务评价指标体系和方法

2.3.2.1　指标选取的原则

评价指标的选择是建立评价指标体系的重要工作，从方法上分，评价指标的选取有定性与定量两大类。

定性选择评价指标的步骤：

1)明确综合评价的目的和目标。

2)对评价目标进行定性分析，找出影响评价目标的各层次因素，建立评价指标体系，一般来说，至少应该从三个层次对评价目标进行因素分析。第一层次是总目标层，它说明综合评价最终所要达到的目标；第二层次是中间层次，它是对总目标层主要因素的分解，是具体的评价指标的类综合；第三层次是指标层，它由反映评价目标的各个方面的统计指标所构成。

3)在建立评价指标体系时应该兼顾以下几个原则(Mendoza 等 2000)：

全面性：为保证综合评价结果客观、准确，在初步建立评价指标体系时应该尽可能多地概括能反映被评价事物各个层面的基本特征的评价指标，以便最终确定指标体系时有筛选余地。

可比性：选取指标时应注意指标的口径范围，在对同一事物不同时期的评价中可进行纵向比较，而对同一时期不同事物之间的评价可进行横向比较。

客观性：指标体系应当客观地体现可持续发展的科学内涵，特别是要体现人们需求的系统性和待机公平性。

独立性：各项指标意义上应相互独立，避免指标之间的包容和重叠。

可测性：指标应可以定量测度，定性指标也应该有一定的量化手段进行处理。

可获得性：要充分考虑到数据的采集和指标量化的难易程度。

动态性：指标体系中的指标对时间、空间或系统结构的变化应该具有一定的灵敏度，可以反映社会的努力和重视程度以及可持续发展的态势。

相对稳定性：指标体系中的指标应当在相当一个时间段内具有引导和存在意义，短期问题应不予考虑，但绝对不变的指标是不可能的，指标体系将随着时间的推移和情况的改变有所变化。

可操作性：选取的指标体系不仅应符合综合评价的目的，更应该有数据的支持，即评价指标的数据应该容易取得，否则建立的指标体系不能量化，无法实现综合评价的目的。

2.3.2.2　评价方法

(1)层次分析法

层次分析法是一种定性与定量相结合的决策分析方法，是美国运筹学家 T·L·Satty 在20世纪70年代初提出来的，它是对非定量事件作定量分析的一种简便方法，也是对人们的主观判断做客观描述的一种有效方法，可用于多因素分析中各因素权重的确定和决策分析，尤其适合于人的定性判断起重要作用、对决策结果难于直接准确计算的场合。本研究中主要通过专家群决策判断后，采用层次分析法确定各自然生态服务功能的权重分配。具体计算方法如下：

①构造判断矩阵

在层次分析法中，为了使决策判断定量化，常常根据一定的比率标度判断定量化。表2.2是常用的标度法。

表2.2　判断矩阵标度及含义

序号	重要性等级	C_{ij} 赋值
1	i,j 两元素同等重要	1
2	i 元素比 j 元素稍重要	3
3	i 元素比 j 元素明显重要	5
4	i 元素比 j 元素强烈重要	7
5	i 元素比 j 元素极端重要	9
6	i 元素比 j 元素稍不重要	1/3
7	i 元素比 j 元素明显不重要	1/5
8	i 元素比 j 元素强烈不重要	1/7
9	i 元素比 j 元素极端不重要	1/9

依据以上标度，专家判断打分后构造判断矩阵

$$C=\begin{bmatrix} c_{11} & \cdots & c_{1j} \\ \vdots & \ddots & \vdots \\ c_{i1} & \cdots & c_{ij} \end{bmatrix}$$

其中 C_{ij} 表示因素 C_i 对 C_j 的相对重要性。

矩阵具有如下性质：

$$C_{ij}>0;$$
$$C_{ij}=1/C_{ji}\ (i\neq j);$$
$$C_{ii}=1\ (i=1,2,3,\cdots,n)。$$

②层次单排序

层次单排序的目的是对于上层次中的某元素而言，确定本层次与之有联系的各元素重要

性次序的权重值。它是本层次所有元素对上一层次某元素而言的重要性排序的基础。

层次单排序的任务可以归结为判断矩阵的特征根和特征向量，即对于判断矩阵 C，计算满足 $CW=\lambda_{\max}W$ 的特征根和特征向量。$\lambda_{\max}$ 为 C 的最大特征根，W 为对应于 $\lambda_{\max}$ 的正规化特征向量，W 的分量 W_i 就是对应元素单排序的权重值。

特征根和特征向量的算法如下：

Ⅰ.计算判断矩阵的每一行元素的乘积

$$M_i=\prod_{j=1}^{n}b_{ij}\ (i=1,2,\cdots,n)$$

Ⅱ.计算 n 方根

$$\overline{W}_i=\sqrt[n]{M_i}\ (i=1,2,\cdots,n)$$

Ⅲ.将向量 $\overline{W}=[\overline{W}_1,\overline{W}_2,\cdots,\overline{W}_n]^r$ 归一化

$$W_i=\overline{W}_i/\sum_{i=1}^{n}\overline{W}_i\ (i=1,2,\cdots,n)$$

则 $W=[W_1,W_2\cdots,W_n]^T$ 为所求的特征向量。

Ⅳ.计算最大特征根

$$\lambda_{\max}=\sum_{i=1}^{n}\frac{(CW)_i}{nW_i}$$

$(CW)_i$ 为向量 CW 的第 i 个分量。

当判断矩阵完全一致性时，$\lambda_{\max}=n$。但是一般情况下是不可能的，在检验判断矩阵的一致性时，需要计算其一致性指标 CI：

$$CI=\frac{\lambda_{\max}-n}{n-1}$$

当 $CI=0$，判断矩阵具有完全一致性；反之，CI 愈大，判断矩阵的一致性越差。衡量不同阶判断矩阵是否具有满意的一致性，引入判断矩阵的平均随机一致性指标 RI 值，对于 1～9 阶判断矩阵，RI 的值如下：

n	1	2	3	4	5	6	7	8	9
RI	0	0	0.58	0.90	1.12	1.24	1.32	1.41	1.45

判断矩阵的一致性指标 CI 与同阶平均随机一致性指标 RI 的比成为随机一致性比率 CR，当 $CR=\frac{CI}{RI}<0.10$ 时，认为判断矩阵具有满意的一致性。否则需要调整判断矩阵。

③层次总排序

利用同一层次中所有层次单排序的结果，可以计算针对上一层次而言的本层次所有元素的重要型权重值，称为层次的总排序，算法同上。层次的总排序要进行一致性检验，检验从高层到低层。直到 CR<0.1 时，层次的总排序达到一致性。

(2)生态服务用地评价指标

在评价指标选取时，一方面依据评价指标选取的原则，另一方面考虑到指标在空间的可表达性，尽量将土地的生态服务进行空间的表达。所以本节对土地的评价选取了如下指标(表 2.3)：

表 2.3　土地生态服务评价指标体系

一级指标	二级指标	指标权重	评价指标生态服务属性	三级指标(度量指标)	指标权重
综合生态服务功能	生态正效应	0.57	涵养水源、调蓄洪能力和净化环境	湿地面积比率	0.23
			气候调节、生物多样性维持和植被固碳释氧	绿化覆盖率	0.14
			生物质生产	农业用地比率	0.18
			城市景观美学	林业用地比率	0.13
			边缘效应	边缘周长/面积	0.15
			水土保持	土壤质地	0.17
	生态负效应	0.43	污染物廊道	交通用地比例	0.28
			热岛效应	热岛效应	0.19
			景观破碎	人口密度	0.25
			能源消耗	工业用地比率	0.28

以上各个指标的权重通过专家群决策打分，构造判断矩阵后通过层次分析法计算，通过一致性检验后分配各个指标的权。

(3)标准化方法

$$S_i=\frac{index_i-\min(index)}{\max(index)-\min(index)}$$

式中 S_i 为指标标准化值，$\max(index)$为指标最大值，$\min(index)$为指标最小值，$index_i$ 为第 i 个指标值。

生态服务功能正效应指数为，

$$Service\_positive=\sum p_i\times S_i$$

式中 $Service\_positive$ 为正效应综合指数，p_i 为正效应第 i 个指标的权，S_i 为第 i 个指标的标准化值；

生态服务功能负效应指数为：

$$Service\_negative=\sum p_i^*\times S_i$$

式中，$Service\_negative$ 为负效应综合指数，p_i^* 为负效应第 i 个指标的权，S_i 为第 i 个指标的标准化值；

生态服务功能综合指数为：

$$Service\_total=P_{positive}\times Service\_positive-p_{negative}\times Service\_negative$$

式中，$Service\_positive$ 为正效应综合指数，$Service\_negative$ 为负效应综合指数，$p_{positive}$ 为正效应权，$p_{negative}$ 为负效应权。

(4)空间分析方法

遥感影像监督分类后，在 GIS 平台下将市域土地划分为 1 km×1 km 的单元网格，统计每个单元格内的生态服务评价指标属性。

数据来源：常州市环境质量报告，土地利用规划，城市总体规划，常州市统计年鉴，2006 年常州市区 TM 遥感影像。

2.3.3 生态服务用地功能评价

2.3.3.1 涵养水源、河流湿地调蓄洪能力和环境净化

常州市域面积 1864 km^2，年平均降水量 1071.5 mm，市域水面总面积共 283.87 km^2，其中太湖水面 37.5km^2，滆湖水面 110 km^2，长江水面 14.8 km^2，地表水资源量丰富。其中自然降雨 1071.5 mm×1864 km^2＝2.00 亿 m^3，河流过境径流量（包括长江）19.97 亿 m^3，滆湖 110 km^2×1.14 m（平均水深）＝0.125 亿 m^3，太湖 37.5 km^2×1.89 m（太湖平均水深）＝0.071 亿 m^3。水资源量合计 22.166 亿 m^3。2005 年常州市居民生产生活用水 2.947 亿 m^3。市区饮用水主要以地表水为主，自来水厂总供水能力 127.5 万 m^3/天，市区全年居民日生活用水量 1.3566亿 m^3；工业生产用水量 1.5906 亿 m^3。

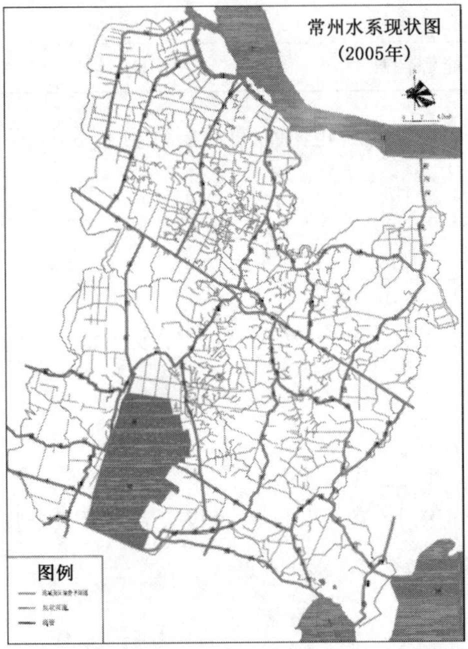

图 2.5 常州水系现状图

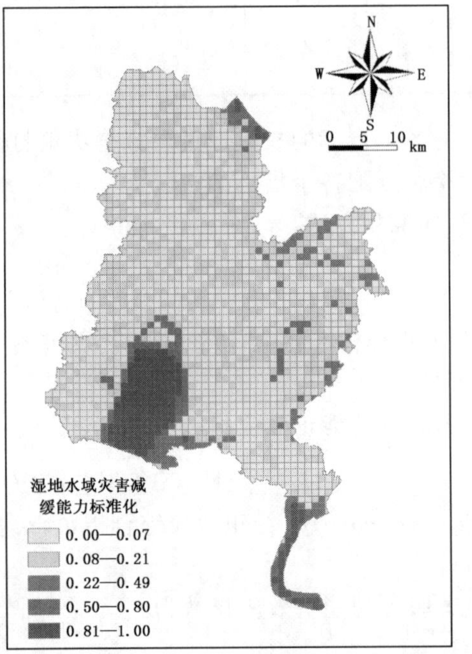

图 2.6 湿地水域灾害减缓能力标准化图

常州地处长江下游地区，在雨水集中的季节，特别是遇到暴雨或急骤融冰、融雪等自然因素和水库垮坝等人为因素，长江易形成洪灾，运河地区易旱易涝。而常州地区的河流、湖泊和湿地在洪水到来时充当了流域来水的“汇”和“调节”库，承担着蓄泄河川、维持流域水量平衡的作用，通过改变洪峰高低和泄洪过程，减缓侵蚀，改善水质，其调节河川径流的作用最为显着；而在干旱季节，则可抽引江水灌溉，解决灌溉水源。

常州作为江南水乡，市区池塘、坑塘、滩涂星罗棋布，虽其多数面积往往不大，但数量很多，2004 年底此类面积达 26.93 km^2，占总面积的 9.6％。常州市域范围内的湿地公园有滆湖、孟河下河滩湿地、新龙湿地、芙蓉湿地、太湖湾湿地、宋剑湖湿地。常州市主要河道历史最高水位

5.59 m，近年来最高水位 5.52 m，历史最低水位 2.29 m，平均水位约 3.30 m，汛期警戒水位 4.30 m。常州市城市河网面积含滆湖由 20 世纪 90 年代初占总面积的 16.7%锐减到如今的 8.4%。按照水位涨落 1 m 计算，水域湿地的调蓄功能损失达 1.55 亿 m^3 以上。近年来由于乡镇河道受经济因素制约，淤积严重，达到 0.80 m，由于河道淤积损失的调蓄功能损失为 1.24 亿 m^3。当前河道调蓄功能为 1.57 亿 m^3。

常州市主要河流干道水体流速为 0.1～0.2 m/s，流速较低，并且常常受长江、太湖相对水位的影响和通江河口闸门控制，河道流向不稳，常有滞流甚至倒流现象，使得水体的净化能力受到影响。

常州市的水体自然生态系统为人类提供了自然净化功能，但是当污染物的排放量超过了水体的净化能力时，水体基本的净化功能将逐步丧失，带来城市水污染环境问题。每年因居民生产生活消费的污水未经处理或处理不足而排至水体的主要污染物数量如下表（表 2.4）。

表 2.4　常州市河流水体主要污染物排放表（单位：吨）

主要污染物	工业生产	生活	农业	养殖畜牧业	总计
CODcr	42192.5	21315.9	4922.0	1417.7	69848.1
NH_3-N	3041.0	3192.9	213.5	285.1	6732.5

根据 2005 年常州市各个河流监测断面数据，常州市主要河流湖泊上游入水主要为 IV 类水质，下游出水主要为 V 类水质，水质标准见表 2.5。常州市年过境主要河流径流量 $3.27\times10^9 m^3$/年。

表 2.5　GB 3838—2002 年地表水环境质量标准基本项目标准值（单位：mg/L）

		I 类	II 类	III 类	IV 类	V 类
化学需氧量(COD)	≤	15	15	20	30	40
氨氮	≤	0.15	0.5	1	1.5	2

水体自净能力的估算采用以下公式：

水体自净量＝污染排放量－下游水体污染物残留量

根据上述分析，常州市水体净化量约为：NH_3-N，5097.5 吨/年；CODcr，37148.1 吨/年。

近年来，常州市的水环境形势比较严峻，市区干流、支流及湖泊各断面大都不能达到功能区要求，支流污染较干流严重。为恢复水体的自净功能，除了需要加强生产生活以及养殖农业的污染物排放控制以外，需要采取生态修复的措施，提高水体湿地对污染物的自净能力。刘玉辉等(2004)研究表明，在辅以人工控制条件下，湿地对于城市污水 CODcr 的去除率可达 44.4%，对 NH_3-N 的去除率可达到 21.9%。杨立君等(2008)利用垂直流人工湿地处理受到污染的河水时，发现湿地系统对于 CODcr 和 NH_3-N 的去除率分别可达 82%和 75%。扬州市宝应湖区在控制污染排放总量的同时，采取生态措施增强了水体的自净功能，将保护、繁殖与利用水草相结合，疏通湖中有机质和营养盐的迁移、转化、输出的途径和链网，寓环保于生产和消费中，寓有机质、营养盐的处理于利用中，使水体稳定的维持在地表水二级标准。

2.3.3.2　气候调节、生物多样性维持和植被固碳释氧

常州市现有绿地公园 19 个，公园面积 328 hm^2；建成区绿化覆盖面积达 4368 hm^2，覆盖率

达 40.6%。在建实施中的湿地公园 9 个，可达 20607 hm^2，这些未包含农田和水面。联合国环境与发展委员会认为人均绿地面积 60 m^2 是城市居民最理想的居住环境标准，而常州市人均绿地面积仅为 8.6 m^2。以市区绿地及开放空间的植被覆盖作为城市非建设用地的主要生态服务功能之一，标准化结果如图 2.7 所示，在市区范围内天宁区内沿规划主轴及沪宁铁路周边植被覆盖低，并且呈现沿主轴继续发展的态势，应加以遏制和改善。常州市的植被覆盖度以西北和东南部为高，是常州市域的自然植被，分布相对集中，为常州区域小气候调节起到了一定的作用。

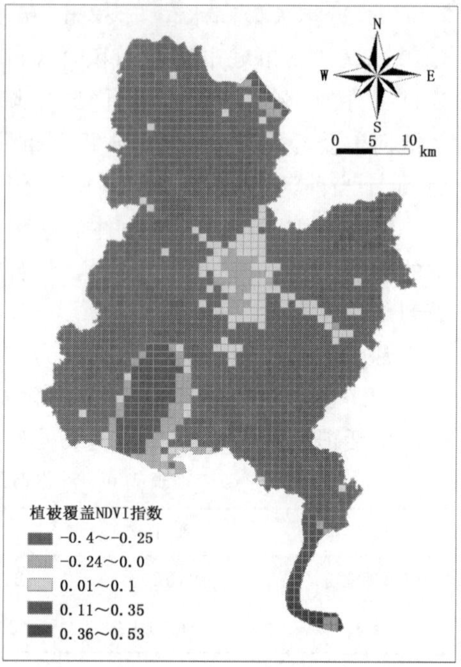

图 2.7　常州市植被覆盖指数

植被覆盖变化通过改变地表反照率、粗糙度和土壤湿度等地表属性，从而影响辐射平衡、水分平衡等过程，最终可以导致区域降水、环流形势及大气温度、湿度等气候变化。任学慧等(2006)以大连市区为例，通过对其区域气候指标与植被覆盖面积的相关分析，利用区内局地小气候观测结果，得出植被覆盖对区域气候调节效应在空间具有差异性，即植被调节效应在大范围影响微弱，但在局地范围表现明显。

生态服务用地除了为提供城市农林渔产品外，还为大量的鱼类、脊椎动物、鸟类、植物提供了赖以生存的栖息地，以维持常州市地区的生物多样性，生物多样性的维持是人类进行生产加工以及物质循环和废物分解必不可少的。

常州市自然植被中，自然针叶林 5 种，自然阔叶林 14 种，竹林 9 种，裸子、被子植物 1000 余种(分属 100 多科)，阔叶乔木树种 152 种(占全省同类树种的 80%)，木本树种 260 多种，植物类药材物种 912 种。主要水生植被群落近 10 种，高等水生维管束植物 40 余种。水生植物主要有金鱼藻、狐尾藻、水花生、水浮莲、浮萍、水葫芦等。1985 年市区常见环节、软体、节肢动物门，脊椎动物亚门所属动物 168 种，分属 13 纲，可使用的田螺、蚌、虾、蟹、鱼、野鸭、兔等 60 余种；可药用的有蚯蚓、水蛭、蜈蚣、蝎、地鳖、蟾蜍等 50 余种；能保护农林业的有螳螂、蛙、啄木鸟、杜鹃、灰喜鹊等 30 余种。在历史上康熙年间和嘉庆年间还曾有虎，同治年间曾发现有成群的野猪和狼，光绪年间还出现过鹿、獐。此后至 1985 年未发现此类动物出没。

由于持续高强度的开发，本地区自然生态系统不断被破坏并日益人工化，自然生境变化深刻并不断退化、破碎、缩小、孤立及消亡，生物自然栖息地消失率达 78%以上。生物多样性从景观到生态系统到特种、从自然生态系统到人工生态系统、从生物多样性分布中心到一般农田一城镇处于全面衰退状态。生物群落类型减少且优势物种多寡失衡，耐污生物大量出现。资源特物种偏少，储量减少，许多物种(如野鸭、白骨顶、青蛙、毛蟹等)消失或成为地方稀有种，特别是近来常武地区河网系统中底栖动物的关键类群软体动物(螺、蚌、蚬)已很少见，滆湖鱼类目前已不足 30 种，而 20 世纪 80 年代可达 69 种。

表 2.6　常州市生态服务用地释氧固碳功能

用地类型	面积(km^2)	净初级生产力($g/(m^2 \cdot a)$)	固定 CO_2 量(t/a)	产生 O_2 量(t/a)
林地	99.51	1912	310128.89	228315.77
草地	4.74	900	6953.58	5119.20
耕地	1016.38	650	1076854.61	729776.40

生态系统通过光合作用和呼吸作用与大气交换，主要是二氧化碳和氧气的交换，即生态系统固定大气中的二氧化碳，同时增加大气中的氧气，这对维持大气中的二氧化碳和氧气的动态平衡、减缓温室效应以及提供人类生存的最基本的条件有着巨大的不可替代的作用。但是人们往往忽略或者没有足够重视生态系统为人类提供的这两项服务，造成大量的自然生态系统，特别是原始森林和湿地生态系统遭到严重破坏。本研究以净初级生产力数据为基础对常州市生态服务用地的固碳和释氧进行定量评价(表 2.6)。利用前人文献中各类生态系统的净初级生产力数据(冯宗炜等 1999，林鹏等 1990，李文华等 1997，方精云等 1996)，根据光合作用反应方程式计算出各类用地的生态系统净初级生产力以及固定的二氧化碳和释氧的量。

2.3.3.3　生物质生产

常州市生态服务用地为城市居民提供的主要生态服务功能之一就是进行生物质的生产，它为常州市提供了大量的水产品和多种多样的农林产品(图 2.8)。水产品包括鱼类和甲壳类，主要有青鱼、草鱼、鲢鱼、鲫鱼以及河蟹、鳖、珍珠等。农林产品除主要水稻粮食作物外、还包括油料、蔬菜瓜果、畜禽、水果、茶叶以及木材等。2006 年常州市的水产品产量与江苏省内其他几个地市相比，总产量位居 11 位，人均产量位居 10 位(表 2.7)；粮食总产量位居 11 位，人均粮食产量位居 10 位(表 2.8)。新北区及武进区东南部生产服务功能较强，而天宁区、戚墅堰区及武进西南部较低。

表 2.7　江苏省主要地市水产品产量

地区	水产量(10^4 t)	人均产量(kg/人)	地区	水产量(10^4 t)	人均产量(kg/人)
南京市	19.04	31.08	淮安市	24.15	47.94
无锡市	13.11	25.77	盐城市	85.19	107.21
徐州市	17.07	19.15	扬州市	36.74	80.08
常州市	13.69	36.26	镇江市	7.77	27.31
苏州市	30.38	44.73	泰州市	22.03	46.03
南通市	72.28	96.20	宿迁市	24.69	48.79
连云港市	50.41	110.31			

表 2.8　江苏省主要地市粮食产量

地区	粮食产量(10^4 t)	人均产量(kg/人)	地区	粮食产量(10^4 t)	人均产量(kg/人)
南京市	105.99	173.01	淮安市	381.46	757.13
无锡市	77.83	153.00	盐城市	535.33	673.67
徐州市	357.98	401.59	扬州市	245.08	534.12
常州市	105.81	280.19	镇江市	99.57	349.98
苏州市	123.52	181.86	泰州市	282.25	589.77
南通市	319.48	425.24	宿迁市	317.64	627.55
连云港市	276.99	606.11			

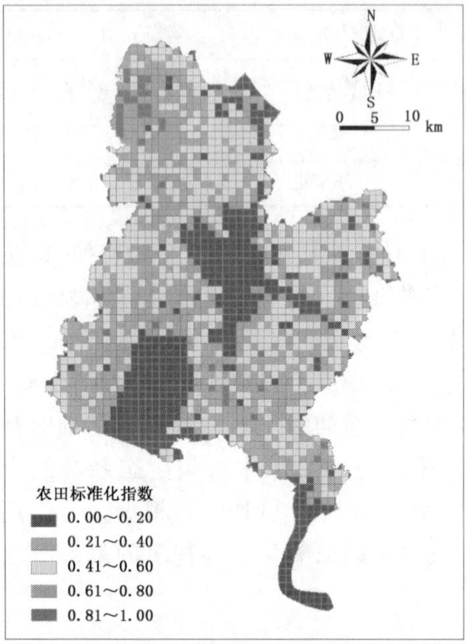

图 2.8 常州市农田标准化指数图

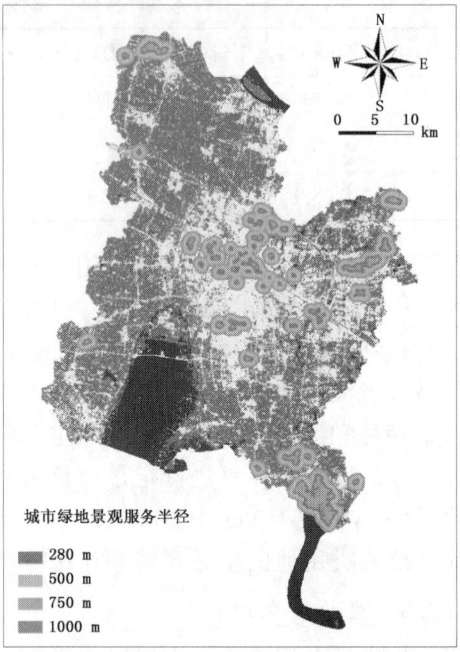

图 2.9 常州市绿地景观服务半径分析图

2.3.3.4 城市景观美学

绿地斑块的服务半径是绿地服务功能的重要指标，在不同空间尺度上有不同的服务半径。以市区的主要公园绿地景观服务半径作为生态用地景观生态服务功能的指标之一，本研究以日本不同公园服务半径标准对主要公园绿地景观作 250 m、500 m、750 m 和 1000 m 缓冲分析。图 2.9 结果表明，城市中心现状分布的公园景观绿地分布较为密集，而中心城区外围公园绿地景观类型少，但自然类型的绿色开敞空间大，增加了中心外围城区人群接触自然的机会。

2.3.3.5 边缘效应

边缘效应理论认为，景观中斑块边缘部分由于受外围影响而表现出与斑块中心部分不同的生态学特征，斑块边缘部分往往具有较高的物种丰富度和初级生产力。相同面积的斑块，其形态越狭长或边界越复杂，其边缘效应也越强。

表 2.9 常州市各种用地类型边缘效应

类型	斑块边界周长			边缘效应(周长/面积)		
	最大值	最小值	平均值	最大值	最小值	平均值
农地及裸地	342249.12	119.98	1468.78	1333.53	67.72	889.35
城镇建设用地	278658.57	119.98	673.58	1333.53	51.36	1041.51
林地	88786.80	119.98	211.89	1333.53	74.59	682.40
湿地河流	673519.87	119.98	415.17	1333.53	27.08	1066.07
道路交通	19677.07	119.98	318.95	1333.53	240.14	1103.25

以斑块边长和斑块面积比值的大小作为边缘效应的大小。土地分类后，运用景观分析软件提取斑块相关指数，并计算边缘效应值，结果如表 2.9。研究表明，常州市域内生态服务用地中，水域湿地边缘效应较之农地和林地的边缘效应大。

将生态服务用地类型中的农用地、未利用地以及水域湿地的边缘效应标准化后，进行空间分布的表达。应用遥感及 GIS 技术，按 1 km×1 km 单元网格将常州市区划分为 2000 多个单位网格，标准化后的结果如图 2.10 所示。结果表明：由于常州市区地表水体较多，河网稠密，沟塘众多，水体的边缘效应呈现出以城市中心向外增强的趋势。以春江镇、新桥镇、奔牛镇、邹区镇、嘉泽镇、湟里镇、遥观镇、横山镇以及洛阳镇的水体边缘效应较高。

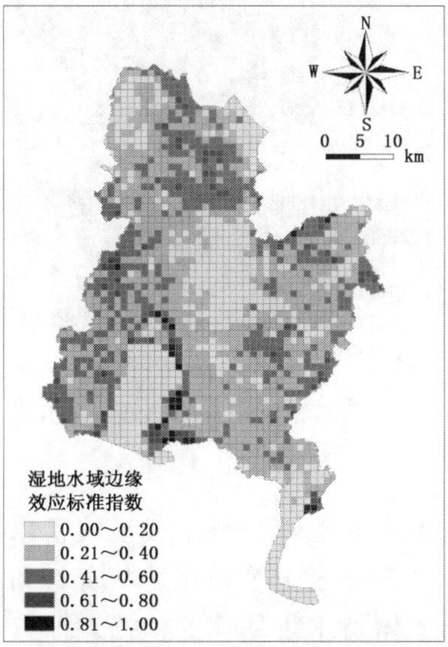

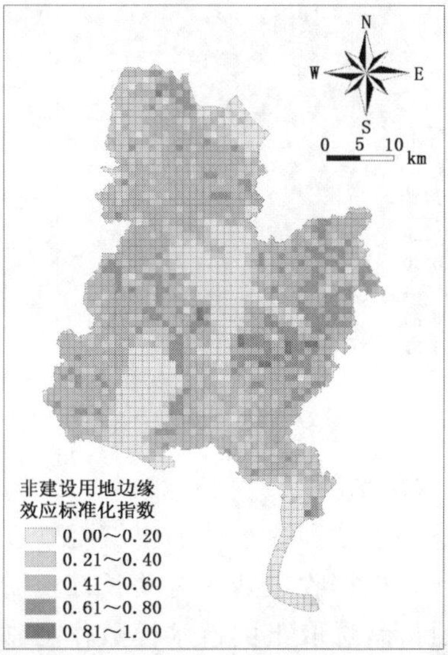

图 2.10　非建设用地与湿地水域边缘效应示意图

由于长江取水口河流自西北向东南方向，故西北区的河流池塘较多，而且遥观镇及横山镇、洛阳镇地势较低，也是河流湿地汇集的地方，所以其边缘效应也较强。农地、林地及未利用地的边缘效应的表现趋势同水体河流有相似的格局，即以城区为中心向外扩展。主要以武进区滆湖周边的牛塘镇、滆湖农场以及遥观镇、横林镇、横山桥镇和郑陆镇的边缘效应较强。将水域同农地、林地以及未利用地的边缘效应等权综合后的结果如图 2.11，表明中心城区由于人类活动强烈，景观类型单一，格局板结，边缘效应弱。而外围沿城市沪宁高速和运河两岸，以及滆湖沿岸人类活动相对较弱，使边缘效应呈现以城市南北发展轴和东西交通走廊沿岸分布。

2.3.3.6　水土保持

根据常州市土壤普查调查，常州市区 99.89%的土壤属于水稻土类，耕作层土壤质地各级所占比重为重壤土 82.26%，轻黏壤土 14.52%，中壤土 2.42%，其他 0.8%，土壤有机质含量中等。

(1)土壤保持量估算

常州市区主要为平原地带，平均坡度小于 6°，根据计算方程，土壤潜在侵蚀量及现实侵蚀量都非常小，因此，土壤保持量在评价中不予考虑。

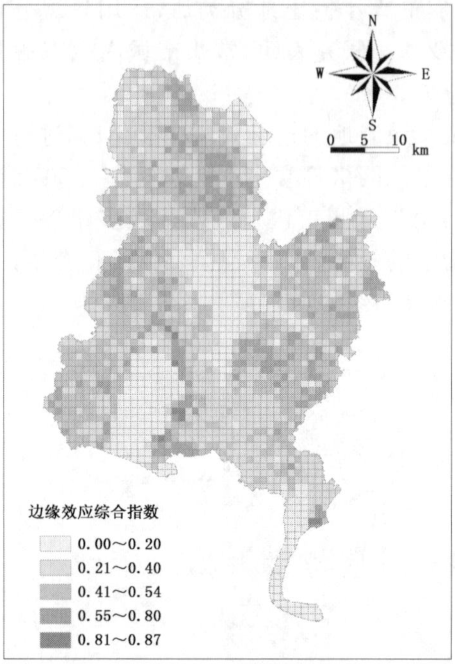

图 2.11　边缘效应综合指数

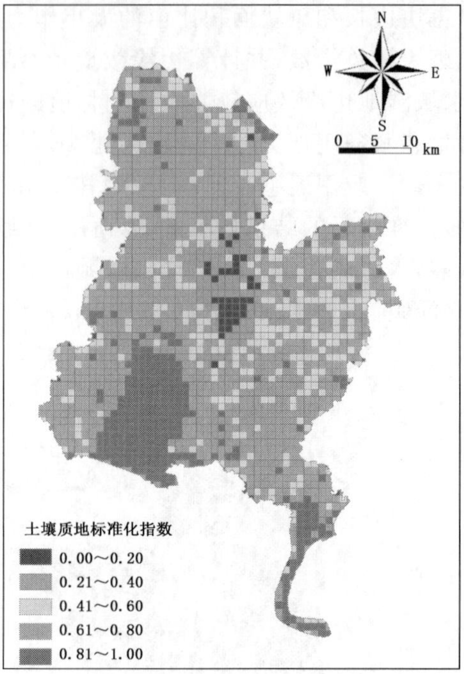

图 2.12　土壤质地标准化指数

(2)土壤持水量估算

将表征土壤持水性和透水性的土壤毛管孔隙度和非毛管孔隙度或土壤蓄水模数作为主要评价指标和参数。根据收集到的有关长江上游及邻近地区土壤理化性状资料和相关研究成果资料，结合评价目标，选取土壤蓄水模数作为常州土壤持水量估算的依据。

土壤蓄水模数为土壤非毛管孔隙蓄水量与土壤毛管孔隙蓄水量之和，其公式为：

$$V = V_{wp} + V_{wf}$$

$$V_{wp} = 10000 P_n D$$

$$V_{wf} = 10000 P_c D$$

式中 V 为土壤蓄水模数(m^3/hm^2)；V_{wp} 为土壤非毛管孔隙蓄水量(m^3/hm^2)；V_{wf} 为土壤毛管孔隙蓄水量(m^3/hm^2)；P_n 为土壤非毛管孔隙度(%)；P_c 为土壤毛管孔隙度(%)；D 为土壤根系层厚度(m)。

土壤毛细管孔隙度和非毛细管孔隙度取值如表 2.10(刘延国等 2006)。

表 2.10　各种植被类型的根系土壤毛管孔隙

土地利用类型	毛管孔隙(%)	非毛管孔隙(%)
林地	48.96	10.53
草地	38.12	4.47
农耕地	42.70	10.20

土壤根系层厚度是指植被主要根系(90%以上)分布的土壤厚度。根据野外实际调查，同时参照相关研究成果，一般来说，木本植被的主要根系分布于 60 cm 土层以内，而草地植被主要根系分布于 30 cm 以内，农业植被的根系因不同的作物种类而不同，一般在 20～30 cm 。因

此，为了便于比较，在评价过程中所选用的土壤有效蓄水厚度，木本植被以 60 cm 计，草地及农业植被以 30 cm 计，农耕地植被根系深度按 20 cm 计算。

根据上述分析，常州市生态服务用地土壤保水量如表 2.11。

表 2.11　生态服务用地土壤保水量

用地类型	面积(km^2)	土壤根系层厚度(m)	土壤蓄水模数(m^3/hm^2)	土壤持水量(m^3)
林地	99.51	0.6	3569.4	3.55×10^7
草地	4.74	0.3	1277.7	6.06×10^5
耕地	1016.38	0.2	1058	1.08×10^8

2.3.3.7　*污染物廊道*

2006 年常州市市内机动车总计 205815 辆。高速公路里程数为 78 km，一级公路 321 km，二级公路 426 km，三级公路 744 km，四级公路 1123 km，总计 2692 km。相比 2005 年市区公路里程 2649 km 和机动车辆 165901 辆，公路基础设施和机动车辆都有提高。由于机动车尾气排放导致的道路交通大气污染情况十分严重。朱利中等(2000)的研究表明，城区交通干线空气中 PAHs 污染十分严重，主要是由于机动车的尾气排放所导致。

张晶等(1998)对北京市大气污染的调查分析表明，汽车尾气排放的大气污染贡献率占到了 54%。谢绍东等(2000)对北京、广州、上海城区的大气污染与机动车保有量进行了分析，结果表明这些城市大约 80% 的 CO 和 40% 的 NOx 来自于机动车排放。其结果是导致城区大气环境近 10 年来 NOx 浓度逐年上升，已成为广州和北京等少数特大城市的首要污染物。街道大气环境中 NOx 和 CO 日均浓度远远超过国家大气环境质量二级标准，其污染程度比城区整体环境更为严重，已存在严重的光化学烟雾污染。

将常州市道路交通用地标准化后的结果如图 2.13，结果显示，道路交通的用地以市中心密度大，呈现南北和东西方向放射形态，以天宁区、钟楼区、戚墅堰区用地密度大，主要是城市中心。由于武进区工业的发展，交通用地的密度也较大。城市内部交通用地的增长和城市机动车辆的增加无疑加剧了城市的大气污染，对城市人居环境带来了严重的影响。

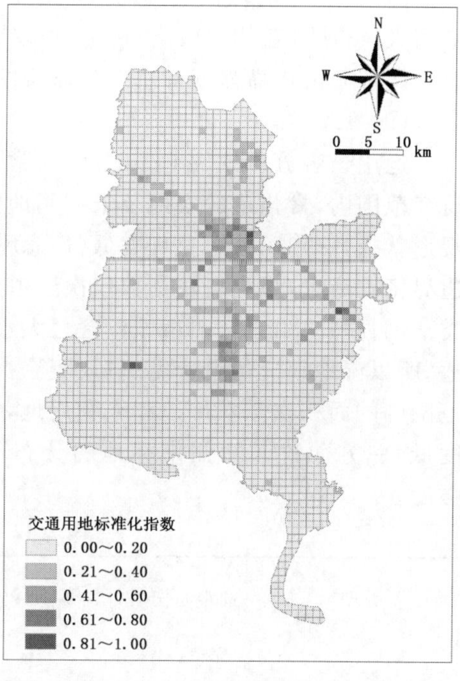

图 2.13　交通用地标准化指数

(8)热岛效应

生态服务用地中植被覆盖除了吸收二氧化碳和释氧外，还具有缓解热岛效应、调节气候的功能。包括其中的绿地、公园、林地、农田以及水面。绿地在减缓热岛效应和调节气候的作用方面，李晶等(2002)研究表明植被覆盖较好的比无植被覆盖的地区在降低温度和增加空气湿度方面，有显著差异，植被覆盖区平均降低温度 2℃，降低极端温度为 3.3℃，平均增大相对湿度大约为 30%。李延明等(2004)通过对北京市绿地与热岛效应的研究表明,当城市的绿地覆盖率达到 30%时,气温开始明显下降,当达到 50%时,气温下降极其明显。

周广胜等(1999)年对于植被覆盖和土地利用变化对气候的作用研究表明,当实施水土保持的植被覆盖时,地面反射率相比实施前减少了 5%左右,减少了地面对太阳的热辐射吸收。程承旗等(2004)通过对热岛效应的强度和植被覆盖的关系进行了研究,发现植被覆盖和城市相对湿度存在线性关系。张小飞等(2006)通过对城市植被覆盖与地温进行了定量研究,发现两者之间存在显著的线性关系,当植被覆盖在 0%~25%时,植被覆盖度上升 10%,可以降低地表温度 0.6℃;植被覆盖在 25%~50%时,植被覆盖度上升 10%,能够有效降低地表温度 0.3℃。研究表明在较低植被覆盖水平下,提高植被覆盖度所起到的降温效果比较高植被覆盖区域要显著。

以硬化地表的面积作为衡量热岛效应的指标,结果如图 2.14,中心城区的热岛效应显着,中心外围开放空间大,植被覆盖相对较高,可见常州市绿地植被覆盖对于缓解城市热岛强度有着十分显著的生态效应。

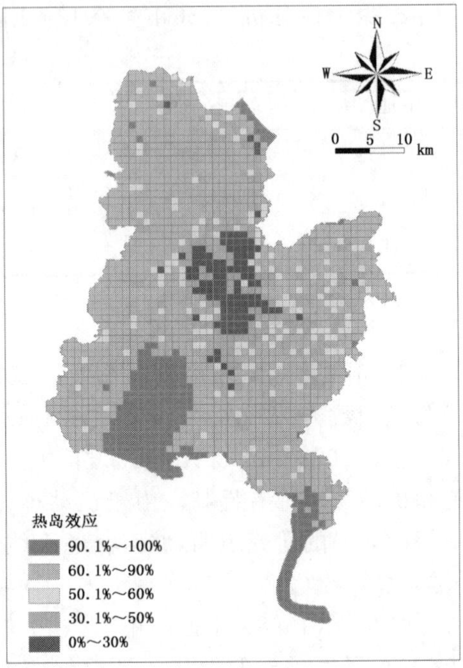

图 2.14　常州市热岛效应分布图

(9)景观破碎

运用景观分析软件 Fragstats 对常州市景观格局进行分析,结果见表 2.12。结果表明,在研究范围内,常州市的农地及未利用地的总面积最大,聚合度大,但斑块数小,斑块密度小,景观形状指数最高,破碎化程度低(何念鹏等 2001)。城镇建设用地斑块数最多,斑块密度最大,边界密度最大,最大斑块指数仅次于道路交通用地,说明城市建设用地景观破碎化程度高,人类活动强烈。由于常州市域包含三大水域,即滆湖、太湖、长江,三大水体由市内运河水系相连通,所以湿地河流的聚合度、斑块凝聚指数高,斑块密度次于农地及未利用地。林地在研究区范围内的面积次于农用地和未利用地,但是斑块数量仅次于建设用地,斑块密度也较大,聚合度低,一方面这与常州市林地的分布不均有关,另一方面也反应了人类活动对林地的干扰强度。

表 2.12　常州市用地景观格局指数

类型	景观百分比	斑块数	斑块密度	景观形状指数	最大斑块指数	边界密度	斑块凝聚指数	聚集度
	PLAND	NP	PD	LSI	LPI	ED	COHESION	AI
农地及未利用地	38.57	14709	7.81	200.29	1.20	114.70	97.01	77.79
城镇建设用地	12.32	57696	30.63	312.44	0.44	145.70	93.37	63.50
林地	29.87	40742	21.63	289.16	0.63	101.11	73.90	38.53
湿地河流	18.60	22491	11.94	124.72	7.98	49.57	97.65	80.14
道路交通	0.65	3281	1.74	74.87	0.02	5.56	77.13	35.81

生态服务用地对于城市建设的支持功能可以用城市建设用地面积表示。2006 年常州市城镇建设用地面积为 107.58 km^2(图 2.16)。城市沿过境交通主干道向南北两翼发展,过境沿京杭大运河向无锡一侧城市建设用地量大。

生态服务用地对于城市建设的土地支持,以建设用地面积的增长为表现,以城市的经济增长为实质,随着城市建设用地的增长,常州市建设用地的工业总产值也呈现出相应的增长趋势。

(10)能源消耗

常州市城市的发展主要依赖于第二产业的迅速发展,自 1978 年以来,第二产业的发展一直是城市发展的主要经济驱动力,随着产业的逐步转型,第三产业的比重自 1990 年开始呈现逐年增长的趋势,而以农业生产为主的第一产业逐步萎缩,在 2006 年常州市的国民经济收入中,第一产业占 3.79%,第二产业占 60.37%,第三产业占 35.85%(图 2.17)。而工业的增长长期依赖于大量的能源投入,产业的发展属于粗放型的增长。图 2.18 是自 2003 年以来工业发展的能源投入变化构成图。

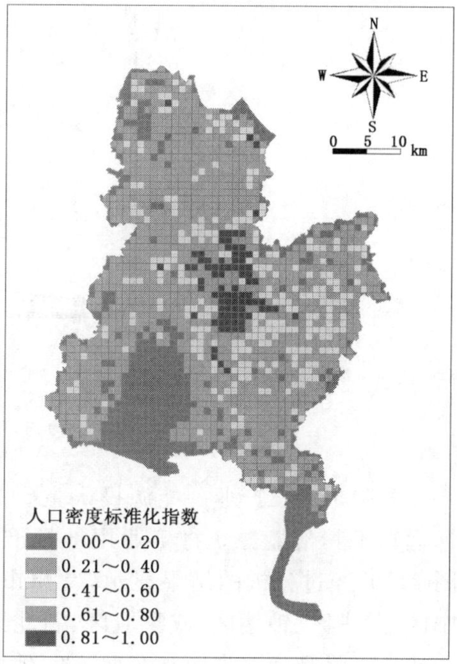

图 2.15　常州市人口标准化指数

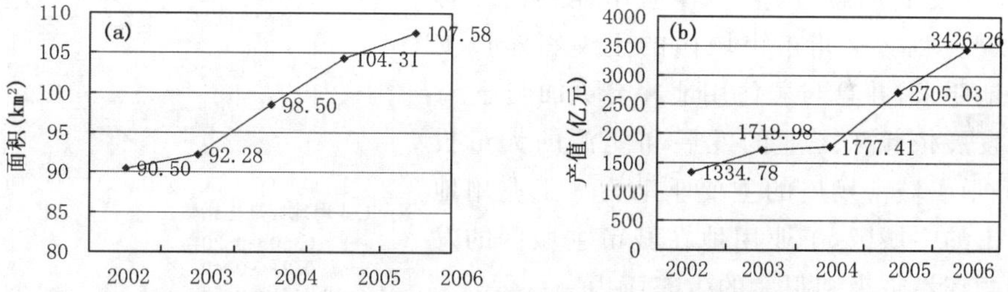

图 2.16　建设用地(a)与工业产值(b)增长示意图

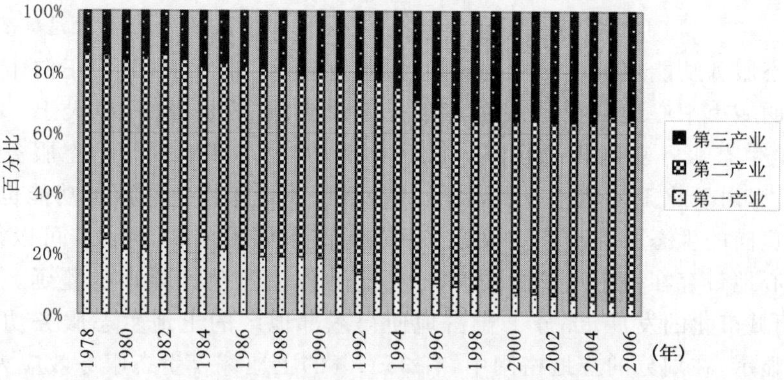

图 2.17　常州市历年三产构成

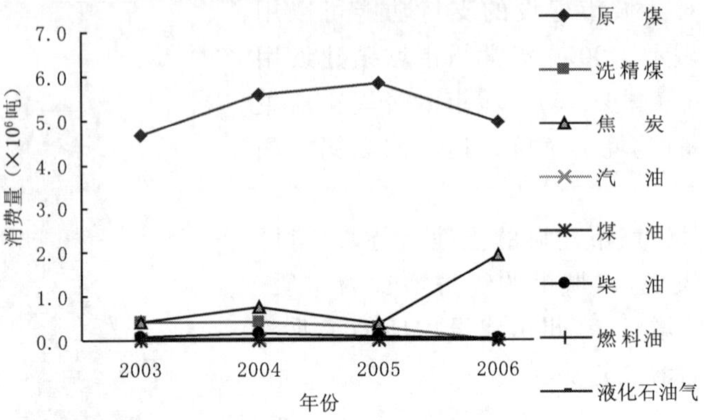

图 2.18　2003 年以来常州工业发展能源投入构成图

常州市第二产业的能源投入主要为原煤，其投入远远高于其他能源。将工业用地标准化后的结果如图 2.19，经过分析的结果显示，常州市市域范围内天宁区、武进区、钟楼区、戚墅堰区、新北区工业用地多，用地形态呈现南北方向和东西方向延伸，并且受到新一轮城市规划的影响，用地形态将在南北方向进一步发展。根据实地调研，常州市的工业布局总体比较分散，呈现满天星发展形态，产业多样但用地集约化程度低，如果以此发展，常州市市域内的土地将难以支撑工业的用地要求，并且与居住用地冲突更加明显。

城市的发展依赖于工业的发展和能源的大量投入，图示也显示了城市发展的主要驱动力—工业用地集中于常州市的主城区，工业用地在城市主城区的发展也对城市的环境带来和很大的生态压力。

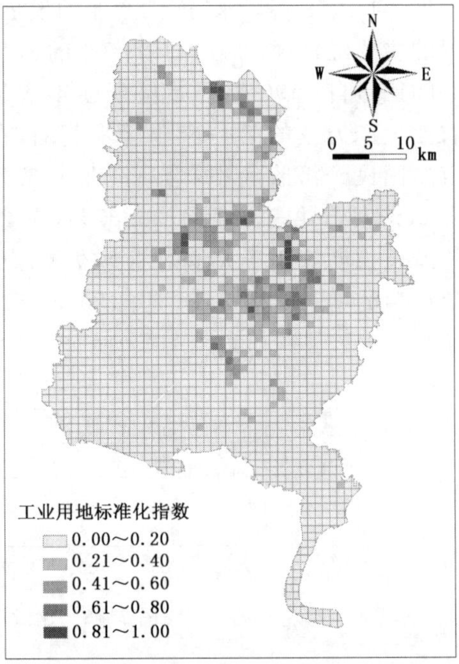

图 2.19　工业用地标准化指数图

2.3.4　常州市生态服务用地复合功能评价

将用地生态服务功能按权重分配叠加后，结果如图 2.20 所示，分为正向生态服务和负向生态服务。表明城市中心地带土地的生态服务正效应低，负效应高，以天宁、钟楼、戚墅堰为最，而外围土地生态服务功能相对较高。城区外围，城区东部地区的生态服务负效应较西部高，北部长江沿岸由于化工基地的开发，使得该地区的土地正向生态服务功能也较低。

将正向和负向的生态服务功能加权叠加后的的结果如图 2.21 所示。可以很明显地看出，北部地区和中心地带存在一个过渡的缓冲区，一定程度上避免了城市的蔓延。而沿沪宁高速以东地区，由于城市化的发展，部分工业占地使得东部地区的土地生态服务功能较之西部要弱。计算结果显示，在划分的土地格网中，有 35.5％的土地综合生态服务效应为负，而 64.5％的生态服务用地为正效应，现状生态服务功效为 1.82。如果对城市发展不加以控制，未来城市的生态环境将进一步退化。

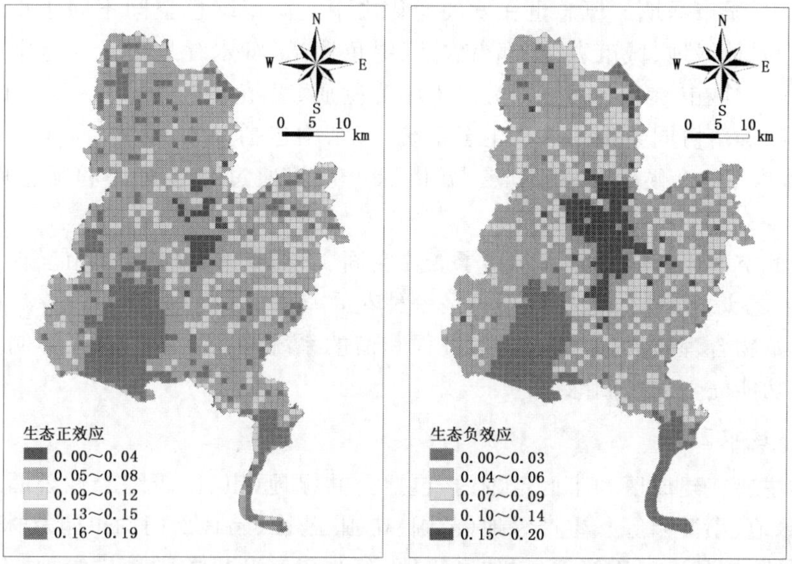

图 2.20　土地生态服务正负效应评价示意图

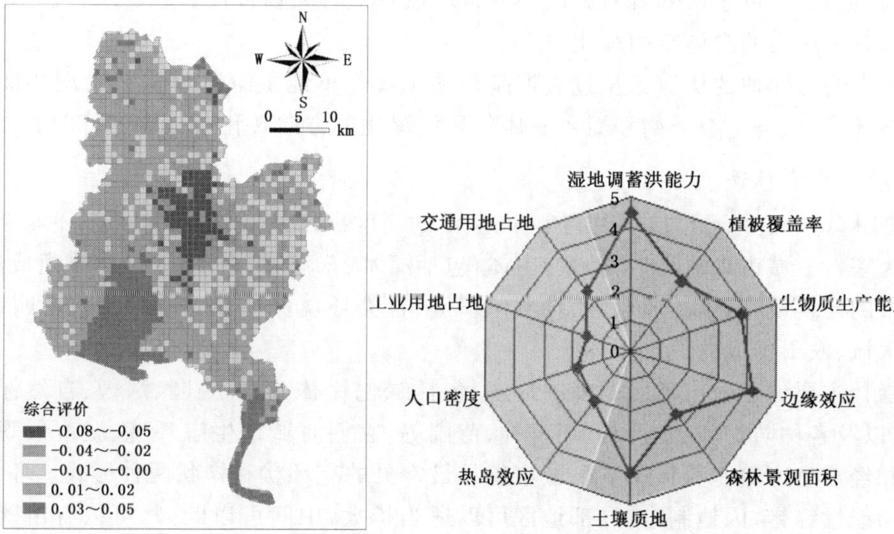

图 2.21　常州土地生态服务综合评价图

2.4　城市红绿空间土地共轭生态规划——以工业城市常州市为例

2.4.1　城市绿色空间的内涵

城市是一类以人类活动为主导的社会—经济—自然复合生态系统，而绿色空间是城市复合生态系统的重要组成部分，具有显著的生态服务功能。目前，随着人们对绿地生态服务功能认识的不断深化，城市绿地的概念也在发展变化之中。城市绿色空间不同于传统的园林绿地概念，它是包括园林绿地、城市森林、都市农业、绿色廊道、滨水绿地以及立体空间绿化等在内的绿色空间网络。城市绿色空间是一类以土壤为基质、以植被为主体、以人类干扰为特征，并与微生物和动物群落协同共生的人工生态系统，其结构包括乔木、灌木、草本植物、动物、微生物以及土壤、水文、微气候等物理环境。城市绿色空间通过绿色斑块和绿色廊道形式相互连接。

城市居民的空间生态服务需求包括了居住空间、活动空间、绿色空间和美学空间等。绿是生命之道，城市之魂。城市绿色空间不只是一种花香鸟语、绿茵林茂的形态绿，而且是一种乔木、灌木、草本植物合理布局，结构、功能、过程和谐的系统绿，是一种技术、体制、行为配套，竞争、共生、自生功能完善的机制绿。

2.4.1.1 城市园林

城市园林主要在建成区和市区范围内，包括公共绿地（市、区级综合性公园、儿童公园、古典园林、带状绿地、小游园等）、生产绿地（苗圃、花圃、药圃、园林部门的果园及林地）、防护绿地（防风林及各种防护林）、专用绿地（居住区绿地、公共建筑及机关学校内绿地、工业企业、仓库用地内绿地）、道路绿地（市、区级道路两旁、分车带、立交口、桥头、中心岛、安全岛等的绿化地段）和风景游览绿地（位于市郊具有大面积的自然风景或有文物古迹名胜的地方）等，也应包括屋顶绿化和各种形式的立体空间绿化。

近年来人们对绿地的认识已从过去把园林绿化看作单纯供游览观赏和景观装饰，向着改善人类生态环境，促进生态平衡和城乡一体化环境绿化的方向转化（Shafer 1999）。

2.4.1.2 城市森林

城市森林（urban forest）是从人类生存、生活的高度出发，以改善城市生态环境、稳定城市生态系统为宗旨。城市森林是以树木为主体，包括灌木、花草、野生动物、微生物组成的生物群落以及其中的建筑设施，包括风景区、自然保护区、各类环境保护林、森林公园、果园、花圃、苗圃、菜地、水域、农田构成的一个整体。

城市森林主要位于城市郊区及外围地区，包括绿化片林、森林公园、绿楔、自然保护区、景观休闲林，以及各种防护林、经济林、用材林、苗圃等，它们对城市生态环境、城市景观、生物多样性保护和经济生产等有直接影响。城市森林最常见的有环状和楔状两种形式。环是指呈环状布置的功能性绿带，因地制宜，局部地区可以适当扩大，中间可以断开，可以有苗圃、花卉生产基地、果园、经济林、大型公园、农田、菜地等，宽度一般为 2～15 km。楔是指布置的由郊区伸向市中心的楔形绿地。

实践证明，仅仅城区的园林绿化起不到改善城市生态环境的作用，满足不了城市对绿色的要求，而城市森林则是有益的补充，因此必须在近郊和远郊分层次建设城市森林，构成完整的森林生态系统。

城市森林具有重要的生态服务功能，可以为城市社会经济的发展、城市生态系统的健康和城市居民的生活提供高质量的服务（Grey 1996，Konijnendijk 2000）。城市森林建设的原则是高效和和谐，既要有高的物质生产能力，提供丰富的物质产品，又要有高的精神生产能力，给人以身心健康和美的享受。

2.4.1.3　都市农业

都市农业是在城市化过程中诞生出来的一种满足城市居民更高层次需求的新型农业形态，它不同于传统的城郊农业，它既存在于都市外部也存在于都市内部，是现代都市的有机组成部分。它是在可持续理论指导下建立起来的多功能农业，具有生产、生活和生态功能，同时还有休闲、娱乐、体验、观光、教育等满足人们多种精神的需求功能。它是城市化过程中人与自然更加和谐的发展趋势。

都市农业不仅向城市提供无污染的农产品，还具有不断改善城市环境的生态功能，同时能充实城市居民的精神生活，满足人们回归自然的需求。都市农业用地是一种绿色生态开敞空间，对城市的生态环境起调节和缓冲作用，并能控制城市发展的无序膨胀。通过对都市农业用地的合理规划，引导城市与农田、绿地、水系的融合，形成一个完整的生态系统网络，发展田园中的城市，城市中的田园。

都市农业为都市居民提供了接触自然、体验农业以及观光、休闲的场所与机会，并有利于增强现代农业的文化内涵与教育功能及示范辐射作用。都市农业可为市民提供休闲场所，从事观光、休闲、娱乐活动，以减轻现代都市工作及生活上的压力，达到怡神悦目、健身益智的目的。都市农业还能增进都市居民与农村居民的接触，缩小工农差距、城乡差距，使城市居民了解农情、农俗等传统农村文化，促进城乡生态文化交流与发展。

都市农业包括城区和郊区的农田、菜地、观光示范农业、休闲农场、农业公园、屋顶农业等。从国内外发达城市的发展趋势来看，都市农业是人类生态发展的要求，也是良好城市景观形态的必要组成部分，它具有广阔的发展前景。

2.4.1.4　绿色廊道

绿色廊道是指沿城市交通线、河流、高线以及重要市政管线等布置的防护绿地。绿色廊道在城市生态系统中呈线性或带状布局，是能够沟通连接空间分布上较为孤立和分散的景观单元的生态系统空间类型（Annaliese 1995）。城市绿色廊道包括自然廊道、人工廊道和自然—人工廊道。城市绿色廊道不仅仅局限于一条都市绿色景观绿带，它主要是由纵横交错的绿带和绿色节点有机地构建起来的绿色生态网络体系，具有整体性和系统性的特征。

绿色廊道的规划设计要着重考虑它的宽度、密度、走向、内部结构、节点设计、布局形态以及它与外部的网络关系等。它的设计应遵循生态性原则、文化历史性原则、环境保护性原则、游憩观赏性原则和整体性原则。

2.4.1.5　滨水绿地

滨水绿地是指在城市区域内，与水域（江、河、湖、海、塘、湿地等）相接的一定范围内的绿地，它具有其他环境所无法比拟的亲水性。从绿地性质来分，可以分为滨水公园、滨水休闲绿地、滨水广场绿地、滨水防护林带、滨水景观林带等。

滨水绿地作为城市自然子系统的一部分，具有重要的生态服务功能。城市滨水绿地以自然生态系统为主，一般具有丰富的生物多样性。它不仅是城市文明的发源地，为城市提供生活用水、交通航运等，同时也是大量鱼类、鸟类、小型哺乳动物、两栖类动物、水生植物以及微生物的栖息生境和迁徙廊道。滨水绿地处于水陆的交错带，是信息丰富的生态敏感区。它能产生“水陆风”，调节城市局部小气候，减轻城市的热岛效应，改善空气质量，防风固土等（Martin-Vide 2001，Gregory 2002）。

滨水绿地的生态规划与设计要遵循整体与区域原则、多目标兼顾原则、自然生态原则、生物多样性原则和历史文化原则等，重点要考虑滨水绿地不同功能区的总体布局以及相应的植物种类选择。

2.4.1.6 立体绿化

立体绿化是指在城市范围内，特别是在建成区范围内，充分利用地面上的不同立地条件，选择适当的不同植物栽植于人工改造的环境中，以改善城市的生态环境和居民的生活质量。立体绿化由于可以最大限度地利用城市空间，以乔木、灌木和花草的立体组合等绿化形式，大大提高了人均绿地面积、绿色容积率和绿视率，比普通的平面绿化更能改善空气环境质量和美化城市景观。立体绿化可以利用各种建筑物和构筑物所形成的空间，选择适宜的植物，进行多层次、多形式的绿化，拓展城市的绿色空间，尽可能地提高城市的绿化覆盖率、绿色容积率和绿视率，追求绿色空间的最大生态服务功能。

立体绿化与平面绿化相比具有以下优点：①占地少，可用空间大；②管理费用低；③降低室内温度；④美化灰色景观。立体绿化具有重要的生态服务功能，可产生巨大的生态效益(减少温室效应、制造氧气、改善小气候、滞尘、杀菌、降低噪音)、社会效益(美化景观、提供活动和交流场所、心理和视觉效应)和经济效益(直接效益和间接效益)。

立体绿化的形式和内容需要根据环境特点，建筑物、构筑物的不同类型和绿化功能要求，并结合植物的生态习性、体量大小、寿命长短、生长速度、物候变化和观赏特点等来选用适宜的类型和种类，既要充分发挥立体绿化空间的生态服务功能，又要使植物、建筑物和构筑物、环境之间生态、科学与艺术的统一。

立体绿化的形式主要包括屋顶绿化(屋顶花园)、墙面绿化、阳台与窗台绿化、门庭绿化、花架与棚架绿化、篱笆与栏杆绿化、假山与枯树的绿化、立体花坛、坡面与台地绿化、城市河道绿化、城市桥体绿化和立体种植等(张宝鑫 2004)。

综上所述，城市绿色空间具有十分广泛的内涵，包括城市园林、城市森林、都市农业、绿色廊道、滨水绿地和立体空间绿化等。城市绿色空间是城市非建设用地的主要组成部分，由于城市的快速发展和生态环境问题的日益突出，城市绿色空间的生态规划和管理显得尤为重要，必须从城市未来发展的生态支持和风险防范的战略高度出发，应用复合生态系统理论、生态城市原理、景观生态学原理和人类生态学原理来建设城市的绿色空间。

常州市是我国东部长三角地区典型的工业化城市，自 1998 年以来的十多年的发展过程中，地区生产总产值翻四倍，城镇人口增长近一倍，建成区面积增加近一倍，是长三角地区快速城市化的地区之一。由于过去城市发展过程中，城市的经济发展重数量轻质量、重规模轻结构、重结果轻过程的粗放型增长方式，导致了土地利用效率低下，城市人居环境问题突出。在积极倡导科学发展观、实施国家可持续发展建设和谐社会、发展循环经济的时代需求下，常州市的经济发展正面临新的产业转型，新一轮的土地利用规划将逐步开展。显然，经济的发展需要更大的建设用地空间，但是城市同样也需要非建设用地提供的生态服务，以提高城市的人居环境质量。这是我国众多城市发展面临的难题，即建设用地与非建设用地之间的矛盾。本节针对常州市建设用地和非建设用地的共轭生态规划方法展开了研究。

2.4.2 城市生态足迹

城市土地复合生态系统为城市提供着强大的生态服务功能。城市社会经济的发展依赖于良好的外部环境条件,依赖于土地复合生态系统提供的有形自然资产和无形的生态服务。但是在过去几十年的城市发展过程中,城市扩张以及乡镇企业的迅速发展,郊区农业用地、草地被占用,湿地不断消失,河流干涸,土地水体污染等使得城市土地复合生态系统的环境容量逐渐下降,这些土地为城市提供的生态服务功能已经不能满足于城市的正常生态功能的需求,城市环境问题突出。

生态足迹概念是 1992 年由 Rees 和 Wackernagel 首先提出并由 Wackernagel 于 1996 年完善。生态足迹方法是基于这样的认识,即人类的每一项消费都可以追溯到提供生产该消费所需的原始物质和能量的土地上,把所有消费折算为相应的生物生产性土地面积,这既反映了人类占用的自然资本,又反映了人类消费对自然产生的影响。生态足迹分析方法是用需求方的生态占用面积(DEF)(用生态足迹概念表征,就是能够持续地提供维持一定人口生存必需的资源或用来消纳废物的、具有生物生产力的地域空间)与供给方的生态承载力(SEF)大小进行比较,衡量研究对象的可持续发展状况,进而探讨如何促进和实现人类与自然的协调发展。生态足迹研究方法可持续发展定量研究被应用在国家、区域和城市以及公司和个人等不同尺度地理范围。

生态足迹指标是通过测定现今人类为了维持自身生存而利用自然的程度来评估人类对生态系统的影响。生态足迹的计算基于以下两个事实:①人类可以确定自身消费的绝大多数资源及其产生的废弃物量;②这些资源和废弃物量能转换成相应的生物生产面积(biologically productive area)。因此,任何已知人口的生态足迹就是生产这些人口所消耗的所有资源和吸纳这些人口所产生的所有废弃物所需要的生物生产总面积。在生态足迹账户的核算中,生物生产面积主要考虑 6 种类型:耕地、林地、草地、化石能源用地、建筑用地和水域。其计算公式为:

$$EF = N \times ef = N\sum_{i=1}^{n} a_i = N\sum_{i=1}^{n} C_i/P_i \quad i=1,2,3,\cdots,n$$

式中 EF 为总的生态足迹;ef 为人均生态足迹;N 为人口数;i 为消费商品的类型;a 为第 i 种物质人均占用的生物生产面积;C 为第 i 种物质的人均消费量;P 为第 i 种物质的平均生产能力。

生态足迹理论将一个地区所能提供给人类的生物生产性土地的总面积定义为该地区的生态承载力,以表征该地区的生态容量,由于土地生产力因区域和土地类型不同而存在较大的差异,为了便于比较,区域土地实际面积必须通过等价因子和产量因子进行标准化处理,然后加总得到区域生态承载力。同时根据世界与环境发展委员会的建议,扣除 12%的生物多样性保护面积。

$$EC = N\sum_{i=1}^{n} ec = N\sum_{i=1}^{n} a_i \times r_i \times y_i$$

式中 EC 为区域生态承载力(hm^2),N 为人口数,ec 为人均生态承载力(hm^2/人);a_i 为人均生物生产面积;r_i 为均衡因子,y_i 为产量因子。

对比自然生态系统所提供的生态足迹和人类对生态足迹的需求，若供给大于需求则为生态盈余，表明人类对自然生态系统的压力处于本地区所提供的生态承载力范围内。反之，表明人类对本地区的自然生态系统所提供的产品和服务的需求超过了其供给。

表 2.13　常州市生态足迹计算表

2006 年常州市生态足迹需求				2006 年常州市生态足迹的供给			
土地类型	人均面积（hm^2/人）	均衡因子	均衡面积（hm^2/人）	土地类型	人均面积（hm^2/人）	产量因子	人均生态承载力（hm^2/人）
耕地	0.07	2.8	0.19	耕地	0.08	1.66	0.37
草地	0.62	0.5	0.31	草地	0.00	0.19	0.00
林地	0.01	1.1	0.01	林地	0.02	0.91	0.00
水域	0.95	0.2	0.19	水域	0.04	1.00	0.01
化石燃料用地	1.39	1.1	1.53	CO_2 吸收用地	0.00	0.00	0.00
建筑用地	0.04	2.8	0.10	建筑用地	0.04	1.66	0.20
人均生态足迹			2.32	人均生态承载力			0.58
				扣除生物多样性保护（12%）			0.51
				生态赤字			1.81

从生态足迹的分析结果（表 2.13）看：①常州市生态足迹比全国 2003 年生态足迹都要高。根据陈敏等（2006）对 1978—2003 年中国生态足迹的研究，中国人均生态足迹由 0.873 hm^2 升至1.547 hm^2，增长率为 77.2%。与同期不断增加的生物供给力相比较，计算出中国生态赤字在逐年加剧，人均赤字由 0.371 hm^2 上升至 0.817hm^2。说明城市在发展的过程中需要从城市外围输入生态足迹，满足城市生产生活用地的需求。②从常州市各类用地的生态足迹来看，化石能源用地的生态足迹大，这主要是由于常州市的能源消费中原煤的使用最大，占据了能源消费中 73%的生态足迹，其次是焦炭和洗精煤。③常州市的生态承载力中，耕地的承载力最大，生态足迹供大于求，在承载力范围之内，其他几类用地均超过了生态承载力，出现生态赤字，说明了常州市当前的经济发展可能处于一种不可持续的状态，土地用量不足。根据李广军等（2008）对苏州的生态足迹计算和张伟新等（2005）对无锡市的生态足迹计算，苏州 2004 年和无锡的 2002 年的生态赤字分别为 3.38 hm^2/人和 4.03 hm^2/人。相比常州市而言，常州市生态赤字较低，但是常州市 2006 年的经济总量仅仅为苏州的 60%。苏锡常地区普遍存在经济粗放型发展的问题。由于城市化石能源的投入量大，土地的集约化程度低，使得常州的土地需求量高，人均生态足迹达到 2.32 hm^2/人，已经高出常州市现状的土地生态承载力 0.58 hm^2/人。为满足现状城市经济的发展，城市需要更多的生物生产性土地。

2.4.3　常州市城市土地共轭生态规划

常州市 2004—2020 年的城市总体规划中强调城市未来的发展将继续提升城市中心的功能，同时沿南北发展轴向南部和北部延伸，形成“一体两翼”的发展态势，一体即城市的现状主城区，两翼即南北两翼。在用地结构布局上，形成“一城七片”的结构形态，如图 2.22。

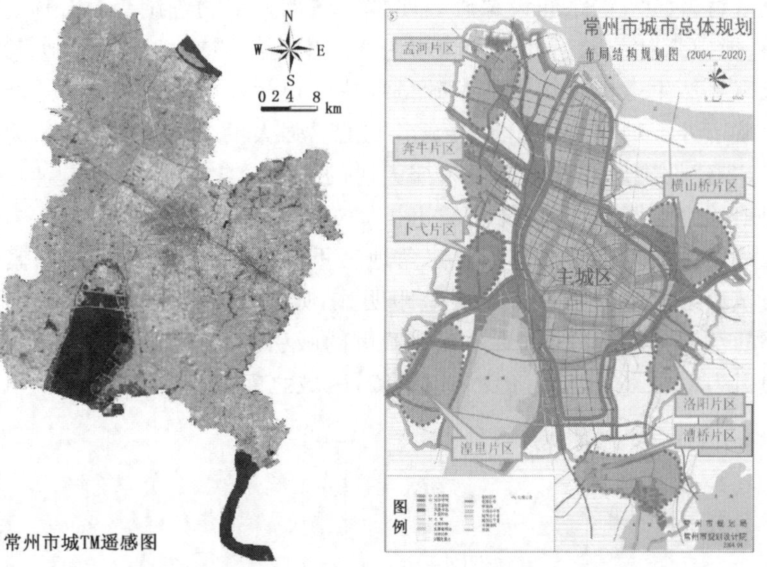

图 2.22　常州市现状土地利用遥感图和规划图

2.4.3.1　常州市城市土地利用分析

根据对常州市土地的生态服务评价分析表明，现状常州市中心城的土地生态服务功能很低，主要集中于沪宁高速和沿江城际铁路的二角地地区与城市南北发展轴和运河相交的地带，并且有向东南部扩展的趋势。东部横山桥镇、横林镇以及洛阳镇地区的土地生态服务功能也较低。其次滨江发展带的土地生态服务功能较低。中心区的城市化程度高、建设用地占地量大、人口密集、自然空间缺乏是导致其生态服务功能低的原因。由于 2003 年以来城市的“一体两翼”的发展战略，旨在提升中心城区的功能，强化南北两翼的用地，城市的用地格局发生了很大的变化。东部地区是河网密集地，有蔷薇园湿地、丁塘河湿地、宋剑湖、郑陆湿地、芙蓉镇和洛阳镇南部湿地几大湿地，但是这些湿地除了宋剑湖水质较好之外其他湿地的水环境质量令人堪忧，水体污染物主要来自河流上游和当地的生产生活废水。德胜河和武宜运河以西地区、南部滆太湖地区的城市土地生态服务较高。西部发展带上，城镇化程度相对低，一方面由于京杭大运河以北德胜河以西地带、大运河以南和武宜运河以西地区是城市农业生产和林业生产的地区；另一方面，由于受到丹阳的影响，城镇化的速度相比东部地区较为缓慢，总体规划的实施还存在一定滞后效应。

作为“现代制造业基地，文化旅游名城”，常州市市区更大程度上承担了制造业基地的功能，市辖县的金坛和溧阳则为旅游城市。常州市城市化水平目前 62%左右，正处于快速发展阶段。城市的经济发展来自于第二产业的迅猛发展。工业用地处于南北发展轴上，相对集中。由于一定程度上受到无锡经济引力的影响，常州市的用地发展向东偏移，而形成“东重西轻”的用地格局。粗放型经济增长的方式将占用大量的土地资源，土地的生态服务功能减弱。

城市人文生态发展轴线不清晰，自然生态框架结构尚待完善。人文发展轴基本沿着城市的南北经济发展方向，向东倾斜，城市缺乏特色。常州市市内的自然空间构建思路按照“三环四楔十廊，四林九点多园”，三环即城市核心区外的自然空间、快速干道的绿带、市内主要河流的沿河绿带；四楔即在城市的东北、东南、西南、西北插入楔形绿地；十廊包括七横三纵，主要是沿着城市快速干道、河道、铁路建设绿廊。四林指城市外围的滆湖森林公园、竺山森林公园、小黄山森林公园、横山森林公园。九点即城市内主要交通干道交叉点的绿地；多园指城市内部的多个公园。城市自然生态框架构建的基础是维持城市生态安全格局，提升城市人居环境的生产生活质量。城市外围的非建设用地为城市提供了强大的生态服务功能，为防止城市扩展带来的环境影响，非建设用地起着限制城市摊大饼的作用。此外，人工构建生态廊道可以强化和诱导非建设用地的生态服务功能，防止城市扩展对脆弱生态系统的破坏。

城市和区域发展缺乏耦合。作为长三角地区重要的制造业城市，常州紧邻无锡、丹阳、宜兴、江阴，但是城市与城市之间经济发展差距明显，如图 2.23。从用地形态看，常州市城市用地形态向东部的江阴和无锡倾斜，受到东部城市的吸引力较为明显，而受到西部的丹阳市、南部的宜兴市的引力微弱。区域经济发展不平衡，区域之间缺乏有效合作。

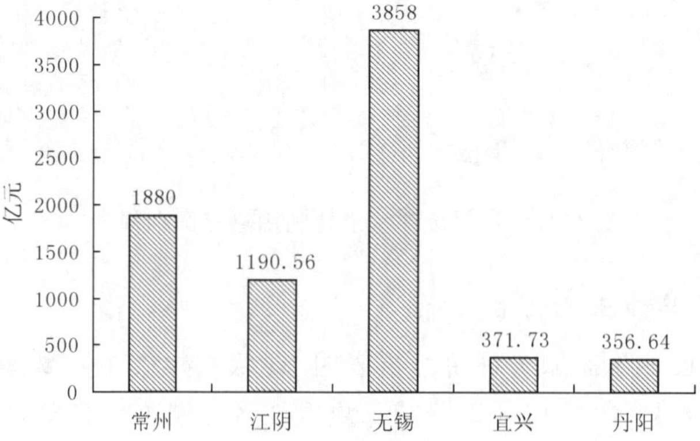

图 2.23　2007 年常州及周边城市经济发展现状图

城乡发展不平衡。金坛、溧阳为常州的两个市辖县，但是从用地结构上来看，常州市区和两个市辖县的联系不紧，城乡居民收入差别大。2006 年城市居民人均收入 16649 元，而农民人均收入为 8001 元。

2.4.3.2　城市发展的土地复合生态情景分析

发展情景一：

基于城市现状自然增长的“摊大饼”发展模式，城市以现状主城区为中心，沿南北向发展扩展，同时东部地区沿运河方向连成一体，继续向东部扩展至沿江城际铁路和沪宁高速交叉三角地带，南部地区沿太湖方向延伸，北部地区突破沪宁高速铁路和公路与沿江重化工发展带连成一片。城市北部为重化工滨江工业发展区，同时发展信息电子制造、机电制造等产业，现状城区中心为行政、商业、文化服务等中心，东部地区为铁合金、精细化工工业和物流业发展区，南部为休闲观光旅游、轻工业发展区。为满足工业经济增长的体量，土地利用延续现状粗放型的利用方式，但是居民点和废弃地得以部分整理。城市由东西和南北向的快速公路以及主城区的环线联系，主要交通工具为公共交通(表 2.14)。

发展情景二：

按照“一体两翼、一城七片十一个组团”总规发展思路，以现状城市主城区为中心，横向发展轴东西向沿运河方向继续延伸发展，纵向发展轴南北向沿现状“两翼”发展，在西北和东南方

表 2.14　不同发展情景下的城市土地复合生态效益分析

	情景一:基于城市现状自然增长的摊大饼发展	情景二:基于遍地开花的多片区多组团发展	情景三:基于土地生态服务功能的近主动脉发展
城市发展示意	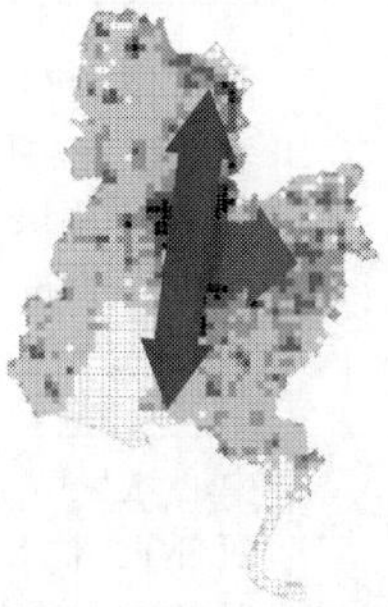	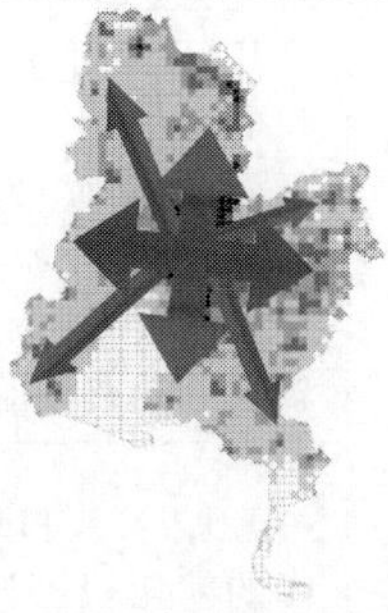	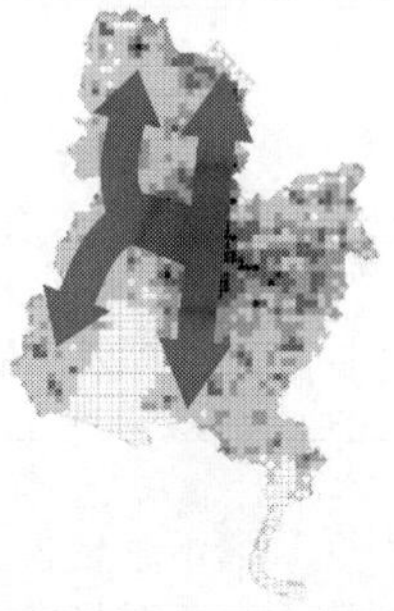
湿地调蓄洪能力	严格保护市域大型湿地,但城市东部水网密集,城市自然东扩将不可避免造成大量水域湿地被占用,湿地调蓄洪能力大大减弱	严格保护市域大型水域湿地,积极疏导城市主要河道。城市发展有选择地避开排蓄洪湿地。但由于多片区多组团的开发,仍然占用大量湿地水域	严格保护市域大型水域湿地,积极疏导城市河道,大小河道相连相通。避免城市东扩,积极保护东部水域湿地,西部发展轴有意避开关键水域湿地,有少量水域湿地被占用
植被覆盖率	城市中心区植被绿化将维持在现状水平,但中心区外围现状人工绿地或自然绿地被城市建设用地蚕食,植被覆盖在现有水平上不断减少	中心区植被覆盖水平维持不变,由于多片区多组团的开发,现状中心城外围的绿地覆盖将不断减少,自然绿地消失,尽管建立人工楔形绿地和绿廊,但是总体绿化覆盖大大减少	维持现状中心城,构筑现状南北两翼的绿化防护带,同时建立东部绿化防护屏障。在西部发展轴和中心发展轴之间营建楔形绿地和绿廊,提高植被覆盖率和服务功能
生物质生产能力	市区南扩,大量良田被建设用地占用,土地粮食生产能力减小	城市建设用地发展有意避开生产性良田,由于市域南部大部分用地为农业生产用地,所以,南部多片区多组团的发展不可避免要征用部分良田。土地粮食生产能力大大减少	城市建设用地发展积极避开生物生产性农田,由于采取了限制城市东南北部的扩张,农田的占用主要在西部,通过生态补偿,当前的生物生产水平至少不下降
生态服务用地边缘效应	城市建设用地占用,用地结构单一,边缘效应最小	由于多片区多组团的发展,用地结构重组,非建设用地斑块数量减少,边缘效应呈现满天星的减少趋势	中心城区的生态服务用地的边缘效应将维持在现有水平上,由于西部发展轴的城镇发展,使边缘效应有所减少
森林景观面积	维持现状不变	维持现状不变	面积和生态功能提高
土壤质地	城市摊大饼式的蔓延,硬化地表的面积不断增加,土壤的质地随着建成区的增加而下降	中心城区周围小城镇的建设用地的突然增加,使得建成区土壤质地迅速下降,并且较情景一下降趋势明显	同样由于建设用地水平的增加,一定程度上较现状水平有所下降,但是由于用地集约高效,土壤质地较前两者下降幅度要小

续表

	情景一：基于城市自然增长的现状摊大饼发展	情景二：基于遍地开花的多片区多组团发展	情景三：基于土地生态服务功能的近主动脉发展
热岛效应	建成区成片的增加，市中心距离郊区越来越远，湿地消失，农田和绿地被占用，城区大气流通受阻，热岛效应明显	多片区多组团的硬化地表面积的增加使得自身小城的热岛效应增加，另一方面，构建的绿色廊道和绿楔一定程度上缓解了热岛。但总体上会较现状热岛明显	西部发展轴的城市呈现带状发展形态，并且构建的绿楔和绿廊以及保留的湿地水域很大程度上减少了热岛效应的产生
人口压力（人口密度）	中心城区的人口密度将不断增加。第一产业人口不断涌入城市。但是城郊小城镇人口密度小	中心城区人口受到片区和组团的就业机会吸引，中心城区人口密度较情景一要小，但是片区和组团人口密度增加，总体趋势增加	中心城区人口密度开始下降，西部两带人口的密度增加。但是由于很好地保留了农田，一部分当地的人将继续从事生物性生产。整体市域的人口密度相对于前两者要小
工业用地占地	工业占地遵从满天星的发展态势，北部、东部、南部工业占地继续增加。但是土地使用效率低下	新的产业园区的形成，一定程度上占地率较情景一还有所增加，且各个片区和组团的产业功能仍然不明确。土地利用效率依然低下	在现状基础上对产业布局进行重组，中心城市和两带城镇的产业功能明晰，重叠发展的局面得以改善。集约高效利用土地，工业用地的占地在现有水平上有下降趋势
交通用地占地	城市交通仍然以现状南北向交通干道和环线联系，随着“大饼”越来越大，道路占地将增加。但中心城与周围乡镇的相互影响力不足	在现状的交通网络水平上，形成以主城区为中心的放射状交通线，以快速交通工具联系各个卫星城。组团之间将通过城市大环线联系。交通占地较情景一还要增加	积极发展轻轨交通，通过轻轨联系城市各主要部分，另一方面充分利用现状交通网络，交通占地相对较小

向以及东北和西南方向形成新的发展带，全市呈近“米”字形遍地开花式的多片区多组团发展。发展轴仍然以北部滨江工业区和南部休闲观光区为主，同时在运河东西向将形成新的地产开发发展轴，沿西北和东南方向以及东北和西北方向将在现有基础上发展形成各自产业园区。为满足地区经济发的快速发展需要，土地的利用延续现状粗放型的利用方式，但是部分居民点和废弃地得以整理。主城、片区和组团之间由主城区放射状的道路网联系，主要交通工具为公共交通。

发展情景三：

城市发展规避敏感和脆弱的生态系统，将城市发展的生态风险降低到最低程度。在城市中有意营建和积极保育生态系统为人类活动尽可能提供生态服务功能，诱导和强化生态利导因子的积极作用。结合土地生态服务功能评价的结果，优化城市的用地结构布局，避开东部湿地敏感区的发展，同时在现状的基础上，强化西部的经济发展轴。以现状城市主城区为中心，限制城市继续东向横扩以及南北方向“摊大饼”蔓延扩展，在西部沿孟河、奔牛、湟里、卜弋形成新的两条人文和产业发展轴，西南发展轴在未来将延伸至金坛和宜兴方向，促进区域发展。城市发展轴中各部分由轻轨交通连接，市区形成近“才”字形景观格局。城市产业发展进行重组，北部为滨江工业发展区，南部为休闲观光旅游和高档地产开发区，湟里卜弋新区为林木花卉生产基地，孟河奔牛新区发展轻工业、电子产业。城东工业区与主城区由绿化带隔离开，防止继续东扩对重要湿地造成更加严重的生态胁迫。产业有限制地发展，限制现状轻纺、轻化工的入住，将“大而多，小而全”的企业重组形成新的生态产业园区。南部漕桥以及沿太滆湖形成高档地产和休闲观光旅游区，严格禁止污染生产型产业进驻。土地利用集约化，高效利用土地，禁止占用基本农田等生态服务用地，可适当开发未利用的土地。城市三条发展轴线由轻轨相衔接，同时结合城市现状的快速交通系统，铁路为主，公交为辅。

表 2.15　不同城市发展情景的土地生态服务综合评价

	情景一	情景二	情景三
土地综合生态服务	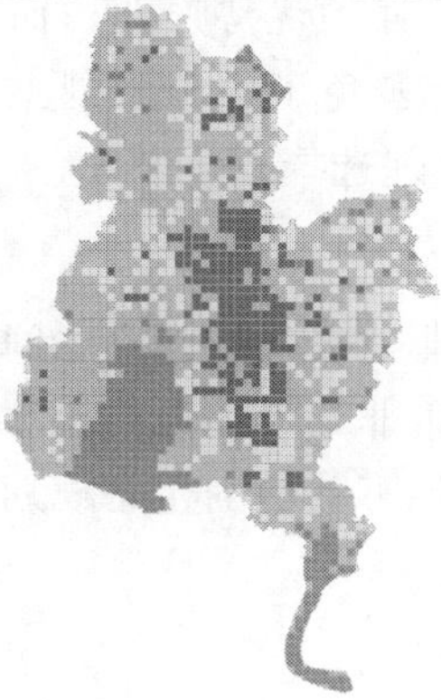	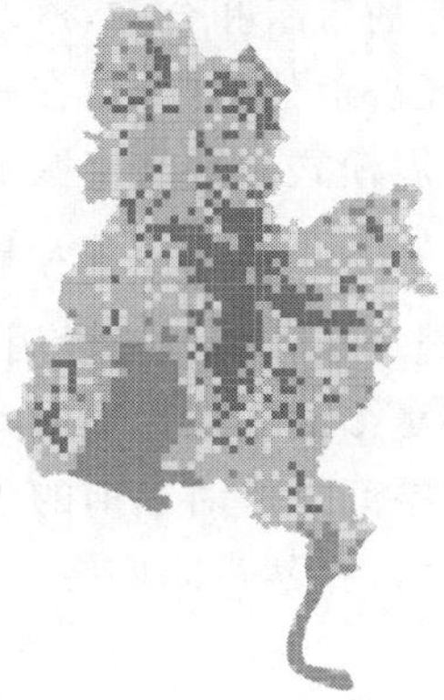	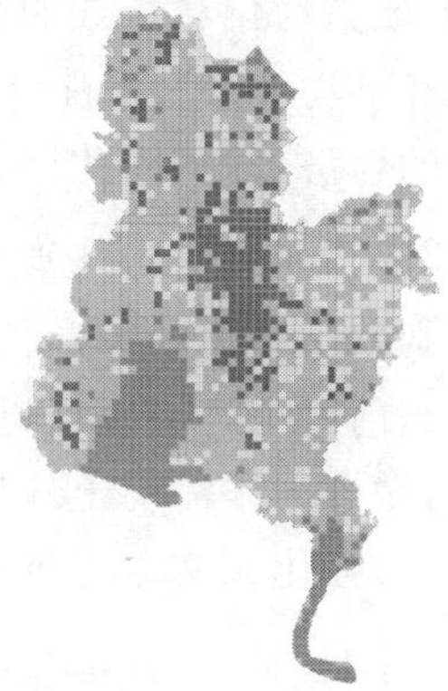
复合生态效益	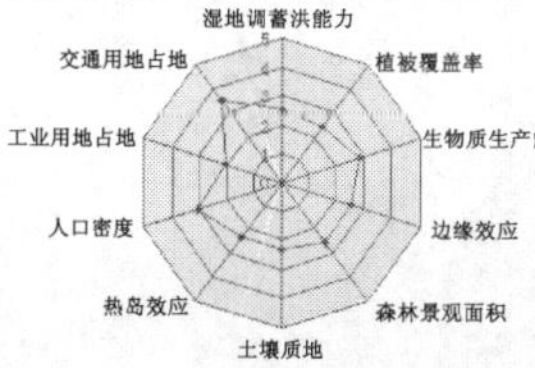	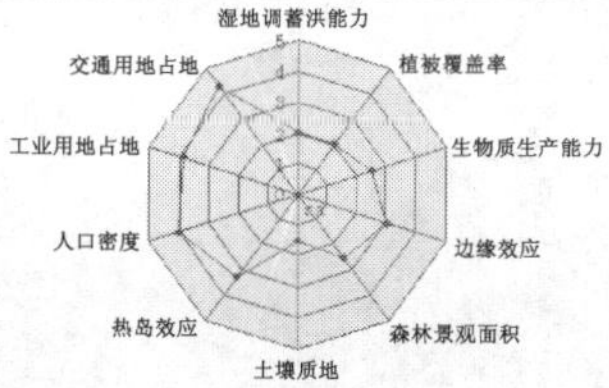	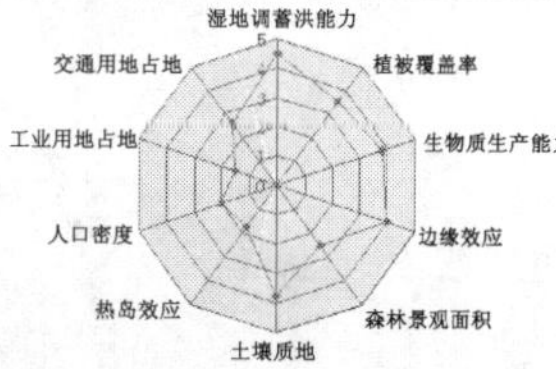

* 上图红色区域代表生态负效应，绿色区域代表生态正效应。

情景一的复合生态指数为－0.221；情景二为－1.675；情景三为 1.79。其中情景一模式下有 47.1％的土地生态服务功能为负，情景二 48.1％的土地生态服务功能为负，而情景三则为 38.6％。从情景分析的结果来看，情景一和情景二的发展模式占地面积最大，城市为了社会经济的发展必然会利用大量的非建设用地，即生态服务用地的占用，这样导致了土地的生态服务水平下降，生态负效应开始增加。情景一是按照现状城市总体规划的发展思路对未来城市土地生态服务功能的分析，城市的主城区功能得以进一步强化，并对周围的区域产生辐射效应，致使土地围绕中心城区被成片开发，“摊大饼”的趋势不可阻挡。但是相比情景二而言，无论是社会经济的发展体量或者是土地开发利用的强度，情景二都比情景一的影响更为深刻。城市生态服务用地的生态服务在功能和体量上受到最大程度的破坏，景观破碎化程度加剧，同时由于城市化的成片成块发展，相当一部分从事第一性生产的人口就业问题将凸显，没有就业技能的农业劳动人口转向为工业生产或者服务业的生产，在一定程度上会激化社会矛盾，成为城市发展前进的主要社会问题。同时，由于城市生产结构的不合理也会加重产业转型的负担，尽管经济体量也在增加，但是从长远来看，这种发展模式是不可持续的，风险将不断加大。相对前两种发展情景而言，情景三在一定程度上遏制了城市满天星、“摊大饼”的趋势，在城市发展的空间结构上，通过生态廊道的建立和城市发展空间管制，中心城区向外蔓延的趋势受到阻挡，部分生态用地的生态服务功能得以保存，通过优化内部城市空间格局和产业结构调整，使得土地的利用效率得到提升。在经济体量上，西部两条新的发展轴会弥补由于限制生态服务用地的开发而损失的经济效益，而且这两条发展带在当前已经形成雏形，这种自发有机的发展和合理的土地开发限制的结合相对前两者而言更加科学。在社会效益上，当前从事农业的人口将得以保留一部分，一定程度上缓解了城市人口的就业竞争和压力。同时在生态效益上，农业用地自身就为城市提供了相当的服务功能，这是城市工业化不可获得的。另外加强了城市主要生态廊道的建设和生态用地的保护力度，城市发展中的生态安全得以巩固。在经济效益上，土地集约化和高效的利用、产业的重组和合并，逐步形成大而强的优势产业。而西部发展带的经济功能加强和中心城区的经济地位的提升，在一定程度上避免了由于限制土地开发而损失的经济效益，因此情景三的发展模式是常州市城市发展的合理选择。

2.4.3.3　常州城市土地共轭生态规划及管理对策

常州市城市的土地共轭生态规划旨在协调建设用地扩展和非建设用地保育之间的生态关系。当前城市经济发展迅速，需要更多的土地物理空间，但是城市非建设用地的土地生态服务不足，城市同样需要土地生态服务空间。针对当前的矛盾，提出如下共轭的生态规划方法。

(1)强化人文生态轴线，构建城市自然生态网络

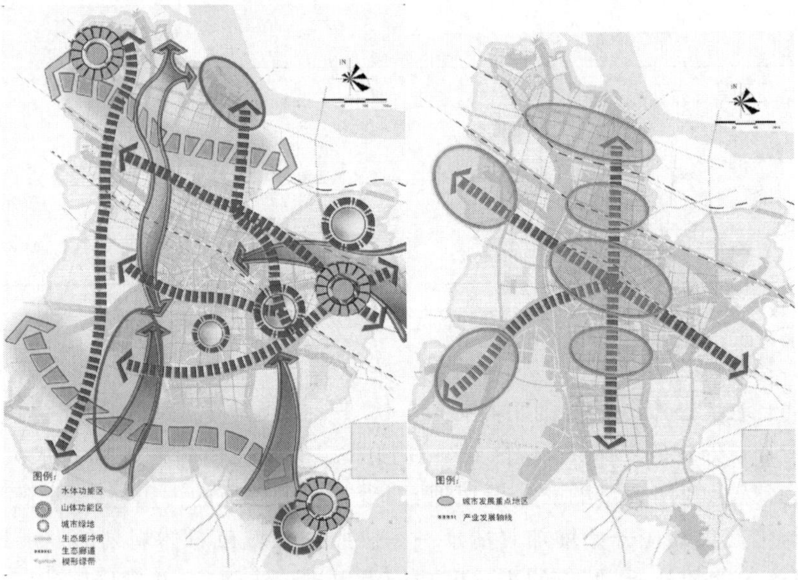

图 2.24　常州市自然和人文生态发展框架

综合常州市城市土地的生态服务功能评价和现状城市土地利用的现状分析，构建引导城市发展的人文生态轴线和限制城市盲目发展的自然生态轴线，如图 2.24。一方面城市发展要避开东部过度开发的区位，进行湿地生态保育，积极引导城市西部发展轴，强化西部经济发展潜力；另一方面营建城市人工自然生态网络，诱导土地的生态服务功能，防止城市盲目发展造成的土地生态服务功能减弱。

(2)集约化利用城市建设用地，优化利用生态服务用地

提高城市建设用地的集约化利用程度，城市建设与城市旧城区更新相结合，加强城市旧城

区居民点的整合、旧工业区的改造，提高旧城区的土地容积率和利用率，改变土地利用重数量轻质量的粗放型建设模式，克服工业发展的“小而全，大而全”的发展模式。依据土地生态服务评价和土地利用现状，进行常州市的土地生态功能分区，确定常州市近远期可以适当开发的生态服务用地和禁止开发利用的生态服务用地，确保城市生态安全，至少保证在现有经济发展水平下，将来城市土地的生态环境质量不下降。

(3)水污染环境治理规划和水生态工程规划

以净化、活化、美化城市水域环境为目标，进行城市水体和湿地的人工环境治理规划，从水污染的源头上严格限制污水排放，加强城市水处理基础设施的建设，积极疏导河流航道，同时增强城市的防灾能力。通过人工湿地生态修复工程建设，增强城市密集河网和湿地水域的水体环境净化功能以及城市景观。

(4)城乡、城市与区域的生态整合规划

促进市域内常州与金坛、溧阳，城市与乡村，常州与区域范围内城市的生态和生产互利共生的联系。常州市城乡居民收入相差大，城市和农村的基础建设水平相差也大，城乡二元结构明显。常州农业生产已经萎缩，随着城市化的进程，农业生产将会进一步减少，但是农业始终是国民经济的基础，是农村劳动力就业和农民收入的主要来源，人民的生活离不开农业。同时城市外围的农业生产还为城市提供了强大的生态服务功能。合理规划城市与乡村的生产力布局，增加农民收入和农村生态、生产的基础设施建设，统筹城乡发展。

区域统筹规划常州与周围城市的经济发展和生态建设，促进区域生产力的发展的同时，加强区域环境的治理和生态保护。常州市内水环境形势十分严峻，尽管市内水资源丰富，但是城市属于水质型缺水城市，市内水体环境污染一方面由于自身对于水体保护不足，另外一方面与上游城市的水环境保护不力有很大的关系，过境河流基本都存在严重的水体污染，结果造成无锡太湖水体的富营养化严重。区域统筹不光注重经济生产的统筹，还要注重生态保护的统筹。

(5)提高城市建设用地空间的生态服务

发展城市生态农业，城市屋顶绿化，垂直绿化，减小城市热岛，美化城市环境，增强城市自生能力。充分利用地下空间发展地下交通、停车场、商业服务设施，发挥单位土地的生产效率，减小对生态服务用地占用。

(6)落实科学发展观，发展循环经济产业

常州市生态赤字大，工业用地浪费严重，高耗能高污染的企业多，“小而全，大而全”的企业多。产业发展重叠，造成资源浪费。如今，常州粗放型的产业发展模式正面临转型。落实科学发展观，和谐发展常州市的经济和环境，促进物质利用的闭路循环，能源多级利用，实现工业园区内、城市范围内乃至区域范围内的物质循环和能量多级利用。积极发展城市“静脉”产业，如城市污水、垃圾、粪便、固体和危险废弃物代谢的运输、储存、净化、处理和循环再生产业，包括污水资源的集中和分散处理相结合的净化、再生、循环利用规划，固体废弃物和粪便的无害化、资源化和生态工程建设规划。

(7)城市生态文明建设规划

城市的共轭生态规划关键在于人与自然的共轭，历史和现状以及将来的共轭，目的是实现可持续的城市发展。生态文明是物质文明和精神文明在自然与社会生态关系上的具体表现，包括体制文明、认知文明、行为文明、心态文明。常州市生态文明建设的主体是人，政府能力建设和决策体制的文明建设是基础，公众的参与是关键，革新政府纵向管理体制，促进部门之间、上下级之间、公众与政府之间的横向耦合机制，诱导公众的行为、形态文明。

2.5 北京：逆“摊大饼”的共轭生态规划

北京共轭生态规划共分六个层次（王如松 2004）：

（1）京津冀北区域及流域共轭生态规划，重点处理区域—市域、坝上—坝下、河网—海涂以及京津两市和周边7个地级市的共轭生态关系。

（2）市域生态区划与规划，重点处理山区—平原、郊区—市区以及18个区县的共轭生态关系。

（3）山区生态涵养带规划，重点处理山、水、林、田、路、矿、村、舍的格局与过程，沟谷与廊道的共轭生态关系。

（4）北京湾平原区生态规划，重点处理“主动脉”和“糖葫芦串”、基本生态用地和城乡建设用地、以及水路网络和村镇斑块的共轭生态关系。

（5）京东新城发展带生态规划，重点处理新城和绿带、城市发展用地和生态服务用地以及三个重点新城间的共轭生态关系。

（6）中心区逆“摊饼”生态建设规划的共轭关系，重点处理新区建设和旧城改造、功能紧凑与展肢瘦身、“文脉”保护和“舒筋活络”的共轭生态关系。

北京、天津以及周边7个河北省城市，面积16.8万km^2，城市化水平达45%。但9市分属三个不同的行政区域，各自为政，在复合生态管理方面缺乏有效的沟通和协调机制。一方面，北京和天津两市利用其优势竞争地位，加速从冀北攫取资源，使得冀北7市自然生态耗竭和环境污染严重，人才、资金、技术等生产要素向北京、天津集聚；另一方面，受行政区利益的驱动，北京和天津两市的产业扩散和生态涵养又主要集中在行政区内进行，对冀北7市没有形成持续和强有力的辐射带动作用，使得冀北7市生态建设、经济发展和城市化进程都受到一定程度的抑制，并反过来制约了京津两市的可持续发展，使得北京城市发展呈“摊大饼”的畸形格局。解决北京生态问题的关键在于区域协调、城乡协调、人和自然协调、经济与社会协调、对内和对外的协调。城市建设的“摊大饼”格局已成为中国城市化进程的一种无奈模式，是城市一定历史发展阶段的必然产物，具有一定的社会经济合理性，反映了紧凑型城市发展的需求。“摊大饼”有利也有弊：其单位边缘线服务人口最多，经济成本最低；但单位面积享受的与自然交融的边缘线最短，因而生态效应最差；政府对边缘地带的环境管理最薄弱，基础设施建设滞后，污染物处置成本低廉；摊大饼的社会边缘效应最适于低收入流动人口寄宿、废弃物的转运和边缘带农民的致富；边缘地带的环境变化剧烈，社会稳定性差，经济生产力高。未来的生态北京建设将以绿色和红色空间的犬牙交融关系为主线，以蓝色和灰色脉道活化为经络，切红楔绿，为生态服务功能楔入特大城市提供系统方法，让自然融入城市，让社区充满生机，让市民享受自然。逆“摊饼”过程通过切红楔绿生态工程将区域生态服务功能逆向楔入建成区内，破解热岛效应、灰霾效应、污染效应和阳伞效应，逐步改造人居环境的生态功能而又不大动筋骨。包括：

展肢瘦身：北京中心城区化石能源消耗和硬化地表热辐射的人均直接生态影响相当于2.4倍于人均占地面积的太阳能辐射量全部散射到近地表，加上交通拥堵和大气灰霾现象，形成了显著的热岛效应。必须从功能上调整,让板结的“饼”长出“肢体”,沿城市主动脉朝既定方向伸展、活化而不是蔓延平铺,但是这个“胳膊”一定是交通非常方便的轻轨和公交主动脉,沿线布局“糖葫芦串”形多功能复合城市社区,以达到既集约和优化用地,又强化生态服务功能、减少环境负面效应的目的,疏散、缓解三环内过大的人类活动压力。北京城区内部是四方形的,城郊结合部是“糖葫芦串”形的,农村是“葡萄串”形的,还有基本农田的四方网格,形成一套北京独特的景观格局。关键是从“饼”到“星”怎么把它切开,特别是从北京、廊坊到天津的廊道,一定要超越行政的界线,凸显“糖葫芦串”形的复合形生态主动脉,至少1/3的劳动力人口能就地就业,每个节点到城中心的时间最快30分钟,这样就有可能把人们吸引出去。

舒筋活络:疏浚、活化城市人、物、气、水的流通网络,特别是城区的风道、水道、交通和静脉网线;改造、优化城市不同等级的交通枢纽、节点和物质、人员转运站点,比如把断了的河流重新接通,把地下的阴沟恢复为地表的河流,让静态的水流动起来。

外楔内插:旧城改造除少量必要更新改建部分外,大多是不可逆的。适应型共轭生态规划除少数影响城市功能的必要廊道和节点外,主要是利用现有的高压线廊道、交通廊道以及水路河道等见缝插针、切红缀绿、改灰复蓝,从外向内楔入有一定生态和经济效益的绿蓝空间。

入地上天:从平面生态建设向空中和地下生态建设发展,在环境容量许可的前提下拓展空中和地下的生态服务空间,充分利用和合理规划地表上下的物理空间、能量空间、生物生产潜力和环境净化潜力,减少由于建筑格局不合理导致的热岛效应、灰霾效应、污染效应、拥堵效应和景观效应。有条件的地方,立体绿化面积应超过建设占地面积。首都东部发展带的顺义、通州、亦庄三个新城人口将达250万人。未来城市“大饼”会不会继续东摊而导致三城之间连片发展?为此我们设置了现状趋势外推、土地严格控制和土地柔性生态管理三种情景分析模式,模拟了未来20年东部发展带不同土地管理模式的社会经济和自然生态效应。结果表明:现状土地利用趋势外推的“大饼东摊”模式虽然其经济效益最大,但自然生态效益和社会生态效益在三者中处于最低;土地总量和结构严格控制的刚性管理模式具有较好的自然生态和社会生态效益,但其经济效益在三者中最低,土地的经济生态潜力未得到合理利用;基于土地生态经济服务功能并沿主动脉轴向发展的柔性管理模式兼顾了社会、经济、环境效益,复合生态功效最高。三种情景模式2024年城市建设用地在模拟区域中的比重分别为36%,26%和29%(2004年为20%),三者的复合生态功效分别为0.290、0.518和0.782。要保障第三方案的实现,北京土地管理的重心必须从土地的一次性审批和数量控制扩展到所有建设和非建设用地的连续性生态经济功能管理;变土地的单目标地籍管理为多目标的社会、经济、环境复合生态管理;建立科学的生态经济功能评估、监测体系和审计制度;对新开发利用的土地实行社会、经济和生态功能总量的科学控制,开发后的土地生物质生产潜力应高于或至少不低于原土地以备国家粮食安全受到威胁时能生产出相当于原产量的粮食,表层熟土总量、地表及地下水文平衡状态、温湿调节能力、可更新能源利用率、环境净化能力、废弃物流出量以及生物多样性维持能力等应优于或至少不低于原土地的生态功能。同时,原住地居民的工作安置、经济收入的稳定性、原社区的文脉等至少不低于原有的水平。对已建成区,也实行常规的年度审计与奖惩制度,并将考核结果作为衡量土地利用单位生态经济绩效的重要指标。现代生态工程和生态管理技术的创新可以实现在维持原有土地生物生产潜力和强化生态服务功能的前提下满足一定比例的建设用地需求,实现以质量保数量、以技术增土地、以管理换功能、以生态促经济的社会、经济、环境三赢目标。

城郊土地除基本农田外，还要保证城市基本活动所需要的最小生态服务用地。城市基本生态用地包括：斑块、廊道、楔条、环带等以及一些边缘界面，如建城区“摊大饼”式建筑用地和相邻郊野土地的界面、主要出入城交通干线表面硬化土地与沿线西侧农田、建筑用地的界面、主要出入城水道及沿岸生物群落与周边自然及人工环境的界面、郊区不同类型工业园、站、场、厂与周边农田生态系统的界面、郊区不同档次居民点与周边自然及社会环境的界面、城市垃圾堆置处理场站与周边自然及社会环境的界面、沙石泥土开采场站与周边环境的界面、高档休闲飞地与周边环境的界面以及其他社会、经济、自然子系统交互作用的界面等。

共轭生态规划是协调人与自然、资源与环境、生产与生活以及城市与乡村、外拓与内生之间共轭关系的复合生态系统规划，是平衡城市人与环境间开拓竞生、整合共生、循环再生、适应自生关系的规划，特别是社会服务和生态服务的平衡、经济生产和自然生产的平衡、空间关联与时间关联的协调、物态环境和心态环境的和谐。城市生态规划首先要从众多表象问题（环境污染、资源破坏、健康下降等）的辨识开始，审视其生态学本征，了解其科学症结（生态滞留与耗竭、结构破碎与功能板结、行为短见与机制缺损），进而了解它的机理（动力学机制、控制论原理、系统关系等），并从区域生态规划、人居生态管理、产业生态建设的层次来综合指导城市的规划、建设和管理。

2.6 淮北：城市红蓝空间土地共轭生态规划

安徽省淮北市是我国典型的煤矿城市，其缘煤而生、因煤而发。在过去的50年中，淮北市的煤炭资源输出为区域经济发展乃至国家的经济建设作出了重大的贡献。如今，城市的地下煤炭资源几近枯竭，城市的发展转型面临着严峻的考验，但因煤炭开采造成了72 km^2 的土地塌陷，已经形成了40 km^2 的大型湖泊湿地，随着土地的继续塌陷，湿地水域的面积将继续增加，蓝色的“土地”生态服务给城市的发展带来了新的机遇，但同时也面临着城市发展与土地生态服务保育之间的矛盾。淮北城市土地共轭生态规划的核心在协调红蓝两色空间的开发、利用、修复和建设的生态关系，实现城市土地利用的可持续发展。

2.6.1 城市土地开发的正负生态服务分析

过去50年，煤矿的开采对于淮北市生态系统的影响巨大，特别是对于城郊区的土地的生态影响尤为突出，包括：景观破碎，农民丧失耕地，城市土地生产力下降，空气污染，碳排放增加，水体富营养化，城市热岛效应，水循环功能降低等。

(1)景观破碎

迄今为止，淮北市规划范围内的城市土地塌陷面积已经达72 km^2，预计在未来的十年，煤炭资源将近枯竭，土地的塌陷面积将达到100 km^2，矿石废料达3000万吨。届时将有13000多公顷的土地用于堆放矿石废料，这还未计入由于堆放造成周围景观的破坏。除此以外，由于开采过程中造成的粉煤灰对大气的污染也十分严重。

(2)土地塌陷和耕地流失

由于受到地下采矿的影响，在过去几十年的开采过程中，大约有60 km^2 的肥沃耕地塌陷被毁。30 万农民由于丧失生产性土地，被迫从自己的土地上迁移离开。

(3)粮食生产下降

采矿导致土地覆盖发生变化，一方面采矿导致生物生产性土地面积下降，直接导致城市土地粮食生产能力下降；另一方面导致大气中的硫化物浓度上升影响作物的呼吸和光合作用能力，使作物生产能力下降。据测算，每年由于采矿所损失的粮食生产量为 18144 吨。

(4)增加碳排放

根据相关统计资料显示，自 1978 年以来，淮北主城区的煤炭开采量总计 6000 万吨，按照每吨煤炭燃烧释放的二氧化碳量 2.6 吨计算，煤炭资源利用后的二氧化碳排放量将达 15600 万吨，增加大气中温室气体的含量，影响全球变化。

(5)水循环功能减弱

地下煤矿开采过程中对地下水的抽取，使地下水位下降，形成地下漏斗。同时采矿还导致了地下水的自然流向，影响地下水源。多雨季节采矿过程中的废水渗漏也给地下水质带来有害影响，同时对地表水也会产生污染。

(6)热岛效应

热岛效应的产生与城市化、产业结构、人口以及建成区面积都有关。淮北市城市人口规模 62 万，但是人口集中，城市人口活动强度对城市的热岛效应影响大。这还未将工业排放等对城市的热岛效应计算在内。

此外，采矿的生态影响也不仅仅体现在对城市生态系统的破坏上，由采矿带来的正面生态服务效应在淮北也显得尤为突出。

(7)能源供给

自 1978 年以来，淮北煤炭开采近 6000 万吨，如果按照 2008 年煤炭价格 600 元/吨计算，那么在过去 30 年中，煤炭开采给淮北带来了 360 亿人民币的经济价值。这还不包括淮北电厂向外输出的电力。

(8)湿地增加

采煤导致了大量的土地塌陷，已经塌陷土地为 72 km^2，但是与此同时，塌陷地形成的近 40 km^2 的自然湖泊水域却给淮北带来了另外一种生态服务。湿地作为城市的肾，为城市提供了多种服务功能，包括气候调节、生物栖息地、涵养水源、净化环境、景观美学、水生物质生产等。

(9)人文生态建设

采煤带动了城市的发展，人文生态建设成效显著。城市建成区的绿化覆盖率达 37%，人均公共绿地面积 11 m^2，人均道路面积 9 m^2，每万人拥有 12 辆公共汽车，城市自来水普及率达 90%。

淮北的煤雕起源于汉代，是保存完好的淮北手工艺文化，现今已经形成一定的手工艺制作产业，一方面促进了当地的人口就业，另一方面保存了当地的历史文化。除此以外采矿也形成了淮北独特的城市文化，如今已经修建了采煤博物馆。

2.6.2　城市发展的生态转型

2.6.2.1　城市发展的问题

根据淮北市 2006—2020 年城市总体规划，淮北市 2020 年城市的建设用地规模将达到

96 km²,城市人口规模达到 94 万人。城市 2006 年建设用地面积 62 km²,这意味着未来城市可利用的土地将只有 34 km²。由于遇到老城区土地资源瓶颈,新一轮的城市规划拟在城市东部龙脊山脚发展新城,同时老城区呈现“C”字形向东部扩展(图 2.25)。新旧城通过城市外环快速道路联系。

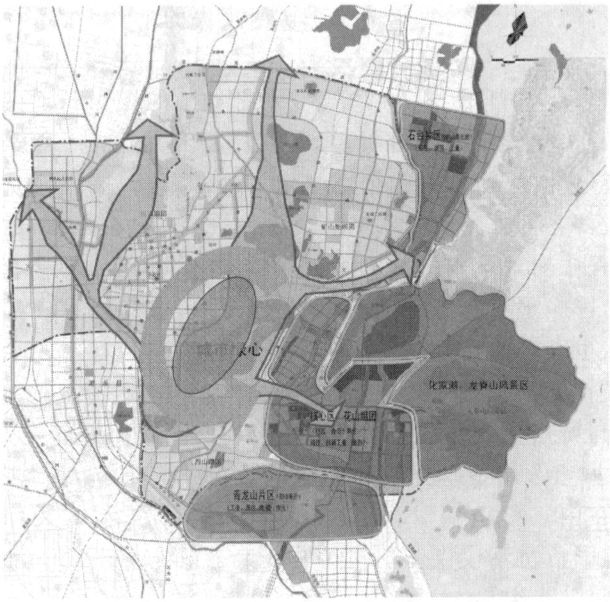

图 2.25　淮北老城区东扩示意和新城用地规划概念图

城市建设用地红色空间扩展的土地需求与城市对湿地生态服务需求发生冲突,主要问题在:

(1)预计到 2020 年由于煤炭开采造成的塌陷地为 100 km²,届时会形成南湖、中湖、东湖、北湖连成一片的大型湿地水域。

(2)主城区继续向东南蔓延,侵占湿地。由于政府对湿地的生态服务功能认识不足,填湖建巢、填湖筑路以及填湖造田等工程发展迅速,大量的湿地被人工填平而消失,部分湿地水域受到污染,湿地生态服务功能下降。

(3)以汽车为主导的城市交通环线加剧了城市摊大饼的格局。

2.6.2.2　面向生态的“C”形转型

共轭生态规划是指协调人与自然、资源与环境、生产与生活、城市与乡村以及空间与时间之间共轭关系的复合生态系统规划。淮北市在过去几十年中,由于采煤的发展,城市的生态资源正面临转型。昔日的黑金资源开采促进了城市的发展和建设,但是煤炭的开采也给城市的未来发展带来了新的问题,由于土地塌陷造成的城市发展土地资源不足,城市面临新的产业转型困境。但是任何事物的发展都是利弊相随,当黑金资源亏空后,却意外给城市带来了宝贵的湿地资源。应对新的城市环境变化,当前的城市“C”形总体规划显然还没有做好准备。主要体现在:

(1)人与地之间的关系认识不足。当前的淮北城市规划还停留在资源开发阶段的模式下即粗放型的土地开发,注重城市建设,忽略了土地资源特别是湿地资源的保护。

(2)城市产业发展定位不明确。在新一轮的城市规划中,城市的产业发展定位仍旧停留在以煤炭工业为主导的相关产业，而在未来十年内，城市的黑金资源枯竭将会使目前的产业发展陷入困境。尽管当前城市正寻求积极的产业转型，但是由于对于自身资源条件认识不足，产业转型举步维艰。

(3)资源利用和环境保护缺乏科学合理规划。几十年的矿山开发给城市带来了完善的基础设施，比如绕湖的铁路系统，城市规划对于当前的基础设施人工资源利用不充分，相反，近年修筑的跨湖快速公路却使湿地隔断，面积萎缩。总体规划中加大了城市环境的治理力度，特别是城市河网的治理、废弃地矿山的治理。但是，这种环境治理的最后导致的结果是“美了城市，臭了乡村；幸福了城市居民，害惨了乡村农民”。城市污水直接向城市外部排除，城市内部废弃矿山地的修复采取了“拆东墙补西墙”的措施，城市废弃矿山地直接覆土，农村土地被毁。

(4)缺乏对城市文化遗产的保护措施。共轭生态规划就在于协调城市内部的各种生态关系，因地制宜，尊重自然，注重人的发展和生态资源的保护，注重自然的生态修复和人工生态建设。针对淮北的当前城市现状应该积极寻求面向生态的“C”转型：

①避免城市“C形摊大饼”的湿地资源掠夺的东南扩展模式，积极寻求紧凑“O”形内敛城市土地复合生态发展。

②产业由资源供给型转为生态服务型，注重产品的功能。

③城市交通主动脉由公路转为轻轨铁路。

④城市生态景观由破碎的塌陷土地向完整的水乡湿地过渡。

2.6.3 城市发展的土地复合生态情景分析

情景一：按照淮北2006—2020年城市总体规划的“C”字形城市发展模式

根据新一轮城市总体规划方案，淮北市将在城市东南部龙脊山脚下发展新城，同时在旧城的基础上，南部继续延伸，逐渐与东部的新城相接，形成“C”字形的发展模式，成组团成片开发。一方面开发未利用的土地和整理部分废弃的矿山地用于城市建设，另一方面积极进行土地复垦措施，对现有部分塌陷湖面和正在塌陷的土地进行土地复垦，复垦后的土地用作高产良田和城市建设用地。城市道路系统以现状的外环路和城市主干道为主动脉，以公共汽车和小汽车为主要交通工具。城市主导产业以煤炭加工、重化工工业和房地产开发为主(表2.16)。

情景二：为满足城市经济增长的快速土地开发城市发展模式

为满足城市未来足够的发展空间和经济发展的压力，由开发商资助对现状的塌陷地和正在塌陷地进行土地复垦整理。现有塌陷地部分整理后，一部分优质土地作为农业生产，另一部分进行城市建设。城市主导产业以煤炭工业、重化工生产为主。城市将向东南部扩张，自然生态系统提供给城市的生态服务下降，城市道路系统在现状的基础上继续加以优化完善，环线继续向外扩展。交通工具主要以公共汽车和小汽车为主。

情景三：自然和人工生态修复以及循环经济转型的“O”字形城市发展模式

该模式强调自然和城市景观的生态修复以及循环经济的转型，主要是湿地和植被修复，生态交通和紧凑型的城市发展。产业发展由高碳排放向低碳排放转变，激励隐形产业的形成。城市发展主动脉沿着现状的矿区铁路线发展，形成“O”字形的发展格局。城市内部进行城市更新和集约用地。大多农业用地被保存下来，正在塌陷的土地被复垦用于农业生产，同时为城市提供生态服务。城市的交通系统由铁路内部连接，火车和公共汽车是城市的主要交通工具，火车为主,汽车为辅。

表 2.16 不同城市发展情境下的土地生态服务评价

	情景一	情景二	情景三
调蓄洪能力	以现状的发展模式,对塌陷地土地进行部分整理和复垦,现有湿地面积减少,湿地的调蓄洪能力将大大减少	完全对塌陷地进行土地复垦或填满用于满足城市的发展,城市现有的三大湖面将会消失殆尽,城市面临的防洪形势极为严峻	保存现状的湿地资源,适当对未稳沉的土地进行复垦,并集约用地,进行城市用地的内部结构调整用于城市开发,城市土地的调蓄洪能力为最高
水资源供给	城市的地表地下水资源补给主要依靠自然降雨或径流。由于重化工产业投入力度的增加和城市人口的不断增长,城市用水量将急剧增加,2020年地表地下水资源将进一步减少	由于过境河流水体污染严重,土地复垦造成地表水域消失,未来城市用水主要依靠地下水供给,未来将会造成地下水补给不足,城市面临资源性缺水	城市的地表地下水资源补给主要依靠自然降雨或径流。城市产业结构调整后对水资源的需求将会维持在现有水资源可供给的范围内,不会出现水资源短缺问题。水资源供给量大于需求量
生物质生产能力	城市用地的扩张,将继续征用部分农用地,塌陷地用于农业粮食再生产的能力有限,城市农用地的粮食生产能力将逐步减小	当前填补式的城市开发行为使的城市的建设用地面积大幅度增加,大型工业的上马占用土地,复垦土地的生产能力下降,但是相比情景 1 而言,粮食的生产能力将有所回升	维持现状农业生产用地的同时,适当复垦部分正在塌陷的农用地,使城市农业用地的粮食生产水平得以维持
生境孕育	部分湿地和未利用的土地被用作城市建设用地,生物的栖息地受到破坏。生境孕育能力下降	湿地生物栖息地消失	保护现有湿地,优化湿地的生态功能,通过积极的人工湿地建设和自然生态修复,使湿地的生境孕育能力增强
环境净化	水体面积减少,而且由于重化工工业项目的引进,对水体环境将会造成一定影响,水体净化能力将会逐步减小	水体净化能力极弱。现有河流将丧失净化能力	水体的环境净化功能得以维持在现有水平。通过人工疏导过境河流以及工业污染控制,使河流的净化能力增强
土壤质地	城市不透水面积增加,征用土地的异地复垦使土壤的质地下降。	土壤板结	集约用地,提高土地的利用效率,适当开发部分复垦土地,保护农田,土壤质地相比情景一要好。
边缘效应	城市呈现“C”字形的发展态势,东部新城建设用地急剧增加,龙脊山脚下自然生态系统受到破坏,成片组团式的城市开发造成城市用地结构单一,边缘效应下降	城市用地结构单一,自然生态系统破坏严重,边缘效应急剧下降	“O”形城市发展结构,组团间红绿色空间交错,人工增加绿楔、绿廊以及自然形成的湿地,使得边缘效应在现有基础上进一步增强

续表

	情景一	情景二	情景三
景观美学	中	低	高
城市热岛效应	东部新城的发展占用了大量土地，城市建设用地增加，组团式成片开发的模式使城市中自然空间减少，而且耗能工业的热排放，使城市热岛明显	大面积的农业人口转为城市人口，农业人口涌入城市；大规模耗能工业发展；而且不透水地面的急剧增加，湿地自然生态系统功能消失，三面环山的城市格局，主城区将成为名副其实的灰城，热岛效应十分明显	沿铁路线分组团的城市发展格局，组团之间积极营建绿色空间廊道和隔离带，将呈现出淮北城在林水之中的格局。热岛效应在现有基础上会有所下降
城市交通便利性	利用现有外围城市快速道路系统和内部主要交通干线，继续增加城市道路交通的建设，城市的交通工具主要依靠汽车，交通工具增加，将会增加道路交通的拥堵现象，交通便利性中等	利用现有外围城市快速道路系统和城市内部主要交通干线，急剧增加城市交通道路的建设，交通工具将依靠汽车，道路交通的拥堵现象将十分明显，交通便利性差	利用现有外围城市快速道路系统和城市内部主要交通干线，并充分利用现存的铁路系统，发展城市外围轻轨，配合汽车等交通工具，城市交通便利性好
土地经济产值	继续发展第二产业，并形成规模；2020 年时土地经济产值会有所提高，但是当前的发展模式仍然依靠煤炭相关产业和地产开发，不可持续，土地经济产值会逐步下滑，不如情景二的土地经济效益	大力发展重化工产业和房地产业，单位土地的经济产值将在近期内达最大，但是由于水和能源资源瓶颈，土地经济产值将会逐步下滑	优化现有产业结构，引导第二产业逐步过渡，积极发展生态修复、生态休闲等相关的第三产业，实现另一极的可持续经济增长模式，土地经济产值会逐步提高

复合生态服务评价指数：情景一 0.49，情景二 0.33，情景三 0.68。可见情景三的城市发展模式的复合生态效益最大(图 2.26)。

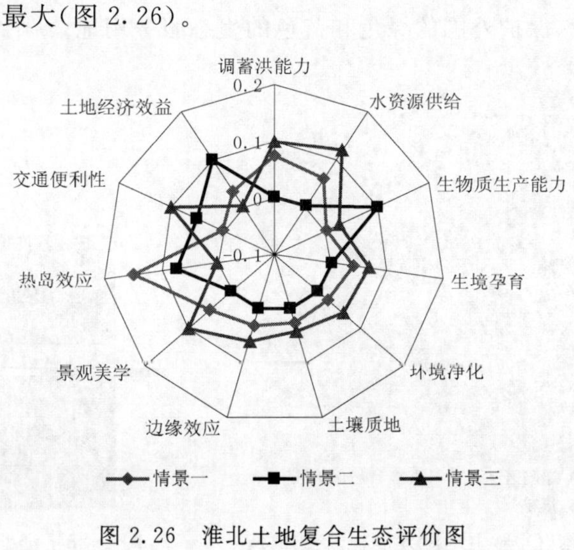

图 2.26　淮北土地复合生态评价图

2.6.4　城市土地共轭生态规划

淮北地下煤矿的开采为区域甚至国家的经济建设提供了大量的能源，同时淮北市的城市也因为采煤由 20 世纪 50 年代不到 2000 人的村镇变为如今的中等城市，促进了城市的发展，另外一方面采煤意外地给城市带来了新的湿地生态资源，为城市的发展注入了新的活力。但是采煤也给现今的城市带来了环境问题，包括地下水下降、水环境污染、煤矸石占用土地、大气污染、景观破碎、农民失地失业等，而且由于当地居民对于湿地资源的认识不足，湿地正在被逐步填埋复垦，造成湿地的生态服务功能降低，这也给城市的发展带来了相当大的阻力。

如何将由于采煤带来的生态服务负效应转化为促进城市可持续发展的生态服务正效应，正确处理眼前和长远、矿区和湿地、土和水、景观斑块和廊道、生态格局和过程的共轭关系，引导城市合理发展；如何合理利用和保育塌陷区的新兴湿地；如何利用铁路沿线、矿区周边、自然保护区边沿的边缘效应以及如何利用现存的铁路资源发展生态交通，引导城镇发展和遏制“摊大饼”的格局，是淮北市土地共轭生态规划的内容。

(1)城市发展格局“O”字形的生态转型

城市发展依矿区现状铁路线有机发展，形成以轻轨生态交通为主的“O”形主动脉发展轴线，改变过去城市铁路沿线脏、乱、差的发展局面(图 2.27)。沿线的城镇之间构建人工生态廊道和隔离带，防止城市连成一片，城镇内部交通以公共交通为主。一方面城市发展避开了中心塌陷湿地，抑制了城市东“摊大饼”的发展，湿地的生态资产得以保护，另一方面减少了城市因发展交通的建设成本和环境负荷。

(2)优化城市内部用地空间结构

淮北城市的发展依煤而兴，城市发展过程如图 2.28。城市的发展如同“三明治”式的格局，最初依靠采煤的矿区沿铁路线形成，铁路线和高压线走廊的灰色空间形成“贫民区”，“贫民区”外围为老城和新城，被城郊的绿色空间和湿地所包围，城市的发展正逐步侵占湿地。此发展格局与当前大多数城市中心发达周边环境差的格局不同。通过优化城市的用地空间结构，调整用地的布局，改造灰色空间和贫民区环境，进行居民点整合，逐步发展沿铁路线的新城镇，建设高压线走廊为绿廊，保护外围的绿色和蓝色的生态服务用地。

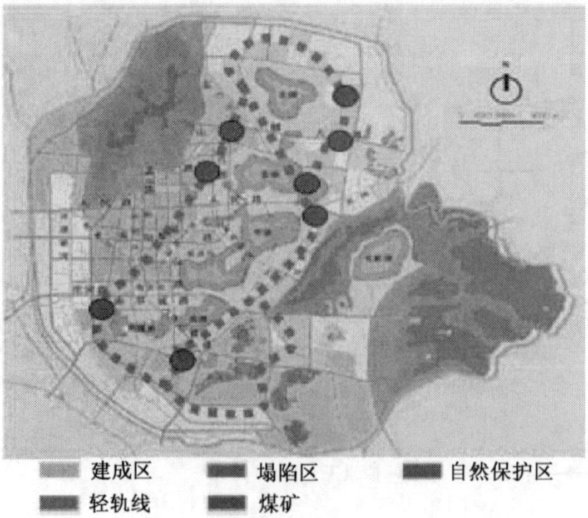

图 2.27　淮北城市“O”形主动脉发展概念图

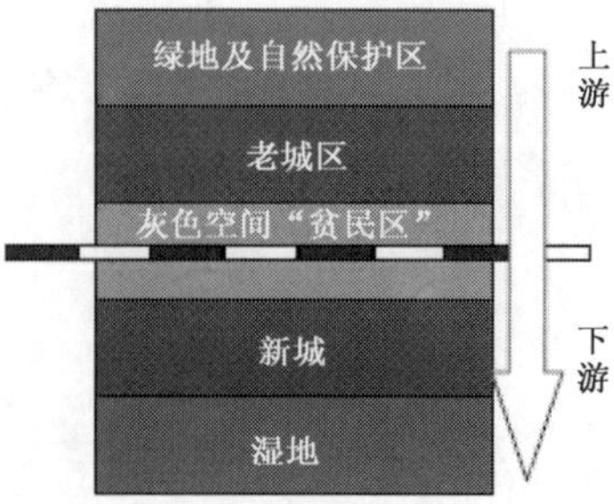

图 2.28　淮北城市发展示意

(3)蓝绿自然生态空间保育

淮北市外围有丰富的绿色空间资源,内部有大面积的湿地蓝色空间,背靠相山,东南临泉山、花鼓山以及风景区龙脊山,山体植被覆盖度高,内嵌东湖、北湖、南湖、中湖,水面开阔,水量丰富。蓝绿空间为城市提供了大量的生态服务,包括生物质生产、二氧化碳吸收、环境净化、生物多样性维持、调节气候等,要积极保育土地的生态服务功能。以土地的生态服务评价为依据,划分生态服务用地空间的敏感区、禁建区、限建区、缓冲区,调整开发区范围控制线,实行城市发展的绿蓝线控制,自然空间边缘缓冲区外为城市建设用地的红色空间控制线。并针对城市内部绿色空间不足以及结构单一的问题,通过人工生态建设积极营建人工的绿带、绿廊和绿楔,活化、美化、绿化城市自然空间。

(4)活化、净化水体的生态工程建设和水资源综合利用

淮北市内 9 大河体都存在不同程度的污染,特别是新老濉溪河及其支流,水环境质量基本为劣五类,给城市环境带来沉重的负荷,也增添了对下游水体的环境负荷。一方面加强城市自身的水环境基础设施的建设,完善水处理设施;另一方面通过生态工程的手段,充分利用和强化湿地水体的环境净化的生态服务功能,营建人工水处理生态基础设施,进行水体生态修复,减轻水环境基础设施的处理负担,使污水在城市内部消化,减小水的生态占用。通过水利疏导,使水脉相连,形成河湖相通的水系格局。水系与山、城形成山水相融、城在山水之中的城市格局。同时加强城市的水资源综合利用,包括雨水、中水、径流水的收集利用,优化水资源的利用途径。

2.6.5　淮北市城市土地共轭生态规划管理措施和建议

共轭生态规划的管理在于一方面积极引导城市发展的利导因子,使城市中的自然生态系统对于城市的生态服务功能最大限度地发挥;另一方面规避阻碍城市发展的限制因子,将生态风险降低到最低程度。我们以挖掘生态系统内部的各种利导因子,充分发挥生态系统的服务功能,保障城市发展的生态安全格局,建立人工生态系统修复为重点,针对淮北市的土地复合生态管理提出以下建议:

(1)红线空间管制。这里的红线指的是城市的建设界限,即城市建设用地和生态服务用地的界限。严格控制城市的红线范围,特别是东部新城,东部新城西临蓝线,东临绿线,是生态较为敏感的发展区域,限制污染型产业在新城内部发展。加快城市旧城区的城市更新步伐,整合城市中灰色空间中的高压线走廊以及“城中村”范围内的居民点。提高城市土地利用集约化程度,整合城市中的工业园区的土地利用。严格控制红线范围,可以避免因不合理的建设活动对生态服务用地产生侵蚀和破坏,从而保育城市生态安全和居民的生活环境。

(2)蓝线空间管制。蓝线指城市的水系和湿地。淮北市的水系和湿地已经成为城市的灵魂。对城市的河道加强环境治理,活化、美化、净化城市的河流水系,一方面加强建立人工污水处理和生态工程修复的基础设施建设,另一方面充分发挥城市湿地的环境净化功能。淮北的中湖、北湖、南湖、东湖水面已经初具规模,要控制蓝线范围内的城市建设,禁止填湖进行城市建设的活动,同时加强人工对湿地的生态保育和生态建设。蓝线的控制意味着淮北美好的人居环境。

(3)人工生态建设。包括城市绿线的建设、人工生态修复。淮北市北靠相山,东南临龙脊

山，这两座山是城市外围的两大绿色空间，为城市提供了多种生态服务。城市内部的绿线和红线构成了城市主要的结构形态。绿线建设意味着城市生态廊道、生物通道、景观通道的建设，同时对城市的扩展起到限制的作用，在淮北的共轭生态规划中，组团之间通过绿线隔离，由城市铁路衔接。人工生态修复，指对废弃地等灰色空间的建设，包括市内的矿石堆放场、废山的修复。

(4)煤炭产业的生态转型，发展生态休闲产业。淮北依矿而生，过去几十年中，城市形成了以采煤为主的相关产业，包括采煤、采矿机械、煤加工、煤化工等。经济结构单一，对景观的破坏严重。随着煤炭资源的枯竭，煤炭及其相关产业将逐渐面临转型。由于采煤造成的塌陷地形成的大型湖泊水域给淮北带来了丰富的生态资源，围绕湿地的生态建设、矿山生态修复、土地生态修复以及人文生态修复形成新的生态服务型产业，由煤炭产品经济转为土地生态服务经济，将湿地的生态资产转为城市的经济资产，促进环境和经济的和谐发展。

(5)废弃物循环再生的生态静脉产业规划。淮北煤矿在过去几十年的开采过程中产生了大量的煤矸石，由于得不到合理的利用，其堆放场占用了大量的土地，间接形成了城市发展占用湿地的局面，造成土地生态服务能力下降。积极发展城市固体废弃物包括生活垃圾、粪便处理的生态工程、生态卫生静脉产业，实现无害化、资源化的废弃物再生循环利用。

(6)继承大运河的水文化，弘扬煤炭文化。大运河是淮北的母亲河，淮北的繁盛兴衰与大运河的开凿淹废紧密相连，自古以来淮北就与水结下了不解之缘，当前因采煤带来的大面积水域湿地更是增添了城市的水乡特色。经过近五十年的煤矿开采，淮北也成为举国闻名的煤炭城市，形成了独特的采煤文化。城市的文脉肌理的保存依赖于水乡文化和煤炭文化的延续。

(7)城乡、城市与区域的经济整合规划管理。淮北城乡发展差别大，城乡经济二元化结构明显。而且由于采煤造成的农田塌陷导致了大量农村居民丧失土地生产资料，城乡居民差距进一步拉大。但是城市的发展还依赖于农村劳动力以及农业生产资料的供给，区域经济的发展还依赖于城市的能源供应，当地农民丧失耕地的代价正是为城市甚至为区域换取了宝贵的湿地生态服务用地。以城市联合区域带农村、工业带农业、公司带农户，促进城乡和区域的和谐发展。

(8)技术和政策的引导。一方面针对淮北市的自然条件，积极引进科学合理的生态修复措施和生态建设方法；另一方面加强政策引导和控制，鼓励生态产业的发展，限制污染型破坏性的产业在城市发展。

(9)群众生态普及教育。从观念上积极引导居民的生态建设意识，群众的积极参与是淮北生态建设的重要基石，利于从传统的经济发展单一目标走向社会—经济—自然三赢。

(10)落实科学发展观，加强政府能力建设。城市的建设要贯彻科学的发展观，倡导生态文明建设。淮北市的土地生态共轭规划目标是社会—经济—自然的复合生态共赢，三者和谐发展。经济的发展不能忽略人的自身和生态环境的建设，市级政府的决策机制影响到城市生态建设的每一个环节，政府官员的决策会影响到淮北的生态建设的走向。首先，动员政府机构内部人员积极参与，淮北的生态规划建设需要有各部门之间的合作，做到信息和资源的共享，民主决策。其次，保证生态建设政策的延续性，这关系到淮北市生态建设的成败，政策不连续影响生态规划的进程和预期目标。

第3章 区域城市化的生态代谢与生态占用管理

区域城市化对生态系统的直接胁迫或影响表现为代谢胁迫和占用胁迫两种基本方式。代谢胁迫主要以人类活动过程中各种物质和能量的利用、迁移和转换过程，尤其是废弃物排放与生态系统水、土、气、生物的相互作用来表现；而占用胁迫主要以城市化活动对自然生态服务的时间和空间占用造成生态系统服务的损失、损害和退化来体现。本章将从城市与产业生态代谢、城市与区域发展生态占用来分析区域城市化的动态胁迫特征，评价这些胁迫的生态影响，提出区域城市化胁迫的生态管理方法。

3.1 城市代谢

城市代谢概念最早由 Wolman(1965)提出，40 年间，学术界涌现出大量城市代谢研究案例。早期研究主要侧重于考察特定物质或元素对生态环境的压力及危害，20 世纪 90 年代后，随着城市代谢研究方法的发展和成熟，城市多层次、多尺度复合代谢过程的相互作用以及与社会、经济、技术过程的整合越来越受到城市代谢研究学者的重视。研究城市生态系统代谢的基本方法主要有三类。一类是物质能量流分析(MEFA)，它研究具有时空边界的特定城市或城市单元(如居住区等城市功能区、基础设施、建筑及各种构筑物、文化设施等)、城市经济单元(如城市产业、行业、产业园区、企业等)或社会单元(如人口、社区、家庭、个体、文化等)，对系统中所有各类物质、能量的输入、输出和累积(储存)过程、动力学机制及其生态、环境影响因素进行分析，并建立一些指标来表征经济、社会发展以及自然生态、环境因素与物质、能量代谢之间的相互关系。另一类是物质能量形态流分析(SEFA)，关注某一种或几种元素、产品、化合物或物质能量形态的流动过程，通过研究上述对象在特定城市生态系统或其子系统中的流动规模、途径、结构和动力学机制，识别特定环节或过程中减缓资源消耗、减轻环境负荷和生态影响的可行措施。第三类方法是生命周期分析(LCA)，它研究一个过程、活动或产品从出现到消亡再到摇篮的潜在生态、环境影响，是城市生态系统评价、规划与管理的重要技术支持。以下以城市建筑、建材代谢为例进行分析。

3.1.1 城市建筑代谢及其环境影响

城市生态系统与自然生态系统不同，它需要大量物质和能量的输入、转化固定和输出。这种大规模的物质能量的迁移转化不仅对城市生态系统本身产生了很大影响，也对自然生态环境造成了巨大的压力。随着人类活动强度的增加，物质能量流动的强度还会不断加大。因此，对城市生态系统进行物质能量的代谢分析显得尤为重要。本研究以新中国成立后北京城市住宅建筑建设活动为研究对象，分析了 55 年间北京住宅建设的物质消耗量、建筑垃圾产生量以及住宅系统对物质的转化固定状况。

新中国成立后，北京住宅建设大体经历了以下三个发展时期，第一时期：1949—1978 年，探索和初步发展期。住宅主要集中在二环沿线或其以内，建设总量只占新中国成立后建设总量的 11%，以 2～5 层的多层为主，结构以砖混结构为主。第二个时期：1979—1998 年，住宅快速发展期。建设地点扩展到三环路内外，这一时期建设量达到了总量的 53%；6～8 层的小高层和九层以上的高层逐渐增多，到 1989 年后达到了年新建住宅总面积的 90%，其中小高层比例要大于高层。由于住宅高度的增加，建筑结构以框架和剪力墙结构为主。第三个时期，1999—2003 年，住宅建设高峰期。这一时期住宅建设地点以近郊为主，扩大到了远郊。1999 年至 2003 年，5 年的建设量达到了新中国成立后建设总量的 37.7%，其中 2003 年达到 $2.32\times10^7 m^2$，是 1998 年的 2 倍多，相当于欧盟国家年住宅竣工量的总和。9 层以上的高层开始超过小高层所占比例。住宅的基本建筑结构以剪力墙结构为主。

3.1.2 城市建筑代谢估算方法

首先，需我们首先界定建筑代谢的系统范围：空间上以北京城市住宅为研究界限，时间上以五年为一个时间单位。其次，需要确定输入项，输出项以及固定项。住宅建筑所需建筑材料是输入项，住宅建设以及住宅的更新改造所产生的建筑垃圾是系统的输出项，建筑材料在系统内的转化固定为系统的固定项。再次，根据统计数据分析得到单位住宅面积所消耗的六种主要建材量(水泥、钢筋、沙子、石子、木材、机砖)。然后根据每年新建住宅面积，推算每年住宅建设所消耗的建材量，即输入项；根据每年各类型住宅的面积和该类型建筑单位面积建材消耗量推算转化固定的途径以及数量，即固定项；根据新建单位面积住宅所产生垃圾量、拆除单位面积住宅所产生垃圾量推算每年建筑垃圾产生量，即输出项。最后，由上述分析建立住宅的代谢模型。

主要建筑结构类型分为三类，即砖混结构、框架结构和剪力墙结构，通过对三种住宅的单位面积耗材量进行统计，得出三种不同建筑结构住宅单位面积所消耗主要建筑材料：砖混和框架结构所消耗物质量比较一致，剪力墙结构相对于前两种结构消耗物质量要大很多，增加的主要原因是由于剪力墙结构需要大量混凝土，因此水泥、钢筋和石子的用量大幅增加(表 3.1)。

以上单位面积住宅物质消耗量的变化反映了不同建筑结构的住宅在全部住宅中的比例变化。1999—2003 年单位面积住宅物质消耗量突然变大的原因可能是由于随着城市用地扩展不断加剧，高层住宅的总量和比例都大幅增加，建设单位面积住宅将消耗更多的混凝土，导致物质消耗量增加。

表 3.1　各时间段平均每 100 m^2 住宅的物质消耗量(单位:t)

时间段(年)	1949—1953	1954—1958	1959—1963	1964—1968	1963—1973	1974—1978
物质消耗量	178.25	177.97	178.51	178.15	178.03	179.35
时间段(年)	1979—1983	1984—1988	1989—1993	1994—1998	1999—2003	
物质消耗量	174.93	182.29	185.06	181.52	196.22	

从系统输入来看,根据民用建筑住宅设计标准,我们把 1－5 层按砖混结构,6－8 层按框架结构,9 层以上的高层按剪力墙结构,计算得到各时间段 6 种主要建材的消耗量,见表 3.2。1979 年以后各物质的输入量都呈快速增长的趋势,并且增加的速度也是逐渐加快的。在 1999—2003 阶段,水泥、钢筋、沙子、石子和木材五种建材的输入量比 1994—1998 阶段翻了一番左右,分别达到了 2094.3×10^4t、611.3×10^4t、5195.5×10^4m^3、9070.6×10^4m^3、131.9×10^4m^3。而机砖的输入量则达到了前一时间段的 4.1 倍,这主要是两方面原因:一是由于砖混结构总量的增加,二是其增加比例要大于其他类型的增加比例。从总输入量一栏中我们可以看出,系统物质输入量除去 1959—1963 和 1969—1973 两阶段外,都呈现出增长的态势,尤其近 25 年来,增长速率和幅度都大幅攀升,1999—2003 阶段总输入量达到了 18311.3 万吨。

系统输出的物质主要是建筑垃圾,它的来源可分为两部分,一是在新建过程中产生的,二是在拆迁改造过程中产生的。根据住宅新建面积和拆迁改造面积,得到各时间段系统输出的建筑垃圾量。1979 年之前,建筑垃圾的总量比较少,如 1974—1978 年这一时期,建筑垃圾总量只有 56.98 万吨。由于这一时期的住宅更新改造较少,建筑垃圾主要是由于新建住宅产生的。1979 年之后,建筑垃圾的总量开始快速增加,到了 1999—2003 阶段达到了 1798.30 万吨,是 1974—1978 阶段的 31.6 倍。其中,值得注意的是,从 1989 年开始拆迁改造产生的垃圾量开始大于新建住宅所产生的垃圾量。

表 3.2　各时间段主要物质输入量(单位:10^4t)

时间段	水泥	钢筋	沙子	石子	木材	机砖	总输入量
1949—1953	37.4	6.3	153.0	175.5	4.1	97.2	473.6
1954—1958	115.2	19.3	467.6	539.4	12.7	294.7	1448.9
1959—1963	65.1	11.2	260.5	303.9	7.1	161.9	809.7
1964—1968	49.5	8.5	198.6	231.1	5.4	1236.5	1729.6
1969—1973	31.3	5.3	126.5	146.4	3.5	79.3	392.3
1974—1978	101.3	20.6	352.9	458.4	9.6	186.3	1129.1
1979—1983	390.0	85.4	1122.8	1678.3	32.2	425.5	3734.2
1984—1988	599.8	160.7	1391.9	2514.8	38.9	233.0	4939.1
1989—1993	715.5	197.9	1595.5	2988.6	44.3	196.1	5737.9
1994—1998	1074.5	290.7	2394.0	4468.9	67.7	294.5	8590.3
1999—2003	2094.3	611.3	5195.5	9070.6	131.9	1207.7	18311.3

根据系统物质的输入、输出量我们可以得到系统对建筑材料的固定量。1979 年之前，系统对建筑材料的固定速率与输入速率基本一致，1979 年之后固定速率略低于输入速率。另外，系统对输入物质的固定量略小于其输入量，说明输入物质的转化效率是很高的，它们绝大部分固定为城市住宅（图 3.1）。

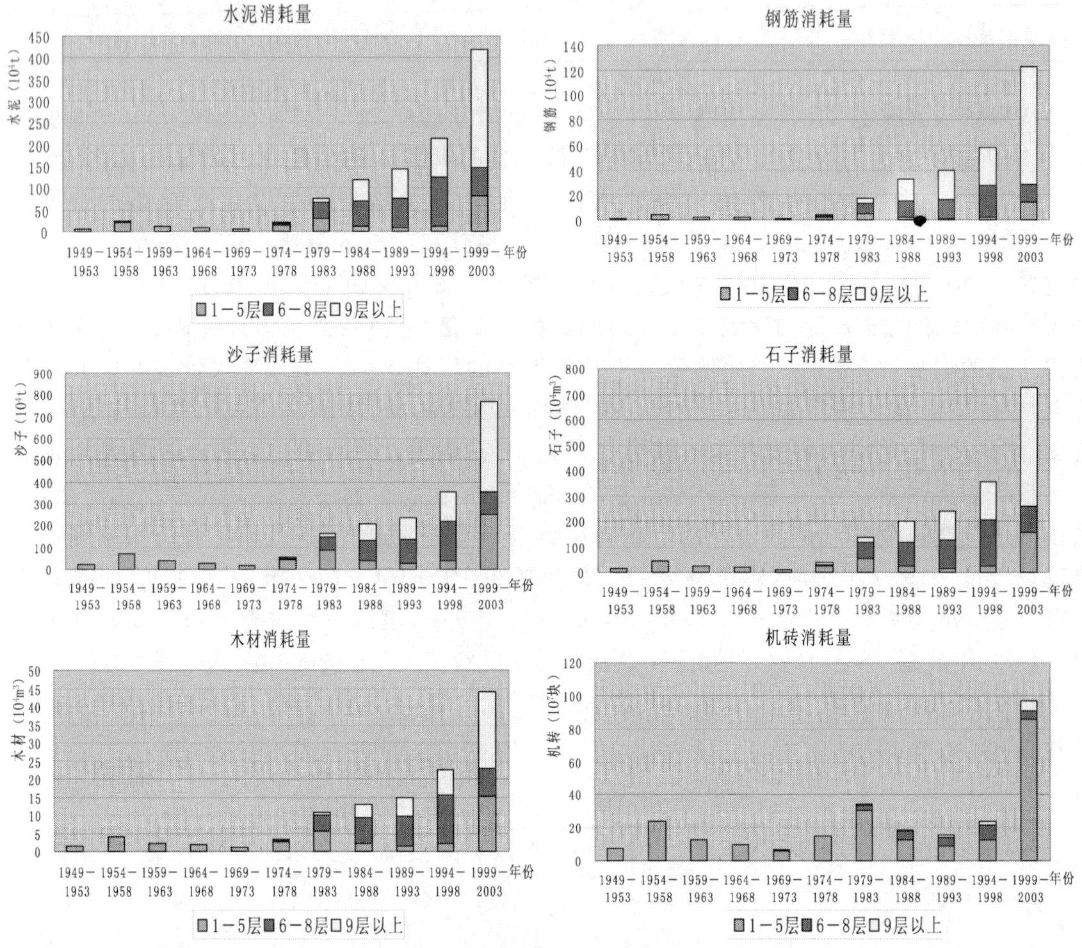

图 3.1 六种建材在系统中的消耗状况

3.1.3 城市建筑代谢环境影响

生命周期环境评价的通用框架包括分类、特征化和评估三个步骤。在这个框架下，我们采用美国国家环保局（EPA）给出的分类方法和当量系数对环境影响进行了定量表征。

首先对建筑物质代谢可能带来的环境影响进行分类，不包括对人体健康的影响。EPA 提出的环境影响类型有：资源消耗、能量使用、固体废弃物排放、全球变暖、臭氧层破坏、光化学烟雾、酸化、气溶胶影响和富营养化共 9 种。在本研究中，由于气溶胶影响较小，不在考虑范围内，而臭氧层破坏和光化学烟雾综合成“光化学臭氧合成”一个指标。

其次，对各环境影响类型选取指标进行特征化表征。资源消耗方面，不可更新资源用资源耗竭潜力来表征，可更新资源采用实际消耗量进行表征；能量使用方面，采用生命周期过程中所消耗的实际数量表征；而固体废弃物、全球变暖、光化学臭氧合成、酸化和富营养化 5 种环境影响则采用 EPA 的方法计算得出的环境影响潜值表征，该方法列出了对每种环境影响类型作出贡献的物质，并指定了每种环境影响的参照物和其他贡献物质相对于参照物的当量系数，环境影响的潜值通过参照物的当量来表征。如表 3.3，影响潜值为 1 的物质是各环境影响类型的参照物。

表 3.3　各排放物质环境影响当量系数

影响类型	排放物质	影响潜值	影响类型	排放物质	影响潜值
全球变暖	CO_2	1	酸化	SO_2	1
	三氟甲烷	11700		氨	1.88
	二氟甲烷	650		HCl	0.88
	氟甲烷	150		HF	1.6
	二氟乙烷	140		N_2O	1.07
	苯	63		NO_x	0.7
	NO_x	310		NO_3^-	0.51
	甲烷	21		SO_4^-	0.65
	四氟化碳	6500		H_2S	1.88
	氟利昂	9200	光化学烟雾系数	乙烯	1
	CO	2		甲烷	0.007
	烃	3		甲醛	0.421
臭氧耗竭	CFG11	1		苯	0.189
	四氯化碳	1.09		氯酚	0.761
	CFG－X	0.959		酚	0.761
	三氟溴甲烷	13		非甲烷	0.416
富营养化	NO_3^-	1		多环芳烃	0.761
	COD	0.022		萘	0.761
	NH_4	0.33		苯酚	0.761
	NO_3	0.33		丙烯	1.03
	总氮	0.42		甲苯	0.563
	硝酸根	0.1	固废影响	所有固体废弃物	1
	NO_X^-				

完成以上工作，即可对建筑物质代谢的环境影响进行评估。其定量化评估分为 3 个方面：资源消耗、能源使用和排放物质的环境影响。

资源消耗主要从不可更新资源和可更新资源两个方面进行评估。

不可更新资源包括了钢铁、石油、煤炭、天然气 4 种，它们的环境影响用资源耗竭潜力来表达。所谓资源耗竭潜力指在当时的经济技术条件下，消耗单位资源对该资源未来可得性的潜在影响程度。为了将各种资源的资源耗竭潜力统一，通常将某种资源作为参照资源，用其他资源相对它的耗竭潜力大小即耗竭潜力当量系数来表示，本文中，由于铁资源较常见，因此具体算法参考王寿兵等的铁当量系数方法，根据 4 种资源的消耗基准以及相对钢铁的当量系数，可以得到资源消耗的环境影响潜值（表 3.4）。

表 3.4　不可更新资源消耗量（铁资源当量/kg）

年份	铁矿石	煤炭	原油	天然气	总计
1949—1953	9.10×10^5	5.87×10^3	4.91×10^4	5.59×10^4	1.02×10^6
1954—1958	2.82×10^6	1.80×10^4	1.51×10^5	1.70×10^5	3.16×10^6
1959—1963	1.64×10^6	1.01×10^4	8.60×10^4	9.40×10^4	1.83×10^6
1964—1968	1.23×10^6	7.69×10^3	6.52×10^4	7.17×10^4	1.38×10^6
1969—1973	7.7×10^5	4.89×10^3	4.11×10^4	4.59×10^4	8.61×10^5
1974—1978	3.00×10^6	1.46×10^4	1.39×10^5	1.17×10^5	3.27×10^6
1979—1983	1.25×10^7	5.11×10^4	5.29×10^5	3.19×10^5	1.34×10^7
1984—1988	2.34×10^7	7.15×10^4	8.76×10^5	3.03×10^5	2.47×10^7
1989—1993	2.89×10^7	8.39×10^4	1.06×10^6	3.25×10^5	3.03×10^7
1994—1998	4.24×10^7	1.26×10^5	1.57×10^6	4.87×10^5	4.46×10^7
1999—2003	8.9×10^7	2.57×10^5	3.26×10^6	1.24×10^5	9.39×10^7

从表中可以看出，4 种资源的耗竭潜力除 1969—1973 年是减少的外，在其他历史时期都是不断增长的，尤其 1999—2003 年比上一个 5 年翻了一番还要多。另外，铁资源的耗竭潜力在资源总的环境影响中占有绝对优势，并且随着时间的推移其比例是不断增长的，新中国刚成立时为 89.22%，1999—2003 年它所占比例达到了 94.89%。

可更新资源包括了石头、沙子、黏土和木材 4 种，经生命周期分析，其实际消耗量如图 3.2 所示。从消耗量的角度来看，在 4 种可更新资源中，以石头的消耗量为最大，沙子次之，黏土和木材的消耗量较少。从历史发展趋势来看，1979 年之前，这几种资源的消耗量都不大，并且石头、沙子和黏土的消耗量比较接近，这主要是由于这个时期的总建筑面积较小并且建筑结构以砖混结构为主；1979 年之后，框架和剪力墙两种结构类型住宅的大量兴建导致石头和沙子的消耗剧增，在 4 种资源消耗中的比例也迅速增加；而黏土和木材的消耗量在 1999 年之后有了一个突飞猛进的增长，这主要是由于郊区住宅的大量兴建，而它们以别墅和低层板楼为主，这直接导致了黏土和木材的消耗增加。

根据建筑材料的消耗量，利用 Boustead 模型分析计算，得到在建筑材料的生产过程中总能源使用量。可以看出，能量使用在 1979—1983 有一个飞跃，此后 20 年呈稳步增长的趋势；1999 年之后又有一个飞跃，增长率达到 109.64%，1999—2003 年建材生产共消耗能量 5.71×10^{11} MJ，是新中国成立初期的 63.1 倍。

根据环境排放物清单和相应的当量系数，得到北京市住宅建设环境影响潜值（表 3.5），通过标准化和加权，得到各影响类型潜值综合表示（图 3.3）。

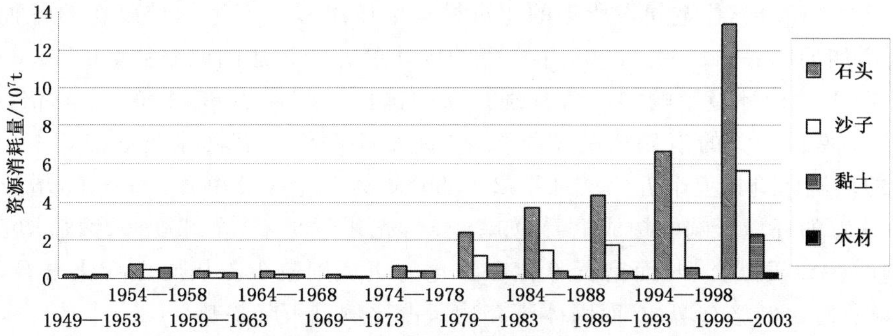

图 3.2 建筑材料生产过程可更新资源消耗量

表 3.5 北京住宅环境影响潜值

年份	Solidwaste (SW)/t	EP(GWP) /t CO_2 eq.	EP(NEP) /t NO_3^- eq.	EP(AC) /t SO_2 eq.	EP(POCP) /t C_2H_4 eq.
1949—1953	1.13×10^6	2.05×10^6	4.07×10^3	9.59×10^3	2.30×10^3
1954—1958	3.44×10^6	6.32×10^6	1.25×10^4	2.95×10^4	7.07×10^3
1959—1963	1.93×10^6	3.60×10^6	7.07×10^3	1.68×10^4	4.03×10^3
1964—1968	1.47×10^6	2.72×10^6	5.36×10^3	1.27×10^4	3.05×10^3
1969—1973	9.30×10^6	1.72×10^6	3.39×10^3	8.03×10^3	1.92×10^3
1974—1978	2.75×10^6	5.75×10^6	1.08×10^4	2.70×10^4	6.50×10^3
1979—1983	8.77×10^6	2.18×10^7	3.93×10^4	1.03×10^5	2.44×10^4
1984—1988	1.26×10^6	3.59×10^7	6.16×10^4	1.69×10^5	4.12×10^4
1989—1993	1.50×10^6	4.33×10^7	7.38×10^4	2.05×10^5	5.00×10^4
1994—1998	2.19×10^6	6.41×10^7	1.09×10^5	3.03×10^5	7.36×10^4
1999—2003	5.17×10^6	1.34×10^8	2.32×10^5	6.32×10^5	1.58×10^5

注:Solidwaste(SW):固体废弃物的环境影响,以固废质量表示;EP(GWP):全球变暖潜值,以 CO_2 当量表示;EP(NEP):富营养化潜值,以 NO_3^- 当量表示;EP(AC):酸化潜值,以 SO_2 当量表示;EP(POCP):光化学臭氧潜值,以 C_2H_4 当量表示。

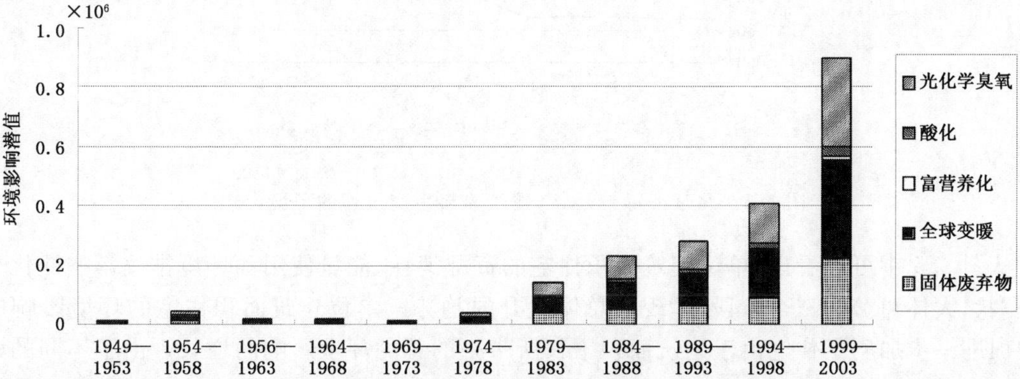

图 3.3 建筑材料生产过程中排放物的环境影响

从图 2.3 可以看出，住宅建设所需的建筑材料生产过程中产生的排放物的各种环境影响都呈现不断增加的趋势。1999—2003 年产生的固体废弃物是建国成立初期的 45.8 倍，GWP、NEP、AC、POCP 4 种环境影响的潜值分别是新中国成立初期的 65.4 倍、57.0 倍、65.9 倍和 68.7 倍。与资源和能源的消耗情况相类似，环境影响潜值也有两个飞跃点，一个是 1979—1983 年，总的环境影响比上个五年增加了 275.86%；另一个是 1999—2003 年，增长率达到了 114.83%。从总的环境影响的构成上看，如图 3.4，光化学臭氧、全球变暖和固体废弃物是对总环境影响的主要贡献类型，而富营养化和酸化的贡献则较少。从历史变化来看，光化学臭氧、全球变暖所占比例略有增加，而固体废弃物所占比例呈下降趋势。

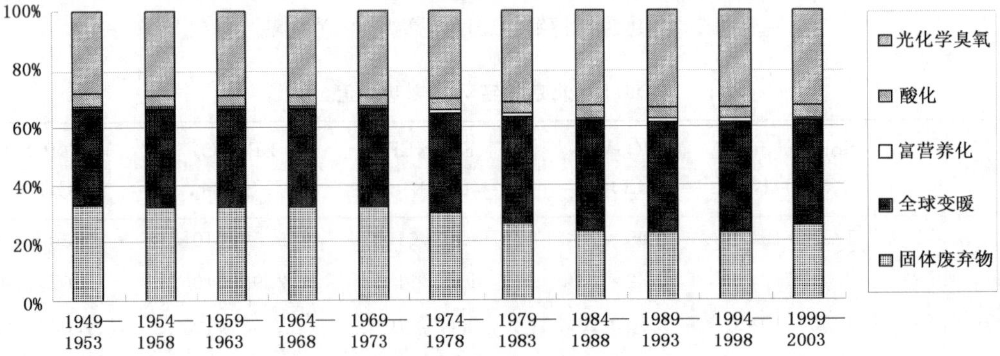

图 3.4　五种环境影响类型所占比例

从以上分析可以看出，1949—2003 年住宅建设所消耗的建筑材料在资源消耗、能量使用和环境排放三方面的环境影响都呈现出不断增长的趋势。这种增长具有明显的三段特征，即可划分为 1949—1978 年、1979—1998 年和 1999—2003 年三个阶段。这种三段式增长趋势和住宅建筑面积的三段式增长是相一致的，即建筑面积的增加是造成总的环境影响增长的主要因素。但我们发现，总的环境影响的增加不仅仅是随着住宅建筑面积的增长而增长。单位建筑面积住宅的环境影响也是不断变化的，变化趋势如图 3.5。

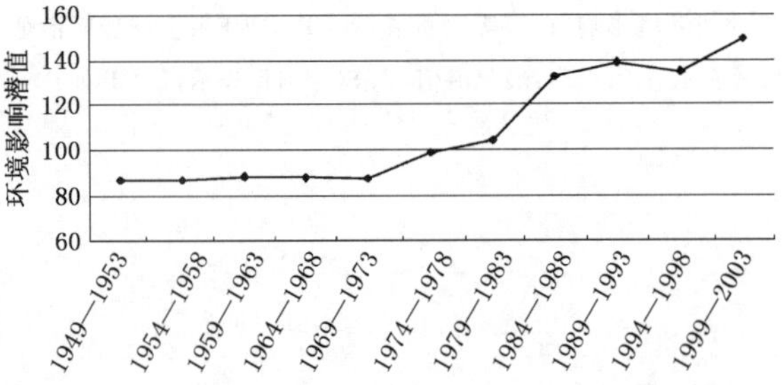

图 3.5　北京市每 1 万 m^2 建筑原料生产过程的环境影响

从图 3.5 中可以看出，单位建筑面积住宅的资源消耗、能量使用和环境排放影响变化呈现出“S”状，大体可分为三个阶段，呈现出总体上升的趋势。单位建筑面积住宅的环境影响的不断增加进一步加剧了住宅由于建筑面积增长所带来的总的环境影响的增长。由于不同的建筑材料所产生的环境影响也是不同的，因此单位面积（砖混、框架、剪力墙）住宅所消耗的建筑材料的差别导致了其环境影响的差别。

通过对住宅所需建筑材料的生命周期分析证明，住宅对环境影响的增长速度要高于住宅建筑面积的增长速度，这主要是由于高层住宅的增多，导致框架和剪力墙结构使用的增加，而这两种结构的环境影响则要高于砖混结构。在对建筑材料的分析中，钢材的环境影响明显高于其他几种建材。因此，要减少住宅建设的环境影响，关键是降低钢材的使用量或者减少钢材在生产过程中的能耗和环境排放。

3.2　城镇家庭物质代谢分析

3.2.1　家庭代谢内涵

“家庭代谢”(Household Metabolism)是荷兰 HOMES(Household Metabolism Effectively Sustainable)项目提出的、用于分析家庭消费活动的环境影响的概念。家庭代谢将家庭设想为与有机体类似的一个组织，存在于一个不断与周围环境进行物质和能量交换的系统中。交换过程可以用输入(原材料、能源)和输出(废弃物)来描述，交换过程的结果是对生态系统的影响。家庭代谢分析的目的是通过对家庭消费模式相关的物质和能量的流动过程进行量化，来识别不同消费模式所引起的环境结果。家庭代谢强调与家庭生活过程相关的资源消耗，以资源流的分析为手段，描述家庭与环境的相互作用，辨识家庭消费活动对环境的压力，因为资源消耗可以很好地反映消费行为的环境压力。家庭代谢过程涉及技术、经济、行为、空间和行政等各方面的因素。不同生活方式形成不同的家庭代谢模式，也会产生不同的环境影响。因此通过对家庭代谢及其机制的分析，可以了解环境问题的根源，指导可持续消费的实现。

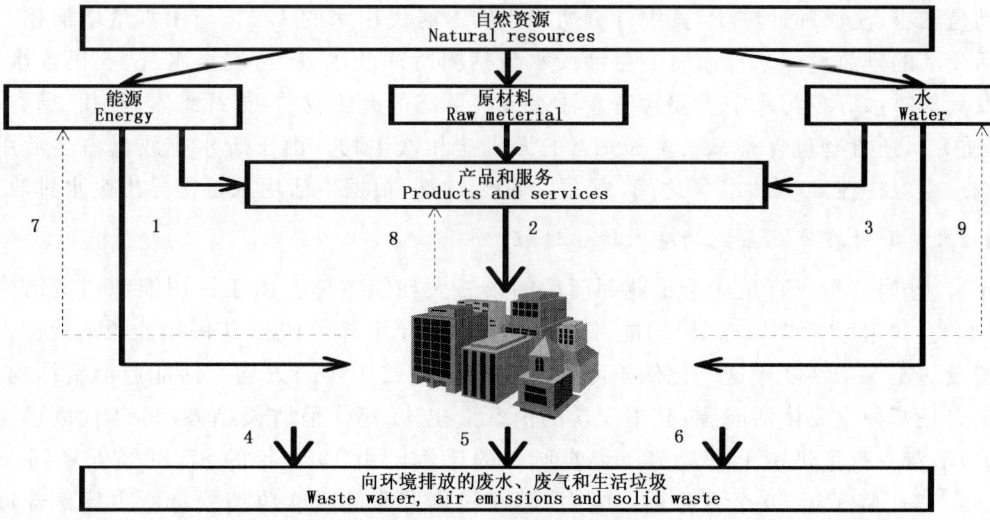

图 3.6　家庭代谢过程

图 3.6 是反映家庭代谢过程的概念模型，代谢流 1—3 反映了家庭消费过程中各种资源输入过程，包括能量输入、材料及产品输入和水的输入；代谢流 4—6 代表着家庭消费中各种输出过程，包括废水、废气和固体废弃物的排放；代谢流 7—9 代表着家庭系统内的再循环过程，包

括水资源的再循环、能量的递级利用和固体废弃物的回收再利用。该模型中的各个代谢流包含以下三个要素：一是方向，二是流量，三是流速。这三个要素的不同组合，形成了家庭代谢的不同结构和功能。隐藏在这些要素背后的是各种社会、经济和技术的驱动力。这一模型形象地描述了家庭消费过程与环境的相互作用，即为了满足家庭对各种物质及精神的需求，自然资源被不断地从物理环境中提取出来。被开采的各种资源中只有一小部分在家庭消费过程中实现了循环，大部分作为废弃物返还到环境中，对环境产生压力。

家庭代谢分析已经成为可持续消费研究中的一个重要分析工具，从代谢的角度来看，为了实现可持续家庭消费，就应该减少整个家庭代谢系统的物质和能量的流通量，降低流通速度，实现整个路径的“闭环循环”。

3.2.2 中国城市家庭代谢分析

(1)水资源在家庭系统的输入输出过程

相对与其他部门而言，家庭用水所占的比例很小，低于农业及工业用水。但是近年来，随着技术的进步和生活水平的提高，工业、农业用水比例逐年减少，而生活用水的比例逐年增加。我国城市生活用水从 1985 年的 64 亿立方米增加到 2000 年的 30600 亿立方米。随着城市化水平和自来水普及率的提高，城市生活用水量将进一步提高。

城市生活用水总量是由城市人口及人均生活用水量决定的。1981 年到 2000 年的二十年间，中国城市化水平由 1981 年的 19.39％提高到 1999 年的 30.89％的同时，城市人均生活用水量持续增长，由 1981 年的 47.6 吨增加到 1999 年的 94.1 吨，增加了近 1 倍。家庭生活用水一般包括饮用、洗衣、洗澡、冲厕所、打扫卫生、浇花、洗车等。居民在日常生活中用水量最大的三项活动是洗衣、洗澡和冲厕所，其中冲厕所用水约占居民用水的 1/3。与用水量增加相一致的是生活废水的排放量。来自家庭的生活废水包括厕所冲洗水、厨房洗涤水、洗衣机排水、沐浴排水及其他排水等。污水中主要含有悬浮态或溶解态的有机物质(如纤维素、淀粉、糖类、脂肪、蛋白质等)，还含有包含氮、硫、磷等元素的无机盐和微生物。由于废水排放量占生活用水量的比例一直保持在 80％～85％之间，本文以 80％计算，根据生活用水量推导出废水排放量。

3.2.2.2 能源在家庭系统的输入输出过程

近年来，家庭消费一直是居于工业部门后的第二大耗能主体。由于民用能源消费结构的优化，20 世纪 80 年代后期以来，民用能源所占的比例逐年下降。1985 年民用能源消费量占总能源消费量的 17％，2000 年这一比例下降为 11％。从近二十年来人均生活能源消费结构看，煤炭和电力是两种主要生活能源，其中煤炭的消费量在 80 年代呈增长趋势，90 年代后迅速下降，而电力消费一直呈迅速上升趋势。煤炭所占的比例已由 1985 年的 87.86％下降到 1996 年的 59.98％，下降了近 30 个百分点。电力、燃气和热力等优质能源消费量所占比例却逐年上升，其中电能所占比例由 6.65％上升到 24.34％，人均生活用电量由 21.3 千瓦时增至 93.1 千瓦小时；燃气所占比例由 2.2％上升到 9.47％，城镇居民全国平均燃气普及率已达 75.7％。

城镇居民生活用能按用途分为采暖、炊事和热水、照明、制冷及其他各种用途。炊事和取暖能耗占家庭能耗的 90％，近年来，随着生活水平的提高，照明、制冷及其他家用电器耗能所占比例有所上升。

能源使用后以废气的形式排放。由于能源使用量的增加，中国 SO_2 排放量连年增加，1981 年排放量为 1371 万吨，1990 年为 1502 万吨，1997 年猛增到 2346 万吨，其中生活污染源排放量为 494 万吨。烟尘的排放量一直居高不下，1997 年全国烟尘排放总量为 1873 万吨，其中生活烟尘排放量为 308 万吨(刘晶茹等 2003)。由于生活能源结构的优化，尤其是电能的大量使用，使家庭能源消费过程的直接排放有所减少，但是其间接过程的排放反而增加。

根据欧盟"物质流核算手册"中物质材料的分类体系，对 1985—2000 年中国城市家庭物质能量代谢的过程进行了计算。其中金属材料主要包括钢铁、铜等材料，非金属材料主要包括建筑用砂、生活用塑料、纸等，生物质材料主要是指家庭的食品消费和家具、建材中的木材消费。结果如表 3.6 所示，可以看出：

表 3.6　按物质类型分类的家庭代谢过程

代谢过程	物质分类	1985 年	1990 年	1995 年	2000 年
输入	水(kg/户)	139000	148000	150000	194000
	能源(MJ/户)	2639	2886	2711	2448
	金属材料(kg/户)	56	125	150	131
	非金属材料(kg/户)	1927	3360	4191	2910
	生物质材料(kg/户)	136	132	99	86
存量	金属材料(kg/户)	1820	3175	3136	4300
	非金属材料(kg/户)	63355	84912	88985	112219
	生物质材料(kg/户)	0.23	0.31	0.64	1.08
输出	废水(kg/户)	111000	118000	120000	155000
	废气(kg/户)	6.13	6.09	4.70	2.70
	固体废弃物(kg/户)	114	181	238	258

(1)每个家庭所输入的物质量远远高于输出的物质量，这说明每年输入家庭系统的物质材料大部分以消费品的形式固定下来。

(2)通过各年份之间的比较可以发现，城市家庭系统中物质材料的固定量是明显增加的，这说明，虽然家庭规模在减小，但是每个城市家庭所占用的物质材料的数量却在不断增加。

(3)以代谢物质的重量衡量，水资源在家庭代谢过程中占绝对优势，占家庭物质代谢总量的 90%以上。

(4)2000 年平均每个城市家庭物质材料的输入量是 1985 年的 1.47 倍，物质材料的存量是 1985 年的 1.78 倍，物质材料的输出量是 1985 年的 1.80 倍。其中生物质材料的减少与粮食的直接消费量减少相关。

(5)近十几年来，中国城市家庭的能源代谢量呈下降的趋势，能源消费量的减少与能源结构的优化和能源效率的提高有关。优质能源的使用使得家庭废气的直接排放量也呈现一定程度的减少。

3.2.3　城市家庭消费的生态影响评价

投入产出分析方法通过描述产业部门间及产业系统与终端消费系统之间的货币流，反映经济系统内各部门的经济结构及相互关系。投入产出分析与传统生命周期分析方法的结合，称为综合生命周期分析方法(hybrid LCA)。我们应用该方法对 1992、1997 和 2002 年的城市居民消费行为的生态影响进行了评价。

(1)城市家庭消费的生态影响评价模型

$$ep_i=[fps(I-A)-1]Cc_i+fph\ c_i(1)+WT_i$$

$fps[(I-A)-1]Cc_i$ 表示间接影响，$fph\ c_i(1)$ 表示直接影响。其中：ep_i 表示家庭消费的第 i 种环境影响，如 CO_2，NOx，单位：物理量；fps 是投入产出表中各部门单位产值的环境影响类型排放系数，单位：物理量/货币量；$(I-A)-1$ 是 Leontief 逆矩阵，表示直接及间接影响；C 是家庭消费产品与产业部门之间的关联矩阵，即将终端消费产品分配在投入产出的部门中；c_i 是家庭消费的产品，单位：货币量；fph 是家庭消费产品使用过程的直接排放系数，单位：物理量/货币量；WT_i 是来自家庭生活垃圾废弃物处置过程的环境影响。

(2)城市家庭消费过程的生命周期环境影响

应用上述模型，以 CO_2 为例，首先基于 1992、1997 和 2002 年中国投入产出表，建立包括 CO_2 排放量的中国投入产出延长表。CO_2 排放数据主要由燃料燃烧的类型、碳排放系数和每个部门的氧化率决定。行业部门的氧化率主要来自中国气候变化国别研究组，各部门的氧化率在 80%～95%之间，低于 IPCC 的缺省值 98%。

计算结果如图 3.7 所示，从 1992 年到 2002 年，城市居民消费过程的生命周期 CO_2 排放量呈增加的趋势，由 1992 年的 628 Mt 增加到 2002 年的 1260.63 Mt，人均生命周期过程 CO_2 排放量分别为 1.74 t，1.95 t 和 2.39 t。1997 到 2002 年之间的增长速度高于 1992 年到 1997 年的增长速度。对中国 1992，1997 和 2002 年城市居民消费行为生命周期过程排放分析的结果可以看出，城市居民消费的环境影响主要来自产品的上游，即生产产品的产业部门。

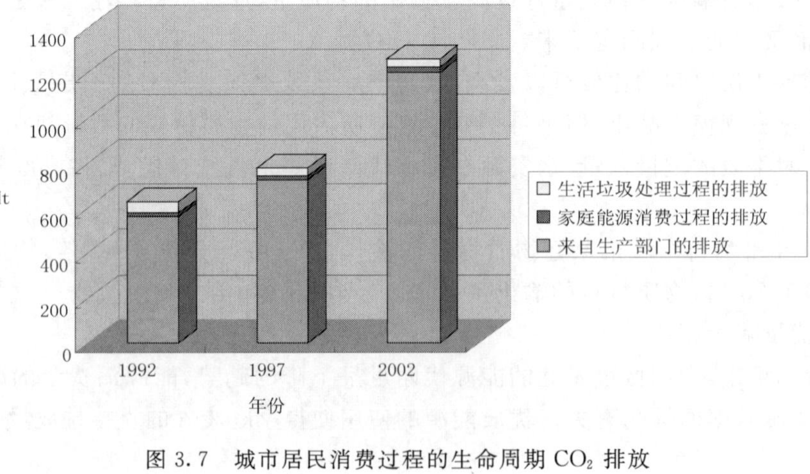

图 3.7　城市居民消费过程的生命周期 CO_2 排放

3.3　区域产业代谢与生态管理

3.3.1　产业代谢

“代谢”一词起源于生物学，指的是一个生命体的内在发展过程，即生物体在吸收了富含能量的低熵材料（食物）后，用它维持自身的生存和发挥其各项机能，并在此基础上使自身得到增长和进行繁殖，同时将高熵的废弃物排泄或呼出的过程。产业代谢分析的基本观点是：人类活动所产生的环境影响在很大程度上取决于进入经济系统的自然资源和物质的数量与质量，以及从经济系统排入环境的资源和废弃物质的数量与质量。前者产生对环境的扰动，引起环境的退化；后者则引起环境的污染（Robert U. Ayres 1994）。代谢分析方法认为如果人类社会的物质代谢量不超过自然生态系统中可更新资源的生产和供给能力，这种代谢为“基本代谢”（Basic Metabolism）。如果超过可更新资源的生产能力而必须使用不可更新资源，这种代谢为“外延性代谢（Extended Meatbolism），这种代谢方式就是不可持续的（陶在朴 2004）。

产业代谢分析方法起源于欧洲，发展历程分为三个阶段：第一阶段从 19 世纪 60 年代到 20 世纪 60 年代，侧重于哲学上的思考；第二阶段从 20 世纪 60 年代到 80 年代，侧重于考察特定物质或元素对生态环境的压力及危害；第三阶段自 20 世纪 90 年代至今，侧重于研究整个国家或区域经济社会系统的物质通量。根据研究对象的不同（Paul H. Brunner 2003），可以分为：

（1）针对工业系统的工业代谢分析（Industrial Metabolism），侧重于对工业系统中的物质流和能量流的模拟和分析。通过对工业系统中物质流动途径及其状态的跟踪分析，揭示工业系统的结构及系统中各成分之间的相互作用关系，从而为人们了解工业系统的结构及其对环境的影响，为寻找改善物质代谢和提高能量利用率、减少环境排放的机会提供了基础。工业代谢分析的对象既可以是某一元素、也可以是一种化合物或某一类物质。工业代谢分析的单元可以是某一企业或某一部门。对于一个企业，通过对各个过程输入输出的分析，寻找减少物质使用的机会，同时可以调整能量在工厂运行中、制成的产品中和作为热量消耗的比例。对于部门的关注主要集中在两类工业部门，一类为需要消耗大量资源和产生大量排放的部门，如钢铁、石油、造纸等；另一类为对未来国家经济发展有重要作用的部门，如汽车、计算机、电子、服务业等（邓南圣 2002，苏伦·埃尔克曼 1999）。

（2）面向经济系统的物质流分析（Material Flow Analysis）。这一概念是由世界资源研究所（World Resource Institute）、德国伍珀塔尔研究所（Wuppertal Institute）和日本国立环境研究所（National Institute for Environmental Studeis）共同提出的。物质流分析是衡量区域可持续发展水平的一种新颖而简洁的研究手段，它根据质量守恒定律，利用多个变量，对经济—环境系统之间的输入流、输出流和存量进行核算。物质流分析侧重于区域或国家层次上的经济系统对资源占用的“物理量”的核算，通过“经济之重”的比较，反映不同经济系统对自然系统的胁迫效应。物质流分析研究方法统一规范，采用相同的变量（重量）分析不同区域的物质流过程，便于区域之间、国家之间的比较（陈效逑 2000）。同时此方法考虑了经济活动对环境的直接和间接影响，引入“隐流”概念，反映经济活动的间接影响。

产业代谢分析方法的意义在于：

(1)从代谢数量上：它提供了一种衡量经济发展“之重”的参数，即提供了一个维持经济系统正常运行所需要的物质的数量，而资源的消费量与环境的压力之间存在着正相关关系。因此，要减少发展经济的环境压力，实现可持续发展，必须减少单位产出的物质消耗量，提高物质的生产力。1994年，在乌珀塔尔研究所主席施密特·布雷克教授的建议下，成立了“十倍数国际俱乐部”，该俱乐部的主要思想是：为了实现可持续发展，在未来的50年中，必须将全球的物质生产效率提高10倍以上，也就是在提供同样的产品或服务的同时，实现物质的投入量减少90%的目标，这样才可以抵消人口和GDP增长所带来的环境压力。

(2)从代谢结构上：它以物质流分析为手段，提供给我们对产业体系运行机制的一个整体理解，这样我们可以确定真正的问题所在并选择优先解决的目标。但是，产业代谢分析并不仅仅是对经济系统中物质总量的一个描述。对于那些与环境问题密切相关的物质，如有毒物质、高残留物质等，通过产业代谢分析，可以跟踪它们在自然界的来源、在产业系统中的转化过程、在环境介质中存留的物理和化学状态及滞留时间等信息，为人类制定有效控制手段提供数据基础。

产业代谢分析方法的构成，包括以下几个主要的要素：

(1)研究对象(Resarch Object)：这里的研究对象主要是指物质，既包括原材料(Raw Material)，又包括经过化学合成的物质(Substance)如PVC等，也可以指某种未经加工的产品(Goods)。在具体分析时，可能同时涉及到物质产品的不同形态，例如研究汞的代谢时，必须考虑汞在系统中转换的各种途径及其所存在的形态，如汞化合物等。

表3.7 代谢分析中所使用的物质分类体系

类别	亚类	举例
原材料	矿物质	铁矿，铜矿，金矿，石灰矿
	生物质	谷物，蔬菜，鱼，野生动物
	矿物燃料	煤炭，石油，天然气
加工材料	矿物材料	生铁，铜，石灰
	生物质	
	矿物燃料	褐煤，甲烷，矿物油
产品	矿物产品	钢材，大理石板，金银首饰，化肥
	生物质	牛奶，咖啡，肉，木材，皮毛饰品
	矿物燃料	汽油，煤气
废弃物	气体	CO_2，SOx，VOC
	水体	N，P，S
	固体	食品，塑料，玻璃

欧盟在其发布的物质流分析手册(Muukkonen J 2000)中将物质进行了如下分类(表3.7)：按照材料在产品生命周期的不同阶段，即原材料、加工材料、产品和废弃物等四个主要阶段，每个阶段又可以进一步分为矿物质材料、生物质材料及矿物燃料等。

(2)过程(Process):指物质在系统中运行、转化或储存的过程。转化过程指物质以一种形式进入系统,而以另外一种形式输出,例如人体吸入氧气排放二氧化碳的过程就是一种转化过程。运行过程指物质在系统中的位置的移动过程。储存过程是指在单位时间内物质停留在系统中没有发生转化及运行的过程。"过程"是进行代谢分析时的基本单元,针对一个研究对象,如一个城市,就可以将其视为一个黑箱,如图 3.8,首先描绘出这个系统的主要的输入(1,2,3)及输出过程(4,5)。进一步分析时,可以将黑箱打开,将主要的过程分为几个次要的过程,并分析各次要过程之间的物质流(6,7,8),最后对结果进行汇总,再回到系统层次上。因此,这是一个"综合"到"分解"再到"综合"的过程。

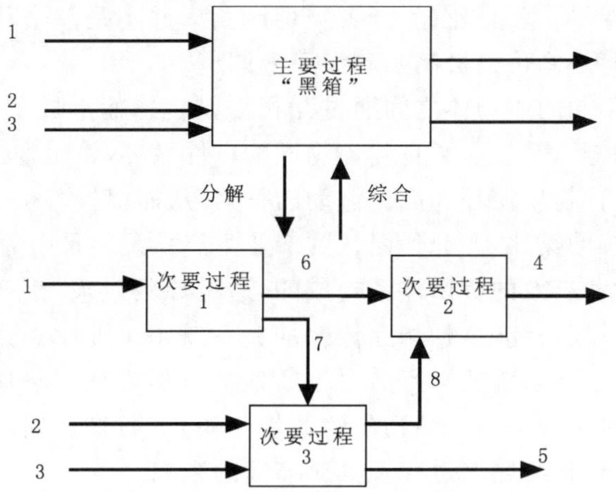

图 3.8　产业代谢分析中的"过程"

(3)流量和流速(Flow and Flux):"过程"联系着物质的输入和输出过程,流量和流速是表征这些物质流的强度和速度的单位。流量指单位时间内流经系统的物质的数量或质量,可以用 kg/a 等单位表示。流速指单位时间单位面积内,物质的流量,可以用单位 kg/(s · m^2)等单位表示。流速比流量更准确地描述了物质流过"界面"时的一种状态,因此,可以用于不同的过程或系统之间的比较。

(4)转换系数(Transfer Coefficients):指针对某一个过程,物质的输出与输入量的比。实际上,转换系数反映的是一个系统的技术水平,转换系数并不是恒定的,它可能受到系统状态及输入物质成分的影响。

3.3.2　产业系统代谢分析

3.3.2.1　产业代谢内涵

20 世纪 70 年代,美国的 Rober Ayres 等对经济运行中物质与能量流动对环境的影响进行了开拓性研究,通过对企业与生物个体、产业系统与生物系统之间的"类比",提出了产业代谢的概念,并得到美国国家工程院和美国全球变化委员会的认可。产业代谢分析是描述产业系统中物质能量从资源采掘经产业和消费系统到最终作为废弃物处置的整个过程的方法。可以从个体和系统两个层次理解生物与产业之间的"类比"关系:

(1)在个体层次上:单个企业与生物学个体之间存在着很大相似性,两者都是由自由能流驱动的材料加工转化系统，而且两者都是处于一种远离热力学平衡的稳定状态的自组织“耗散系统”。生物有机体通过新陈代谢作用，把各种无机物和有机物转化为能够为自身生长发育所需要的营养，同时排放废弃物。此此相类似，企业可以通过各种工艺过程，将原料与能源转化成产品，同时也产生各种废弃物。就单个企业来讲，可以把它看成经济界的一个生物个体。不同的是生物界的生物体可以进行自我繁殖，而企业只能生产产品或提供服务，无法创造新的企业。生物界的生物体是高度专门化的，并且不能在短期内改变自身的行为模式，如植物通过光合作用吸收二氧化碳并释放出氧气。而企业是非专门化的，它们可以很容易地从生产某种产品或提供某种服务转向生产另一种产品或提供另一种服务，如生产电视机的企业也可以在引进新的生产线后生产录像机。就企业(生产者)自身而言，并不是一个可以自调节的稳定的系统，它的运行需要人类的劳动、价格机制及政策等来调节。

(2)在系统层次上：不同的生物体之间通过互相提供食物而形成了相互依赖的链条关系，这种链条关系即是“食物链”，它建立了自然界物质的良性循环，将生物体与非生物环境之间构建成一个统一的、不断进行物质循环和能量流动的整体，从而保持着生态系统的平衡和相对稳定。通过与自然生态系统的类比，产业代谢认为产业生态系统就是由为数众多的企业、完善的规章制度、理性的消费者和有效的货币体系构成的，通过原料供应、生产制造以及消费和废弃物排放等过程而相互联系在一起，这种相互依赖的关系就是工业生态系统中的“食物链”。与自然生态系统相同，产业生态系统的运行需要不断地从自然界获得物质和能量，因此，工业代谢研究的宗旨即是通过对经济活动中纯物质的数量与质量的追踪，揭示构成产业活动的全部物质和能量的输入、储存转化与输出过程及其对环境的影响。

产业代谢关注的是经济活动对自然环境的压力，这种压力最直接的反应就是对元素地球化学循环过程的干扰。就材料转换这一点来讲，自然生态系统和我们的工业系统扮演着同样的角色。不同点在于，自然系统中的元素代谢过程是封闭的，而工业系统中的代谢过程是开放的、单向的。目前的工业系统类似于生态系统进化的早期阶段，即最原始的生命从无生命时代形成的有机分子中获取能量的阶段。这是因为工业过程主要通过化石燃料的燃烧而获取能量，而化石燃料在工业系统内部是不可再生的。因此工业过程总体来讲是线性的、不可逆转的材料转换过程。它始于原材料的提取，然后通过物理分离过程去除杂质，再经过加工和安装过程以生产出成品，并经过消费者消费后形成废弃物，最后对产生的废物进行处理。研究表明，人类活动的影响已在很大程度上超过了自然流动。而人类活动使多种金属的流动也已经超过了它们自身的自然流动，以铅为例，人类活动引起的铅流动已经超过自然引起的流动部分的12倍。因此，人类的产业活动已经严重地破坏了自然生态系统的代谢平衡。很容易看出，只有通过持续的物质和能量的供给才能使工业系统持续运行，否则就将处于崩溃状态。随着不可更新资源的日渐耗竭及最终废弃物的不断增加，这种工业过程是不可持续的。因此，人类的产业系统必须模拟自然生态系统，实现代谢过程由“线型”向“环型”发展。

3.3.2.2 产业代谢系统评价指标

指标具有揭示、指明、宣布或者使公众了解等含义，它是帮助人们理解事物如何随时间发生变化的定量化信息，反映总体现象的特定概念和具体数值。产业代谢分析所得到的初步结果是一系列过程的名称和数值，这些数值所反映的内涵及其社会、政策意义需要通过指标的设定来反映。产业代谢分析的重要意义在于它为评价产品、生产过程、企业、产业或经济系统等不同层次的产业系统提供了简单明了而有意义的衡量指标：

(1)材料的再循环利用率：指产业系统中物质的再循环利用量与自然消耗总量的比值，是反映系统是否稳定的一个指标。工业代谢研究认为，工业活动中物质最终成为废弃物时有两个归宿，一是再循环利用，二是耗散损失掉，而耗散掉的部分必须由原生材料进行补充。再循环再利用的越多，耗散损失的越少。一个稳定可持续的产业系统，应该形成内部完整的循环，因此，资源的再循环和再利用率是度量产业系统可持续性的一个重要指标。

过去，经济学家主要关注资源的可用性。例如，美国矿产局(US Bureau of Mines)每年都会公布各种主要矿物资源再生利用的经济价值等数据，但是，资源的可循环利用率比可用性更有价值。因为对自然资源的开采和利用是经济活动造成环境干扰的主要表现之一，因此一个经济系统中所使用的物质中来源于再循环材料的比例越高，其可持续性越高。在衡量材料的再循环利用率时，还应该考虑实际再循环利用率与潜在利用率的比较情况，最佳的状态是经济系统中物质材料的再循环利用率达到或接近该物质材料的潜在利用率。

(2)物质生产率：指每单位物质(能源)投入的经济产出，是衡量产业代谢效率的一个主要指标，物质生产率越高，可持续越高。物质生产率反映的是技术进步的水平，物质的生产率越高，物质的产出投入比越高，经济的效益越大。这一指标适用于不同的研究层次，既可以对某种营养元素，如碳、氮、磷等，也可以对某一企业或某一部门，甚至整个产业系统进行度量。

乌珀塔尔研究所的研究人员根据这一思路提出了“单位服务的物质强度”(MIPS)的概念，它是指为消费者提供一个单位的产品或服务所涉及的整个生命周期过程(生产、消费、废弃物处置)的物质流的数量。并将生产或提供单位服务所需要的物质投入总量与产品重量之差称为生态包袱(Eco-Rucksack)。例如为了生产一件重 170g 的 T 恤衫，需要投入包括水、能源、棉花等在内的 223 kg 的物质，则 T 恤衫的生态包袱为 226.03 kg。那些在提供商品的过程中被搬运或使用的，而本身并不进入经济系统的物质被称为隐流。隐流可分为两类：一是随目标材料一同开采后又被分离和抛弃的辅助材料，比如金属矿中的石块，二是被挖出或受到扰动的物质，比如开采矿石所挖出的覆土。

“低物质化”是在产业代谢分析基础上产生的改善物流和减少资源消耗的概念，是指在产业生产过程中减少物料消耗和降低能量消耗强度的现象。低物质化的目的是减少产业系统中流动的物质和能量的速度和数量，它所考虑的对象不只是产品本身，而是产品的整个生命周期，因此应该从设计开始，努力在生产、使用、维修、回收及最终弃置的整个过程中减少物质消耗。达到低物质化的一条重要途径就是提供产品的功能或服务，而不是产品本身，即“功能性经济”，使产品的“效用”而不是产品的消费数量达到最大化。功能性经济鼓励消费者购买产品的服务而不是产品本身，产品仍由生产者所拥有，生产者可以在适当的时间将产品回收进行再加工。功能经济通过优化产品和服务的使用与功能，来优化现有财富(产品、知识和自然)的管理，从而减少自然资源的使用和废物的产生。

3.3.3　中国水泥生产系统代谢分析

3.3.3.1　中国水泥建材生产状况

水泥是建筑工业三大基本材料之一，使用范围广，用途大。自 1985 年以来我国一直是世界上最大的水泥生产国，而且产量逐年增加。水泥工业发展和国计民生息息相关。然而我国水泥工业存在诸如生产结构不合理、企业经济规模小、技术装备落后等问题，尤其是国外早已淘汰的落后生产工艺还在我国水泥生产行业中扮演着主力军的角色。新型干法窑是国内外水泥生产中最为先进的生产工艺，它具有生产规模大、生产连续性好等立窑无法媲美的优势。自2003年以来我国新型干法窑生产能力飞速增长，水泥单位产品能耗与环境排放指标均呈明显下降趋势。但是由于产量的增加，水泥行业总的资源、能源消耗与污染排放压力并没有随着单耗指标的下降而降低。对我国水泥生产实际情况开展物质能量流的研究，对水泥生产过程中节能降耗、发展循环经济具有重大的现实意义。

鉴于国内立窑和新型干法窑生产的工艺水泥占有绝大部分比重，我们分别在两种现行工艺前提下以1吨通用水泥为单位计量和比较资源、能源消耗和环境排放情况。该研究的系统边界是水泥的生产所涉及的全部直接过程，采用的研究方法是物质流分析和生命周期分析。

研究主要涉及的指标及其计算方法：

(1)单耗系数。单耗系数指生产单位产品所消耗的资源、能源的量。生产单位产品所排放的污染物量为污染物排放系数。全国通用水泥单位产品物质、能量消耗以及环境排放系数采用立窑和新型干法窑的单耗系数，并且按照同期立窑和新型干法窑生产能力加权计算得到。

(2)资源消耗。通用水泥生产过程中直接投入的物质包括石灰石、黏土、铁质校正材料、石膏、混合材料。研究选择石灰石、黏土、石膏、煤的生态包袱总和来表征水泥生产对自然资源的间接消耗以及由此引起的环境的干扰和破坏程度，采用国际公认的隐流系数来计算。

(3)能源消耗。水泥生产过程消耗的能源主要是煤和电。煤主要耗用在水泥烧成阶段的供热环节；电能主要消耗在提供水泥磨成阶段和原料输送阶段所需动力。煤耗参考低位发热值转化成标准煤耗量，电能按照热值法，同时参考我国火力发电效率将电耗换算成标准煤耗。

(4)环境排放。水泥工业对环境的污染主要表现在大气环境污染、水环境污染和噪声。由于后两者得到有效控制，主要考虑大气部分。水泥工业生产中影响大气环境的主要因子是粉尘和废气中的CO_2、SO_2、NO_X。2000—2005年我国水泥生产市场上新型干法窑工艺生产能力逐年上升，尤其是2003年以后新型干法窑生产能力所占比重每年以十多个百分点的速度增加；而立窑水泥在2003年以前产量基本维持在一定水平，2003年以后由于国家一系列相关产业政策的出台，立窑水泥掣肘于规模小、能耗高的缺点，其在水泥市场中所占比例迅速下降(表3.8)。新型干法窑逐步取代立窑成为水泥生产市场发展的必然趋势。

表3.8　2000—2005年中国新型干法窑和立窑生产能力以及所占比例

年份	新型干法窑		立窑	
	产量(Mt)	比例(%)	产量(Mt)	比例(%)
2000	81.25	13.61	476.41	79.80
2001	93.96	14.15	530.54	79.90
2002	123.90	17.09	559.70	77.20
2003	189.12	21.94	615.47	71.40
2004	315.35	32.51	578.12	59.60
2005	473.91	44.54	556.05	52.26

3.3.3.2　中国水泥建材生产系统代谢动态分析

选取典型立窑与新型干法窑企业进行调研，计算相关指标，比较发现：水泥生产中直接物质消耗随着水泥生产工艺的改进不但没有减少，反而由于高标号水泥所占比例的升高而导致熟料消耗比重上升，从而使得直接物质单耗指标略有上升（表 3.9）；同时，由于新型干法窑在水泥生产市场中所占比例的升高，水泥生产能耗逐步降低，此外煤的隐流系数较高，因此2000—2005 年包含煤生态包袱的间接物质单耗系数下降的趋势比较明显，尤其是在 2003 年后。SO_2、NO_X、粉尘也具有相似的变化规律（图 3.9，图 3.10）。

表 3.9　2000—2005 年我国水泥生产的主要资源消耗与环境排放系数

年份	直接物质消耗(t/t)	间接物质消耗(t/t)	能量消耗(MJ/t)	粉尘排放(t/t)	二氧化碳排放(t/t)	氮氧化物排放(t/t)	二氧化硫排放(t/t)
2000	1.696	3.04	4.81	0.0305	0.8604	0.0035	0.0017
2001	1.697	3.03	4.80	0.0303	0.8599	0.0035	0.0016
2002	1.700	3.03	4.76	0.0290	0.8567	0.0034	0.0016
2003	1.706	3.02	4.70	0.0280	0.8510	0.0033	0.0015
2004	1.719	2.99	4.55	0.0240	0.8387	0.0031	0.0014
2005	1.731	2.97	4.42	0.0210	0.8275	0.0029	0.0012

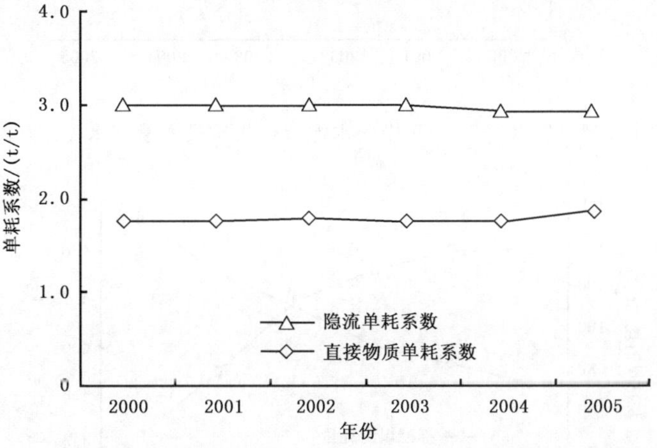

图 3.9　2000—2005 年中国水泥行业物质单耗系数变化趋势

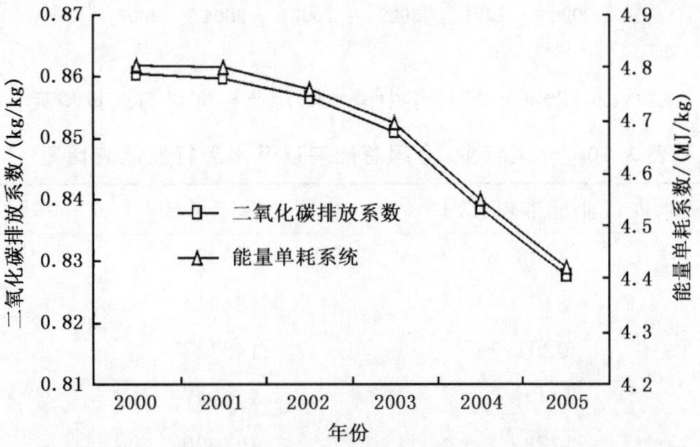

图 3.10　2000—2005 年中国水泥行业能量单耗与 CO_2 排放系数变化趋势

对全国通用水泥生产过程中的资源、能源消耗以及污染排放进行时间序列分析发现：2000—2005年我国水泥行业生产过程中直接物质和间接物质消耗总量均随着水泥产量的增长而大幅度增加，2005年水泥行业直接和间接物质消耗分别达到17.82亿吨和30.63亿吨（图3.11）。尽管同期我国水泥生产中能量单耗指标逐年下降，由2000年的4.81 MJ/kg下降到2005年的4.42 MJ/kg（图3.12），但是2000—2005年我国水泥生产中能源消耗总量一直居高不下，占全国同期标准煤耗的比重逐年增加（表3.10）。

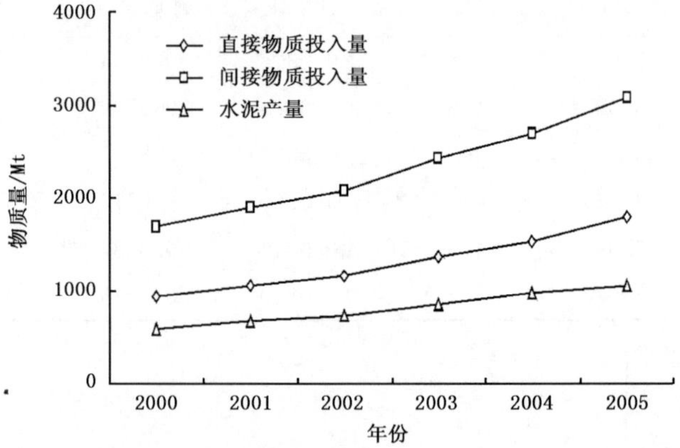

图3.11　2000—2005年中国水泥行业物质投入量与水泥产量

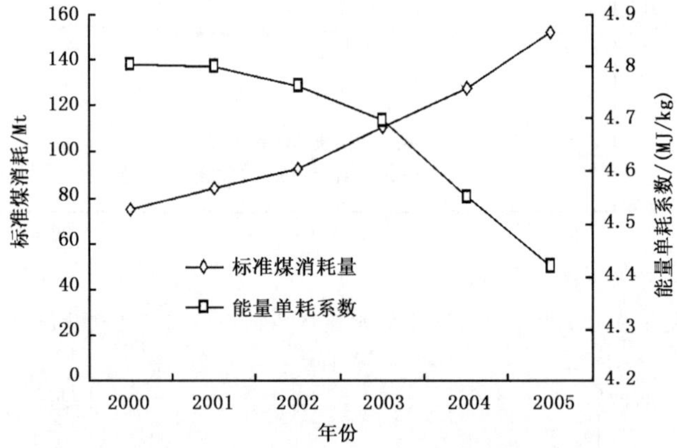

图3.12　2000—2005年中国水泥行业标准煤与能量单耗

表3.10　水泥行业、全国总能耗以及水泥行业能耗比重

年份	水泥行业标准煤耗/10^4 t	全国总标准煤耗/10^4 t	水泥行业能耗占全国比重/%
2000	7496	130297	5.75
2001	8407	134914	6.23
2002	9291	148222	6.27
2003	11115	170947	6.50
2004	12783	197000	6.49
2005	15196	222000	6.85

由图 3.13 可知，CO_2、粉尘是水泥生产中最为突出的环境问题。2000—20005 年水泥行业 CO_2 排放量随着水泥产量成比例增加，粉尘排放量在 2003 年以前一直呈增加趋势。随着新型干法窑工艺的大力推进和水泥企业对环保问题的日益重视，水泥生产中粉尘排放在 2003 年略有下降。由图 3.14 可知，CO_2 排放中石灰石分解部分的减排空间很小。随着水泥新熟料烧成技术的推广，每吨熟料煤耗大大降低，因此 CO_2 排放量与水泥行业标准煤消耗量紧密相关。由于水泥产量的大幅增加，2000—2005 年我国水泥行业 SO_2 和 NO_X 的排放也呈逐年增加的趋势(图 3.15)。

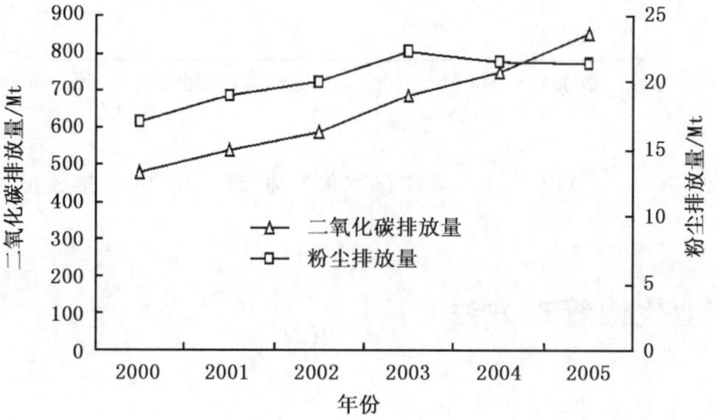

图 3.13　2000—2005 中国水泥行业 CO_2 与粉尘排放量

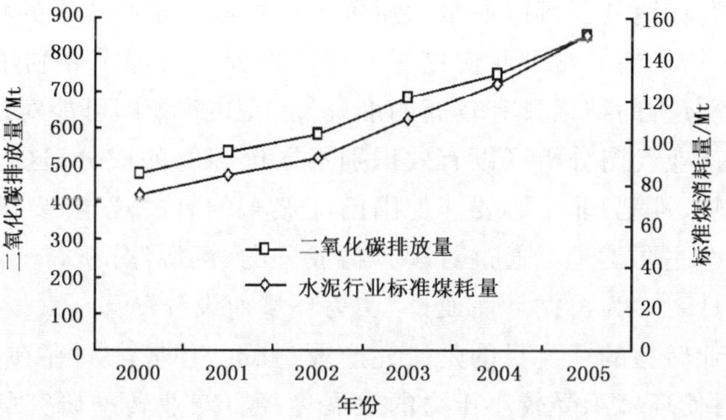

图 3.14　2000—2005 年中国水泥行业 CO_2 排放量与标准煤耗量

总的来说，水泥行业是一个高能耗、高物耗的行业，其生产相对粗放，节能、降耗空间巨大。在水泥生产过程中排放的大量粉尘、烟尘以及二氧化碳等排放物，给区域乃至全球都带来了不可忽视的影响。随着生产工艺的改进，水泥产品的单耗指标逐年降低，但是我国水泥生产带来的总的物质、能量消耗以及总污染排放仍然随着我国水泥产量的迅速增加而增加。

为了实现水泥行业的可持续发展，从短期来看，要加快水泥产业结构调整，降低单耗指标；从长期的发展来看，要增加高标号水泥所占比重，建立和完善相应的废物利用政策法规，加大对利用废弃物的水泥企业投资，推动水泥行业充分利用固体废弃物，为消费者提供在使用过程中少或无污染的产品。

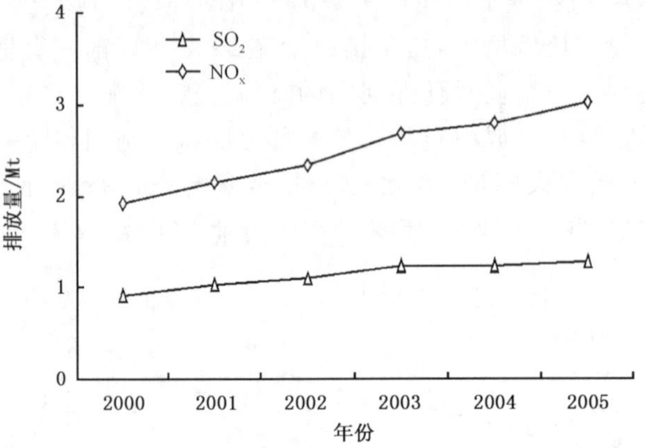

图 3.15 2000—2005 年中国水泥行业 SO_2 和 NO_X 排放量

3.3.4 区域产业代谢管理方法

区域产业代谢管理主要包括以下方面：

(1)资源管理:代谢分析方法可以为资源的分析、规划、开采等管理措施提供基本的技术支持,它可以提供一种资源的开采、使用、存量及其变化量的关系模型,可以用于监测资源的开采和使用行为。通过产业代谢分析可以揭示物质资源在自然生态系统中的耗竭及在人类产业系统中的富集过程,分析结果能够帮助我们更深入地认识提高资源循环利用率及资源可持续使用的重要性,一旦资源分析的结果具有较高的准确性,公共政策即可能对这些方面施加影响。

(2)废弃物管理:产业代谢分析可以有效识别不同废弃物的成分,这对于采取适当的废弃物处置措施(填埋、焚烧、堆肥)非常必要。德国已经颁布的有关规定,要求将物质流分析作为废弃物管理规划的一个主要工具。通过对废弃物成分的"溯源"分析,产业代谢分析的结果可以指导产品的生态设计,如"为再循环而设计"、"为环境而设计"等。

(3)产业转型:产业转型的主要目的是研究产业、社会、环境之间存在的复杂关系,确定各种变化的驱动力,探讨使环境承受较小压力的发展途径。产业转型研究的一个重要因素是考虑人类的需求和活动通过干扰生物地球化学循环(碳、氮、水等)而对生态系统服务和生物多样性的直接影响,并主要考虑能源、原材料、食品等的生产活动。产业代谢分析可以为产业转型提供多学科的研究框架和数据基础。

3.4 区域城市化的生态占用管理

自然生态系统是人类生存和发展的生命支持系统,人类的可持续发展取决于人类发展需求与自然生态系统生态服务能力的动态平衡。生态占用是人类对生态系统产生各种胁迫的主要方式之一,研究生态占用问题是了解城市化过程与生态系统服务关系的基础。生态占用分析一般分为直接实物量占用分析和基于一定生态服务计量单位的占用分析,生态足迹分析就是这样一种基于生态服务的占用分析，是一种评价人类对生态服务占用的重要分析方法。

3.4.1　生态足迹的定义

生态足迹的概念由 Rees 等提出(1992)，Wackernagel 等(1996)对其计算原理及方法加以完善，是一种衡量自然资源利用持续性的方法。Wackernagel 将生态足迹形象地比喻为“一只承载着人类与人类所创造的城市、工厂……的巨脚，踏在地球上留下的脚印”。生态足迹这一形象化概念，既反映了人类对地球环境的影响，也包含了可持续发展的机制，即当地球所能提供的土地面积无法容纳这只巨脚时，那么它所承载的人类文明终将崩塌。具体地，生态足迹即指：任何区域内已知人口的生态足迹等于生产这些人口所消费的所有资源和消纳这些人口所产生的所有废弃物所需要的生物生产性土地面积；生物供给力(Biocapacity or Biological Capacity)是与生态足迹相对应的概念，指研究区内所有类型的生物生产性土地面积之和，体现了该地区为当地人口提供生物产品和消纳废弃物的能力。这里的生物生产性土地包括林地、草地、耕地、化石能源用地、建筑用地和水面；化石能源用地是指使用化石燃料进行燃烧产生的土地资源影响，按吸收化石燃料燃烧释放的 CO_2 所需要的林地面积计算；建筑用地指用于人类修建住宅、道路和水电站的土地，将其作为生物生产性土地是因为它一般是由占用肥沃的耕地而产生。生物生产性土地面积的单位是“世界公顷”①(Haberl 等 2001，Monfreda 等 2004)，每 1 ghm^2 代表着等量的生物生产力，即 1 ghm^2 土地的单产等于世界所有生物生产性土地的平均单产。将土地利用类型的实际面积(hm^2)通过两个转换因子——产量因子和均衡因子——进行转换，即可得到单位为“ghm^2”的土地面积。产量因子描述的是特定年份中，一个国家或地区某一类型土地(耕地、林地、草地等)的生产力与该类土地的世界平均生产力的差异程度，以比值表示，各地区均有特定产量因子，且随年份而变化。均衡因子可将某一土地类型的实际面积转换为具有所有生产性土地类型平均单产的标准化面积，单位是 ghm^2/hm^2，每类土地类型具有特定的均衡因子，因此均衡因子不因地区而变化，只随年份变化。

从生态足迹的定义可以看出，生态足迹突出了与人类可持续发展紧密相关的主题：(1)人类消费的增加及后果；(2)可持续发展所依赖的关键自然资源——生物生产陆地和水体；(3)可获得资源的分布状况；(4)贸易对可持续发展的影响和在环境压力下区域资源的重新分配问题。

3.4.2　生态足迹核算的基本假设

生态足迹核算基于以下 7 个假设，这 7 个假设也可作为计算生态足迹的基本程序[2]：

(1)可获得国家或地区年度资源消耗和废物产生量：量度单位可以是吨、焦耳或立方米；

(2)可将资源流与其再生能力、废物流与环境消纳能力联系起来，并换算为所需的生物生产性土地面积；

(3)利用产量因子和均衡因子换算，使不同类型的土地实际面积转换为世界各类土地利用类型平均生物生产力下的土地标准面积，并具有可加性；

---

① 世界公顷，global hectare，本书用 ghm^2 表示。

(4)全部的需求核算可以通过将所有相互排他(非互相重叠)的资源需求和废物消纳所需土地面积累加来完成,这种排他性意味着包含在生态足迹核算中的任何服务或资源流仅能由一块土地或水域提供;

(5)累加的人类需求(生态足迹)和自然供给(生物供给力)可以直接进行相互比较;

(6)当生态足迹超过生物供给力,即存在生态赤字时,有两种可能的情况:一是通过进口来平衡供需,即造成贸易赤字;二是通过过量开发国内资源来平衡供需,结果是导致自然资产耗竭,即生态耗竭;

(7)当生态足迹小于生物供给力,即存在生态盈余时,也有两种可能的情况:一种是该地区处于自然资源持续利用状态,资源需求可在本地区得以满足;二是该地区虽然自身消费的资源小于生物供给力,但存在向境外出口大量资源的可能,如果向境外出口的资源量与自身消费的资源量超出了该地区的生物供给力,也会造成该地区的生态耗竭。

3.4.3　生态足迹核算方法

生态足迹计算基于两个基本的事实:一是对于区域人口所消耗的资源和排放的废弃物,我们能够找到其生产区和消纳区。需要注意的是,由于不断推进的全球化和贸易的发展,对生产区和消纳区的具体区位的追踪还需要大量科学研究的支持;二是绝大部分的区域人口所消耗的资源和排放的废弃物流量可以用提供或者消纳这些流量的具有生物生产力的陆地或水域面积来衡量的。那么,如何核算区域或国家的生态足迹的基本步骤如下:

(1)对资源消耗和废弃物排放的追踪

通过统计部门、统计年鉴或亲自调查获取区域人口消费资料(均须考虑进出口贸易调整),按生物资源消费和能源消费两部分分门别类进行统计和计算。

生物资源消费包括农产品(粮食、油料、棉花、蔬菜等)、动物产品(肉、奶、蛋、毛等)、林产品(核桃、板栗等)、水果(苹果、梨、葡萄等)木材和水产品等。用每类消费品总量除以该类消费品同年世界平均产量得到提供该类消费品的生物生产性土地面积,按耕地(农产品)、林地(核桃、板栗、水果、木材等)、草地(肉、奶、蛋、毛等)、水域(水产品)等分类汇总。计算公式为:

$$A_j = \sum_{i=1}^{n} \frac{C_i}{EP_i} = \sum_{i=1}^{n} \frac{P_i + I_i - E_i}{EP_i}, (j = 1, \cdots, 6) \quad (1)$$

式中,A_j 为第 j 类土地人均生态生产性面积(即人均生态足迹,ghm^2/人),i($i=1,2,\cdots,n$)为消费品类型;EP_i 为第 i 类消费项目的世界年平均产量(kg/hm^2),C_i 为第 i 类消费项目的总消费量(kg),P_i 为第 i 类消费项目的年生产量(kg/hm^2),E_i 为第 i 类消费项目的年出口量(kg),I_i 为第 i 类资源进口量。

能源消费通常包括煤、焦炭、燃料油、煤油、汽油、柴油、液化石油气、电力及其他石油制品和其他燃料等。根据一定的转化标准,一般将煤、焦炭、燃料油、煤油、汽油、柴油等的消费转化为化石能源用地,电力视为建设用地。作为生态足迹争议最大的化石能源足迹,传统的三种计算方法是:①替代法:生产能够产生与化石燃料燃烧相同能量的乙醇(或甲醇)的农田或林地面积即为化石能源生态足迹;②碳吸收法:估算用于吸收化石燃料燃烧所释放 CO_2 的林地面积;③自然资本存量法:计算用于以同等速率补偿化石燃料能源消耗的生态生产性土地面积。因为采用替代法计算的足迹一般大于 CO_2 吸收法计算的足迹,同时考虑到公众的接受性,在生态足迹计算中大多采用碳吸收法。

(2)产量调整

由于不同国家或地区的土地生态生产力不同,因此,要进行区域之间的比较,就要进行适当的调整。方法是将其生物生产力乘以产量因子(yield factor)。产量因子是指某个国家或地区某类土地的平均生产力与世界同类土地的平均生产力的比值。如某地区耕地的产量因子取值为 1.5,则表明该地区耕地的生物产出率是世界平均耕地水平的 1.5 倍。因此如果该因子>1,那么意味着该地区单位面积的生态生产力或者废物吸收能力高于全球平均水平;如果该因子<1,那么意味着该地区的生态生产力或者废物吸收能力低于全球平均水平。调整后的面积我们称之为"产量调整面积"(yield adjusted area),用公式可以表示为:

$$A_j = \sum_{i=1}^{n} \frac{C_i}{EP_i \times YF_i} = \sum_{i=1}^{n} \frac{P_i + I_i - E_i}{EP_i \times YF_i}, (j = 1, \cdots, 6) \quad (3.2)$$

其中,YF_i 表示产量调整因子。

(3)等量化处理

由于耕地、草地、化石能源用地、森林、建筑用地和海洋六类土地和水域类型的生态生产力不同,为了将不同生态系统类型的空间汇总为区域的生物生产力和生态足迹,各种类型的生态系统面积需要乘以一个当量因子(equivalence factors),即将每一个类型的主要生物资源的生产潜力进行等量化处理。其中当量因子是在比较不同类型生态系统的生物生产量的基础上得到的,每一种生态系统类型的当量因子依据其单位空间面积的相对生物量产量而定。目前采用的当量因子分别为:森林和化石能源用地为 1.1,耕地和建筑用地为 2.8,草地为 0.5,海洋为 0.2。当因子为 2.8 时,说明这种生态系统的生物生产力是全球生态系统平均生产力的 2.8 倍。通过等量化因子,将六类生态系统的面积调整为具有全球生态系统平均生产力的、可以直接相加的生态系统的面积,加总后就是生态系统足迹,公式表示为:

$$EF = \sum_{j=1}^{6} A_j \times EQ_j, (j = 1, \cdots, 6) \quad (3.3)$$

在生态足迹的广泛推广和应用过程中,生态足迹的计算方法也进一步成熟和完善,从原始的世界平均单产法计算某地区点时间的生态足迹发展到采用不变世界平均单产、可变世界平均单产、可变地方实际单产及可变地方持续单产法计算某地区的动态生态足迹(van Vuuren 等 2000,Haberl 等 2001,Erb2004)。时间序列对于考察一个指标的问题、局限和优势,对于以直观的方式分析隐含、复杂的假设都是很有用处的。对于生态足迹而言,时间序列更有助于分析随着时间的变化,某地区人口、社会经济变化、资源消费的变化及各类变化对该地区人口足迹生态足迹的影响。

3.4.4 中国动态生态足迹分析

采用可变世界平均单产法计算 1978—2003 年中国生态足迹,分析在历年世界平均单产水平下中国的生物产品、能源消费情况及各类土地供需情况。其具体的计算公式为:

$$EF = \sum EF_i = \sum [(D_i + I_i - O_i)/P_i * E_i]; ef = EF/N; i = 1, \cdots, n$$

$$BC = \sum BC_j = \sum (A_j * Y_j * E_j); bc = BC/N; j = 1, \cdots, n$$

$$ED(ER) = BC - EF; ed(er) = ED(ER)/N$$

其中,EF、BC 分别代表研究区总的生态足迹和生物供给力(单位:ghm^2);EF_i 代表第 i 项消费品的足迹(单位:ghm^2);BC_j 代表第 j 种土地利用类型的生物供给力(单位:ghm^2);D_i 代表第 i 种消费品的国内生产总量(t);I_i 代表第 i 种消费品的进口量(t);O_i 代表第 i 种消费品的出口量(t);P_i 代表第 i 种消费品的世界平均单产(单位:t/hm^2);E_i 代表第 i 种消费品所占用土地类型的均衡因子(单位:ghm^2/hm^2);A_j 代表第 j 类土地利用类型的实际面积(单位:hm^2);Y_j 代表第 j 类土地利用类型的产量因子(单位:无量纲),为中国第 j 类土地单产与世界第 j 类土地平均单产的比值;E_j 代表第 j 类土地利用类型的均衡因子(单位:ghm^2/hm^2);$ED(ER)$ 代表生态赤字或生态盈余;N 代表研究区的总人口数量;ef、bc、ed、er 分别代表人均生态足迹、人均生物供给力、人均生态赤字和人均生态盈余。在上述计算中,建成区足迹和生物供给力按耕地来计算;化石燃料用地按林地来计算。

在生态足迹计算中,粮食、水果、蔬菜、油料作物、纤维作物、干果等农产品、草地产品及渔业产品的单产是随年份而变化的(取自 FAO 数据),但由于资料的限制,林地产品和 CO_2 排放量的单产值均按特定年份(1993 年)世界平均单产进行计算,不随年份变化。值得说明的是,林产品的单产多受自然因素的影响,随年份变化较小,因此采用不变的世界平均单产对生态足迹的计算结果影响不大(Haberl 等 2001)。

在本次核算所采用的土地利用数据中,1996—2003 年土地利用数据(耕地、林地、草地、水域)均来自国土资源部;因 1978—1995 年土地利用数据中的耕地数据取自 FAO(源自农业部),与 1995 年以后的国土资源部详查的耕地数据相差很大,因此对 FAO 的数据进行了处理,将 FAO 数据通过 1996 年 FAO 数据与国土资源部数据进行比较而得的差值加以调整,即将 1978—1995 年 FAO 的耕地数据全部加上 15×10^6 hm^2;林地、草地采用了 FAO 数据;1978—1995 年水域数据来自中国统计年鉴。

在生态足迹计算中,均衡因子取自 WWF 的 Living Planet Report 2002 报告,因均衡因子随年份变化较小(Wackernagel 等 2004),在 1978—2003 年的计算中,均衡因子不变,见表 3.12。耕地、草地和渔业水域的产量因子按 FAO 数据库中的中国单产与世界单产比率进行计算,随年份而变化,而林产品的单产由于数据可获得性的限制及其对计算结果影响较小,不随年份而变化。

表 3.12　均衡因子和产量因子

土地类型	耕地	草地	林地	能源用地	淡水	海水	水电
产量因子	可变	可变	0.60	0.60	可变	可变	可变
均衡因子	2.11	0.47	1.35	1.35	0.35	0.35	2.11

在化石能源足迹计算中,采用下列公式:

用于 CO_2 吸收的林地面积=(CO_2 排放对应的所消费能源释放的热量×2/3)/吸收率

乘以 2/3 意味着,在所有排放的 CO_2 中,有 1/3 被海洋吸收,其余部分视为由林地吸收和消纳。具体的,将各类能源的消费实物量转化为标煤量,再将各类能源的标煤量转化为相应的热量,再通过热量与 CO_2 吸收率的比值计算出各类能源消费所占用的足迹(陶在朴,2003)。1 吨原煤=0.7143 吨标准煤,1 吨原油=1.4286 吨标准煤,1 立方米天然气=1.33 千克标准煤,1 千瓦小时电力=0.1229 千克标准煤。1 千克标准煤热能=7000 大卡,1 大卡=4.1868 kJ,1

MJ＝1×10^6 J，1 GJ＝1×10^9 J。CO_2 吸收率见表 3.13。

表 3.13　世界林地 CO_2 平均吸收率

能　源	煤炭	焦炭	原油	汽油	煤油	柴油	燃料油	天然气	电力
CO_2 吸收率 (GJ/hm^2·a)	55	55	93	93	93	93	71	93	1000

将生态足迹与生物供给力进行比较时，考虑到土地利用的多功能性，已有的农用地、草地、林地、能源用林地，都可作为生物多样性保护用地（Erb 2004），所以没有将生物多样性保护区域（12%）从生物供给力中单独去除。

结果表明，1978 年至 2003 年，中国人均生态足迹呈逐渐上升趋势，从 1978 年的人均 0.873 ghm^2 升至 2003 年的 1.547 ghm^2，增长率为 77.2%，见图 3.16。可再生资源生态足迹从 1978 年的人均 0.547 ghm^2 上升至 2003 年的 0.767 ghm^2，不可再生资源（化石能源）生态足迹从 1978 年的人均 0.324 ghm^2 上升至 2003 年的 0.774 ghm^2，水电足迹从人均 0.001 ghm^2 上升至 0.006 ghm^2。可再生资源足迹中，耕地足迹从人均 0.368 ghm^2 下降至 0.317 ghm^2，草地足迹从人均 0.014 ghm^2 上升至 0.117 ghm^2，林地足迹从人均 0.108 ghm^2 上升至 0.196 ghm^2，海水渔业足迹从人均 0.049 ghm^2 上升至 0.115 ghm^2，淡水渔业足迹从人均 0.008 ghm^2 上升至 0.022 ghm^2。

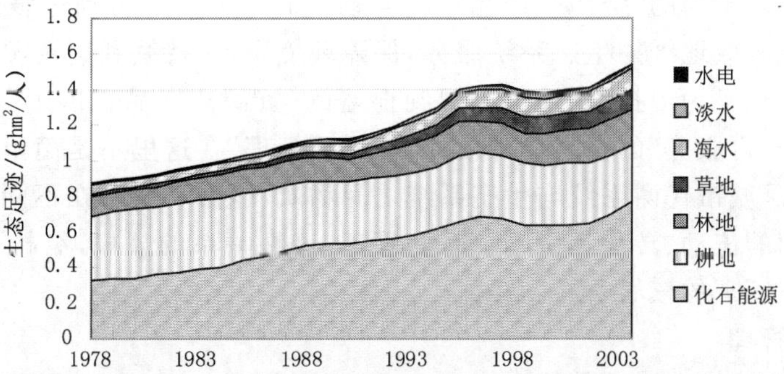

图 3.16　中国 1978—2003 年人均生态足迹

在整个研究时段内，人均生态足迹的构成比例发生很大的变化，耕地比例由 42.19%下降至 20.49%，草地比例由 1.63%上升至 7.55%，林地比例由 12.40%上升至 12.65%，海域比例由 5.60%上升至 7.44%，淡水渔业比例由 0.92%上升至 1.45%，水电用地比例由 0.14%上升至 0.38%，能源用地由 37.16%上升至 50.03%。1978 年各地类人均足迹比例依次为：耕地、能源用地、林地、海水、草地、淡水、水电用地；2003 年能源生态足迹取代了耕地足迹的首要地位，各地类人均生态足迹比例依次为：能源用地、耕地、林地、草地、海水、淡水、水电用地。

从人均生态足迹的增长量来看，研究期间，能源人均生态足迹增长最快（0.450 ghm^2），以后依次为草地生态足迹（0.103 ghm^2）、林地生态足迹（0.087 ghm^2）、海域渔业生态足迹（0.067 ghm^2）、淡水渔业生态足迹（0.014 ghm^2）、水电生态足迹（0.005 ghm^2）；同期耕地生态足迹减少了 0.051 ghm^2（图 3.17a）。从人均生态足迹的增长率来看，草地、水电用地和淡水渔业生态足迹增长幅度最大，分别为 723.2%、375.6%和 179.7%，以后依次为化石能源生态足迹、海域生态足迹、林地生态足迹，分别为 138.6%、137.3%、80.7%，而同期耕地生态足迹却下降了 13.9%(图 3.17b)。

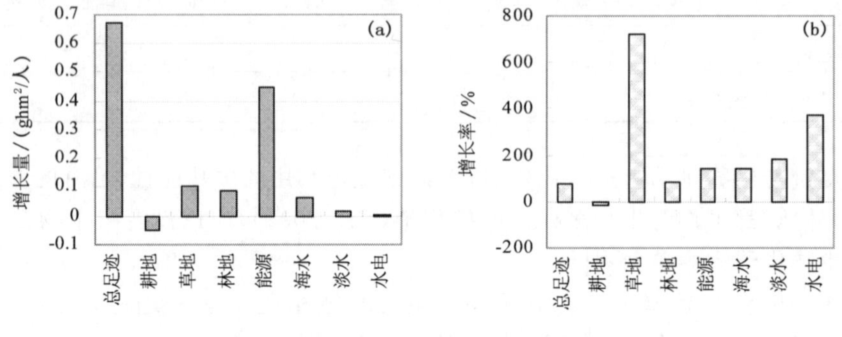

图 3.17　中国 1978—2003 年人均生态足迹变化幅度
(a)增长量;(b)增长率

3.5　城市代谢生态管理

传统代谢管理是单向的“资源—产品—废弃物”和“—人口—劳动—服务”线性管理过程，这一管理模式不能有效地维护生态系统服务，保障环境质量，持续利用资源。城市代谢的生态管理是一种以生态技术为依托、从摇蓝再回到摇篮的“资源—产品—再生”和以生态教育为核心的“人口—服务—再服务”的循环管理模式。“循环管理”在这里不是简单地将废弃物进行利用或“资源化”，而是城市代谢系统与生态系统之间物质、能量和信息在不同时空尺度上以及不同存量和流量之间的流动、转化和协同关系的管理，这种关系的规模、结构及其时空格局的管理是城市代谢生态管理的核心所在。

(1)生态占用管理

城市代谢是一种从生态系统—人—生态系统的循环过程，也是一种生态服务生产—获取—使用—再生产的过程，它通过对生态系统的占用来体现。生态占用的管理即是对城市代谢活动产生的生态压力、生态影响及其规模、速率、程度、时空特性等的管理。其中，尤其重要的是对城市代谢所依托的城市空间结构演变和土地利用活动的管理。它不仅包含对城市建设空间或建设用地的代谢管理，还包括对生态服务地及其生态系统服务的管理。好的城市空间结构是良好城市代谢的基础。

(2)城乡交错区代谢管理

城乡交错区是指城市的建成地区与乡村的生态过渡地域。它受城区发展的影响最深刻，也最先享受城区的基础设施条件、经济和文化条件，例如，容易形成集中成片的工业产业区、交通系统纵横交错而发达，连结城区与外部的物质、能量、信息流通、大量人口流动与驻留等等。同时，它也具有相对于城区更良好的自然生态服务条件。还受到城区大量排放的污染的影响，土地生态服务功能受到威胁；城市代谢生态管理的重要核心之一就是对城乡交错区的管理。城乡交错区的代谢管理，因特别关注该区域的生态代谢过程特征，尤其是农业系统内部代谢过程、工—农业系统之间的代谢过程、工业系统内部各层次生产单位(如企业、工业园区、行业)之间的代谢，强化城区与交错区之间代谢共生关系，构建生态合理的循环代谢产业链网；通过农业生态技术与工程建设，促进从传统农业向现代都市型农业和交错型（混合型）农业的转变，从以传统农业生产为主的农村经济向一、二、三产业联合的、清洁型、生态服务型、生态宜居（休闲）型产业为主的生态代谢产业体系转变。

（3）城市生产系统代谢管理

城市生产系统是城市经济最集中的体现，它的代谢活动一方面从区外获取原材料，生产出城市需要的各种商品和服务；另一方面又向城市及其周围地区排入大量污染，给生态系统功能造成重大影响。城市生产系统代谢的管理，需要实现几个转变：从资源耗竭、环境破坏型工业代谢向资源节约、环境友好型的生态代谢转型；从物质产品生产代谢向共生、再生、自生的服务型代谢、循环型代谢和知识驱动型代谢转变；从条块分割的企业局部代谢向多尺度的厂区—园区—部门—区域综合代谢转变；从生产系统的部门代谢向生产—流通—消费—分配—保育—再生代谢转型。

（4）城市消费管理

城市消费是经济活动的重要组成部分，也是城市生产的最终目标。而消费活动的结果常常是废弃物或污染的大量产生。传统消费仍然是"消费（产品或服务）—污染或废弃物"的线性过程，而"消费（产品或服务）—污染或废弃物—再生"的循环型生态消费模式亟待建立。城市生态消费实质是平衡型消费，与人的自身内在生理、心理需求平衡、与生态系统服务平衡、与环境质量的维持平衡，浪费型、过度型、奢侈型消费以及过俭型、单一型消费都是非"平衡型消费"的表现。城市消费管理还要大力提倡生态消费文化，包括了处罚、征税或补贴等生态消费政策的引导，生态消费法律体系的构建，生态消费行为与观念的培养，生态消费教育与生态消费风尚的培育等等。

（5）城市流通（分配）管理

城市流通系统是城市的物质、能量、信息、人员分配与流动的部门。交通是城市流通系统的重要标志，是城市代谢中空间物理过程的体现。交通的布局、流通量与城市的仓储系统一起构成了城市流通生态管理的基础条件。城市流通生态管理的核心是城市经济、社会系统的流通量、流通结构与生态系统结构、功能及其生态过程通量之间的平衡。交通代谢的典型环境问题是大气污染排放，其通、速率必需与城市地域的生态系统服务通量以及城市污染治理容量相平衡。从生态政策、司法、教育、规划以及技术等层面调节城市流通系统的动态平衡是基本途径，例如，采取交通出行的引导与调节系统来减少机动车出行量，使城市交通格局在时空尺度上合理化，又如，城市政府发展绿色交通（人行道、自行车、电动车等），公共交通，智能公共交通系统等可以最大限度地减少交通运输系统的失衡，减缓对生态系统服务的压力。城市交通的生态规划也必需与城市规划、管理相协调，这也是维护城市流通系统平衡，保障措施交通与生态系统和谐的重要途径。

（6）城市人口代谢管理

人是城市代谢的主体，对城市及城乡交错区代谢的管理首先是人及其流动的生态管理。人的观念、思维方式、生活方式、生产方式以及基本能力是影响城市代谢管理的根本因素。培育生态理念、生态思维方式，打造生态友好的行为模式，提高人口素质，构建城市代谢的生态管理制度是极其重要的。美国麻省理工学院的 L · Solow 曾说过这样一段既风趣而实在的话，如果世界上有瑞士人的生产力水平，中国人的消费习惯，瑞典人的平均主义天性，日本人的社会秩序，那么这个地球就有可能承受数倍于今天的人口而任何人都不致贫困。相反，如果人类有乍得人的生产率水平，美国人的消费习惯，印度人的反平均主义天性，阿根廷人的社会秩序，那么这个地球可能无法承受现有的人口数，因此，人的代谢管理，即对人的衣、食、住、行、作、息、生、死以及人的生产、消费、流通、分配与投资的生态管理，是城市良性生态代谢的基础。

(7)废弃物及其再生利用管理

废弃物通常是一个城市代谢的末端，也是下一个代谢过程的开端。传统城市废弃物代谢管理通常采用人工处理设施来解决，这种方式阻塞了代谢路径，消弱了代谢潜力，具有高成本、高生态风险的缺陷。例如，城市生活垃圾通常采用露天堆放或填理方式处理，不但侵占土地资源，污染水体、大气和土壤，而且其清运和填埋过程浪费大量能量，同时产生粉尘、灰砂等环境污染问题。废弃物的生态本质是错位的资源，它经分拣、剔除或粉碎后可以作为再生资源加以利用。城市废弃物生态管理的基本途径是以代谢过程疏导、代谢能力恢复促进废物再生，以“减量—无害—再生(资源化)”技术模式为基础，通过政府引导，引入市场机制和公众参与机制来实现。相关保障条件包括：废弃物再生利用的相关法律体系的构建、政府政策和行政推动(如废弃橡胶粉用于铺设高等级公路及飞机跑道、运动场，没有政策干预是很难实现的)、制定废弃物回收与再生的产品质量标准及价格体系、因地制宜地示范、普及和推广各种企业清洁生产或生态生产的技术工艺模式、通过政策引导废弃物再生利用的产业化或市场化进程、强化废弃物回收与再生利用的生态教育并引导企业与民众的自觉行为，促进企业间、产业间、城市间、区域间的共生代谢机制的形成，为废弃物再生循环利用奠定基础。

(8)摇篮管理

城市代谢是一个开放的生态系统过程，原材料、能源通常需要从外部输入，原材料和能源的开采是这一全生命周期过程的源头，也是生态破坏和影响的关键。国际上采用了“生态包袱”的概念来表示这种生态影响。例如，10 克金戒指的生态包袱是 3500 千克，170 克汗衫的生态包袱是 226 千克。“生态包袱”概念从输入源头全面揭示物品生产过程对生态系统的占用或影响，是城市代谢管理的必要监控环节。传统的代谢管理局限于城市系统范畴，忽略了城市边界之外的代谢源头，将城市的代谢链延伸到代谢源头是代谢生态管理的关键原则，也是维护生态系统服务的基础。城市代谢源头生态管理的核心是采用生态工程技术恢复和保育源头地区的生态系统结构与功能完整性。

(9)代谢管理信息系统

城市代谢过程具有海量的多尺度、多属性信息，因此，代谢管理的信息系统是城市代谢生态管理技术支撑的基础条件，它直接影响代谢管理的质量和效率。由于过去基础工作的长期缺失，城市代谢信息缺乏系统、完整的积累和整理，这对构建城市代谢管理、信息技术平台造成影响。国家和地方需要尽快开展城市代谢系统观测与监测体系的建设，在重点城市和城市群地区优先建立城市代谢长期观测与监测平台，并逐步覆盖到全国大、中、小不同规模和性质的城市，形成全国性的城市代谢长期观测与监测网，为国家范围内城市代谢管理提供系统、可靠、完整的基础信息数据。

第4章　区域城市土地复合生态管理

4.1　城市人地关系的复合生态系统辨识

4.1.1　城市土地复合生态系统属性

近代快速工业化进程引发的城市环境恶化已经成为科学家们研究城市问题的热点。从城市环境因子的微观研究到全球环境变化的宏观研究，从城市内部经济结构到城市土地利用的空间格局，都影射出对一定地域空间内土地支持的城市生态问题的关注。人们逐渐认识到城市土地不仅仅是城市社会和经济发展的载体，更重要的是城市内包括近期和远期规划未参与城市经济活动的非建设用地，为社会和经济的发展提供了良好的生态服务，保障了城市发展的生态安全。因此从该意义上来讲，城市土地除了社会、经济属性外，还应该被赋予生态属性。

城市的土地是一个典型的社会—经济—自然复合生态系统。在这一系统之中，土地资源环境组成了土地生态的单元，它为人类提供了各种物质产品和生态服务。人类可以通过社会经济系统反作用于土地生态系统，加强土地的管理和养护，促进这一复合系统的良性循环。

(1)物理属性

城市土地的物理属性主要是其固有属性，由构成土地的诸要素，如岩性、坡度、海拔、土壤地质、地表形态、有效土层厚度、盐渍化程度、水文状况、植被等长期相互作用、相互制约而赋予土地的特性。这种特性直接影响土地的适宜性和限制性，是衡量土地质量等级的重要依据。城市土地是基岩—土壤结构，在城市中土地的物理属性除作为植物生长必需的营养库外，还体现在部分负荷承载能力上。

(2)生物属性

土壤是微生物、植物、动物的容器和载体。土壤生物参与岩石的风化和原始土壤的生成，对土壤的生长发育、土壤肥力的形成和演变以及高等植物营养供应状况有重要作用。生物与土壤环境之间、生物与生物之间相互作用，不断促进自身和土壤的演化。微生物通过摄取外界环境和土体的营养物质，一部分转化为自身生长、发育和繁殖的养料，另一部分为地上植物吸收，促进第一性生产。地上动物通过食物链摄取植物，完成自身的生长过程。动植物的排泄物和死后的尸体又通过土壤生物的还原降解转化为土壤养分，进入土壤生态系统，再次进入生物小循环。正是在这样的生物小循环和地质大循环的共同作用下，土壤不断地演化。

(3)社会属性

通过人类的社会活动赋予土地的特性，如土地所有权、民族构成以及传统的土地利用方式、交通状况、有关土地利用政策等。它们虽然不直接决定土地的质量特征，却在很大程度上决定土地的利用方式，土地的社会属性决定其为人类提供活动空间、就业机会、景观、休憩、旅游、文化等社会服务功能。

(4)经济属性

在自然生态系统中，土地的经济属性一般指土地的生物生产能力。而城市土地的经济属性指受人为影响或控制下的土地生产力，城市土地承载了城市的经济活动，在城市土地复合生态系统中，土地的经济属性不单单指土壤的生物生产能力，还包括了土壤上层空间人类的经济活动能力和潜力。

4.1.2 土地复合生态耦合关系

土地生态系统在与其他生态系统相互作用的过程中不断演化，受到人类影响后的土地被赋予了社会和经济的属性。综合评价土地复合生态系统内的各种生态关系(图 4.1)，辨识土地生态系统内部的人口、资源、环境的优劣势以及问题和潜力，分析生态关系的变化过程，有利于更加合理地进行城市土地利用和规划。

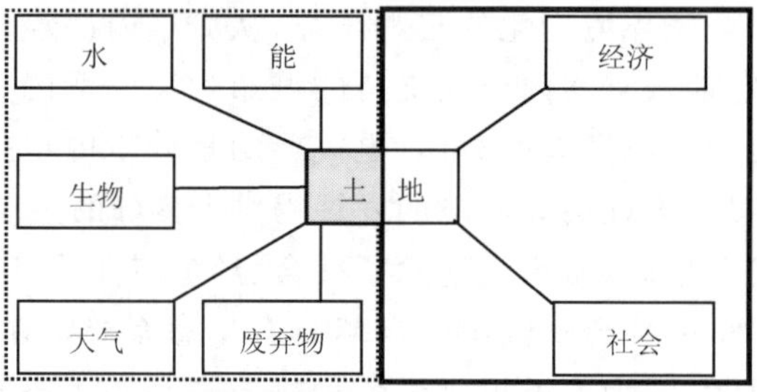

图 4.1 土地复合生态关系图

土地复合生态系统内部生态关系有：

(1)土与水

土壤水是土壤的最重要的组成部分之一，它在土壤形成过程中起着极其重要的作用。同时土壤水在很大程度上参与了土壤内进行的许多物质转化过程，如矿物质风化、有机化合物的合成和分解等。土壤水是作物吸水的最主要来源，它也是自然界水循环的一个重要环节，处于不断的变化之中，能影响植物的生长和许多化学、物理和生物学过程。地下水是指埋藏在地面以下、存在于岩石和土壤的孔隙中可以流动的水体。饱水带中土壤孔隙被水充满，含水量达到饱和，饱水带中的水即为地下水。常见的井水、泉水都是地下水。地下水分布广泛，水量也较稳定，是工农业和生活用水的重要水源之一。地下水是河流补给来源之一，也积极参与水循环。地下水的过量开采(开采速度大于其补给速度)会造成地下水位的大幅下降，引起地面沉降。地下水位过高会对农作物生长不利，会造成渍害；若地下水含盐量较高，则会产生土地的次生盐碱化。景观水在区域尺度上具有调节区域气候、美化环境等生态学效应，狭义的景观水是指用于美化小尺度范围的环境的人工处理水，广义的景观水是指在景观尺度上维持动植物生长或者维持一定区域气候的水量。

城市区域内存在广泛的地表封闭与土壤压实现象，土壤水分入渗和短期储存冲功能减弱或消失(Burghardt 等 2000)，地表径流系数大幅度增加，从而增加径流产生，在暴雨情况下很容易产生短时间城市洪涝灾害，类似问题在我国很多城市的局部地区经常出现。另一方面，径流携带的污染物负荷(包括颗粒物、铵氮、有机污染物、重金属等)增加(Zhang 等 2000)，导致地表水污染加剧。

(2)土与生物

土壤自身就是一个生命复合体，成千上万的生物生活在土壤中，包括微生物和动物。这些微生物促进土壤肥力的形成，转化有机质，促进土壤团聚体的形成，还参与土壤养分氮、磷、钾的循环，微生物群体处在不断的新老更替过程之中，分解外界的物质和有机体，吸收同化无机养料，合成自身物质，同时又向外界不断地释放其代谢产物，赋予土壤肥力和生产力，为地上植物提供适时生长的养分。同时还为土壤动物提供栖息地，土壤动物在土壤内部也积极参与物质的循环，在土壤形成过程中也发挥着巨大的作用。1 g 耕作层土壤中含有 25 万亿个细菌，70 万个放线菌，40 万个真菌，5 万个藻类，3 万个原生动物(刘丽丽 1995)，这些微生物是维持土壤质量重要组成的部分，它们调节着土壤动植物的残体、施入土壤中的有机物质和其他有害化合物的分解等过程(孙波等 1997)。同时在土体中也寄生着各种各样的病原微生物，诱发植物病虫害。在土壤生态系统内，微生物和微生物之间存在着共处、共生、颉颃、竞争、寄生和捕食的生态联系，正是这些生物之间的相互作用，使得土壤成为一个“活”的物质实体，使得土壤生态系统和陆地生态系统的物质循环和能量流动维持一个动态的平衡。土壤生物和植物之间也存在着相互的作用关系，如互生(根际微生物和植物)、共生(根瘤菌和豆科植物)、寄生。

城市土壤遭受污染后，可导致土壤微生物特性的显著变化。在英国 Aberdeen 的一项研究表明，与农业土壤相比，城市土壤的微生物的基底呼吸作用明显增强，但微生物生物量却显著降低，微生物的一些生理生态参数值明显升高，Biolog 数据显示城市土壤对能源碳的消耗量和速度也明显提高(Yang 等 2001)。

(3)土与大气

土壤与外界时时刻刻进行物质和能量的交换，不断与大气相互作用。土壤水分、生物活动、深度和温度以及人类活动干扰的强度都会影响到土壤空气的含量和组分。当土壤空隙中空气含量过高、水分量少时，土体颗粒间引力减少，受到外界的风蚀和水蚀，容易沙化和造成土壤流失。

由于地表封闭和土壤压实引起的土壤吸热功能消失或下降，城市土壤温度比周围自然土壤高(Craul 1994，Mount 1999)，加剧城市热岛效应，引起城市区域气候的变化。

城市人口高度密集，土壤污染物可以通过扬尘和与土壤直接接触而对人体产生危害。最近通过核探针研究大气颗粒物的指纹特征，表明上海市大气颗粒物中大约有 31%来自土壤扬尘(仇志军等 2001)。随着汽车尾气排放的控制和能源结构的调整，可以预计土壤扬尘仍将继续成为我国城市大气污染的主要来源。

(4)土与废弃物

作为自然界重要的环境介质，土壤是众多微型动物和微生物的栖息地，是微生物生活和繁殖的良好环境。不同的性质的土壤有不同的环境容量，即土壤具备一定的环境净化能力，但是一旦当土壤中的有害物质超过一定的阈值,或者人类对土壤的破坏达到一定程度时,土壤的环境容量便开始萎缩,甚至逐渐消失,反而对环境造成危害。在城市的土壤中,土壤更多地充当着废弃物的仓库和处理车间。目前我国城市中的固体废弃物和生活垃圾的处理方式很大一部分都依赖于卫生填埋技术。据了解,北京市垃圾填满场已有4500多处,占地面积已经达到1万多亩①,土地资源浪费严重。由于废弃物很难降解,而且其组分含有很多有毒有害物质,直接对土壤造成污染和破坏,废弃物释放的有害物质还可能对地下水和大气产生危害,造成污染,对人体和生态系统带来健康的风险。

本研究将在后面的内容中针对土壤中固体废弃物残留造成的生态风险进行重点分析。

(5)土与能

指对太阳光的反射和热容,单位面积化石能耗强度。土壤具有一定的热容,能保存由太阳辐射的部分能量,用于动植物生长所需要的一定地下的温度环境。土壤也能反射部分太阳辐射,增加空气温度,创造地上部分动植物生长的适宜环境,同时对于温室效应具有一定的作用。硬化地表对太阳辐射反射率大,在城市环境中,是造成热岛效应的主要因素。

(6)土地与社会经济

土地的形成过程是亿万年岩石风化的结果,在人类短暂的历史中,土地记录了人类的文明史。人类文明也赋予了土地历史属性。

土地最初的地理空间分割是以经济的发展为基础的,城市和农村的区别就在于在一定地域空间内土地所承载的经济功能不同。经济的发展同样影响到土地的功能和性质,经济发达的城市由于过度开发土地,硬化地表增加,土地环境恶化,使得城市热岛效应明显。而土地的环境影响着经济的发展,自然地理条件优越、基础设施良好的地段,单位土地的经济功能也强。

4.1.3　土地演化的复合生态动力和生态过程

4.1.3.1　自然驱动力和过程

土壤的演替过程是自然界力量亿万年共同作用的结果。在自然界风雨作用以及生物共同的作用下,各种岩石演化成不同类型的土壤。动植物和微生物主导了土壤形成的生物小循环过程,促进了土壤进一步的熟化过程。

土地的生态演化是通过自然的作用力,在时间、空间、数量、结构、序列上逐渐演化的。

(1)时间上的演化:距今40亿年前,地球内部热量大量聚集,使地球内部物质熔融,喷溢出大量的岩浆、水体和水蒸气,形成了岩石圈、水圈和大气圈。约30亿年前,海洋中产生了生命,有机体成为地球表层能量转化的新环节。大气圈中以CH_4、N_2、H_2O等为主,有机体和无机环境不断进行能量和物质的转换,改变了地球表层中的物理化学以及元素迁移过程,改变了自然地理系统的组成与结构,逐渐形成生物圈。地壳表面岩石圈经过千百万年的自然风化,形成土壤的母质,土壤母质受到气候、地形、生物以及时间的共同作用,形成土壤。

(2)空间上的演化:在土壤形成的五大因素(母质、地形、气候、生物、时间)中,母质、气候和地形是影响土壤类型的主要因素。由于成土矿物的类型和分布存在空间上的差异,造成土壤

---

① 1亩=1/16 hm^2≈667 m^2

分布空间上存在明显的不同。同时地球气候带分布以及地形特征的变化也影响着成土矿物的演化过程，形成不同的类型土壤，即使是相同的成土矿物，受到不同气候和地形的影响，土壤类型也存在着差异。地形对土壤发育的影响，在山地上表现尤为明显。山地地势高、坡度大、切割强烈、水热状况和植被变化大，使山地土壤有垂直分布的特点。地形发育也对土壤发育带来深刻的影响。由于地壳的上升或下降影响土壤的侵蚀与堆积过程以及气候和植被状况，使土壤形成的过程、土壤和土被发生演变。另外，人类活动对土壤干扰的强度和时间的共同作用，也造成在空间上土壤形成不同。

(3)数量的演化：随着时间的推移，岩石层受到物理风化、化学风化以及生物风化，自然生态系统中的土壤层厚度在不断增加。但是两三百万年前出现了人类，人类对自然的影响力与日俱增，农业的出现使人类开始作用于土地生态系统，近现代工业革命的快速发展，城市化进程加快，人类对于土地的影响更加明显，造成土地退化、土地沙化，使得地球表面的土壤层逐渐减小。

(4)结构上的演化：土壤结构的演化过程也是土壤发育的过程，它是土壤从岩石风化产物或其他新的母质上开始发育的时候起，直到目前状态的真实土壤的具体历程，在此过程中土壤的结构也不断发生变化。作为一个发育完整的土壤剖面，一般有三个发生层，由上至下分别为淋溶层、淀积层和母质层。

(5)序列上的演化：包括时间序列的演化和土体构成序列的演化。在这些序列演化的过程中，地质大循环和生物小循环共同作用为土壤的产生奠定了基础。地质大循环是指地面岩石的风化，风化产物的淋溶与搬运、堆积，进而产生成岩作用，这是地球表面恒定的周而复始的大循环；生物小循环是植物营养元素在生物体与土壤之间的循环，植物从土壤中吸收养分，形成植物体，供动物生长，而动植物的残体回到土壤中，在微生物的作用下转化为植物需要的养分，促进土壤肥力的形成和发展。

4.1.3.2　社会驱动力和过程

人类第一次劳动大分工之后，农业从畜牧业中分离出来，直至现代工业出现以前，人类对土地的影响还微乎其微，原始有机农业的社会文明促进了土壤的演化过程。现代工业文明的出现加速了土地的演化，社会生产力大大提高，人类在欣喜自身科学技术进步的同时，对土地的破坏和污染也在不断加剧。一方面人类加快了土地开发的进程，化石燃料新能源的出现，加强了人类对自然环境的改造和利用能力，对土地资源的垦殖利用不断加强。短短 100 多年的时间，人类几乎开发了所有能被利用的土地。农药、化肥、机械化主导了农业改造，创造了前所未有的经济奇迹。另一方面，工业文明也带来了环境污染和破坏的严重生态问题，水体、空气、土壤纷纷遭受到污染，影响着人类的生存和生活环境。人类对自然的盲目开发和滥用，引起了土地侵蚀和沙化。

人类对土地的干扰和破坏主要体现在城镇化对土地环境的影响，概括起来包括两个方面的基本内涵：一是城镇人类活动产生的各种各样的废弃物，这些废弃物由于扩散或者处理不当而对城镇或城郊土地环境产生污染；二是城镇规模扩大或城镇建设等人类活动通过占用大片土地或零星侵占耕地，直接改造土地环境，使土地的物理、化学和生物学性状发生变化。

(1)对土壤环境的污染

早在 20 世纪 60 年代，卡尔逊就意识到人类活动对土壤环境的污染以及由此带来的对生物的危害，在《寂静的春天》一书中，她描述了施用杀虫剂而造成的对土壤的污染。之后，人们越来越清晰地认识到人类活动给自然环境造成的负面影响，特别是20世纪80年代以来，随着城镇系统的日益扩大和城市系统中工业的发展，大量的废弃物不断产生，直接排放至自然，造成水体和土壤的污染，影响水体功能和土壤生产功能。第二次世界大战以后，人类的活动毁坏了10.5%的最肥沃的土地。遭受严重侵蚀的土地大约占土地总面积的三分之一，而不可恢复和利用的耕地大约有300亿 hm^2。

土壤化学的污染，主要来自于化肥的大量使用和有机氯农药的广泛施放。由于化肥的使用改变了土壤的性状和结构，使得土壤板结，肥力下降。有机氯农药的残留造成土壤污染，并通过食物链进入人体，对人体健康造成损害。据世界资源研究所的调查，至第二次世界大战以来，世界有10%以上的耕地存在不同程度的退化，其总面积为1.2亿 hm^2，相当于印度和中国国土陆地面积的总和。有研究表明，由于城市环境的污染，城市近郊农业土壤中重金属和有机污染物的浓度远比城市远郊农业土壤中要高，反映了城市及人口密集区人类活动对土壤环境胁迫效应的差异。

(2)土壤物理、化学和生物学性状的改变

城市化的发展占用了大量的农田，导致了土壤的理化性质发生了改变，熟土层厚度减小、孔隙率下降、容重增加、有机质下降，还导致土壤的生物量减小(表4.1)。

表4.1　城市土壤与自然或农业土壤特征比较

	气候环境	水文状况	植被与生物	物理组成	成土过程	剖面结构	养分特征
城市土壤	高温、多雨、少风、低温干燥、多污染、多放射、少太阳辐射	易形成地表径流，雨水下渗少，通透性差	植物种类与数量单一贫乏，稀疏，土壤生物少	组成多样且多变，沙粒、黏粒、矿物、有机质及人为附加物等	人为成土过程(如搬运、堆积、填充、混合等)为主，自然成土为辅	无正常或完整的自然剖面分异特征，结构紧实	养分贫瘠，养分循环速率与效率低，少人工施肥
自然或农业土壤	基本与自然气候带的特征相吻合	具有良好的土壤通透性和排水性能	具有多样性的植被覆盖和土壤生物	组成多样，但是较为均一，人为附加物少	自然成土过程、人为熟化过程	具有明显的土壤剖面分异特征，结构发育良好	养分较为丰富，养分循环速率相对较高

引自章家恩等，1997

杨金玲等(2006)对南京城市土壤分析的结果表明，南京城市土壤紧实度平均为1.41 $g \cdot cm^{-3}$，土壤容重大于正常的土壤容重，超过了植物生长发育所需要的理想值1.3 $g \cdot cm^{-3}$，只有26.9%的土壤容重小于理想值，57.7%大于1.4 $g \cdot cm^{-3}$。土壤孔隙度平均47.7%，小于正常植物生长的50%～56%。管东生等(1998)在广州的研究也发现，由于人为践踏，公园的表土容重超过1.6 $g \cdot cm^{-3}$。Jim(2000)对香港行道树土壤的研究中也发现，大多土壤容重超过植物生长的理想值，存在严重的压实现象。城市土壤物理性状的改变还影响着土壤生物生长的正常环境，导致土壤生物活性降低(张甘霖 2005)

4.1.3.3　经济驱动力和过程

生产力进步的结果就是经济的发展，而伴随此过程的就是土地大开发。土地利用由原来的以生物生产为主向生物生产、工业及城镇建设综合方向发展,并有逐步向工业和城镇建设发展的趋势,单位土地的经济效益得到了提高,但是土地的环境效益却在逐渐恶化,土地自然演化进程被阻断。大量土地被占用后不仅降低了农田的生物生产力,而且减少了土地的绿色覆被面积,使土地的生态演化受到了很大的影响。为追求单位土地的经济效益,土地的生产潜力被过度开发,土地复种指数增加,生产目标单一简单,土地生态系统稳定性降低,但同时对于土地的养护管理却跟不上,造成土地退化。

4.1.4　土地复合生态系统框架

土地是地球陆地表面具有一定空间尺度的生态系统,是人类赖以生存的物质基础,同时也是地球表面数量有限的自然资源。由于世界人口的不断增加,特别是近百年来城市的成倍增长,给土地造成的负载越来越重,并使土地的生态功能受到很大的破坏。备受世界各国关注的人口、资源与环境等问题,无不与土地生态系统有密切的关系,而成为学术界的热点。

人们对土地的认识经过了长期复杂的过程。长期以来,人们从不同方面赋予土地以不同的含义。在原始社会,由于人们的活动范围狭小,对周围的环境地理认识有限,仅凭直观感觉,把环境空间的上方称为"天",下方称为"地",土地即天下之地,可谓是最原始、最简单的土地概念。农业的发展加深了人们对土地的认识,我国古代学者管仲认为"地者,万物之本原、诸生之根苑也",把土地理解为能够生长植物和种植作物的地表,即土地等同于"有土之地"。

随着社会的发展和科学技术的不断进步,人们在各项生产实践活动中,对土地的认识和理解也在逐步加深。于是人们便从实践中概括出土地是一个自然综合体的概念。关于土地的概念,各国学者都曾做过不同的解释。最具有代表性的定义有以下几种:一种是把土地看作自然和人文的综合体。1972年联合国粮农组织(FAO)在荷兰瓦格宁根召开了土地评价专家会议,认为:"土地包括地球特定地域表面及其以上和以下的大气、土壤、基础地质、水文和植物,还包括这一地域范围内过去和当前人类活动的种种结果,以及动物就人类目前和未来利用土地所施加的影响"。澳大利亚土地研究者认为:"土地是地表的一个垂直剖面,从空中环境到地下的地质层,并包括动植物群体以及过去和现在与土地相联系的人类活动"。赵松桥等认为:"土地是一个综合自然地理的概念,它是地表某一地段包括地貌、岩石、气候、水文、土壤、植被等多种自然因素在内的自然综合体,还包括过去和现在人类活动对自然环境的作用"。另一种是把土地看作是自然的综合体。林超等认为:"土地是其相应的相互作用的各种自然地理成分(地质、地貌、气候、水文、土壤、植被等)组成的自然地域综合体,是地球表面历史发展的产物"。"土地是由土壤、地貌、土质、水文、气候、植被等要素组成的自然综合体"(《中国农业百科全书·农业经济卷》)。从其他学科来看,土地也有不同的定义与含义,包括经济学、法学、农学、地学以及工程技术上的各种定义。

因此,土地应该是人类和自然共同作用的生态要素,包括土地的物质组成、土地的结构、土地的形成以及其复合生态功能和生态过程,是一类社会—经济—自然复合生态系统。

(1)土地作为自然资源特性:处于良好的日照、降水及地质等自然条件的地区,拥有肥沃的土地资源,赋予了该地区良好的农耕基础和较高的生产力。土地资源具有一定的生态系统承载力,具有其特定的生态服务功能。

(2)土地作为经济资源特性:土地资源具有数量绝对有限性和不可再生性,由此产生了土地的经济稀缺性，又由于土地资源的区域性差异及不动产性，土地资源的经济特性随之出现报酬递减性。

(3)土地作为社会学的特性：自古以来，天赋人权是社会意识形态进步的表现，而真正的财产权无非需要土地这一实体来承载。

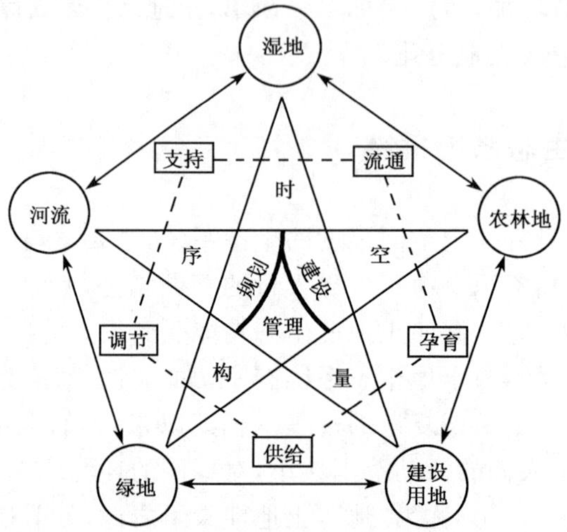

图 4.2 城市土地复合生态系统

城市土地复合生态系统其组分包括建设用地和各类非建设用地，具有支持、孕育、流通、调节和供给的生态服务功能，城市土地可持续利用的关键是通过科学合理的人工建设、规划和管理，各类土地在时间、空间、过程、结构和功能层面的耦合(图 4.2)。

城市土地复合生态系统与自然生态系统既有密切的联系，又有一定的区别(表 4.2)。

表 4.2 自然生态系统与城市土地复合生态系统的差异

类别	自然生态系统	城市土地复合生态系统
生产力	中等	中等/高
生物多样性	丰富	低/中等
食物链关系	复杂	简单
物质循环	封闭	开放
能量流动	多级利用	单级/多级利用
信息交流	易	难
系统恢复力	强	弱
系统稳定性	强	弱
人类干扰程度	弱	强
生物质生产效率	中等/高	高
系统反馈	强	弱

城市土地复合生态系统内部各组分结构合理、关系协调才能保持良好的循环和平衡状态，为城市生态系统提供良好的生态服务，维护城市生态安全。

4.2 城市土地复合生态评价

土地复合生态系统的评价就是要运用复合生态控制论原理辨识土地生态系统中各种利导因子、限制因子以及系统中各组分之间的生态关系，综合运用多学科的方法分析系统的结构合理性和生态服务功能大小，探明城市土地复合生态系统发展的动力学机制、优势和劣势以及未来发展的机遇和挑战，寻求社会—经济—自然协调发展的生态途径。

土地复合生态系统的生态评价包括：

(1)生态过程的评价：物质代谢、人口流动以及土地动态过程的健康程度；

(2)生态效益的分析：经济、环境、社会效益以及生态服务功能评价；包括土地生态服务的正面服务评价和负面服务评价。

在城市生态系统内，作为自然生态属性的土地为城市提供了多种多样的正面生态服务，如前面所论及的土地孕育、供给、支持、流通和调节等生态服务，这些服务是城市生态系统得以稳定和可持续发展的利导因子。

但是，在现代快速城市化发展的今天，城市的土地生态服务还未引起人类的足够关注，人类更多地关注建设用地数量的增长和结构的配置，却很少关注非建设用地的生态保护和建设，这种重数量轻质量、重结构轻功能、重物态轻生态的土地管理模式对城市的发展带来了严重的生态环境问题；人居环境恶化引发城市人类健康疾病；土地利用不合理引发大气污染、水污染、土壤污染等。这些由于人类对土地生态系统的胁迫造成的土地生态响应正是当前城市发展过程中的风险。

综合评价城市土地的生态服务功能，通过科学合理的城市土地利用生态规划和建设，充分发挥土地正面的自然生态服务，规避负面的土地生态服务和生态风险，使之更好地为城市服务。

4.2.1 城市土地复合生态服务

生态服务功能在一定的时空范围内为人类提供的产出构成生态服务功效是生态服务功能实际发挥的效应，如合成生物质，维持生物多样性，涵养水分与水文循环，调节气候，保护土壤与维持土壤肥力，对环境污染的净化作用，贮存必须的营养元素，促进元素循环，维持大气化学的平衡与稳定等。生态服务功能的强弱取决于人类活动对生态系统的胁迫效应和生态建设效果的大小，并通过生态服务功效和生态反馈机制作用于人类活动。

生态服务功能的载体是生态资产。生态资产指生命的生存、发展、繁衍、进化所依赖的有形或无形的环境基础设施、自然支持条件和生态耦合关系，它是生态系统赖以生存的基本条件，包括太阳能、气候、大气、水文、土壤、气候、景观、植被、生物多样性以及物质、能量、信息、空间、时间范畴的生态区位等自然生态资产和附加有人类劳动的水利、环保、耕地、道路、绿地等人工生态资产。生态资产是生命赖以生存的各类生态支持关系的总和，而生态服务功能则是生态资产与人类活动关系的一种基本属性。

城市范围内土地生态资产是城市一切社会经济活动赖以生存的载体，也是提供生态服务、保障城市社会经济发展的必要前提。作为人口和经济活动密集的空间，土地不是一种单一物理属性的商品，而是一类社会—经济—自然复合生态系统，具有物理属性、生物属性、社会属性和经济属性，为人类提供生产、生活、供给和还原的功能。作为一种自然资源，土地具有生物质生产、水源涵养、环境净化、调节气候、保持生物多样性等自然生态服务功能，以及为人类提供生活空间和空间连通、人类劳动和就业等社会服务功能及景观、休憩、旅游、历史文化承载等人文生态服务的功能。长期以来对土地价值的认识仅仅停留在单纯的经济价值基础上，大量农田和生态用地被占用。耕地被占用所损失的不仅仅是粮食，还有其为人类提供的生态服务功能。

城市土地生态系统服务功能所依赖的主要是由农田、绿地、河流、湖泊、湿地、支持条件及其与太阳能、气候、大气、土壤、景观、植被、生物多样性形成的生态耦合关系。

城市土地提供的生态服务包括自然生态服务和社会经济生态服务。自然生态服务包括生物多样性维持、生境孕育、地球化学循环、水文气候调节、水土涵养、生物质生产、环境净化等。社会经济生态服务包括资源和能源供给、调控疾病、调控洪水、景观美学和文化教育、城市建设支持等。

一般而言，城市的发展依赖于城市内部、城郊、区域的土地所提供的生态服务。在特殊的城市，其发展还依赖于跨区域范围土地所提供的生态服务。城市所需的生态服务和所得到的生态服务有所区别。国外对波罗的海沿岸 29 个大城市的一项研究表明，维持 1 km^2 的城区，平均大约需要 18 km^2 的森林、50 km^2 的耕地、133 km^2 的海洋供给资源；同时还要大约 20 km^2 的耕地、48 km^2 的水域、50 km^2 的湿地和 500 多 km^2 的森林才能净化和降解掉这 1 km^2 城市所产生的环境影响，这是城市所需的生态服务。而城市所得到的生态服务往往比所需的生态服务要少，如当前城市内的污染物滞留、生态耗竭、热岛效应、疾病传播等环境问题，正是由于城市范围内所得到的生态服务满足不了生态服务需求所致。

4.2.1.1 城市土地生态服务的双向性

土地在给城市生态系统提供正向的自然生态服务的同时，人类也通过积极的生态建设和生态管理逆向地向土地生态系统提供人工生态服务。因此人与土地复合生态系统之间的这种生态关系具有双向性的特点，可以用图 4.3 表示：

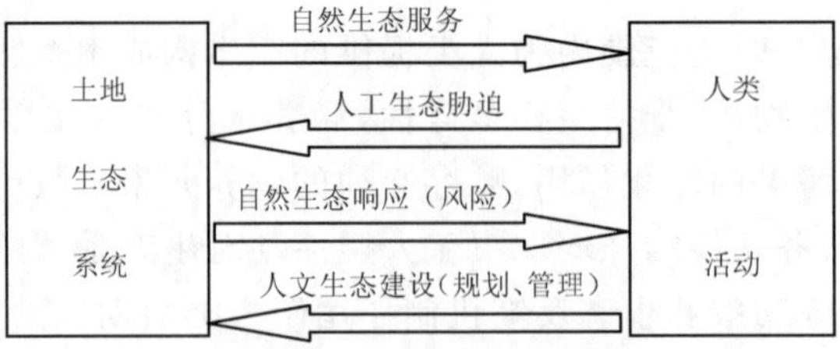

图 4.3 土地生态系统与人类活动相互关系示意图

其中人类对土地的生态胁迫以及土地的生态响应的结果会产生生态风险。在过去 100 年间，北京市大约有 500 km^2 的湿地、草地、林地、耕地以及其他土地覆盖类型转化为城市建设的用地（鲁奇等 2001）。1986 年至 2001 年，城市的建设用地增长了近 400 km^2（图 4.4）。

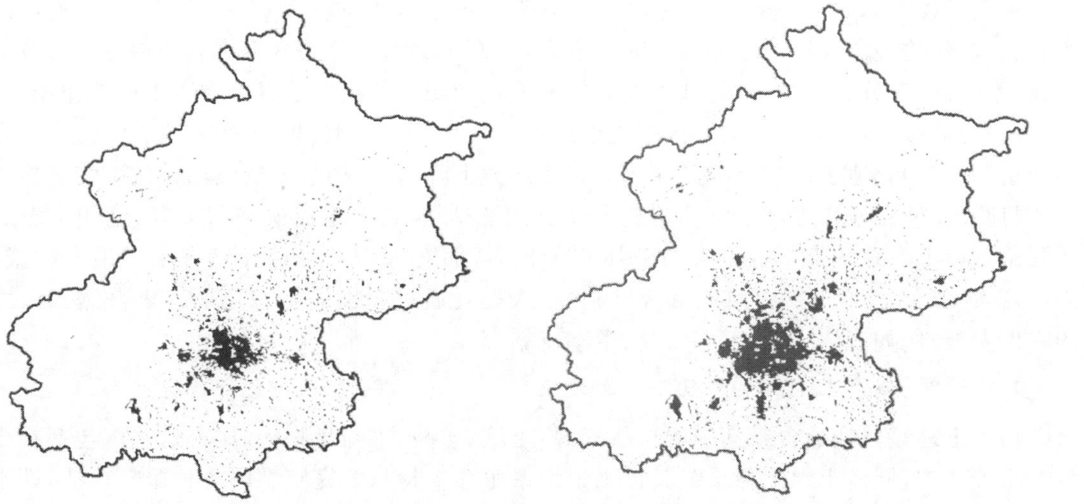

图 4.4　1986—2001 年北京市建设用地扩展图

城市土地资源的占用直接导致了土地生态服务功能效率低下甚至功能的丧失，从而导致了城市环境问题的恶化。张光智等(2002)研究表明，20 世纪 90 年代同 80 年代相比，北京市的城市热岛效应显著增强。由于工业发展占用的土地造成的土地污染也使得土地的基本生态服务丧失，20 世纪北京东南郊片区发展大规模的化工企业，造成了土壤中的有机、无机污染，其中某些土壤中的有机氯含量甚至达到了 150 mg/kg(阳文锐等 2008)，土地的基本环境净化功能完全丧失，相反带来了生态风险。

但是人类也在通过积极的生态建设谋求与土地生态系统的和谐。过去 50 年中，北京市门头沟区的自然煤炭资源为北京市的发展带来了将近 8 亿美元价值的煤炭能源，但是因为煤炭矿石资源的开采造成了门头沟每年水土流失量达 290 万吨，耕地损失 79.35 km^2，土地塌陷面积 2.18 km^2，经济损失达近 20 亿美元。为了保护门头沟区这个北京市的西部生态屏障，北京市政府积极兴起了废弃地矿山生态修复等生态建设工程。同样作为煤炭城市的安徽淮北市，城市的发展主要依靠煤炭资源的开采。过去几十年中，由于煤炭的开采造成了近 160 km^2 的土地塌陷，使得 30 万农民丧失耕地。但是塌陷形成的大面积的水面也给城市带来了另外的生态资产，城市人民将通过湿地生态修复和城市的生态规划让城市的土地生态功能得以更好地为城市服务。北京市在不断的城市化发展过程中占用了大量土地，已经有近 41％的土地为城镇建设用地占用，城市大量的绿色空间减少，土地生态服务功能降低，但是通过城市环城绿化隔离带的生态规划和生态建设，北京市的生态环境将有望得到改善(欧阳志云等 2005)。

从土地生态服务和人类生态建设两者之间的分析来看，可以分为：

(1)正向服务：城市中土地所提供的生态服务功能可以分为几类：一是继续承担土壤熟化的作用；二是作为城市用地起着空间承载的作用；三是仍然起着一部分水源涵养的作用；四是为生物提供生境。石进朝等(2003)对北京市绿地系统中的生物多样性调查结果表明，北京市的绿地系统为 20 余种乔木、10 余种灌木、20 余种一二年生花草、10 余种宿根花卉和 7 种草坪植物提供了生境；五是土壤自身的生态系统中的生物还起着净化环境的作用。例如在 1 hm^2 土地中的蚯蚓每年可以加工十余吨有机物，从而可以大大改善土壤的肥力和理化性质，人类每

年产生废弃物约 1.3×10^{8} t,其中约 30%是源于人类不合理的活动,包括生活垃圾、工业固体废弃物、农作物残留物以及各种家畜的有机废物,而土壤中大量的微生物和动物可以使废弃物转化为土壤的养分。另外,当前城市农业的发展还使城市的土壤起着生物质生产的作用。

(2)逆向服务:因人类活动对城市土地产生了生态胁迫,相应的土地生态系统会产生生态响应机制,如硬化地表增加导致热岛效应和生产力下降,生物栖息地的破坏导致生物多样性减少,湿地开发使湿地作为城市肾的功能丧失,土壤破坏导致水土流失和污染等,这些生态后果无疑给城市生态系统带来了很大的破坏和干扰,从而对人类的生存环境带来了很大的威胁。为应对生存环境恶化带来的社会和经济损失,人类会通过积极的生态建设谋求自然和人之间的和谐发展,例如清洁生产、生态修复、生态规划等。

4.2.1.2 城市土地的生态服务正面效应

城市土地是包括蕴含于其中的自然资源:土壤、矿藏、水与生物等,所有这些都包括在土地生态系统之中,同样土地生态系统又提供了维系生命支持系统完整性的各种服务功能,即土地生态服务功能,主要包括以下五方面:

(1)孕育:生境孕育和水土涵养功能

生物生境孕育功能,即土地生态系统为生物提供营养物质、生境和栖息地,保证生物的生存条件,从而起到了生物多样性保持的功能。土地为植物的生长发育提供场所,植物种子在土地中发芽、生根、开花、结果,在土壤的支持下完成其生命周期。土壤颗粒在供应植物生长所需的营养方面起着很重要的作用,土体中的腐殖质和黏土携带着表面负电荷,这些负电荷在土体内进行电荷交换,能够保留和交换正电荷(钾离子、钠离子、氨离子、钙镁离子等),这些都是植物生长所需要的养分元素。适宜的土壤小气候为土壤动物、土壤微生物提供了良好的生存条件。同时,地表植物群落也为动物提供栖息地,有利于保持生物物种及基因库的多样性。同样土地中生长的植物生态系统通过地下根系能防止水土流失,具有涵养水源的功能。土地复合生态系统中的湿地和河流是城市水资源供应地,也是水生生物的栖息地,能滞留上游富含养分的泥沙,还能起到调蓄洪水的作用。

(2)支持:资源支持和植物生长支持功能

资源支持功能,即土地生态系统为人类的各种活动提供支持功能,包括提供生产生活的原材料、矿物资源以及土地空间资源。人类的生产生活等活动最终都发生在一定的土地空间内,而土地的适宜性决定了土地可能的利用方式。植物的生长支持功能,主要指植物生长的物理支持功能。尽管人类发明了无土栽培,但是作为大型植物体而言,这种替代土地栽培的方式却行不通。FAO 1990 年初步估算了使用无土栽培材料的花费为每公顷 55000 美元,毫无疑问,这种替代技术和土壤简单的支持功能相比,代价要大得多。

(3)流通:地球化学循环和环境净化

地球化学循环功能,即土地生态系统对土壤营养物质的循环再生功能,主要包括土壤微生物在有机质的还原和营养物的循环中起着关键作用,同时在还原过程中,还将许多人类潜在的病原物无害化;土壤在氮、碳等大量元素的循环中起着关键的作用。据估算,土壤碳的贮量是全部植物碳总储量的 1.8 倍,而土壤中氮的储量更是植物总量的 19 倍。而且土壤中的微生物还起到分解有机物质和降解有害物质的环境净化功能。每年有数不尽的有机体的尸体以及排泄物被土地内的微生物分解和降解,在此过程中,微生物能将有机体内的有害病原无害化,分解后的营养物质继续参与地球化学循环。除此之外,土地生态系统中的土壤、植物与微生物协同作用对空气污染、水污染以及固体废弃物等环境污染有净化降解功能，包括地表植物的碳氧平衡、对有害物质的吸收、杀菌、防风固沙、降低噪音以及与土壤结合对土壤重金属积聚、水质净化的功能等，从而为人类提供洁净安全的生态环境。

(4)供给：物质和能量的供给功能

物质和能源供给功能，即土地生态系统为人类提供第一性生产和进行再加工生产的原料以及水、土、矿产等。土地生物质生产功能的变化直接影响着人类文明，当人类对于土地的利用过度时，土地的生产功能下降，出现土地退化和沙化。同时另一方面也推动着人类社会的进程，当适宜性的利用土地时，维持和不断更新地力，保持土地的生产供给功能，人地关系协调时，达到双赢。

(5)调节：水文气候调节

调节水文气候功能，每年地球大约有 119000 km^3 的降雨量降至地面，这些降雨足以将地球陆地表面覆盖 1 m 深(Shiklomanov 1998)，但是这些水被土地“吸”走，慢慢通过植物根系到达含水层或地表水域，如果没有土壤，陆地将会被冲刷走。植物和植物的残留物保护了土壤不受到雨水毁灭性冲刷。在没有植被覆盖的景观中，雨水冲刷大，能迅速将土壤变为泥浆(特别是耕作后的农田)，分离后的土壤颗粒随坡被冲走，形成水土流失。城市特殊的下垫面以建筑物和人工铺砌的坚实路面为主，大多数为不透水层。城市人工排水系统发达，降雨后雨水很快沿屋顶、路面汇入人工排水管渠流失，故地面比较干燥。而且城市植被覆盖面积小，与地下水之间又有建筑物或地面铺砌所隔离，不可能从地下得到水源。因此，城市的自然蒸发、蒸腾量比郊区小，空气含水汽量少。再加上城市下垫面粗糙度大和热岛效应，空气层结不稳定，其机械湍流、热力湍流都比较强，近地面有限的水汽通过湍流不断上传扩散，使城区的绝对湿度和相对湿度都比郊区小，形成“城市干岛”。在一定区域内通过植物蒸腾作用调节该区域的温度、湿度以及光热条件，从而起到了调节区域小气候的功能，为人类营造舒适生存环境。

4.2.1.3　城市土地生态服务负面效应

建设用地的增长表现为城乡规模的扩大、城市空间的扩展以及城市辐射范围的增加，这些过程的实质就是人类活动对于土地生态胁迫不断增强的过程，因此而带来的城市生态环境问题引起广泛关注。

(1)热岛效应

城市热岛效应是指城市地区整体或局部温度高于周围郊区或乡村地区，温度较高的城市地区被气温相对较低的郊区或乡村所包围的现象。城市热岛效应形成的因素包括下垫面、人为热和温室气体排放三个方面。城市内部下垫面不透水面积大，降水很快从排水管流失，可供蒸发的水分比郊区少；大量人工构筑物改变了下垫面的热属性，沥青、水泥混凝土等人工构筑物具有较小的热容和吸热快的特性，在相同的环境条件下，比绿地或其他自然下垫面升温快，因而其表面温度明显高于自然下垫面，形成了城市中以人工构筑物为中心的高温区域。城市中排放的大量人为热、温室气体 CO_2 等也是形成热岛的一个重要原因。近年来，随着我国城市化进程的加快，特别是大城市区域规模的扩大，城市热岛现象日益明显，直接影响到人们的生产与生活(图 4.5)。

王文杰等(2006)研究表明北京市城市热岛效应与北京城市化扩展正向相关，北京市 20 余年来城区热岛区面积持续扩大，从 1984 年的 103.7 km^2 增长到 2004 年的 352.4 km^2，城市热

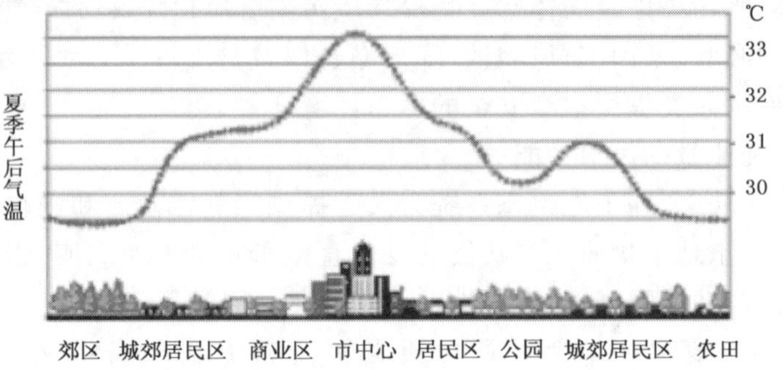

图 4.5 城市热岛效应示意图

岛区面积增长了 2.39 倍；城区面积则由 1978 年的 326 km^2 增长到 2004 年的 834 km^2，城区面积增长了近 1.6 倍。林学椿等(2005)通过对北京近 40 年的气温变化和热岛效应的研究发现，北京市近 40 年城市的增温率为 0.25℃/10 年，年热岛强度的增温率为 0.31℃/10 年。热岛效应与北京市近几十年城市扩张的趋势相吻合(图 4.6)。

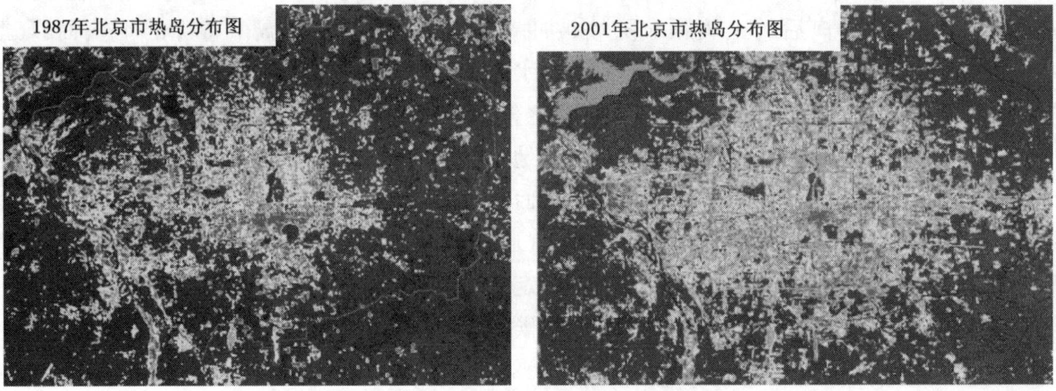

图 4.6 北京市热岛效应变化图

北京市城市规划设计研究院对北京市热岛效应的研究结果表明，1987—2001 年，由于城市建设用地的扩张，城市的热岛面积显著扩展，而城市的绿岛越来越少。邓莲堂等(2001)对上海热岛效应特征变化的研究认为，城市化的发展使得城市气温升高，热岛效应明显。韩素芹等(2007)认为城市热岛是城市化的人为因素和局地天气气候条件的共同作用下形成的，通过对 1993—2001 年天津市热岛效应的演变研究，认为天津城市规模正在迅速扩大，人口密度增加，能耗加大，使城市热岛强度和范围都明显增大。

(2)土壤污染和退化

由于城市建设用地的占用，土地利用性质的变化导致了土地的物理、化学和生物性状发生了变化。当农业耕地转化为城镇工业区、商业区、生活区或交通干线，最为明显的效应是导致了土壤物理和化学性质的变化。土壤压实是城市土壤物理退化的主要形式，土壤压实的直接后果是土壤容重增大和孔隙度减小，正常土壤的容重约为 1.3 g/cm^3 左右，但是大部分城市土壤的容重都高于此值，尤其是在道路附近、公园和运动场等处，土壤容重很高。Bullock 等(1991)发现美国华盛顿中心开放公园中 30 cm 表土的容重为 1.4～2.3 g/cm^3，在纽约中心公园的土壤心土层容重为 1.52～1.96 g/cm^3，其平均值超过 1.6 g/cm^3。Jim(1998)对香港行道树的土壤容重进行了测定，容重为 1.14～2.63 g/cm^3，平均为 1.67 g/cm^3，客土平均总孔隙度为 36.6%（24.8%～59.2%）。陈立新(2002)研究表明，城市绿化用地 20～40 cm 表土土壤容重分别比森林土壤和农业土壤提高 17.7%～43.7%和 35.4%～93.9%，总孔隙度降低 1.9%～13.0%和 34.1%～52.4%，土壤饱和持水量分别降低 16.6%～39.5%和 60.0%。

城市土壤污染主要源自于汽车尾气排放、工业大气排放的污染物沉降以及人为加工制造、化石燃料等污染物的排放。在城市化进程中，土壤的重金属污染和有机持久性污染物引起广泛的关注。Krauss 等(2003)等研究发现，城市土壤中的多环芳烃、多氯联苯、多氯联萘等持久性或难降解有机污染物在工业区和居住区花园绿地附近的含量较高，是农田土壤中含量的几倍，并呈现从中心城区向郊区逐渐递减的趋势。对天津市区和郊区土壤中的 10 种 PAHs 的研究发现，市区是土壤 PAHs 含量超标最严重的地区。

1949—2000 年北京市新增城市建设用地规模达到 834 km^2，平均每年新增 20 km^2，建设占用的大多是肥沃的耕地和园地，如果以熟土平均厚度 30 cm 计，年熟土流失量达 14 Mt，土壤有机质流失量 0.28 Mt，城镇人均流失熟土 60 t。而形成这些土壤至少需要 3000 年的时间。

(3)水污染

城市建设用地增加的生态影响还表现为地表水体污染，由于不透水地面的增加，地表径流量增加，降雨使得硬化地表的污染物直接被冲刷至水体，造成水体污染。Zhang 等(2000)在南京市进行的研究表明，地表水体的污染非常严重，COD 和 NH_4 +-N 的含量非常高，Zhang 等研究发现，日本城市地表径流水中 COD 的含量＞10 mg/L，最高达 40 mg/L；悬浮物质 10～350 mg/L 之间，大多大于 30 mg/L；全氮含量在 2.0～5.0 mg/L 之间；全磷含量在 0.15～0.6 mg/L 之间，更多情况下超过地表水体富营养化的临界指标 0.2 mg/L。

(4)大气污染

城市建设用地的增长还表现为城市工业用地的增长，工业化伴随着城市化的过程，大气的污染也伴随此过程，如地面扬尘、工业和汽车尾气的排放、城市家庭排放等。我国城市大气污染问题突出，2005 年监测的 522 个城市中，4.2%的城市达到国家环境空气质量一级标准，56.1%的城市达到二级标准，39.7%的城市处于中度或重度污染。颗粒物仍是影响我国城市环境空气质量的首要污染物，除燃煤外，工业粉尘、地面扬尘、建筑工地尘、土壤风蚀尘等都对空气中颗粒物浓度有较大影响，特别是可吸入颗粒物对人体健康造成的危害更大，目前大多数城市人口长期生活在可吸入颗粒物超标的环境空气中。人口超过百万的特大城市，空气中二氧化硫和颗粒物超标比例较高，空气质量达标比例偏低。我国酸雨面积占国土面积的三成左右，局部地区酸沉降污染严重。目前，我国城市空气污染包括烟尘、酸雨、光化学烟雾、可吸入颗粒物等，经过物理、化学、生物等作用和反应，形成复合型污染，造成空气能见度低的状况。中国大型城市空气污染明显重于中小城市，尤以人口规模在 100 万至 200 万的特大型城市空气污染为最重。

(5)城市居民环境致病增加

由于建设用地扩张而引发的城市环境病也日益严重，土壤污染物、大气污染物以及水体污染物通过食物链或者人体直接暴露产生环境疾病。王舜钦等(2004)开展的研究调查发现我国城市中儿童血铅平均值为 92.9 μg/L(37.2～254.2 μg/L)，33.8% (9.6% ～80.5%)的儿童血铅浓度平均水平超过 100 μg/L。何清等(1998)对北京市儿童血液中铅浓度的调查发现，北京市儿童血铅质量浓度超过 100 μg/L 者占 68.7%，其中大于等于 200 μg/L 者占总调查人数的 14.2%；颜崇淮等(1998)研究发现上海市儿童血铅浓度平均水平为 96 μg/L，超过 100 μg/L的比例为 37.8%；常桂秋等(2003)分析了 1998—2000 年北京市大气污染与居民相关疾病死亡率的关系，研究表明大气中 CO、SO_2、NO_x、TSP 浓度与呼吸系统、心脑血管疾病、慢性阻塞性肺病和冠心病死亡率之间的正相关关系均达显著水平，SO_2 浓度每提高 100 μg/m^3，呼吸系统、循环系统、冠心病和慢性阻塞性肺病疾病死亡率分别增加 4.21%、3.97%、10.68%和 19.22%；总悬浮颗粒物每增加 100 μg/m^3，呼吸系统疾病死亡率增加 3.19%，循环系统死亡率增加 0.62%，说明大气污染物浓度的升高会引起相应疾病死亡率的增加。通过对浙江省东阳市巍山镇城镇居民调查表明，自建镇来，城镇居民人口密度上升，癌症发病率随之增加，镇区人口癌症发病率在 0.1%以上，而乡村地带的人口癌症率则低于此值。除了癌症发病率外，该地区的高血压发病率也比乡村人口发病率要高得多，说明癌症和高血压发病率与城市化的过程存在一定的相关关系。

4.2.2　城市土地的复合生态服务评价——以北京东部平原为例

4.2.2.1　京东平原新城发展的土地利用矛盾分析

研究区位于京东平原朝阳、丰台、顺义、通州、大兴等 5 区，面积为 372355 hm^2，占全市总面积的 22.69%，地形坡度在 3°～5°以下，是目前的城市建设及农业用地集中地区。研究区见图 4.7 示：

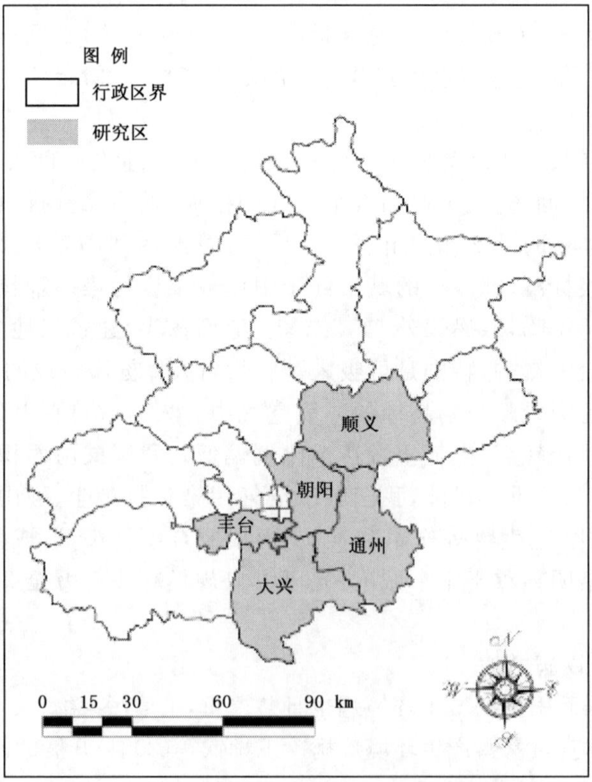

图 4.7　社会经济发展与城市用地的扩张

根据北京市 1996—2004 年土地利用变化变更表(见表 4.3)，1996—2004 年北京建设用地面积增加 56250 hm^2，年均增加 7031 hm^2，建设用地比例增加 21.3%，年均增加 2.66 个百分点。其中京东平原地区建设用地增加量占全市建设用地增加量的 54.63%，是北京市建设用地增加的主要区域。

随着北京市域的不断扩大，城市建设占用越来越多的土地资源，使得北京周边已经耕熟的农业用地被大量蚕食，农业生产受到很大破坏。多年来，建设用地以外延扩展为主，“开发区热”和“房地产热”造成大量土地开发利用效率较低，甚至造成土地闲置和浪费。城市的同心圆式无序蔓延导致郊区大面积肥沃耕地的丧失。1949 年以来城市建设共占用耕地 83333 hm^2，约占北京市现有耕地总量的 1/4。城南大面积湿地丧失，使城市的抗洪防灾能力和鸟类生境服务能力大大下降。

表 4.3　京东平原 1996—2004 建设用地增量(hm^2)

区县	相比 1996 年增加面积							相比 1996 年增加比率(%)
	城市和建制镇	农村居民点	独立工矿用地	交通运输用地	水利设施用地	特殊用地	建设用地合计	
朝阳	334	577	1315	1686	14	1455	5382	21.93
顺义	174	−5	3761	505	127	299	4861	20.05
通州	1763	334	4300	887	484	694	8463	42.73
丰台	990	−144	267	343	294	751	2502	14.87
大兴	1248	112	5394	1864	355	551	9524	48.36
京东平原	4509	874	15037	5285	1274	3750	30732	29.24
占全市同类用地变化比例(%)	27.02	70.2	58.21	61.48	94.43	147.75	54.63	

(1)保障粮食安全的耕地资源紧缺

据北京市政府 2000 年初的《北京市土地利用总体规划》数据，按常住人口计算的北京市人均土地面积为 0.152 hm^2，不及全国水平的 1/5，人均耕地面积 0.032 hm^2，为全国平均水平的 30%。随着近年来北京市城市的扩展以及经济发展用地的需求，大量的耕地被转化为建设用地，1949—2000 年北京市新增城市建设用地规模达到 834 km^2，平均每年新增 20 km^2。北京城市建设占用的大多是肥沃的耕地和园田，城市粮食生产的耕地资源短缺日益加重。

(2)城市化发展对用地资源的需求突出

根据 2007 全国城市化水平调查，北京市城市化速度已经达到了 84.3%，已经属于城市化平稳发展阶段，但是为满足城市经济发展体量的需求和外来人口的增长，特别是京津唐地区环渤海经济圈发展，用地的开发将不可避免。就用地的数量而言，土地资源短缺已经成为经济发展的限制因子。而且当前土地利用效率不高，以这种发展趋势，用地的需求量还会不断的增加，用地的资源将会加速面临短缺。

(3)维护城市生态安全的生态服务用地需求迫切

在过去几十年中，北京大量土地开发和破坏使耕地资源以及城市湿地消失在城市建设潮流中，人类活动对于自然的压力不断加大，城市生态退化严重，面临严重的大气污染、生态缺水等生态问题。2005 年，北京市区已经扩展到方圆 1040 km^2 的范围，在建面积超过 120 km^2，机动车 250 万辆，不仅造成严重的交通拥挤，而且不完全燃烧导致的废气排放日益严重。在规划的 1040 km^2 市区范围内共出现了 10 个热岛效应集中分布区，总面积占 23.91%，其中二环路以内占 52.6%，三环内 3.43%，四环内 41.84%。在热岛效应明显的区域，气温比城郊高出 5℃，近地面温度高出约 10℃。城市的生态服务用地在提供城市基本生物质生产功能的同时，还为城市提供了大量的生态服务，正是由于城市生态服务用地的大量消失，导致了城市人居环境的恶化，为保障城市的生态安全，必须保有一定的生态服务用地。

4.2.2.2 新城土地利用的情景模拟

(1)情景的设定

研究设定三种情景，分析不同土地管理和利用方式对京东地区土地生态服务功能带来的影响。

情景一：现状土地利用趋势外推的"大饼东摊"模式

根据北京以往的发展速度和发展模式，按照现有用地水平和北京市总体规划的人口规模可以预见，为满足这些新增人口对住房、交通和基础设施的需求，城市发展将会迅速扩展，并且呈现"摊大饼"的发展模式。

控制性因子：河流水体，景观用地

引导性因子：强化中心同心圆发展模式

情景二：土地总量和结构严格控制的刚性规划管理模式

严格禁止占用基本农田、绿化隔离带、楔形绿地、林地、湿地等生态服务用地。同时针对目前存在着的土地利用集约程度低、农村居民点用地超标、工矿企业大量废弃地和用地浪费严重等现象，对土地进行整理，提高现有土地的利用效率。

控制性因子：河流水体，景观用地，林地；第二道绿化带，基本农田保护区

引导性因子：严格按照北京市 2004—2020 年总体规划，严格保护生态服务用地不被建设用地占用。

情景三：基于土地复合生态服务功能的共轭生态规划管理模式

一方面要保护生态服务用地不被开发性破坏，辨识和避开那些不宜建设的生态敏感用地或生态脆弱结构，克服或减缓生态限制因子的消极影响，将可能发生的生态风险减缓到最低程度；另一方面还要在城市建设过程中充分利用、有意营建和积极保育生态系统为人类活动可能提供的支持、孕育、供给、支持、调节和流通等服务功能，诱导和强化生态利导因子的积极作用，保证城乡环境的净化、美化、活化和文化层面的进化。沿生态服务强势地带的集约、紧凑型建设用地和生态脆弱地带的恢复、涵养型生态用地相结合。

控制性因子：河流水体，景观用地，林地；第二道绿化带，基本农田保护区

引导性因子：近主轴线集约用地，远主轴线严控建设用地。适当控制建设用地的增长和生态服务用地的保护。

(2)研究方法和数据

运用空间模型模拟城市扩张有助于理解城市化进程，特别是城市土地利用的生态影响，其结果有利于城市规划师和土地管理者进行有针对性的规划和管理(Costanza 等 1998，Verburg 等 1999，Li 等 2000，López 等 2001，Cheng 等 2003)。分别采用了马尔科夫链和逻辑斯蒂回归

模型对城市的扩展模拟进行了尝试，近年来采用元胞自动机进行城市扩张的模拟引起众多研究者的青睐（White 等 1993，Batty 等 1994，Wu 等 1998，Li 等 2000，Barredo 等 2003，He 等 2006，Stevens 等 2007，He 等 2008，Liu 等 2008），元胞自动机模拟城市的增长比传统的城市扩展模型更具有优势，相比复杂的数学公式模拟，它更为简单，但是结果更有实际意义（Deadman 等 1993，White 等 1993，Wu 1998）

城市系统是动态、开放和非线性的复杂系统。传统的城市 CA 模型是利用邻近函数来计算每一单元在时间 t 时的状态转换，用户需定义模型的结构、转换规则和模型参数。在模拟中，需要使用许多空间变量才能反映出城市系统特性。许多学者提出了不同的 CA 模型，它们在模型结构、转换规则和模型参数方面有很大差别。Wu（1998）和 Webste（1998）提出了利用多准则判断（MCE）的方法来获取 CA 模型的参数，He（2006）提出了用系统动力学方法来获取模型参数。为了避免在城市土地利用动态中的众多的空间变量，本研究采用了神经网络来获取模型参数，结合元胞自动机进行城市扩展的模拟。模型的基本流程如图 4.8。

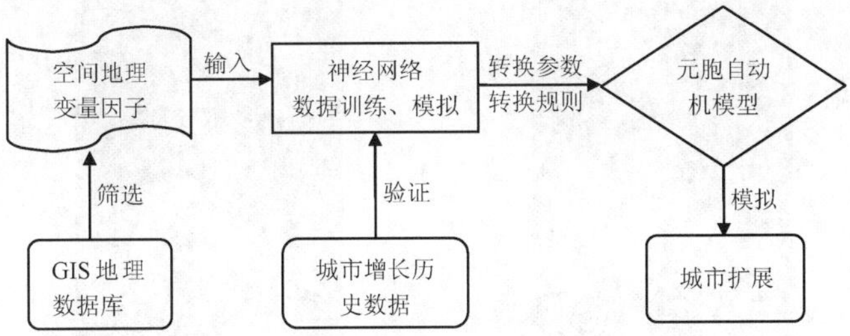

图 4.8 神经网络 CA 模型模拟框架

按照“摊大饼”、土地刚性管理模式、柔性管理模式三种情景进行模拟。

基础地理空间数据：采用 1991 年、2001 年和 2004 年 3 期北京市土地利用 TM 数据。将其转换为 80 m×80 m 网格的数据。本研究在地理 CA 模型、城市地理以及区域发展等领域已有研究基础上，根据北京城市扩展的特点和数据获取的可能性，选取了 6 个可能影响北京东部平原区城市扩展的地理空间变量作为影响因子：

①网格单元土地利用性质，城市用地单元其编码为 1，其他用地类型编码为 0

②13×13 单元邻近范围内已经城市化的单元数量，即 1 km^2 范围内的城市用地单元数目。

③13×13 单元邻近范围内交通用地数量，即 1 km^2 范围内的城市交通用地单元数目。

④离市中心的距离，以天安门为原点到天安门的距离，以 50 km 为其因子影响为零处，即第 625 个元胞单元距离之外；

⑤离区/镇中心的距离，距离顺义、通州、亦庄卫星城中心的距离，以 10 km 为其因子影响为零处。

⑥离城市主干道路的距离，距离城市快速主干道路的距离，以 5 km 其因子影响为零。

数据输入神经网络模型前，先将数据线性标准化使数据在[0,1]之间。基于 1991—2001 年的土地地理空间数据，数据训练、模拟后，对比 2001 年的城市形态进行验证，其精确度为 81%，可接受。根据训练获得的空间转换参数、权重、转换概率输入神经网络 CA 模型中进行 2004—2024 年的城市增长模拟。

(3)模拟结果

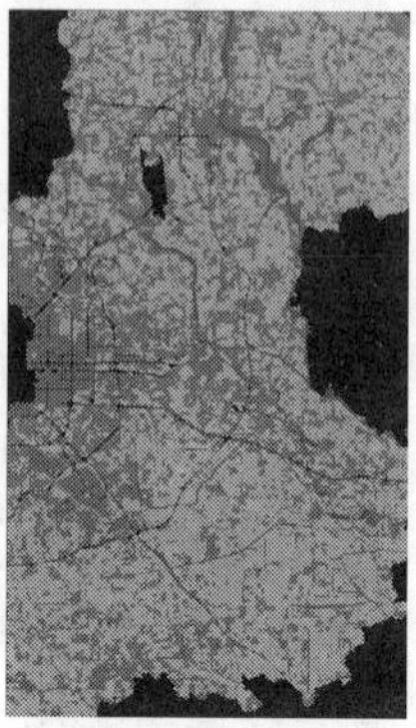

A. 2004 年土地利用现状图

B. 2024 年情景一的京东平原土地利用图

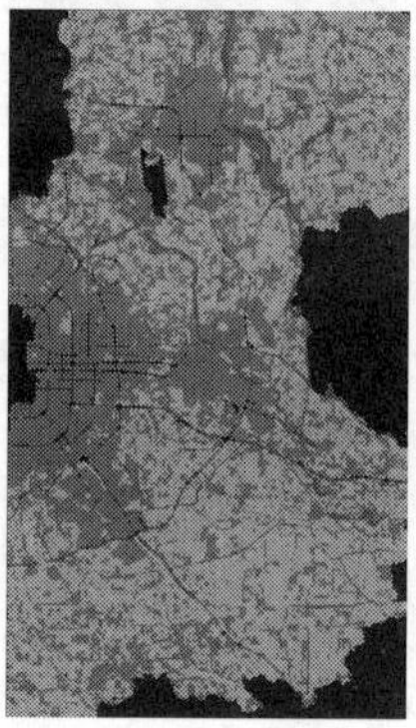

C. 2024 年情景二的京东平原土地利用图

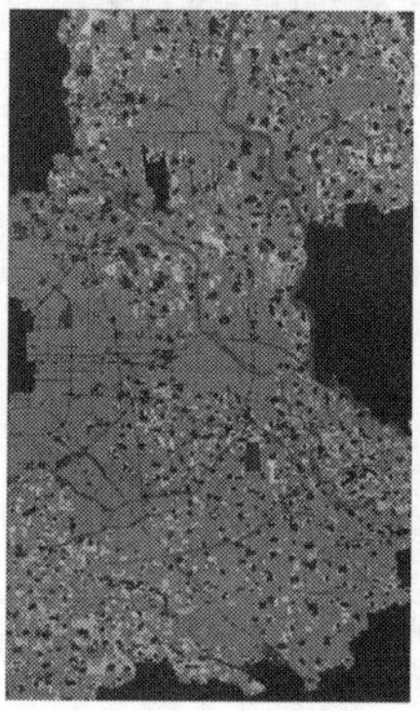

D.2024 年情景三的京东平原土地利用图

图 4.9　不同情景发展模式下 2024 年京东平原土地利用格局

图 4.9 是不同城市土地利用情景下 2024 年京东平原的土地格局。在情景一中，城市按照现有的发展模式沿着东部扩展，占用大量的农地和绿色空间，城市单一中心的发展得到了强化，朝阳、通州、丰台和大兴与中心城连成一片。与情景一相比，情景二中的土地利用更加集约化，一些农村居民点和工矿用地的土地得到整合，同时绿色空间和农地得到了很好的保护，由于通州位于长安街延长线方向，北京国际机场位于顺义，通州和顺义两个城区发展很快。在情景三，中城市扩展是基于土地的生态服务功能，避开了生态敏感和脆弱的地带，禁止占用基本农田，城市的增长过程中为避免生态敏感地带而呈现蛙跳式的精明增长。

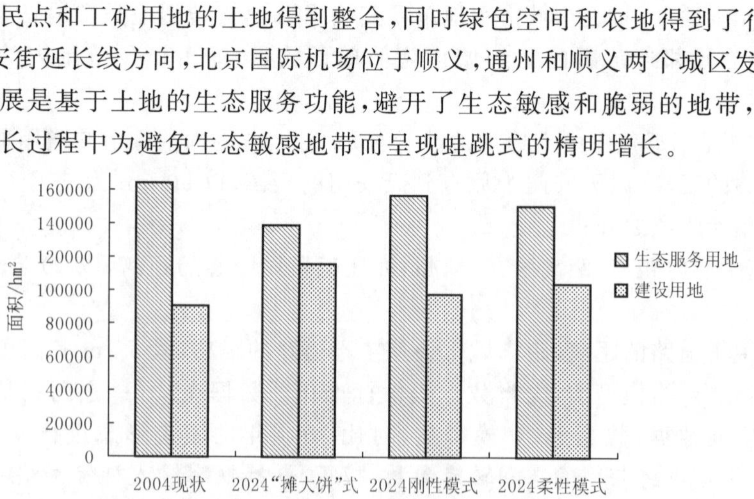

图 4.10　不同情景下生态服务用地和建设用地变化图

图 4.10 是各种发展情景下的用地变化，情景一的城市建设用地占用量最大，为 36%，这样的发展可能会导致城市环境的问题更加严重(Li 2005)。情景二是依据北京市的城市总体规划的发展模式，建设用地增量最少，占 26%，有可能影响到土地的经济效益。情景三处于前两者之间，在耕地保护的前提下，满足城市发展的需要，其建设用地占用量为 29%。

4.2.2.3　不同情景下城市用地服务功效分析

城市用地规划管理共轭生态方法的核心是充分考虑土地的生态价值、经济价值和社会价值的平衡。本研究以 2024 年京东平原区模拟城市形态为基础，从土地复合生态系统的复合生态功效对不同规划管理模式进行比较分析。复合功效评价指标体系的建立依据如下原则：指标宜少不宜多，宜简不宜繁；指标具有独立性；指标具有代表性，能很好地反应研究对象某方面的特性；指标应可行，符合客观实际水平，具有可测性。

通过城市建设用地的扩展模拟，着重分析了土地利用格局变化、边缘效应、交通、景观等方面。自然生态功效选取了占用耕地、边缘效应、热岛效应、交通的环境负荷四个因子，其中边缘效应为自然生态正功效，占用耕地、热岛效应、交通的环境负荷和为自然生态负功效；社会服务功效选取了交通便利性和景观可达性两个因子；经济服务功效选取了城市扩展规模和土地经济效益两个因子。其中，边缘效应采用城市建设用地边界密度来度量，热岛效应采用热岛效应程度降低地区比重来度量，交通的环境负荷采用市内客运能源需求量来度量，交通便利性采用公交直接到达城市热点地区所占比重来度量，城市扩展规模采用新增城市建设用地来度量(见表 4.4)。

表 4.4　城市土地复合生态功效评价体系

一级因子	二级因子	指标
自然服务功效	土地生物质生产力 0.13	占用耕地
	边缘效应 0.11	城市建设用地边界密度
	热岛效应 0.08	热岛效应程度降低比重(%)
	交通环境负荷 0.12	区内交通能源需求量(标煤)
社会服务功效	景观可达性 0.15	公园绿地十分钟步行距离比重
	交通便捷性 0.12	公交可直接到达城市热点地区的比例(%)
经济服务功效	城市用地规模 0.12	新增建设用地(公顷)
	土地经济效益 0.17	新增建设用地经济效益当量

为了体现各个评价指标在评价指标体系中的作用地位以及重要程度，在指标体系确定后，对各指标赋予不同的权重。复合生态功效中评价因子的权数确定采取了专家咨询法，过程为每个评委通过定性分析，依次按照优秀、良好、中等、较差、良好对单因子进行定性打分后定量，得出土地复合生态功效评价图(见图 4.11)。

评价结果表明，在三种发展模式中，现状土地利用趋势外推的“摊饼”模式的复合生态功效最低，为 0.29，它虽然具有最大的经济功效，但其自然生态功效和社会生态功效在三者中处于最低；土地总量和结构严格控制的刚性城市增长模式的复合生态功效居中，它虽然具有较好的自然生态功效和社会服务功效，但其经济效益在三者中处于最低；基于土地复合生态服务功能的模式兼顾了土地的集约利用和生态边缘效应的充分发挥，土地的社会、经济、自然服务

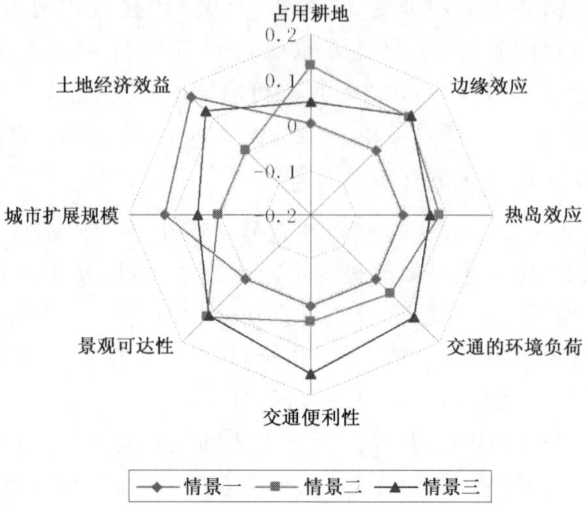

图 4.11 不同用地规划管理模式下的土地复合生态功效

功效形成了良性组合，具有较强的社会服务功效和经济效益功效，其复合生态功效最高，为0.78，实现了三个功效的良好组合。

4.2.3 城市土壤生态服务评价——以北京农药生产废弃场地为例

由于中国历史发展的背景，20 世纪中叶众多污染性工业在城市区域内发展，为当时的经济发展提供了很大的动力，但是随着城市化的发展，土地用途面临更新，这些污染性企业将不得不搬迁至城市区域之外，而遗留下来的污染却给城市土壤环境带来了新的问题。北京作为中国的首都，在过去几十年中经历了快速的发展，但是同样带来了沉重的环境污染压力（Zeng 等 2001）。在过去的五十多年，众多污染型化工企业在北京城市内部发展，对当地的环境造成了严重的污染，特别是土壤污染的问题已经引起重视。北京市东南郊原为工业发展区，很多化工厂、农药厂都建立在现今的四环内外，为了迎接 2008 年在北京举办的奥运会，北京市人民政府已经责令市内十几家大型化工生产企业搬出城市，并令其在外部发展，而遗留的化学污染物成为了城市发展的中的隐患，包括土壤和地下水以及大气的环境介质都会受到不同程度的污染。本研究以北京市东南郊某农药厂为对象，进行生态风险评价，为土壤环境治理提供依据。

4.2.3.1 *材料和方法*

(1)研究区概况和样品采集

研究区的土地面积约为 40000 m^2，四周为居民区，人口密度大。根据历史资料调查，该厂在历史上主要生产有机氯农药六六六和滴滴涕，直到 1983 年，中国禁止生产有机氯农药后该场地的土地被转为其他用途，现今正面临新的开发。

对研究区土壤采用随机采样法，共 118 个样本，采样层次分为 0－20 cm，20－200 cm 和 200－400 cm，共三层，样品放置于内衬聚乙烯塑料袋的棉布专用样品袋，实验室室温风干，过 35 目筛后保存于－4℃冰箱待分析。

(2)提取和净化

称取 10.0 g 土样倒入 50 ml 离心瓶中，加入 30 ml 石油醚-丙酮混合提取剂(石油醚:丙酮 =1∶1，体积比)，旋涡混合仪混匀，超声提取 20 min，转速 1200 r/min，上清液过滤到 100 ml 旋转蒸发瓶；连续二次加 30 ml 石油醚一丙酮混合提取剂，重复上述步骤。所有过滤液收集在一起，旋转蒸发至 1 ml 左右。加少量二氯甲烷和正己烷混合液溶解(二氯甲烷∶正己烷=1∶3，体积比)后，过准备好的硅胶柱(处理硅胶+无水硫酸钠+酸化硅胶)净化。净化后的有机相中残酸用蒸馏水洗涤，然后旋转蒸发至干，加 10 ml 正己烷溶解，旋转浓缩至 1～2 ml，用无水硫酸钠过滤脱水，定容至 5ml，待 GC 测定。

(3)分析步骤和质量控制

DDT 和 HCH 的测定采用气相色谱法，采用配备有 Ni63 电子捕获仪和 HP-5 毛细管柱(25 m×0.32 mm，膜厚 0.25 μm)的 PE Autosystem XL 气相色谱仪，GC 条件为：喷嘴温度和检测器温度分别为 250℃和 300℃，炉温保持在 150℃，以 8℃/min^{-1}升至 180℃，然后以 20℃ min^{-1}升至 250℃停留 5 分钟。载气为高纯 N_2(>99.999%)，气流速率 2.8 ml·min。采用外标法进行定量。污染物检测限 α-HCH：0.0001 mg/kg；β-HCH：0.0002 mg/kg；γ-HCH：0.0001 mg/kg；δ-HCH：0.0005 mg/kg；*p*,*p*'-DDE：0.0005 mg/kg；*o*,*p*'-DDT：0.0003 mg/kg；*p*,*p*'－DDD：0.0002 mg/kg；*p*,*p*'-DDT：0.0005mg/kg。回收率 α-HCH；β-HCH；γ-HCH；δ-HCH；*p*,*p*'－DDE；*o*,*p*'-DDT；*p*,*p*'-DDD；*p*,*p*'-DDT 分别为 83.5%，85.0%，87.6%，91.2%，93.8%，94.2%，90.1%，88.1%。整个分析过程设置三个空白对照，每个重复样分析两次，相对标准差保持小于 15%。

4.2.3.2　污染物在土壤中的分布

不同土层中有机氯农药的平均值、标准误差、最大值和最小值如表 4.5 所示。由于该区域土壤受到人类的强烈干扰，土壤中有机氯残留呈现出不规则分布，总的有机氯农药(∑HCHs +∑DDXs)浓度范围在 15.85～207.39 mg/kg 之间，不同土层中差异较大，表层最大，随着土层加深，浓度逐渐减少。不同土层中 HCH 总的平均浓度变化范围为 13.19 mg/kg 至 148.71 mg/kg，而 DDXs 总的平均浓度变化范围为 3.02～82.30 mg/kg。

表 4.5　有机氯农药在土壤中的浓度分布(mg/kg)

	0—20 cm				20—200 cm				200—400 cm			
	平均值	标准误差	最大值	最小值	平均值	标准误差	最大值	最小值	平均值	标准误差	最大值	最小值
α-HCH	43.97	19.07	957.31	0.02	42.29	22.69	880.98	0.01	5.41	4.49	161.67	0.01
β-HCH	93.21	27.03	948.32	0.32	54.98	17.71	490.08	0.09	2.34	1.33	48.48	0.02
γ-HCH	6.07	3.81	83.52	0.03	11.55	5.33	60.18	0.12	5.00	4.82	58.05	0.01
δ-HCH	5.46	2.15	61.03	0.02	3.04	1.04	15.68	0.06	0.45	0.19	2.04	0.04
p,*p*'-DDE	9.58	1.61	48.26	0.17	6.53	2.40	92.82	0.01	0.30	0.08	1.85	0.02
p,*p*'-DDD	23.84	11.14	446.08	0.08	12.89	7.81	235.01	0.02	1.31	0.83	15.24	0.02
p,*p*'-DDT	25.28	6.14	219.69	0.44	13.77	4.90	155.4	0.03	1.05	0.35	7.23	0.02
∑OCPs	207.41				145.05				15.86			

图 4.12 是不同土层中六六六和滴滴涕的含量百分比，不同土层中∑HCHs 的含量均比∑DDXs 要高，∑HCHs 含量范围在 66.90%～83.22%之间，而∑DDXs 含量的范围在 16.78%～33.10%之间。随着土层深度增加，∑HCHs 的百分比上升。两者之间的差异可能与化合

物在环境中降解的速度有关(Willett 等 1998),还可能与当时的生产残留量有关。

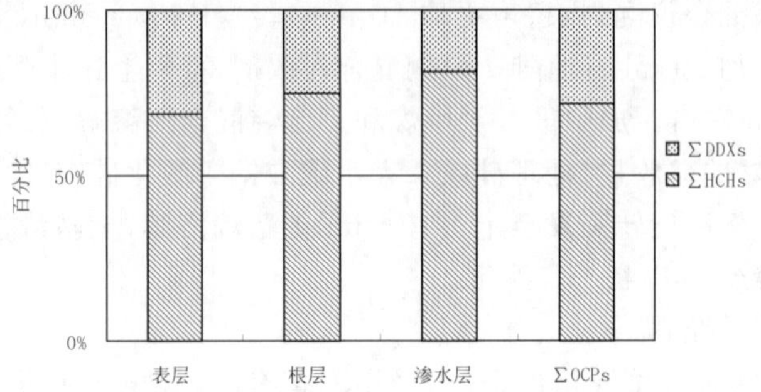

图 4.12 研究区土壤中有机氯农药的含量

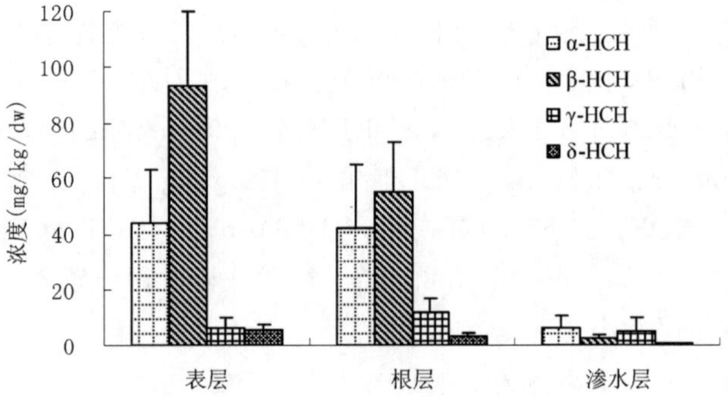

图 4.13 不同土层的 HCH 浓度分布

图 4.13 是不同土层的 HCH 浓度的垂直分布,HCH 的四种异构体的含量为 β-HCH>α-HCH>γ-HCH>δ-HCH,由于异构体中 γ-HCH 和 α-HCH 的渗透能力比 β-HCH 和 δ-HCH 强(Cooperation group 1980),所以在深层的土壤中其含量与上层的含量存在部分差异。一般而言,HCH 的生产样品中含有 60%~70%的 α-HCH,5%~12%的 β-HCH,10%~15%的 γ-HCH 以及 6%~10%的 δ-HCH(Walker 等 1999),异构体的物理化学特性是存在差异的,β-HCH 较差的水溶性和蒸汽压,而且其持久性强,难挥发,使得其很难生物降解(Ramesh 等 1991,Willett 等 1998,Walker 等 1999,Manz 等 2001)。环境中的 α-HCH 能转化为 β-HCH,所以 β-HCH 往往在土壤中有很高的残留。

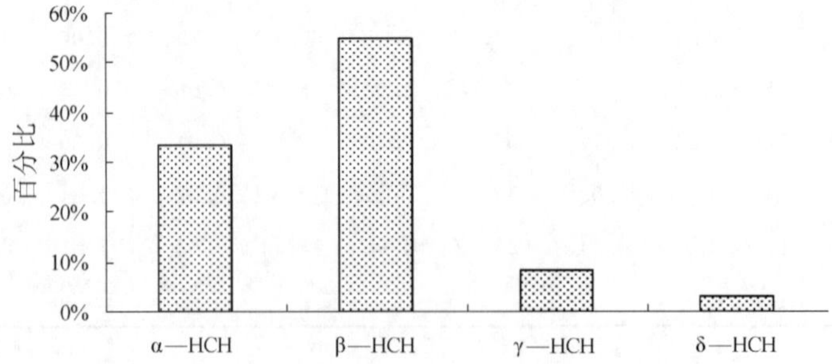

图 4.14 研究范围内 HCH 异构体的含量百分比

图 4.14 是研究范围内 HCH 异构体的含量百分比，很明显 β-HCH 占据了很大一部分，异构体的含量分别为 α-HCH：34%；β-HCH：55%；γ-HCH：8%；δ-HCH：3%。相比原始组分而言，各异构体含量变化很大，α-HCH 的代谢较快。

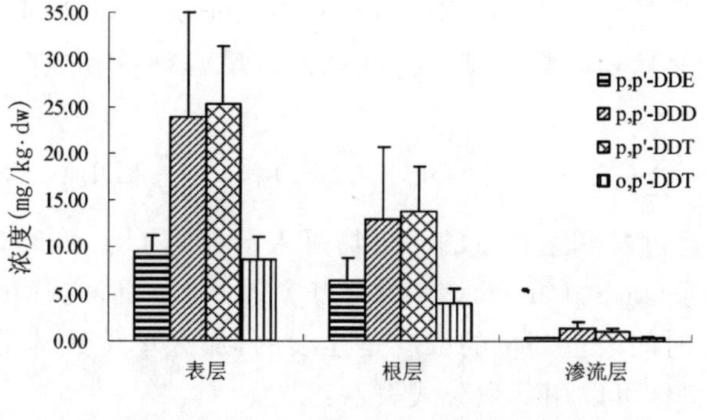

图 4.15　土层中 DDXs 的浓度分布图

与 HCH 的分布格局类似，随着土层加深，DDXs 浓度下降。总的来说，研究区中各 DDXs 异构体的含量表现为 *p*,*p*'-DDT＞*p*,*p*'-DDD＞*p*,*p*'-DDE。以往很多文献中对于滴滴涕的异构体的降解速率进行过研究，认为 *p*,*p*'-DDT 相对其他两种异构体而言更加容易降解，更容易转化为稳定的、毒性高的 *p*,*p*'-DDD 和 *p*,*p*'-DDE。在厌氧条件下转化为 *p*,*p*'-DDD；好氧条件时则转化为 *p*,*p*'-DDE(Heberer 等 1999，Kalantzi 等 2001)。

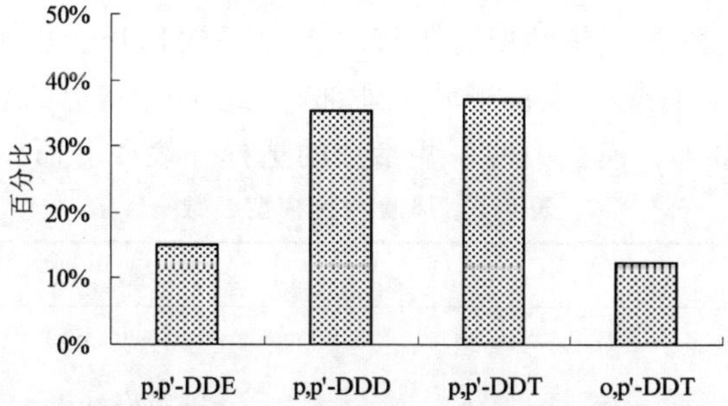

图 4.16　研究区中 DDXs 异构体分布百分比

图 4.16 是研究区中的 DDXs 组分，很显然 *p*,*p*'-DDD 的含量要比 *p*,*p*'-DDE 高。因为该区土地在未利用之前一直是水稻地，常年处于淹水状态，土壤长期厌氧条件下，所以 *p*,*p*'-DDT 降解为 *p*,*p*'-DDD 的要多。有研究表明(*p*,*p*'-DDE＋*p*,*p*'-DDD)/∑DDX 的值大于 0.5 时，表明 DDXs 经过了长时间的风化(Hitch 等 1992，Hong 等 1999)。在该区的土壤中各层的(*p*,*p*'-DDE＋*p*,*p*'-DDD)/∑DDX 自上而下分别为 0.57，0.59，0.60，说明了 DDXs 正逐渐风化。有研究表明，在土壤中该比值甚至达到 0.76(Yang 等 2005)，说明随着时间的延长，研究区土壤中的该比值还会增大。

4.2.3.3　土壤污染的风险评价

根据采样分析的结果，土壤中的有机氯含量均超出了国家土壤环境质量二级标准，显然土壤中有机氯化合物将有可能通过食物链对人类造成健康危害。为识别可能造成健康风险的程度大小和关键性暴露因子，本研究将采用 CalTOX 模型进行风险的计算和关键因子的识别。

(1)模型介绍

CalTOX 是美国加州环保局构造的一个健康风险评价模型，被广泛使用，主要用于污染土壤以及大气、地下水、地表水和沉积物等危险废弃物场地的风险评价，用于计算废弃地中危险化合物释放给人类带来的健康风险(McKone1993，Bonnard2006)，模型主要包括两个部分，即多介质环境归宿模型和多途径暴露模型。为计算人体暴露剂量和风险，该模型的计算方法可以用以下公式表达：

$$H = \sum_k [1 - \exp(\mathrm{ADI}_k \times \mathrm{CSF}_k)] \approx \sum_k \mathrm{ADI}_k \times \mathrm{CSF}_k$$

此处 ADI_k 是人体每天通过暴露途径 k 的污染物摄入量(mg/(kg·d))，CSF_k 是通过暴露途径 k 化合物的致癌风险因子(kg·d/mg)，该值来自于剂量—反应研究(McKone 1993)。

假设在暴露的持续时间段里环境的浓度是连续的，那么单位人体的潜在剂量或者吸收剂量就是平均每天的吸收量，可以用下列公式表示：

$$\mathrm{ADI}_{ijk} = C_i \times \left[\frac{C_j}{C_i}\right] \times \left[\frac{\mathrm{IU}_{jk}}{\mathrm{BW}}\right] \times \frac{\mathrm{EF} \times \mathrm{ED}}{\mathrm{AT}}$$

ADI_{ijk} 是通过环境介质 i、暴露途径 k 的日均吸收量，C_i 是环境介质 i 的浓度，C_j 是暴露介质中 j 的浓度，表达式$[C_j/C_i]$是介质间的转化率，IU_{jk} 是通过暴露途径 k 暴露介质 j 的接触率，$[\mathrm{IU}_{jk}/\mathrm{BW}]$是通过暴露途径 k 暴露介质 j 的单位人体体重的的吸收因子，EF 是暴露频率，ED 是暴露持续时间，AT 是平均时间，BW 是接受者体重。

在理想条件下，所有的暴露途径都应该考虑到，但是由于时间和成本的限制，该模型中的很多参数无法获得，因此，根据具体情况可进行暴露途径的选择。根据调查，北京居民的饮用水都直接来自于供水公司，食物也来自于城市外部，因此本研究中的暴露途径选择皮肤接触、呼吸摄入以及直接土壤摄入。模型中的一些参数的选择如表 4.6 所示：

表 4.6　风险评价模型参数

景观参数[a]	值	暴露参数[b]	值
研究区面积(m^2)	40000	体重(kg)	65
环境温度(K)	286	呼吸率(m^3/d)	20
土壤含水量(%)	15	人均寿命(年)	70
风速(cm/s)	312.5	暴露时间(年)	20
土壤有机碳含量(g/g)	0.0155	皮肤表面积(m^2/kg)	0.026
		土壤摄入(mg/d)	0.35

a 景观参数是通过监测获得；b 暴露因子是模型中默认参数。

风险计算时采用蒙特卡罗计算风险的不确定性，运行 5000 次。敏感性分析用于识别参数对于结果的贡献率(Chen 和 Ma 2006)。

(2)风险计算结果

研究中计算了不同暴露途径下的人体健康风险，以 95 风险分位值为风险管理起点(Presidential/Congressional Commission on Risk Assessment and Risk Management 1997)，10^{-6}为生命期限内可接受的风险值。计算结果如下：

表 4.7　不同暴露途径 95 分位的风险值[a]

暴露途径	α-HCH		β-HCH		γ-HCH	
	风险值	贡献率	风险值	贡献率	风险值	贡献率
皮肤接触	8.72×10^{-7}	25.27%	4.76×10^{-6}	79.59%	8.71×10^{-7}	28.37%
呼吸摄入	2.58×10^{-6}	74.70%	1.21×10^{-6}	20.29%	2.20×10^{-6}	71.59%
直接摄入	1.13×10^{-9}	0.03%	7.07×10^{-9}	0.12%	1.32×10^{-9}	0.04%
总体风险	3.45×10^{-6}	100.00%	5.98×10^{-6}	100.00%	3.07×10^{-6}	100.00%
暴露途径	*p*,*p*'-DDE		*p*,*p*'-DDD		*p*,*p*'-DDT	
	风险值	贡献率	风险值	贡献率	风险值	贡献率
皮肤接触	3.04×10^{-6}	53.91%	5.03×10^{-6}	96.35%	8.23×10^{-6}	72.06%
呼吸摄入	2.59×10^{-6}	45.99%	1.81×10^{-7}	3.47%	3.18×10^{-6}	27.82%
直接摄入	5.44×10^{-6}	0.10%	9.39×10^{-9}	0.18%	1.41×10^{-8}	0.12%
总体风险	5.64×10^{-6}	100.00%	5.22×10^{-6}	100.00%	1.14×10^{-5}	100.00%

a. 由于模型中缺少 δ-HCH 和 *o*,*p*'-DDT 相关参数，无法计算其风险放未列入

结果表明，β-HCH，*p*,*p*'-DDE 和 *p*,*p*'-DDT 通过人体皮肤接触和呼吸摄入风险较大，对于 α-HCH 和 γ-HCH 主要通过呼吸摄入造成健康风险，另外，*p*,*p*'-DDD 则通过皮肤接触的途径形成健康风险。总体而言，各种物质的风险排序为 *p*,*p*'-DDT＞β-HCH＞*p*,*p*'-DDE＞*p*,*p*'-DDD＞α-HCH＞γ-HCH。该结果同相关的研究结果相对比（Schuhmache 等 2001，Chang 等 2004，Glorennec 等 2005，Chen 和 Ma 2006）有一定的差异，这主要是在设定暴露途径时的差异所致。为识别 CalTOX 模型中计算风险时关键性因子，采用了 Crystal Ball 7.2 敏感性分析软件对因子进行分析，结果如下：

表 4.8　CalTOX 模型风险计算中敏感性因子分析结果

参数	定义	风险贡献率					
		p,*p*'-DDE	*p*,*p*'-DDD	*p*,*p*'-DDT	α-HCH	β-HCH	γ-HCH
Thalf_s	根层土壤中的半衰期反应(d)	38.23%	27.48%	6.15%	93.99%	82.01%	88.85%
dfct_sl-	皮肤摄入土壤的分数	14.85%	37.40%	21.58%	—	3.84%	1.11%
ED	暴露时间(ya)	13.34%	7.43%	39.11%	—	1.98%	2.60%
foc_s	上层土壤有机碳含量	6.38%	—	1.56%	1.46%	4.67%	2.11%
EFsl	皮肤接触的暴露频率(day/ya)	6.17%	14.58%	9.05%	—	1.22%	—
S	溶解性(mol/m^3)	3.76%	—	2.05%	—	—	—
Slsk	皮肤对土壤的吸附量(mg/cm^2)	3.02%	8.27%	4.91%	—	—	—
Koc-	有机碳分解系数 Koc	2.91%	—	—	—	1.46%	—
H-	亨利常数($Pa\text{-}m^3/mol$)	2.31%	—	1.16%	—	—	—
BRa	呼吸频率($m^3/(kg\cdot h)$)	2.09%	—	1.24%	—	—	—
VP	蒸汽压(Pa)	1.39%	—	6.84%	—	—	—

表 4.8 仅列出敏感性大于 1%的参数。可知对于 HCH 而言，深层土壤中 Thalf_s 是最为敏感性的参数，与 PAHs 类似(Loranger 和 Courchesne，1997)。在模型中 α-HCH，β-HCH 和 γ-HCH 的 Thalf_s 分别为 46.9 d、105 d 和 105 d。对比 DDXs 而言，dfct_sl 对于风险的贡献率很大。DDD 和 DDT，Slsk 和 VP 两个参数也是比较敏感的参数。总体而言，Thalf_s，dfct_sl，ED，EFsl 以及 Slsk 是风险计算中最为敏感的参数。在计算 Thalf_s 参数时，由于土壤性质和试验条件的缘故，使得这些参数的等级不同。

从分析结果看来，研究区土壤中的有机氯构成的风险主要来自于污染物本身的物理化学性质以及人体的暴露，环境的因素对于风险的贡献很少。但是必须注意到，这些参数的选择主要来自于相关的研究以及他人的实验结果，因此，相关的研究之间可能存在一定的差异。

(3)风险评价结论

从研究的结果看来，研究区的土壤中有机氯异构体含量可能对人体造成健康风险，监测结果表明土体中的有机氯浓度均超出了国家土壤环境二级标准(0.5 mg/kg)，必须采取相关的环境治理措施来减轻或者消除风险。

(4)土地生态功能的修复方法——生态工程

生态工程强调资源的分层多级综合利用、技术的系统组合、学科的边缘交叉、产业的横向结合，主要是常规、实用技术的组装，传统生态技术与现代高薪技术的组合。生态工程与环境工程的差别在于生态工程强调资源的多级综合利用，废弃物资源化，在现有技术的基础上最大程度地有效利用资源。在废弃物处理中实施五化：减量化、无害化、资源化、产业化、系统化。生态工程技术手段的五类途径是：加环；联合平行相互不联系的环、亚系统；分层多级利用产品、副产品以及废物；促进良性的生态循环；遭破坏的生态系统的恢复(表 4.9)。

表 4.9 生态工程与环境工程的比较

	环境工程	生态工程
目的	保护合理利用自然资源和能源，消减消费，控制和减轻污染；寻求防止环境污染的机理和有效途径，保护和改善环境；综合治理利用“三废”，兼顾环境效益、社会效益和经济效益。	对人工生态系统、人类社会生态环境和资源进行保护、改造、治理、调控、建设，解决生态环境保护与社会经济发展协同问题，同步取得生态、经济和社会效益。
基本原理	运用环境科学、工程学、生物学、社会学及其他相关学科的理论和方法。	以复合生态系统理论和产业生态学方法为基础，以整体性、协调性、自生和再生循环等为基本核心原理。
应用技术	能够减少或治理环境污染的土木工程、卫生工程、化学工程、机械工程、材料工程等学科技术或工艺。	能够减轻环境污染或减少使用原材料、自然资源和能源的技术、工艺或产品。
应用原料	环境中非生命物质及生命物质、太阳能及化石能，减少利用污染环境中的污染物。	污染环境中的污染物，生态系统中的各种成分；太阳能(间或化石能)。
与自然关系	改善环境，优化环境	物质循环与能量循环；理论上系统中可达到零污染物积累。
功效	减小较快，处理周期较短	受生态系统自我调节能力限制见效缓慢，因而回复周期较长。

续表

	环境工程	生态工程
实施空间	较具体，多为某个行业或污染地区。	宏观，地域性行政区划的某个地区或领域。
发展方向	改造、优化环境技术；发展精深技术攻克环境治理中的壁垒；发展环境系统工程；创立环境材料工程。	在研究上向规范化或区域化方向发展，在应用上提高技术水平，重点为生态系统恢复工程技术，城市生态系统，工业生态系统。
产业	大气、水、固体废弃物、噪声污染治理工程项目。环保工程设备（泵、风机、曝气装置、管道、监测仪器、控制系统、专用设备及零部件等）环保材料。	林业、农业、牧业、渔业生态工程项目；水域、土壤、湿地生态恢复工程项目；景观生态建设工程项目。

土地是一种稀缺资源，对于快速城市化过程中的北京尤为如此。作为一种商品，其经济价值随着资源的短缺而日渐攀升；同时作为一种自然资源，其为人类提供了多种服务功能，针对功能受损的土地，通过生态工程技术组合能将污染土壤资源综合利用化，达到改善人居环境、提高土地经济效益、安定社会的目的。

根据实验分析结果，由模型推导出基于风险的污染物修复浓度的阈值，基于目标值计算土方量，估计土方量约为 20 万 m^3，最大深度 6 m，按照工程量选择生态工程技术。可供选择的技术可分为原位修复和异位修复措施，比较如下（表 4.10）：

表 4.10　常用的土壤修复技术组装比较

技术组装	投入经济成本	环境效益	时间成本	二次污染	经济效益
生物降解＋卫生填埋	低	中	中	大	差
植物吸附＋化学清洗	中	高	长	小	差
化学焚烧＋生物堆肥	高	高	短	中	高

①原位＋异位技术组合：生物降解＋卫生填埋

微生物治理方法（又称为微生物恢复、微生物清除或微生物再生）是利用生物的生命代谢活动减少环境中有毒有害物质的浓度或使其完全无害化，从而使污染的土壤环境能部分地或完全地恢复到原初状态。卫生填埋法是最为常见的物理治理方法，该方法是将受污染的土壤用人工挖掘的办法将其运走，送到指定地点填埋，以达到清除污染物的目的。然后再将未受污染的土壤回填，以便能重新对土地进行利用。这种方法显然未能从真正意义上达到清除污染物的目的，只不过是将污染物进行了一次转移，且费用高，但是对一些特别有害的物质的清除，采用这种方法还是可行的。

②原位＋原位技术组合：植物吸附＋化学清洗

植物对有机污染物的去除机制有三个方面：一是植物对有机污染物的直接吸收；二是植物释放的分泌物和酶刺激微生物的活性加强其生物转化作用，此外有些酶也能直接分解有机污染物；三是植物根区及其与之共生的菌群增强根区有机物的矿化作用（陈刚才等 2000）。

化学清洗法是指用一定的化学溶剂清洗被有机物污染的土壤，将有机污染物从土壤中洗脱下来，从而达到去除污染物的方法。主要有表面活性剂清洗法、有机溶剂清洗法、超临界萃取法。Sahle-Demessie 等（1996）用有机溶剂萃取方法治理被农药污染的土壤，效果较好。他们采用甲醇、2-丙醇等溶剂萃取清洗土壤中高浓度的 p,p'-DDT、p,p'-DDD、p,p'-DDE。在溶剂∶土壤为 1∶6 时去除农药效果达到 99%。

③异位+异位技术组合:化学焚烧+生物堆肥

化学焚烧法也是最为常用的有机污染土壤的治理方法,该法系利用有机物在高温下易分解的特点,在高温下焚烧以达到去除污染的目的。该方法虽然能够完全分解污染物达到去除污染的目的,但在去除污染的同时,土壤的理化性质也遭到了破坏,使土壤无法获得重新利用(陈刚才等 2000)。

堆肥法是生物治理的重要方式,是传统堆肥和生物治理的结合。它依靠自然界广泛存在的微生物使有机物向稳定的腐殖质转化,是一种有机物高温降解的固相过程。一般方法是将土壤和一些易降解的有机物如粪肥、稻草、泥炭等混合堆制,同时加石灰调节酸度,经发酵处理,可将大部分污染物降解。

综合比较生态工程集成技术,可以根据土地的使用性质进行方案的选择。城市中污染土地无害化、资源化成为当前土地利用的热点。本研究的区域位于城市中心区域,是城市中潜在的污染危害。而面对当前城市化的迅速发展,很多城市中的污染土地不可避免地成为商业或者住宅用地,在短时间内尽可能地消除或者减轻这些污染物的危害是当前面临的主要任务。以常用的污染修复技术进行技术组装,目的是达到资源的综合利用与环境效益共赢。在所用的集中修复技术中,第 3 种技术组合的投入经济成本高,但是能在尽可能短的时间内减缓风险,结合高温焚烧的土壤可以作为建筑材料水泥生产的辅料,部分污染土壤进行堆肥生物降解,净化后的土壤可以用于生产,可以达到环境和经济效益的双赢。

4.3 城市土地复合生态规划

改革开放以来,随着中国城市经济的快速发展,一方面,由于城市经济发展主要来源于工业经济增长,因而城市发展对工业用地的需求与占用激剧猛增;另一方面,由于城市居民居住与生活水平的提高工业用地主要被安排在主城区外围。近年来,中国各大城市纷纷在其主城区外围规划与建设了大量的产业园区及开发区等,其土地的主要来源为耕地、园地、林地以及绿地、水域、湿地等生态用地,使得城市的城郊成为城市土地利用变化最为活跃的区域。

工业用地在大量占用耕地过程中,一方面使当地农民失去赖以生存的土地,成为社会不稳定的主要根源;另一方面耕地被占用后,当地粮食总产量大大减少,使城市面临着粮食安全的隐患。在占用绿地、林地、水域湿地等生态用地过程中,一方面使得地表硬化率增高,改变当地原有系统的水循环、能量交换等过程,造成严重热效应、干岛效应以及灰霾增多等;另一方面向所在区域排放大量污染物,使水体污染、发生水华效应等,严重威胁到区域生态安全。因而如何规划与利用好城郊土地,使得其在满足城市经济发展时,又能确保区域粮食安全及生态安全,即如何强化土地的生态服务功能,使得经济高速发展地区城市土地的社会生态、经济生态以及自然生态服务功能协调一致,成为国内外学者们尤为关注的热点问题。

以常州市区城郊工业用地、耕地以及水域湿地的矛盾冲突及其疏解分析为例,重点阐明以下几点问题:

(1)以社会、经济以及自然生态服务三大类功能的供需关系为出发点,构建博弈论模型进行城郊工业用地、耕地、水域湿地之间的矛盾冲突疏解分析，总体上计算出各自合理的土地数量及比例，作为土地规划与利用的总体宏观控制条件。

(2)以影响工业用地功能的空间相关性因素为出发点，构建基于神经网络的城郊工业用地空间增长模型，进行工业用地的空间配置与布局，作为土地规划与利用的微观条件。

(3)以土地复合生态系统土地利用的结构—过程—功能为出发点，在综合以上宏微观条件，通过调整土地的数量与结构达到强化非建设用地（耕地、水域湿地）的生态服务功能，最终完成城市土地的多目标规划与空间布局过程。

4.3.1　研究区域介绍

常州地处江苏省南部（图 4.18），市区面积 1864 km²（本节研究区域）在长三角经济圈的带动下，常州市正进入快速城市化、工业化阶段，高速的经济增长需要更多的工业用地。一方面，常州市区面积自 1995 年来从原来的 280 km² 扩大到目前 1864 km²，增加了近 6 倍（图 4.19）。市区建成区面积从 1995 年 60.6 km² 扩大到 2005 年 104.31 km²，到 2020 年规划建成区达 216 km²（图 4.20）。由历次城市规划的城市土地利用现状图（1995、2005 年）以及 2020 年土地利用规划图计算得出市区工业用地自 1995 年 27 km²，增长到 2005 年 86 km²，规划到 2020 年为约 100 km²（图 4.20）。从图 4.21、4.22 可看出，在 2005 年以前，包括到 2010 年前后，建成区增长主要来源于市区工业用地的增长，市区工业用地发展方向上从 1995 年前的东西向沿运河及铁路发展，到 2005 年后的南北向沿江及沿湖发展，并逐渐远离主城区，这也是因为常州主

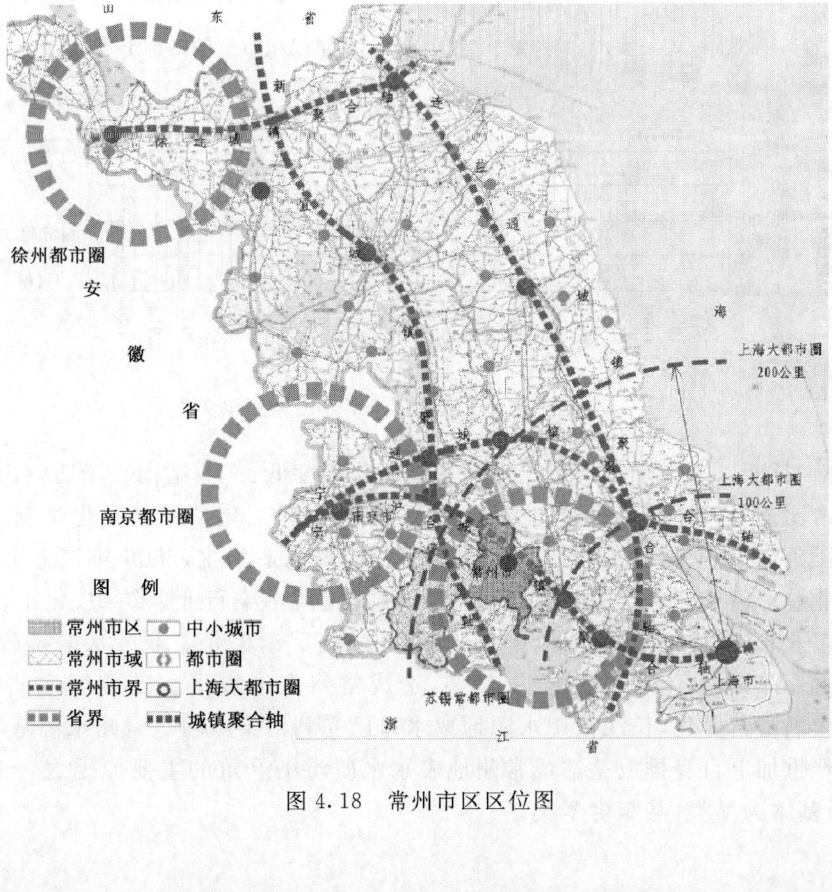

图 4.18　常州市区区位图

导产业由原来的以物流业为主到以现代制造业为主的转变，以及城市主城区居住水平的重新定位。

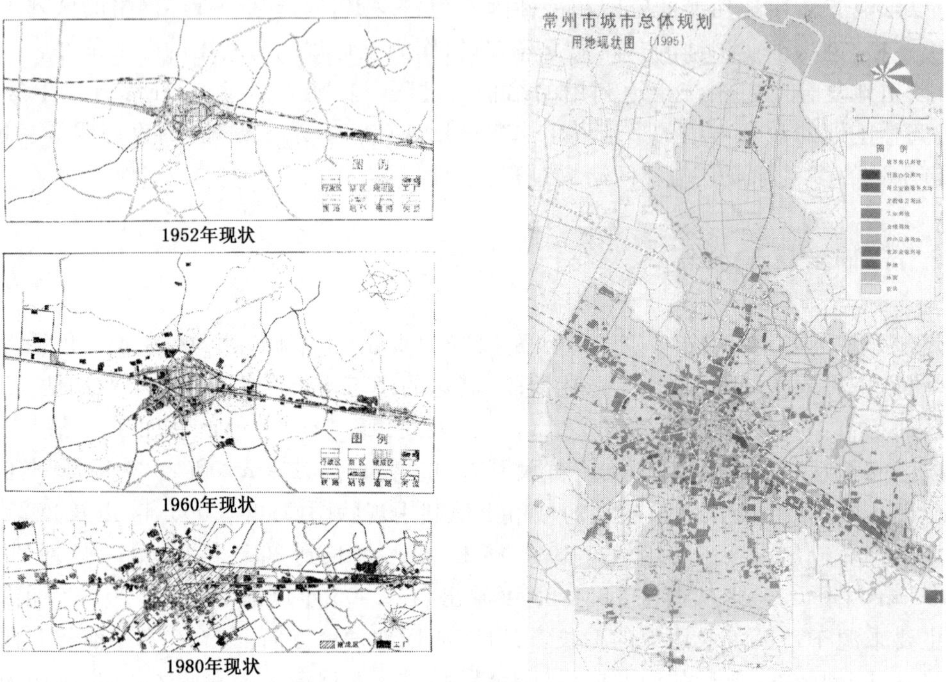

（a）常州90年代前城市空间结构形态　　（b）常州90年代城市空间结构形态

图 4.19　常州 20 世纪 90 年代前与 90 年代城市空间结构形态

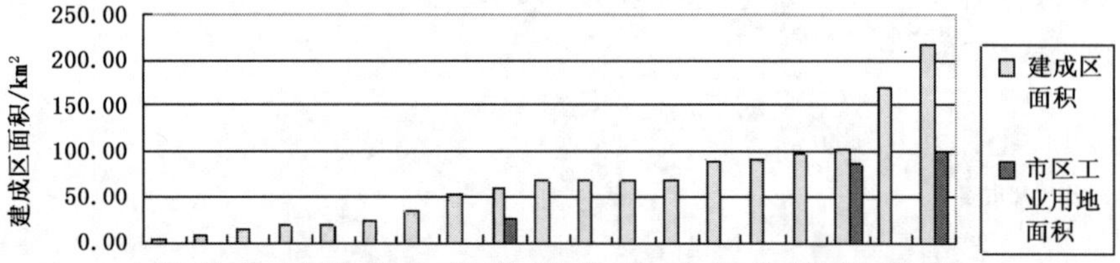

图 4.20　常州市区建成区及工业用地面积变化

另一方面，长期以来由于常州市土地利用集约化程度低、产业结构性矛盾突出，高耗能、高污染产业所占比重大，以纺织、石油加工、炼焦及核燃料加工、化学原料及化学制品、黑色有色金属冶炼及压延加工、通用设备制造和电器机械及器材制造为主，2006 年该七大行业工业产值占全市工业总产值的 61.3%，这些企业多是高耗能、高污染行业。纺织、化工、医药行业规模以上企业工业总产值占市区规模以上工业总产值的 25%，但是工业废水的排放量占市区工业废水排放量的 65%，COD 排放量占 75%，造成常州市地表水水功能区水质达标率不到 50%，滆湖、太湖富营养化，长江饮用水源地取水口已受到污染威胁。常州水源基本为客水，客水水质污染严重加上自身排放是造成常州地表水水质污染严重的主要原因之一，包括长江在内，客水水质基本为Ⅴ类，甚至劣Ⅴ类。

同时，在城市用地增长过程中，耕地由原来一直保持在 850 km^2，到 2000 年后剧减为 640 km^2 左右，大量耕地被占用，相反城市人口继续增长，严重威胁到当地的粮食安全及社会稳定。

常州城市总体规划(2004—2020 年)指出，常州市地区国内生产总值(GDP)2010 年市区达 1380～1500 亿元，2020 年市区 3700～4000 亿元，其中第二产业占一半以上。这意味着需要更多的工业用地以支撑以上经济发展目标。

综上所述，常州市土地利用面临着经济发展、社会安全以及生态安全的三重压力，需要对常州市城郊土地进行功能导向土地复合生态管理多目标规划，以协调其区域内工业用地、耕地、水域湿地之间的矛盾冲突问题，达到土地的社会、经济及自然生态服务功能统一。

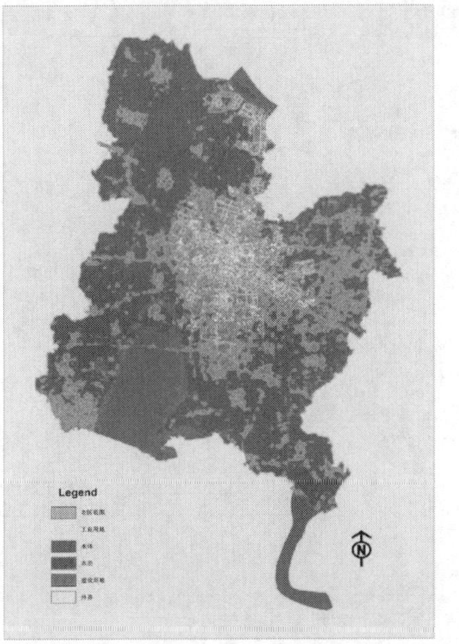

图 4.21　2006 年常州市区土地利用分布图

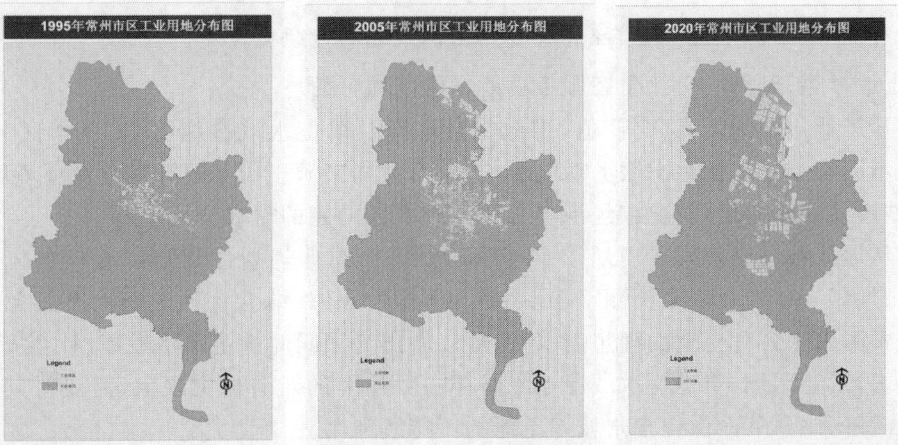

1995 年
市区工业用地：27 km^2

2005 年
市区工业用地：86 km^2

2020 年
市区工业用地：100 km^2

图 4.22　常州市区工业用地利用变化

4.3.2 研究方法与数据

本节总体技术路线及模型应用如图 4.23：

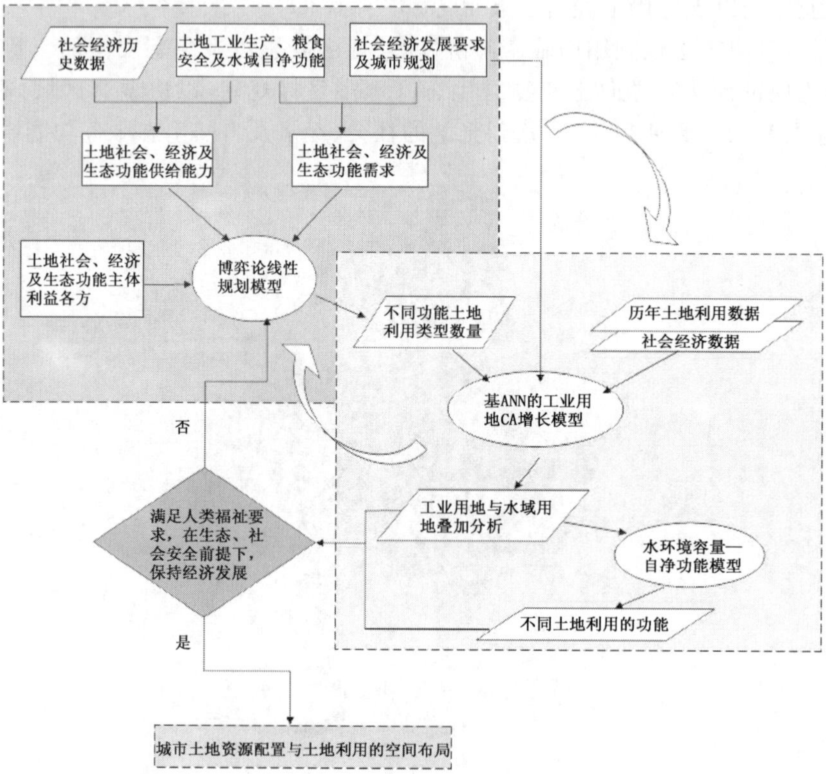

图 4.23 技术路线及模型应用

4.3.2.1 城市土地的社会、经济及自然生态服务功能供需分析

(1)土地社会、经济与自然生态服务功能供给能力分析

主要从工业用地地均 GDP 产值、耕地粮食单产及单位水域湿地的 COD、NH_3-N 自净能力来衡量不同类型土地的生态服务功能供给能力，数据来源于历年统计年鉴及环境质量报告。

(2)城市发展对土地的社会、经济与自然生态服务功能的需求分析

主要从地区社会经济发展规划(2020 年)以及城市总体规划(2020 年)设定的未来的经济发展目标、规划人口以及未来预测 COD、NH_3-N 排放量，并结合每种土地生态服务功能的供给能力来预测未来各种土地的理想需求量，可以看出为了同时满足经济发展、社会安全及生态安全的要求，工业用地、耕地与水域湿地之间存在数量上的矛盾冲突现象，需要对其从功能层面上进行疏解分析，从而保证常州城郊土地的可持续利用。

4.3.2.2 基于复合功能供需关系的博弈论模型构建

(1)概念性模型与框图

图 4.24 表示常州市区城郊土地基于多功能供需关系的博弈论概念性模型框图。工业用

地、耕地及水域湿地分别提供经济发展、粮食安全以及水生态安全等人类福祉的服务功能。同时各类用地在提供各自功能时，又产生大量 COD、NH_3-N 水体污染物，其中一部分被污水处理厂接受，另一部分由水域湿地自净能力所接纳。

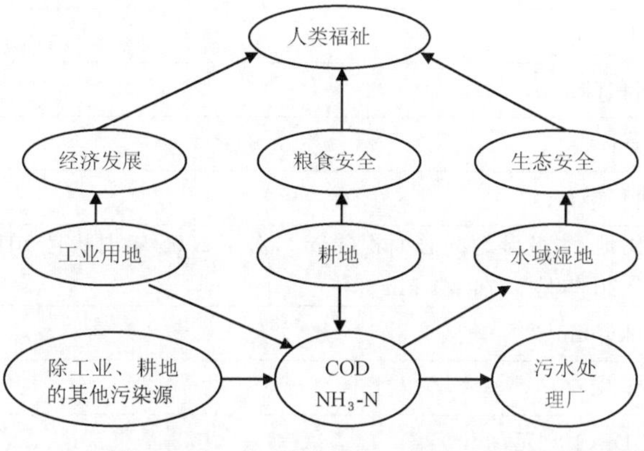

图 4.24 基于多功能供需关系的博弈论概念性模型图

(2)模型构建

依据常州市的具体情况，得出政府是城市土地利用规划与管理的承担者，同时对城市土地的经济发展功能、社会安全及生态安全负责，并认为其具有集体理性，即同时追求城市土地的社会、经济及生态效益，并使总体效益最大化，所以本节研究构建出单人完全信息变和动态博弈模型，如下公式(4.1)，并在同时保证耕地粮食安全[公式 4.3]、水域湿地自净能力[公式 4.4]、[4.5]的生态安全前提下，工业经济稳步发展[公式 4.2]使常州市区城郊三类用地总体的效益最大化求解出常州市区城郊工业用地、耕地以及水域湿地的数量。

即：工业用地＋耕地＋水域湿地＝此三类用地之和的最大供应量。

(注：此三类用地是常州市区城郊主要用地类型，按照土地数量的供给能力计算出的工业用地、耕地与水域湿地之和的最大占有量)

耕地粮食产值＋工业用地产值＋水域湿地污染物自净产值－耕地排放污染物处置消耗产值－工业用地排放污染物处置消耗产值＝当地总整经济效益

数学表达式如下：

$$\begin{cases} X+Y+Z=J \\ (Y\cdot a)\cdot b+X\cdot c+Z\cdot(d_1\cdot e_1+d_2\cdot e_2)-Y\cdot\left(\frac{f_1}{e_1}+\frac{f_2}{e_2}\right)-X\cdot\left(\frac{g_1}{e_1}+\frac{g_2}{e_2}\right)=K \end{cases} \tag{4.1}$$

式中各字母的含义见表 4.11，并使上式同时满足以下条件：

$$X\cdot c\geqslant 750 \tag{4.2}$$

由城市总体规划得知，2010 年常州市区工业用地的 GDP 产值要达到 750 亿元，所以上式表示工业用地的 GDP 产值要保证当地经济稳步发展的水平。

$$Y\cdot a\geqslant L_1\cdot M_1+L_2\cdot M_2 \tag{4.3}$$

表示耕地的产量要至少满足常州市区当地城镇与农村居民粮食安全。

$$Z\cdot d_1\geqslant H_1+f_1\cdot Y+g_1\cdot X-N_1 \tag{4.4}$$

表示排放到水域湿地的 COD 污染物不能大于水域湿地的 COD 自净能力。

$$Z\cdot d_2\geqslant H_2+f_2\cdot Y+g_2\cdot X-N_2 \tag{4.5}$$

表示排放到水域湿地的 NH_3-N 污染物不能大于水域湿地的 NH_3-N 自净能力。

表 4.11 变量字母名称及取值表

字母	含义	说明
K	地区 GDP(10^8 元)	
X	工业用地面积(km^2)	
Y	耕地面积(km^2)	
Z	水域湿地面积(km^2)	
J	耕地、工业用地、水域湿地的总面积(km^2),对于 2005 年现状是 1016 km^2,对于 2020 年是 1274.74 km^2	此三类用地的最大占用量
a	粮食单产((kg/hm^2)	
b	粮食价格(元/kg)	
c	工业地均 GDP(10^8 元/km^2)	
d_1	水体 COD 自净能力(t/km^2)	
d_2	水体 NH_3-N 自净能力(t/km^2)	
e_1	污水厂 COD 处理单价(10^4 元/t)	
e_2	污水厂 NH_3-N 处理单价(10^4 元/t)	
f_1	耕地 COD 排放系数(t/km^2)	
f_2	耕地 NH_3-N 排放系数(t/km^2)	
g_1	工业用地 COD 排放系数(t/km^2)	
g_2	工业用地 NH_3-N 排放系数(t/km^2)	
H_1	除农田及工业用地后的 COD 排放量(t)	
H_2	除农田及工业用地后的 NH_3-N 排放量(t)	
L_1	城市人口数(人)	
L_2	农村人口数(人)	
M_1	城市口粮最小值(kg/人)	
M_2	农村口粮最小值(kg/人)	
N_1	污水厂分担 COD 处理量(t)	
N_2	污水厂分担 NH_3-N 处理量(t)	

(3)情景设计

为了分析 2005 年现状各类用地的合理性,依据现状用地的供给能力,利用以上所建立的博弈论模型计算工业用地、耕地、水域湿地的数量,与现状数量进行比较。2005 年现状情景下,以上各指标的相关参数表如表 4.12 所示。

表 4.12　2005 现状情景参数表

字母	含义	说明
J	耕地、工业用地、水域湿地总面积 2005(km^2)	1016.00
a	粮食单产((kg/hm^2)	6387.00
b	粮食价格(元/kg)	3.00
c	工业地均 GDP(10^8 元/km^2)	6.60
d_1	水体 COD 自净能力(t/km^2)	113.06
$d2$	水体 NH_3-N 自净能力(t/km^2)	8.81
e_1	污水厂 COD 处理单价(10^4 元/t)	0.43
e_2	污水厂 NH_3-N 处理单价(10^4 元/t)	6.07
f_1	耕地 COD 排放系数(t/km^2)	5.30
f_2	耕地 NH_3-N 排放系数(t/km^2)	0.25
g_1	工业用地 COD 排放系数(t/km^2)	484.97
g_2	工业用地 NH_3-N 排放系数(t/km^2)	34.95
H_1	除农田及工业用地后的 COD 排放量(t)	22733.60
H_2	除农田及工业用地后的 NH_3-N 排放量(t)	3478.00
L_1	城市人口数 2005(人)	149.37
L_2	农村人口数 2005(人)	71.39
M_1	城市口粮最小值(kg/人)	140.00
M_2	农村口粮最小值(kg/人)	260.00
N_1	污水厂分担 COD 处理量 2005(t)	20909.99
N_2	污水厂分担 NH_3-N 处理量 2005(t)	1507.05

依据常州市区发展趋势，设定以下四种情景对 2020 年工业用地、耕地、水域湿地的数量进行博弈论疏解求解分析。

情景一：工业用地、耕地、水域湿地面积数量均可变动；

情景二：工业用地、耕地面积数量可变动，水域湿地面积数量不可增长；

情景三：工业用地、耕地面积数量可变动，水域湿地面积不可增长，工业用地提倡清洁生产，即工业用地的地均 COD、NH_3-N 能减少到一定程度；

情景四：工业用地、耕地面积可变动，水域湿地面积不可增长，产业升级与调整(即提高地均 GDP)，对河道进行疏浚(使水域湿地的单位 COD、NH_3-N 自净能力提高)。

四种情景的具体参数如表 4.13。

表 4.13　2020 年四种情景参数表

字母代号	名称	情景一	情景二	情景三	情景四
J	耕地、工业用地、水域湿地总面积 2020 年(km^2)	1274.64	1274.64	1274.64	1274.64
a	粮食单产(kg/hm^2)	6387.00	6387.00	6387.00	6387.00
b	粮食价格(元/kg)	3.00	3.00	3.00	3.00
c	工业地均 GDP(10^8 元/km^2)	6.600	6.600	6.600	8.000
d_1	水体 COD 自净能力(t/km^2)	113.06	113.06	113.06	150.00
d_2	水体 NH_3-N 自净能力(t/km^2)	8.81	8.81	8.81	10.00
e_1	污水厂 COD 处理单价(10^4 元/t)	0.43	0.43	0.43	0.43
e_2	污水厂 NH_3-N 处理单价(10^4 元/t)	6.07	6.07	6.07	6.07
f_1	耕地 COD 排放系数(t/km^2)	5.30	5.30	5.30	5.30
f_2	耕地 NH_3-N 排放系数(t/km^2)	0.25	0.25	0.25	0.25
g_1	工业用地 COD 排放系数(t/km^2)	484.97	484.97	380.00	484.97
g_2	工业用地 NH_3-N 排放系数(t/km^2)	34.95	34.95	22.00	34.95
H_1	除农田及工业用地后的 COD 排放量(t)	22733.60	22733.60	22733.60	22733.60
H_2	除农田及工业用地后的 NH_3-N 排放量(t)	3478.00	3478.00	3478.00	3478.00
L_1	城市人口数 2020(人)	240.00	240.00	240.00	240.00
L_2	农村人口数 2020(人)	50.00	50.00	50.00	50.00
M_1	城市口粮最小值(kg/人)	140.00	140.00	140.00	140.00
M_2	农村口粮最小值(kg/人)	260.00	260.00	260.00	260.00
N_1	污水厂分担 COD 处理量 2020(t)	77917.82	77917.82	77917.82	77917.82
N_2	污水厂分担 NH_3-N 处理量 2020(t)	5615.81	5615.81	5615.81	5615.81

4.3.2.3　基于神经网络的元胞自动机工业用地空间增长模型构建

(1)概念性模型构建

本研究构建了一个基于人工神经网络的约束型城市工业用地扩展 CA 模型(图 4.25)。其动力学机制采用空间动态反馈与社会经济宏观规划空间相结合的机制,即空间实体的个体行为共同创造了空间过程,空间过程重塑了空间格局,空间格局反过来影响空间行为,如此反复,形成城市工业用地的动态发展变化,而在此循环过程中,社会经济宏观规划的影响又贯穿其中,在扩展方向和规模上制约或者促进城市的发展过程。

如图 4.25 所示,ANN-URBAN-CA 模型的基本框架可以为分为 2 个部分:微观的空间扩展模拟和不同情景下宏观工业用地的数量与比例;模型的输出为城市工业用地扩展未来预测。首先是要获取城市工业用地扩展的历史数据和一些基本地理要素数据,通过人工神经网络的训练来获取 CA 模型的转换规则和模型参数,然后利用 CA 模型来对城市工业用地扩展的历史演化过程进行模拟。根据由博弈论疏解求解的 2020 年不同情景下工业用地的数量,通过专

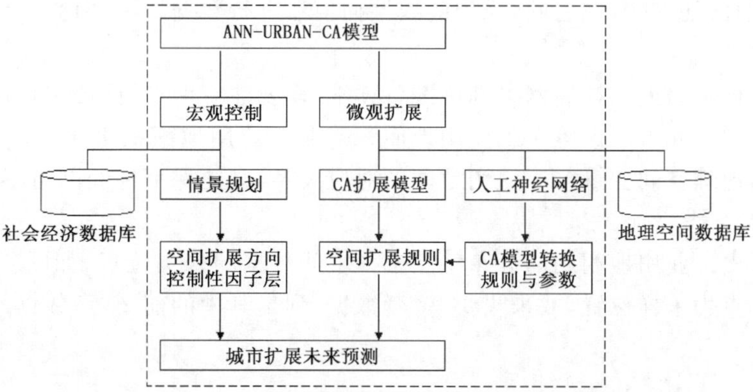

图4.25 ANN-URBAN-CA概念模型

家咨询库,确定最终的工业用地数量与比例,作为宏观条件的引导性因子和限制性因子,并与前面生成的CA模型结合,预测未来的城市工业用地扩展平面布局。

(2)基础地理空间数据与模型参数训练

1)数据准备

本研究采用了1995年、2005年2期常州市工业用地利用数据。将其转换为80 m×80 m网格的数据图。

影响因子的选择:本研究在地理CA模型、城市地理以及区域发展等领域已有研究基础上,根据常州城市工业用地的特点和数据获取的可能性,选取了14个可能影响常州城市城郊工业用地的地理空间变量作为影响因子,如下:

· 网格单元土地利用性质(indust95、indust05),工业用地单元其编码为1,其他用地类型编码为0。

· 13×13单元临近范围内已经工业化土地的单元数量(urban95),即1 km^2 范围内的工业用地单元数目。

· 离市中心的距离(town)

· 离区/镇中心的距离(rural)

· 离城市主干道路的距离(mainroad)

· 离次干道路的距离(subroad)

· 离高速路距离(highway)

· 离快速路距离(express)

· 离铁路距离(railway)

· 离水运航道距离(mriver)

· 离铁路货运站距离(raistat)

· 离飞机场距离(airpor)

· 离长江港口的距离(hahou)

· 离高速路、快速路出入口距离(roadcro)

在模型中,网格单元土地利用性质分为工业用地和非工业用地,工业用地包括城市及城镇工业用地和独立工矿,其余则包含在非工业用地中。在数据输入之前,要先对数据进行标准化处理,使得它们的值处于[0,1]之间,采用的线性插值法进行数据的标准化。

2)数据采集

分层随机采样是为人工神经网络训练准备样本,需要注意两点:保证工业用地采样单元数与非工业用地采样单元数之比等于工业用地面积与非工业用地面积之比;采样点的数量既要能确保能反映出地理空间变量与工业用地间的对应关系,又能保证神经网络不过度运行,计算时间超长。

结合常州历史工业用地利用的分布特点选择空间数据的采集位置,如图 4.26。数据样本采集位置图中小点为采样位置,共采集 1092 套数据,列出其中的前 20 套数据。

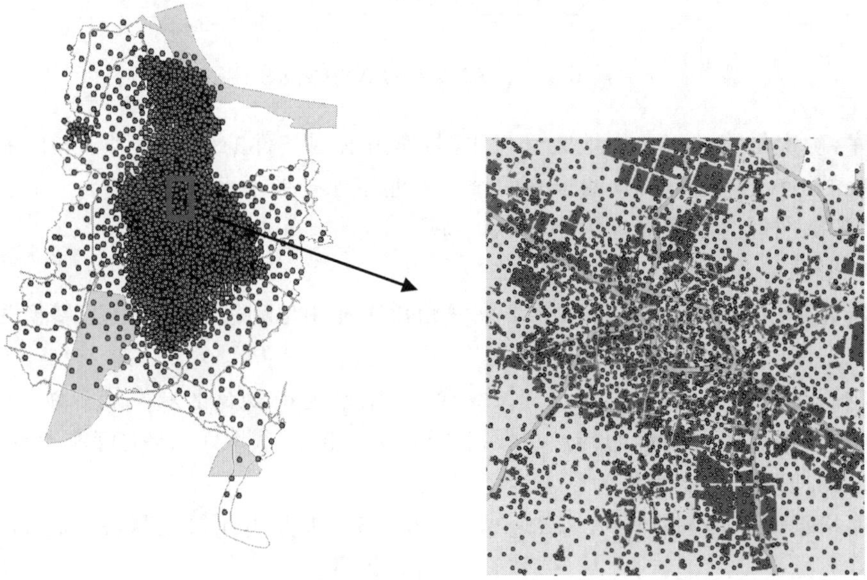

图 4.26　数据样本采集位置图

3)样本训练

人工神经网络的层数和各层上神经元数的确定,决定了神经网络的规模,进而影响到其训练强度以及 CA 模型的可信度。经过多次试验,本研究选择了两层结构,第一层有 8 个神经元,第二层为 1 个神经元。应用 MatLab 的 ANN 神经网络工具箱构建两层的 ANN-GeoCA 模型,选定训练函数,设置参数,进行训练。

构建模型,并选定训练函数,如图 4.27、图 4.28。

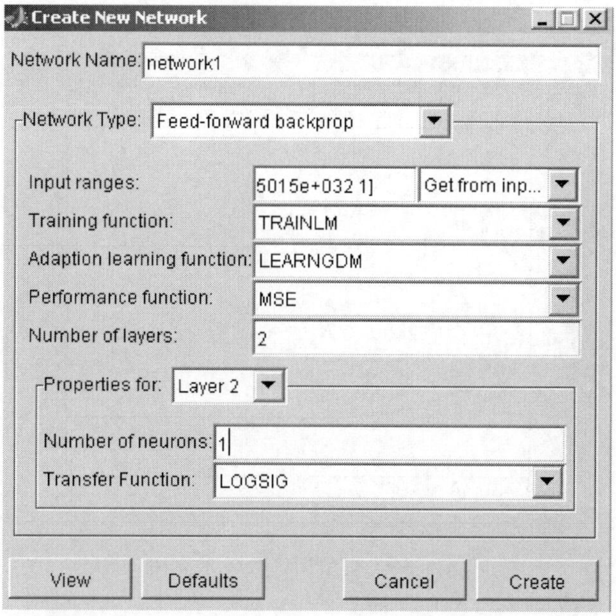

图 4.27　应用 MatLab 的 ANN 神经网络工具箱构建两层的 ANN-GeoCA 模型

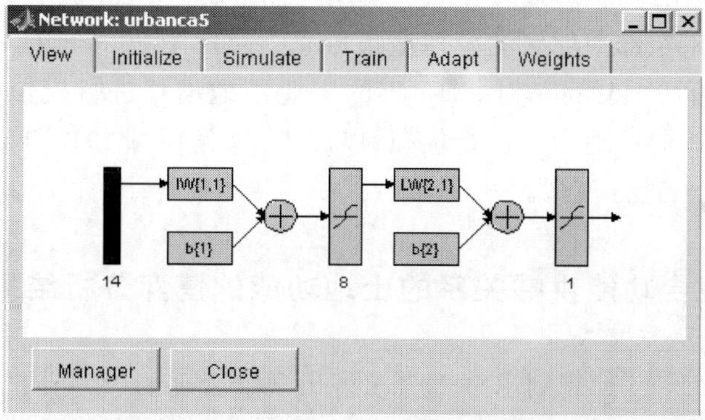

图 4.28　ANN-GeoCA 模型示意图

设定训练参数，训练目标值、步数、步长等，如图 4.29。

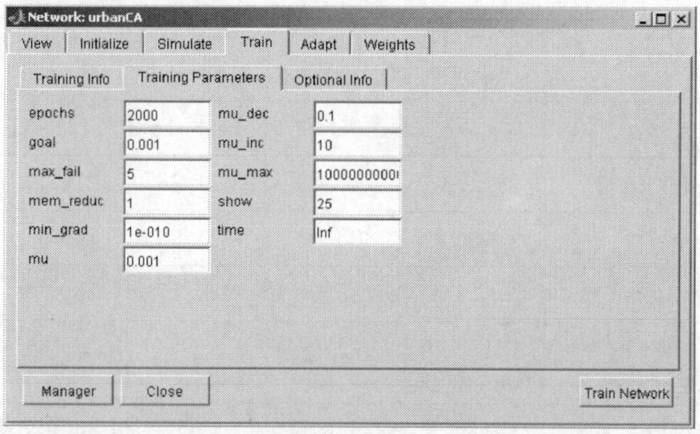

图 4.29　设定模型训练参数图

进行训练，如图 4.30。

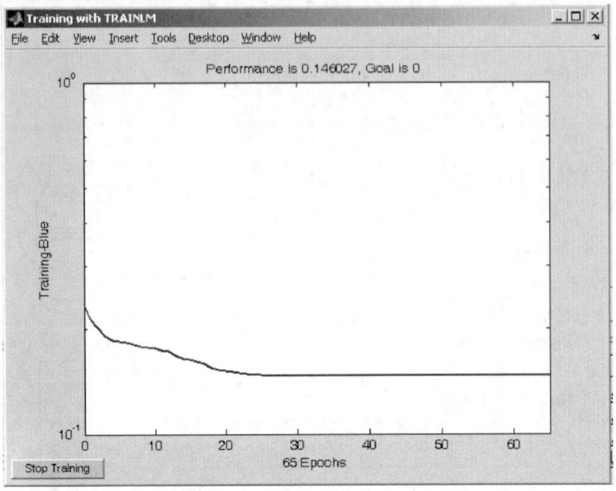

图 4.30　模型训练收敛示意图

(3)模型校验与未来工业用地空间增长模拟

利用 1995 年工业用地到 2005 年工业用地增长的训练参数，基于 1995 年的地理基础数据，推导出 2005 年北京东部平原区的模拟城市形态。对比于 2005 年的实际城市形态，其误差率为 5‰。把 2005 年设这起始年，对 2015 年的工业用地增长进行模拟；接着把 2015 年设这起始年，对 2025 年的工业用地增长进行模拟；以此类推，分别对 2015 年、2025 年、2035 年以及 2045 年的工业用地增长进行模拟。

4.3.3　基于复合功能供需关系的土地功能的博弈分析结果

通过 Office2003 Excel 的规划求解工具求解出现状合理的(2005 年)以及不同情景下规划(2020 年)工业用地、耕地以及水域湿地的面积、地区 GDP 产值、粮食产量、水域湿地自净 COD、NH_3-N 总量、工业用地 GDP 产值等值，见表 4.14。

表 4.14　现状(2005 年)以及规划(2020 年)博弈疏解求解结果一览表

字母	含义	2005 年现状	2005 年合理预测	2020 年情景一	2020 年情景二	2020 年情景三	2020 年情景四
K	地区 GDP(10^8 元)		663.02	1483.16	1432.05	1802.72	1882.35
X	工业用地面积(km^2)	87.00	100.09	226.86	218.93	275.16	237.11
Y	耕地面积(km^2)	643.00	888.56	729.60	769.71	729.60	751.53
Z	水域湿地面积(km^2)	286.00	286.00	318.17	286.00	269.87	286.00
J	耕地、工业用地、水域湿地总面积 2020(km^2)	1016.00(2005 现状)	1274.64	1274.64	1274.64	1274.64	1274.64
a	粮食产量(10^8kg)	3.94	5.67	4.66	4.92	4.66	4.80
b	水域湿地自净 COD 总量(10^4t)		3.23	3.59	3.23	3.05	4.29

续表

字母	含义	2005 年现状	2005 年合理预测	2020 年情景一	2020 年情景二	2020 年情景三	2020 年情景四
	水域湿地自净 NH_3-N 总量(10^4 t)		0.25	0.28	0.25	0.24	0.29
c	工业用地 GDP(10^8 元)	571.40	660.50	1497.30	1455.00	1816.00	1896.90
	工业用地 GDP 目标值(10^8 元)			1800.00	1800.00	1800.00	1800.00

4.3.3.1　2005 年工业用地、耕地及水域湿地及其效益预测值与现状值比较分析

图 4.31 是 2005 现状实际与合理预测的工业用地、耕地、水域湿地数量的构成比例分布，合理预测的土地总数量相比现状实际总数量，可以看出此三类用地目前还有 258.64 km^2 的发展潜力，其中工业用地占 13.08 km^2，耕地占 245.56 km^2。2005 年现状实际的工业用地、耕地与水域湿地的总量 1016 km^2 以及其分布比例 8.7∶63.2∶28.1，是不够合理的，带来了其工业用地 GDP 产值总量、粮食产量均偏低，虽然能满足经济发展及口粮安全，但整体效益没有达最大化，即目前常州市城郊土地的开发利用程度与效率较低。2005 年现状合理的工业用地、耕地与水域湿地的总量 1274.64 km^2 以及其分布比例 7.9∶69.7∶22.4。

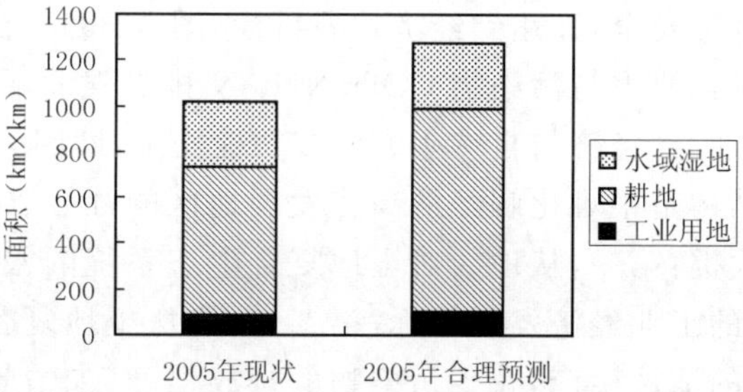

图 4.31　2005 年工业用地、耕地及水域湿地数量比较图

4.3.3.2　不同情景下 2020 年工业用地、耕地、水域湿地及其对应的效益比较分析

图 4.32、表 4.15 是四种情景下工业用地、耕地、水域湿地的构成比例分布。

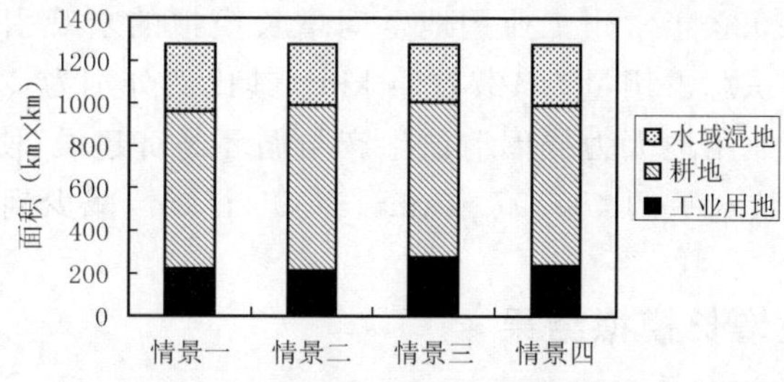

图 4.32　四种情景下工业用地、耕地、水域湿地数量构成比例分布

表 4.15　2020 年四种情景下工业用地、耕地、水域湿地数量构成比例分布

	情景一	情景二	情景三	情景四
工业用地(%)	17.80	17.18	21.59	18.60
耕地面积(%)	57.24	60.39	57.24	58.96
水域湿地面积(%)	24.96	22.44	21.17	22.44

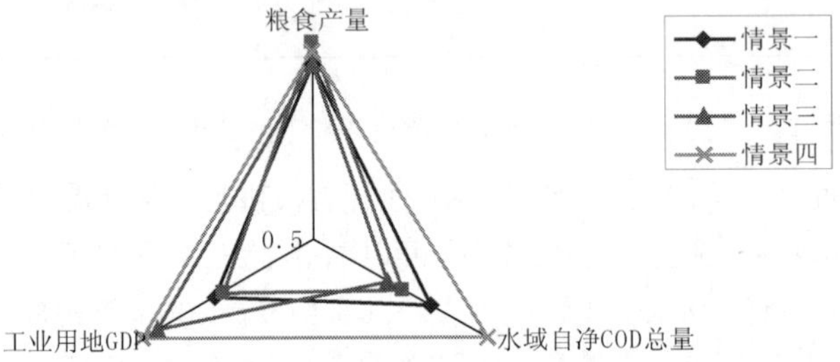

图 4.33　四种情景下综合效益分析图

2020 年情景一、二下的工业用地、耕地与水域湿地数量与比例的可以满足粮食安全及生态安全，但满足不了经济发展目标；情景三、四下的工业用地、耕地与水域湿地数量与比例，是既可以满足粮食安全及生态安全，又达到经济发展目标(图 4.33)。由情景一、二可以看出，在现有土地生态服务功能供给能力与污染物 COD、NH_3-N 排放强度下，无论如何增加水域湿地生态用地面积，是达不到社会、经济与自然生态的多功能安全，即因为土地资源的稀缺性，单纯通过调整土地的数量与结构是很难化解经济高速发展地区的社会、经济与自然生态效益同步发展的。其出路分为两大类：第一，从地区对土地复合生态系统的服务功能需求出发，即依据情景一、二重新调整地区的工业经济发展目标；第二，需要从土地复合生态系统的生态服务供给功能出发，①提倡工业的清洁生产，减少污染物的排放强度(如情景三所示)；②产业升级与调整，提高工业用地均 GDP 产值，同时进行水域湿地疏浚工程，提高水域湿地 COD、NH_3-N 的自净能力(如情景四所示)，但此项举措需投入更多的资金支持。依据以上四种情景分析结果并综合常州市区的具体市情，情景三既能保证常州市区经济的稳步发展需求，又能较好地实施，其提倡工业清洁生产也符合国家的节能减排政策，所以以此情景下的工业用地、耕地与水域湿地数量与比例作为 2020 年常州工业用地空间增长模拟的宏观引导与约束条件。即工业用地、耕地与水域湿地面积总占用量为 1274.64 km^2，其比例分别为 21.59 ∶ 57.24 ∶ 21.17，并且此数量与比例下，对工业用地大力提倡清洁生产与循环经济建设，使工业用地的地均 COD、NH_3-N 排放量分别从现状水平的 484.97 t/km^2、34.95 t/km^2 减少到 380 t/km^2、22 t/km^2。

4.3.4　工业用地增长模拟结果

按照构建的 ANN-URBAN-CA 模型，利用其微观地理空间的相互作用，以及情景三的工业用地总体数量与比例的宏观条件，分别得出 2015 年、2025 年、2035 年以及 2045 年的工业用地数量(表 4.16、图 4.34)与空间增长布局趋势图(图 4.35)。

表 4.16　工业用地历史、现状以及未来模拟数量一览表

工业用地数量(km²)						
1995 年	2005 年现状	2015 年	2020 年	2025 年	2035 年	2045 年
27.00	86.00	167.936	275.13	292.45	416.97	663.96

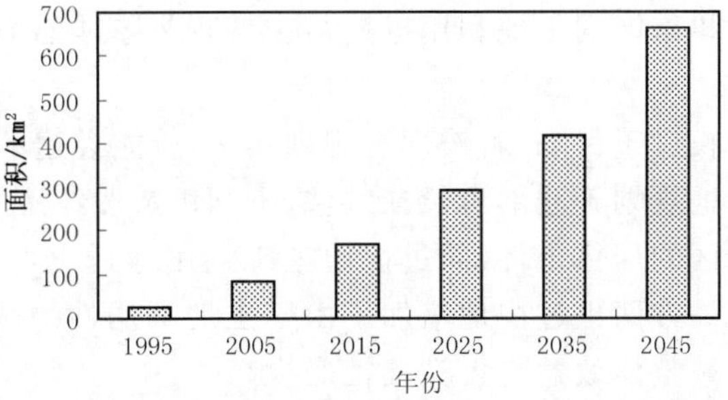

图 4.34　工业用地历史、现状以及未来模拟的数量增长图

由图 4.35 中各图，可以看出 2005—2015 年属于城郊结合部工业用地内部调整与充实阶段，用地数量从 86.00 km^2 增长至 167.93 km^2，空间布局的发展方向的趋势基本一致；2015—2025 年工业用地增长继续进行内部充实，数量从 167.93 km^2 增长至 292.45 km^2，空间布局开始表现出向南北方向增长；2025—2035 年，工业用地数量从 292.45 km^2 增长至 416.97 km^2，空间布局上表现为南北方向基本发展完善，并开始出现沿东西方向增长；从 2035 年到 2045 年，工业用地数量从 416.97 km^2 增长至 663.96 km^2，空间布局上表现为沿东西向与南北向进一步充实。

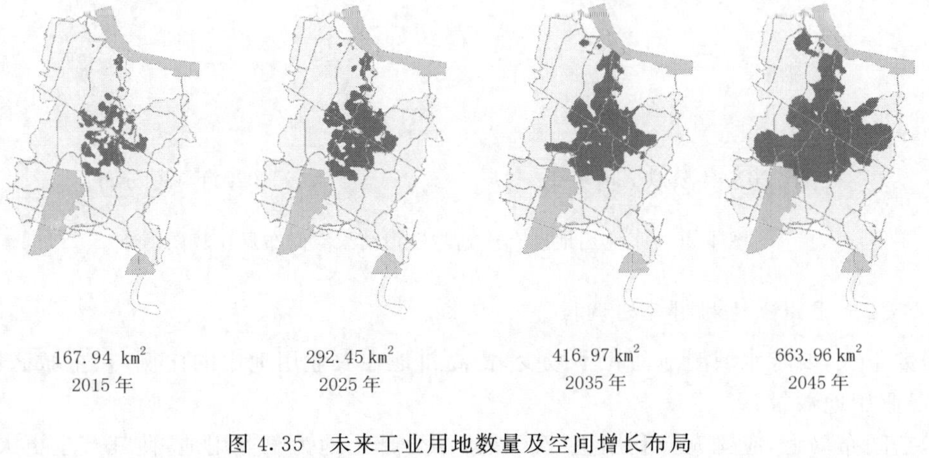

图 4.35　未来工业用地数量及空间增长布局

4.3.5　现有土地利用规划的合理性分析及调控

依据以上基于多功能供需关系的博弈论疏解分析求解的工业用地、耕地及水域湿地的数量与比例，结合基于神经网络的元胞自动机工业用地空间增长模型模拟出的工业用地空间布

局增长趋势，从目标—功能—数量—空间布局出发完成功能导向土地利用多目标规划。针对常州市区来说，因为其已有近期、中期2020年以及远景2050年的土地利用规划，所以首先是结合土地利用现状与土地利用规划，进行现有规划的合理性分析，然后提出常州市区工业用地规划的调整规划。

4.3.5.1　合理性分析

经分析，认为目前常州市区的土地利用近期与中期规划基本合理，但还存在以下问题（图4.36）：

（1）工业用地数量增长过于保守，若按现有规划实施，可能会达不到规划的经济发展目标；

（2）过早地把工业用地规划于北部沿长江区域，不利用产业经济的集聚发展；

（3）为了提高中心城区的居住条件，而过快地把工业用地迁出，一方面会造成中心城区土地没有得到充分利用，另一方面也过快地增加了由于土地利用性质改变带来的土地整治与环境修复的成本，不利于区域整体效益与人类福祉的提高。

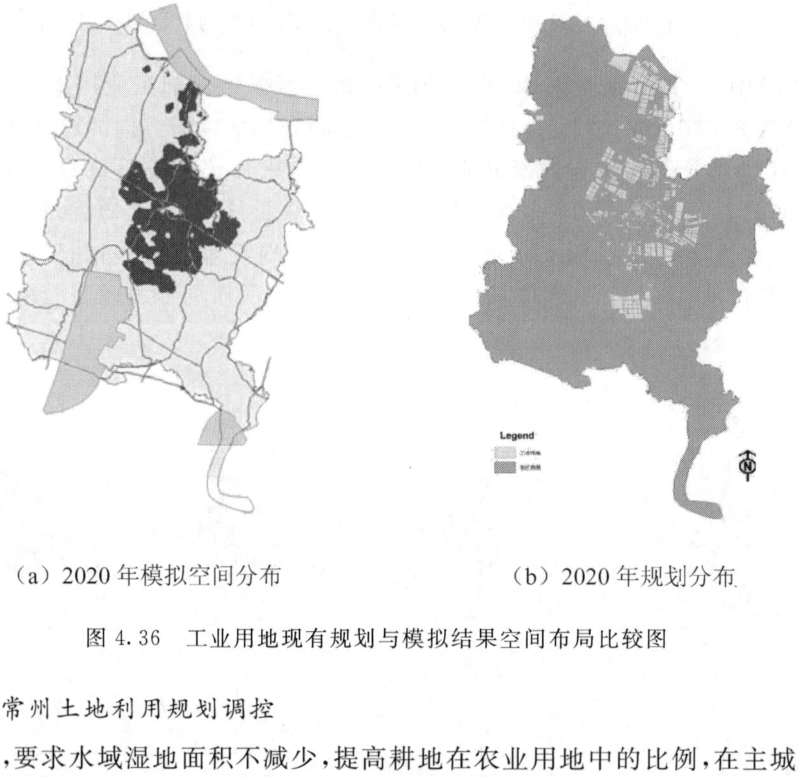

（a）2020年模拟空间分布　　（b）2020年规划分布

图4.36　工业用地现有规划与模拟结果空间布局比较图

4.3.5.2　常州土地利用规划调控

（1）数量上，要求水域湿地面积不减少，提高耕地在农业用地中的比例，在主城区城郊结合部增加工业用地数量；

（2）空间布局上，应先充分利用主城区城郊结合部土地为工业用地，使其产生更大效益后，再逐步发展远离主城区的北部区与南部区，这样常州市区土地多种功能才能充分发挥；城市建设用地应尽量布置在城市发展主动脉（主要道路）两侧，利于土地的集约化利用；

（3）功能定位上，重新调整其原有的“居住优先、工业内外、功能分区、配套平衡”的原则，规划与定位主城区内部工业用地与居住用地功能，可以在主城区外围发展产品附加值高、环境影响小的高新技术产业的工业，一方面可以利用主城区的信息与人才，另一方面也有利于城市混合功能区的发展，提高土地的利用效率；

(4)保障体系上，建立与完善政府各部门之间以及与企业、群众之间的信息反馈与沟通渠道，使政府做出决策时具有完全信息，并达到土地多功能利用的整体理性；

(5)技术创新上，大力提倡循环经济产业园区建设，提高清洁生产水平，减少工业用地的污染物排放强度。

4.3.6　小结

本节应用功能导向的土地复合生态管理方法对经济高速发展地区如何强化建设用地与非建设用地的生态服务功能，使其土地在满足经济发展的前提下，仍能保证区域的社会与生态安全。首先从土地的胁迫效应入手，得出常州市区城郊主要面临的是工业用地、食物生产用地与生态服务用地之间在数量上的矛盾冲突问题；然后以功能为导向，构建基于土地多功能供需平衡的博弈论模型，分不同情景对工业用地、耕地与水域湿地的数量与功能进行模拟，确定未来合理的三类用地数量与比例。最后构建土地空间增长模型，确定出未来常州市城郊工业用地的合理布局。即通过从问题入手，以功能为导向，进行土地数量、结构及空间布局的多目标规划过程，阐明了对于经济高速发展地区，通过强化土地的生态服务功能，是能够实现经济稳步发展的同时，达到社会与生态安全的。

(1)经济高速发展地区常州市城郊土地未来面临的是工业用地、食物生产用地与生态服务用地之间在数量上的矛盾冲突问题；

(2)2005 年现状常州市城郊土地中工业用地与耕地分别还有 13.08 km^2、245.56 km^2 的发展空间，即现状工业用地与耕地开发利用程度与效率偏低。因而 2005 年常州市区没有达到地区整体效益的最大化；

(3)以常州市城郊土地现有的各类土地生态服务功能的供给能力来核算，虽然可以通过调整工业用地、耕地与水域湿地的数量与比例，达到该地区粮食与生态的安全，但不能同时满足该地区 2020 年工业用地经济发展目标，需要以此来调整该地区 2020 年工业用地 GDP 产值为 1400 亿元；

(4)若要同时满足该地区 2020 年工业 GDP 产值达 1800 亿元的目标，又要达到该当地城镇居民粮食与水生态安全，需要强化各类用地的生态服务功能的供给能力，即对工业用地大力提倡清洁生产与循环经济建设，减少工业用地的污染物排放强度，使工业用地的地均 COD、NH_3-N 排放量分别从现状水平的 484.97 t/km^2、34.95 t/km^2 减少到 380 t/km^2、22 t/km^2；同时调整工业用地、耕地与水域湿地比例分别为 21.59∶57.24∶21.17，总量为 1274.64 km^2。在此基础上核算出了到 2020 年常州市区城郊工业用地、耕地与水域湿地的数量分别为 275.16 km^2、729.61 km^2 以及 269.87 km^2，地区工业用地 GDP 产值达到 1816 亿元；

(5)工业用地空间发展布局上，过早地把工业用地规划于北部沿长江区域，不利于产业经济的集聚发展。同时过快地把工业用地从中心城区迁出，一方面会造成中心城区土地没有得到充分利用，另一方面也过快地增加了由于土地利用性质改变带来的土地整治与环境修复的成本，不利于区域整体效益与人民福祉的提高。

4.4 城市土地复合生态管理

应用功能导向的土地复合生态管理方法，对生态敏感地区滨海滩涂湿地的保育与开发利用进行研究，揭示如何通过增强滩涂湿地复合生态系统中的社会管治系统信息反馈与沟通渠道，在保育城市滨海滩涂湿地的自然生态服务功能的同时，保持其人类适度干扰活动的开发利用强度，实现滩涂湿地保育与开发利用并举的可持续发展。

首先对盐城市海岸带滩涂湿地复合生态系统进行系统恢复力思考，辨识出其人类、当地物种以及外来入侵种之间对空间相互竞争的生态系统动力学机制，并识别出自然生态系统目前正处于不理想的状态。而为了进一步了解滩涂湿地社会经济子系统与自然系统的关系，把研究范围扩大到其所在的盐城市域范围，然后重点对社会经济子系统的组成、动力学机制等进行识别，并通过构建贝叶斯信度网络模型，对社会子系统的管治(governance)系统与机制进行多情景模拟，提出了规范各主体行为的适应性生态管理模式，保持其人类适度干扰活动强度，保证滩涂湿地的可持续利用。

4.4.1 滩涂湿地系统的人—当地物种—外来物种竞争动力学机制

4.4.1.1 研究背景

滩涂一般是指沿海滩涂。海洋行政主管部门将滩涂界定为平均高潮线以下低潮线以上的海域，国土资源管理部门将沿海滩涂界定为沿海大潮高潮位与低潮位之间的潮间地带。两部门对滩涂的表述虽然有所不同，但滩涂既属于土地，又是海域的组成部分。

滩涂湿地是水鸟、候鸟如丹顶鹤非常重要的生境，因而对于生物多样性保护是非常重要的，为人类福祉很供巨大的生态系统服务功能，如食物供给、调节与支持功能，据统计，世界上每年能提供相当于 1.648×10^{12} 美元价值(Costanza 等 1997，Daily 等 2000，Stokstak2005)。随着经济高速增长以及人口膨胀，在 1998 年，世界上已有超过一半人口居住和工作于不到 200 千米宽的海岸带，所以滩涂湿地就成为土地资源紧缺国家的主要土地来源，并且这些地区与国家为了促淤及保护海堤，还引入大米草类等外来植物物种。目前为止，多种大米草已能被世界各地引种(Ranwell 1967)，但因为它们高密度覆盖，贝类动物很难生存于它们内部，从而以贝类动物为主要食物的水鸟很难栖息其中。所以对于滩涂湿地数量减少及其保护生物多样性能力的下降，已成许多科学家及政府非常关注的问题(图 4.37)，并开始花大力控制大米草的蔓延(Aberle1990)。本节从系统思维出发，认为盐城滩涂湿地是一个充满不确定、非线性反馈等的复杂适应性系统(Walker 等 2006)，应用适应环概念模型分析生态系统的演替，应用多状态概念模型(Elmqvist 等 2003)分析系统的阈值及状态。目的是应用系统恢复力理论对海涂湿地自然系统的生态功能和动力学机制进行辨别，从而指导海涂土地的利用和管理。

4.4.1.2 研究区域概况

盐城滩涂湿地位于中国东部—江苏的海岸带(如图 4.38)。海岸线从南到北长 582 km，总面积 4553.3 km^2，包括 1673 km^2 的潮上带、1613.3 km^2 潮中带以及 1267 km^2 的潮带，现在仍在淤长。

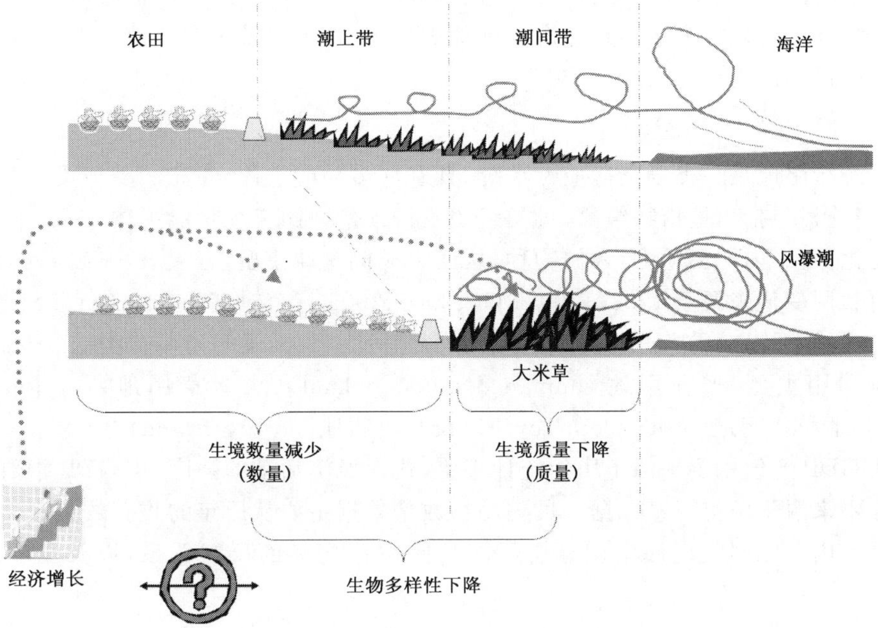

图 4.37 海岸带滩涂湿地土地利用变化及其效应分析示意图

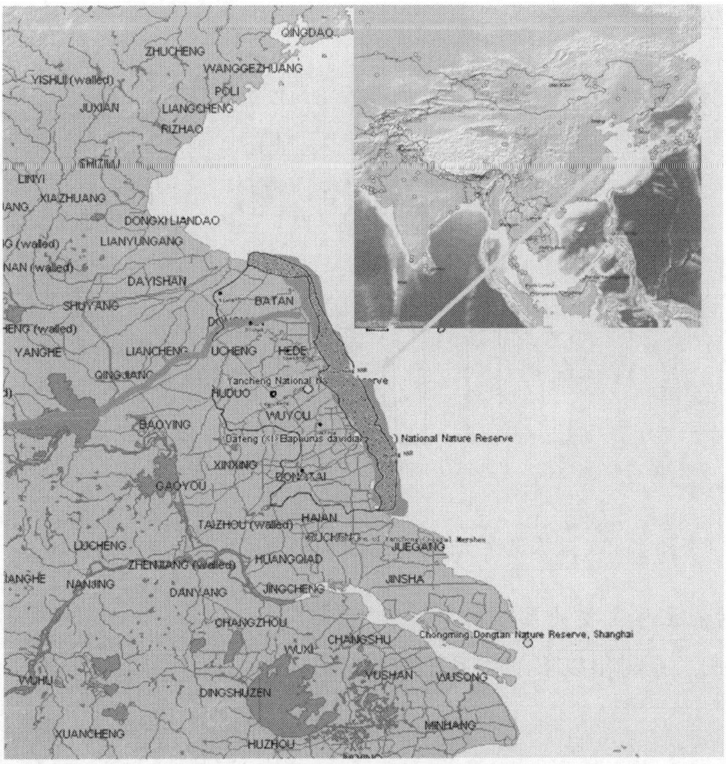

图 4.38 盐城市海岸带滩涂湿地研究区域

研究区在1983年被定为盐城丹顶鹤国家自然保护区，并在1992年被联合国教科文组织定为人与生物圈保护区，在该保护区拥有世界30%～65%的丹顶鹤，核心区174 km^2，其他为缓冲区和实验区。现在大量的自然海涂湿地被农田、盐场以及水产养殖场占用，并且一些化工企业以及港口也出现在海涂土地上。

4.4.1.3　研究方法

盐城海涂湿地是一类复杂适应性系统，具有许多功能主体，并充满复杂关系。而为了抓住重点，我们选择包括当地植物组团，贝类组团及丹顶鹤组团三个功能主体，一个外部驱动力：土地利用变化，一个内部驱动力：入侵物种，从而组成概念性模型。

土地利用变化来源于1983、1990、1996、2001、2005五个时期的Landsat TM影像图，结合现场踏勘，运用ERDAS IMAGINE 8.5遥感影像处理软件，通过监督分类法，把盐城滩涂分为4种土地利用类型：产业用地（human dominated land）、大米草用地（cordgrass，invasive plants）、其他植物用地（other plant cove）以及光滩用地（no cover land）。

当地GDP产值主要来源于历年统计年鉴，代表经济活动的强度，用GDP指数代替。丹顶鹤数量主要来源于历史观察数据。贝类动物数量数据主要从历年的收获数据中估算出来。

主要应用二元回归统计模型分析不同功能主体之间的反馈关系，以及驱动力如何影响它们。

4.4.1.4　土地利用/覆盖变化

从图4.39(a)看出，2001年后，盐城海涂土地利用发生很大变化，而在国家自然保护区内的土地利用变化较小（图4.39b）。

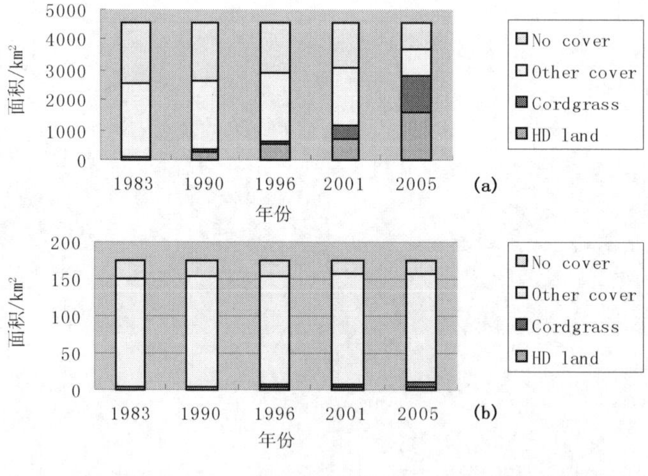

图4.39　盐城滩涂土地利用变化，(a)全区域，(b)自然保护区

4.4.1.5　功能主体主要关系分析

通过二元回归关系得出以下的关系图（图4.40）。

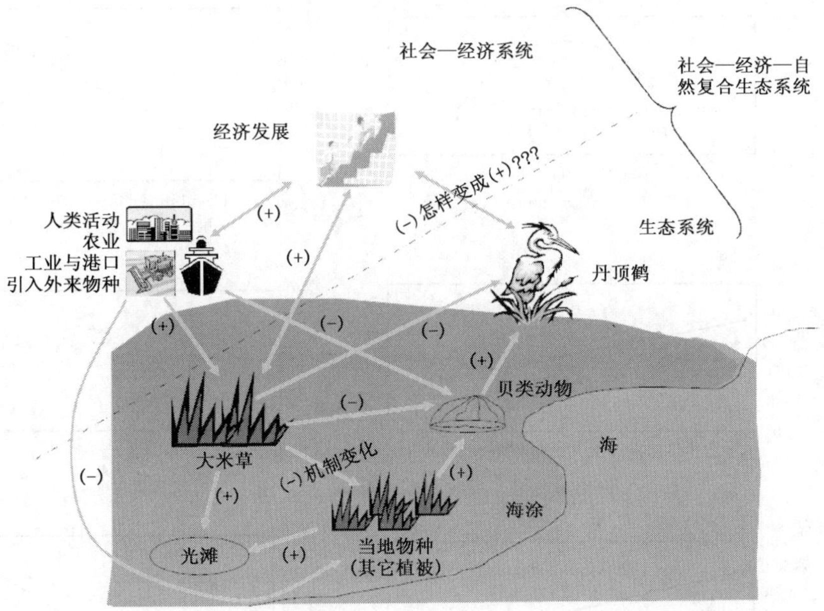

图 4.40　盐城滩涂湿地复合生态系统的反馈及动力学机制关系图

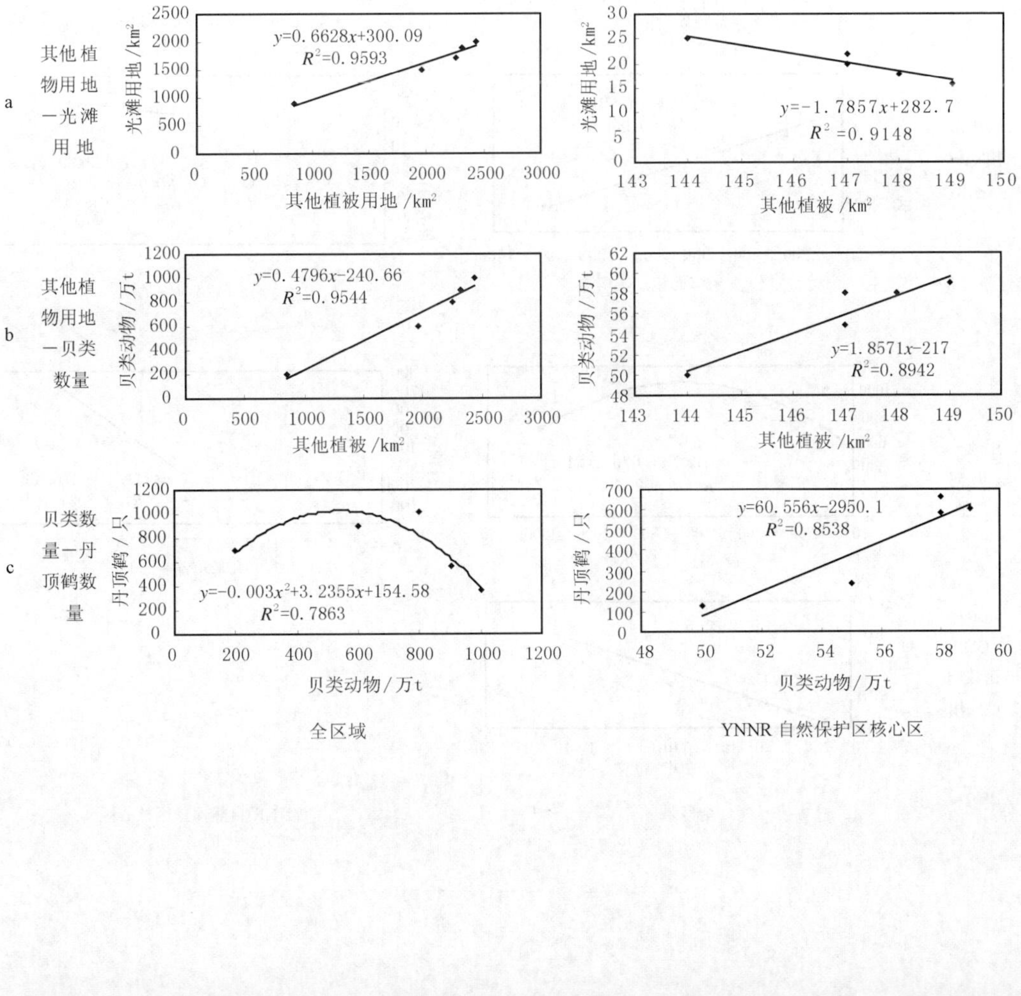

d　其他植物用地一丹顶鹤数量

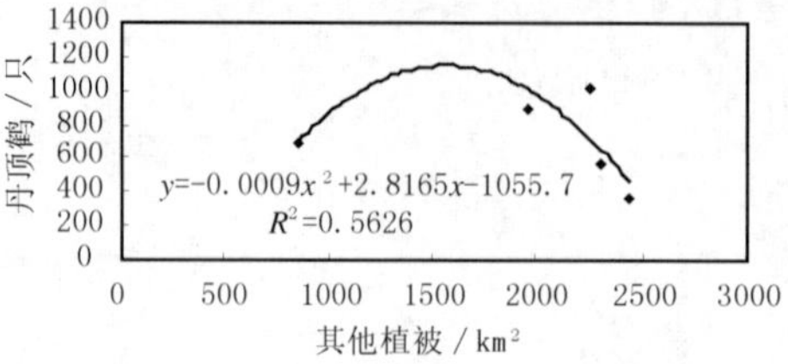

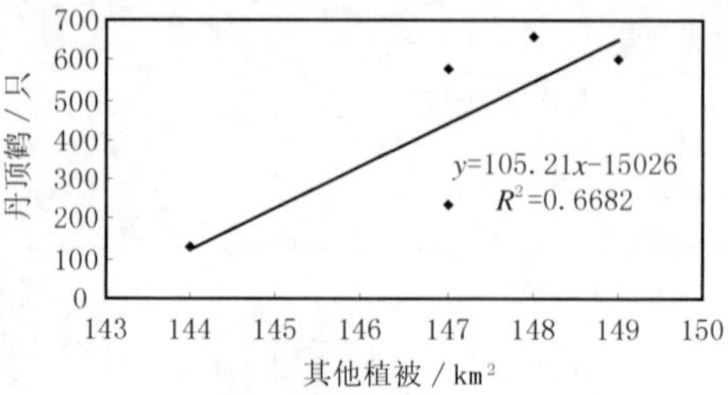

e　大米草用地一光滩用地

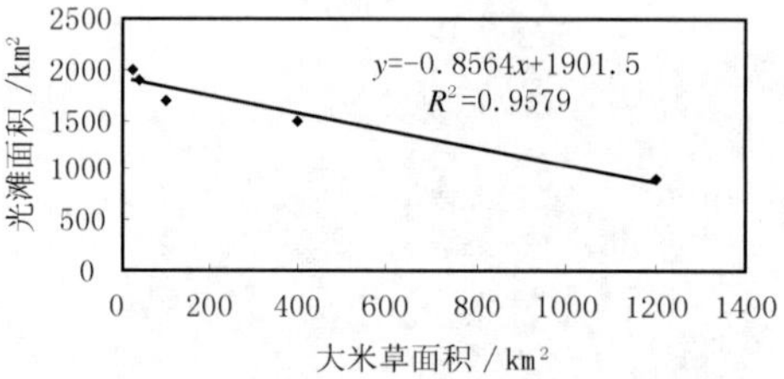

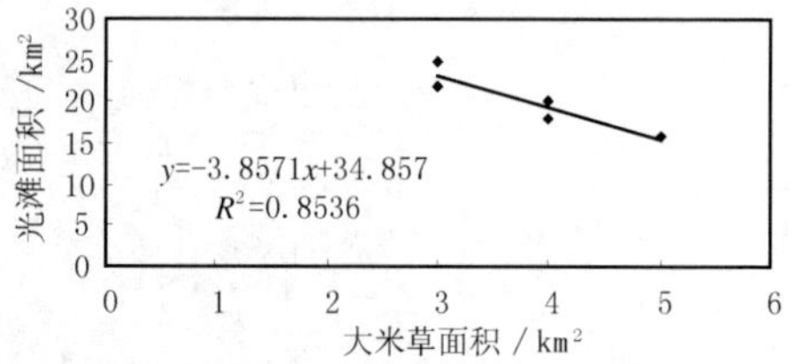

f　大米草用地一其他植物用地

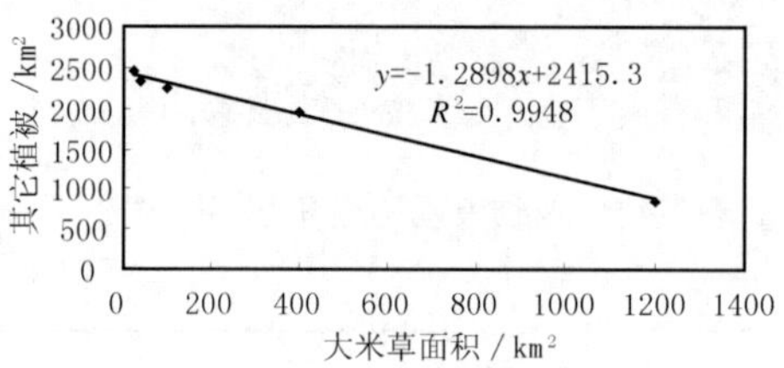

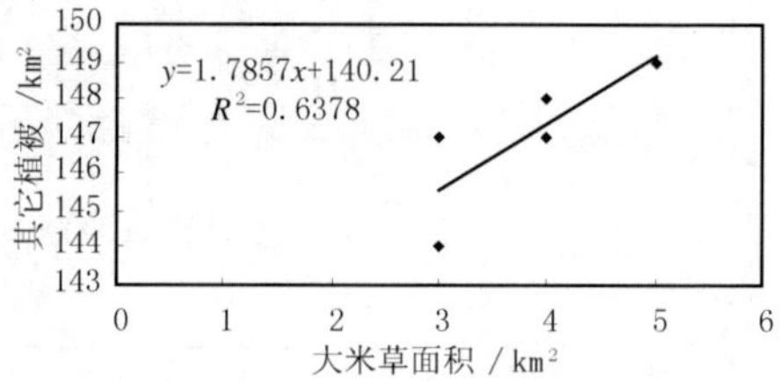

g　大米草用地一贝类数量

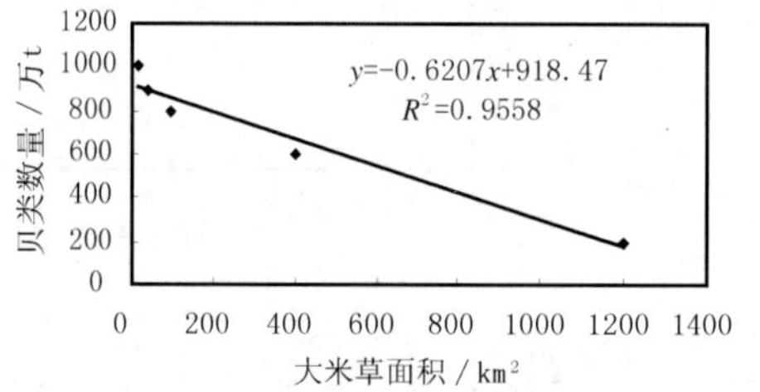

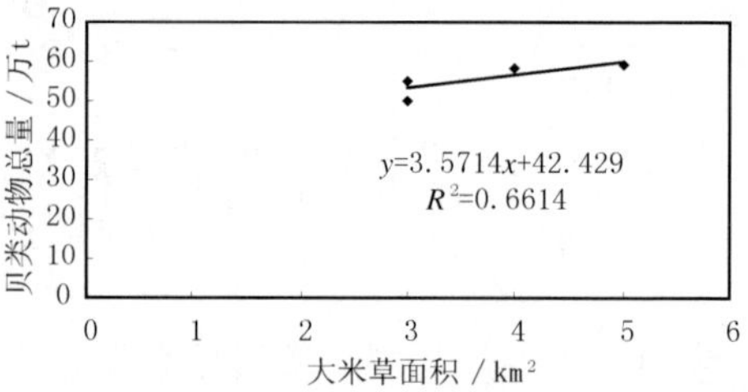

h　大米草用地一丹顶鹤数量

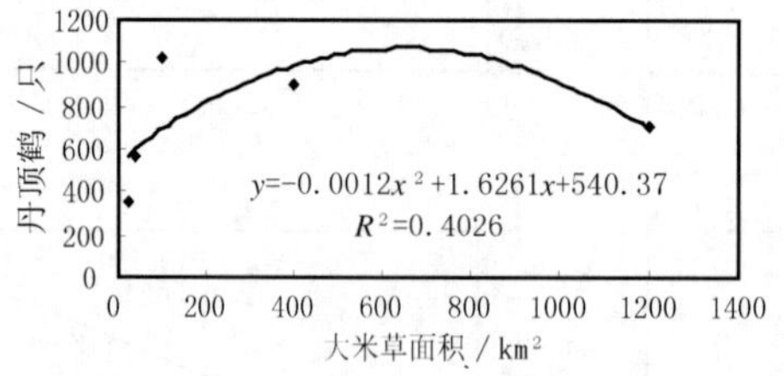

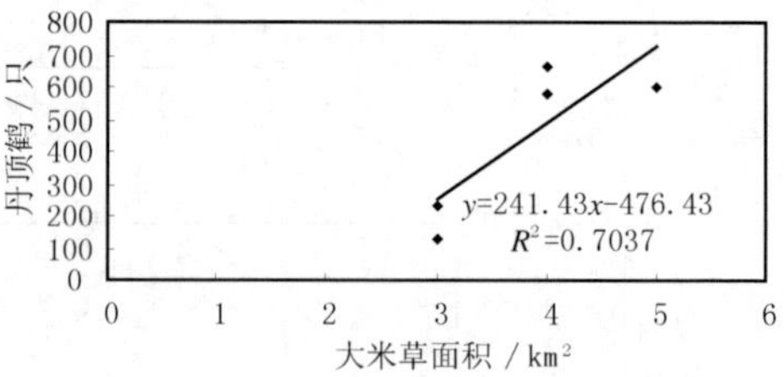

i　地区GDP指数一产业用地

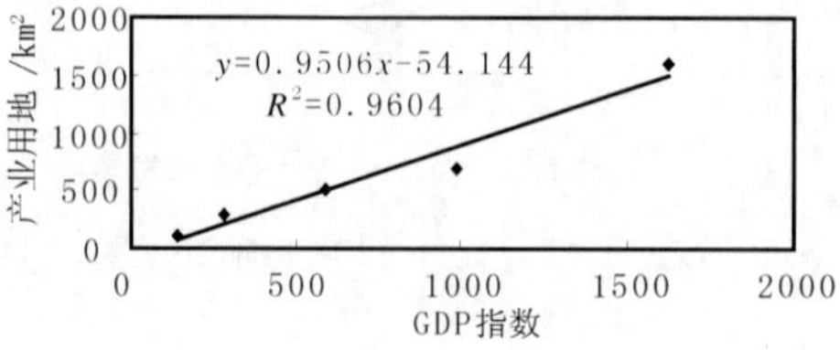

全区域　　YNNR 自然保护区核心区

j　地区GDP指数一大米草用地

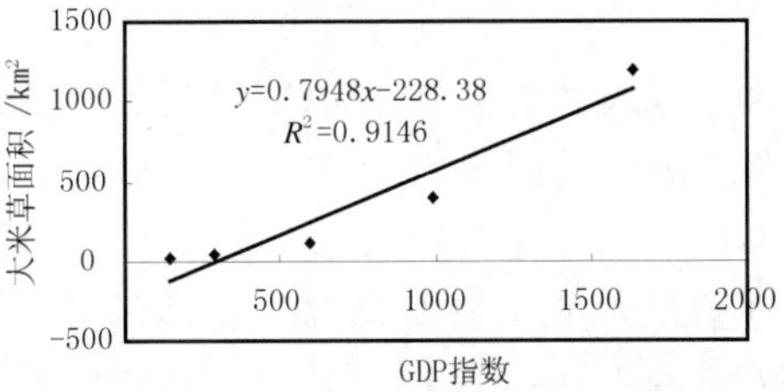

k　地区GDP指数一贝类数量

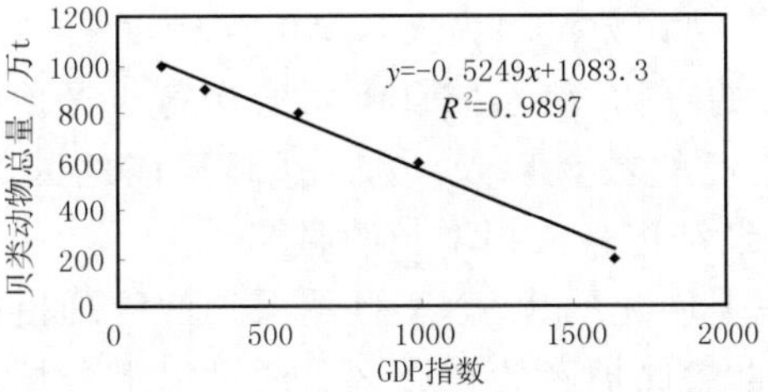

l　产业用地一其他植物用地

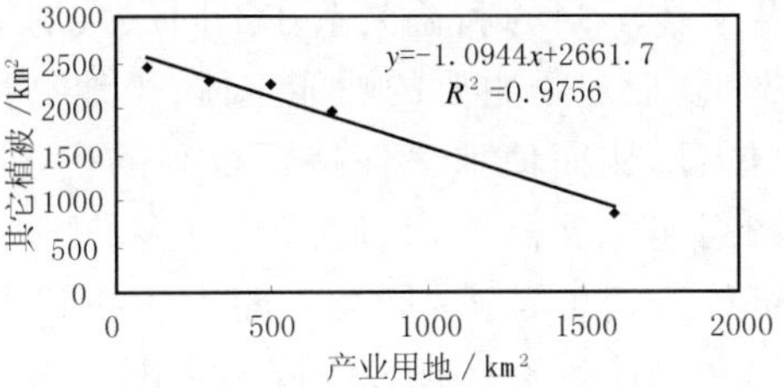

m　地区GDP指数一丹顶鹤数量

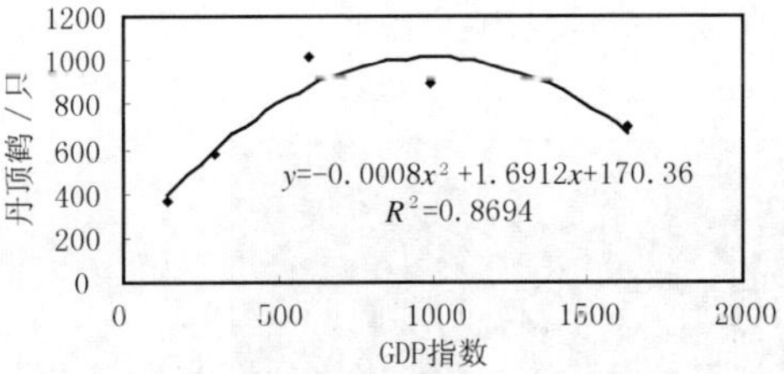

全区域　　　　　　　　YNNR 自然保护区核心区

图 4.41　全区域(左列)和自然保护区核心区(右列)的各功能主体两两之间主要关系分析表

4.4.1.6　生态系统演替与驱动力分析

本地物种盐蒿的演替为滩涂湿地生态服务的产生起到了非常重要的作用。在生态系统演替的先锋期，由于滩涂湿地的淤长，随着其被大潮淹没的时间间隔变长，先锋植物盐蒿(*Suaeda salsa*)开始出现在新淤长的滩涂上，由图 4.39(b)中可看出这个时间是较长的，大约为 22 年，这段时期内光滩用地的数量几乎保持不变。随着河流淡水对该地区的淋洗作用增强，更多的其他物种(*Zoysia macrostachys*，*Acluropus littoralis*)的盐蒿开始出现，这就为草食动物如贝类动物提供了丰富的食物与良好的生境，从而包括丹顶鹤在内的众多水鸟就出现了，从而在该地区形成了非常高的生物多样性(图 4.41 右列)。接着生态系统继续演替，滩涂湿地的盐分变得更少，最后这个系统将达到演替的高峰，表现为只有一种或两种本地物种的盐蒿(*Imperata cylindrical*)所占领。这个时期越长，标志着该系统的反应多样性与功能冗余性下降导致系统的恢复力就越小(Elmqvist 等 2003)。目前盐城海岸带滩涂土地系统远未达到演替的高峰期，因为从土地利用数据可以看出目前在没有被大米草侵占的区域内，大部分为先锋物种的盐蒿(*Suaeda salsa*)。

因为经济发展的快速增长(外部驱动力),人类需要更多地围垦促淤,以获得更多的土地,同时引入大米草,以保护新围土地不被海潮破坏。因为大米草的耐盐耐泡能力,它能快速到占领光滩用地,并在本地物种盐蒿系统中生长开来。这时因大米草的高密度以及强大的根系,它能够竞争到更多的阳光及养分,使得本地盐蒿大量死去而释放出更多的营养物。在盐蒿能利用这些物质重新生长前,大米草能够快速地占用这些营养物质并生长得更快。最后大部分的潮间带滩涂被大米草所占领,结果是贝类动物数量因为大米草的高密度(图 4.41,g)而不能生长于其中而大幅下降。又因为没有足够的食物,使得捕食组团的水鸟与丹顶鹤数量也随之下降。总之,因为盐城海岸带滩涂湿地生境的数量以及质量的下降,该地区的生物多样性在 1996 年后开始出现下降,这时也是当地经济进行大幅增长的时期。

结果也表明在盐城海岸带滩涂湿地上创建的 YNNR 自然保护区管理措施为生物多样性的保护起到了很好的作用,但只限于其自然保护区的核心区。通过以上分析也表明对于该地区的土地保育与利用管理过程中,由于各主体不同的利益关系在不同层次的管理上存在分岐。

盐城市海岸带滩涂湿地原有生态系统包括三个主要的功能主体:当地物种、贝类以及丹顶鹤。它们在盐城自然保护区内仍占主要位置,从而使那里保持了很高的生物多样性。而在自然保护区之外的海涂上,一方面因为经济高速发展需要,人们需要更多的围垦造地,并引大米草促淤来保护土地;另一方面因为大米草的高密度覆盖,贝类不能生活在其中,从而包括丹顶鹤等水鸟就找不到食物,因而造成了该地区总体生物多样性下降。由图 4.42 可知,在 1996 年后,除自然保护区之外的海涂已跨过阈值,进入不理想状态下。

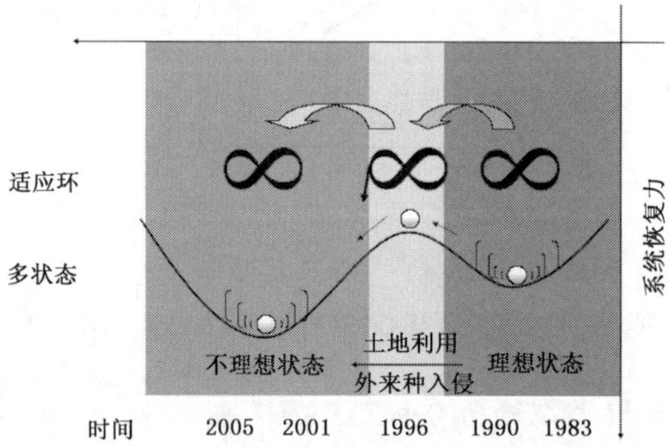

图 4.42　盐城滩涂的适应环及多状态变化分析图

4.4.1.7　小结

(1)盐城滩涂湿地非常容受到外来物种的入侵;

(2)盐城滩涂土地生态系统从 1996 年开始向不良状态转变,目前大部分的潮间带已跨过阈值进入被大量大米草入侵,生物多样性下降的不良状态,需要减轻围垦与引入大米草的人类活动强度;

(3)自然保护区的管理模式对于保护滩涂土地生态功能起到了一定的作用,但其经济效应较低,所以我们要寻找一种湿地保育与开发利用并举的方法。

4.4.2　从竞争自生走向共生与再生:盐城滩涂土地适应性生态系统管理

4.4.2.1　研究背景

我们已经应用系统恢复力理论对盐城海岸带滩涂湿地复合生态系统的生态服务功能与动力学机制进行了分析,结果得出是该系统的人一本地物种一外来物种的土地与空间竞争机制。Hahn 等(2006)指出生态系统生态功能的产生与发挥除自然生态系统本底能力外,很重要一点是取决于人类社会管治系统的能力建设水平。所以我们必须进一步从社会一经济一自然复合生态系统出发,深入分析社会管治子系统,找出其导致自然子系统恶化的社会管治系统的动力学机制,找出该区域导致人类活动(围垦促淤、引入大米草等活动)的主要驱动力机制,并进行相应的调控,为进行土地保育与利用并举的多主体适应性生态管理提供决策依据与支持。

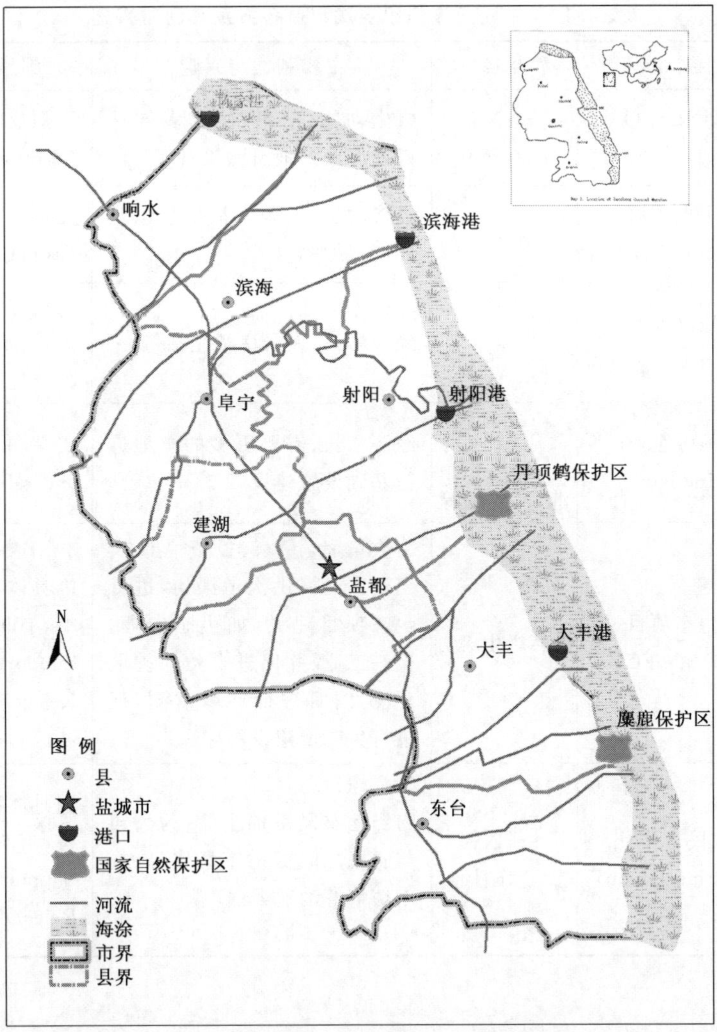

图 4.43　盐城市行政区及盐城海涂位置图

4.4.2.2　研究区社会经济概况

盐城滩涂属于盐城市管瞎，总面积为 15000 km^2，包括 8 个县，138 个镇及 1927 个村（图 4.43），总人口约 800 万，大部分为农民。现有 4 个港口在海涂上，1673 km^2 中已有 1400 km^2 的自然海涂被围垦利用，主要用于农田、淡水养殖等，共有 9 个现代农场。两个 Ramsar 国际湿地保护区：丹顶鹤保护区（YNNR）以及麋鹿保护区（DMNNR）。还有一些生态旅游项目、工业企业以及投资商人。对于当地人，他们要不就是在农场各企业工作，要不就在自家地土上耕作，还有渔民等，并形成一定的农民合作社等。

4.4.2.3　社会管治系统的辨识

首先通过现场调研与访谈初步了解了社会管治系统利益各方的主要利益（表 4.18）及相互关系（图 4.44）。图中主要利益各方代表着该区域不同的土地利用类型，表现为产业用地的社会经济功能与自然湿地的生物多样性保护生态功能之间的冲突。

表 4.18　不同尺度组织层次利益各方及其利益兴趣

序号	尺度	主要组织	利益各方	主要利益与兴趣	围垦并引入大米草
1	国际组织	UNESCO Ramsar	YNNR DMNNR	野生动物、水鸟、生物多样性以及滩涂湿地自然景观等	强烈反对 (Strong reject it)
2	国家政府	中央政府 (CentalGOV)	中国	经济增长、人居幸福生活以及环境保护等	支持 (Support it)
3	地方政府	地方政府 (LocalGOV)	盐城市	经济增长、人居幸福生活等	支持并实施 (Support it and carry it out)
4	地方组织	地方企业 (Industry)	包括当地工业企业、港口、农场等	经济增长、需要更多的土地进行基础设施建设	支持并依赖它(Support and rely on it)
5	地方组织	生态项目办公室(ECO)	各县级生态办	为决策者、专家、投资者以及当地人民提供沟道渠道，进行生态项目建设，如生态农业、生态工业、并促进自然保护区建设，同时进行环境监测，促进行生态市建设等	因具体项目不同，有时支持，有时反对(Sometime Support and Sometime Reject)
6	地方组织	农民合作社 (FarmerUnion)	各村农民合作社	为当地农民幸福生活，为公司与农民之间提供市场信息、技术培训等沟通渠道	因具体项目不同，有时支持，有时反对(Sometime Support and Sometime Reject)

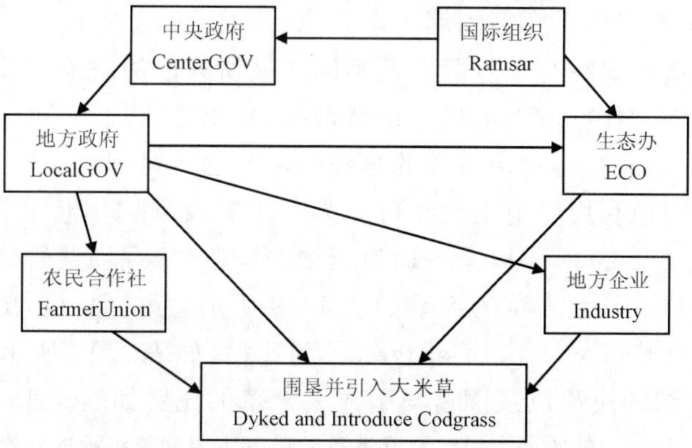

图 4.44　盐城市海涂湿地现状社会管治系统各主要功能利益组织的相互关系图

4.4.2.4　社会管治系统的贝叶斯信度网络模型构建与历史数据训练

步骤一：模型构建

以上述主要组织的利益兴趣及相互关系为基础，应用 Norsys Software Corp. 开发的贝叶斯信度网络软件 Netica 4.08(http://www.norsys.com/)构建盐城海岸带滩涂湿地社会管治系统贝叶斯信度网络模型(图 4.45)。

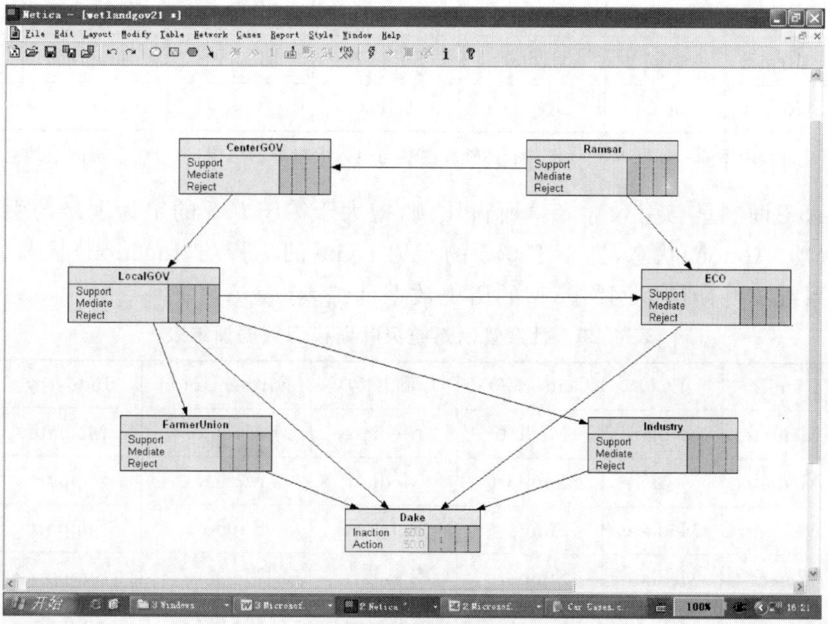

图 4.45　盐城海岸带滩涂湿地社会管治系统贝叶斯信度网络模型示意图

如图 4.45 所示，每个方框节点表示为各个主要利益组织，框内 Support、Mediate、Reject 三个状态表示各利益组织对于围垦与引入大米草人类活动分别所采取的支持、中立、反对决策。箭头接线方向表示各组织之间的影响关系。各组织的决策以及其相互关系最终导致深色框(围垦与引入大米草人类活动)内所示两个状态 Inaction 和 Action 的变化，即导致该区域围垦与引入大米草人类活动的强度变化。

步骤二:应用历史数据进行模型训练

应用该区域各利益组织在每个阶段以及不同区域所采取的决策以及其最终导致的该区域围垦与引入大米草的强度数据对以上模型进行训练,找出主要规律,对未来该区域的决策进行预测分析并反馈信息,完成社会管治系统的自我学习与适应过程。

盐城海岸带滩涂湿地利用历史上大致可分为 6 个阶段,即 20 世纪 50 年代以前、60 年代、60—80 年代、90 年代以及 2000 年以来。通过历史资料收集、现场调研访谈得出各个阶段各主要利益组织对于围垦与引入大米草的决策如表 4.19 所示。另,通过历史土地利用图计算出各个阶段围垦与引入大米草(Dyke and Cordgrass)的比例,如表 4.19 所示。而对于自然保护区(NRA)各主要利益组织的决策以及围垦与引入大米草的比例如表 4.19 所示。

表 4.19 盐城海岸带滩涂湿地各阶段各主要利益组织的状态表

IDnum	Ramsar	ECO	CenterGOV	LocalGOV	FarmerUnion	Industry	Dyke and Cordgrass
1950	*	*	Mediate	Mediate	Mediate	Mediate	0.1
1950—1960	*	*	Support	Mediate	Mediate	Support	0.3
1960—1980	*	*	Support	Support	Support	Support	0.5
1980—1990	Reject	*	Support	Support	Mediate	Support	0.6
1990—2000	Reject	Support	Support	Support	Mediate	Support	0.6
2000	Reject	Mediate	Mediate	Support	Mediate	Support	0.8
NRA	Reject	Reject	Reject	Mediate	*	*	0.05

注:* 表示没有数据;表中 Dyke and Cordgrass 表示各阶段围垦与引入大米草的强度,通过各阶段的土地利用图计算得出。

通过专家咨询围垦与引入大米草所占比例,把大于等于 0.5 的定为围垦与引入大米草(深色框内)的行动(Action)状态,把小于 0.5 的定为 Dyke 的不行动(Inaction)状态。最终形成以下社会管治系统贝叶斯信度网络模型的历史数据训练表(表 4.20)。

表 4.20 社会管治系统贝叶斯模型数据训练表

IDnum	Ramsar	ECO	CenterGOV	LocalGOV	FarmerUnion	Industry	Dake
1	Mediate	Mediate	Mediate	Mediate	Mediate	Mediate	Inaction
2	Mediate	Mediate	Support	Mediate	Mediate	Support	Inaction
3	Mediate	Mediate	Support	Support	Support	Support	Action
4	Reject	Mediate	Support	Support	Mediate	Support	Action
5	Reject	Support	Support	Support	Mediate	Support	Action
6	Reject	Mediate	Mediate	Support	Mediate	Support	Action
7	Reject	Reject	Reject	Mediate	Mediate	Mediate	Inaction
8	Reject	Reject	Reject	Reject	Reject	Reject	Inaction
9	Support	Support	Support	Support	Support	Support	Action
10	Mediate	Mediate	Mediate	Mediate	Mediate	Mediate	Action

步骤三：应用历史数据网络优化：

图 4.46 显示经过历史数据训练与优化的社会管治网络。可以看出经优化网络是尽最大可能地把各个主要利益组织相连，表现出极强的系统稳定性。

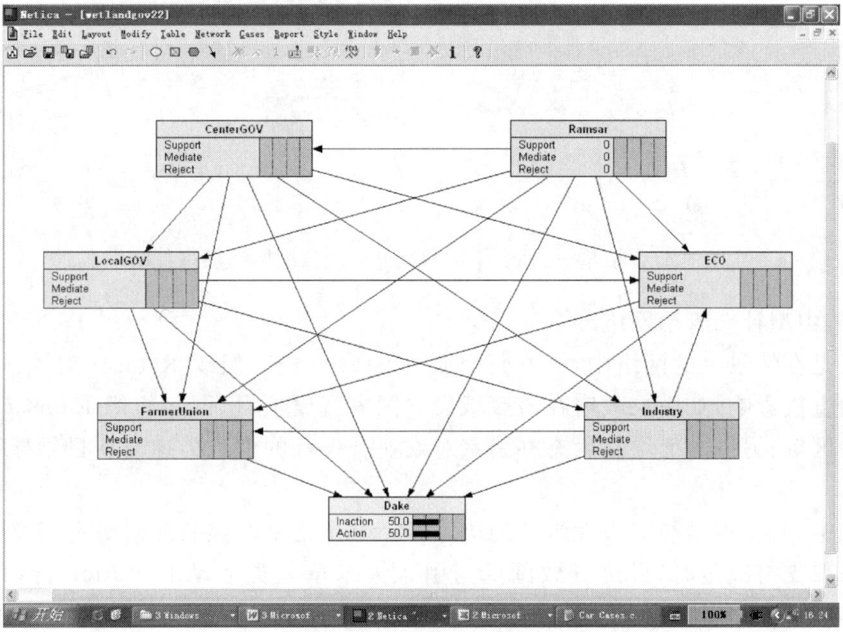

图 4.46　经过历史数据训练与优化的社会管治网络示意图

4.4.2.5　盐城市海岸带滩涂湿地社会管治系统情景分析

结合盐城市海岸带滩涂湿地管理的目的是减轻该区域产业用地人类活动强度，以及贝叶斯信息网格模型优化的结果，分别就现状社会简单管治网络、中型社会管治网络以及复杂社会管治网格设定三种情景，利用历史训练参数分别构建贝叶斯信息网格模型进行模拟与信息反馈，确定如何增强该地区的社会管治网络，使其达到盐城海岸带滩涂湿地保育与开发利用并举的管理目标。

情景一：现状社会管治网络

此情景为现状社会管治系统，它是自上而下的，由政府一级一级向下进行管理，缺少信息反馈机制。对于围垦与引入大米草的决策，Ramsar 是采取强烈反对决定，若其他主要利益组织均采取支持决定时，则最终导致围垦与引入大米草人类活动的 Action 行动概率将由 50%上升至 66.7%(图 4.47b)。此时，不管中央政府以及生态办公室决策调整为反对，只要地方政府、地方企业以及农民合作社任一方不调整其决定为中立或反对时，最终导致围垦与引入大米草人类活动的 Action 行动概率将保持在 66.7%，若任一方采取中立或反对决定时，最终导致围垦与引入大米草人类活动的 Action 行动概率将由 66.7%下降至 50%；此时，就算所有的利益组织方均采取反对决定时，最终导致围垦与引入大米草人类活动的 Action 行动概率将保持在 50%(图 4.47a)。也就是说此网络是刚性的，自上而下的，是倾向于围垦与引入大米草行动的，不利于未来对盐城海岸带滩涂湿地进行多主体管理，而不利于减轻围垦与引入大米草人类活动强度的目的。

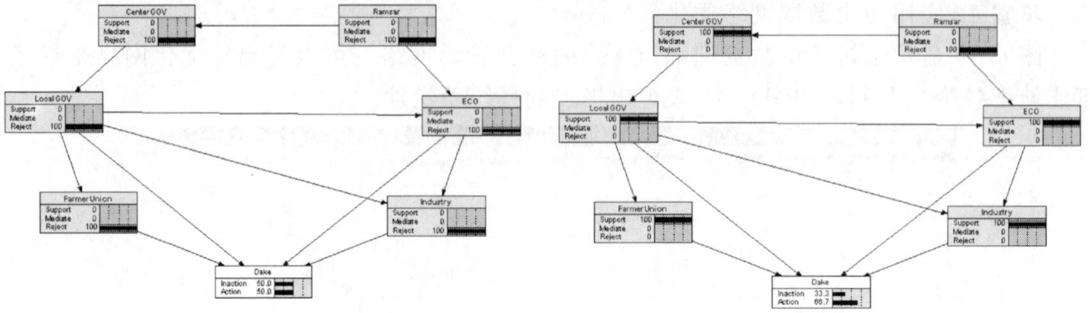

(a)　　(b)

图 4.47　情景一:社会管治网络贝叶斯信度网络模型与结果

情景二:中型社会管治网络

此情景是在情景一的网络中,一方面增加中央政府、国际组织 Ramsar 对该区域围垦与引入大米草的直接影响,如中央政府在该区域设立国家直属项目、国际组织 Ramsar 建议扩大湿地自然保护区等;另一方面增加生态办公室对农业合作社的信息传递与项目领导等,从而形成如上网络。

此情景中,对于围垦与引入大米草的决策,Ramsar 是采取强烈反对决定,就算其他主要利益组织均采取支持决定时,最终导致围垦与引入大米草人类活动的 Action 行动概率不超过50%(图 4.48b),在这情况下,若 Ramsar 也采取支持的决定时,最终导致围垦与引入大米草人类活动的 Action 行动概率从 50%上升至 66.7%。但此时若只要任何一方采取不支持,即中立或反对决定时,最终导致围垦与引入大米草人类活动的 Action 行动概率又从 66.7%下降至50%。另一方面,若所有的利益方均采取反对决定时,则最终导致围垦与引入大米草人类活动的 Action 行动概率从 50%下降至 33.3%(图 4.48a),同时在此过程中,若有任一利益组织采取不反对,即中立或支持决定时,则最终导致围垦与引入大米草人类活动的 Action 行动概率又从 33.3%上升至 50%。所以若要在未来能够有效地减轻围垦与引入大米草人类活动强度,需要协调社会管治系统各主要利益组织,使其均采取反对决定,方能得到预期效果。

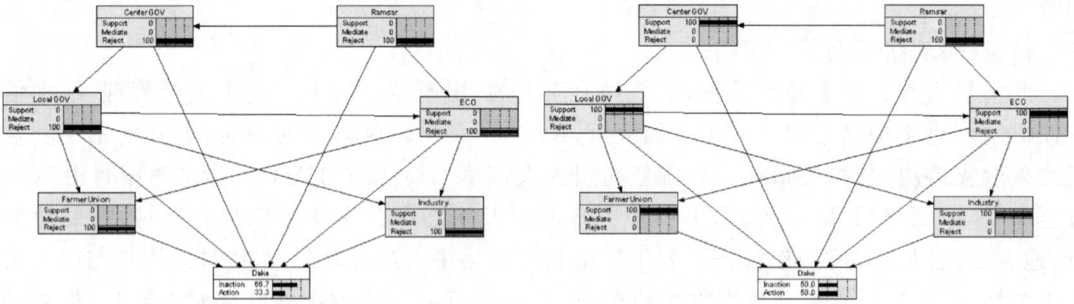

(a)　　(b)

图 4.48　情景二:社会管治网络贝叶斯信度网络模型与结果

情景三:复杂社会管治网络

此情景是按照在情景一的社会管治系统通过历史数据应用贝叶斯信度网络模型进行结构训练与优化得到,是属于理想状态的社会管治系统。

在这情景中，对于围垦与引入大米草的决策，Ramsar 是采取强烈反对决定，不管中央政府采取支持、中立还是反对决定，只要其他主要利益组织均采取支持的决定，则最终导致围垦与引入大米草人类活动的 Action 行动概率将由 50％上升至 66.7％(图 4.49b)。同时，若其他主要利益组织只要有任一方采取不支持，即中立或反对决定，那么最终导致围垦与引入大米草人类活动的 Action 行动概率将由 66.7％下降至原来的 50％(图 4.49a)。但不管网络中所有的利益组织均采取反对决定，这时最终导致围垦与引入大米草人类活动的 Action 行动概率均不小于 50％。这说明此网络是非常稳定的，但不利于通过协调各方关系而减轻盐城海岸带滩涂湿地围垦与引入大米草等人类活动的实施。也就是说太复杂的网络，表明由于利益各方相互制约与限制而相互抵消，反而不利于相关政策的落实与实施。

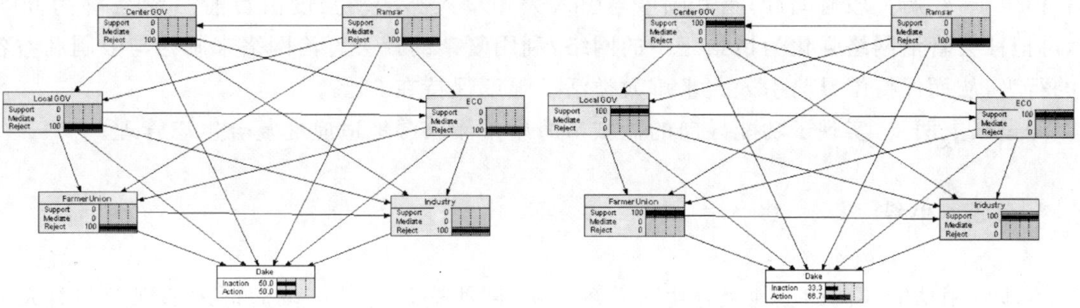

(a)　　　　　　　　　　　　　　　　(b)

图 4.49　情景三：社会管治网络贝叶斯信度网络模型与结果

表 4.21　三种情景下的各主要利益组织的状态以及围垦与引入大米草人类活动强度一览表

情景	Ramsar	ECO	CenterGOV	LocalGOV	Farmer-Union	Industry	Dake(％)	
							Inaction	Action
情景一(a)	Reject	Reject	Reject	Reject	Reject	Reject	50	50
情景一(b)	Reject	Support	Support	Support	Support	Support	33.3	66.7
情景二(a)	Reject	Reject	Reject	Reject	Reject	Reject	66.7	33.3
情景二(b)	Reject	Support	Support	Support	Support	Support	50	50
情景三(a)	Reject	Reject	Reject	Reject	Reject	Reject	50	50
情景三(b)	Reject	Support	Support	Support	Support	Support	33.3	66.7

4.4.2.6　盐城市海岸带滩涂湿地适应性生态管理

通过上节滩涂湿地复合生态系统动力学机制分析，得出在进行 1996 年后，除自然保护区之外的海涂湿地，由于围垦与引入大米草等活动的人类生态胁迫过强，已经导致该地区的滩涂湿地生态系统受损，而表现为生物多样性下降的生态响应即进行自然生态系统不理想状态。结合盐城海岸带滩涂湿地利用历史，在 20 世纪 90 年代间期，该地区自然滩涂围垦与引入大米草的比例是 60％(表 4.19)，即可以得出为了保证该地区自然滩涂湿地的自然生态服务功能不受损，并不需要禁止该区域所有人类的开发利用活动，只要保证人类围垦与引入大米草的面积不得超过总滩涂湿地的 60％就可以了。

又鉴于目前该地区人类围垦与引入大米草的面积已超过 80%，即人类生态胁迫过强，目前首要的是减轻人类的开发利用强度。通过社会管治系统的情景分析可以得出该地区滩涂湿地适应性生态管理分两步走：

第一步，前期一方面增加中央政府、国际组织 Ramsar 对该区域围垦与引入大米草的直接影响，如中央政府在该区域设立国家直属项目、国际组织 Ramsar 建议扩大湿地自然保护区等；另一方面增加生态办公室对农业合作社的信息传递与项目领导等，从而形成如社会管治情景分析中情景二中的网络，并且需要协调社会管治系统各主要利益组织，使其均采取反对决定，使围垦与引入大米草人类活动的 Action 行动概率从 50%下降至 33.3%，有利于快速减轻围垦与引入大米草人类活动的强度；

第二步，经历一段时间后，当其围垦与引入大米草人类活动强度由目前的 80%降为 60%后，再把社会管治网络强化为情景三中的网络，利用复杂的社会管治网络来制约与限制利益各方的行为，从而保持围垦与引入大米草人类活动强度保持在 60%。

经过以上两步，实现了功能导向的盐城市海岸带滩涂湿地适应性复合生态管理。

4.4.3　小结

本节应用功能导向的土地复合生态管理方法，对生态敏感地区滨海湿地的保育与开发利用进行了研究。首先对盐城市海岸带滩涂湿地复合生态系统的生态动力学机制进行了辨识；接着识别出该区域的土地利用社会管治系统中不同功能需求的利益组织，构建出该区域的贝叶斯信度网络社会管治模型，对不同规模的社会管治系统其对于减轻围垦与引入大米草人类活动的效果进行了模拟；最后提出该地区适应性生态管理的途径与方法。得出以下结论：

(1)盐城滩涂湿地复合生态系统主要是人类—当地物种—外来物种土地空间竞争动力学机制，该系统在进入 1996 年后，由于人类围垦与引入大米草人类土地利用生态胁迫活动超载，使得目前自然滩涂湿地的生物多样性下降，丹顶鹤数量从 1996 年的 1020 只开始下降到 2005 年的 700 只，已严重威胁当地的生态安全，长期将不利于当地经济的发展；

(2)盐城滩涂湿地合理的人类围垦与引入大米草面积比例为占总滩涂湿地的 60%，但目前人类围垦与引入大米草面积比例为 80%，需要减轻人类活动的干扰强度；

(3)现状社会管治系统自上而下的，由政府一级一级向下进行管理，缺少信息反馈机制，总体上是倾向于围垦与引入大米草行动的，而不利于减轻围垦与引入大米草人类活动强度的目的；

(4)通过增加中央政府、国际组织 Ramsar 对该区域围垦与引入大米草的直接影响，如中央政府在该区域设立国家直属项目、国际组织 Ramsar 建议扩大湿地自然保护区等；另一方面增加生态办公室对农业合作社的信息传递与项目领导等，从而形成中型社会管治网络(情景二)，有利于快速减轻围垦与引入大米草人类活动的强度；

(5)当其围垦与引入大米草人类活动强度由目前的 80%降为 60%后，再把社会管治网络强化为情景三中的网络，利用复杂的社会管治网络来制约与限制利益各方的行为，从而保持围垦与引入大米草人类活动强度保持在 60%，从而实现自然生态服务与社会经济生态服务功能协调发展。

(6)通过滩涂湿地的动力学机制及适应性管理，阐明了功能导向的土地复合生态管理方法中实现生态敏感地区滨海湿地保育与开发利用的多主体管理问题。

第5章　区域城市水生态管理

生态综合管理是在对生态系统组成、结构和功能过程加以分析辨析的基础上，制定适应性的管理策略，以恢复或维持生态系统整体性和可持续性，其中生态资产、生态服务功能和生态安全是当前生态综合管理的热点。

水生态的概念等于淡水生态系统，它是淡水生物及其周围环境的总和，包括江河、湖泊、池塘和水库等。水体生态系统的自然属性决定了对水的管理必须建立在生态系统管理的基础上。但目前我国的水管理还停留在地方行政管理和行业管理层次上，导致在水的开发和利用中，由于只是就事论事，往往统筹兼顾不够，结果总是按下葫芦浮起瓢，老问题的解决导致更多的新问题。

本研究拟核算苏南典型城市常州市人类活动对区域水生态资产和生态服务能力及相应的生态补偿机制，将生态足迹和生态服务能力间的盈亏关系作为城市区域影响的测度指标，建立基于水生态安全机制的区域城市发展的生态规划和水生态管理体系，探讨城市发展的区域水生态安全的政策、决策、规划及管理措施和系统方法。

5.1　区域城市发展的水复合生态系统辨识

5.1.1　水复合生态系统概况

城市生态建设的对象是城市复合生态系统。它是由异质性的社会、经济、自然三类系统相互联系、相互作用、相生相克、互为因果耦合而成的；是以人的行为为主导、自然环境为依托、资源流动为血脉、社会体制为经络，比自然生态系统更高一个层次。水体是此复合生态系统中自然生态系统的一个子系统和有机组分，它与自然子系统中其他子系统和成分及经济、社会子系统及其中许多成分，相互联系、相生相克、互为因果。正是这些生态属性形成了水—人生态圈的机会与风险，确保了可持续的资源供给、同化、调控和缓冲，确保了人、水、生命和环境关系的和谐性，确保了人类社会自组织自调节的生命活力。正是由于这种生态服务功能，经济得以持续，社会得以安定，自然得以平衡。但人们在处理水问题过程中，往往过分注重其物理实体而不注重其生态关系，只注重其工程结构、经济过程和社会功能，而忽视其生态服务和维持功能。

要衡量水生态系统的这些功能与其他子系统和成分的关系，关键是怎样去认识、简化和综

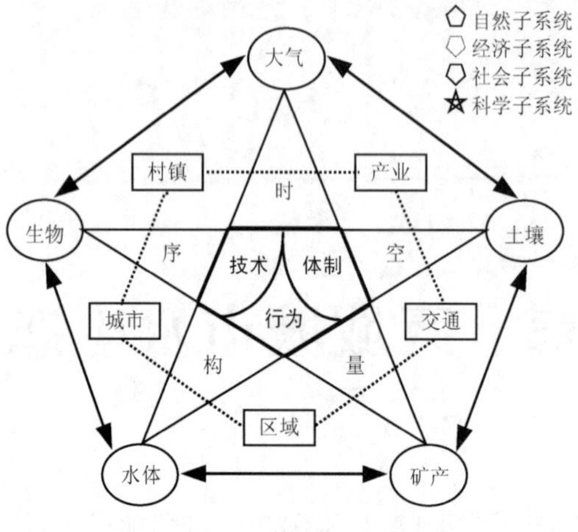

图 5.1　水复合生态系统

合其复杂的系统关系，怎样去寻找一种实用的工具以促进可持续发展(图 5.1)。这里关键在于揭示其内部的竞争、共生和自生机制，其过程、格局和序理，其结构上的富足度、功能上的健康度和精神上的文明度，其效率、公平性及活力以及人类通过技术、体制、行为的干预，从内部和外部、从自上而下和自下而上、眼前和长远、以及集中控制和分散控制去强化其可持续能力。

本章所研究的区域是地处太湖流域湖西区和武澄锡虞区的交界处的常州市市区，水系具有平原河网的主要特点：(1)骨干河道互相连通，构成网络；(2)落差很小(如运河在通常情况下水面坡降仅为约十万分之一)，水流滞缓，除京杭运河保持较稳定的自西往东流向外，其他河道的流向则受长江和太湖水位的左右；(3)流量小，水环境容量不大。

常州北枕长江，东扼太湖，江南运河横贯其间，境内河网纵横交错，湖荡库塘星罗棋布，是典型的江南水乡。市内多年平均降水量为 1037～1164 mm，由北向南递增，年最大面平均降水量为 1991 年的 1888.5 mm，年最小面平均降水量为 1978 年的 639 mm。

(1)水系构成

常州市区属太湖流域上游地区，北沿长江，拥有岸线约 17.2 km；东南濒太湖，界内湖岸线长 5.4 km；境内还有江苏十大淡水湖泊之一——滆湖(境内部分约占 2/3)位于市区南部，水面面积约 137 hm^2，平均水深 1.0 m；京杭大运河(运河)横贯市区中部，过境段长达 44.7 km。市区河流纵横交错，并与长江、京杭大运河及湖泊交接在一起，共同构成了一个北引长江、汇流运河、南注两湖的自然水系。常州市市区拥有大小河道近 500 条，水体面积占市区总面积的 3.5%，若加上滆湖，水面率则达 8.4%。按河道的正常流向及地理位置分布，市区的河道以京杭大运河为界，大致可分成三个子水系：长江水系、太滆水系和运河水系。

(2)水资源量

1998 年全市地表水资源量 16.95 亿 m^3，较多年平均偏大 32%；年平均径流深 377 mm，较常年偏大，但地区分布不均匀。1998 年全市全年地下水资源量为 6.73 亿 m^3，地下水开采量 0.83 亿 m^3，水资源总量为 20.98 亿 m^3，多年平均水资源总量 16.72 亿 m^3。

(3)水环境

近年来，常州市城市地表水环境质量不容乐观。2005 年常州市区干流、支流及湖泊各断面大都不能达到功能区要求，支流污染较干流更严重。水体污染以有机污染为主，主要污染物为氨氮、总磷、石油类、生化需氧量、化学需氧量、高锰酸盐指数和挥发酚，其中氨氮、总磷、挥发酚的污染较为严重，明显影响河湖水质。

2005年长江常州段共设水质监测站点4个，从上游到下游断面依次为西来桥、剩银河口、长江魏村和圩塘码头。2005年长江常州段总体水质尚好，水质类别多为Ⅱ～Ⅲ类，长江魏村断面个别时段出现Ⅴ类水，主要超标项目为总磷。京杭大运河常州段上游3个断面已到达水域功能要求，但下游4个断面均未达标，影响水质类别的主要污染指标是氨氮。运河污染近年来已呈减轻趋势，但从全段来看，运河在通过自来水厂往东的中心城区及工业发达地区段污染仍较严重。

从各水体来看，水库和湖泊水质较好，河道较差。水库水质良好，基本稳定在Ⅱ～Ⅲ类。湖泊内氮、磷含量较高，基本达到富营养化水平，滆湖和南天荒湖的高锰酸盐指数超标。河道受污染较为严重，其中运南各河道由于流经城市和比较发达的乡镇，接纳了大量的工业污水和居民生活污水，污染十分严重，以采菱港为最，河水黑臭，水质常年为劣Ⅴ类，基本失去使用功能；运北各通江河道经常引入长江水，水质较好。

5.1.2　水及水体自然生态系统结构

水—人生态系统的物理联系可以分为五种类型：

(1)水和土壤：土壤的养护和侵蚀，土地的获得和丧失，土地的污染和退化。水和土是不可分的。水与土不断进行能量交换、转化和物质循环过程。水对土壤的形成和维持所起的作用有正反两个方面，水的滋润和养护促进了土壤肥力的更新与维持，而如果雨水直接降到裸露的地面，不仅大大减少土壤对水分的吸收量，使地面径流增加，还将导致土壤与营养物的流失，使土壤生产力下降。

水是重要的介质，通过灌溉，水为土带去许多重要的营养盐(如氮、磷等)和有机质，降雨径流也会将土壤中的营养盐和有机质带到水中，土壤可以调节水量、净化水质。

常州市耕地土壤类型单一，市郊土壤可分为水稻土和黄棕壤2个土类以及5个亚类、5个土属、16个土种和一个变种。99.89%是水稻土类。耕作层土壤质地各级所占比重：重壤土82.26%，轻黏壤土14.52%，中壤土2.42%，其他0.8%；土壤阳离子代换量：平均每100 g 21.57mg当量；土壤所含养分：有机质、氮素中等，磷素中等偏上，钾素不足；土壤酸碱度：pH平均值为6.19，强酸性、酸性和微酸性的三酸土占耕地面积的59.85%，耕地趋向酸化，土壤酸化程度菜田大于粮田，弱碱性和碱性土占耕地面积的18.33%。

(2)水和能，大气和气候：水力，矿物燃料发电，废热，气候变化等。

(3)水、植被和生物多样性：生物量生产，居民点建造，虫害的诱发和控制，生物多样性保护。植物的光合作用，不仅需要阳光，还要适宜的温度，适当的土壤养分、水和二氧化碳浓度，只有这些因子的共同作用，才能保证和促进光合作用的强度。因此，作物的产量、品质和特性，是作物本身与自然界生态环境因子相互作用的结果。水是植物体内的主要成分，植物生命过程的所有新陈代谢都需要水作为媒介。水对植物生长的作用是多方面的，它不仅对系统所形成的农田小气候起到调节作用，同时还为病虫害天敌的生存和土壤微生物活动创造有利条件，促进系统的能量交换转化和物质循环。

常州市多种多样的水、土、气候等条件，为生物的生长和繁衍提供了多种多样的生境，孕育了常州市丰富的生物资源。据市志记载,常州市境内常见种子植物600余种分属138科,市区常见环节、软体、节肢动物门、脊椎动物亚门所属动物168种,分属13纲。但是,随着人类开发活动的进行,自然生态系统的结构和功能发生了改变,野生动植物的种类和数量比过去大为减少。另外,随着水利的兴修,特别是农业耕作制度大规模的改革,内河水系、水位发生了根本性变化,生物资源日渐衰退。自然生态系统不断破坏并日益人工化,自然生境不断退化、破碎、缩小、孤立及消亡,生物自然栖息地消失率达78%以上。生物多样性从景观到生态系统到特种、从自然生态系统到人工生态系统、从生物多样性分布中心到一般农田一城镇,处于全面衰退状态。生物群落类型减少且优势物种多寡失衡,耐污生物大量出现。资源型物种偏少,储量减少,许多物种(如野鸭、白骨顶、青蛙、毛蟹等)消失或成为地方稀有种,特别是近来常武地区河网系统中底栖动物的关键类群软体动物(螺、蚌、蚬)已很少见,滆湖鱼类目前已不足30种,而20世纪80年代可达69种。

(4)水和矿质及营养代谢:藻类污染,感染和物质代谢。

(5)水的盈余和匮乏:在水与自然的物理联系中,水本身的盈余和缺乏也会引起如洪涝和干旱,地表径流和污水,生态服务功能退化,湿地和流域管理等问题。

常州属北亚热带季风性湿润气候区,北亚热带季风环流支配着本区的寒暑交替。进入夏季,当北上的太平洋暖湿气团,与南下的冷空气在长江下游一带交汇时,就形成了本地区的梅雨天气,阴雨连绵,降水集中,出现洪涝。梅期一般在6月上旬至7月中旬。8、9月份常受台风影响伴降暴雨。然而如夏秋季节降雨不足又会使农作物受旱,故6—9月历来发生水旱灾害。在汛期也极易发生洪涝、干旱和旱涝交替等自然灾害。

1949—1990年,42年中共有大水年14年,成灾12年,旱年9年,成灾7年。其中特大水1年;大水5年,成灾4年;一般水8年,成灾7年均为重灾;一般旱5年,轻灾3年。

5.1.3 水—人复合生态系统过程和功能

水体是社会一经济一自然复合生态系统中自然生态系统的一个子系统和有机组分,它与自然子系统中其他子系统和成分及经济、社会子系统及其中许多成分,相互联系、相生相克、互为因果。

自然、经济和社会这三个子系统之间彼此促进又相互限制,在生产,消费和服务中起着不同的作用,也引起了复杂的水问题:太多、太少、太脏、太净,同时也支撑着生命、环境和人类社会的生存和发展。

水复合生态系统中的第二个子系统是经济关系,它包括:

水和农业:食物、饲料、纤维,渔业和森林生产力

对于农业生产来说,除必不可少的光热等条件外,水和土地是两个主要的限制因子。水能为农业提供食物、饲料、纤维,渔业和森林生产力。

常州地处江南平原,境内河湖密布,土壤肥沃,气候温和多雨,是历史上有名的粮产丰庶地区之一,有“苏常熟,天下足”的美称。但在新中国成立前,落后的生产关系、生产技术、生产工具和农田水利等基础设施,极大地制约了农业经济的发展,经济结构单一,产品产量和商品率较低,基本上处于广种薄收、靠天吃饭的状态,农业经济长期停滞不前。党的十一届三中全会以后,全市农村积极推行家庭联产承包责任制,冲破了旧体制的束缚,使农民重新获得了生产

经营的自主权，极大地调动了广大农民的生产积极性，农业生产力水平迅速提高。全市围绕调整农村产业结构，积极发展多种经营和乡镇企业，农村经济综合实力进一步增强，提前实现了农业总产值翻两番的目标。近年来，全市农村广大干部群众抓住机遇，加大改革开放力度，通过发展规模经营提高农业集约化生产水平，全面推行产权制度改革搞活乡镇企业，抓好小城镇建设发展农村第三产业，全市农村经济持续、快速、协调发展，农村面貌发生了深刻而巨大的变化，呈现出一派欣欣向荣的景象。

由于人为的改变湿地生态功能，致使其本来的生态服务功能，水生生物的空间日益萎缩，野生动植物栖息地缩小，减少涝渍、增加蓄水等功能丧失。由于湿地围垦和河流湖泊淤积的共同影响，以及不适宜的水利工程建设，使得泄水口平面抬高，泄洪量减少，流域内的持水能力下降，对防洪安全构成威胁，增加了引起水灾的潜在危险。

水和工业：材料、能源、媒介、商品和资本

对于工业生产来说，水提供了必不可少的材料、能源、媒介和资本，正是由于具备了“水”的优势，才使得常州有历史上工商业的繁荣和现代工商业的不断发展。

水和城市：供给、基础设施、服务、起源、繁荣与衰败

常州市发生与发展和水密切相关，高亢平原的水系形态在较远的历史时期是提供了不需要大规模人力改造就适合的居住用地、鱼米生产用地、运输通道，形成了常州富庶的基础；京杭大运河的开通，形成了常州市的雏形，也决定了常州后来的发展，也形成了常州的历史；目前城市特色的丧失、城市功能的紊乱、环境景观质量的退化，也与河流的不合理利用有关。从国内外沿河城市发展的历史教训与现实经验来看，城市河流的建设直接关系到城市的兴衰，河湖边的城市以河湖整治为机遇重新找到了城市发展的兴奋点，伦敦泰晤士河两岸的开发、巴黎塞纳河与城市的协同发展、北京古河道的修复、上海苏州河的整治、无锡五里湖区域的发展规划等都是认识到城市的发展与河流的关系而采取了成功的行动，常州的未来发展也必须有效而科学地解决城市发展与河流的关系，形成河与城共荣的格局。

水和区域发展：地区发展、景观规划、流域管理

水复合生态系统中的第三个子系统是社会关系，它包括：

水和技术：节水、净化、水资源开发、水利工程

水和制度：管理、计划、政策、法律

水和文化：态度、伦理、道德、意识

常州具有 2500 多年的悠久历史，素有“三吴重镇，八邑名都”之称，人文荟萃，名人辈出，属于全国历史文化名人最多的城市之一，具有丰厚的历史文化沉淀和底蕴，目前已是省级历史文化名城。现有全国重点文保单位 2 处、省级 16 处、市级和县级数十处，三处历史文化保护街区。地域文化特征突出，具有一批在国内颇有影响的近现代文化名人和文化设施。

常州古城空间要素可概括为“以运河为经，左右诸水为纬，河抱古城”。古城风貌首先表现为两圈水系，其次是大运河从古城南部通过，古城内街道因水系而设，环形加方格网格局，水路并行，因此，常州古城内形成了“城中有河，河抱古城，城河相依，水、路、城并行”的空间整体格局，这种城市格局与形态也形成了常州居民临水而居的历史性心理需求，造就了城市的“水”文化特征。

表 5.1 水复合生态系统服务功能

供给
食物和纤维生产
生产和生活物质供应
保障生物蒸腾、土壤蒸发和地下水补给
提供遗传基因
水力发电
调节
调节气候
水文调节(水流)
水质净化和废物处理
小气候自我调节和稳定
防洪
文化
为生物提供栖息地,维持生物多样性
精神、美学和教育价值
休闲娱乐
支撑
土壤形成
营养物质循环

Postel S 等 (1997), Ewel (1997), Millennium Ecosystem Assessment Board (2005)

5.2 区域城市发展的水生态资产核算

5.2.1 水生态资产概念内涵

生态资产是在自然资源价值和生态服务价值两个概念的基础上发展起来的,是二者的结合与统一,表征人类对生态环境、自然资源的认识达到了一个新的高度。人们对生态资产概念的认识过程是动态的、发展的,是逐步深化和延展的,从自然资源价值发展到生态服务价值,从有形的、实物形态的、可以划归权属的经济收益价值发展到无形的、公益性的环境服务价值。因此,对生态资产概念的认识是人类认识世界、认识自然环境过程的具体体现。

从生态资产的交叉学科意义上,从生态学与经济学交叉学科的角度,将生态资产理解为:人类或生物与其环境相互作用形成的能服务于一定生态系统经济目标的适应性、进化性生态实体,它在未来能够产生系统产品或服务。该定义强调了生态资产结构、功能的动态性,以及价值性和进化性及其与人类经济社会发展的关系。

水生态资产包括一切能为人类提供服务和福利的水资源和生态环境,其服务和福利的形式包括有形的、实物形态的资源供给、也包括隐形的、不可见的或非实物形态的生态服务。

水生态资产由供水、发电、航运、水产品生产等自然自愿价值和调蓄洪水、疏通河道、水资源蓄积、土壤持留、净化环境、固定碳、提供生境、休闲娱乐 8 项服务功能价值进行测算。水生态资产价值估算是基于生态足迹角度对某一区域或生态系统服务价值进行资产估算。

5.2.2　水生态资产核算

一定区域内的生态资产的总量是一个随时间动态变化的量值，它是区域内所有生态系统类型提供的所有服务功能及其自然资源价值的总和，并随着区域内所含有的生态系统的类型、面积、质量的变化而变化。

5.2.2.1　生态足迹

生态足迹是人口数和人均物质消费的函数，是每种消费商品的生物生产面积的总和。人均生态足迹是表示一定区域内为维持资源消费和废弃物吸收所必需的人均生物生产面积，是人类生存必需的真实生物生产面积。将各种消费项目折算为两类账户，一类是生物资源账户，包括耕地、牧草地、林地和海洋（水域）等4种生物生态面积类型；另一类是化石能源账户，包括建筑用地、化石能源土地。

水生态足迹（water ecological foot print）以水资源为出发点，估算流域或区域水代谢强度。传统的含义为：任何一个特定人口（从单一个人到一个城市甚至一个国家的人口）的水生态足迹，为其占用的用于生产所消费的水资源与服务以及利用现行技术同化其所产生的废弃物的生物生产土地。如 Venetoulis（2001）研究了学校的水足迹；Luck（2001）根据城市通道模型（urban funnel model）和空间异质性生态足迹的方法（最小面积法和最小距离法）计算了美国20个大都市区的水和食物的生态足迹；Jenerette 等（2005）也根据 Luck 提出的空间异质性生态足迹的方法（最小距离法）计算了33个美国和中国城市的水生态足迹，分析了其影响因素；王新华等（2005）计算分析了2000年中国各省人均水足迹情况，并探讨了缓解水资源压力的几种途径。但是其足迹（占用）含义仅以人类用水和土地面积为出发点，尚未对城市生态需水进行综合分析，而城市最小生态需水的满足是城市可持续发展的关键要素，因此本研究旨在使用城市水生态足迹方法来核算城市水生态资产价值。

5.2.2.2　城市水生态足迹的内涵

城市水生态足迹的概念来源于土地生态足迹。土地生态足迹的计算以人类衣食住行活动为出发点，将人类消费的所有资源和吸纳人类产生的所有废弃物所需的生态生产性土地的面积等量化处理，用以评价人类的社会经济活动与本地的生态承载力之间的差距（Wackermagel 等 1996）。而城市水生态足迹则以人类生产生活用水和城市最小生态需水量为出发点，用以评价维持城市人类社会经济活动和城市内生命支持系统基本生态服务功能的水量与本地可更新水资源供给能力之间的差距。

将城市所占用的水生态足迹同城市可更新水资源供给能力相比就会产生生态赤字（ecological deficit）和生态盈余（ecological remainder）。生态赤字表明该地区的水资源使用量超过了其水生态容量，城市的水资源利用处于不健康的发展模式。如果维持本地内生命支持系统基本生态服务功能的水量出现赤字，则表明该城市的水生态足迹必出现赤字。

5.2.2.3　城市水生态足迹计算

公式为：

$$WEF = N \times wef = N \times \gamma w \times [W/Pw]$$

式中 WEF 为水生态足迹（hm^2）；N 为人口数；wef 为人均水生态足迹（$hm^2 \cdot cap^{-1}$）；W 为城

市生态需水量和人类用水量；Pw 为城市可更新的水资源量（$m^3 \cdot hm^{-2}$），包括地表水和地下水。对于城市生态需水量 We 由于植被生态需水，受限于天然降水补给，而人类活动的影响相对较小，此处并不计算，因此城市生态需水量指河湖生态需水量和地下水生态需水量。

5.2.2.4 城市水生态资产核算

公式为：

$$V = Vc \times WEF$$

式中 Vc 表示水生态系统单位面积生态资产价值；WEF 表示水域生产面积大小；其中，水生态系统类型的单位面积生态资产价值初始值参考 Constanza、潘耀忠等设定的陆地生态系统类型单位面积价值 732.00 万元/km^2。

由前面的计算过程可以核算出常州市的水生态资产价值为 406 亿元，本研究仅对水生态系统生态资产总价值进行粗略核算，对其具体结构和功能的认识不够深入，从核算结果可以看出，常州市的水生态资产很高，这是因为常州市区植被覆盖度较高，在涵蓄土壤水分，补充地下水，抑制蒸发，调节河川流量，缓和地表径流，改善水质和调节水温变化等方面都具有显著的功能，所以水生态资产价值比较高。

5.2.3 区域城市发展水生态资产使用分析

水质、水量、水的分布是影响水生态资产的生态管理问题。其症结在于条块分割的水生态管理体制：行政管理与流域管理、部门管理与系统管理、资源管理与环境管理、工程建设管理与经济发展管理的分割；低下的系统生态意识：水的物理属性与生态属性的分割，自然属性与社会属性的分割；还原论的机械控制方法：以水为中心的单目标单属性因果链关系的风险评价和管理办法而非以人为中心的生态安全综合评价与管理。一些部门处理水问题的杀手锏就是集资兴建更多的水利工程和大型污水处理厂，而缺乏对水资源—水环境—水经济—水景观—水安全的综合管理。

常州市水生态资产使用情况如下：

1）水资源量

1998 年全市地表水资源量 16.95 亿 m^3，较多年平均偏大 32%；年平均径流深 377 mm，较常年偏大，但地区分布不均匀。1998 年全年地下水资源量为 6.73 亿 m^3，1998 年全市地下水开采量 0.83 亿 m^3。同年全市水资源总量为 20.98 亿 m^3。全市多年平均水资源总量 16.72 亿 m^3。

2）水环境

近年来，常州市城市地表水环境质量不容乐观。2005 年常州市区干流、支流及湖泊各断面大都不能达到功能区要求，支流污染较干流严重。水体污染以有机污染为主，主要污染物为氨氮、总磷、石油类、生化需氧量、化学需氧量、高锰酸盐指数和挥发酚，其中氨氮、总磷、挥发酚的污染较为严重，明显影响河湖水质。

3）水景观

常州市有许多水体分布在市建成区内，这不仅为水生生物提供了良好的生境，而且为维护和改善建成区的生境，提供多种生态服务功能做出了重大的贡献。水景观经历代的人为修建和园林化，体现出古代常州市城市规划的结晶，其特色是国内外城市中少有的，居于不可替代的重要地位。

我们用水生态效应综合指数来衡量一个地区水生态服务功能现状及变
数主要从水资源供给上反映水生态资产为社会经济系统提供的经济服务功
反映了水生态过程的顺畅性和生态整合能力；水生态指数反映水生态系统
对于外部干扰的阻抗及恢复能力；水景观指数主要反映景观生态的格局和
动影响下的胁迫效应及响应动态；水安全指数主要反映水生态系统的安全
控制和缓冲功能。

通过以上确定的水生态功能评价指标体系，评价目前常州市水生态服
目前水生态建设水平，同时可以了解常州水复合生态系统可持续发展的潜

1)指标指数的计算

三级指标指数根据原始值量化所得。其计算公式如下：

当指标数值越大越好时，$Q_i=1-(S_i-C_i)/(S_i-\min S)$

当指标数值越小越好时，$Q_i=1-(C_i-S_i)/(\max S-S_i)$

其中 Q_i——某一三级指标的指数值；

S_i——某一三级指标的标准值；

C_i——某一三级指标的原始值；

$\max S$——设定的某一三级指标的最大值；

$\min S$——设定的某一三级指标的最小值。

二级指标指数的计算是将其所得三级指数乘以各自的权重，进行加和

$$U_i=\sum W_i V_i$$

其中 U_i——某一级指标的指数值；

V_i——该一级指标下某一二级指标的指数值；

W_i——该一级指标下某一二级指标的权重。

计算一级指数即水生态效应综合指数时，同样将二级指数乘以其各自

2)权重的确定

三级指标的权重和二级指标的权重采用常用的专家评分法进行了估

3)评价结果

根据调查资料，按上述评价方法得出各级指标的评价结果，再进一
析，以确定常州市水生态效应综合水平。参照有关标准，设计了一个五级
相应的分级评语(表 5.4)。

表 5.4　水生态效应分级

分　级	水生态效应综合指数值	
Ⅰ级	>0.75	水生态
Ⅱ级	0.50—0.75	水生态
Ⅲ级	0.35—0.50	水生态
Ⅳ级	0.20—0.35	水生态
Ⅴ级	<0.20	水生态

常州市原有部分水生态系统在人类活动影响下变为陆地生态系统，降低了水生态资产的价值，规划在滆湖湿地、太湖湾湿地、孟河下河滩湿地公园、新龙湿地公园、芙蓉湿地公园、宋剑湖湿地公园等 95% 的湿地建立湿地自然保护区，使大部分湿地都将得到有效保护。

5.3　区域城市发展的水生态服务功能测度

5.3.1　水生态服务功能的内涵

生态系统服务(ecosystem services)是指人类直接或间接从生态系统得到的利益，主要包括向经济社会系统输入有用物质和能量、接受和转化来自经济社会系统的废弃物，以及直接向人类社会成员提供服务(如人们普遍享用洁净空气、水等舒适性资源)。生态系统服务是维持人类社会的生产、消费、流通、还原和调控功能所提供的有形或无形的自然产品和公益环境，是生态系统的一种产出和功效。

水生态服务功能则是指水生态系统的产出和功效，如为人类的生存和发展提供合成生物质、维持生物多样性、涵养水分与稳定水文、调节气候、保护土壤与维持土壤肥力、净化环境、贮存必需的营养元素、促进元素循环、维持大气化学的平衡和稳定、提供生境、食物生产、休闲娱乐以及科研、教育、美学等功能。水生态系统服务功能所依托的主要是河流、湖泊、沼泽等湿地的自然生态资产、支持条件及其与太阳能、气候、大气、水文、土壤、景观、植被、生物多样性等相互作用形成的生态耦合关系。

5.3.2　水生态服务功能的分类

地球上的河流、湖泊和沼泽等湿地只含有世界淡水总量的 0.01%，占地球表面积不到 1%，但淡水生态系统服务功能的全球价值估计有几万亿美元。不同的研究人员根据不同的研究角度提出了不同的分类方法。

本文从有利于水生态服务功能管理及恢复和改善的角度出发，将水生态服务功能分为五类 15 种(表 5.2)。

表 5.2　水生态服务功能分类

●水资源	生物质的生产与生态系统产品
	水的供应
	保障生物蒸腾、土壤蒸发和地下水补给
	水力发电
	水文调节
●水环境	航运
	调节气候
	蓄、排水
	净化

●水生境	营养物质循环
	为生物提供生境，维持生物多样性
	科研、教育
●水景观	怡神悦目
	休闲娱乐、美学
●水安全	旱灾
	洪灾
	水源性疾病
	地下水位下降导致的地面沉降、盐渍化问题

5.3.3　水生态服务功能测度指标

水生态服务功能的具体目标可以用水生态效应指数来表示，结合常
态效应指数可以用水资源指数、水环境指数、水生态指数、水景观指数和
数来表示，这 5 个指数由 15 个三级指标组成，具体指标见表 5.3。衡量
定各指标的标准值，我们在充分考虑常州市当前的发展现状的基础上，
际标准等作为标准值，或对国内城市的现状值作趋势外推作为标准值。

表 5.3　常州市水生态效应评价指标

一级指标	二级指标	三级指标
水生态效应指数	水资源指数	水资源压力指数
		工业用水效率
		水分生产率
		城镇居民用水定额
	水环境指数	城区截污面积率
		河道清淤率
		优于 III 类(包括 III 类)的水体比率
	水生态指数	水体生态工程处理率
		水域生物多样性指数
		水生态功能保护区面积率
	水景观指数	水域面积率
		流动河道比率
		城区湖泊换水周期
	水安全指数	水灾害发生频率
		水灾害成灾面积率

根据计算，常州市 2005 年的水生态综合效应指数为 0.44，其生态服务功能一般，主要原因是水资源、水环境和水安全方面指数偏低，导致综合指数值较低。

5.3.4　水生态服务功能评价方法

我们在前面对水生态系统服务功能分类的基础上，分别将水资源占用、水环境净化、水生境保育、水景观欣赏和水安全调控等五个方面的生态功能折算成水当量，即具有生态学意义的水量指标(立方米)来表示。在这里，我们将水当量定义为在现有技术条件下，按水量(立方米)计量的支持一个特定地区的经济和人口的生产、生活消费和废弃物处理所要求的水生态系统服务功能。简单地说，水当量可以看成是在现有技术水平下，特定人口规模生存和发展所需的具有基本的水资源占用、水环境净化、水生境维持、水调蓄能力以及水景观欣赏等功能的水的体积(即水量)。水当量表明一个地区对水的生态服务功能的占用，将一个地区所提供的水的服务功能(供给)与其实际占用的水当量(对水生态服务功能的需求)相比较，如果其结果为负值，则说明该地区水的生态服务功能已经处于赤字状态，表示该地区已经占用了其他地区的水的生态服务功能或者由于对水的生态服务功能的过度占用，已经使该地区的水自然生态系统面临受到损害的威胁；如果其结果为正，则表明该地区的水生态服务功能仍有盈余，通常这些地区会用来生产产品，将盈余的水生态服务功能输出，而不是保留作为保护地。

水资源占用当量：将一个地区的工业、农业和生活所占用的水资源换算成对水的生态服务功能的占用即水当量来表示。2005 年，常州市的用水总量为 22.07 亿 m^3，则其占用的水资源供给记为 22.07 亿 m^3 水当量。

水环境净化当量：水的另一项生态服务功能就是它的净化功能，通过物理、化学、生物等多种作用过程来实现，其机理非常复杂。如果人类活动不向水体排放任何污染物质，水的生态服务功能为最大。城镇高强度的人类活动使水体的这种服务功能降至零或负数，必须从外部引进洁净的水来维持或补偿这种功能。将排放出的污水中各类污染因子对水体生态服务功能的占用当量考虑为污水稀释到《中华人民共和国国家地面水环境质量标准》中的Ⅲ类水质标准所需消耗的水资源量，并定义其中对水生态服务功能的最大占用量为当年水生态服务的占用当量。

根据各地废水排放具体情况，选择合适的污染物因子。确定常州市区工业污水和生活污水的生态服务功能占用选择 COD 为关键的污染因子。参照《地面水环境质量标准》(GB3838—88)，按Ⅲ类水质控制所采用的标准如下：COD≤20 mg/L。

生境维持：世界环境与发展委员会(WECD)提出，地球上所有类型的生态系统，至少应留出 12%的生态容量来保护生物多样性，这 12%对于保护生物多样性是不够的，但是要保留更多恐怕从政治意义上难以被接受，所以我们就暂用它作为一个比例参数，也就是所有淡水中必须扣除出 12%来为水生生物提供生境。常州市必须有 11.58 亿 m^3 × 12% = 1.39 亿 m^3 的水用来为其他生物提供生境。

表 5.5 常州市水生态服务功能占用水当量

项目	人类活动	占用量/排放量	水生态服务功能每年占用当量
水资源占用	农业用水	17.86 亿 m^3	21.82 亿 m^3
	工业用水	2.22 亿 m^3	
	城乡生活用水	1.74 亿 m^3	
水环境净化	工业	排放 COD42192.47t	31.75 亿 m^3
	城镇生活	排放 COD21315.90t	
	农田地面径流	排入水体的 N 213.50t	34.63 亿 m^3
	水产业	排入水体的 N 2964.24t	
	畜禽养殖	排入水体的 N 285.10t	
	小计	3462.84t	
水生境维持	保护生物多样性	水生态服务供给量的 12%	1.39 亿 m^3
水调蓄能力	水面缩小	近 35 年内缩小了 147.4 hm^2	0.21 亿 m^3
	河流湖泊淤积	20 年减少 0.5 m 水深	
合计			89.80 亿 m^3

5.4 区域城市发展的水生态服务功能退化机理

5.4.1 人类活动对水复合生态系统的胁迫效应

常州是著名的江南鱼米之乡，也是我国近代工业的“摇篮”。改革开放以来，在市政府与全市人民的共同努力下，不断优化生存环境、投资环境，城市品位得到大幅度提升，产业结构得到优化，开放层次不断提高，各项改革逐步深入、社会事业全面进步，人民生活水平持续提高。

然而，随着经济和城市建设的高速发展，工业、生活以及农畜水产业污染物大量增加，不断地侵蚀、恶化我们的生态环境。而人们往往对此缺乏足够的估计和清醒的认识，缺乏系统的环境保护规划和有力的防治措施，一方面导致大量的污染物排入河湖，另一方面与水争地，大量填没河塘、侵占河道，使得水面、湿地日渐萎缩，水环境容量不断减少，生态严重退化。常州市地表水监测资料分析表明，近年来，市区各监测断面属地表水 V 类或劣 V 类水质的高达 60% 以上，形势十分严峻。俯瞰市区陆面，高楼林立、街道整洁、绿荫沁人，一派现代化大城市景象；近观城市河道，大多是水体混浊甚至黑臭，沿岸破旧建筑拥挤。曾经哺育了常州繁荣的众多河流，正在被我们的繁荣所窒息。伴随着人口增长和经济发展，人类活动的规模和强度随着时间成非线性关系，给水生态系统造成了强烈的胁迫效应。对于常州市的水生态系统而言，人类活动对其造成的胁迫效应主要表现在对水资源的过量开发利用、水环境的污染、水景观的破坏等方面。

5.4.1.1 水资源的开发利用

地表水资源量:1998 年全市地表水资源量 16.95 亿 m^3,较多年平均偏大 32%;年平均径流深 377 mm,较常年偏大,但地区分布不均匀。

地下水资源量:经计算,1998 年全年地下水资源量为 6.73 亿 m^3,全市地下水开采量 0.83 亿 m^3。

水资源总量:1998 年全市水资源总量为 20.98 亿 m^3。全市多年平均水资源总量 16.72 亿 m^3。

入境水量:据统计,1998 年常州市入境水量为 49.3 亿 m^3。

用水量:1998 年全市总用水量 23.75 亿 m^3,其中农业用水量为 17.86 亿 m^3,工业用水量为 4.53 亿 m^3,城镇及农村生活用水量 1.27 亿 m^3。

水资源供需分析:全市的现状可利用水资源量为本地径流量、地下水开采量和入境水量,总量为 67.08 亿 m^3。从水资源开发利用量上来看,常州地区的本地水资源不能充分满足需求,必须依靠外来的入境水量,为了首先保证工农业生产用水和居民生活用水,难免会侵占生态用水,由此造成水生态系统服务功能下降。

5.4.1.2 水环境污染

工业废水污染:在 2005 年常州市域范围内分别以化学需氧量、氨氮排放量排序前 30 名的企业中,市区企业共占 43 家。其中重点污染源分布在东南开发区最多,达 15 家;而位于新闸的新亚化工有限公司多年一直占据化学需氧量、氨氮排放量排序首位。

在工业行业中,纺织业、化学原料及化学制品制造业是常州市区废水排放大户,前者约占工业 COD 总排放量的 42.5%,后者约占工业 COD 总排放量的 17.7%。2005 年市区的工业废水排放处理情况详见表 5.6(按 2005 年常州市环境保护统计资料)。

污染物入河总量:水产养殖除滆湖外一般利用水塘及废河道,没有直接入河途径,本次不将其污染物列入市区河道中;而河道底泥污染尽管对河道水质有一定的影响,因其治理手段较简单,一般通过疏浚即可,故也不列入统计总量。

表 5.6 2005 年常州市市区 CODCr、NH_3-N 入河量汇总

污染物类别	工业废水污染		生活污水		规模化畜禽饲养污染		农田径流污染		合计	
	入河量	所占百分比	入河量	所占百分比	入河量	所占百分比	入河量	所占百分比	入河量	所占百分比
CODCr 年入河量(t/a)	42192.5	60.4	21315.9	30.5	1417.7	2.0	4922	7.0	69848.1	100
NH_3-N 年入河量(t/a)	3041	45.2	3192.9	47.4	285.1	4.2	213.5	3.2	6732.5	100

5.4.2 人类活动对水生态服务功能的影响评价

人类自有史以来，就试图控制水文循环从而满足人类的某些利益，从广义上讲，只要有人类活动，就会对淡水生态系统产生影响，这些影响可能是正面的，也可能是负面。就目前的状况而言，绝大多数的影响是负面的。生态系统本身的特性决定了它具有与其先前进化的关系相一致的反馈机制、复原及缓冲的能力。因此，如果人类活动对淡水生态系统造成的干扰在其生态系统本身的自调节能力范围内，则不会引起生态系统服务功能的衰退；否则，就会导致生态系统服务功能受到损害甚至丧失，最终会威胁到人类自身的生存与发展。

近几年来，对全球生态系统的研究分析越来越受到重视，除了世界资源研究所的《世界资源报告 2000—2001》外，WRI 还与联合国环境署以及其他一些国际机构联合开展了“跨千年生态系统评价”项目，以补充《世界资源报告 2000—2001》全球生态系统案例分析报告中数据的不足。这些工作吸引了数百名世界上顶尖的科学家参加，预计历时四年完成耗资 2000 万美元。在 PAGE 报告中有五份技术报告，其中第一份就是关于淡水生态系统的，这些报告是首次对全球生态系统的状况进行综合评估。

表 5.7 详细给出了人类活动对淡水生态系统服务功能的影响

表 5.7 人类活动对水生态系统服务功能的影响

人类活动	对淡水生态系统的影响	受威胁的服务功能
●修建水坝	改变河流流速和流量，水温，营养物质和沉淀物输送，三角洲补充；阻隔了鱼类的洄游路线	生境；体育和商业捕鱼；三角洲及其经济价值的维持
●修造防洪堤	破坏河流和泛洪区生境之间的水文联系	生境；体育和商业捕鱼；三角洲及其经济价值的维持；洪泛区自然肥力；洪水的自然控制
●过量从河流抽水	水流耗竭直至生态破坏	生境；体育和商业捕鱼；休闲娱乐；污染净化；水力发电；交通
●排干湿地的水	排去水生环境的主要成分	洪水的自然控制；鱼类和水禽的生境；休闲娱乐；水的自然净化
●砍伐森林和不合理的土地利用	改变径流类型，阻碍自然补水，导致水体泥沙淤积	供水水质和水量；鱼类和野生生物生境；交通；洪水控制
●不加控制的污染	使水质恶化	供水；生境；商业捕鱼；休闲娱乐
●过度捕捞	鱼类资源耗竭	体育和商业捕获鱼类、水禽和其他生物资源
●引进外来种	减少本地种，改变生产和营养物质循环	体育和商业捕获鱼类、水禽；水质；鱼类和野生动物的生境；交通
●向空气和水中释放金属和酸性污染物	改变河流和湖泊的化学特征	生境，渔业，休闲娱乐

续表

人类活动	对淡水生态系统的影响	受威胁的服务功能
●排放导致气候变化的大气污染物	由于温度变化和降水变化而潜在地改变径流类型	供水;水力发电;交通;鱼类和野生生物环境;污染净化;休闲娱乐;渔业;洪水控制
●人口和消费增加	增加取水建坝、排干湿地的要求等;加剧水污染、酸雨和潜在的气候变化	所有的淡水生态服务功能

表 5.8 常州市水生态服务功能当量提高所采取的方法

积极行为	采取方法	水利用量的降低;废弃物排放或淤积	水生态服务功能当量的增加
水供应	提高农业水利用效率从 0.72 kg/m^3 到 1.2 kg/m^3	7.14 亿 m^3	7.81 亿 m^3
	提高工业水利用效率从 144 元/m^3 到 200 元/m^3	0.67 亿 m^3	
水净化	工业废水排放率以 10%降低	COD 减少 4219.25 t	9.57 亿 m^3
	生活污水处理率从 30%增加到 100%	COD 减少 14920.50 t	
	化肥使用量从 523.0 kg/hm^2 减少到 280 kg/hm^2;效率从 30%提高到 45%	N 102.30t	18.70 亿 m^3
	养殖围养密度降低到湖泊面积的 10%	N 1482.12 t	
	牲畜废弃物再循环利用率从 90% 增加到 100%	N 285.1 t	
水旱灾管理	扩大水面面积	增加 147.4 km^2	0.21 亿 m^3
	河湖淤泥清除	0.5m 深	
合计			36.29 亿 m^3

5.4.3 水生态服务功能退化机理

城市水复合生态管理的主要问题包括:水的资源形态、环境形态、生命形态、经济形态和文化形态间的耦合关系;水在城市生产、生活及生态服务过程中从源到汇再到源的代谢规律和生命周期管理;城市人类活动对水复合生态系统的胁迫效应及区域生态环境用水的系统评价及管理方法;区域水资源承载能力、水环境容量、及水生态安全阈值间的动态耦合关系和风险防范方法;水管理体制、价格、产权和水生态意识的综合管理方法。

常州市的水及水体复合生态系统存在的问题,可归纳为三个方面:因为围垦所造成的水景观萎缩;由于围垦和过度消耗而引起的水生态耗竭;水生态滞留而导致的水环境质量不佳。其实质为系统耦合在结构和功能关系上的错位和失谐,社会行为在经济和生态关系上的冲突和失调,物质代谢在时间、空间上的滞留或耗竭。

5.4.3.1 水生态面临的问题

1)水景观萎缩

目前常州市在水景观方面突出的问题,就是长期以来由于人类不适当的活动,造成的水景观萎缩,表现在湖泊面积减少,河道淤塞。

新中国成立后,由于围垦造成湖泊湿地面积减少,使得常州的生态系统发生了很大的变化,原有的水生态系统变成了陆地生态系统,加大了水生态资产的耗竭,具体表现在:常州水资源的存量下降,从而导致抗旱能力的下降,由于湿地面积萎缩,防洪调蓄能力也下降了。湿地萎缩,也对原有的水生物多样性造成了影响,原有的水生植物退化,野生动物资源减少,生态系统的物种构成也发生了变化。

水景观萎缩的主要原因在于人地矛盾而导致的人进水退。

2)水生态耗竭

由于社会经济的迅速发展,对水资源的需求量急剧上升。农业的发展,加上工业及居民生活用水,对水资源的需求远远超过了当地所产水资源所能供应的水量,对过境水造成了相当大的压力。“九五”期间,居民生活用水量有了较大的增长,工业用水有所下降。

由于围垦和水资源的过度消耗,常州市的水生态服务功能逐渐衰退,主要表现在水自然灾害频繁,水生态系统对自然灾害的抗干扰能力和自我调节能力下降。

3)水环境污染

几十年前,常州市的大多数河道水质较好,居民尚可在水中淘米洗菜,随着工业化和城市化进程的逐步加快,大量的工业废水和生活污水未经处理或处理不足就排入水体,以及农村和面源污染,使得常州市大部分水体受到了不同程度的污染,水环境质量较差,不少河道鱼虾绝迹,臭气熏天。

常州的水体污染主要是有机污染物所引起的。污染的根本原因,是由于人为向水体排入过多污染物以及进出水体的物质流动不畅所造成的,也就是生态滞留问题。

5.4.3.2 水问题的生态学实质

1)水生态过程的滞留和生态系统的耗竭

水生态系统是一开放系统,它不断地与外部环境进行物质、能量和信息的交换,并有趋向输入和输出平衡的趋势。当某一物质的输入大于输出,超越了生态系统自我调节的能力时,过度输入的物质和能量将以过剩物质的形式积蓄于生态系统中,或是以废弃物的形式排放到周围环境中,原有协调的生态系统结构与功能变得失调,物流及循环阻滞,此即生态阻滞。当某一或某些物质输出大于输入,原有生态系统结构和功能受到削弱或破坏时,此即生态耗竭。

我们用生态滞竭指数来测度水循环过程,用水生态系统中的输入物质总量与输出物质总量的比值来测度滞竭指数。当滞竭指数远大于1时,说明生态滞留严重。这时就应当采取措施,一方面调整内部结构和功能,改善与加速生态系统中过剩物质的迁移、转化、循环、输出,来舒经活络,以增加其输出;另一方面应控制、减少系统内过剩物质的输入。当滞竭指数远小于1时,说明生态耗竭严重,即我们从自然界的索取远远超过了自然界的再生能力。这时,一方面应当减少匮乏物质的输出;另一方面,要调整与协调该生态系统内部的结构与功能,改善与加速物质循环,增加生态系统物流中匮乏物质的输入、生产与积累量。当滞竭指数接近1时,说明生态功能正常。

水资源耗竭指数:常州市地表水资源量的来源主要是降雨及流域内的超产渗流水、过境水及地下水补给三方面;其输出途径主要为蒸发与蒸腾、出境地表径流量、补给至地下水、以及工农业和生活用水。现在常州市的平均年蒸发量(1529 mm)大于年降雨量(年均 1037～1164 mm),而工农业及生活用水远大于本市的超产渗流水量,已形成水资源的生态耗竭。常州市的水资源耗竭程度为:耗竭指数水量＝超产渗流水量/工农业及生活用水量

污染物滞留指数:常州市绝大多数水体中输入的污染物质总量大于输出的总量,收支失衡,生态阻滞,造成水质变差。我们用向水体中排放的污染物量与水体最大允许纳污量之比来表示。

由于常州市水体污染以有机污染为主要特征,因此,为了简化计算过程,我们选择 CODcr 作为控制指标,计算其生态滞留指数。要计算水体的最大允许纳污量,首先必须确定划分水功能区划,然后根据水域水资源开发利用现状和经济社会发展对水量与水质的不同需求特点,确定其功能区的水质目标,选择合适的水质模型,计算出水体的纳污能力,以合理利用水域的自净能力。

滞留指数水质＝污染物排放量/水体最大允许纳污量

＝70880.9(吨/年)/99532.8(千克/天)

＝1.95

2)生态系统结构的破碎和板结

常州市具有悠久的开发历史,在长期的人类开发活动中,一些不合理的开发行为引起生态系统的系统耦合在结构和功能关系上的错位和失谐,导致结构的破碎和功能的板结。如不断地填河修路、围湖造田,使得水面和湿地面积越来越小,随着道路及建筑物的扩大,常州市地表硬化覆被面积越来越大,水文循环紊乱,土壤调节水分能力减弱,部分生物群落消失,土壤不断退化,这些使得人们赖以生存的生命支持系统的生态服务功能减弱,可持续能力下降。

在过去的四十几年间常州市境内的水面面积缩小了差不多三分之一。在自然因素和人类活动共同作用下,地下水水位、地下水矿化度、包气带含水量、包气带含盐量发生根本改变,导致地下水位下降、地下水量大减,水质恶化等,进而引起生态环境发生变化。随着道路及建筑物的扩大使得常州地表硬化覆盖面积越来越大,水文循环的紊乱,土壤调节水分能力削弱和部分生物群落的消失,使得自然系统服务功能减弱。人工涵闸的建设和水泥石头等护岸地铺设,改变了水生态系统原有的格局,影响了水的连通程度和循环速度,破坏了原有的景观廊道,还改变了水生生物的生境,使生物和景观的多样性不断下降。刚建不久的常澄高速公路直穿滆湖中央水区,密密麻麻的桥墩改变了滆湖原有的水文条件,而且为了增加高速公路的美景,在滆湖中间公路下人工投掷石块泥土建了路边休息区,更加破坏了滆湖原有的生态系统。

我们简化地用两个指标——破碎指数和板结指数——来反映淡水生态系统结构的破碎和板结。破碎指数用流动河流占河流总长度的比例来表示;板结指数用因围垦而减少的水域(湿地)面积减少率与工矿、道路及居民点的用地面积增加率等权相加而得。

3)水生态意识的低下和水生态调控机制的匮缺

整体上水生态调控机制匮缺,管理体制紊乱。如流域内农、林、水利、水产、旅游、环保各部门,在设计水与水体的利用和保护问题上,往往条块分割,各自为政,都强调分管的部分,突出局部的、当前的、经济的效益,而忽略或牺牲整体的、长远的、生态的效益,缺少统一的规划,措

施和行为，引起社会行为在经济和生态关系上的冲突和失调。管理体制的瓶颈在于条块分割的各行政区以及各部门之间如何协调与管理。

低下的生态意识也是对水的社会行为在经济和生态关系上造成冲突和失调的重要原因之一。常州市居民对水患及水与水体生态保护意识普遍缺乏或不足（表 5.9），如城区沿河两岸的部分居民直接向河中倾倒垃圾，又如一些水产养殖户只顾当前的经济效益，在天然水体中过度网围养殖与投饵，追求高产，不顾对水体生态系统结构和功能的破坏与污染。

在整体上水生态调控机制匮缺，管理体制紊乱。如流域内工业、农业、环保部门，在涉及水与水体的利用和保护的问题中，往往条块分割，缺少统一的规划。低下的生态意识是造成对水的社会行为在经济和生态关系上的冲突和失调重要原因之一，常州市居民对水患与水体生态保护意识普遍缺乏或不足，例如火车站前的关河水呈灰黑色，水面上漂浮着塑料袋、油等污染物。据周边的居民反应虽然每天清洁工人打捞、清理关河四五次但还是不堪入目，难以靠近。沿关河火车站一带调查发现两岸平均每隔三四十米就有一个排污口，这些污水都是未经处理直接排放的，包括生活污水和工业污水，生活污水居多。

我们用生态意识指数来反映一个地区公众的生态意识及生态调控机制现状：

$$Q_i = 1 - (S_i - C_i / S_i - \min S)$$

式中 Q_i 为某一指标的指数值，S_i 为某一指标的指标值，C_i 为某一指标的原始值，$\min S$ 为设定的某一指标的最小值。

表 5.9　常州市居民生态意识调查

居民行为指标	调查值	标准值
无磷洗衣粉普及率	78%	100%
不扔塑料袋的家庭所占比率	43.50%	100%
中水会用小区比率	20%	60%
居民生态环境知识普及率	71.50%	80%
环境保护志愿行动人次比率	25.50%	60%

计算出常州市 2008 年居民生态意识指数为 0.55，根据我国王如松、叶亚平等制定的五级分级标准（表 5.10），常州市居民水生态意识较高。

表 5.10　生态意识指数分级

分级	生态意识指数值	评语
Ⅰ	≥0.75	水生态意识很高
Ⅱ	0.50～0.75	水生态意识较高
Ⅲ	0.35～0.50	水生态意识一般
Ⅳ	0.20～0.35	水生态意识较低
Ⅴ	≤0.20	水生态意识很低

5.5 区域城市发展的水生态安全评价

5.5.1 水生态安全概念辨析

生态安全指自然生态(从个体、种群、群落到生态系统)和人类生态(从个人、集体、地区到国家甚至全球)意义上生存和发展的风险大小,包括环境安全、生物安全、食物安全、人体安全到企业及社会生态系统安全。城市生态安全包括城市生态系统结构、功能、过程(城市人类活动对水、土、气、生物和矿产的开发、利用和保护过程)的失调和外围生命支持系统的退化给城市人类活动带来的威胁。

人们对水生态安全研究较多的是从一种资源安全的角度来进行研究,水安全某种意义上说就是指水生态安全。近年来兴起了水生态安全的研究,水不仅仅是一种资源,同时也是环境的重要组成部分,水生态安全的主要内容是强调水环境是一个完整的生态系统,是水量和水质的统一体,包括地表水环境和地下水环境,是一个动态的概念,而不是一种为人类的利用程度的概念。水的安全应该满足水环境的安全,在此基础上保障的水资源安全才可以使水得到可持续利用。

综上所述,水生态安全概念如下:水体满足足够的水量、安全的水质条件以维护其正常的生态系统和生态功能,保障水中生物的有效生存,周围环境处于良好状态,使水生态功能可持续正常发挥,同时能较大限度地满足人类生产和生活的需要,使人类自身和人类群际关系处于不受威胁的状态。

水生态安全描述的是水生态处于一种自身环境能够有效发挥其正常功能,同时保障人类社会经济发展的状态,是保障人类可持续发展的有利条件。实现水生态安全,即保障水生态系统的正常发挥,有效实现水生态的社会效应,从而实现水生态系统的可持续发展,是充分、合理利用水生态的目标。水生态安全与可持续发展二者紧密相连,是人类利用水生态系统的初级目标和最终目标,是一个问题不同层次的追求目标。

5.5.2 水生态安全评价

5.5.2.1 水生态安全现状

1)水资源总量

常州市的现状可利用水资源量为本地径流量、地下水开采量和入境水量,总量为67.08亿m^3。按1998年为现状年计算中等干旱、特殊干旱年的供需水量,中等干旱年份已能满足城乡需水要求,特殊干旱年份仍有少数地区短期缺水。

2)水质污染

地表水水体受污染覆盖面较大,其主要污染物为:氨氮、高锰酸盐指数,其次为BOD_5和挥发酚。造成地表水污染的主要原因是工业企业废水和城镇居民生活污水及农业面污染源排放。

水源地水质:全市水源地供水以长江、湖泊、水库为主。在监测的18个断面中,达Ⅲ类水质标准的断面15个,占总数的82.3%,水质良好。其中长江、水库水质相对较好,湖泊因围网养殖和入湖河道水质的下降而受到一定的污染，比较突出的是湖泊内氮、磷含量较高，富营养化水平基本达中富营养水平。

地下水总体水质较好，pH 值呈中性略偏碱性，无机组分正常，毒理指标氰化物未有检出，有些井检出有砷化物，个别井还检出有挥发酚，说明某些井地质背景不好，同时也说明有些地下井已遭受了不同程度的污染。由于浅层井受人类活动影响较大，因此，水质相对变化较大，其受污染程度也比深层井重。

3)社会经济发展对水安全造成一定压力

2005 年末，常州市常住总人口 220.76 万。城市生活水平不断提高，经济持续增长，对水资源的需求不断增大，同时水环境的污染也日益严重。尽管常州市近年来调整产业机构、控制人口规模，但对水环境的压力仍然很大。近年来工业用水所占比例较重，再加上农业灌溉及生活用水，水资源总量不足。目前，常州市只是基本满足全市的用水需求，从长远发展考虑，今后只有开发利用地下水资源，但是地下水开发也不乐观，过量开发会引起地下水漏斗面积的不断扩大，进而引起地面沉降和塌陷，进一步减少了地下水库的储水量。

5.5.2.2　水生态安全评价

水生态安全问题涉及面非常广阔，既有自然性指标也有社会性指标，既有动态指标也有静态指标，既有定性指标也有定量指标，并且各指标体系均应该具有一定的层次结构。在研究和制定常州市水生态安全评价指标体系及其评价方法时，遵循了科学性、整体性、可操作性、引导性、层次性、动态性与稳定性等指标选取原则。制定出来的指标体系具有资料收集的可行性和可操作性、时间和空间上的敏感性、综合性和主要成分性、预测性和科学性、针对性和应用性等属性。水生态安全研究不仅要对存在的生态环境状态进行评价，更重要的是要掌握对生态安全有潜在影响的重要因素的变化情况和人类社会的能动性水平。据此，针对常州市的实际情况和数据的获取情况，根据“状态－压力－响应”模式的指标体系的要求，选取了如表 5.11 所示的指标，对常州市水生态安全进行评价。

1)评价指标

表 5.11　水生态安全评价指标体系

状态指标	压力指标	响应指标
地表水源供水量； 地下水可开采量； 年降水量； 河流断流率； 中心城区地面沉降量； 水灾造成的经济损失； 劣Ⅴ类以下河段比例	年末人口；国内总产值；工业总产值；农业总产值；耕地面积；化肥施用量；农药施用量；自来水用水量；自来水供水总量；总用水量；地下水开采量；废水排放总量；工业废水排放量；生活污水排放量；废水中化学需氧量；万元 GDP 用水量；实灌面积育年限	环境保护投资； 环保投资占国内生产总值比例； 农田水利工程投资； 城市排水管道长度； 水厂生产能力； 污水厂处理能力； 城市污水处理率； 废水(工业)排放达标率

2)评价方法

关于水生态安全评价，除了评价指标的选取尚无定论外，目前定量评价生态系统安全的方法也还处于探索之中，各种方法均具有一定的局限性，并没有一套公认的标准方法。我国学者在生态系统安全评价研究中，提出了多种评价方法，如主成分分析法、层次分析法、综合指数评价法、指数叠加法、模糊综合评价法等。

本研究的水生态安全评价研究主要以修正的压力—状态—响应(PSR)概念模型为框架基础，根据水生态与水环境安全的特征，选压力、状态、响应等多项指标，结合景观生态学理论，采用模糊层次分析法确定指标权重，并根据综合指数法构筑了区域水生态与水环境安全的综合评价指标体系。

具体处理的公式如下：

针对越大越安全的指标：

$$X'_{ij}=(X_{ij}-X_{j\max})/(X_{j\max}-X_{j\min})\times 10$$

针对越小越安全的指标：

$$X'_{ij}=(X_{j\max}-X_{ij})/(X_{j\max}-X_{j\min})\times 10$$

式中 X_{ij}，X'_{ij}为第 i 年和第 j 指标的原值和标准化后的数值；$X_{j\max}$和 $X_{j\min}$为第 j 指标的最大值和最小值。其次，在水环境生态安全评价中对各指标权重的确定采用客观赋值的变异系数法，公式如下：

$$\delta_j = D_j / X_j$$

$$A_j = \delta_j / \sum_{j=1}^{n} \delta_j$$

式中 δ_j，D_j，A_j分别为第 j 指标的变异系数、均方差和权重值。

得到生态安全的综合评价值，公式为：

$$W_i = [\sum_{j=1}^{n} nA_j] \cdot X_{ij}$$

式中 W_i为第 i 年的综合评价值，X_{ij}为各指标值，A_j 为响应权重值。

表 5.12　水生态安全综合指数评价值与评判集的等级关系的概念联系

等级	综合指数评价值	表征预警状态	特征
Ⅰ	0.0～0.2	恶劣	水环境遭受严重污染，水生态服务功能近乎崩溃，生态恢复和重建很难，经常演变成水生态灾害
Ⅱ	0.2～0.4	较差	水生态系统服务功能严重退化，水生态环境受到较大破坏，受外界连续干扰生态恢复困难，生态灾害较多
Ⅲ	0.4～0.7	一般	水生态系统服务功能已有退化，水环境干扰后易恶化，生态问题显现，生态灾害有时发生
Ⅳ	0.7～0.9	良好	水生态系统服务功能较为完整，一般干扰下可恢复，生态问题不显著，生态灾害不太多
Ⅴ	0.9～1.0	理想	水生态系统服务功能基本完整，系统恢复能力强，生态问题不显著，生态灾害很少

3)评价结果

评价结果表明，常州市水环境生态安全综合评价值为 0．60～0．45，因此水环境生态安全已经进入预警状态，水生态安全状态一般，并且生态安全水平持续下降。在状态、压力和响应 3 个指标层中，权重列于前几位的分别是：年降水量、地下水可开采量、城区地面沉降量、劣Ⅴ类水质河段占总监测河段比例；农药和化肥施用量、自来水用水量、生活污水排放量、耕地面积、工业废水排放量；农田水利工程投资、环保投资占国内生产总值比例、城市污水处理率。这说明这些指标对常州市水环境生态安全的影响较大，也是今后常州市水环境生态安全建设过程中最需要引起重视、合理建设的方面。

在压力指标层中，农药和化肥施用量、自来水用水量、生活污水排放量、耕地面积、工业废水排放量等指标权重较大，表明这些压力指标对水资源和水质的压力是比较大的，在今后的城市发展中，这些指标对水环境生态安全存在着潜在的、重要的影响。

在状态指标层中，地表水资源供水量、中心城区地面沉降量等指标由于标准化后数值的年际变化幅度小，所占的权重相对较小，但这并不意味着这些方面对水环境生态安全的作用小，而是表明在用变异系数法求权重时，这些变化幅度小的指标相对比较稳定，以目前的发展趋势还不会危及水环境生态安全，但前提是这些指标必须被控制在适当的、微小波动范围内；那些变化幅度较大的指标则容易对评价时间段内水环境生态安全产生震荡影响，在今后的建设和保护过程中必须加强控制。

在响应指标层中，农田水利工程投资、环保投资占国内生产总值比例、城市污水处理率等指标权重也较大，这既反映了这些措施对水环境生态安全的改善作用，也表明在今后城市建设发展过程中，这些指标是加强城市竞争力和可持续发展力的重要指标，需要不断更新完善和提高效率。

5.5.3　水生态安全情景分析

本文中所说的水复合生态系统包括水资源、水环境和水景观。影响水生态过程的因素很多，大体上可以分为人口因素、城市化程度、耕地面积变化、以及各个经济行业的增长变化。本文的重点在于水与人类生产和生活活动的关系，主要从农业、工业及生活用水三个方面对水生态安全进行情景分析。

5.5.3.1　水资源情景分析

1）农业用水：主要是水稻灌溉，其次为三麦、棉花、秋旱作物、绿肥等。根据代表年各种农作物实种面积推算农业用水量。灌溉定额采用江苏水利科技(93)文献“江苏省稻麦棉需水量等值线图”确定，秋旱作物及绿肥的需水量采用省区划资料计算。各代表年的农业用水如表 5.13。

表 5.13　常州市各代表年农业需水量汇总表

项目	年	年养殖量（万头）	粪量（万 t/a）	尿量（万 t/a）	COD（万 t/a）	氨氮（t/a）	总氮(t/a)		总磷(t/a)	
							粪	尿	粪	尿
牛	2000	0.35	16.425	9.855	7.7	1151.06	714.77	788.40	193.81	39.4
	2005	0.4	438	262.8	205.9	30695	19140	21024	5168.4	1051.2
	2010	0.5	657	394.2	308.9	46043	28710	31536	7752.6	1576.8
猪	2000	90	118.8	156.6	10.1	18590	6985.5	5167.8	4042.6	814.32
	2005	100	118.8	156.6	10.1	18590	6985.5	5167.8	4042.6	814.32
	2010	150	118.8	156.6	10.1	18590	6985.5	5167.8	4042.6	814.32
羊	2000	4.5	82.1		0.2021	271.0	9035.4		5092.7	
	2005	5	136.9		0.3368	451.8	15059		8898.5	
	2010	6.5	136.9		0.3368	451.8	15059		8898.5	

续表

项目	年	年养殖量（万头）	粪量（万 t/a）	尿量（万 t/a）	COD（万 t/a）	氨氮（t/a）	总氮(t/a)		总磷(t/a)	
							粪	尿	粪	尿
家禽	2000	1500	16.0		0.1095	16.0	1589.4		861.3	
	2005	2000	16.5		0.1221	16.5	1623.6		886.1	
	2010	4000	18.0		0.1378	18.0	1789.3		947.2	
共计	2000	1594.85	400.32		181242	20028.6	24315.47		11068.90	
	2005	2105.4	1132.6		2164811	49756.0	69195.10		21022.50	
	2010	4127	1482.4		3194511	65105.3	89377.10		23532.52	

农业是常州市占用水资源的大户。目前，调查表明常州农业生产用水量为 582 m^3/亩，而且农业用水占常州市全部人类活动占用水资源量的 75.2%。因此，在农业方面，常州市的节水潜力是很大的。

为了讨论今后常州农业生产对水资源的占用，将农业生产用水情况设想几种情景：

第一种情景(A1)：农业灌溉定额维持在目前的 582 m^3/亩；

第二种情景(A2)：到 2005 年，将农业生产用水由现在的 582 m^3/亩降到 550 m^3/亩，到 2010 年，降到 500 m^3/亩，到 2020 年，降到 450 m^3/亩；

第三种情景(A3)：2005 年前，将农业生产用水量降到 500 m^3/亩，2010 年前将农业用水量降到 450 m^3/亩，2020 年将农业灌溉定额降到 400 m^3/亩，以后维持这样的耗水量不变。

今后一段时间内，常州市的耕地面积可能会略有减少，但灌溉面积变化不大，据此，我们对常州市在规划期内农业灌溉耗水量进行预测，结果见表 5.14。

表 5.14　农业灌溉用水量预测　　(单位：亿 m^3)

情景＼年份	2005 年	2010 年	2020 年
A1	17.86	17.86	17.86
A2	16.88	15.34	13.81
A3	15.34	13.81	12.27

2）工业用水：鉴于缺乏准确的工业用水耗水资料，采用不同工业发展速度下对不同工业耗水系数的不同组合对常州市未来的工业耗水进行预测。一般按工业产值计算，根据单位产值的用水定额计算用水量。常州市工业用水定额为 344 m^3/万元。

2010 年前，取年平均增长率为 10%，2010 年后取 8% 的增长率，如此，到 2005 年，工业产值达到 717.23 亿元，到 2010 年，工业产值达到 1155.1 亿元，2020 年工业产值达到 2492.7 亿元。

工业万元产值用水量分成三种情况进行考虑：

情景 1(I1)：工业万元产值用水量保持 2000 年的状态不变；

情景 2(I2)：工业万元产值用水量到 2005 年时，比 2000 年下降 5%，到 2010 年，比 2000 年下降 10%，到 2020 年，比 2000 年下降 20%；

情景 3(I3)：工业万元产值用水量到 2005 年，比 2000 年下降 5%，到 2010 年，比 2000 年下降 10%，到 2020 年，比 2000 年下降 15%。

结合前面对工业发展的情景分析，推算未来的工业耗水量，结果见表 5.15。

表 5.15　常州市工业耗水预测　(单位：亿 m^3)

年份	2005 年	2010 年	2020 年
I1	2.47	3.97	8.57
I2	2.34	3.56	6.86
I3	2.34	3.56	7.29

3)生活用水：居民生活用水包括农业和非农业人口用水，同时考虑到城市化的进程和人民生活水平的提高，对未来常州城市生活用水量进行预测。

2005 年时，城市人口每人每天的生活用水量为 152 L，2010 年，每人每天用水量为 168 升，到 2020 年，每人每天用水量为 176 L，农村人口到 2005 年，每人每天用水量为 65 L，2010 年为 95 L，2020 年农村人口每人每天用水量为 112 L。

城市公用设施的用水量按城市居民生活用水量的 20%计。

结合常州市人口的发展预测，计算常州市不同时间的生活用水量，结果见表 5.16。

表 5.16　常州市生活用水量预测

年份	2005 年	2010 年	2020 年
总人口(万人)	220.76	260	290
非农人口比例(%)	67.7	73	83
非农人口(万人)	149.37	189.8	240.7
生活用水量(亿 m^3)	1.16	1.64	2.06

总用水量：根据前面对农业用水和工业用水的不同情景，常州市未来用水总量见表 5.17。

表 5.17　常州市总用水量预测　(单位：亿 m^2)

年份	2005 年	2010 年	2020 年
A1I1	21.49	23.47	28.49
A1I2	21.36	23.06	26.78
A1I3	21.36	23.06	27.21
A2I1	20.51	20.95	24.44
A2I2	20.38	20.54	22.73
A2I3	20.38	20.54	23.16
A3I1	18.97	19.42	22.9
A3I2	18.84	19.01	21.19
A3I3	18.84	19.01	21.62

根据预测，在常规情景下，常州市总用水量 2005 年、2010 年和 2020 年将分别达到 21.49 亿 m^3、23.47 亿 m^3 和 28.49 亿 m^3；在工业和农业均采取一定的节水措施的情景下，2005 年、2010 年和 2020 年总用水量将分别达到 20.38 亿 m^3、20.54 亿 m^3 和 22.73 亿 m^3；在面向水资源可持续利用情景下，常州市 2005 年、2010 年和 2020 年的总用水量将分别达到 18.84 亿 m^3、19.01 亿 m^3 和 21.62 亿 m^3，一定程度上缓解对水资源的压力。

5.5.3.2　水环境情景分析

分别对工业、农业、居民生活和其他废水及污染物排放进行情景分析。

1)工业

根据前面对工业耗水量的预测分析，以工业耗水量的 80% 作为工业废水排放量，计算结果见表 5.18。

表 5.18　常州市工业废水产生量预测　(单位:亿 t)

年份	2005 年	2010 年	2020 年
G1	1.98	3.18	6.86
G2	1.87	2.85	5.49
G3	1.87	2.85	5.83

从工业排放的污染物特性来看，常州市的污染是以有机污染为主，大多数毒物或重金属未检出，或检出的浓度很低，因此，对工业污染物排放量的情景分析，只考虑 COD 的排放量。分析 1995—2000 年间常州市工业 COD 排放系数，可以看到，与同期的全国平均水平(161.60 m^3/亿元)相比，常州的情况是比较好的。

对工业 COD 排放量进行情景分析，设定三种情景：

其一(C1)，在未来的 20 年中，排污系数维持在 2000 年的水平不变；

其二(C2)，排污系数在 2000 年的基础上，到 2005 年，下降 10%，到 2010 年，比 2000 年的水平下降 20%，到 2020 年，比 2000 年下降 30%；

其三(C3)，排污系数在 2005 年比 2000 年下降 5%，到 2010 年，比 2000 年下降 10%，到 2020 年，比 2000 年下降 15%。

各种情景下的工业 COD 排放量均比现状不同程度地增加(表 5.19)。

表 5.19　常州市工业 COD 排放量预测　(单位:t)

年份	2005 年	2010 年	2020 年
C1	27622.4	44363.3	95701.8
C2	24858.9	35488.8	66987.9
C3	26239.9	39924.9	81342.5

2)农业

农业生产方面引起水质下降的主要原因在于化肥农药流失、畜禽粪便及农业固体废弃物(秸秆)。

2000 年，常州市农药施用量为 2948 t，单位耕地施用量 1.11 kg/亩。

为简化计算，假定常州市在采取切实有效措施的情况下，遏制住耕地面积下降趋势，在预测农药用量时,忽略耕地面积变化。

设想情景:

情景1(P1),在未来20年中,单位面积农田农药使用量维持在2000年的水平上;

情景2(P2),2005年,下降到2000年的95%,到2010年,下降到2000年的90%,到2020年,下降到2000年的85%。

情形3(P3),2005年,单位面积农药使用量为2000年的90%,到2010年,下降到2000年的80%,到2020年,下降到2000年的75%。

据此,推测规划期常州市农药的使用量,见表5.20。

表5.20　农药使用量预测　(单位:t)

年份	2005年	2010年	2020年
P1	2948	2948	2948
P2	2800.6	2653.2	2505.8
P3	2653.2	2358.4	2211.0

2000年,常州市使用化肥89864 t(折纯),单位耕地面积施用强度为33.98 kg/亩。

同样地,为简化计算,耕地面积的变化忽略不计。

设想情景:

情景1(F1):单位面积耕地使用的化肥量基本维持在1999年的水平不变。

情景2(F2):在目前基础上,化肥的使用量有所下降,到2005年单位面积耕地上化肥的使用量下降5%,到2010年比目前下降10%,到2020年比目前下降20%。

情景3(F3):单位面积耕地上的化肥使用量比目前的水平有所上升,到2005年上升5%,到2010年上升10%,到2020年上升20%。

据此,推测规划期常州市化肥的使用量,见表5.21。

表5.21　化肥使用情景预测　(单位:t)

年份	2005年	2010年	2020年
F1	89864	89864	89864
F2	85370.8	80877.6	71891.2
F3	94357.2	98850.4	107836.8

2000年左右,常州市每年饲养的猪在90万头左右,牛在3500头左右,羊在4.5万只左右,家禽在1500万只左右。根据生态经济规划部分,未来常州市的养殖业将有比较大的发展,根据规划预测的养殖规模,计算废弃物排放量见表5.22。

表 5.22　常州市主要畜禽粪便含量及 COD、氨、总氮和总磷含量

项目	年	年养殖量（万头）	粪量（万 t/a）	尿量（万 t/a）	COD（万 t/a）	氨氮（t/a）	总氮（t/a）		总磷（t/a）	
							粪	尿	粪	尿
牛	2000	0.35	16.425	9.855	7.7	1151.06	714.77	788.40	193.81	39.4
	2005	0.4	438	262.8	205.9	30695	19140	21024	5168.4	1051.2
	2010	0.5	657	394.2	308.9	46043	28710	31536	7752.6	1576.8
猪	2000	90	118.8	156.6	10.1	18590	6985.5	5167.8	4042.6	814.32
	2005	100	118.8	156.6	10.1	18590	6985.5	5167.8	4042.6	814.32
	2010	150	118.8	156.6	10.1	18590	6985.5	5167.8	4042.6	814.32
羊	2000	4.5	82.1		0.2021	271.0	9035.4		5092.7	
	2005	5	136.9		0.3368	451.8	15059		8898.5	
	2010	6.5	136.9		0.3368	451.8	15059		8898.5	
家禽	2000	1500	16.0		0.1095	16.0	1589.4		861.3	
	2005	2000	16.5		0.1221	16.5	1623.6		886.1	
	2010	4000	18.0		0.1378	18.0	1789.3		947.2	
共计	2000	1594.85	400.32		181242	20028.6	24315.47		11068.90	
	2005	2105.4	1132.6		2164811	49756.0	69195.10		21022.50	
	2010	4127	1482.4		3194511	65105.3	89377.10		23532.52	

3）居民生活

常住居民对水环境质量的影响体现在排放的废水及其携带的污染物（以生活洗涤废水及厕所污水形式），以及丢弃的生活垃圾，从目前常州市区的情况来看，居民乱丢垃圾是一种比较普遍的现象。胡乱丢弃的垃圾加大了地面径流中污染物的含量。对居民生活污水的估算以生活用水的 80％转化为污水进行计算，居民排放的 BOD、COD 以及生活垃圾按有关文献提供的参数进行计算，结果见表 5.23。

表 5.23　城市居民生活污水及垃圾排放预测

年份	2005 年	2010 年	2020 年
生活污水排放量（亿吨）	1.39	1.88	2.50
NH_3-N 排放量（万吨）	5.56	7.52	10.00
CODCr 排放量（万吨）	55.6	75.2	100.0
垃圾产生量（万吨）	45.6	48.7	53.4

城市发展后，城市人口的粪便将由污水处理系统处理，但农村的情况应值得注意。根据未来农村人口的增长情况，以每人每天排放粪便 1.5 kg 计，则到 2005 年，农村人口排放的粪便为 208.61 万 t，2010 年为 211.85 万 t，到 2020 年达到 213.00 万 t。

5.6　水生态资产服务管理

5.6.1　水生态资产管理

城市生态资产指城市的生存、发展、进化所依赖的有形或无形的自然支持条件和环境耦合关系，它是城市生态系统赖以生存的基本条件，有形生态资产如太阳能、大气、水文、土地、生物、矿产和景观等自然生态资产和附加有人类劳动的水利、环保设施、道路、绿地等人工生态资产；无形生态资产包括生态区位、风水组合、气候组合等自然生态资产及交通、市场、文化等人工生态资产。生态资产审计、监测和管理是城市生态管理的重要环节。城市植被和动物、微生物是一类重要的生态资产，在城市生态调控中起着关键的作用，规划管理得好，能为城市提供积极的生态服务，规划管理得不好，则会破坏甚至摧毁人们的生存发展环境，如中世纪欧洲横行的瘟疫。

在城市发展过程中，把生态资产与社会资产统筹起来，全面地理解发展与生态建设的辩证关系，实现可持续发展。倡导生态建设产业化，开发生态资产，必将带动生态环境建设的整体推进。从而实现由目前"大面积搞生产"、"小面积搞生态"转向"小面积搞生产"、"大面积搞生态"，实现常州市甚至整个苏南地区土地利用格局的重大调整，以满足国家的生态安全建设和经济稳步发展需要。

5.6.2　水生态服务功能管理

城市生态服务是指为维持城市的生产、消费、流通、还原和调控功能所需要的有形或无形的自然产品和环境公益。它是城市生态支持系统的一种产出和功效，如合成生物质，维持生物多样性，涵养水分与稳定水文，调节气候，保护土壤与维持土壤肥力，对环境污染的净化与缓冲，贮存必须的营养元素，促进元素循环，维持城市大气的平衡与稳定等。城市生态管理的核心就是要处理好城市人类活动与自然生态系统间的服务关系：一方面是区域生命支持系统为城市提供的生态服务和对城市超越其承载能力的人类活动的生态响应（往往以自然灾害、热岛效应、污染效应、光化学污染），另一方面则是城市人类活动对区域的环境胁迫和生态破坏，以及正面的生态建设。

城市水生态系统每年为人类提供亿元的服务价值，但这并不说明人类可以任意利用水体的生态价值，而是要求人们在利用生态系统服务功能时，科学考虑生态系统的承受能力，如水生态系统的水质净化功能要受到环境容量的影响，如果环境中的污染物浓度超出了水体自净能力的范围，不但不能达到净化的目的，反而会导致生态系统平衡的丧失，使生态系统的结构和功能受到破坏，从而影响水体生态系统服务功能的发挥。研究生态系统服务功能的一个重要目的就是探讨其可持续利用的原理，建立一个长效的可持续利用机制。

5.6.2.1　保证城市水体生态需水

城市水体生态需水的满足程度不仅是水生态系统服务功能正常发挥的基础，而且对于周边城区的发展及维持城市景观有着十分重要的影响。当前，城市水系的非点源污染（城市地表径流污染)正成为城市水环境污染的一个主要问题,也成为影响水体生态需水量的主要因素,随着城市点源污染治理的逐步完成,降雨形成的地表径流所造成的面源污染将成为城市污染治理的新的目标,为充分利用水体对污染物的净化稀释功能,需要保持水体的生态需水要求。

城市水体的生态需水受水生态系统的生态服务功能制约,对生态环境的功能要求越高,河道的生态环境需水量也就越大。目前,常州城市水系除了长江的灌溉、饮用与航运等对水量需求较大的水生态系统服务功能尚需保持外,城市内部水系河流的主要功能应定位于排水和景观河道以及娱乐等。根据各水体的主导功能要求,有区别地对待各水体的生态需水要求,保证合理的生态流量,确保水资源开发利用率不超过40%,这是水生态系统维持基本服务功能的前提条件。另外,常州城市水体水利调控设施比较少,应该加快水利设施建设和充分利用它的调控作用,提高过境水资源利用率,同时使河道里的水最大限度地"动"起来,增强河水的自净能力,也是实现城市水体生态需水保证的主要途径之一。

5.6.2.2 建立城市水生态系统服务功能的最佳开发利用模式

根据城市水生态系统特点,运用生态科学知识,寻求并最终建立最佳的开发利用模式和相应的产业结构,实现生态、经济和社会效益的和谐统一,获取最大的经济收益,最终实现水生态系统的可持续利用。对生态系统的保护易导致"生态系统资源拥有与使用上的分离"(郭中伟等 2003),使当地居民无法从保护中获得利益,从而失去保育生态系统资源的积极性,最终导致可持续利用的落空。为了持续利用生态资源,鼓励当地居民以经营生态系统服务为主要手段来发展经济,实现生态系统服务管理产业化。如在一些生态系统资源丰富的地区建设生态系统服务基地,让生态系统成为生产资料,将生态系统服务作为产品向外输出,从而形成新的产业"生态业",使生态和经济效益统一起来。

常州城市区域可以通过发展生态旅游等产业,实现水生态系统服务的产业化,如充分依靠长江自然生态优势,京杭大运河优越的自然水域条件和区位优势,发展沿江生态廊道和城市内部的亲水生态旅游;充分利用滆湖及其周边的生态湿地资源,结合生态保护、休闲观光功能,建设市区西南的滆湖生态休闲带;建设竺山森林公园和竺山湖旅游度假区等独特的山水自然特征,成为市区东南部的生态观光旅游带。大力发展城市近郊生态旅游,把开发生态旅游产品和生态文化的融合提到重要的位置,增强生态旅游的文化魅力,促进生态旅游产业的发展,寓生态保护与经济发展的同时,增强了公众的生态环境保护意识。

5.6.2.3 实施城市水生态系统的恢复与重建

生态恢复与重建是根据生态学原理,通过一定的生物、生态以及工程的技术与方法,人为地改变和切断生态系统退化的主导因子或过程,调整、配置和优化系统内部及其与外界的物质、能量和信息的流动过程及其时空秩序,使生态系统的结构、功能和生态学潜力尽快地恢复到一定的或原有的乃至更高的水平。生态恢复与重建为综合整治与恢复已退化生态系统以及重建可持续的人工生态系统提供了途径。常州城市水生态系统的恢复与重建过程应着重以下几个方面的建设:

1)恢复河岸带的植被缓冲带,增加生态系统的服务功能,包括侵蚀控制、净化水质、鱼类与野生生物的生境以及部分休闲娱乐功能。建设贯穿常州市东西的四条(京杭大运河、溪河—武南河、湟里河—太鬲运河—锡溧漕河、北干河—漕桥河)生态廊道,以及贯穿常州市南北的、通江达湖的四条(新孟河、德胜河—武宜运河、藻港河—永安河、舜河—三山港—武进港—太湖)

生态廊道。开辟城市水体沿岸滨水绿带，创造宜人亲水空间的同时，河滨带作为水体缓冲区的特征，使河岸带绿化防护林建设与河滨带可以很自然地连接起来，成为部分在湿地边缘生存物种的栖息场所和食物来源以及物种迁徙的廊道。

2)建设人工湿地，实现污水生态处理。城市大量未经处理的城市污水任意排放，不仅造成水环境污染，而且加剧了水资源紧张。建设人工湿地，使污水处理成为调节城市生态系统水循环的关键环节，同时与传统活性污泥处理系统相比，人工湿地对污染物质的处理有明显的效果，尤其是对N、P和有机物的去除能力较强。国内外有关对城市污水的研究表明，在进水浓度较低的条件下，人工湿地系统对BOD的去除率可达85%～95%，对COD的去除率可达80%以上。处理出水的BOD浓度在10 mg/L左右，能使城市生活污水通过净化达到三级回用水标准(王虹扬等 2003)。

从城市生态建设的角度来说，城市污水处理是城市生态建设的重要内容，人工湿地作为一种生态处理方式，应成为城市污水处理重要的可选模式和研究方向，人工湿地弥补了城市污水处理厂建设和运行过程中污水处理资金与技术不足的问题，具有很高的环境效益和一定的经济社会效益。湿地植物在物质生产和景观美化方面效益明显，促进城市亲水环境建设，提升城市生态品位，给市民提供休闲娱乐的场所；经人工湿地净化后的污水可回用于工矿企业、市政环卫、园林绿化以及城市河道景观等方面，是解决城市缺水的一条重要途径。

由于人工湿地作为一种生态工程的方法，达到了社会、自然、经济效益的统一，适合常州城市经济发达程度和生态建设的具体情况，目前可以从以下几个方面开展有益的建设实践：①在城郊利用小水系或空旷洼地建立人工湿地代替城市污水处理厂，进行二级污水处理，出水可用于农业污灌；②在市内可以利用人工湿地对经二级处理后的污水进行精处理；③在市区低地处建立人工湿地用以净化城市地表径流污水，减少非点源对水体的污染；④在滆湖、孟河下河、宋剑湖周边适宜地段结合湿地生态公园的建设，将河水引入湿地内，通过人工湿地的加强处理，提高水质，再排入河道作为其补充水源，可解决河湖的面源污染问题。

5.6.3　水生态安全管理

生态安全指自然生态(从个体、种群、群落到生态系统)和人类生态(从个人、集体、地区到国家甚至全球)意义上生存和发展的风险大小，包括环境安全、生物安全、食物安全、人体安全到企业及社会生态系统安全。城市水生态安全包括城市水生态系统结构、功能、过程(城市人类活动对水的开发、利用和保护过程)的失调和外围生命支持系统的退化给城市人类活动带来的威胁。其一是由于生命支持系统结构功能的破坏对生物生存的威胁和食物网的瓦解；其二是由于生态环境的退化或资源的紧缺对经济基础构成的威胁，主要指环境质量状况和自然资源的减少和退化削弱了经济可持续发展的支撑能力；其三是环境破坏或资源短缺引发的社会问题如人体健康、环境难民、贸易壁垒、环境外交等，从而影响社会稳定；其四是突发灾害如洪涝、地震、火灾、流行病等对城市居民生命财产的直接威胁等。

水生态系统是城市可持续发展的重要生态支撑系统，常州市本地水资源量不能充分满足需求，必须依靠外来入境水量，再加上时间和空间分布不均，水环境质量不稳定，除受本地排污影响外，常受到上游和跨界污染的影响，需要制定科学合理的水生态安全保障措施，保障城市生态安全。

5.6.3.1 建立城市饮用水安全监控预警体系

建立符合区域生态环境特征和经济发展现状的生态安全监控机制，包括生态安全度的衡量标准、指标体系，及时掌握城市水生态环境变化的动态信息，优先保护城市饮用水源地水生态安全。在水生态环境敏感区域建立固定观测点，长期跟踪生态环境质量变化状况。常州市水生态安全，尤其是集中式饮用水源地为长江水质易受整个流域水环境状况的影响，因此通过建立健全水生态安全预警体系（包括专门的监控队伍建设、设备设施建设等），对城市过境水进行实时预警监控，防止上游来水的跨界污染，切实保障城市饮用水安全。

5.6.3.2 加强城市水生态安全规划

生态规划是以生态学原理和城乡规划原理为指导，应用系统科学、环境科学等多学科的手段辨识、模拟和设计人工复合生态系统内的各种生态关系，确定资源开发利用与保护的生态适宜度，探讨改善系统结构与功能的生态建设对策，促进人与环境关系持续协调发展的规划方法（杨志峰等 2004）。寻求人的活动与自然协调的生态规划是实现资源持续利用和经济社会可持续发展的重要途径。城市存在大量水环境问题多由城市布局不合理引起，过去的城市规划几乎不包括城市的生态系统规划，而城市水生态系统安全的保障需要水生态安全规划做指导。城市高强度的开发对水体生态系统服务产生显著的负面影响，因此进行生态规划，确定适宜的与水相邻区域的土地开发强度目标与指标（如建筑密度、硬化地面面积比率、路网密度等），保护和充分利用常州市优越的自然山水条件形成的生态安全空间格局，建设现代化的“山水城市”常州。

5.6.3.3 增加水生态安全建设的资金

城市管理部门通过一定的资金和政策渠道，形成一定的生态建设激励机制，保障践行水生态安全理念的有关部门、企业或个人的利益机制，促进城市生态产业和生态经济的发展。配套建立和完善各级政府、部门、单位法人的生态环境保护责任制，建立生态环境保护审计制度，确保生态环境保护和建设投入与生态效益的产出相匹配。建立城市生态安全组织，研究城市生态需求与生态利益，充分利用经济、行政与文化等手段来构建城市生态保护的运行机制。包括成立专门的管理、治理城市生态的部门，直接监督、管理城市的生态问题，促进城市生态建设。

5.6.4 水复合生态管理体系建立

城市水复合生态管理的主要问题包括：水的资源形态、环境形态、生命形态、经济形态和文化形态间的耦合关系；水在城市生产、生活及生态服务过程中从源到汇再到源的代谢规律和生命周期管理；城市人类活动对水复合生态系统的胁迫效应及区域生态环境用水的系统评价及管理方法；区域水资源承载能力、水环境容量及水生态安全阈值间的动态耦合关系和风险防范方法；水管理体制、价格、产权和水生态意识的综合管理方法。

针对常州市水生态系统存在的问题，今后常州市城市水生态环境管理的目标为：

(1)必须有充足安全可靠的供水水源；

(2)保证地下水采补平衡，缓解或避免地下水漏斗等水生态问题的发生；

(3)城市河湖等水体必须有一定的新鲜水补充，维持健康的城市水生态系统及生物多样性，满足河流、湖泊、池塘和野生生物对生态用水的需求；

(4)要形成城市供水、配水、用水、排水、治污等环节合理的现代化水网管理体系，做到优水优用；

(5)严格控制流域农药、化肥、畜禽粪便和水土流失等面源污染。

为使常州尽快成为合理开发利用水资源的典范城市，拟采取以下城市水生态环境管理的措施：

(1)建议以地下水作为居民饮用水，对客水与其他地表水进行统筹兼顾，做到分质分类用水，以使生产、生活和生态用水综合平衡。城市自来水总供给量中，生活用水仅占十分之一，其中居民饮用水最多占生活用水的十分之一，即城市自来水总供水量的 1% 为饮用水。通过分质供水对城市自来水总供给量 1% 的优质地下水进行深度净化处理，并另设管网直接供给用户，以满足人们的健康饮水需求；

(2)建水源涵养生态功能保护区，保证大气降水－地表水－地下水三水的有效转换，涵养水源，降低或延缓洪峰，提高降水入渗能力和增加枯季流量；

(3)在地下水严重超采地区，划定地下水禁采区(供水由其他水厂联网解决)，清理不合理的抽水设施，提高流域整体的生态功能，确保流域泉涌的生态用水；

(4)事实证明，过去常用的转移和稀释扩散污染物、投放化学物质、疏浚底泥等传统改善水环境的方法，已不适用，水生态问题必须用生态工程的技术方法来解决，如：物理生态工程技术(PEEN)中利用大型漂浮植物凤眼莲、喜旱莲子草等一系列生物或微生物来净化水质。

(5)氮、磷严重超标地区，应严格控制流域氮肥、磷肥施用量，地下水直接补给区应加大农业面源污染控制力度，鼓励畜禽粪便资源化，确保养殖废水达标排放等等。

总之，常州市是历史文化名城，历史文化源远流长，文物古迹众多，人文景观突出，是融山、湖、河、城为一体的特色城市，科学合理的城市水生态环境管理是解决常州市供水方面出现各类新问题的关键。

第6章 区域人口复合生态管理

本章首先介绍区域人口复合生态管理的有关理论、思想，然后从评价人口复合生态状况的指标入手，构建评价人口复合生态系统的指标体系，并在相应的指标体系上构建包括生态足迹在内的区域人口复合生态管理的基本方法，最后利用相应的区域人口复合生态管理评价的方法，对中国省级人口复合生态系统进行评价。

6.1 区域人口复合生态管理的基本思想

人既有社会属性又有生物属性。就人的生物属性而言，人与动物种群变动规律有共性，因此人口问题既是社会学问题又是生态学问题。综合运用复合生态学规律研究人口问题，研究人口变动与生态环境的关系，不仅有助于较全面的认识当前人类面临的各种重大问题，而且对于提高人们生活质量、防止环境污染、合理利用自然资源、促进协调可持续发展都有重大意义。

6.1.1 人口生态学的观点

人口生态学研究的范围非常广泛，人口增长、人口模式及其转变、人口结构、人口分布和迁移、人口素质以及人口与各种资源的关系等都属于其研究范围。人口生态学作为一门社会科学和自然科学相结合的学科，其研究方法自然包括这两方面的特色，有实地调查和实验室考察与理论分析相结合的方法、定性分析与定量分析相结合的方法、动态分析与静态分析相结合的方法、宏观分析与微观分析相结合的方法等。

人口生态学是以人口及其周围环境为研究客体，揭示人口与环境相互关系的科学。它包括四个方面：(1)从哲学、伦理学和生态学出发，探讨人口在生物圈中的正确位置，处理人与环境的相互关系；(2)从经济学和生态学的角度，探索人口的生产和生活活动导致的生态系统的物质循环和能量转换，人口经济活动取得的生态效益和环境后果，从而建立合理的生态经济模型，确保经济的健康发展和生态系统的平衡与稳定；(3)从系统科学、数学和工程技术角度，探索人口生态学理论应用于实践的途径，为自然资源的综合利用和环境管理方案的制订提供科学的方法；(4)从人类学、医学和生物进化理论出发，探索环境影响人类生存和发展过程的机理，为改善人类的生活环境和生态环境、提高人口素质、保证人类的健康发展提供理论依据。

在如何确定什么样的人口条件是符合可持续发展要求的问题上，学界着重进行了两方面的研究：(1)人口承载容量研究。即从生态学、资源或环境等角度通过引申一系列指示项定量地确定某一时期、某一地域的资源(主要指自然资源)能够维持生存的人口数量。显然用这种方法取得的是该时空范围内生存人口的最大数量，一旦超过这个限量则会使原有的人口生态系统失衡，甚至崩溃。人口承载容量研究的意义多体现在该区域人口的“生存”上，并未体现在人口的“发展”层面上。(2)适度人口研究认为，任何时候在自然资源既定的条件下，必定存在着某种数量的人口，它能够充分利用自然资源而达到最大的生产率，这个数量的人口就是“适度人口”。显然这种适度人口是一种纯经济适度人口，主要涉及的是人口规模，后经 A·索维等，把适度人口的概念扩大到非经济领域，使可持续发展研究进一步与社会经济的全面发展联系起来(包庆德等 2003)。

近年来，随着社会经济的发展，资源消耗的加速，学者、决策者对人口、资源、环境、经济、社会的相互关系及相互影响备加关注，试图探求五者的可持续发展。同时，由于地区发展的不平衡，加之中国户籍政策的放宽，中国的迁移人口与流动人口规模日益壮大，因而有关中国人口迁移与分布的研究也越来越受到各界学者的重视。这两大问题均是综合性的问题，涉及到自然资源、社会进步和经济发展等多个方面，对这两大问题的研究也是从多个角度进行的。人口、经济与资源的关系可以从两个角度来分析：(1)在特定经济发展水平下现存资源量所能承载的人口数量(人口承载力，也可称为人口容量或适度人口)(陈卫等 2000)，将计算出来的人口承载力与实际人口数量相比较，可知道是否人口过多而使资源消耗过度；(2)现有的人口在一定生活水平条件下所需要的资源量，通过比较计算出来的资源需求量与资源量供给量，可知道是否资源短缺或过度利用(陈敏 2006)。

6.1.2　人口功能区划思想

主体功能区是基于不同区域的自然生态状况、资源环境承载力、现有开发密度、经济结构特征、人口集聚状况、参与国际分工程度等多种因素和发展潜力等多种元素，将区域确定为特定主体功能定位类型的一种空间单元。这一概念源于西方国家的空间规划思想和规划实践，由中国政府借鉴国际经验并结合国情实际率先提出。根据《国民经济和社会发展第十一个五年规划纲要》，中国的主体功能区划将国土空间分为四类：重点开发区，即资源环境承载能力较强、经济和人口集聚条件较好的区域；优化开发区，即国土开发密度已经较高、资源环境承载能力开始减弱的区域；限制开发区，即资源承载能力较弱、大规模集聚经济和人口条件不够好并关系到全国或较大区域范围生态安全的区域；禁止开发区，即依法设立的各类自然保护区域。

主体功能区的新提法意味着中国政府政策模式的转变，意味着中国区域发展和区域合作的导向变化。表明中国区域发展战略出现了从“切块式”发展向更加讲求科学性、合理性转化的趋势。二是主体功能区将成为政府进行宏观调控的新途径。主体功能区划作为未来引导和约束中国未来人口分布、经济布局、国土利用和城镇化格局的总体方案，将对规范空间开发秩序产生深远和实质性的影响。主体功能区建设可有效发挥区域协调功能。有利于缩小区域发展差距，实现经济发展和人民生活水平的协调。主体功能区划分的标准和指标体系是主体功能区研究的重点，是主体功能区具体实施的依据(李振京等 2007)。

人口是社会生活的主体，在人口、资源、环境、经济、社会的全面、协调、持续的发展战略中，人口居于关键的位置。人类生态系统是以人的行为为主导、自然环境为依托、资源流动为命脉、社会体制为经络的人口—资源—环境复合生态系统。人口作为一种特殊形态的资源，与自然资源环境的可持续发展构成了既相互促进又相互制约的关系，人口变量是实现可持续发展的基本要素之一。主体功能区的规划，是要真正做到人与自然、社会和经济的全面协调和可持续发展。因此，无论什么样的主体功能区，都必须以科学合理的人口分布为基础，脱离符合实际的科学的人口分布规划，主体功能区便成了无源之水、无本之木。

针对中国人口与经济社会资源环境的形势，国家人口计生委向国务院提交了《科学界定人口发展功能区，促进区域人口与资源环境协调发展》的研究报告，将全国的国土分成五大区域，即不适宜、临界适宜、一般适宜、比较适宜、高度适宜地区。适应主体功能区的发展规划，从地理格局、人居环境指数、土地资源、水资源、现有发展情况，以及未来发展指数因素六个方面，以分县为单位，系统评价不同地区的人口发展前景，按照是否适合人口居住进行分类，进而将人口发展分成限制区、疏散区、稳定区、聚居区。通过系统评价不同地区人口发展的资源环境基础和社会经济条件，力图通过科学界定人口发展功能区，建立某种积极的政策机制和导向，引导人口有序流动与适度集聚，促进不同地区的人口与资源环境协调和可持续发展（穆光宗 2008；陈家华等 2002）。

由于人口的发展与科学、合理布局是一个渐进的过程。当人口的大量聚居和经济活动规模超过了该区域的环境容量和资源承载能力时，经济效益的下降导致该区域人口数量的逐渐减少。综合考虑环境容量和资源承载能力，开发密度和发展潜力，中国目前的人口分布存在着明显不合理现象，应该在发展的过程中逐步加以改善。因此，科学合理地规划人口布局，要从长计议，不能急于求成。

同时，主体功能区必须考虑理论上的科学性和操作层面的可行性的统一。从理论上讲，适应主体功能区的划分，在规划期内（2020 年）按照疏散、限制、稳定与聚居完成人口分布规划，使得中国能够在较短的时期内有一个既适应环境容量和资源承载能力，又符合现有开发密度和在未来具有发展潜力的人口分布，那当然是最理想的。但是，人口的疏散、限制、稳定与聚居，是一件复杂的系统工程，它不仅涉及自然环境、生态系统、资源和社会经济发展，而且涉及历史、文化、宗教信仰、传统习俗等等复杂问题，要在较短时期完成这样的人口布局，从根本上来说是不可能的。

而且，人口发展功能区必须考虑制定有利于人口疏散、限制、稳定与聚居分布的长期稳定和现实可行的配套政策体系，逐步引导人口科学合理布局。就目前的情况看，国家已经提出并且在逐步实施自然保护区核心区的人口平稳搬迁，减少社区居民对自然保护区的干扰和破坏。但是由于政策不配套，资金不落实，即使这样小范围的人口搬迁仍然存在许多问题。因此必须考虑制定有利于人口疏散、限制、稳定与聚居分布的长期稳定和现实可行的配套政策体系。考虑到国家财政的承受能力，配套政策的力度可以由小到大，由弱到强逐步增加，这样长期稳定的政策体系的逐步引导，逐渐形成合理的人口布局（郭志仪等 2006）。

6.1.3 人口复合生态管理思想

(1)增加区域人口容量

城市化、产业化和信息化是创造就业机会、提高人口素质和扩大人口容量的根本途径。在基于自然承载力、市场吸斥力、文化亲和力及行政调控力分析的基础上积极催化、孵化新兴产业,规划、拓展新兴城镇,教育和培训流动人口,变人口流动包袱为社会发展动力。可选择人口生态容量边际投资效应最大的东部和北疆地区以及城市和工矿集镇,以较小的投资获取较大的人口增容效果,强化劣势生态因子的短边生态建设,拓展优势生态因子的马太效应,以拓展这些地区的人口承载能力和环境容量。通过积极推进东西联姻、城乡耦合,工农联营和区域共生,发掘区域人口生态的系统潜力,吸纳和安置更多的流动人口。

(2)强化区域人口生态位势

人口的大规模流动将带来全国生态位势格局的显著变化。人口流出地区由于环境压力的减小和收入水平的提高,自然和人文生态位势都会有所上升;而人口流入地区一方面由于劳力智力资源的集聚,激励了经济的发展和市场需求,社会经济效益显著。但另一方面,流动人口的过快增长,给流入地区的环境、基础设施和社会服务带来很大的压力,可以利用所获得的经济增益强化基础设施建设,通过产业的升级换代和生态工程的技术创新去节能减排,强化城市人口密集区的生态服务功能,提高市民的生活质量,提高人均生态位水平,维持高的生态位势。

(3)减轻区域社会经济压力

滚滚东南去的民工潮、智力流在推进流入地区社会经济发展的同时给沿海城市的基础设施供应、社会服务体系、资源环境能力和社区治安管理造成了很大的压力,拉大了这些城市外来民工与本地居民的社会分异差距。如何变压力为动力,缩小分异,推动这些城市和地区的产业转型、城市发展、环境管理和文明建设,是人口流入地区面临的巨大挑战。国家有关部门通过出台相应的人口流动补偿政策,如每个流入人口每年由国家(从人口发展基金中支付)、雇用企业和个人(可借贷,从未来的工资中偿还)共同负担一定额度的基础设施配套建设、综合管理和社会保险费用,可为过大的城市建设和管理压力减荷,并保障流动人员的合法权益。人员流动后,国家补贴部分可转入下一个城市。

(4)合理引导人口流动

运用人口生态原理优化配置与合理诱导区域人口的多元流动,积极稳定基本人口、疏散超载人口、引导流动人口、安置进城人口,逐步实现人人安居、户户乐业的人口流动,以及少有书读、老有赡养、病有医保、急有依靠的和谐社会目标。新时期人口管理部门的职能逐渐从自上而下的行政控制走向导流减压的生态调节。一是通过各种传媒渠道使人口流动效果和生态位势变化信息公开化、透明化,变民工的盲目流动为明智流动;二是相关地区、城市和企业主动出手提供信息吸引民工使一些地区过度集中的民工流分流;三是通过成建制、有规模、有诚信地招募、选拔农民工到东部地区培训,再送到其他地区去就业、创业、发展。四是对智力流也是先吸引到东部地区落户、实习,再派到中西部去轮训、磨炼。采取切实可行的措施保障这些西派劳力、智力流的社会经济效益不低于甚至高于同类职工在东部的待遇,以逐渐将涓涓细流汇集成一定规模的反向迁移流动大潮。

6.2 区域人口复合生态管理的基本方法

6.2.1 区域人口复合生态管理的指标建立

1977 年美国匹次堡大学 Saaty 教授首次提出层次分析方法(Analytic Hierarchy Process 简称 AHP)。层次分析法把复杂问题分解为各个组成因素,将这些因素按支配关系构成递阶层次结构,通过成对比较方式确定同一层次中各因素的重要性,然后综合决策者的判断,确定备选方案的相对重要性总排序。

运用层次分析法,大体上可按下面四个步骤进行:

步骤 1:分析系统中各因素间的关系,建立系统的递阶层次结构。递阶层次结构最高层是评价的目标层,也是总体层,是要解决的根本问题。往下一层为子系统层,是对评价目标多维度衡量的次指标层,它以总体的评价目标为基础进行比较具体的分解,以达到从多个角度来全面衡量评价目标的目的。最后一层是具体指标层,是对子系统层指标的进一步分解,比子系统层更具体、也更全面,是层次分析法评价过程的主要载体。

步骤 2:对同一层次各元素关于上一层次中某一准则的重要性进行两两比较,构造两两比较的判断矩阵。建立递阶层次结构以后,上下层之间元素的隶属关系就已确定,如果上层目标对下层系统有被分解的关系,就可根据各类指标的作用程度以及重要性不同,建立以系统为判断准则的各要素间两两判断矩阵。同样,可以构建以具体指标层元素相对于系统层各要素的两两对比判断矩阵。

步骤 3:由判断矩阵计算被比较元素对于该准则的相对权重,并进行判断矩阵的一致性检验。

步骤 4:计算各层次对于系统的总排序权重,并进行排序,得到各方案对于总目标的总排序。

通过专家咨询,确定影响中国人口分布的经济、社会和资源环境指标共有 22 项指标,其中自然资源 4 项指标,经济 7 项指标,社会 7 项指标,环境 4 项指标。各个指标之间按照系统中各因素间的关系,建立系统的递阶层次结构,如表 6.1 所示。

表 6.1 评价指标体系表

一级指标(目标层 A)	二级指标(准则层 B)	三级指标(方案层 C)
区域经济、社会、资源、环境总体状况	资源(B1)	生物生产性土地(C11)
		土地生产力(C12)
		生物多样性资源(C13)
		水资源(C14)
	经济(B2)	人均(物耗+能耗)消耗总量(C21)
		人均交通总货运量+通讯(C22)
		经济活跃度(经济增长率+投资率)(C23)

续表

一级指标(目标层 A)	二级指标(准则层 B)	三级指标(方案层 C)
区域经济、社会、资源、环境总体状况	经济(B2)	人均 GDP(C24)
		人均国际贸易额(C25)
		经济聚集度(城市化率)(C26)
		三产产值所占比重(C27)
	社会(B3)	自然生态服务水平(C31)
		社会生态服务水平(C32)
		建成区面积比例(C33)
		城乡收入差异(C34)
		平均期望寿命(C35)
		平均受教育年限(C36)
		人均医院卫生院床位数(C37)
	环境(B4)	每万元 GDP 二氧化硫排放(C41)
		每万元 GDP 工业固废排放(C42)
		水环境质量(C43)
		退化土地面积比例(C44)

对同一层次各元素关于上一层次中某一准则的重要性进行两两比较,构造两两比较的判断矩阵。建立递阶层次结构以后,上下层之间元素的隶属关系就已确定,如果上层目标对下层系统有被分解的关系,就可根据各类指标的作用程度以及重要性不同,建立以系统为判断准则的各要素间两两判断矩阵。同样,可以构建以具体指标层元素相对于系统层各要素的两两对比判断矩阵。由判断矩阵计算被比较元素对于该准则的相对权重,并进行判断矩阵的一致性检验。

计算各层次对于系统的总排序权重,并进行排序,得到各方案对于总目标的总排序。如表 6.2 所示的数值即根据某年调查的专家评分计算所得权重。

表 6.2　各评价指标权重表

一级指标	二级指标	三级指标
区域经济、社会、资源、环境总体状况	资源(0.17)	生物生产性土地(0.04)
		土地生产力(0.03)
		生物多样性资源(0.02)
		水资源(0.08)
	经济(0.43)	人均(物耗+能耗)消耗总量(0.03)
		人均交通总货运量+通讯(0.03)
		经济活跃度(经济增长率+投资率)(0.08)

续表

一级指标	二级指标	三级指标
区域经济、社会、资源、环境总体状况	经济 (0.43)	人均 GDP(0.13)
		人均国际贸易额(0.06)
		经济聚集度(城市化率)(0.04)
		三产产值所占比重(0.06)
	社会 (0.28)	自然生态服务水平(0.02)
		社会生态服务水平(0.03)
		建成区面积比例(0.03)
		城乡收入差异(0.05)
		平均期望寿命(0.05)
		平均受教育年限(0.06)
		人均医院卫生院床位数(0.04)
	环境 (0.13)	每万元 GDP 二氧化硫排放(0.02)
		每万元 GDP 工业固废排放(0.01)
		水环境质量(0.06)
		退化土地面积比例(0.03)

使用以上指标体系及其相应权重，经过层次分析，即可综合主观评价与客观评价区域经济、社会、资源和环境。

6.2.2 生态足迹的原理和方法

(1)生态足迹概述 20 世纪 80 年代以来，中国开展了一系列的基于不同自然资源的人口承载力研究，如土地承载力、水资源承载力、环境承载力，得到不同自然资源可承载的人口数量。然而，一个国家或地区人口所需求的资源并不是单一的，利用单一资源计算的人口承载力存在一定的片面性，而对各类资源分别进行计算，得到的人口承载力也不尽相同。此外，不同类的自然资源在有些情况下是可以相互替代的，如用于畜牧业的草地可以生产奶类、肉类，用于渔业的水体可以生产水产品，两者均可以补偿因耕地不足引起的粮食的短缺，但从单一资源的供需分析中无法体现这一点。生态足迹方法(ecological footprint)即为针对以上不足而建立的新的自然资源利用核算方法。

生态足迹的概念是由 Rees 等提出(1992)、Wackernagel 等(1996)对其计算原理及方法加以完善，是一种衡量自然资源利用持续性的方法。生态足迹指：任何区域内已知人口的生态足迹等于生产这些人口所消费的所有资源和消纳这些人口所产生的所有废弃物所需要的生物生产性土地面积。生物生产性土地面积的单位是“世界公顷”(Haberl 等 2001，Monfreda 等 2004)，每一世界公顷代表着等量的生物生产力，即 1 世界公顷土地的单产等于世界所有生物生产性土地的平均单产。将土地利用类型的实际面积(公顷)通过两个转换因子——产量因子和均衡因子，即可得到单位为“世界公顷”的土地面积。产量因子描述的是特定年份中，一个国家或地区某一类型土地（耕地、林地、草地等）的生产力与该类土地的世界平均生产力的差异程度，以比值表示，各地区均有特定产量因子，且随年份而变化。均衡因子可将某一土地类型的实际面积转换为具有所有生产性土地类型平均单产的标准化面积，单位是世界公顷/公顷，每类土地类型具有特定的均衡因子，因此均衡因子不因地区而变化，只随年份变化。

从生态足迹的定义可以看出，生态足迹突出了与人类可持续发展紧密相关的主题：①人类消费的增加及后果；②可持续发展所依赖的关键自然资源——生物生产陆地和水体；③可获得资源的分布状况；④贸易对可持续发展的影响和在环境压力下区域资源的重新分配问题。

(2)生态足迹的计算方法

生态足迹核算基于以下 7 个假设，这 7 个假设也可作为计算生态足迹的基本程序：

◆可获得国家或地区年度资源消耗和废物产生量：量度单位可以是吨、焦耳或立方米；

◆可将资源流与其再生能力、废物流与环境消纳能力联系起来，并换算为所需的生物生产性土地面积；

◆利用产量因子和均衡因子换算，使不同类型的土地实际面积转换为世界各类土地利用类型平均生物生产力下的土地标准面积，并具有可加性；

◆全部的需求核算可以通过将所有相互排他（非互相重叠）的资源需求和废物消纳所需土地面积累加来完成，这种排他性意味着包含在生态足迹核算中的任何服务或资源流仅能由一块土地或水域提供；

◆累加的人类需求（生态足迹）和自然供给（生物供给力）可以直接进行相互比较；

◆当生态足迹超过生物供给力，即存在生态赤字时，有两种可能的情况：一是通过进口来平衡供需，即造成贸易赤字；二是通过过量开发国内资源来平衡供需，结果是导致自然资产耗竭，即生态耗竭；

◆当生态足迹小于生物供给力，即存在生态盈余时，也有两种可能的情况：一种是该地区处于自然资源持续利用状态，资源需求可在本地区得以满足；二是该地区虽然自身消费的资源小于生物供给力，但存在向境外出口大量资源的可能，如果向境外出口的资源量与自身消费的资源量超出了该地区的生物供给力，也会造成该地区的生态耗竭。

在生态足迹的广泛推广和应用过程中，生态足迹的计算方法也进一步成熟和完善，从原始的世界平均单产法计算某地区点时间的生态足迹发展到采用不变世界平均单产、可变世界平均单产、可变地方实际单产及可变地方持续单产法计算某地区的动态生态足迹（van Vuuren and Smeets，2000，Haberl 等 2001，Erb 2004）。

传统生态足迹算法（标准化面积法）

传统的生态足迹计算，是在某年已有的管理水平和生产技术条件下，以所有的生物生产性土地都具有世界平均单产为前提，计算为国家或地区人口提供足够生物产品和废物排放地的所需的土地面积，以“世界公顷”来表示（Haberl 等 2001，Monfreda 等 2004，Wackernagel 等 2004）。将生物生产性土地分为六类：耕地、林地、草地、建筑用地、水域和矿物燃料用地。计算公式为：

$$EF = \sum EF_i = \sum (C_i/P_i \cdot E_i); ef = EF/N; i = 1, \cdots, n \tag{6.1}$$

$$BC = \sum BC_j = \sum (A_j \cdot Y_j \cdot E_j); bc = BC/N; i = 1, \cdots, n \tag{6.2}$$

$$ED(ER) = BC - EF ; ed(er) = ED(ER)/N \quad (6.3)$$

式中 EF、BC 分别代表研究区总的生态足迹和生物供给力(单位:世界公顷);EF_i 代表第 i 项消费品的足迹(单位:世界公顷);BC_j 代表第 j 种土地利用类型的生物供给力(单位:世界公顷);C_i 代表第 i 种消费品的消费总量(吨);P_i 代表第 i 种消费品的世界平均单产(单位:吨/公顷);E_i 代表第 i 种消费品所占用土地类型的均衡因子(单位:世界公顷/公顷);A_j 代表第 j 类土地利用类型的实际面积(单位:公顷);Y_j 代表第 j 类土地利用类型的产量因子(单位:无量纲);E_j 代表第 j 类土地利用类型的均衡因子(单位:世界公顷/公顷);$ED(ER)$ 代表生态赤字或生态盈余;N 代表研究区的总人口数量;ef、bc、ed、er 分别代表人均生态足迹、人均生物供给力、人均生态赤字和人均生态盈余。在上述计算中,建筑用地生态足迹和生物供给力按耕地来计算;矿物燃料用地按林地来计算。

传统的生态足迹分析可用来分析由于不平等的消费引起的各国之间生物生产性土地占用的不平等性,也可以用来分析国家和全球尺度上生态占用与生态供给之间的差异(Wackernagel 等 2000)。但是,传统的生态足迹只反映了在世界平均单产条件下各区域的土地占用和供给状况,对指导区域可持续发展没有直接的意义。此外,传统的生态足迹是在点时间(某年)进行计算的,无法反映出生产和消费模式的动态变化情况,对于未来趋势的预测作用不大,很难指导未来政策和规划的制定。

2)地方单产法(实际面积法)

利用地区单产来计算已知人口占用的实际面积,反映出生物生产性土地的实际面积占用,而不是根据该地区的生产力对实际土地面积进行标准化处理。用实际地方单产计算出的生态足迹是实际需要的土地面积,反映的是各类生物生产性土地类型的实际面积,没有根据其单产赋予权重。生物供给能力用未赋予权重的公顷来表示,使其与从高产或低产的区域进口的需求难于比较。为避免由此造成太大偏差,可以不将各土地类型的面积需求及供给进行相加,而是逐个进行比较,确定赤字或盈余的程度,再在讨论时进行均衡考虑,分析研究区域土地是否存在赤字或盈余。实际单产方法计算出的实际面积需求可为土地管理和其他发展与规划决策提供依据。因此,实际单产方法对了解一个国家的土地利用模式和社会经济代谢需求供给情况是有益的,反映出研究区域生态系统的实际压力状况。

3)基于时间序列的生态足迹算法

基于时间序列的生态足迹算法与传统的算法类似,只是将历年的生态足迹与生物供给力分别计算出来,以表明生态足迹、生物供给力、生态赤字、生态盈余等随时间的变化情况。

在进行生态足迹的时间序列计算时,对各项消费品单产有四种不同的基本假设(Haberl 等 2001, Erb 2004),即对传统生态足迹计算公式中的 P_i(世界平均单产)作以不同的替换,①恒定的世界平均单产,即假定该产品的单产不随年份而变化,为一常数,以指定年份的世界平均单产来表示;②可变的世界平均单产,即假定该产品的单产为世界平均单产,并随年份而变化,以研究年份的世界平均单产来表示;③可变的地方实际单产和可变的全球进口生物单产,即该产品的国内生产单产部分以当地当年的真实单产来表示,进口部分单产以当年全球平均单产表示,并且计算结果不用均衡因子换算为世界公顷,而是以公顷表示;④可变的地方持续单产,这主要用于林产品的计算,假定该产品的单产为使土地处于可持续利用状态时的单产,随年份而变化,以单位面积上林木的净增长量表示。

基于第一种假设计算出的生态足迹反映出人类消费水平的变化,此时计算生物供给能力时应该使用 Wackernagel 等(1999)描述的“产量因子”,这种方法可以揭示出不同国家或者同一国家在不同的时间点上对资源消费的数量差异;基于第二种假设计算出的生态足迹反映出的是人类消费水平的变化以及世界平均单产的变化。这种方法揭示出在全球平均单产的基础上,满足一个国家的消费所必须的土地面积;基于第三种假设计算出的生态足迹反映出人类消费的水平、全球和地方的生产力。这种方法揭示出为了提供一个国家消费的物质产品和服务及使化石燃料消费可持续所需要的实际土地面积;基于第四种假设计算出的生态足迹反映出人类的消费水平、地方的持续生产力,其计算结果可表明在可持续土地利用管理措施下所需要的最小土地面积。比较而言,当实际占有的面积大于用持续单产方法计算出的面积需求时,至少可以说明资源利用的速率是低于其更新的速率的。

6.2.3　区域人口复合生态管理的方法介绍

(1)各省市自然生态载眷系数与社会经济带眷系数

自然生态载眷系数(NEI):即人口自然生态潜力,是指单位人口按照全国平均水平所占用的自然生态资源的总量来核定的某地区的自然生态资源所能供养人口的能力。自然生态载眷系数的指标体系有人均当量土地(0.4)、人均可用水资源量(0.2)、人均 COD 排放量(0.2)、可用土地面积比例(0.2)。

社会经济带眷系数:即人类发展指数(HDI),按照全国平均 HDI 水平核定的某地区所能供养人口的能力。

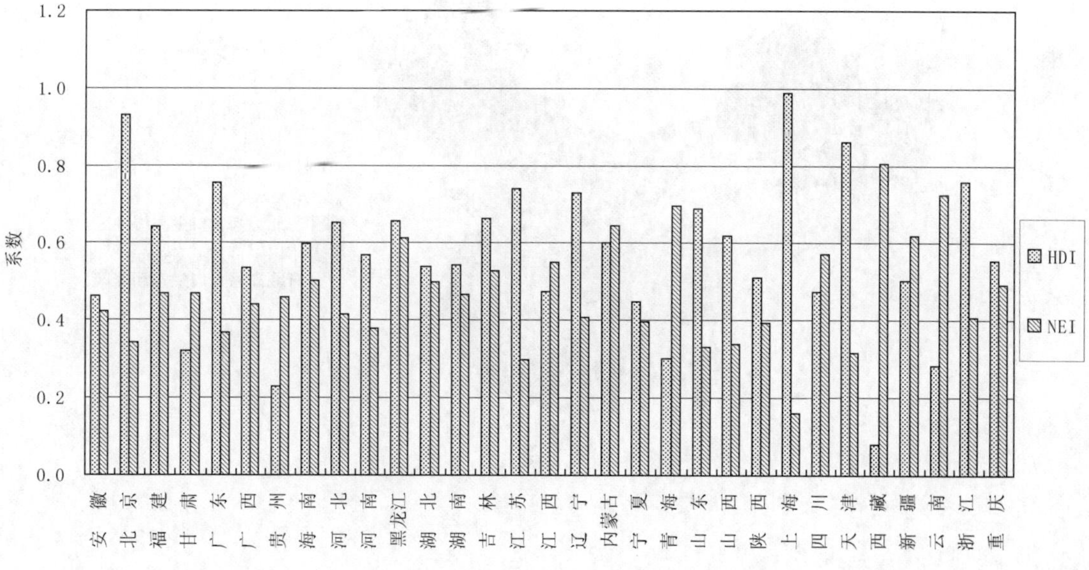

图 6.1　2005 各省份 HDI 与 NEI

按照社会经济与自然生态的短边原理计算得出全国最小支撑人口为 10.2 亿,潜势流出人口为 2.6 亿。安徽、北京、广东、广西、河北、河南、江苏、辽宁、宁夏、山东、山西、陕西、上海、天津、浙江等省(区、市)约 1.2 亿人口所需的自然生态资源要靠其他地区调配。

(2)各省市人口生态限制因子分析

根据对各省的现状人口、HDI 理论人口和自然生态潜力人口的比较，得出各省(区、市)所受到的限制因子，如表 6.3。

表 6.3 各省、区、市人口生态限制因子分析

限制因子		省份
主要	次要	
自然生态		北京、广东、河北、江苏、辽宁、山东、山西、上海、天津、浙江
社会经济		湖北、湖南、江西、青海、四川、西藏、新疆、云南
自然生态	社会经济	广西、河南
社会经济	自然生态	安徽、甘肃、贵州、宁夏、陕西、重庆
无显著限制因子		福建、海南、黑龙江、吉林、内蒙古

(3)中国人口生态功能分区

为了便于对我国现状人口生态布局有直观的了解，根据自然生态载眷系数、社会经济带眷系数，并遵循地域关系，将我国 31 个省(区、市)(不包括香港特别行政区、澳门特别行政区及台湾省)划分为四个区域(图 6.2)，即三北边疆人口生态缓冲区、东南沿海人口生态扩容区、中南人口生态疏导区、青藏高原人口生态涵养区。各功能区基本情况见表 6.4。

图 6.2 中国人口生态分区

三北边疆人口生态缓冲区

包括东北三省、内蒙古及新疆。本区国土面积 363 万 km^2，人口 1.5 亿，人口社会经济带眷潜力与人口自然生态载眷潜力均处于较高水平，无显著的社会经济与自然生态限制因子，是未来 25 年中国人口主要的迁入区域。

该区地域辽阔、资源丰富、人口相对集中，大片区域为沙漠、荒原等自然条件恶劣区域或自然保护区、森林、湿地，大部分地区水资源短缺，社会经济带眷系数较高（平均 0.65），人口自然生态潜力系数也较高（平均 0.55），其生态位势高于全国平均水平。近年来新疆、内蒙古经济的崛起和东北老工业基地的振兴展现了该地区的发展潜力。黑龙江、吉林、内蒙古的 HDI 和人口自然生态潜力均大于全国平均水平，不受社会经济或自然生态的制约，显示了较强的人口容纳能力。该区均与邻国接壤，人口密度每平方千米 42 人，自然生态潜力人口 1.86 亿，社会经济潜力人口为 1.66 亿，均大于现状人口 1.5 亿，与外部生态位势差小，人口长期外出打工和潜在流出不多。该区有效可利用土地（包括耕地、草地和林地）约占全区国土面积的 42%。应将开发活动严格控制在重点和优化开发区内，防止荒漠化、盐渍化和水资源的过度开发利用，可利用土地上的人口密度控制在每平方千米 150 人以内。为此，必须采取与东部地区城市和企业联合开发、经营，提高经济生态位势 50%的策略，从东部组织成建制的队伍和较高素质的人口迁入本区，严格按区域规划和生态建设时序，避开生态敏感区实施高科技生态产业园集约型开发。

表 6.4　2005 各功能区基本情况一览表

	现状人口（万人）	社会经济带眷系数	社会经济带眷人口（万人）	自然生态载眷系数	自然生态载眷人口（万人）
三北边疆人口生态缓冲区					
黑龙江	3820	0.6553	4236	0.6126	5259
吉林	2716	0.6641	3052	0.5273	3219
辽宁	4221	0.7305	5218	0.4087	3877
内蒙古	2386	0.6021	2431	0.6462	3465
新疆	2010	0.5020	1708	0.6207	2804
合计\平均	15153	0.6401	16645	0.5469	18625
东南沿海人口生态扩容区					
北京	1538	0.9301	2421	0.3428	1185
福建	3535	0.6419	3840	0.4700	3734
广东	9194	0.7552	11750	0.3687	7619
广西	4660	0.5357	4225	0.4416	4625
海南	828	0.5970	837	0.5023	935
河北	6851	0.6544	7587	0.4168	6418
江苏	7475	0.7389	9347	0.2983	5012
山东	9248	0.6904	10805	0.3307	6873
上海	1778	0.9892	2977	0.1620	647
天津	1043	0.8599	1518	0.3176	745
浙江	4898	0.7590	6291	0.4085	4497
合计\平均	51048	0.7130	61596	0.3686	42289

续表

	现状人口（万人）	社会经济带眷系数	社会经济带眷人口（万人）	自然生态载眷系数	自然生态载眷人口（万人）
中南人口生态疏导区					
安徽	6120	0.4635	4801	0.4220	5805
甘肃	2594	0.3205	1407	0.4707	2744
贵州	3730	0.2293	1448	0.4591	3849
河南	9380	0.5698	9045	0.3801	8012
湖北	5710	0.5416	5234	0.4982	6393
湖南	6326	0.5448	5833	0.4651	6613
江西	4311	0.4743	3460	0.5498	5326
宁夏	596	0.4487	453	0.3978	533
山西	3355	0.6213	3528	0.3401	2564
陕西	3720	0.5103	3213	0.3937	3291
四川	8212	0.4727	6569	0.5717	10551
云南	4450	0.2855	2150	0.7276	7277
重庆	2798	0.5551	2629	0.4928	3099
合计\平均	61302	0.4797	49767	0.4795	66057
青藏高原高海拔人口生态涵养区					
青海	543	0.3024	278	0.6959	849
西藏	277	0.0786	37	0.8076	503
合计\平均	820	0.2268	315	0.7337	1352
总计\平均	128323	0.5909	128323	0.4449	128323

东南沿海人口生态扩容区

包括京、津、冀、山东、江苏、上海、浙江、福建、广东、海南、广西。该区国土面积 116 万 km^2，人口 5.1 亿，HDI 处于较高水平，而人口自然生态潜力却较低。该区环境破坏比较严重，受到了自然生态的制约，但其有能力为其他经济欠发达省份提供必要的经济援助与技术支持。

我国三大城市群（珠三角、长三角、京津冀）以及山东半岛、海峡西岸及北部湾三个沿海经济繁荣区均位于该地区，其生态位势高于全国平均水平，HDI 系数高（平均 0.71），经济技术基础雄厚，人才济济，区域生态位势高，潜在人口容纳量大，但人口自然生态潜力系数低（平均 0.37），环境污染压力大，土地资源紧张，需着力调整产业结构，改变粗放的生产方式和高能耗高物耗的消费模式，着力扩大腹地支撑能力，强化自然生态服务功能；该地区人口密度每平方千米 441 人，自然生态潜力人口为 4.2 亿，社会经济潜力人口为 6.2 亿。其自然生态资源超载部分需要跨地区调拨（包括与北部和西部异地联营的土地资源）、增大本地区环境容量和强化生态服务功能来解决。本区自然生态压力最大的是上海市，其人口自然生态潜力系数为 0.16；社会经济滞后的是广西，其 HDI 为 0.53。在目前的技术水平下，潜在移民分别涌入就近的长三角和珠三角地区。另外国家对天津滨海开发区和北部湾经济区的重点开发政策将进一步增大本地区的人口容量。

中南人口生态疏导区

包括山西、陕西、河南、四川、重庆、湖北、安徽、江西、湖南、贵州、云南等十一省(市)。该区大部分省市沿爱辉一腾冲线的中南部分布，是东部平原向西部高原的生态过渡带，现有人口5.88 亿，国土面积 235.7 万 hm^2，人口密度每平方千米 249 人，开发历史悠久、人口稠密，自然资源过度利用，生态位势低于全国平均水平，自然生态载眷系数 0.48 略高于全国平均水平；社会经济带眷系数 0.48 显著低于全国平均水平，人口生态位势严重凹陷，中国的贫困人口、民工流和剩余劳力主要来自这一地区。该地区自然生态载眷人口为 6.6 亿，社会经济带眷人口为 4.98 亿，自然生态载眷人口略有盈余，社会经济带眷人口超载，与外部生态位势差极大，潜在流动人口约有 1 亿。考虑到该区现有人口中，已有相当一部分人在外打工，自然生态承载能力略有富裕，未来实际人口总量将有所下降，总体呈迁出趋势。

青藏高原人口生态涵养区

包括青海、西藏。该区国土面积 195 万 km^2，人口仅有 820 万人，HDI 处于较低水平(0.23)而人口自然生态潜力却尤为突出(0.73)。因此本区只是受到社会经济欠发达的制约。在未来 25 年内，本区应限制人口的迁入，并集中精力搞经济建设。

该区人烟稀疏，基础设施薄弱，经济水平低下，很少有人外出打工。该区自然生态潜力人口为 1352 万人，社会经济潜力人口为 315 万人，人口密度每平方千米 4.3 人(可利用土地上的人口密度为每平方千米 22 人)。该区地处世界屋脊、三江源头，有效可利用土地(包括耕地、草地和林地)约占全区国土面积的 20%，自然生态脆弱，资源本底不清，民族生态敏感，2030 年前其人口应以自然增长为主，辅以少量高智力技术人才的引进，人口总量控制在 1000 万人以内。该区应是我国长远的人口储备区，在未来四分之一世纪要强化基础设施建设，使其自然生态休养生息，社会经济稳步发展，2030 年后待该地区社会经济赶上和超过全国平均水平、自然资源开发技术大幅度进步后，可利用其丰裕的自然生态承载力适当吸引移民，届时若将当量土地的人口密度控制在全国平均数以内，尚有总量 2000 万的人口潜力。

6.3　区域人口复合生态管理方法的简单应用

6.3.1　区域人口复合生态状况的因子分析

因子分析是为了浓缩数据，研究多变量之间的内部关系后，用少数几个假想变量表示观测数据的内部结构。这些假想变量能够反映原来众多的观测变量所代表的主要信息，并接受这些观测变量相互之间的依存关系，这些假想的变量即因子。通过因子分析，我们寻求基本结构，用简化数据的因子值进行回归分析。

设存在 k 个观测变量 x_1，x_2，…，x_k，每个观测变量是一组因子(m 个因子 f)的线性函数，因子模型的一般表达式为：

$$x_i = a_{i1} f_1 + a_{i2} f_2 + \cdots + a_{im} f_m + u_i \quad (i = 1,2,\cdots,k) \tag{6.4}$$

(1) f_1，f_2，…，f_m 称为公因子，它们是各个观测变量所共有的因子，解释变量间的关系；

(2) u_i 称为特殊因子，它是每个观测变量所特有的因子，相当于多元回归的残差项，表示该变量不能被公因子所解释的部分；

(3)a_{ij}称为因子负载，它是第 i 个变量在第 j 个公因子上的负载，相当于多元回归中的标准回归系数（$i=1,\cdots,k$；$j=1,\cdots,m$）。

特殊因子之间是彼此独立的，特殊因子和公因子之间也是彼此独立的。每个观测变量由 m 个公因子和一个特殊因子的线性组合来表示。公因子的个数小于等于观测变量个数，这样少数的几个假想的因子就能解释每个观测变量。

在求解因子时，使第一个因子代表所有变量中最多的信息，随后的因子代表性日益衰减，如果忽略掉最后几个因子，对原始变量的代表性也没有多大损失。因此，公因子的个数一般远远小于观测变量的个数。

因子负载是连接观测变量和公因子之间的统计量。当公因子之间完全不相关时，因子负载 a_{ij} 就等于第 i 变量和第 j 个公因子间的相关系数。多数情况下，公因子一般假定为彼此正交的，即线性无关的。因子负载不仅表示了观测变量是由因子线性表出的，而且反映了因子和变量之间的相关程度，a_{ij} 的绝对值越大，表示公因子 f_j 与 x_i 关系越密切。

由因子分析模型导出的变量间的相关系数可以用来判断因子解是否合适，如果从观测数据计算出的相关系数和从模型导出的变量的相关系数差别很小，那么模型就很好地拟合了观测数据，因子解是合适的。

使用 SPSS 对标准化后的数据进行因子分析，得出的 KMO 测度为 0.716(KMO 是变量简单相关系数和偏相关系数的相对值，其值在 0～1 之间，值越接近 1 越好，越接近 0 越差)，可以进行因子分析。

(1)经济因子分析

我们采集的经济指标主要包括以下 8 个方面：年人均建筑材料消耗量、人均交通货运量、人均里程、人均 GDP、人均财政收入、人均国际贸易额、三产产值比重、土地生产力(表 6.5)。

表 6.5 全国各省(区、市)主要经济指标

	人均建材消耗(吨)	人均货运量(吨)	万人均里程(千米)	人均 GDP (元/人)	人均财政收入(元/人)	人均进出口贸易额(美元/人)	三产产值所占比重(%)	谷物单产(千克/公顷)
北京	1.13	20.50	10.08	20575.92	3283.93	1998.42	60.00	5194.17
天津	0.52	27.33	10.53	18327.69	1629.83	1819.72	43.30	4820.36
河北	0.30	11.59	9.88	8326.29	423.20	86.81	31.50	4025.39
山西	0.25	28.04	18.10	5440.01	405.75	99.99	32.20	2805.90
内蒙古	0.21	19.42	32.56	6503.11	418.31	91.93	32.20	3853.88
辽宁	0.50	18.88	12.14	12000.67	883.26	501.64	41.10	4891.17
吉林	0.28	10.85	16.65	7552.88	450.02	130.15	34.40	5125.13
黑龙江	0.26	14.20	19.27	9344.00	560.59	107.64	29.40	4511.76
上海	0.81	29.21	4.80	30674.35	3776.16	3761.25	47.90	7319.72
江苏	0.91	11.64	11.26	12932.58	777.90	740.70	34.90	6302.48
浙江	1.73	16.61	11.79	14628.55	1085.40	800.22	39.00	6081.97
安徽	0.25	6.72	11.40	5199.32	303.70	57.60	35.50	4828.63
福建	0.40	8.97	16.67	12365.35	797.34	708.91	38.40	5089.03

续表

	人均建材消耗(吨)	人均货运量(吨)	万人均里程(千米)	人均 GDP(元/人)	人均财政收入(元/人)	人均进出口贸易额(美元/人)	三产产值所占比重(%)	谷物单产(千克/公顷)
江西	0.16	5.64	15.94	5197.52	315.29	43.09	34.00	5233.28
山东	0.38	11.09	8.34	10439.45	633.98	357.59	32.20	5268.43
河南	0.17	6.73	7.64	5902.78	280.22	35.82	30.10	4907.48
湖北	0.34	6.94	15.83	7802.98	388.19	69.70	36.40	5885.09
湖南	0.32	7.52	11.85	6038.51	311.41	44.32	39.90	6014.59
广东	0.50	10.66	14.50	13680.73	1491.09	2312.90	36.80	5359.60
广西	0.19	6.13	12.90	4659.96	373.16	43.49	36.80	4656.01
海南	0.14	8.77	26.04	6858.79	549.82	204.90	39.70	4168.57
重庆	0.62	9.04	10.77	5649.89	342.67	69.01	39.50	4448.38
四川	0.41	5.96	13.59	5117.78	313.80	38.89	37.70	4758.55
贵州	0.14	4.19	9.83	2855.75	262.57	22.81	34.10	4236.17
云南	0.28	11.95	37.99	4839.54	446.19	50.17	35.20	3923.47
西藏	0.14	0.63	129.70	5274.90	232.35	40.28	52.30	5044.09
陕西	0.21	8.47	13.27	5040.37	371.17	72.36	37.20	3094.69
甘肃	0.19	9.03	16.73	4165.09	271.64	35.53	33.30	2905.46
青海	0.23	9.35	46.38	5754.30	379.05	48.61	38.80	3360.54
宁夏	0.44	11.60	20.56	5299.82	489.78	112.70	33.80	4044.00
新疆	0.40	10.66	42.65	7918.34	506.89	126.35	33.90	5771.00

选取特征值大于 1 的因子，得到的因子有两个，对方差的解释超过 70%。之后，对因子进行旋转，对因子旋转的目的是通过改变坐标轴的位置，重新分配各个因子所解释的方差的比例，使因子结构更简单，更易于解释。因子旋转并不改变模型对数据的拟合程度，不改变每个变量的公因子方差。经过旋转，得到的旋转后的因子矩阵（见表 6.6）为（压制贡献小的变量）。

表 6.6　特征值对方差的解释情况

因子	初始特征值			提取特征值的负载			旋转后的因子负载		
	所有特征值	对方差的解释	累计解释方差	提取的特征值	对方差的解释	累计解释方差	提取的特征值	对方差的解释	累计解释方差
1	4.588	57.351	57.351	4.588	57.351	57.351	4.520	56.501	56.501
2	1.348	16.844	74.195	1.348	16.844	74.195	1.415	17.694	74.195
3	0.924	11.554	85.749						
4	0.524	6.552	92.301						
5	0.393	4.911	97.212						
6	0.154	1.922	99.134						
7	0.039	0.489	99.622						
8	0.030	0.378	100.000						

(2)社会因子分析

社会共包括10项指标:城市化率、城市人均绿地面积、城市用气人口普及率、城市用水人口普及率、建成区面积比例、每万人拥有的学校数、平均期望寿命、平均受教育年限、人均可支配性收入、人均医院卫生院床位数(见表6.7)。

表6.7 全国各省(区、市)主要社会指标

	城市化率(%)	城市人均绿地面积(平方米)	用气普及率(%)	城市用水人口普及率(%)	建成区面积比	每万人学校数	平均期望寿命	平均受教育年限	城镇人均可支配性收入(元)	人均医院床位数(张/万人)
北京	70.48	9.91	99.60	100.00	0.04	1.91	76.10	9.99	15637.84	48.93
天津	69.24	5.99	95.10	100.00	0.04	2.11	74.91	8.99	11467.16	40.66
河北	25.79	6.94	89.70	99.16	0.01	5.01	72.54	7.74	7951.31	25.36
山西	34.28	4.95	59.30	73.74	0.00	11.02	71.65	8.02	7902.86	33.05
内蒙古	41.77	6.33	51.90	76.40	0.00	4.48	69.87	7.76	8122.99	27.97
辽宁	54.46	6.19	82.00	86.92	0.01	3.59	73.34	8.41	8007.56	44.55
吉林	49.13	6.08	66.90	74.36	0.00	3.95	73.10	8.24	7840.61	33.79
黑龙江	48.92	7.17	66.70	77.58	0.00	3.96	72.37	8.25	7470.71	30.92
上海	83.18	5.88	100.00	99.98	0.09	1.06	78.14	9.30	16682.82	45.25
江苏	41.52	9.15	85.20	90.97	0.02	2.37	73.91	7.85	10481.93	23.30
浙江	47.37	9.41	94.40	93.52	0.01	2.62	74.70	7.46	14546.38	24.45
安徽	24.40	7.04	62.40	71.63	0.01	4.25	71.85	6.98	7511.43	19.38
福建	40.75	7.69	82.70	78.86	0.00	4.39	72.55	7.49	11175.37	25.57
江西	26.11	6.26	65.80	80.23	0.00	4.78	68.95	7.55	7559.64	21.07
山东	37.39	8.55	60.90	56.63	0.01	2.73	73.92	7.58	9437.80	23.76
河南	22.01	6.83	49.30	72.17	0.01	4.63	71.54	7.72	7704.90	20.58
湖北	40.04	9.64	54.80	56.55	0.01	3.63	71.08	7.77	8022.75	23.38
湖南	25.97	6.80	59.70	82.03	0.00	4.86	70.66	7.80	8617.48	21.82
广东	57.12	12.06	88.30	84.51	0.01	3.39	73.27	8.07	13627.65	20.80
广西	25.26	8.38	52.40	70.33	0.00	3.99	71.29	7.57	8689.99	18.06
海南	37.59	11.04	79.30	94.71	0.00	4.83	72.92	7.68	7735.78	24.36
重庆	32.34	3.41	46.60	45.04	0.00	4.43	71.73	7.28	9220.96	20.81
四川	25.57	5.08	30.70	38.86	0.00	3.63	71.20	7.06	7709.87	21.76
贵州	21.63	9.15	54.20	38.54	0.00	4.48	65.96	6.15	7322.05	15.14
云南	22.43	11.14	62.80	68.62	0.00	5.26	65.49	6.33	8870.88	22.60
西藏	18.55	2.74	46.90	84.72	0.00	3.73	64.37	3.43	9106.07	23.26
陕西	30.68	4.54	59.20	71.91	0.00	8.14	70.07	7.71	7492.47	26.74
甘肃	22.98	4.41	26.10	60.31	0.00	7.23	67.47	6.54	7376.74	23.04
青海	28.93	6.16	48.90	100.00	0.00	6.82	66.03	6.12	7319.67	30.55
宁夏	30.27	4.69	50.70	63.53	0.00	5.83	70.17	7.03	7217.87	24.24
新疆	31.83	7.29	87.20	71.89	0.00	4.17	67.41	7.73	7503.42	36.12

同样，对标准化后的数据进行因子分析，得出的 KMO 测度为 0.773，可以进行因子分析。选取特征值大于 1 的因子，得到的因子有两个，对方差的解释超过 70%，通过因子分析得出两个因子就能较好地反映经济变量的影响，就简化了社会的变量构(表 6.8)。

表 6.8　特征值对方差的解释情况

因子	初始特征值			旋转后的因子负载		
	所有特征值	对方差的解释	累计解释方差	提取特征值	对方差的解释	累计解释方差
1	5.733	57.326	57.326	4.965	49.646	49.646
2	1.299	12.995	70.321	2.067	20.675	70.321
3	0.916	9.165	79.486			
4	0.818	8.181	87.666			
5	0.395	3.954	91.620			
6	0.366	3.663	95.283			
7	0.177	1.769	97.051			
8	0.150	1.500	98.551			
9	0.081	0.811	99.362			
10	0.064	0.638	100.000			

(3)资源环境因子分析

自然资源包括 7 项指标：耕地面积、林地面积、草地面积、光热资源、能源生产总量、生物多样性资源、水资源(表 6.9)。

表 6.9　全国各省(自治区、直辖市)主要自然资源指标

	人均耕地面积(公顷)	日均气温大于10℃的积温(℃·d)	人均林地面积(公顷)	人均能源生产量(吨)	生物多样性相对丰度(个)	人均水资源(m^3)
北京	0.023034	3810	0.0078193	0.732443	3	113.7977
天津	0.047422	4288	0.0014262	2.660152	3	35.83984
河北	0.101091	3498	0.0208085	1.241418	26	126.509
山西	0.137589	3007	0.0516495	6.050874	24	236.072
内蒙古	0.344002	2544	0.5879948	3.412408	38	1320.847
辽宁	0.098999	3282	0.1177271	1.936005	34	351.577
吉林	0.205921	2672	0.2712081	1.063592	27	1360.982
黑龙江	0.308436	2379	0.4488233	3.440983	43	1657.375
上海	0.018088	5224	0.0000517	1.212026	13	264.4661
江苏	0.068098	4786	0.0038061	0.772146	34	360.5812
浙江	0.045028	5094	0.0786635	0.550386	64	2606.949

续表

	人均耕地面积(公顷)	日均气温大于10℃的积温(℃·d)	人均林地面积(公顷)	人均能源生产量(吨)	生物多样性相对丰度(个)	人均水资源(m^3)
安徽	0.092427	4889	0.0320041	0.914250	46	1276.397
福建	0.040863	5965	0.1750158	0.627612	75	3421.903
江西	0.069874	5615	0.1736958	0.418562	55	4629.458
山东	0.083761	4350	0.0099229	1.877207	19	106.8736
河南	0.083465	4579	0.0214037	1.132092	33	329.3095
湖北	0.082272	4819	0.0573163	0.394366	58	1920.645
湖南	0.059018	5266	0.0785746	0.404553	61	3831.935
广东	0.039405	7393	0.0813601	0.878915	97	2269.545
广西	0.09016	6900	0.1548710	0.274580	138	4852.915
海南	0.093166	8526	0.0631171	0.209521	72	4072.372
重庆	0.093722	4905	0.0318788	0.478292	44	1748.366
四川	0.10509	2694	0.1131664	0.627768	150	2368.092
贵州	0.125602	4667	0.0819815	1.374798	90	2862.628
云南	0.14545	4880	0.3685314	0.474072	229	5229.604
西藏	0.132336	574	3.1051854	0.099064	74	154871.9
陕西	0.138745	3484	0.1340631	1.974221	56	689.4197
甘肃	0.191856	2271	0.0852061	1.033074	89	573.9595
青海	0.127644	601	0.0456471	2.003818	57	10356.77
宁夏	0.215782	2813	0.0172257	3.025114	12	217.0068
新疆	0.203041	2658	0.0989629	2.652844	47	5441.671

区域环境评价指标体系包括如下5个方面：二氧化硫排放、工业固废排放、荒漠化土地面积比例、水环境、盐渍化面积比例(表6.10)。

表6.10　全国各省(自治区、直辖市)主要环境指标

	每万元GDP二氧化硫排放量(吨/万元)	每万元GDP固体废物排放量(吨/万元)	荒漠化土地面积比例	三类水质的河流比例(%)	盐渍化土地面积比例(%)
北京	64.3087	34.8367	0.0040	41.9400	13.8600
天津	140.7532	0.0000	0.0013	6.6600	89.1200
河北	254.9401	70.4807	0.0000	18.7500	41.3200
山西	765.7432	3479.9564	0.0953	11.4700	16.3700

续表

	每万元 GDP 二氧化硫排放量（吨/万元）	每万元 GDP 固体废物排放量（吨/万元）	荒漠化土地面积比例	三类水质的河流比例(%)	盐渍化土地面积比例(%)
内蒙古	695.4373	578.0733	0.5764	76.2300	49.9700
辽宁	163.5182	23.1431	0.0476	98.1900	10.4400
吉林	133.8267	5.0116	0.0106	60.0300	26.9300
黑龙江	92.9514	0.0034	0.0000	69.9400	12.8400
上海	71.9070	0.0384	0.0000	7.7800	35.4500
江苏	126.8935	0.0642	0.0000	55.7600	37.3300
浙江	113.5126	6.5619	0.0000	67.7600	2.4900
安徽	138.2924	0.1660	0.0000	60.1100	22.1400
福建	71.4675	13.5478	0.0000	97.0100	0.0000
江西	227.0554	53.9077	0.0135	95.6900	0.0000
山东	194.5264	0.3434	0.0393	22.5200	39.8200
河南	219.8539	7.4213	0.0004	40.5700	21.1400
湖北	130.6228	19.8259	0.0252	83.2500	0.0000
湖南	212.9048	225.2970	0.0372	96.0700	0.0000
广东	97.5797	14.9588	0.0343	95.6000	0.0000
广西	391.7192	590.8538	0.2970	93.5800	0.0000
海南	42.1276	0.3370	0.0047	98.2800	0.0000
重庆	419.4837	674.1949	0.0952	84.5400	0.0000
四川	291.2867	273.3934	0.0814	76.3000	0.0000
贵州	1219.4672	1996.6753	0.4520	81.1200	0.0000
云南	211.1138	265.5957	0.1956	61.3900	0.0000
西藏	7.2082	415.9158	0.3624	100.0000	2.7000
陕西	415.3405	175.3870	0.1466	71.0700	6.9400
甘肃	422.3737	531.4636	0.4663	84.2800	27.6900
青海	202.6915	201.0832	0.2389	98.9600	14.3600
宁夏	981.9693	114.1799	0.5544	38.0800	67.2000
新疆	303.6056	692.0564	0.6388	81.9000	21.8900

同样，对标准化后的数据进行因子分析，得出的 KMO 测度为 0.515，基本上可以进行因子分析。选取特征值大于 1 的因子，得到的因子有 4 个，对方差的解释超过 80%，如表 6.11 所示。

表 6.11　特征值对方差的解释情况

因子	初始特征值			旋转后的因子负载		
	所有特征根	解释的方差	累计解释方差	所有特征根	解释的方差	累计解释方差
1	3.387	30.787	30.787	2.545	23.136	23.136
2	2.773	25.213	56.001	2.361	21.465	44.602
3	1.860	16.907	72.908	2.217	20.155	64.757
4	1.042	9.476	82.384	1.939	17.627	82.384
5	0.675	6.136	88.520			
6	0.522	4.747	93.267			
7	0.354	3.218	96.485			
8	0.197	1.788	98.273			
9	0.109	0.993	99.265			
10	0.072	0.659	99.924			
11	0.008	0.076	100.000			

(4)影响人口密度的变量选取

根据以上因子分析得出的各个因子，对它们和人口密度进行线性回归分析，即把人口密度与所有变量的关系转化为对因子的分析，去除了多重共线性的部分影响，得到人口密度和因子之间的关系：

$$\rho = \sum_{k=1}^{8} \alpha_k f_k + \varepsilon \tag{6.5}$$

使用 SPSS11.5 对上面方程进行拟合，得到解释的方差为 0.705，即这些因子可以有效地解释各个变量对人口密度的影响。得到的回归结果如表 6.12 所示。

表 6.12　因子回归分析结果

	未标准化的系数		标准化的系数	t	Sig.
	B	Std. Error	Beta		
(Constant)	383.281	49.845		7.689	0.000
经济的因子 1	670.370	174.264	1.312	3.847	0.001
经济的因子 2	−167.924	150.658	−0.329	−1.115	0.277
社会的因子 1	−342.992	185.305	−0.671	−1.851	0.078
社会的因子 2	−189.769	96.622	−0.371	−1.964	0.062
自然资源和环境的因子 1	−84.424	88.609	−0.165	−0.953	0.351
自然资源和环境的因子 2	−129.174	65.075	−0.253	−1.985	0.060
自然资源和环境的因子 3	−29.191	135.045	−0.057	−0.216	0.831
自然资源和环境的因子 4	−59.433	64.312	−0.116	−0.924	0.365

通过回归分析，根据显著性 0.1 以下的标准，影响变量包括经济的因子 1、社会的因子 1 和社会的因子 2、自然资源和环境的因子 2 等 4 个变量。

对照前面因子分析中各个因子对应的变量，我们最终得出显著影响人口密度的变量有 14 个指标：人均 GDP、人均财政收入、人均进出口贸易额、三产产值所占比重、人均建材消耗、城市化率、人均医院床位数、建成区面积比例、平均期望寿命、平均受教育年限、用气普及率、城市人均绿地面积、人均耕地面积、荒漠化土地面积。

6.3.2　中国及分省生态足迹分析

6.3.2.1　动态生态足迹分析：数据与方法

生态足迹计算的数据通常包括消费的自然资源和能源数据及各类土地供给数据，在本小节中，将中国人口消费分为粮食(13 项)、水果(22 项)、干果(8 项)、蔬菜(26 项)、纤维作物(7 项)、油料作物(5 项)、肉类(5 项)、奶(1 项)、木材(10 项)、纸类(3 项)、能源(8 项)、水产品(2 项)和杂类(7 项)等 13 类 117 项指标，土地利用类型分为耕地、草地、林地、海域、内陆水域、化石能源用地和水电用地等 7 大类。其中农、林、草产品消费数据、人口数据来自 FAO 数据库，能源消费数据来自中国能源统计年鉴、中国统计年鉴 1978—2004，土地利用数据来自 FAO 数据库、国土资源部和中国统计年鉴。

本节采用可变世界平均单产法计算 1978—2003 年中国生态足迹，分析在历年世界平均单产水平下中国的生物产品、能源消费情况及各类土地供需情况。其具体的计算公式为：

$$EF = \sum EF_i = \sum[(D_i + I_i - O_i)/P_i * E_i]; ef = EF/N; i = 1\cdots\cdots n \tag{6.6}$$

$$BC = \sum BC_j = \sum(A_j * Y_j * E_j); bc = BC/N; i = 1\cdots\cdots n \tag{6.7}$$

$$ED(ER) = BC - EF; ed(er) = ED(ER)/N \tag{6.8}$$

式中，EF、BC 分别代表研究区总的生态足迹和生物供给力(单位：世界公顷)；EF_i 代表第 i 项消费品的足迹(单位：世界公顷)；BC_j 代表第 j 种土地利用类型的生物供给力(单位：世界公顷)；D_i 代表第 i 种消费品的国内生产总量(吨)；I_i 代表第 i 种消费品的进口量(吨)；O_i 代表第 i 种消费品的出口量(吨)；P_i 代表第 i 种消费品的世界平均单产(单位：吨 / 公顷)；E_i 代表第 i 种消费品所占用土地类型的均衡因子(单位：世界公顷 / 公顷)；A_j 代表第 j 类土地利用类型的实际面积(单位：公顷)；Y_j 代表第 j 类土地利用类型的产量因子(单位：无量纲)，为中国第 j 类土地单产与世界第 j 类土地平均单产的比值；E_j 代表第 j 类土地利用类型的均衡因子(单位：世界公顷 / 公顷)；$ED(ER)$ 代表生态赤字或生态盈余；N 代表研究区的总人口数量；ef、bc、ed、er 分别代表人均生态足迹、人均生物供给力、人均生态赤字和人均生态盈余。在上述计算中，建成区足迹和生物供给力按耕地来计算；化石燃料用地按林地来计算。

在生态足迹计算中，粮食、水果、蔬菜、油料作物、纤维作物、干果等农产品、草地产品及渔业产品的单产是随年份而变化的(取自 FAO 数据)，但由于资料的限制，林地产品和 CO_2 排放量的单产值均按特定年份(1993 年)世界平均单产进行计算，不随年份变化，值得说明的是，林产品的单产多受自然因素的影响，随年份变化较少，因此采用不变的世界平均单产对生态足迹的计算结果影响不大(Haberl 等 2001)。

在本次核算所采用的土地利用数据中，1996—2003 年土地利用数据(耕地、林地、草地、水域)均来自国土资源部;因1978—1995年土地利用数据中的耕地数据取自FAO(源自农业部),与1995年以后的国土资源部详查的耕地数据相差很大,因此对FAO的数据进行了处理,将FAO数据通过1996年FAO数据与国土资源部数据进行比较而得的差值加以调整,即将1978—1995年FAO的耕地数据全部加上0.15亿hm^2;林地、草地采用了FAO数据;1978—1995年水域数据来自中国统计年鉴。

在生态足迹计算中,均衡因子取自WWF的Living Planet Report 2002报告,因均衡因子随年份变化较小(Wackernagel等2004),在1978—2003年的计算中,均衡因子不变,见表6.13。耕地、草地和渔业水域的产量因子按FAO数据库中的中国单产与世界单产比率进行计算,随年份而变化,而林产品的单产由于数据可获性的限制及其对计算结果影响较小,不随年份而变化,数据取自WWF的Living Planet Report 2002报告,见表6.13。

表6.13 均衡因子和产量因子

土地类型	耕地	草地	林地	能源用地	淡水	海水	水电
产量因子	可变	可变	0.60	0.60	可变	可变	可变
均衡因子	2.11	0.47	1.35	1.35	0.35	0.35	2.11

在矿物能源足迹计算中,采用下列公式:

用于CO_2吸收的林地面积=(CO_2排放对应的所消费能源释放的热量×2/3)/吸收率 (6.9)

乘以2/3意味着,在所有排放的CO_2中,有1/3被海洋所吸收,其余部分视为由林地吸收和消纳。具体地,将各类能源的消费实物量转化为标煤量,再将各类能源的标煤量转化为相应的热量,再通过热量与CO_2吸收率的比值计算出各类能源消费所占用的足迹(陶在朴2003)。1吨原煤=0.7143吨标准煤,1吨原油=1.4286吨标准煤,1立方米天然气=1.33千克标准煤,1千瓦小时电力=0.1229千克标准煤。1千克标准煤热能=7000大卡,1大卡=4.1868千焦耳,1MJ=1×10^6焦耳,1GJ=1×10^9焦耳。CO_2吸收率见表6.14。

表6.14 世界林地CO_2平均吸收率

能源	煤炭	焦炭	原油	汽油	煤油	柴油	燃料油	天然气	电力
CO_2吸收率 ($GJ/hm^2\cdot a$)	55	55	93	93	93	93	71	93	1000

注:数据来自陶在朴(2003)、李金平等(2003)。

将生态足迹与生物供给力进行比较时,考虑到土地利用的多功能性,已有的农用地、草地、林地、能源用林地,都可作为生物多样性保护用地(Erb 2004),所以没有将生物多样性保护区域(12%)从生物供给力中单独去除。

6.3.2.2 中国动态生态足迹计算结果

人均生态足迹变化趋势

1978—2003年,中国人均生态足迹呈逐渐上升趋势(图6.3),从1978年的人均0.873 ghm^2升至2003年的1.547 ghm^2,增长率为77.2%。可再生资源生态足迹从1978年的人均0.547 ghm^2上升至2003年的0.767 ghm^2,不可再生资源(矿物能源)生态足迹从1978年的人均0.324 ghm^2 上升至2003年的0.774 ghm^2，水电足迹从人均0.001 ghm^2 上升至0.006 ghm^2。可再生资源足迹中，耕地足迹从人均0.368 ghm^2 下降至0.317 ghm^2，草地足迹从人均0.014 ghm^2 上升至0.117 ghm^2，林地足迹从人均0.108 ghm^2 上升至0.196 ghm^2，海水渔业足迹从人均0.049 ghm^2 上升至0.115 ghm^2，淡水渔业足迹从人均0.008 ghm^2 上升至0.022 ghm^2。

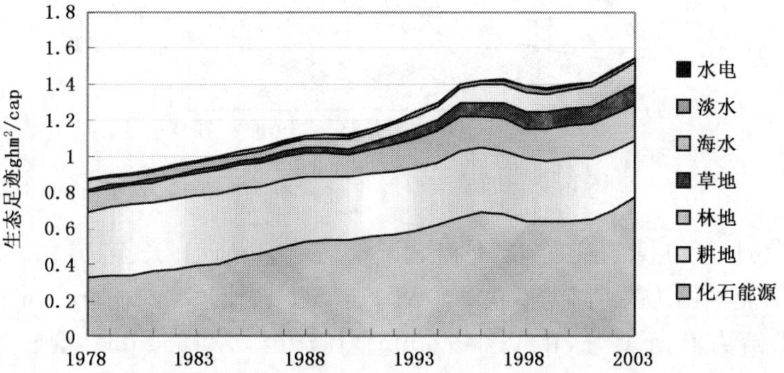

图6.3 中国1978—2003年人均生态足迹

在整个研究时段内，人均生态足迹的构成比例发生很大的变化，耕地比例由42.19%下降至20.49%，草地比例由1.63%上升至7.55%，林地比例由12.40%上升至12.65%，海域比例由5.60%上升至7.44%，淡水渔业比例由0.92%上升至1.45%，水电用地比例由0.14%上升至0.38%，能源用地由37.16%上升至50.03%。1978年各地类人均足迹比例依次为：耕地、能源用地、林地、海水、草地、淡水、水电用地；2003年能源生态足迹取代了耕地足迹的首要地位，各地类人均生态足迹比例依次为：能源用地、耕地、林地、草地、海水、淡水、水电用地。

总生态足迹变化趋势

在中国人均生态足迹大幅上升的同时，中国的人口也有大幅度的增加，从而导致中国总生态足迹迅速增加。1978—2003年，中国总生态足迹增加了1.5倍，如图6.4所示，由1978年的$84.05\times10^7 ghm^2$ 增加到2003年的$200.17\times10^7 ghm^2$，增长率为138.14%。其中耕地足迹由$35.46\times10^7 ghm^2$ 增加到$41.02\times10^7 ghm^2$，增长率为15.67%；草地足迹由$1.37\times10^7 ghm^2$ 增加到$15.11\times10^7 ghm^2$，增长率为1006.2%；林地足迹由$10.43\times10^7 ghm^2$ 增加到$25.32\times10^7 ghm^2$，增长率为142.83%；海水足迹由$4.67\times10^7 ghm^2$ 增加到$14.90\times10^7 ghm^2$，增长率为218.86%；淡水足迹由$0.77\times10^7 ghm^2$ 增加到$2.91\times10^7 ghm^2$，增长率为275.91%；水电足迹由$0.12\times10^7 ghm^2$ 增加到$0.77\times10^7 ghm^2$，增长率为539.11%；化石能源的足迹增加幅度最大，由$31.23\times10^7 ghm^2$ 增加到$100.14\times10^7 ghm^2$，增长率为220.66%，见图6.4。

各地类生态足迹占总生态足迹的比例、生态足迹的增长量和增长率大致与人均生态足迹所反映的趋势类似，仅有一项发生了质的变化，即耕地足迹。在人均生态足迹中，人均耕地足迹是下降的，但在总生态足迹中，国家总的耕地足迹却是上升的。

人均生物供给力变化趋势

1978—2003年，中国人均生物供给力呈上升趋势(图6.5)，由0.502 ghm^2 上升至0.731 ghm^2，增长率为45.7%。其中，耕地人均供给力呈波动性上升，由0.312 ghm^2 上升至0.351 ghm^2，增长率为12.81%；林地人均供给力有所下降，由0.116 ghm^2 下降至0.101 ghm^2，减少

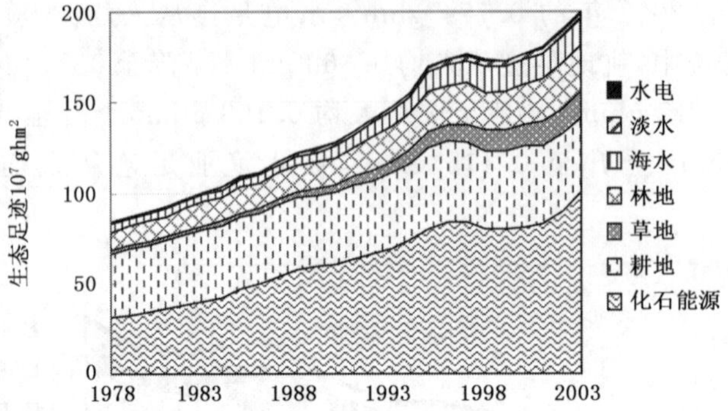

图 6.4 中国 1978—2003 年总生态足迹

率为 12.84%；草地人均供给力有所上升，由 0.018 ghm^2 上升至 0.140 ghm^2，增长率为 696.79%；淡水渔业供给力有所上升，由 0.008 ghm^2 上升至 0.023 ghm^2，增长率为 190.2%，海水渔业人均供给力有所上升，由 0.049 ghm^2 上升至 0.116 ghm^2，增长率为 137.0%，见图 6.5。

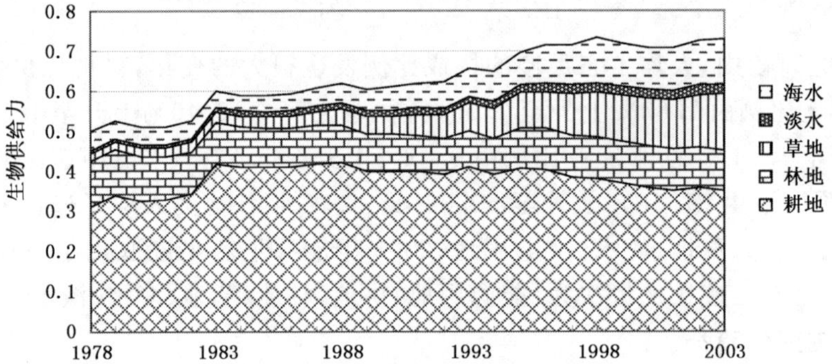

图 6.5 中国 1978—2003 年人均生物供给力

总生物供给力变化趋势

1978—2003 年，国家总生物供给力有所上升（图 6.6），从 48.28 × 10^7 ghm^2 上升至 94.55×10^7 ghm^2，增长率为 95.84%，其中耕地由 29.98×10^7 ghm^2 上升至 45.46×10^7 ghm^2，增长率为 51.59%；林地由 11.14×10^7 ghm^2 上升至 13.04×10^7 ghm^2，增长率为 17.13%；草地由 1.69×10^7 ghm^2 上升至 18.10×10^7 ghm^2，增长率为 970.72%；淡水由 0.75×10^7 ghm^2 上升至 2.94×10^7 ghm^2，增长率为 290.03%；海水由 4.72×10^7 ghm^2 上升至 15.02×10^7 ghm^2，增长率为 218.42%。

国家总生物供给力中各地类的构成比例变化、各地类的增长趋势与人均生物供给力类似，但林地供给力的增长出现较显著的变化，在人均林地供给力中，1978—2003 年人均林地供给力是下降的，而在国家总林地供给力中，这一项是上升的。

生态足迹供需平衡分析

比较研究时段内的中国人均生态足迹与人均生物供给力，可以得到该时段内中国人均生态盈亏图（图 6.7），其中人均生态足迹中的耕地、水电用地之和与人均生物供给力中的耕地对应，人均生态足迹中的林地、化石能源用地与人均生物供给力中的林地对应。中国 1978—

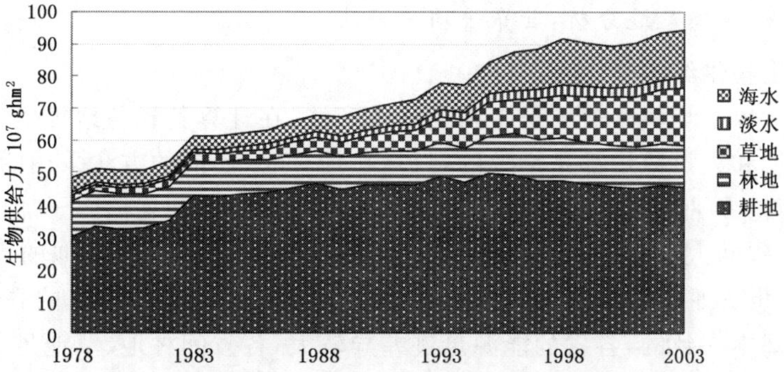

图 6.6　中国 1978—2003 年总生物供给力

2003 年的生态赤字是显著增加的，由人均生态赤字 0.372 ghm^2 上升至 0.817 ghm^2。去除能源生态足迹，人均生态赤字则呈小幅度波动，由 1978 年的生态赤字 0.047 ghm^2 变为 2003 年的生态赤字 0.0423 ghm^2。

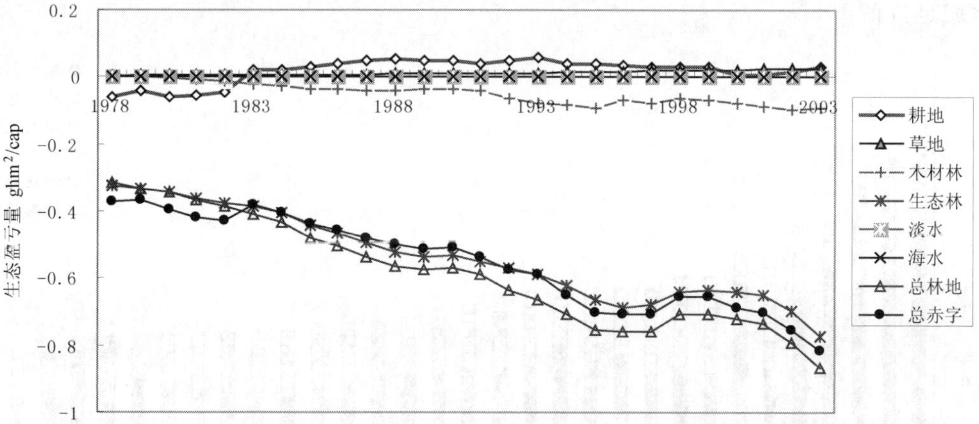

图 6.7　中国 1978—2003 年人均生态盈亏量

从国家总的生态足迹供需来看，由于人口数量激增，中国 1978—2003 年的总生态赤字变化更为显著，生态盈余与赤字变化率均有所增加，趋势与人均生态盈亏变化类似，如图 6.8。

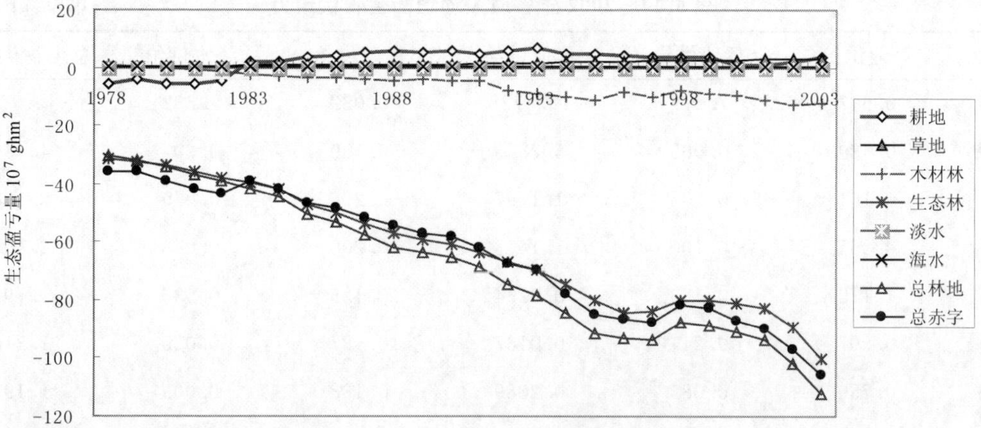

图 6.8　中国 1978—2003 年总生态盈亏量

6.3.2.3 省域生态足迹分析:世界平均单产法

生态足迹与生物供给力

无论是利用世界平均单产法还是中国实际单产法,在计算各省各地类生态足迹时,所选取消费品的消费总量和人口数量都是一致的,只是在计算时,不同的方法采用两组不同的消费品单产进行计算,而世界平均单产法将计算结果又乘以产量因子和均衡因子加以调节,因此无论采用哪种方法,各省间人均生态足迹差异、人均生物供给力的差异是类似的,均具有相同的趋势。换言之,采用世界平均单产法计算出的各地类的省域人均生态足迹的高低次序与利用中国实际单产法是基本一致的,各省的能源足迹差异较大,各省间林地、草地足迹差异也较大,而耕地足迹、建设用地和渔业足迹差异相对较小(见图 6.9,表 6.14)。如人均耕地足迹,两种方法的结果均为东南部省市高于西北部省市,而人均耕地供给力,两种方法均显示为北部、西部省域高于南部、东部省市,其他各地类亦是如此。由于用产量因子和均衡因子加以调节,各省的人均均衡耕地、建筑用地足迹值远远大于人均实际耕地、建筑用地足迹,而人均均衡草地、林地、化石能源足迹值小于人均实际草地、林地、化石能源足迹值,人均均衡水域足迹值大于人均实际水域足迹值。

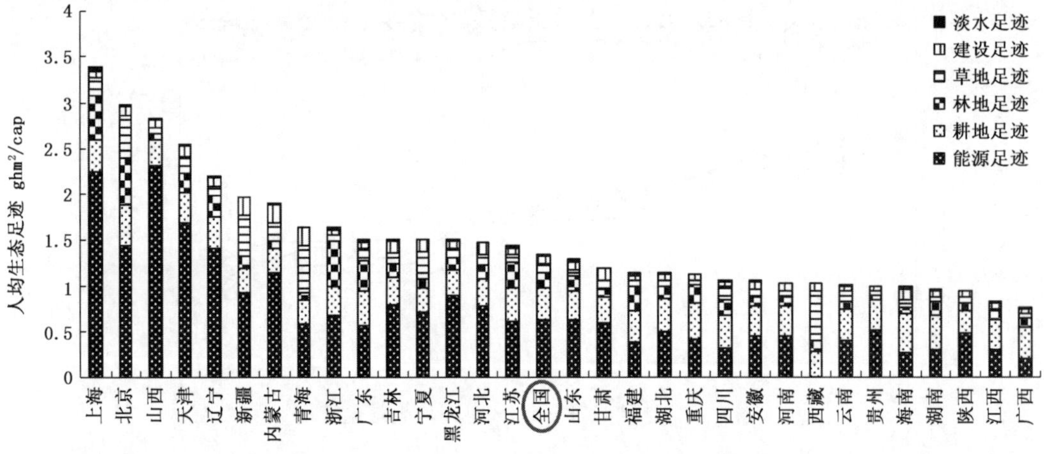

图 6.9 2002 年省域人均均衡生态足迹构成

表 6.14 2002 年省域人均均衡生物供给力 单位:ghm^2/cap

地区	耕地供给	林地供给	草地供给	建设供给	淡水供给	总生物供给力
西藏	0.547	2.572	10.6728	0.082	1.832	15.706
青海	0.439	0.068	3.2326	0.199	0.507	4.446
内蒙古	1.161	0.532	1.1797	0.206	0.059	3.138
新疆	0.861	0.100	1.1403	0.200	0.098	2.400
黑龙江	1.172	0.439	0.0254	0.125	0.036	1.797
吉林	0.807	0.241	0.0167	0.127	0.025	1.216
甘肃	0.750	0.085	0.2089	0.138	0.009	1.191
宁夏	0.843	0.017	0.1782	0.121	0.015	1.175

续表

地区	耕地供给	林地供给	草地供给	建设供给	淡水供给	总生物供给力
云南	0.553	0.280	0.0077	0.058	0.017	0.917
陕西	0.529	0.146	0.0369	0.077	0.010	0.799
全国	0.389	0.103	0.0883	0.082	0.023	0.686
山西	0.529	0.050	0.0084	0.091	0.006	0.684
辽宁	0.432	0.069	0.0038	0.108	0.013	0.625
海南	0.368	0.099	0.0011	0.113	0.022	0.603
广西	0.364	0.130	0.0066	0.057	0.015	0.572
贵州	0.408	0.088	0.0182	0.048	0.007	0.568
河北	0.414	0.024	0.0051	0.088	0.007	0.539
四川	0.256	0.114	0.0686	0.064	0.012	0.514
安徽	0.353	0.034	0.0003	0.081	0.021	0.490
湖北	0.311	0.078	0.0004	0.066	0.026	0.481
江西	0.227	0.149	0.0000	0.060	0.029	0.466
山东	0.359	0.009	0.0002	0.086	0.010	0.465
河南	0.324	0.017	0.0001	0.078	0.007	0.426
湖南	0.212	0.114	0.0007	0.064	0.018	0.410
福建	0.173	0.156	0.0000	0.054	0.010	0.394
重庆	0.268	0.048	0.0032	0.060	0.010	0.389
江苏	0.260	0.003	0.0000	0.078	0.030	0.371
广东	0.182	0.075	0.0002	0.070	0.012	0.339
天津	0.213	0.001	0.0000	0.102	0.014	0.330
浙江	0.173	0.080	0.0000	0.058	0.015	0.326
北京	0.129	0.019	0.0001	0.094	0.006	0.248
上海	0.084	0.000	0.0000	0.065	0.021	0.171

经产量因子和均衡因子调节后的均衡生态足迹具有可比性和可加性，因为调节后的耕地、草地、林地、水域、建筑用地的面积是基于同样生产力的，即全球各类生物生产性土地的平均生产力水平。中国北方省市人均均衡总生态足迹大于南方省域，东部省市人均均衡总生态足迹大于西部省域；中国北方省域人均均衡总生物供给力大于南方省域，西部省域人均均衡总生物供给力大于东部省市（见图 6.10，6.11）。

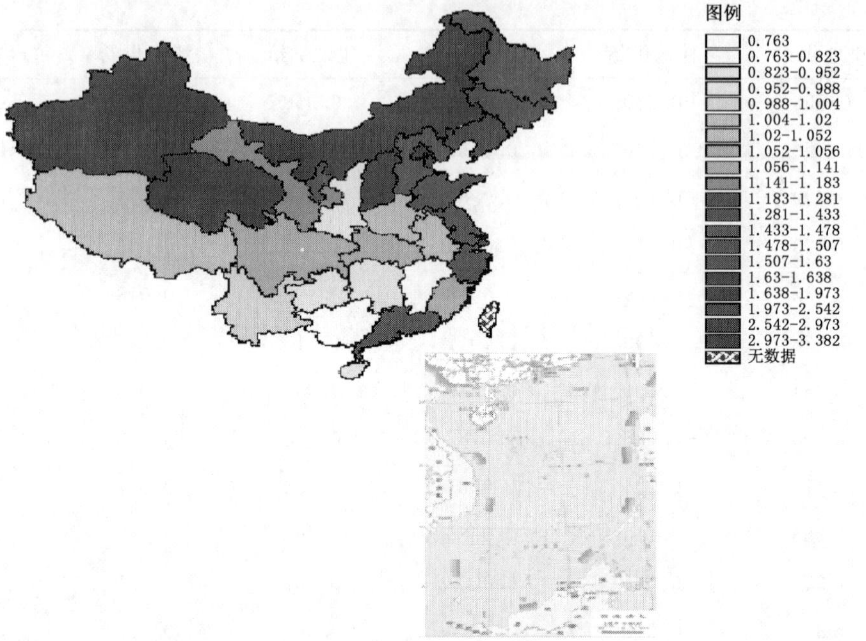

图 6.10　2002 年省域人均均衡总生态足迹分布(ghm²/cap)

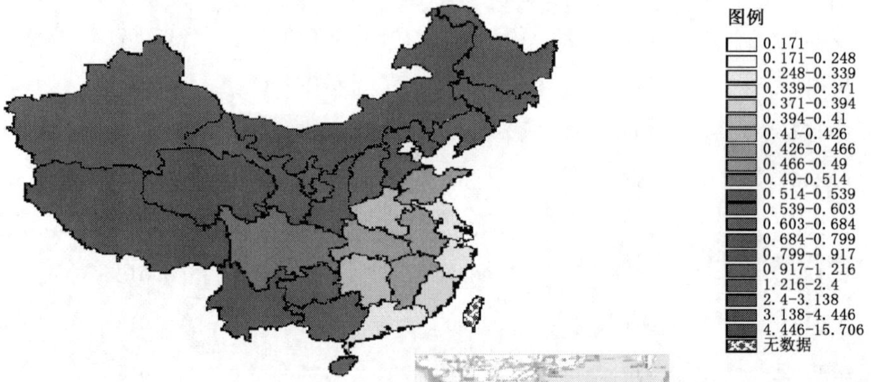

图 6.11　2002 年省域人均均衡总生物供给力分布(ghm²/cap)

生态盈亏量

各地类的人均均衡生态盈亏量情况与人均实际生态盈亏量趋势相同，只是利用产量因子和均衡因子调节后，盈亏量的数值发生变化，如耕地、水域盈亏量的值增加了，林地、草地盈亏量的值降低了，但各省域各地类处于“盈”或“亏”的状态没有发生质的变化。

利用各省域人均均衡总生物供给力减去人均均衡总生态足迹，可以得到各省域人均均衡生态盈亏量，仅有青海、内蒙古、新疆和黑龙江是处于生态盈余状态，其他省域市均处于生态赤字状态，东部省市生态赤字最为严重，高达 1 ghm^2/cap 以上。在不计化石能源的情况下，仅有东部省市和少数中部省市处于生态赤字状态，北部、西部和西南省区市均处于生态盈余状态（见图 6.12，图 6.13）。

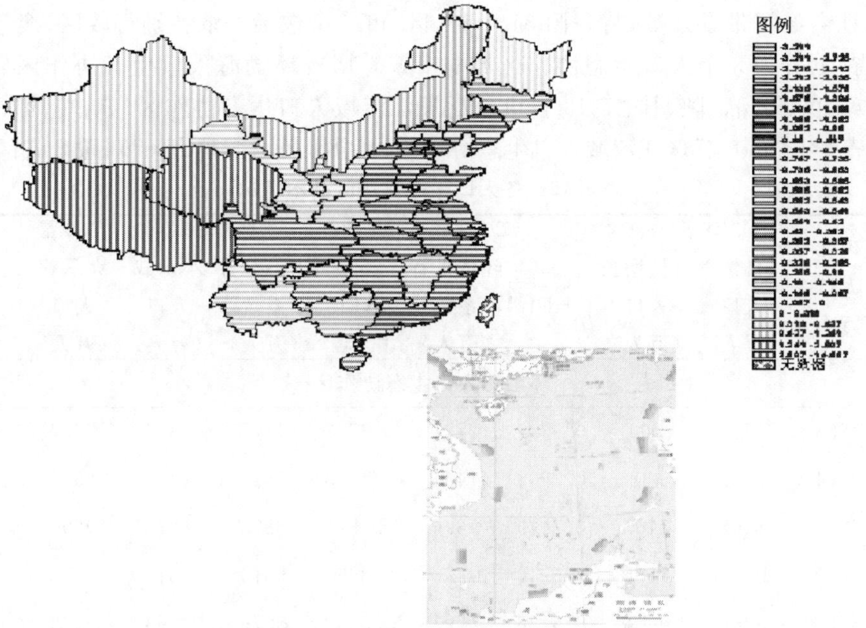

图 6.12　2002 年省域人均均衡生态盈亏量分布_计能源(ghm^2/cap)

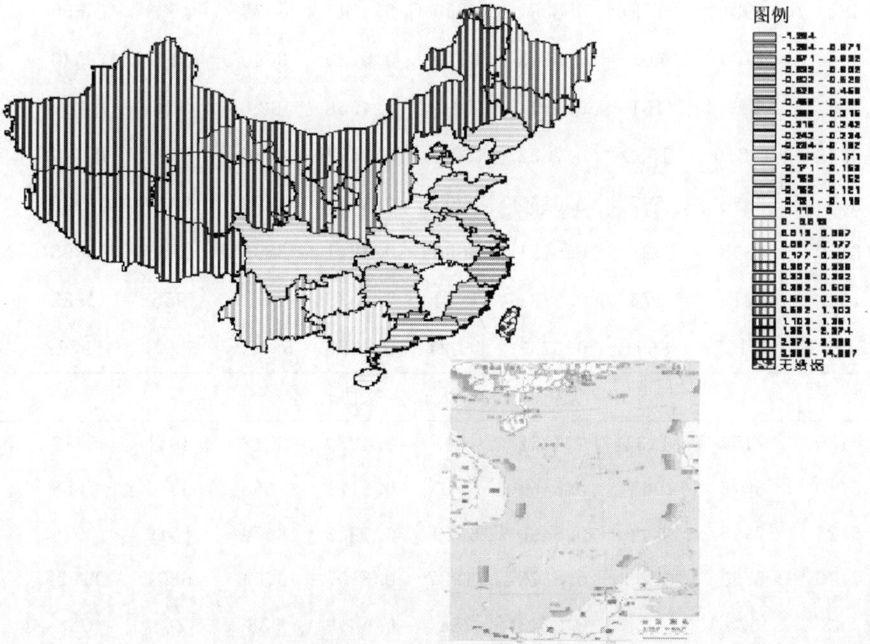

图 6.13　2002 年省域人均均衡生态盈亏量分布_不计能源(ghm^2/cap)

6.3.3 区域人口流动的调控战略

6.3.3.1 全国区域人口共生战略分析

根据中国人口生态的分区现状，遵循地域关系、优势互补、协同共生的原则，按照自然生态载眷系数、社会经济带眷系数，将我国31个省(区、市)(不包括香港特别行政区、澳门特别行政区及台湾省)划分为3个人口生态协作区域(如表6.15)：环渤海人口生态协作区(辽、吉、黑、蒙、京、津、冀、鲁、豫、晋、陕、甘、宁13省市)，泛长江流域人口生态协作区(苏、皖、鄂、湘、川、渝、沪、浙、新、青10省市)、泛珠江流域人口生态协作区(粤、闽、赣、桂、琼、黔、滇、藏8省区)。

表6.15 各人口生态协作区基本情况

	现状人口(万人)	2030自然人口(万人)	2030自然增长人口(万人)	2030 HDI	2030社会经济带眷系数(万人)	2030 NEI	2030自然生态载眷系数(万人)	2030最小承载人口(万人)	2030最大承载人口(万人)	限制因子
环渤海人口生态协作区										
北京	1538	1798	260	0.9307	2727	0.3703	1477	1477	2727	NEI
甘肃	2594	3032	438	0.2902	1434	0.4188	2817	1434	2817	NEI及HDI
河北	6851	8008	1157	0.7429	9696	0.3871	6878	6878	9696	NEI
河南	9380	10965	1585	0.5740	10257	0.3950	9610	9610	10257	NEI及HDI
黑龙江	3820	4465	645	0.6586	4793	0.6032	5976	4793	5976	不显著
吉林	2716	3175	459	0.6673	3453	0.5391	3797	3453	3797	不显著
辽宁	4221	4934	713	0.8281	6659	0.4141	4533	4533	6659	NEI
内蒙古	2386	2789	403	0.6843	3110	0.5720	3540	3110	3540	不显著
宁夏	596	697	101	0.4541	516	0.4068	629	516	629	NEI及HDI
山东	9248	10810	1562	0.7832	13798	0.3622	8686	8686	13798	NEI
山西	3355	3922	567	0.6250	3995	0.3420	2976	2976	3995	NEI
陕西	3720	4348	628	0.5151	3650	0.4041	3898	3650	3898	NEI及HDI
天津	1043	1219	176	0.9731	1933	0.3535	956	956	1933	NEI
合计/平均	51468	60162	8694	0.6733	66021	0.4178	55773	52072	69722	
泛长江流域人口生态协作区										
安徽	6120	7154	1034	0.4152	4841	0.4229	6713	4841	6713	NEI及HDI
湖北	5710	6675	965	0.5461	5940	0.5171	7658	5940	7658	HDI
湖南	6326	7395	1069	0.5493	6619	0.4923	8076	6619	8076	HDI
江苏	7475	8738	1263	0.8375	11927	0.3407	6604	6604	11927	NEI
青海	543	635	92	0.2743	284	0.6659	938	284	938	HDI
上海	1778	2078	300	0.9892	3351	0.2500	1153	1153	3351	NEI

续表

	现状人口（万人）	2030 自然人口（万人）	2030 自然增长人口（万人）	2030 HDI	2030 社会经济带眷系数（万人）	2030 NEI	2030 自然生态载眷系数（万人）	2030 最小承载人口（万人）	2030 最大承载人口（万人）	限制因子
泛长江流域人口生态协作区										
四川	8212	9599	1387	0.4232	6621	0.5724	12191	6621	12191	HDI
新疆	2010	2350	340	0.5069	1941	0.6093	3176	1941	3176	HDI
浙江	4898	5725	827	0.7613	7104	0.4497	5712	5712	7104	NEI
重庆	2798	3271	473	0.5595	2982	0.4318	3133	2982	3133	NEI 及 HDI
合计/平均	45870	53619	7749	0.5906	51611	0.4653	55354	42698	64267	
泛珠江流域人口生态协作区										
福建	3535	4132	597	0.6454	4346	0.4959	4546	4346	4546	不显著
广东	9194	10747	1553	0.7575	13268	0.3875	9240	9240	13268	NEI
广西	4660	5447	787	0.6099	5415	0.4360	5269	5269	5415	NEI 及 HDI
贵州	3730	4360	630	0.2104	1495	0.4120	3985	1495	3985	NEI 及 HDI
海南	828	968	140	0.6786	1070	0.5202	1117	1070	1117	不显著
江西	4311	5039	728	0.4795	3938	0.5559	6216	3938	6216	HDI
西藏	277	324	47	0.0786	41	0.7500	539	41	539	HDI
云南	4450	5202	752	0.3296	2795	0.6898	7961	2795	7961	HDI
合计/平均	30985	36219	5234	0.5484	32369	0.4837	38872	28194	43047	
合计/平均	128323	150000	21677	0.6136	150000	0.4507	150000	122964	177036	

环渤海人口生态协作区

本区 HDI0.67 略高于全国平均水平，同时人口自然生态潜力 0.42 略低于全国平均水平水平。

在本区，黑龙江、吉林、辽宁三省由于地势平坦、土地肥沃、生长季日照时长等因素，耕地当量较大，加之其拥有大面积的森林资源，使其自然生态载眷能力较高，分别为 0.6、0.54、0.41，这说明东北三省只要内部适当调控就可满足当地人民的基本生活需要，而且还有一大部分剩余生物质生产力可以供给外省使用。作为共和国重工业发展基地，由于其城市化水平较高，工业基础雄厚，加之近年来的我国振兴东北老工业基地的经济政策，三省的经济也处于较高水平，社会经济带眷系数分别为黑龙江 0.66、吉林 0.67、辽宁 0.83，2030 年带眷人口显著高于 2030 年的自然人口。

内蒙古自治区的社会经济带眷能力与自然生态载眷能力均高于全国平均水平的省份，分别为 0.68 和 0.57。也就是说，在经济产出和基本生产能力方面，内蒙古不但可以满足自身的需要，还有一定的余力支援其他省份的建设。内蒙古是资源大省，化石能源和可再生能源（风能、太阳能）的 GDP 增长速度连年位居榜首，而其经济总量也位居全国前列；其次，就生物生产性土地而言，虽然内蒙古遍布大面积的戈壁和低产草原，生物土地当量比率仅为 3.9%（生物生产性土地当量占全省国土面积的比例),但其省域面积巨大,达到 1183000 平方千米,同时人口稀少,所以生物土地(4632232 公顷)所供养的人口(4908 万人)与实际人口(2392 万人)比值大,即生物土地带眷系数较大。

京、津、冀、鲁四省(市)社会经济发达,生态位势显著高于全国平均水平,具有经济带动作用。北京、天津是中国的双子星,政治、经济、文化中心,经济实力雄厚,基础设施发达,生态位位于全国前列,具有较高的生态吸引力,社会经济带眷系数分别为 0.93 和 0.97,其经济产值可带眷 6816 万人。但是这两座城市的自然生态载眷能力却较低,分别为 0.37 和 0.35,需要靠外地生态系统的供给来生存。

地处京津腹地的河北省由于京津地区的辐射作用,社会资源、人力资源在外流的同时得到了相应的补偿,促使经济带眷能力(0.74)较高。而由于京津地区的吸引作用,自然资源严重耗竭,导致河北省的自然生态载眷能力处于较低的水平(0.39)。京、津、冀三省市 2005 年人口达到 9554 万人,如果三省市联动在 2030 年之前将形成一个巨大的生态吸引力,吸收人口向其迁移。

山东省,由于其地处沿海,黄渤海交界之处,具有广大的内陆腹地,同时毗邻天津与江苏两大经济区,所以其经济处于较发达水平,社会经济带眷系数达到 0.78,加之其经济总量巨大,有带动本区其他经济欠发达省份的能力。同时山东省的自然生态载眷能力却处于较不利位置,达到 0.36,所以需要其他省份的充分补给。

作为中国文明的发源地,地处黄河中上游的河南、山西、陕西、甘肃、宁夏五省区社会经济水平与自然生态承载能力不容乐观。黄河流域是中国文明的发源地,曾经是我国的政治、经济、文化中心,但经历了 5000 多年的开发建设,整个地区出现了严重的资源枯竭、环境破坏、人口膨胀等现象,形成了沿黄河流域经济、环境洼陷的局面。这些省区的社会经济带眷系数分别为河南 0.57、山西 0.63、陕西 0.52、甘肃 0.29、宁夏 0.45,总体而言属于经济欠发达地区。而其自然生态载眷能力分别为河南 0.40、山西 0.34、陕西 0.40、甘肃 0.42、宁夏 0.40。可以看出,黄河中上游流域受到社会经济欠发达与自然生态破坏的双重压力,因此需要向外输送适量人口来缓解这些省份的巨大的人口压力。2030 年之后,黄河流域仍然是我国的重灾区,国家仍然需要扶持政策改善黄河流域的经济情况、缓解人口压力。面对土地资源一时无法改善的局面,政府应在黄河流域大力发展经济,提高 GDP 产值,进而扩大生态容量,提高生态位势,改善整个流域的困难局面。值得指出的是,在本区搞活经济不可依靠资源的开发,而是要引进高新技术产业,学习高效率的管理模式,依托技术经济、知识经济提高社会经济生态位势,避开传统的资源开发的发展模式。

本区中西部自然生态严重洼陷,社会经济发展差异较大,基础设施雄厚。本区联动面临的主要问题就是如何在保持经济强劲增长的同时改善自然环境,提高人口的自然生态潜力,从根本上解决人口饱和的问题。

泛长江人口生态协作区

包括上海、浙江、江苏、安徽、湖北、湖南、重庆、四川、青海和新疆十省区,国土面积 369.8 万 km^2,人口 4.6 亿人。全区社会经济带眷系数 0.59,自然生态载眷系数 0.46。本区新疆、江苏、上海、浙江的生态位势较高,是人口流动的吸引因子;安徽、湖南的综合人口潜力系数小于全国平均,首先需要减轻人口压力,给生态环境一个休养生息的机会,待到两省的经济有所发展,两省还可以继续容纳人口;湖北、四川、重庆、青海四省的综合人口潜力系数与全国平均水平持平，需要保持人口现状以免受到更多的人口压力。

地处中国经济最活跃地区的上海、江苏和浙江的经济非常发达(社会经济带眷系数分别为上海 0.99、江苏 0.84、浙江 0.76)，产业健全、基础设施雄厚，在本区中有极大余力带动本区其他省区的发展。但是高度发达的经济需要占用大量土地。

上海、浙江的生物土地当量比率处于较高水平(上海 48.85%、浙江 34.08%)，但是由于国土面积小、人口基数大，这两省市面临着资源供应严重不足的处境(自然生态载眷能力上海 0.25、浙江 0.45)，需要从其他省份调配资源才能有序发展。高密度的人口将会成为制约上海、浙江发展的主要因素(预计 2030 年两省市总人口过亿，人口密度达到 1000 人/km^2 以上)，因此在沪、浙联动的基础上开发浙江内陆的山区及向海洋发展是解决人口压力的主要途径。沪、浙两省市的财团成建制地到新疆、青海投资必然会减轻两省市的人口压力，同时还为西部省区注入新的活力。

江苏省在长江流域人口生态稳定区处于龙头位置，肩负着带动整个长江流域经济腾飞的重任。其 0.84 的社会经济带眷系数和巨大的经济总量要为长江中上游地区的省份分担一部分的经济负担及人口压力，沿江吸纳劳动力到江苏就业、定居，同时鼓励江苏财团到长江中上游地区投资办厂、向这些省份输送高质量人才，将他们的经济水平提高，减轻人口压力。由于江苏的生物土地当量有限，自然生态载眷能力较低(0.34)，因此需要从本区及区外的其他省市引进生活必需品，来维持本省人民的生活需要。因此，安徽作为一个巨大的腹地和原材料供应基地不仅为江苏容纳如此众多的人口提供了足够的空间，也为江苏持续快速的发展提供了坚实的基础。

本区中的安徽、湖北、湖南、四川、重庆情况基本相同，生物土地的生物质生产基本可以满足其自身需要(自然生态载眷能力分别为安徽 0.42、湖北 0.52、湖南 0.49、四川 0.57、重庆 0.43)，粮食问题可以自给自足。但是经济属于欠发达地区，社会经济带眷能力分别为安徽 0.41、湖北 0.55、湖南 0.55、四川 0.42、重庆 0.56。针对这种特殊的情况，长江中上游的这五个省市需要集中精力搞经济建设，只有将经济水平提升到新的档次才能从根本上增强生态容量，提高生态位势。要搞活经济，首先需要解决巨大的人口压力。地处长江流域的这几个省市是有名的人口大省，人口基数大，智力型、技术型人才比例低，农业人口多，农村剩余劳动力多。因此，有必要向外输出体力型劳动者，同时引进智力型、技术型人才，引进高新技术产业而非资源开发型产业，从而减轻巨大的人口压力和经济压力，为经济的腾飞奠定坚实的基础。

地处西北边陲的新疆和青海，虽然国土面积内充满了戈壁和低产草原(生物土地当量比率新疆 2.20%、青海 0.88%)，但却有广阔的土地、丰富的日照资源，加之人口稀少，导致其自然生态载眷能力显著高于上海、江苏、浙江，分别为 0.61、0.67。但社会经济带眷能力只有 0.51，0.27。应充分利用新疆得天独厚的自然资源，在不破坏生态环境的前提下搞活经济，进一步提高生态位，增加人口生态容量。在经济得到一定发展，生态环境稳定之后向这些地区迁入人口，缓解长江下游地区的人口压力。

从全区的角度看来，人口的内部调控基本可以负荷 2030 年的人口分配格局。

泛珠江人口生态协作区

包括福建、广东、广西、海南、贵州、江西、云南、西藏八省区。本区国土面积 254 万 km^2，人口 3.1 亿人。全区社会经济带眷系数 0.55，自然生态载眷能力 0.48。东南沿海地区社会经济发达，而西南、西藏等地区的人口自然生态潜力高，本区内的优势互补会带动珠江三角洲、北海湾地区的再度腾飞，为全国的增容强势作出贡献。

福建、广东两省属于东南沿海经济发达地区，对本区的其他省区具有良好的经济带动作用。广西、海南、江西、云南四省区虽然经济比较落后(社会经济带眷系数分别为广西 0.61、海南 0.68、江西 0.48、云南 0.33)，但是其自然生态载眷能力却较高(广西 0.44、海南 0.52、江西 0.56、云南 0.69)，不但满足了本省区的生物质的需要，而且为其他省区也提供了强有力的支持。本区只有贵州省处于较差的境地，经济不发达，社会经济带眷系数 0.21，自然生态载眷能力 0.41。

广东、福建两省的经济实力是有目共睹的，其社会经济带眷系数分别为 0.76 和 0.65，有很大余力分担本区中其他省区的经济压力。其自然生态载眷能力分别为广东 0.39、福建 0.50。

就整个泛珠江流域高潜力人口生态增容区来说，其经济能力经区内调控后基本可以维持区内的人口生态需求，平均社会经济带眷系数达到 0.55。而其自然生态载眷系数为 0.48，经过内部调配之后不仅可以解决区内人民的基本生活需要，而且还有余力支援其他省份，换取一定的经济补偿。

6.3.3.2 区域人口共生战略

人口—资源—环境复合生态系统的调控不仅是对人口数量及分布的调控，而且包括对资源和环境的调控，以利于人口—资源—环境复合生态系统的和谐可持续发展。下面通过对各区域的资源依赖度和环境压力度以及生态位三者之间的关系来探讨人口—资源—环境复合生态系统控制方法。

候鸟战略

孔雀东南飞(鼓励中西部的劳力继续向东南沿海省市转移，稳定东部各省市的民工流，逐渐为他们创造稳定的就业机会)和大雁西北回(鼓励东南部各省市的劳力和企业向北方六省市转移。中部流动人口可先落户东南部城市，经过技术培训后再有组织、阶段性地到北部工作)是未来 25 年中国人口流动的基本格局。

孔雀东南飞是历史、当今和今后若干年中国人口生态格局的必然趋势和无奈选择。中国人口的东南迁是自魏晋南北朝时期开始的，迁移的原因是逃荒、避乱、求生存，以及北方少数民族的入侵。人口迁徙的途径大多是沿黄河流域和京杭大运河向长江流域和东南沿海流动。智者乐水、仁者乐山，最后形成南方人精明、聪颖，北方人粗犷、豁达的格局。中国人口生态位势变动呈正反馈规律，遵从马太效应原理，即东部高位势省市的生态位势还会以比西部更快的速度增长。

从各省市生态位势差异可以明显看出，在今后四分之一世纪里，除少数资源、环境变量的制约外，人口生态位势的大多数要素在东部地区要比中西部地区容易改善。而随着技术的进步，特别是海水淡化技术和新兴能源技术的日趋成熟，水资源和能源的空间限制强度会越来越弱。而中西部地区面对开发的巨大压力，其环境问题会比东部地区更尖锐。可以预见，2015 年以前，东部军团和西部军团的生态位势差将遵循马太效应继续扩大，劳力、智力、资金、技术和高端产业继续向东部集结，中国人口生态位势东高西低的基本格局和主导人流方向不会有大的改变。但孔雀东南飞的速度和强度将随东部地区资源环境压力的加大而减弱。若能实施候鸟战略，因势利导，由东部地区主动吸引和安排外来劳力和智力在东南沿海落户、培训和就业，再由东部企业有针对性地连同技术、资金派往西部地区(每年几个月或一次几年)创业、联营，最后让其中一部分人能在当地安营扎根，带动地方发展，就像 20 世纪五六十年代从上海去新疆的知青、干部和建设兵团官兵那样最终在当地生存繁衍下来一样。从而形成一个孔雀东南飞和大雁西北回结合的流动人口（候鸟）族，利用东部高的人口生态位势和西部丰富的自然资源发展经济，保护生态，以逐步减少东西部的生态位势差，实现国土生态经济的均衡发展。

联姻战略

东西联姻、城乡共生、工农联营、产销一体是解决我国地区人口生态发展不平衡的根本途径。单独核算四大区人口均超过其基本人口承载能力，且中部地区黄海河流域人口超载，长江流域基本饱和，青藏高原有待涵养。仅就东部沿海和北部沿边两大区分析，两区现状人口约 7 亿，土地面积 531 万 hm^2，占全国土地面积的 55%，可利用土地面积亦达 52%。生物生产潜力人口为 7.1 亿，社会经济潜力人口为 9.2 亿，但东南部沿海地区资源环境承载力有限，而北部特别是华北和西北沿边地区经济技术力量薄弱。若能使两区各省市联姻发展，长短互补，协同共生，必能充分利用二者优势，容纳更多的人口。通过国家对东北老工业基地和少数民族地区的社会经济扶持和自然生态保育政策以及强化与周边国家的贸易往来，还可适度扩大该区的自然生态承载力，扩容增小，相当于在现状基础上再增容 30%。使其人口密度控制在每平方千米 175 人以内，相当于瑞士的水平。

经济越发达的地区，社会经济带载眷能力系数越高，人口迁入压力越大，但自然生态载眷系数却随着人口的增加而降低，仅靠原有的水土资源、自然环境和基础设施显然是负担不了这么多人口的。而经济越不发达的地区，其社会经济带载眷能力系数越低，人口迁出压力越大，原有的自然资源和生态环境未能得到合理的利用和保护。但如能强弱共生、优势互补，将异地的水土资源、自然环境等优势与社会经济基础、先进技术和人力资源优势相结合，有可能在异地更广袤的空间容纳下更多人口。

我们根据每个地区 GDP 的载眷能力系数（指按全国单位 GDP 应抚养人数核定该地区可抚养人口与本地区实有人口的比例）核定该地区可以带动或负担的本地与合作省区的人口总数，并将全国分为环渤海地区（华北东北）人口生态协作区；泛长江流域（中东部及西北）人口生态协作区；以及泛珠江流域（华南西南）人口生态协作区。

西北边疆地区普遍存在自然生态脆弱、经济基础薄弱、人口素质低下、管理水平落后几个软肋。但在资源、景观、劳力、市场等方面各有一定的优势和特色，如何以东部发达地区及企业为龙头，拓展发展空间，带动东西部的共同发展，需要打破行政区界限，依托发达地区的先进生产力、先进管理经验和丰富的人才技术，推进跨区共生。要在全国 332 个地市和 2860 个县市级行政区间开展自由组合，形成姐妹地区。由发达地区城市、社区或企业向联姻地区引进技术、资金、人才和市场，发展和经营适合当地资源特色和市场需求的产业，拓展其发展腹地，并带动欠发达地区循环经济的发展。同时以西部地区的资源优势拓展发达地区的瓶颈（当量土地总量，东部城市的"载眷"系数，城市生态足迹的最小腹地需求），疏缓和疏导过大的人口压力。

安基立业

适当高的人口密度和适度的人口流动是一种生态活力，可以在劳力、智力、市场、经济效益、社会关系和创新能力等方面对人口生态作出正向贡献，但超过基础设施承载能力的人口密度会影响生活质量，降低生态服务功能；过高的人口流动也会给流出和流入地区带来一定的社会问题。要稳定流出地区的基本人口（即自然生态载眷人口和社会经济带眷人口之最小值），强化人口流出地区留守人口与外出人口以及与流入地区的双向共生关系，利用这些关系提升迁出地区的人口素质、产业发展能力和基础设施水平，扩展迁入地区的人口接纳能力。建议按人均城市建设基本费用，由国家、地方各级政府从税收和社会各界赞助经费中安排一定比例的流动人口发展经费，建立人口发展基金，用于人口移入地区安置移民的就业和生活、强化基础设施和服务系统的建设，给有稳定职业的外来民工以市民待遇；同时发展民工成人或职业技能教育，提升流动人口的能力水平，并将城市容纳不了的流动人口疏解到适合他们发展的地方去。

要为外来人口及本地失业、待业人口创造更多的就业机会，开展职业培训，组织游散民工建立相应的服务公司如家政、环卫、静脉、饮服、零售等。鼓励规模型企业突破传统产业的限制，发展跨地区的一、二、三产业联营的循环经济产业，以公司带农户，城镇带乡村，东部带西部。通过大型企业将无法在城市就业的移民有组织地安置到异地或其家乡，从事企业内技术含量不高的一产或三产，以适应迁入人口以低素质为主的国情。（按规模型企业 GDP 总量或利税总量确定规模型企业的“带眷”系数和应吸纳职工数）。

育智战略

国民素质低下（包括教育水平、技术素养和文化修养）是中国人口发展的瓶颈和人口生态位势低下的根本原因。特别是人口输出的农村地区和人口增长较快的贫困地区，必须加大对全民义务教育、职业教育和社会教育的投资强度和管理水平，特别是中西部和北疆地区的人口教育和流动人口的培训和管理。文化贫困是贫困地区人口发展的关键限制因子，要利用各种媒体渠道和信息技术免费或低价培训和提高这些地区的人口素质特别是外出打工人口的素质。发达地区应利用其优势教育条件和过剩的师资能力帮助这些地区人口的智力建设。

现行面向高等教育的应试教育很难满足农村特别是偏远贫困地区人口技能和素质教育的需求。建议在各级政府和规模型企业大力发展中等技术和职业教育的同时，参照国外的成功经验。在全国推行全部男性适龄青年 1～2 年军训制度。让他们能免费去军队接受系统的技术、技能和素质训练，承担国家有关自然生态保育、基础设施建设等公益事业和新区开发任务，为国家储备劳力、智力和培育军地两用的合格人才，以便这些青年退伍后能以较高的素质在相应企事业单位找到工作或回乡发展，还可将服役期满而不愿退伍的青年组织起来成建制组成工程队伍，承接国内外相关工程。国家应动员各类知识分子和专家自愿去军队兼职教课，为国家培养人才。

开源战略

水、能源、土地、粮食和污染是约束中国各省市人口承载力以及自然生态服务功能的五大限制因子。克服这五大限制的关键在于系统推进循环社会和生态文明建设的 3R 或三新原则：Rethinking（观念更新）、Reform（体制革新）和 Renovation（技术创新），即通过产业结构、布局的调整和产品结构、功能的革新、消费模式和生活方式的转变，高新技术的突破（如海水淡化、弃置水的回用、可更新能源技术的开发、生物工程和生态工程技术的推广等）以及循环经济的普及和管理体制的改革为资源的开源节流和环境的休养生息提供很大的发展空间，为人口发展提供广阔的生态支持空间。

要在保育生态服务功能和保障区域生态安全的前提下，积极利用高新技术，稳妥开发和合理利用地下、地上、海洋和地表废弃空间；积极发展生态农业、规模农业、精细农业和立体农场，争取到 2030 年能用 2/3 的现有土地和水资源生产现有产量 4/3 的农产品，即将单位面积农作物产量提高 1 倍、水耗降低 50%，而把腾出来的 1/3 国土用作生态涵养和休闲旅游之用，创造更多的就业机会；限制和禁止高物耗高能耗高水耗型产品的大规模出口、倡导和补贴资源密集型产品特别是高能耗高水耗型产品的进口；鼓励和引导成建制劳工出国承包工程，针对欧洲很多内陆国家人口萎缩、城镇萧条、基础设施闲置等市情，积极发展与这些国家和地区的互利共生关系，在帮助这些国家发展产业、振兴经济的同时，推进技术型和劳力型人口向国外的流动。争取到 2030 年，中国有 5%左右的人口在国外就业。

强疆战略

本研究表明，我国东南沿海和三北边陲省区人口生态潜力较大，在强化区域生态系统管理和基于循环经济的紧凑型人口布局的前提下，是我国未来人口发展的强势地区。中国陆地边界线 2.28 万 km，与 14 国接壤，海岸线有 3.2 万 km，与 6 国近邻，如能进一步强化陆疆和海疆的边缘效应，促进边界两边的互利共生，将在一定程度上拓展沿边沿海省区的资源承载能力，扩大人口生态载眷系数。特别要注意发展与俄罗斯、中亚等邻国的协同共生关系，互通有无，发挥我们的人力、智力和社会经济发展优势，置换周边国家丰富的油气和森林资源，达到互利双赢、协同发展的效果。建议在东北及西北边境地区成立特别行政区，负责越境森林、油气资源和矿产的合作开发、经营和管理及相关产业的孵化，同时吸纳和安置一部分内地移民，形成新时代的新一轮闯关东、走西口的人潮。

中国有 473 万 km^2 的海域，相当于国土面积的一半，有 6961 个大小岛屿，随着海洋科学的发展，合理开发、利用海岛海疆，发展海洋产业，可以为沿海省市人口提供更多的生态资源和生存空间，创造更多的就业机会。沿海省市应深化优化海洋资源和海洋空间的合理开发利用，孵化催化海洋产业和海洋高新技术研究，强化海洋生态系统的保育，将人居环境拓展到海洋，至少 38 万 km^2 的领海中去，为沿海地区过分密集的人口寻找新的空间。

第7章 区域产业生态建设与生态产业园区管理

区域的产业发展必须根据自身的生态经济位势和在区域竞争中所处的战略定位，借鉴国际、国内成功的经验，发挥产业的整体性、协调性、自生性，转变生产和消费方式，依靠科技进步，走以最有效利用资源和保护环境为基础的循环经济之路，实现非常规的跨越式发展。要处理好外延与内拓，开放与自主，跟踪与创新，结构与功能，主导性与多样性的关系，将链式经济转变为循环经济，产品经济转变为功能经济，效率经济转变为效用经济，自然经济转变为生态经济。生态产业园是区域产业发展的一个重要形式。

7.1 生态产业园的内涵与发展

产业生态学不仅仅研究产业系统，更关注的是产业系统与自然系统的一种相互关系，目的就是在自然系统的承载能力内，充分利用自然资源。

7.1.1 生态产业园定义

生态产业园是循环经济在产业集中区的具体体现，这一概念最早是由美国 Indigo 发展研究所的 Ernest Lowe 教授提出的，他将生态产业园定义为由制造企业和服务企业组成的企业群落，通过资源要素利用方面的合作和管理，实现环境与经济的双重效益与协调发展（Martin 等 1996）。Pierre Desrochers (2004)将生态产业园定义为彼此交换及利用副产品和能源的拥有独立土地单元的企业群落。Steven Peck 等 (2002)则从产业生态系统的角度将生态产业园定义为一种为企业之间提供废物交换机制的工业共生网络。Moran 等认为生态工业园是由寻求集体效益最大化的加工业和服务业组成的群体（Lowe 等 1995）。Cote 从生态产业园的功能角度将其定义为保持自然与经济资源稳定，减少生产、材料、能源、保险与治理费用、提高操作效率、质量、工人健康和公众形象、提供来自废物利用及其规模收益机会的工业系统（Cote R 等 1995）。王如松等(2006)从复合生态系统角度，将其产业复合生态系统定义为具有生产、流通、消费、还原、调控等生态服务功能和错综复杂的产业生态关系，包括人与自然之间的促进、抑制、适应、改造关系；人对资源的开发、利用、储存、扬弃关系；以及人类在生产和生活活动中的竞争、共生、隶属、乘补关系(王如松等 2006)。生态产业园在概念上是非常吸引人的,若组织和结构恰当,它们就会成为最大限度地减少废物和资源损失的发展模式。同时生态产业园所带来的经济效益是明显的,根据康奈尔大学的研究,网络化的制造业所使用的资源比依赖于新技术和外部资源的企业要减少 3～4 倍,而固定资产的回报率高于企业平均数的 20%～30%(Bunge 等 1995)。

按照产业共生网络的运作机制及管理模式可以将生态产业园区分为依托共生型、平等共生型、嵌套共生型及虚拟共生型四个类型。按照主导产业的类型,我国环保部将园区划分为综合型、行业型及"静脉型"三个类别。也有部分学者从企业间物质交换的不同模式(Chertow2000)或园区运作的目标等对园区提出了不同的分类标准(President's Council On Sustainable Development 1996,Wallner 1999)。

在实践方面,从最早的丹麦卡伦堡生态工业园区开始,伴随着 20 世纪末以来有关生态工业园理论的发展,不论是发达国家还是发展中国家都开发建设了大量不同类型、各有特色的生态工业园区(Cohen-Rosenthal 1997)。我国在生态工业园的建设方面也进行了非常有益的实践。如广西贵糖集团、浙江衢州、山东鲁北企业集团和广东南海等纷纷提出了生态工业园区规划和建设的构想,并在有关部门的参与下积极组织建设行动;同时,国内较早建立的大型经济开发区,如大连、天津、烟台和苏州经济技术开发区等也积极参与了国家生态工业示范园区的申报与试点工作。

传统的工业园区强调地域的概念,而由于土地的限制等,包括卡伦堡在内的世界上较早形成和运营的生态工业园区,目前都面临着由于产业共生网络扩张和企业达不到规模经济而导致的系统边界外延问题。因此,突破地域限制,强调在更大的空间上构建共生网络的虚拟生态工业园区(Virtual Eco-Industry Park,VEIP)概念越来越受到重视。虚拟生态工业园是一种新型的生态工业组织形式,是生态工业园区在地理位置上的拓展,其建立可以有效缓解工业发展与资源环境的矛盾。虚拟园区内的企业不一定聚集在相邻的地理范围内,它在空间上是分散的,这种模式可以省去一般建园所需要的昂贵的购地费用,避免进行工厂的迁址工作,具有很大的灵活性,如果相关的企业位于在同一地区,距离较近,还可以降低运输成本。

德国 Karlsruhe 大学的 Otto Rentz 教授以北美与欧洲的生态工业园区为例,将园区空间尺度分成了 6 级,并指出今后技术的发展将扩大虚拟生态工业系统的空间范围(Brown 等 1997)。美国得克萨斯州的布朗斯维尔(Brownsville)生态工业园和北卡罗莱纳州三角研究园(Research Triangle Park)是目前世界上虚拟型生态工业园区建设的代表性案例(Gibbs 等 2005)。他们主要是通过建立模型和数据库,为潜在的可能通过废弃物综合利用或资源共享而相互联系起来各类企业提供一个合作平台。

7.1.2 生态产业园的发展

目前世界有几十个生态产业园的项目在规划或建设,其中多数在美国。1994 年,生态产业园概念开始在美国受到关注。虽然生态产业园在欧美各国迅速发展,但最有成效的产业园建设却在位于丹麦哥本哈根西部大约 100 km 的卡伦堡镇。该镇整个就是一个典型的高效、和谐的生态产业园区,今天它已成为产业生态学的经典范例。在这个镇里,各种企业按照生态学中动植物的共生原理建立了一种和谐复杂的互利互惠的合作关系。各企业通过贸易方式利用对方生产过程中产生的废弃物或副产品，作为自己生产中的原料，或部分替代原料。卡伦堡是逐渐发展起来的，从 1982 年起发电厂就把多余的工业用热变成蒸汽提供给炼油厂。在同一年里发电厂又通过蒸汽管道与卡伦堡的生物技术企业集团连接起来，这些热水对生物反应器起到消毒杀菌作用，同时发电厂通过一个远距离供热网为卡伦堡镇上的家庭取暖提供热量。炼油厂从电厂所获得的蒸汽量占总需求量的 40%，制药厂则可获得 100%的蒸汽量。通过给居民提供热量，全镇减少了 3500 座家庭锅炉的用量，因此也减少了废气的排放。发电厂的剩余热量用于养鱼，鱼池的淤泥可以作为肥料出售。针对当地淡水资源缺乏的状况，1987 年炼油厂废水经过生物净化处理，每年通过管道给电厂提供 70 万 m^3 的冷却水，使淡水的利用减少了 25%。炼油厂在生产过程中形成的液化气被送到发电厂和生产石膏的工厂。火力发电厂 1993 年投资 115 万美元安装了除尘脱硫设备，每年产生的 8 万多吨硫酸钙全部出售给石膏板厂，代替了该厂从西班牙进口原料的 1/2。粉煤灰出售供修路和生产水泥用。

卡伦堡工业园区的形成是一个自发的过程，是在商业基础上逐步形成的，所有企业都通过彼此利用“废物”而获得了好处。经过 10 多年的滚动发展和优化组合，目前该系统已成为一个包括发电厂、炼油厂、生物技术制品厂、塑料板厂、硫酸厂、水泥厂、种植业、养殖业和园艺业，以及卡伦堡的供热系统在内的复合生态系统(图 7.1)。各个系统单元(企业)之间通过利用彼此的余热、净化后的废水、废气，以及硫、硫化钙等副产品作为原材料等，一方面实现了整个镇的废弃物产生最小化；另一方面，各个系统单元均从相互合作中降低了生产成本，获得了直接的经济效益。园区共生体系的成功是建立在不同合作伙伴之间已有的信任关系和充分的信息交流基础上的。这种合作模式并没有通过政府渠道干预，工厂之间的交换或者贸易都是通过民间谈判和协商解决的。有些合作基于经济利益，有些则基于基础设施的共享。当然在某些情况下，环境管理制度的制约也刺激了对废弃物的再利用，最终促成了各方合作的可能性。卡伦堡的这种“从副产品到原料”的企业间的合作，产生了显著的环境和经济效益，形成了经济发展与资源和环境的良性循环。该镇每年可以节省 10 倍的开支，节省 45000 吨石油，15000 吨煤炭，600000 立方米的水，减少 175000 吨二氧化碳和 10200 吨二氧化硫的排放，还使 130000 吨炉灰，4500 吨硫，90000 吨石膏，1440 吨氮和 600 吨的磷得到重新利用。据资料统计，在卡伦堡工业园区 20 多年的发展时间内，总的投资额为 6000 万美元，而由此产生的效益每年大约为 1000 万美元。

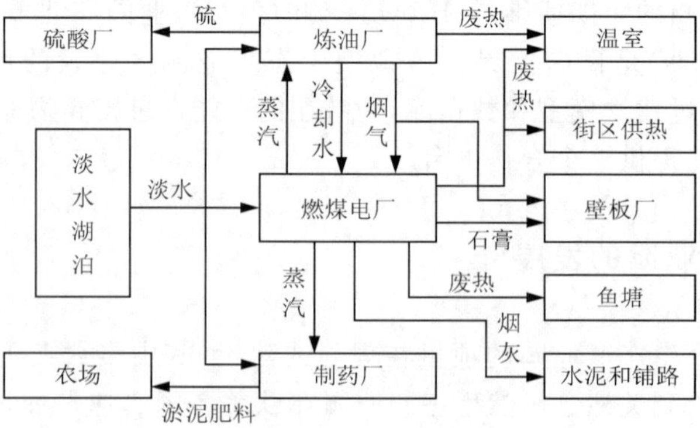

图 7.1　卡伦堡镇产业生态系统结构与物流图

7.2　生态产业园的规划设计

7.2.1　生态产业园的设计原则

与传统的工业园有着重要的区别，生态产业园的运作是由体现生态学原则的园区设计来实现的。这些原则主要包括以下内容。

(1)生态链原则

设计生态产业园必须首先考虑其成员间在物质和能量的使用上是否形成类似自然生态系统的生态链或食物链。只有这样才能实现物质与能量的封闭循环和废物最小化；园区成员间是否具备供需关系以及供需规模、供需的稳定性均是影响生态产业园发展的重要因素。特别是废物、副产品的供需关系影响到园区的废物再生水平，如果供大于需，即废物的产生量大于相关企业的需求、消纳能力或者是种类上不匹配，废物减量化目标将难以实现。

生态链原则要求工业园区成员的匹配。因此，生态产业园设计的关键是企业、行业的匹配。在区域已有的企业中或是区域外有发展潜力的行业中找出已有或可能的废物流动关系，通过专家分析，筛选出类别、规模、方位上相匹配的设计和改造方案。

(2)工业生态系统整体性与成员个体性统一原则

生态产业园既追求工业园整体乃至整个区域的经济和环境效益，也追求成员自身的经济效益和环境业绩，因此，这就需要保证系统的整体性和成员的个体性统一；从操作、运行和管理上，要使得物质和能量流动以及信息交流在整个园区内形成快捷、顺畅的网络，而成员个体间以市场原则进行联系以体现个性。

(3)多样性原则

园区成员组成和相互间的联系要多样化，而且要有创新性，不能一成不变，这样才能保证工业生态系统的平衡和稳定发展。

(4)生命周期原则

要加强原材料入园前以及产品、废物出园后的生命周期管理，最大限度地降低产品全生命周期的环境影响。应鼓励生产和提供资源、能源消耗低的产品和服务；鼓励生产和提供对环境少害、无害和使用中安全的产品和服务；鼓励生产和提供可以再循环、再使用和进行安全处置的产品和服务。

(5)经济、社会、环境协调发展原则

经济、社会和环境的和谐是可持续发展的基础，是产业生态学的基本目标。因此，生态产业园必须要兼备经济、社会和环境的多种功能和多重效益，才能实现产业生态学主旨。尽可能将园区建设与区域生态环境综合整治相结合，要加强园区与社区间的联系。要将园区规划纳入当地的社会经济发展规划，并与区域环境保护规划方案相协调。

(6)园区空间组织和联系的高效性原则

在追求经济成本和环境成本优势的市场里，仅仅是地域上的临近已不足以确保现代企业的竞争力。生态产业园的设计在于形成高效的工作系统。生态产业园内部有着很好的友邻关系，这主要指园区内企业、政府和社区间有着紧密、高效的合作和交流关系。因此，为确保生态产业园的效率，在设计时必须考虑这种合作和交流的顺畅。园区通道包括公路、轻轨、铁路和管道应靠近废物、废水或能量的利用者或供应者，同时对希望购买或售卖废物的个人和小商业者保持良好的通达性，包括物资流通和信息交流。

7.2.2 生态产业园规划设计内容

生态产业园设计项目丰富，包括选址、园的基础组织、单个设施和共享支持服务等。

(1)能源

有效的能源利用是削减费用和环境负担的主要战略。在生态产业园中，不仅单个公司寻求各自的电能(照明和机电设备)、蒸汽或热水等使用方面的更大效率，而且在相互间实现所谓的“能量层叠”，如蒸汽在工厂与同一地区家庭用户间的连接。另外许多区域，生态产业园的基础设施可以使用如风能和太阳能等可再生能源。

(2)物质材料

把废物作为潜在的原料或副产品，在生态产业园的成员间相互利用或推销给园外的其他单位使用。不论对成员个体或整个社区，都应当优化所有物质的使用和减少有毒物质的使用。生态产业园基础设施应当能为成员提供中间产品转移的功能，提供库存场所和普通毒物的处理设施。因此，一种新观点认为可将生态产业园定位在多家资源再生公司附近，在其外围就形成资源循环、再用、再加工的格局。

(3)水

同能量一样，对于水资源的使用应当实现“水层叠”。但要经过必须的预处理。整个生态产业园所需用水的大部分应当在基础设施中流动和层叠，这样有利于提高水循环使用的效率。而且生态产业园在设计时应到考虑建立具有收集和使用雨水的设施。

(4)管理与支持服务

要具有较传统工业园更复杂的管理和支持系统管理支持各单位之间副产物的交换，帮助其适应工业共生体的变化(如生产者或消费者的迁出)。生态产业园具有同区域副产物交换场所的联系和本区域范围内的远程通讯系统。生态产业园还应包括如培训中心、自助餐厅、日常保健中心、普通供给定购办公室或运输后勤办公室等。公司可以通过这些服务的共享来进一步节省开支。生态产业园应当建设成为耐受的、可维持的、易于重新组合以适应条件变化的。在其瓦解前，其材料和系统是易于再用或回收的。

此外，还有土地使用和景观学方面的设计内容。Audra J. Potts Carr(1998)从产业生态学角度出发，对俄克拉何马的 Choctaw 老工业园的新设计提出了生态产业园的思路。整个工业园以废水处理和废弃轮胎的回收利用为基础的工业伙伴关系，包括无水处理厂、轮胎破碎厂、轮胎裂解厂、无土栽培温室、硬橡胶轮胎制造厂、打印机厂、塑料加工厂、碳粉厂和碳粉盒厂。从轮胎回收、废热再利用、水的层叠、风能利用、景观管理和设计等基本原则入手，设计其土地使用、建筑、基础设施、视觉效果、环境质量、绿化、土壤和表面水文、景观设计、照明、交通和周边环境等多方面考虑加以设计，但循环再用是其灵魂。

7.2.3　生态产业园运行机制

生态产业园区别于传统的废物交换项目,它并不满足于简单地进行一来一往的资源循环,生态产业园旨在系统地增加一个地区的总体资源。因此,生态产业园将承担所在区域的经济发展、资源永续、社会安定的任务,它的运作将以园区所有成员包括企业、政府、社区为了减少废物和增加经济效益而进行的密切合作为基础。在运转机制上,生态产业园则是一个有着高效的物质、能量和信息流动的网络,而网络的组织和各个节点的绩效则是决定生态产业园效率的关键因素。

(1)生态产业园运行的动力

生态产业园可能拥有许多特点,但最重要的特点是行业内部和行业之间的合作以及与自然环境的互动。合作和互动是自愿甚至是自发的,成员有着较高的积极性以保证生态产业园的效率,其动力本质上在于经济利益。通过废物和副产物的交换、信息的交流、管理的配合将使几乎每个成员包括企业、社区和政府获利。首先,企业会因为降低废物处理成本、创造新的收入来源和原材料与物资的新来源而大大降低生产成本,获得经济利益。据 1996 年在美国召开的生态产业园专题讨论会的一项估计,一个类似卡伦堡共生体系的生态产业园每年净经济效益估计在 8200 万美元,投资回报率为 55%,回收周期为 1.68 年。其次,生态产业园的建设会创造新的合作关系,促使现有工业的扩展和产生新的地方产业。同时,现在废弃的能源和副产品的利用将使许多原来堆积如山的废物被回收利用,其经济价值得以再生。政府也将获得更多的财政税收。第三,由于工业的扩展和新产业的诞生,将产生许多不同技能要求的有着良好工资待遇的工作机会,缓解社会就业压力。社区会因为居民的安居乐业和废物处理的高效、低成本而蓬勃发展。最后,生态产业园的发展使得环境质量会因对有限资源需求的减少和较少的固体废弃物和污染的压力而有所改善,最终实现经济利益和环境绩效的统　。

(2)生态产业园的生态基础设施和废物流动

由于生态产业园的基础在于资源的高效利用与回收,因此每一个生态产业园都应有一体化的资源再生体系作为园区运转的支撑,这是生态产业园区别于其他工业园区的重要特征,我们可称之为生态产业园的生态基础设施,它是以资源回收、再循环再利用和流动运输为核心使命的。生态产业园区内其他机构如财政、通讯、教育等政府机构均应支持生态基础设施的发展。生态基础设施并非是政府部门或传统的靠政府拨款支持的市政机构,实际上它是以独立企业身份按照市场经济方式运转的。生态基础设施的功能和生产行为包括资源的再利用、循环、再生、产品营销和再开发废物的终极利用,具体包括工业和生物材料的收集、分选和处理;设备的修复、整新或拆卸;批发和零售。而贯穿这些活动的唯一理念就是将废弃的材料、物资和副产品转化称为可售卖的材料和产品。因此,生态产业园专家 Lowe 还建议生态产业园应成立管理资源再生体系的再生投资公司,成为有力的组织协调者,将对网络中的物资获取、流动和再利用等活动进行协调。

生态产业园作为工业园区自然有产品及服务的流动,除此之外还有成员间的废物流动。生态产业园的废物流动在本质上是市场机制的供需关系。Ayres 认为生态产业园包含至少一个输出原材料或加工物资的主要公司作为核心企业,这类公司向能利用其废物流中有用部分的更多企业供给废物,并进行市场交易。这些更多的企业再与几个将废物转变成可用产品的

“卫星企业”相联系。同时,废物流动也包括生活、城市和商业的废物流,而不仅仅是企业间的废物交换。为了保证废物流动和资源再生的效率,一方面要在生态产业园内进行良好的空间组织,几个有着多方交换关系的企业在地域上邻近,并且有很好的通达性,包括快捷的地面交通、管道运输和信息的通达性。另一方面,副产品和废物在由企业、社区到企业与生态基础的流动中,应将那些对交换无用的少量副产品分离出来并收集,这样将节约运输和分选成本,进一步提高生态产业园的资源整体再生水平。

(3)生态产业园成员的参与精神与网络流动

废物流动仅仅是园区成员合作的一部分,实际上生态产业园内部除了园区设计初期所规划、预期的联系外,更多的联系是在园区的发展过程中逐步创造的。因此,所有园区成员应具备强烈的参与精神,不断扩展和创造相互有益的联系。园区成员的合作也将由最初的废物交换发展至购买行为、市场营销、产品开发、信息、硬件、基础设施、技术、人力资源等方面。随着成员联系的增多和合作范围的扩大,大大小小的企业之间、企业与社区之间、企业与政府之间、社区与政府之间逐渐形成了互惠互利的网络。每一个成员均是网络的节点,物质、能量、信息就在各个节点之间按照一定的经济和生态规则流动。生态产业园的网络流动将促进园区成员的物质、信息、思想、技术、人才的交流和共享,并导致生产成本下降和环境水平的提升,增加资源利用的效率和反应的灵活度。尽管经济和环境效益是按照生态产业园模式组织的自然结果,但效益的大小则取决于网络内节点的密度和网络组织强度。政府作为园区建设的参与者,同时也是重要的管理者和协调者,除了为新兴的成长中的企业提供社会—经济设施,包括商业孵化器、企业支撑网络、融资渠道的协调、教育和培训等,还应组织专家进行园区网络组织的规划,以及通过制度和条例调节和支持网络流动。

7.3 生态产业园规划案例——郑州国家经济技术开发区

国家经济技术开发区是我国土地集约程度较高、现代制造业集中、产业集聚效应突出的开放型多功能综合产业园区,在体制创新、科技创新、城市建设、对外开放、调整产业结构、集约利用土地等方面,发挥了窗口、示范、辐射和带动作用,已经成为区域经济的重要增长点。在新的发展阶段,国家经济技术开发将成为落实科学发展观、实现经济又好又快发展、转变经济发展方式、建设环境友好型和资源节约型社会的重要基地。

郑州国家经济技术开发区位于河南省郑州市东南部,成立于1993年,2000年2月被国务院批准为国家级经济技术开发区,也是目前河南省唯一的国家级经济技术开发区。郑州国家经济技术开发区是河南省的现代制造业基地和外向型经济基地,是以汽车制造、机械制造、食品加工、电子信息和现代物流服务业为主的高新技术产业集聚区。

7.3.1 汽车产业发展战略

汽车产业是产业化社会的支柱产业之一,它可拉动化工、材料、冶金、机械等一系列产业经济的发展。但传统意义上的汽车产业又是典型的资源、能源消耗型产业,汽车生产是各种原材料消耗的综合性集成,除金属外,其中包括使用大量的化学材料和有机合成材料,如塑料、橡胶、玻璃及油漆等，同时产生包括含硫氧化物(SO_x)，氮氧化物(NO_x)、碳氢化合物(HC)、烟尘、粉尘、废水、以及漆渣和钢渣等固体废弃物在内的多种废弃和有害物质；另外，从汽车生命周期末端情况来看，报废汽车的随意处置所带来的资源浪费以及拆解过程中产生的废油、废液、有毒重金属等的环境污染等问题，使得汽车产业与环境保护之间的矛盾日益凸显，汽车产业已经成为全球可持续发展关注的重点行业。

目前经开区有 6 家汽车零部件企业和 1 家客车底盘生产企业，2007 年园区汽车产业产值占工业总产值的 2.96%，即将投产的海马汽车和日产汽车整车生产线，将成为拉动经开区汽车产业发展的核心力量。

郑州国家经济技术开发区应以海马和郑州日产两大整车生产企业为核心，形成汽车产业集群发展优势，把汽车产业培育为经开区乃至郑州市的支柱产业，重点发展汽车零部件产业群，吸引一批国内外知名核心零部件企业入园，推进经开区内现有企业与汽车企业的合作和零部件企业本地化供应；在逐步壮大和扩展汽车整车及零部件生产基地的基础上，吸引国际知名整车制造企业及其配套供应商入园，同时巩固经开区作为承接东部产业转移和作为中西部地区汽车产业和零部件制造业基地的战略地位，并力争建设成为区域性汽车零部件生产基地。

在发展汽车制造的同时，向研发设计、企业服务业、物流、二手车交易、商业配套等产业链延伸。制定鼓励汽车整车及零部件生产企业进行生态设计、自主研发节能环保型整车及零部件的政策。为汽车零部件再制造企业入园和汽车文化广场建设预留足够用地。同时，强化经济技术开发区与郑东新区的商务合作与服务共享，借助郑东新区 CBD 商业优势在园区内外初步建成围绕该两大汽车品牌的维修、销售及服务网络。

在海马、日产两大整车制造企业和部分核心零部件生产企业进行环境管理和清洁生产审计工作同时，利用循环经济和产业生态学理念与方法指导园区汽车产业的生态化建设。

在发展整车制造的同时，重点培育汽车回收再制造等为主的“静脉”配套产业，逐步吸引具有先进工艺的国内外汽车零部件再制造企业入驻，争取建立国家级报废汽车再制造及循环经济示范基地。使经开区的汽车产业向节能环保型汽车产品、节约优质型汽车服务、持续稳定型汽配供应、循环高效型汽废回用四大汽车产业生态建设战略目标方向发展。

7.3.2　装备制造业发展战略

装备制造业是河南省和郑州市重点支持的产业之一，在郑州经济技术开发区内的聚集也较高。经开区现有的装备制造企业除汽车及零部件装备制造业外，还包括：专用设备制造业、仪器仪表及文化办公用机械制造业、文教体育用品制造业、通用设备制造业、通信设备计算机及其他电子设备制造业、电气机械及器材制造业等。目前开发区装备制造业企业集群规模较大，但产值偏低，多以小型制造企业为主，即将入驻的郑煤机械集团总部及其煤炭开采专用设备生产制造车间，以及利星行机械营运、维修、翻新项目的进入，也将成为拉动经开区装备制造产业发展的核心力量。

经济开发区应围绕园区发展重点进行招商引资，提高产业的科技创新和研发能力，形成产业集群。同时，利用循环经济和产业生态学理念与方法指导园区装备制造业的生态化建设与改造，完善产品链和废物代谢链，使经开区的装备制造产业向原料资源节约型、过程环境友好型、市场“静脉”导向型、废物循环再生型生态建设战略目标方向和总部经济型发展模式转型.

形成良好的提高区域整体竞争优势的装备制造产业集群，最终把郑州经济技术开发区建设成为以大型装备制造企业集团总部为主要集群体的中原第一机械制造产业总部基地。

7.3.3 食品加工业

郑州经开区内现有多家食品及饲料生产企业，已初步形成产业集群。开发区规模以上食品企业不仅数量较多，但现有食品企业规模普遍较小，且开发区内大部分食品企业的生产都具有季节性，人员变动较大。

河南是我国农业大省，有大量人员从事农副业，同时河南人口众多，市场广阔，因此对食品及饲料生产业而言，当地既是现有的原料产地，又是重要的终端市场。“就地取材，就地销售”的模式可以使开发区的食品及饲料企业节省了大量的物流成本，提升企业的竞争力。

食品及农副产品加工业应立足河南农业大省这一基本现状，充分发挥河南本地的农业资源优势，以市场为导向，以提高食品行业技术水平、生态效率和食品质量为目标，以粮油、烟草为核心，适度向方便食品、功能性食品、有机食品和保健品等产品延伸，建立包括食品加工、饲料生产、食品废料综合利用在内的完整的产业链。加快行业整体发展，并注重提高企业规模，培育企业竞争力。在企业引进上，一要优先引进资金实力雄厚、具有较强自主研发能力的企业，二要优先引进能消化河南本地农产品的企业，三要优先引进已有产业链的补链企业。

以构建和谐社会和深入实践科学发展观为契机，利用循环经济及产业生态学的理论，引导开发区农副产品加工产业链向生态产业链过渡，以食品加工业为核心，将产业联同时向第一、第三产业耦合发展，带动周边地区农业及农村的发展，建设“农—工”复合型虚拟园区，通过以“工业带农”、“以工促农”，实现区域及城乡的统筹发展。同时，适当发展“种植业—养殖业—加工业”或“种植业—加工业—休闲旅游业”等为主线的食品生态产业链。

开发区食品产业未来发展，需要充分注意高端市场的需求，引导企业进行绿色食品认证，注重提升产品的附加值与竞争力。绿色食品是指无公害、无污染、安全、健康的食品。随着食品安全问题的日益严重，绿色食品已经成为新的经济增长点。通过绿色食品认证，有助于企业提升产品形象，提高产品的市场竞争力，也有助于企业克服绿色壁垒，帮助产品开拓国际市场。目前，绿色食品的认证在全面已全面开展，并呈现迅猛的发展态势，而近年来的多起食品安全事件，也促使人们愈加担心食品的安全问题，增加了人民对绿色食品的需求，为绿色食品的发展提供契机。

因此，在企业层次上，应鼓励现有企业做大做强，同时督促企业进行清洁生产审计和绿色食品认证，实现企业生产过程的生态化。在开发区层次上，要最大限度地提高食品加工废料在开发区内部的综合利用率，提升产业的整体生态化水平。

物流业是现代工业体系的重要支撑系统，针对开发区迅猛发展的食品及农副产品加工业，开发区政府应统筹考虑建立专业的食品物流及仓储体系，为区内食品及农副产品加工企业节约成本，提升企业的综合竞争力。现代化的食品物流平台，首先需充分考虑农产品初级加工、运输、仓储的需求及其特殊性，综合考虑清洁卫生、快捷高效、高纠错性等要求，设计一套现代化的农产品物流方案；其次要注意发挥信息技术及自动化技术的优势，建立全自动或半自动的物流系统，并能提供一套或多套物流路线的最优化方案供参考使用；再次物流系统要集成网络信息平台，帮助企业自动发布产品信息，同时建立物流仓储跟踪系统，及时反映货物当前的物流及仓储状态。

另外，食品物流及仓储服务业亦要注意基础设施共享为工业企业节约成本的巨大作用。例如，共享的大型冰库，可以避免冷饮生产等企业重复建设自己的利用率较低的冰库；公共的仓储用地，可以避免企业新建自己的产品及原料仓库，节约土地的使用，提供工业用地的经济效益。

开发区食品物流业的发展，应将目标定位在服务郑州、辐射全省的尺度上，力争建设成为河南省食品物流中心。同时，应注意信息技术给物流业带来的变革，建设虚拟物流配送中心，实现实体物流配送中心与网络虚拟物流配送中心的有机结合。

7.4　产业生态管理

在可持续发展思想和行动计划的推动下，环境管理模式正在从末端治理、过程控制向产业生态学转变。

7.4.1　产业生态管理概论

随着大工业的发展，社会专业化分工越来越细，经济效益成为企业生产的唯一目标。企业从遍布全球的自然生态系统中无偿或低偿地索取资源，并将生产和消费过程中未被有效利用的大量副产品以污染物或废弃物的形式排出厂外。传统经济管理理论和管理理论都没有把产业看成是一个整体，没有在将经济活动和生态环境视为一个有机整体的基础上来研究产业管理活动及其规律性，在管理过程中往往集中于工程结构、经济过程及经济功效，而忽视了对生态资产和生态服务功能的管理。人们只看到产业的物理过程，而忽视其生态过程；只重视产品的社会服务功能，而忽视其生态服务功能；只注意企业的经济成本而无视其生态成本；只强调过程末端的环境管理而忽视系统功能的生态管理。社会的生产、生活与生态管理职能条块分割，以产量产值为主的绩效考核指标和短期行为，以及生态意识低下、管理方法落后，是整体环境持续恶化的根本原因。

通过对传统经济模式与生态环境之间深刻矛盾的反思，人们逐渐认识到，人类社会要想实现可持续发展，必须使我们的行为基于生态系统的承载能力，使经济、社会的发展与生态环境相和谐，经济效益、社会效益和环境效益相统一。生态产业正是这样一种新型的经济发展模式，它是一类以人类行为为主导，自然生态系统为基础，物质、能量、信息、资金等生态流为命脉，具有高效的经济效益、和谐的生态关系、可持续的发展能力的社会－经济－自然复合生态系统。产业生态管理就是要根据系统工程的理论和人类生态学原理，运用复合生态系统的控制论方法和生态工程手段，调控人与自然、经济与环境、局部与整体间在时间、空间、数量、结构、序理上复杂的系统耦合关系，促进物质、能量、信息的高效利用，技术和自然的充分融合，人的创造力和生产力得到最大限度的发挥，生态系统功能和居民身心健康得到最大限度的保护，经济、自然和文化得以持续、健康的发展。

生态管理的前身是西方国家 20 世纪六七十年代以末端治理为特征的对环境污染和生态破坏的应急环境管理。我国七八十年代的环境管理即是以污染防治为导向。随着环境与经济社会发展矛盾的日益加深，人们认识到了末端治理的局限性。90 年代起我国推行以清洁生产为主要内容的环境管理模式，促进末端污染治理向源头控制管理的过渡，通过对污染物最小排放减轻环境的源头压力。步入 21 世纪，随着对可持续发展观认识的不断深入，我国提出了发展循环经济和生态产业，通过产业生态管理将不同部门和地区之间的资源开发、加工、流通、消费和废弃物再生过程进行系统组合，优化系统结构和资源利用的生态效率。产业生态管理的高级阶段，将发展为面向整个经济、社会和环境复合生态系统的系统生态管理，即调动全社会的资源和力量，以优化系统功能为目标，变企业产品价值导向为社会服务功能导向，化环境行为为企业、政府和民众的联合行为，将内部的技术、体制、文化与外部的资源、环境、政策融为一体，使资源得以高效利用，人与自然高度和谐、社会经济持续发展。

产业生态管理旨在倡导一种将决策方式从线性思维转向系统思维，生产方式从链式产业转向生态产业，生活方式从物质文明转向生态文明，思维方式从个体人转向生态人的方法论转型。通过复合生态管理将单一的生物环节、物理环节、经济环节和社会环节组装成一个有强生命力的生命系统，从技术革新、体制改革和行为诱导入手，调节系统的主导性与多样性，开放性与自主性，灵活性与稳定性，使生态学的竞争、共生、再生和自生原理得到充分的体现，资源得以高效利用，人与自然高度和谐。

产业生态管理的实质是变环境投入为生态产出，促进生态资产与经济资产、生态基础设施与生产基础设施、生态服务功能与社会服务功能的平衡与协调发展。产业生态管理的焦点包括各种自然生态因素，技术物理因素和社会文化因素耦合体的等级性、异质性和多样性；物质代谢过程、信息反馈过程和生态演替过程的健康程度；经济生产、社会生活及自然调节功能的强弱和活力。

产业生态管理涉及三个层次：宏观上，涉及国家产业政策的制定，即围绕产业发展，如何将生态学的理论与原则融入国家法律、经济和社会发展纲要中，以促进国家及全球尺度的生态安全和经济繁荣；中观上，涉及部门和地区生产能力建设及产业结构调整，通过产业生态管理将区域国土规划、城市建设规划、生态环境规划和社会经济发展规划融为一体，促进城乡结合、工农结合、环境保护和经济建设结合。微观上，为企业提供具体产品和工艺的生态评价、生态设计和生态工程建设的组织管理方法，涉及企业的竞争能力、管理体制、发展战略，行动方针，包括企业的环境管理标准体系、绿色核算体系等。

产业生态管理区别与传统管理的特点包括：

(1)从产品经济向服务经济、链式经济向网络经济、资源经济向知识经济转型，采用生态控制论方法、宏观调控政策、市场经济机制综合的管理方法。

(2)集生产、流通、消费、回收、环境保护及能力建设为一体，第一、二、三产业形成完备的功能组合的生命周期管理；

(3)不同工艺流程间的横向耦合及变污染负效益为资源正效益的资源共享管理体制；

(4)不同企业间以及厂内生产区与厂外相关的自然及人工环境构成生态产业园区或复合生态体，以逐步实现废弃物在系统内的全回收和向系统外零排放的生态管理；

(5)产业发展的多样性与优势度、开放度与自主度、力度与柔度、速度与稳度有机结合的软硬件协同管理；

(6)强化企业研究与开发体系、决策咨询体系、社会服务体系及人才培训体系以增加就业机会的管理体制；

(7)不同层次生态产业管理的信息系统和咨询网络，强化内外信息及技术网络的畅通性、灵敏性、前沿性和高覆盖度。

7.4.2　生态资产管理

7.4.2.1　产业生态资产管理

从产业复合生态系统的角度来看，企业作为系统的基本功能单元，既具有经济属性，也具有社会属性和生态属性；企业的经营目的既要实现经济效益，也要保证社会效益和生态效益。因此企业需要采用系统管理的方法，对拥有的资金、资源、人力、信息、技术、市场等各种经济资产、自然生态资产和社会资产进行综合优化管理，使各种类型的资源之间形成耦合结构关系，以提高资产使用效率，减少系统过程的生态环境影响，获得更高的经济效益和系统综合效益。其主要思想体现在以下四个方面。

(1)系统管理原则

企业应从产业生态系统的角度出发，依据整体、协调、循环、自生的生态控制论原则，对各种经济资产、自然生态资产和社会资产进行系统管理，使各种类型的生态资产之间形成整体、协同、高效、循环的耦合结构关系，以提高资产使用效率和经济效益，减少系统过程的生态环境影响，获得更高的系统综合效益。企业生态资产管理的关键在于从整体效益出发，合理调配、使用各种生态资产，发挥各种生态资产的整体、协同效应。具体来说，企业的经营管理应统筹内部的生产能力、人力资源、融资能力、储运能力与外部的市场容量、销售渠道、原料供给等环节，同时综合考虑宏观政策、金融市场、环境承载力等因素，使企业的各种生产资产、人力资产、社会资产和自然资产形成整体、协同、高效、循环的生态耦合关系。

(2)生命周期管理原则

生态产业系统内综合考虑从资源到产品，从消费到再生的全过程，并通过这样的过程实现物质从源到汇的纵向闭合，实现资源的永续循环利用。生态资产具有完整的生命周期价值而非局部价值，例如铝矿石作为一种生态资产，从采掘、冶炼、材料产生、产品生产、产品使用、回收再生等生命周期的每个阶段都具有特定的价值，同时它与生命周期各个阶段相关连的其他类别的生态资产，如生产设备、资金、技术工艺、人力资源，以及作为“源”的矿山和作为“汇”的自然环境等，都发生价值耦合关系。也就是说，铝作为材料或产品，其经济价值的实现与生命周期过程中涉及的各种生态资产(如工艺、资金、人力、资源、环境等)密切相关。如果只考虑铝作为材料和产品的经济价值，而忽略其再生利用的生态价值、矿山的生态价值、自然环境载体的生态价值，则会造成资源的耗竭或滞留，从而引发生态环境问题。因此，要实现经济效益、社会效益和环境效益的统一，必须从生命周期全过程的角度来认识、评价、管理各种生态资产。

(3)生态服务功能导向原则

无论是生产资产、人力资产、社会资产还是自然资产，其作用不是作为一种资产单独存在，而是在于能够为复合生态系统提供特定的生态服务(如资源供给、生产流通、调节控制、消费还原、缓冲消纳等)。生态资产可以定义为具有特定生态服务功能的各种物理的、事理的或情理的主体。因此说，生态资产的价值是从生态服务功能的角度来衡量的，而生态资产管理也是从其生态服务功能的角度出发的。生态资产管理的目的，就是要通过系统管理的手段，使各种生态资产的生态服务功能互相耦合，形成整体效应和协同效应，既增强了各自的生态服务功能，又形成了系统复合的生态服务功能。

(4)经济效益、社会效益和环境效益相统一原则

产业复合生态系统的经济效益、社会效益与环境效益是矛盾统一的关系，既互相制约，又互相促进。复合生态系统正是在这种矛盾统一的过程中实现相对和谐、动态稳定和持续发展。单一追求某种效益，必然会导致系统的失衡，从整体和长远上损害系统可持续发展的基础。在对生态资产的管理中，必须充分认识到这一矛盾统一性，要从经济属性、社会属性和环境属性的角度来调配、使用和管理各种生态资产，要善于管理、调控和利用其矛盾关系，实现经济效益、社会效益和环境效益的统一。例如，企业改用替代的原材料以减少对环境的污染或对自然生态资源的破坏，从局部看可能会导致成本的提高和经济效益的下降，表现了经济效益与环境效益的矛盾性。但这种做法保护了环境与资源这一人类社会和企业都赖以生存的基础，具有环境效益和社会效益；另一方面替代材料的使用可以减少生产、使用和回收过程中污染控制的成本，将带来经济效益；同时，企业因此树立了良好的社会形象，产生了较好的社会效益，从长远将为企业带来更多的经济效益。因此说，对生态资产的科学管理有助于实现经济效益、社会效益和环境效益的统一，促进复合生态系统的可持续发展。

7.4.2.2　生态产业的研究与开发

生态产业的核心是植入竞争、共生、再生、自生的生态活力。每个循环经济企业内部都将有从第一、第二到第三产业的全生命周期循环过程，其经营目的对外主要不是生产物品而是为社会提供一条龙的系统服务，研究开发、全程服务、咨询培训、还原再生等软件和副件产值将大大超过硬件和主件产值。

随着知识经济、生态经济时代的到来，研究与开发日益成为企业居核心地位的功能。各国企业特别是大型跨国公司十分重视对研究开发的投资，一般都占年营业额的5%以上，有的甚至高达15%～20%。而研究开发也为企业带来了巨大的经济效益，并成为企业保持竞争优势的主要战略。国外的经验数据表明，在当前产业结构日益知识化的背景下，一个研究开发投入占营业额的比重低于3%的企业是无法生存的。重视技术的研究与开发已经成为国家和企业生存发展的必然要求。因此我国提出了建设创新型国家的战略目标，要把提高科技创新能力作为工作的重心，建立以企业为主体的技术创新体系。

生态产业的研究与开发包括生态产业技术的开发、生态管理方法的创新、生态发展战略的研究等软件硬件的开发与创新。生态产业技术的开发与创新，需要把资源循环利用和环境保护纳入企业总体的创新、开发和经营战略中，自觉地在生产经营和各个环节上采取相应的技术和管理措施，有利于循环经济的消费和市场行为。生态技术的研究与开发包括用于消除污染物的环境工程技术，用以进行废弃物再利用的资源化技术和生产过程无废少废、生产绿色产品清洁生产技术。建立生态技术研发体系的关键是积极采用清洁生产技术、采用无害或低害新工艺、新技术，大力降低原材料和能源的消耗，实现少投入、高产出、低污染，尽可能把对环境污染物的排放消除在生产过程之中。生态管理的创新，需要建立绿色营销体系，在企业经营战略制定、市场细分与目标市场选择、产品生产、定价、分销、促销过程中，注重经济效益、社会效益与环境效益的协调统一，在此前提下开展企业的一系列经营活动。

生态产业的技术研发分为两类主导技术，一类是纵深领域的前沿高新技术，以高技术含量、高前期投资、高资金运作、高效益回报和高生态影响为特征，例如信息技术、生物技术、材料技术、电子技术等；另一类是横向组合的系统服务技术，以常规技术、常规投资、高服务内涵和

高就业机会、低生态影响为特征。例如具有完整的生命周期、高效的代谢过程、和谐的服务功能、与环境和谐共生的生态技术。

生态产业需要引进和发展高新技术，但生态产业建设的主流和特色却在于传统技术的系统整合，在于硬技术的软组装和软科学的硬着陆。以横向联合、纵向闭合、区域耦合为特点的生态产业技术，无论在发达地区还是落后地区，无论是高新技术产业园区还是第一性生产的传统农庄，无论在生产领域还是消费领域，都可以蓬勃发展。

7.4.2.3　生态产业的孵化

企业孵化是指通过提供一系列新创企业发展所需的管理支持和资源网络，帮助和促进新创企业成长和发展的经济发展手段或企业运作形式。科技企业孵化能力已经成为判断一个国家和地区产业发展活力和潜力的重要标志。企业的孵化为世界新技术革命的产生与发展，为新经济的出现与繁荣做出了历史性的重要贡献。孵化机制对于新型生态企业的创立发展和传统产业的生态转型同样十分重要。生态产业园是生态产业孵化的一个核心内容和主要形式。生态产业园区作为一种新型的社会经济组织，是生态经济、网络经济时代的重要经济和社会细胞，对新兴生态产业的孵化和经济增长转型至关重要。各种形式的生态产业园区在将科技资源迅速、高效地转变为社会生产力，培育中小科技企业成功创业和迅速成长，加速地区和国家产业结构调整，发展新型生态产业，改造传统产业，创造新的就业机会、实现可持续发展战略等方面已经显现出其独特的功能与潜力，正在成为各国政府推动经济持续发展与社会进步的重要手段。

生态产业的孵化就是依据生态经济原理和知识经济规律，通过技术创新、体制改革，创立并培育新型的生态产业，或促进传统产业的生态转型，使企业内部或区域产业实现系统耦合，物质、能量多级利用、高效产出，资源、环境系统开发、持续利用，企业发展的多样性与优势度，开放度与自主度，力度与柔度，速度与稳度达到有机的结合，形成具有高效的经济过程及和谐的生态功能的网络型、进化型的生态产业。

当前，我国生态产业的孵化机制处于探索发展时期。我国积极推广发展的生态产业园区，是生态产业孵化的主要载体。生态产业园区是依据循环经济理论和工业生态学原理而设计的一种新型产业组织形态。其目标是尽量减少废物，将园区内一个工厂或企业产生的副产品用作另一个工厂的投入或原材料，通过废物交换、循环利用、清洁生产等手段，最终实现园区的污染“零排放”。从环境角度来看，生态产业园区才是最具环境保护意义和生态绿色概念的产业园区。企业间按生态链形成闭路循环的生态产业园区，实现园区、企业和产品三个层次的生态管理，已成为产业生态一个重要的发展形态。生态产业园区正成为许多国家产业园区改造的方向，也是我国第三代产业园区的主要发展形态。我国有些地区开始了基于循环经济理论的生态产业示范园区的建设，如广西贵港国家生态产业示范园区、广东南海国家生态产业示范园区等。

随着国民经济结构调整和经济发展模式生态转型的需要，我国生态产业孵化机制应向以下方向发展：

(1)由政府单一投资建立的社会公益性孵化扩展到政府、大学、研发机构、企业、投资机构独立或合作建立的社会公益性、非营利性或盈利性共存的多元化生态孵化体制。

(2)由单纯的高新科技企业孵化转向以常规技术、常规投资、高服务内涵和高就业机会、低生态影响为特征，将科技资源、产业资源与生态资源优化组合的生态产业孵化模式。

(3)由依靠高新技术创新推动产业发展转向高新技术创新与传统技术系统集成并重,以循环经济思想和产业生态学方法为指导,以软技术的硬组装和硬技术的软着陆为手段,通过生态产业技术的发展推动生态产业的孵化。

(4)由高新区、产业园区、科技园区、创业园区、大学园区内的孵化基地为主转向以生态产业园区为基地,辐射带动周边地区,并且在广大农村乃至偏远地区采用多样化的生态产业孵化方式。

(5)由仅建立单纯的孵化机构转向建立以生态产业孵化器为核心,以网络为手段、吸引创业资本、风险投资、中介服务机构和研发机构共同参与的生态产业孵化体系发展。

传统产业生态转型和生态产业的孵化与培育,需要通过政府引导、科技催化、企业兴办和群众参与相结合,从而建立可以辐射与带动区域经济的生态产业孵化中心。具体来说,需要研究、制定和示范生态产业建设的体制、政策、法规等方面的管理机制;结合 ISO14000 和生态标志认证,建立企业环境行为的诊断、评价、咨询以及生态产品孵化、开发与设计的生态产业孵化中心,引进国内外生态技术、人才和资金;为新老企业提供现代化、信息化、生态健康的系统改造方案、企业经营策划和人才培训网络;促进生态技术的规划、设计、转让与市场化;培训和输送高水平的技术、经营和管理系列人才。

7.4.2.4 生态产业的服务与培训

循环经济的一个主要特征是从产品导向走向功能导向。传统生产是在"产品经济"的框架下运行的,以产品为媒介,追求利润的最大化为企业的目标。因此企业在具体的运行中就是尽可能多的市场产品来获取利润。但实际上消费者所需要的只是产品所提供的功能,而不是产品本身。例如消费者购买轿车的目的是为了获得轿车的运输功能,而不是仅仅占有轿车,从这个意义上讲,轿车本身对于消费者并没有什么意义。而产业生态学倡导的是一种"功能经济",既鼓励消费者购买产品的服务功能而不是产品本身,鼓励企业以对社会的服务功能而不是以产品或利润作为经营目标。功能经济认为生产的目的应该是使产品的"服务功能",而不是产品的数量达到最大。在功能经济下,产品仍由生产者所拥有,生产者可以在适当的时间将产品回收进行再加工,因此实现了由产品的再利用代替物质的再循环。

例如,轿车制造商在轿车的使用过程中以及报废后仍然拥有轿车的所有权,这促使制造商在生产轿车时不但要考虑尽量延长产品的使用寿命,还要保证产品使用后有最大的再利用价值。功能经济的基本原理就是:增加财富,但并不扩大生产,它通过优化产品和服务的使用与功能,来优化现有财富(产品、知识和自然)的管理,从而减少自然资源的使用和废物的产生。功能经济的目标是最充分、最长时间地利用产品的使用价值,同时消耗最少的物质资源和能量,因此这种经济是可持续的、非物质化的。

将来的生态产业最大的特点就在于以生态服务功能为核心。生态产业的服务业可分为 3 类:以提供社会服务为目的的人类生态服务业;以研究、开发、咨询、教育与管理为目的的智力服务业;以物资还原、环境保育和生态建设为目的的自然生态服务业。例如将来的生态产业,不仅向社会提供物质化的产品,更主要的是提供社会需要的各种服务;企业不仅是生产产品的基地,同时也是人才培育的基地,同时具有生态保育、生态修复等各种生态服务功能。

产业生态学虽然也强调技术的发展,但是认为技术的进步和就业并不是互相矛盾的两个方面,技术进步虽然在以机器为主的一线生产中将会继续提高劳动生产率,减少劳力需求量,但在从产品经济向功能经济的转型中,一线生产的两头,即研究与开发,服务与培训环节的劳力和智力需求将大大增加，从业人员将大大超过在第一线生产工地上的从业人员，提高劳动生产率的结果是增加而不是减少就业机会。特别是第二产业企业内由于第一产业（自然资源业）和第三产业（社会生态服务业）的加盟，以及第四产业（智力服务业）和第五产业（自然生态服务业）的兴起，企业内一、二、四、五产业的从业人员将急剧增加。生态产业通过合理的安排和充分利用劳力资源，可以为社会创造许多新的劳动机会。

7.4.2.5 生态产业的管理信息系统

生态产业时代同时也是信息时代，生态产业是一种信息强度很大的产业，无论是进行生命周期分析还是进行生态产业园的建设，所需要的信息量都是巨大的，它要求企业内外信息及技术网络必须具有畅通性、灵敏性、前沿性和高覆盖度性。而这些信息不可能由某一单一的企业或组织独立完成，因此而且为了节省费用，必须利用现在的网络技术，建立灵敏的信息网络。生态产业信息系统的建立主要是在管理信息系统（MIS）的基础上，包括采用计算机辅助设计与制造（CAD/CAM），建立计算机集成制造系统（CIMS）；在开发决策支持系统（DSS）的基础上，通过人机对话实施计划与控制，从物料需求计划（MRP）、制造资源计划（MRPII）和企业资源计划（ERP），到集开发、生产和实物分销于一体的准时生产（JIT），不断消除浪费的精细生产（LP）和供应链管理（SCM），以及通过网络协调设计与生产的并行工程（CE），以及无污染的清洁生产和绿色制造，企业环境管理体系（ISO14000）等。这些信息社会新的生产和管理方式把信息技术和产业生态管理融为一体，使企业获得生态竞争优势。

面对动态的企业环境，生态产业管理信息系统应具备动态的重构能力，即信息系统应该能够在不影响系统连续运行的前提下，对企业自身及外部环境的变化迅速作出反应，快速调整系统基础框架与事务处理机制，完成系统自身的重新配置，以适应系统在新的环境中运行的需要。这种动态的重构能力，对于制造企业的信息系统尤为重要。动态企业环境管理中的环境管理体系信息系统应具备在动态企业环境中保证信息资源重组与重用的能力。这种能力包括两方面的含义：一是根据企业环境的动态变化重新组合信息资源；二是信息资源的连续访问与使用。

7.4.2.6 生态管理的决策支持系统

产业生态系统功能正常与否的关键在于自我调节能力的强弱。产业复合生态系统调控的关键在于各个等级子系统人工信息反馈的灵敏度和决策部门的决策手段。当反馈信息失真，反馈强度不够，反馈相位延滞或决策方法、手段失误时，就起不到自我调节作用，导致生态关系失调。

决策失误通常有其客观和主观两方面的原因。客观上，如果复杂的复合生态系统只是由一些简单的条块分割的链式组织来管理，长期的演替过程和广域的空间影响，只由短期在位、只对局部区域负责的官员来决策，如此多学科的动态决策过程只由少数单学科背景的管理人员凭着其有限的知识和经验去调控，很容易出现决策行为的简单化、直线化、短期化、局部化以及决策手段和信息反馈的落后性。因此有必要去发展一种可自学习、自调节的多信息、多方法、多功能的生态产业决策管理工具。

决策支持系统（Decision Support Systems，DSS）是复合生态系统管理的一个有力工具，从20世纪70年代产生以来已在各个领域得到广泛的研究与应用。DSS的定义为以计算机技术为基础，综合系统科学、管理决策科学为决策者提供信息、方法与知识，以支持在半结构或非结构化问题中作出决策的计算机交互系统。

最常见的结构为人机界面与数据库、方法库组成的系统。所谓智能DSS，往往由知识规则组成一个库而形成三库系统。近年来在模型库的组织与调用上有新的进展，而发展出模型库技术，形成界面管理与数据库、方法库、模型库、知识库系统。由于在任何一个决策者都要求信息的支持，因此界面管理与数据库组成的系统是最基本的系统。数据库也包括了图形——即空间数据库。近年来由于地理信息系统（Geographical Information System，GIS）的发展，为图形信息支持带来了极大的方便。

DSS技术包括计算机软件与硬件支持技术、管理决策方法以及与相应专业有关的领域知识，这里重点讨论与计算机有关的软件技术：数据库、模型库、知识管理与界面设计等内容。

（1）数据库

通用数据库得到了广泛的应用，例如dBASE、FOXBASE、INFOMIX、ORACLE。在数据库的应用中，近年来重视智能支持与图形显示。商品化的数据库一般都有良好的接口，容易引入图形与知识支持。

对于上型的DSS来说，选用商品化的数据库也许太"累赘"，所以，有时也用数据文件的方式，而采用良好的数据输入与输出结构。本系统的设计中，两者都采用了。

（2）知识管理

智能支持DSS技术得到很快的发展，主要表现在界面管理以及专家系统的设计方面。目前最为常用的方法是用专家系统来提供支持。

（3）模型管理

模型管理是在模型库独立的基础上提出来的。目前一般都用"宏语言"来调度模型。模型库管理是在数据管理的理论上发展起来的，怎样运用人工智能方法模拟人的思维过程来组织模型是要进一步研究的课题。

（4）界面设计

人机交互界面的设计是DSS技术的一个难题，最常用的是菜单技术。中国科学院自动化研究所近年来在图视、语言与手写输入输出方面作了大量的研究，基于人工智能的界面设计技术力图使决策者更为"友好的"与计算机进行交互。然而，这些技术的实现涉及决策学、心理学、认知科学、美学与计算机技术的发展，有很大的潜力。

近年来对DSS生成器进行了大量的研究工作，其目的是把DSS技术集中起来，形成一个通用的DSS开发环境，应用者根据自己的专业要求而组织专用的DSS。

（1）知识传递系统

所谓知识传递系统是一类把知识库与推理机分离开来的专家系统，它与其他专家系统的主要区别之处是，知识传送系统不是推理系统而是匹配和传送知识的系统。生态产业知识传送系统相当于一个生态产业知识的快速检索系统，系统采用菜单管理方式，用户以菜单方式驱动系统，通过选择菜单项来查阅用户所需的信息，系统可根据用户的咨询信息匹配、检索，快速给出解答。

（2）神经元网络评价方法

基于神经元网络方法建立生态产业知识系统的特点是基于若干人们对生态产业系统辨识评价的实例学习，模拟人类专家的评价思想，建立一个统一的生态产业评价模式。它与传统的基于专家评价的评价方法有着根本的区别，它不需要明确各个评价指标的确定的权系数值，甚至也不需要确切的数学方法，而只是将评价推理过程纳入黑箱之中，通过预先输入的有一定代表性的“症状—结论”的分析和学习，求得其中的权系数关系，最后得到统一的评价模式，利用该模式对一般多属性的事物作出合乎情理的评价。神经元网络比较适于模拟人类的模糊判断，这一优点在生态评价过程中尤为适用。

神经元网络生态评价采用函数形式的知识表示，由一组学习算法模拟网络输入—输出间的关系。神经元网络评价方法的推理过程包括以下几个步骤：

①样本收集：评价样本的收集；

②概念转换：高层输入概念到输入矢量的映射，由于神经元网络算法是一个数值算法，它要求的矢量的输入必须是数值型，因此，需要一个导入规划把高层输入概念转换成算法所要求的数值，一般情况下，把高层输入概念映射到0—1区间；

③前向推理：前向计算矢量纳入神经元网络结构中，计算结构的输出矢量；

④误差导出：误差计算，将实际输出与所需的样本输出相比较求均方差(或其他指标)；

⑤误差的反向传播：误差的反向传播，当均方差大于允许的阈值时，将误差向后传播去调整各层节点间的连接系数；步骤③—④—⑤—④几个过程不断的反复，直至均方误差小于所规定的阈值；

⑥解释：是一导出规则，把输出矢量解释成需要的高层概念；

⑦结果：输评价结果。

7.4.2.7 绿色会计

在传统发展模式下，企业的唯一目的就是实现自身经济效益的最优化，所考虑的成本也只是经济活动中所发生的经济成本。正是这种成本观和效益观导致了资源环境问题。传统财务会计把企业当作“经济人”，其根本目的就是实现自身利益最大化，而根本不考虑社会效益和环境经济效益，导致企业在经济活动中低成本的使用自然资源，不计后果的排放各种污染物。另一方面，传统财务会计的成本仅限于企业的经济成本，没有反映经济活动的环境成本和自然资源成本，从而导致了虚夸的收益，进而鼓励了以牺牲环境、透支未来而取得当前利益的作法。

随着对传统经济发展模式的反省，人们意识到要实现社会、经济和环境的可持续发展，必须改变传统会计单一追求经济效益的成本核算方法，将环境与资源计入成本，来综合评价企业效益和社会经济发展的代价和得失。绿色会计(green accounting)理论由此诞生，并引发了会计领域的一次绿色革命。

绿色会计，也称为环境会计(environmental accounting)，就是以有关环境法律、法规为依据，研究经济发展与环境之间的联系，以价值形式计量、核算环境资源价值、环境资源的开发成本与收益、环境资源损失、污染防治成本、绿色收入和绿色利润等，为环境管理提供信息的一种会计理论和方法。其核心是用会计方法来计量、核算和管理各种环境资源，目的在于改善人类经济活动与环境资源的关系，实现企业及整个社会经济的可持续发展。

绿色会计与传统会计在会计主体、核算范围和成本收益定义上有根本的区别。首先，绿色会计把企业看成是“社会生态经济人”，在注重经济效益的同时，也考虑社会效益和环境效益，认为只有实现三者的最大化，企业才有可能实现可持续发展。其次，绿色会计记录、核算的不仅仅局限于企业实体本身，而且包括该实体对社会生态环境所产生的影响。再有，绿色会计的成本包括了经济活动中的经济成本和非经济成本，即由与经济活动有关的物质成本、人力成本、自然资源成本和环境污染成本组成的社会总成本。因此，绿色会计可以全面地计量和揭示企业生产活动真实的成本和收益，为企业制定政策提供正确信息。

实行绿色会计可以在很多方面促进企业可持续发展的实现。第一，科学地明确了企业的成本和效益范围是与企业经济活动有关的社会环境总成本和社会环境总效益。成本和效益的绿色化是企业实现可持续发展的关键和前提。第二，绿色会计可以帮助企业明确真实的成本和收益，更好地管理和使用各种生态资产，降低经营成本，避免未来的环境负债，提升公司绿色商誉，增加企业绿色利润及社会环境效益。第三，绿色会计的实行有利于披露企业在经济活动中有关的环境成本和效益信息，能够将企业置于社会监督之中，使企业合理地承担社会经济责任，公平地计算成本和收益，有利于协调企业和社会的关系，树立良好的公众形象和社会声誉。

环境会计是企业绿色经营系统的有机组成部分。环境会计目前至少可以分成三个领域，即环境财务会计、环境管理会计与环境审计。环境财务会计是向包括投资者在内的企业利益相关者报告企业在环境保护方面可能存在的影响其财务状况、经营成果及现金流量的因素，如环境支出(environmental expenditure)、环境负债(environmental liabilities)与环境业绩(environmental performance)以及环境风险等方面的信息，充分履行企业对利益相关者的诚实报告和详尽说明的责任。

环境管理会计是提供对企业的相关决策中有用的环境会计信息。从环境管理会计角度看，企业应在绿色经营系统的各个环节(如融资决策、对外投资、产品研发、采购生产、营销管理、预算编制与业绩考核、风险管理乃至企业组织机构的设置等)中充分考虑到可能产生的环境问题，并分析其财务影响，以供作出正确决策。这些方面的信息就是由环境管理会计来提供的，如生命周期分析(LCA)与生命周期成本计算(LCC)。

绿色会计是会计学、环境科学、现代经济理论和可持续发展思想的有机结合。目前常采用市场价值法、调查评估法、恢复费用法等计量方法对环境要素进行计量核算。绿色会计的具体核算对象包括六大会计要素：

1)绿色资产：即企业拥有或控制的环境与资源，如土地、森林、海洋、石油、矿藏等的产权或者使用权。

2)绿色负债：即企业承担的环境责任。包括潜在的环境负债，也就是现在的环境行为按现行的法规无需企业承担责任，但是在未来可能会承担的责任，如污染物排放标准的提高；随着产权明晰，某种资源或环境的市场价格不再为零等。

3)绿色权益：是绿色资产减去绿色负债的净额，也称为自然资本。

4)绿色收入：即使用环境资源获得的经济利益的总收入，包括自然资源带来的收入，国家给予的治污补贴以及税收的减免等。

5)绿色成本和费用：包括环境资源成本及损耗、各种环保支出、环保研发费用以及排污费、生态环境的补偿费等。这些环境费用的核算可以避免企业对环境资源的无偿占用和耗费，以牺牲环境为代价并造成利润虚增的假象。

6)绿色收益：为绿色收入扣除绿色成本形成的环境收益或绿色利润，反映企业利用环境资源、保护环境资源的成果。

第8章　城乡生态文明管理

8.1　城乡生态文明管理

8.1.1　生态文明的内涵

8.1.1.1　生态的内涵

生态有耦合关系、整合功能与和谐状态三种内涵。首先，生态是包括人在内的生物与环境、生命个体与整体间的一种相互作用关系，在生物世界和人类社会中无处不在，无时不有。社会上常说的生态，其实是指人与环境的生态关系，是人类生存、发展、繁衍、进化所依存的各种必要条件和主客体间相互作用的关系。其次，生态是一种学问，是人们认识自然、改造环境的世界观和方法论或自然哲学，是包括人在内的生物与环境之间关系的整合功能的系统科学；是人类塑造环境、模拟自然、巧夺天工的一门工程技术；还是人类怡神悦目、修身养性、品味自然、感悟天工的一门自然美学。第三，生态还是描述人类生存、发展环境的和谐或理想状态的形容词，表示生命和环境关系间的一种整体、协同、循环、自生的良好文脉、肌理、组织和秩序。比如生态城市、生态旅游、生态卫生等，实际上是偏正词组"生态合理的城市"，"生态和谐的旅游"，"生态良性循环的卫生"的简称，是约定俗成后被社会所公认的用语。

其实，人类需要的生态不只是绿，而是绿韵（蓝天、绿野、沃土、碧水）与红脉（产业、交通、城镇、文脉）的融洽，自然与人文的和谐。人类文明史就是一部绿韵红脉交融的生态进化史，原始文明以采摘狩猎为特征，以发明用火和金属工具为标志，是一种自生式的文明形态；农业文明以种植养殖为特征，以发明灌溉和施肥育种为标志，是一种再生式的文明形态；工业文明以市场经济为特征，以大规模使用化石能源和机械化工产品为标志，是一种竞生式的文明形态；十月革命以来的社会主义以社会公平为目标，主张一种协同共生式的文明形态。中国特色社会主义市场经济下的持续发展就是要建设一类基于前述几类文明的，集竞生、共生、再生、自生机制为一体的红绿交错而非一色纯绿的生态文明社会。

红绿耦合的核心是生态关系的调控，涉及复杂的因子、格局、功能和机理。还原论的认知方法，因果链的处事手段，条块分割的管理体制，行政的短期和局地行为，使得这些生态关系"斩不断、理还乱"，急需从认知、体制、技术和行为诸方面去普及生态知识、宣传生态科学、强化生态意识和诱导生态文明。生态建设不单要从负面去控制、约束人的行为，按法规条例去呵护环境、保育自然、修复生境；还要从正面去诱导人的良知，激励人的能力，孕育生态活力，规划、建设和调控各类生态关系，实现人工生态系统的净化（干净、安静、卫生、安全）、强化（政通、人和、民富、业强）、绿化（景观、产业、行为、机制绿）、活化（水欢、风畅、土肥、生物茂盛）与美化（文脉、肌理、物态、心灵美）。

8.1.1.2 生态文明概念

生态文明是物质文明、精神文明与政治文明在自然与社会生态关系上的具体表现，是天人关系的文明，涉及体制文明、认知文明、物态文明和心态文明，在不同社会发展阶段有不同的表现形式。具体表现在人与环境关系的管理体制、政策法规、价值观念、道德规范、生产方式及消费行为等方面的体制合理性、决策科学性、资源节约性、环境友好性、生活俭朴性、行为自觉性、公众参与性和系统和谐性，展现一种竞生、共生、再生、自生的生态风尚。

狭义的生态文明是人们改造自然、顺应自然的明智行为、观念和意识，是和蒙昧、野蛮相对应的人类开化和进步的一种天人合一的生存和发展状态；广义的生态文明则指人类在改造自然、适应自然、保育自然、品味自然的实践中所创造的人与自然和谐共生的物质生产和消费方式、社会组织和管理体制、价值观念和伦理道德以及资源开发和环境影响方式的总和，包括对天人关系的认知（哲学、科学、教育、医疗、卫生）、对生产方式的组织（产品的纵向、横向和区域组织方式）、对人类行为的规范（道德、伦理、信仰、消费行为、价值观）、对社会关系的调控（制度、法规、机构、组织）以及有关天人关系的物态和心态产品（建筑、景观、产品、文学、艺术、音像）等。

8.1.1.3 生态学与认知文明

人与自然关系的认知文明是人类在认识、感悟和品味自然，保护、改造和管理环境过程中从感性认识到理性认识、从必然王国到自由王国所积累的知识、技术、经验和系统方法在社会上的普及、宣传效果、观念意识的升华和风尚习俗的进步，包括生态哲学、生态科学、生态工学和生态美学。

生态是辨证的：和谐而不均衡，开拓而不耗竭，适应而不保守，循环而不回归。生态学是个体和整体，有和无，形和神，生和灭，分和整之间关系的学问。生态学的核心是处理生态系统中的复杂关系。这些关系无处不在，无时不有，但却是无形、无界、无量、无为的。我们常说的无为而治所包含的就是一种生态哲理。“无为而治”实际上不是无所作为，而是为所不为，做那些人家没有做的，看不到的东西，实际上是反过来的“为无而治”。生态文明的核心是建立在天人合一理念基础上的生态整合观，是有关人与自然、人与社会和人体内部关系的系统观。人“与天地合其德，与日月合其期，与四时合其序，与鬼神合其吉凶，先天而天弗违，后天而奉天时”。“栽成天地之道，辅相天地之宜”和“范围天地之化而不过，曲成万物而不遗”，就是将天、地、人作为一个统一整体，人只要顺应自然，尊重规律，就可以物茂财丰、平安祥和。

8.1.1.4 生态管理与体制文明

基于生态管理的体制文明是对协调人口、资源、环境关系的管理制度、政策、法规、机构、组织的开拓、适应、反馈、整合能力与和谐程度的测度。

传统工业文明的一个重要顽疾是社会的生产、生活与生态管理职能条块分割、环境经济脱节、生产消费分离、城市乡村分治、厂矿和周边环境脱节，废物制造和循环利用脱节，企业间横向耦合关系松散，部门之间缺乏沟通机制，内部组织的自调节机制薄弱，决策就事论事，管理基本上是救火,哪里有问题就扑向哪里,结果往往是按下葫芦浮起瓢。一些地区各职能部门、各分管领导之间都缺乏沟通协调机制。如水污染问题,水利、环保、规划、城建、城管、环卫、农业、工业、卫生,九龙治水,各显神通。体制的条块分割是我国太湖、淮河等流域水污染治理多年来投入不少,效果不大的一个重要原因。

人工生态系统的一个重要弊端是信息反馈渠道不通,反馈速度缓慢,正负反馈不匹配。如 20 世纪 50、60 年代的大炼钢铁、歼灭麻雀、围湖造田、陡坡开荒运动,就是因为生态破坏的正反馈信息,没有生态文明的负反馈信息所制约,反馈路径又不畅,等到出现灾难性的后果再挽救已为时过晚。

人与自然关系的体制文明建设目标就是要从根本上转变"先污染后治理、先规模后效益、先建设后规划、先经济后生态"的发展阶段论思想,推进从基于资源承载力无限、环境容纳能力无限的链式生产到从摇篮到坟墓再到摇蓝、生产—消费—还原一条龙、信息反馈灵敏的循环经济转型,完善生态规划、建设和管理的政策法规,建立基于科学发展观的绩效考核制度,逐步实现从体制条块分割的纵向管理走向合纵联横的生态系统管理,保障生态资产(水、土、气、生、矿)、生态服务、生态网络和生态安全的科学管理。

生态管理是运用生态系统方法对人的资源、环境开发、利用、破坏和保育活动的系统管制、诱导、协调和监理,营建人与环境(包括自然环境、经济环境和社会环境)的共生关系,孕育生态系统的整合、适应、循环、进化能力,维系天人生态关系的持续发展。

体制文明建设的根本任务就是要为贯彻落实党的十七大报告提出的"统筹城乡发展、区域发展、经济社会发展、人与自然和谐发展、国内发展和对外开放,统筹中央和地方关系、个人利益和集体利益、局部利益和整体利益、当前利益和长远利益"等九个统筹提供科学方法。以城乡统筹为例,解决三农问题的关键就是要完善生态文明体制。农民有两种贡献,一是提供食物、纤维及工业原料等生物质产品,二是为区域和城市提供水源涵养、土壤熟化、保持水土、接纳污染、净化环境、调节气候、减缓灾害、保护生物多样性等多种生态服务功能,为城市、工业和野生生物提供适宜的生产和栖息环境。但社会只以很低的价格来交换农产品,而对其环境容纳和生态服务的能力被认为是无需补偿的。结果导致城乡剪刀差的扩大和农业、农民、农村的贫困,贫困的结果又导致农业生态资源的耗竭。生态补偿机制的不健全和城乡二元化管理体制的不合理是城乡统筹问题的症结。

又如区域统筹问题,我国城市规划法已实施 18 年,新的城乡规划法也已于今年初开始实施。但城乡规划法管辖的只是各级行政区域的城镇体系规划和城市总体规划,控制的是建设用地和农用耕地,而对跨行政区域的生态服务用地、自然保护地、流域生态缓冲地却缺乏区域层面的上位法规管控。各省市县行政负责人完全可以在自己管辖的政域范围内规划社会经济活动而无上位的区域规划法所约束,完善区域规划法势在必行。

各地生态建设的经验表明,体制性的障碍,能力性的瓶颈和知识性的贫乏,使我国生态文明建设遭遇了很多矛盾:一是面向循环经济与和谐社会的生态整合要求与现实条块分割的传统管理体制间的矛盾;二是生态规划缺乏法律基础支撑;三是政绩考核缺乏可持续性,生态激励机制不健全;四是政府主要官员调动频繁,政策缺乏连续性;五是生态资源缺乏统筹管理;六是生态基础设施投入过低,建设不足;七是信息反馈和生态补偿机制匮缺;八是生态建设人才奇缺,培训机制不健全;九是科技投入、科普教育,技术孵化、催化和集成化的能力不足。体制文明已成为中国生态文明建设的关键。

8.1.1.5 循环经济与物态文明

物态文明是人类改造自然、适应环境的物质生产、生活方式及消费行为，以及有关自然和人文生态关系的物质产品的发展态势，包括生产文明和消费文明。

我国传统的农业文明是环境友好、生态持续的，其认识论基础是顺天承运，生态学基础是循环再生和自力更生，但这种持续是在低技术、低效益、低规模、低影响基础上的持续；以大规模的化石能源消耗、化工产品生产以及自然生态系统退化为特征的工业文明推行的是一类掠夺式、耗竭型、高经济效益、高环境影响的生产方式，其认识论基础是还原论，追求的是局部的、眼前的经济效益，生产力虽高、可持续能力却很低。

产业生态文明必须在吸取传统农业生态文明再生和自生机制以及工业文明高效活力的基础上推进资源耗竭、环境破坏型工业文明向资源节约、环境友好型的生态产业转型，发展以竞生、共生、再生和自生机制为特征的生态经济，推进传统生产方式从产品导向向功能导向、资源掠夺型向循环共生型、厂区经济向园区经济、部门经济向网络经济、自然经济向知识经济、刚性生产向柔性生产、从减员增效走向增员增效、职业谋生走向生态乐生的循环经济转型。主要手段有：

纵向闭合：从链式经济走向循环经济，第一、二、三产业在企业内部形成完备的功能组合，产品和废弃物在其从摇篮到坟墓的生命周期全过程实施系统管理；

横向联合：从竞争经济走向共生经济，不同工艺流程、生产环节和生产部门间的横向耦合废弃物交易及资源共享，变污染负效益为资源正效益；

区域耦合：从厂区经济走向园区经济，厂内生产区与厂外相关的自然及人工环境构成空间一体化的产业生态复合体，逐步实现有害污染物向区域外的零排放，保障区域生态资产的正向积累、国土生产功能和生态服务功效的正常发挥；

社会复合：从部门经济走向网络经济，企业将社会的生产、流通、消费、生态服务和能力建设的功能融为一体，为辖地和周边居民提供就业机会和宜居环境，培育一种新型的企业和社区文化；

功能导向：从产品经济走向服务经济。未来的生态产业有三个目标：生产优质低耗廉价的产品、提供社会和自然生态服务、以及改造教育人、培育先进的企业和社会文化。

结构灵活：从刚性生产走向柔性生产，灵活多样的柔性产品和产业结构、管理体制、进化策略和完善的风险防范对策，可随时根据资源、市场和外部环境的随机波动调整产品、产业结构及工艺流程；

软硬结合：从自然经济走向知识经济，配套的硬件、软件和心件能力建设，决策管理、工程技术、研究开发和服务培训能力相匹配，学科的边缘交叉和技术的横向组合。企业信息及技术网络的畅通性、灵敏性、前沿性和开放性；

结构柔化：从刚性生产走向柔性生产，灵活多样的柔性产品和产业结构、管理体制、进化策略和完善的风险防范对策，可随时根据资源、市场和外部环境的随机波动调整产品、产业结构及工艺流程；

增加就业：从减员增效走向增员增效，一线生产的两头，即研究与开发，服务与培训环节的劳力和智力需求将大大增加。企业内第三产业的智力和劳力从业人员将急剧增加。提高劳动生产率的结果是增加而不是减少就业机会；

人性化生产：从务工谋生走向生态乐生，劳动不只是一种成本，也是劳动者实现自身价值的一种享受，员工一专多能，是产业过程自觉的设计者、调控者和所有者，而不是机器的奴隶。

消费文明旨在弘扬一种勤俭节约、低环境影响、有益健康的适度消费模式，倡导从以金钱为中心的富裕生活向以健康为中心的和谐生活、从以数量多多的占有型消费到以功效优化为特征的适宜型消费、从以外显为中心的摩登消费到以内需为中心的科学消费过渡，涉及每个人的居息、代谢、行游、交往活动以及水、气、土、生物、废弃物等环境影响方式。美国式高物耗、高能耗、高环境影响的消费和生活方式与中国的资源环境承载能力和人文生态传统格格不入。

经过近两百年工业化的正反教训，文明的生态消费方式已经在许多发达国家特别是人口密集、资源压力大的欧洲和日韩等各国政府、企业和民众中蔚然成风。主要表现在生活方式的转型和价值观的更新；体制法规的健全和生态管理方法和技术的创新；以及全社会生态知识的普及和生态意识的提高。1994 年 9 月德国政府颁布了面向物流闭路循环经济的废弃物管理法，目的是彻底改造废弃物管理体系，建立产品责任（延伸）制度，将废弃物的最终安全处置向生产部门的资源循环利用延伸。日本国土面积狭小、自然资源紧缺，而社会消费又十分庞大，如何有效利用各种有限资源，是该国经济可持续发展面临的严重挑战。为此，日本政府于 2000 年颁布了面向废弃物管理的《循环型社会形成推进基本法》，旨在改变社会消费模式，倡导废弃物的减量化和资源化。

8.1.1.6　和谐社会与心态文明

和谐社会的生态内涵有四层，一是人和自然环境的和谐，包括水、土、气、生、矿等自然生态因子、生态过程和生态服务功能的自然生态和谐；二是人与其社会生产、流通、消费、还原和调控等物质生产环境的经济生态和谐；三是人与人之间竞争、合作、集群、分异关系的社会生态和谐；四是人类社会的技术、体制、文化在时、空、量、构、序管理层面的系统生态和谐。

和谐社会的核心是人，要处理人和天、地、事、物之间的关系。天是指气侯、可更新能源等外部环境，地是指土地、土壤和景观，事是指人类的生产、生活、流通、服务及决策管理活动的运筹，物指水、土、气、生、矿等物质的开发、利用和循环。要协调、整合好自然和社会、有形和无形、物态和生态间的系统关系。

心态文明是人对待和处理其自然生态和人文生态关系的精神境界，包括五类：一是温饱境界，这是人的动物本性和生存本能；二是功利境界，是市场竞争和社会发展的经济动力；三是道德境界，能妥善处理人与自然、人与人间的伦理关系，惩恶行善、扶弱育生，是人的社会性；四是信仰境界，有明确的超越物质需求的人生奋斗目标和精神追求；五是天地境界，有能超越自我、超越环境，融时间与空间、有限与无限于一体的生态整合观，五类境界相辅相成，才是一个物态、事态、心态和谐的文明人。

心态文明是当前我国社会可持续发展的一个软肋。改革开放以来，我们引进了市场经济的竞争机制，但是传统农业文明的自生和共生机制有所削弱。西方有宗教在平衡市场机制条件下的社会心态，中国人本质上是不信宗教的。但我们却有 3000 年儒释道诸子百家文化荟萃的中华文化，维持社会的稳定持续，人的家庭观念，社会共生能力很强。新形势下如何恢复弘扬中华民族天人合一心态文化的精华是中国现代化面临的严峻挑战。

当前我国社会的主导文化，一方面是马克思列宁主义、毛泽东思想、邓小平理论传承的社会主义文化，一方面是儒、释、道合一的中华传统文化，另外市场经济、民主政治、生态社会及宗教信仰混合的西方现代文化对我国社会也有一定的影响。但是也不能忽视还有半封建半殖民地的腐朽残余文化和资本积累早期的血腥掠夺自然、掠夺人的掠夺文化在一些地方死灰复燃；另外，一些地方的口号主义、形式主义文化也不乏其例。这几类文化虽然只是支流，但却有一定的市场和影响，严重制约着科学发展观的落实。八荣八耻和共产党员先进性教育就是要解决这后几类境界问题。

生态文明建设是一项长期、艰巨的历史任务和走向可持续发展的渐进过程，是一场技术、体制、文化领域的社会变革，需要全社会自上而下和自下而上的通力协作、潜心学习、锐意奉献和持续推进。我们坚信，有3000多年生态文明优良传统的中华民族，既能创造连续30年年均9.67%经济增长的奇迹，也一定能在今后30年重振生态文明雄风，实现中国社会主义生态经济的持续、协调发展。

8.1.2 生态文明管理的框架

8.1.2.1 生态文明管理的目标与考核指标体系

以科学发展观为指导，建立与完善城乡人与环境和谐发展的认知文明、体制文明、物态文明、心态文明，建设成为生态环境良好、循环经济发达、社会文明和谐、人民安居乐业、政府廉洁高效的生态文明示范区提供决策支持与管理依据。

生态文明示范区建设考核指标体系如表8.1所示。

表8.1 生态文明示范区考核指标体系

一级指标	二级指标	三级指标	指标描述	单位	近期	远期
生态文明素质	认知文明	基础教育水平	人均受教育年限	年	9	12
		社会生态认知指数	生态知识统一抽样测试平均成绩	百分制	60	80
	体制文明	政府生态统筹能力	政府生态统筹能力评分	百分制	80	90
		社会参与程度	参与各项环保自愿者活动和环境保护组织人数占总人口的比例	%	0.5	1
生态文明行为	生产文明	经济发展效果	人均地方财政收入	元	4602	63558
			GDP年增长率	%	20	20
		产业生态合理性	产业多样性指数	无量纲	0.85	1
			产业优势度指数	无量纲	0.5	0.5
		资源节约程度	万元GDP能耗	吨标煤/万元	1.5	0.8
			万元GDP水耗	m^3/万元	300	150
			可再生能源利用比例	%	40	50
		循环经济力度	生态产业园区产值比例	%	60	80
			工业固体废弃物综合利用率	%	50	90
			农业废弃物综合利用率	%	50	80
		环境友好程度	规模企业ISO14000认证率	%	4	20
			绿色单位比例	%	50	70

续表

一级指标	二级指标	三级指标	指标描述	单位	近期	远期
生态文明行为	生活方式	绿色消费指数	城镇人均生活综合用水量	L/d	220	150
			农村生活可再生能源使用比例	%	15	40
			绿色电器销售比例	%	70	90
		生态出行指数	生态出行占总出行量的比例	%	60	80
		生态卫生指数	城镇生活垃圾无害化处理率	%	70	90
			城镇生活污水无害化处理率	%	50	80
			农村沼气池普及率	%	35	55
生态文明效果	生态健康	水活力指数	河流对 COD 的净化能力	t/a	700	750
		空气洁净指数	空气质量指数好于等于Ⅱ级以上天数	天/年	330	360
			沙尘天数	天/年	<10	<5
		土壤健康指数	化肥使用强度	kg/hm^2	250	220
			农药施用强度	kg/hm^2	—	—
		土地健康指数	水土流失治理率	%	51	60
		生境活力指数	生物多样性	无量纲	1.05	1.07
			景观破碎度	无量纲	0.35	0.3
	社会生态和谐	社会发展效果	人类发展指数	无量纲	0.66	0.90
		社会和谐度	平均刑事发案率	件/万人	11.5	8
			社会风尚满意率	%	80	90
			城乡收入差距比例	无量纲	2	1.5
		人工环境和谐度	城市主动脉优势度	%	50	80
		生态标识度	历史文化传承与生态标识完整程度	%	50	80

说明：一级 3 个，二级 6 个，三级 21 个，四级 37 个。指标说明见附录。

8.1.2.2　城乡生态文明建设规划

主要包括生命支撑系统、经济生态文明建设、景观生态文明建设、消费文明建设、城乡生态卫生服务体系及城乡社会生态文明建设等内容，生态文明规划的主体框架如图 8.1 所示。

(1)生命支撑系统建设规划

· 自然生态服务基础建设

· 社会生态服务基础建设

(2)经济生态文明建设规划

· 产业生态转型

· 循环经济孵化

(3)景观生态文明建设规划

- 区域景观
- 城市形态

(4)消费生态文明建设规划

- 家庭文明
- 社会文明
- 乡村文明

(5)社会生态文明建设规划

- 体制文明
- 认知文明
- 心态文明

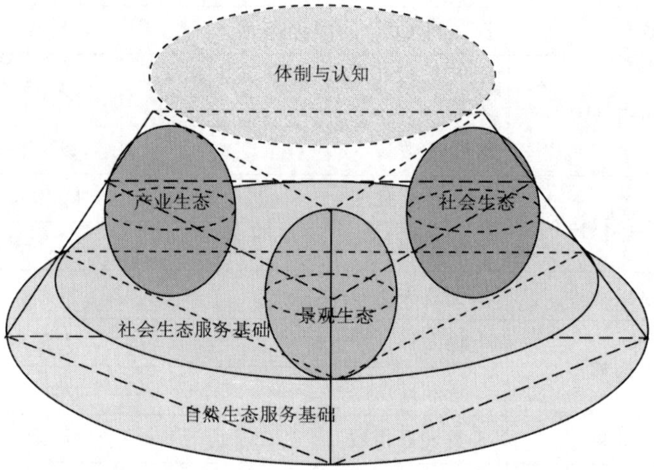

图 8.1　生态文明示范区建设规划主要内容及其框架示意图

8.2　承德生态文明建设规划

8.2.1　规划范围

承德市域范围内双桥区、双滦区、营子区、承德县、滦平县、丰宁县、围场县、平泉县、宽城县、兴隆县、隆化县八县三区，共 3.95 万 hm^2 区域，如图 8.2 所示。

8.2.2　区域生态文明建设的功能定位

结合承德市域所处的区位优势以及其特有的生态功能优势，按照统筹京津冀地区的区域发展原则，把承德市域生态文明建设的功能定位为：京津地区的水源涵养地、首都圈生态安全屏障、区域生态经济新节点、区域人文生态休闲产业基地。承德市与京津冀区域分析与承德市

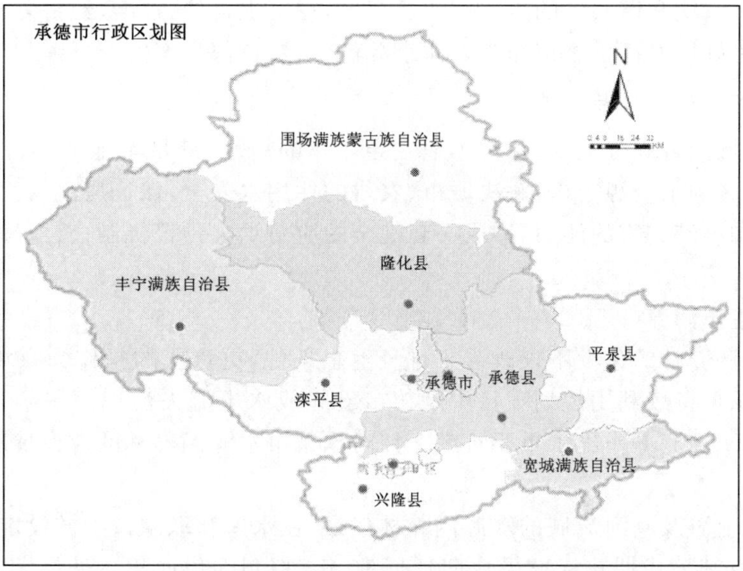

图 8.2 承德市行政区划图

功能定位图如图 8.3 所示。

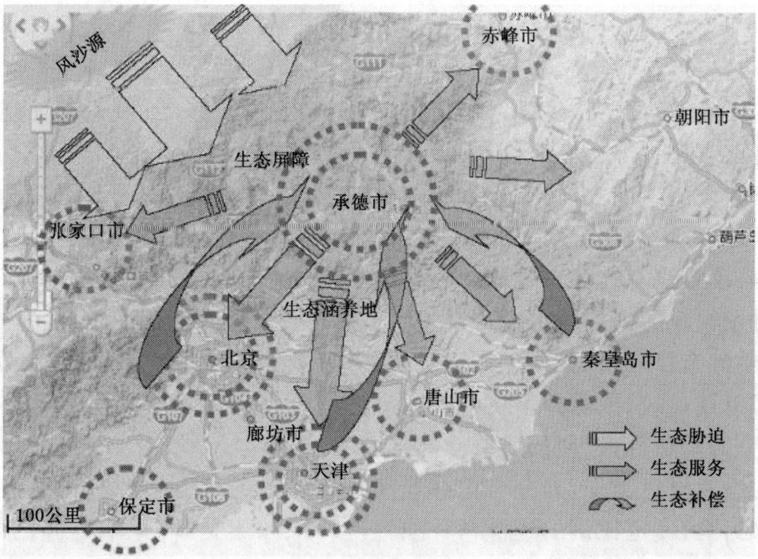

图 8.3 京津冀区域分析与承德市功能定位图

8.2.3 生命支撑系统建设规划

将承德市建成水生态相对安全、水资源可持续利用且实现区域间水资源优化配置、自然景观健康和谐、土地资源生态环境质量较高、资源开发对自然生态的破坏较小且受损生态系统的生态修复效果良好、生态建设实现良性循环、人类生态系统与自然生态系统形成良好的反馈机制、人与自然生态系统和谐共生的生态文明示范区，在实现自然、社会、经济复合生态系统良好发展的条件下，更好地发挥承德市作为京津水源涵养地、首都生态安全屏障的生态服务功能。

8.2.3.1　水生态建设与管理

水资源在区域间合理分配，既保证本地主导产业的用水，满足本地的可持续发展，又能满足下游京津唐地区的水资源需求；解决城市、农村的饮用水安全，保证居民饮用水水量、水质安全；增强全市抵御洪涝灾害的能力，形成一套健全的应对洪灾预警机制；营造静水、流动水相结合的水景观。

(1)加强水生态涵养

承德市水源涵养林的建设不仅改善了自身生态条件，更重要的是作为京津上游的水源涵养地，首都水资源可持续利用规划项目中承德市已完成水土流失治理面积逾 2000 多 hm^2，为下游京津地区的水源涵养作出了重要贡献。针对承德市水源涵养林的建设情况提出以下规划措施：

·密云水库上游及潮河流域的水源涵养林建设，在水库和取水口上游设定水源林，约束水源林的采伐期，将其采伐期较标准采伐期延长 10 年，控制间伐面积一处最大不超过 10 hm^2；择伐率不超过 30%。

·积极争取水源涵养的生态补偿资金和通过其他渠道积累资金进行水源涵养建设，生态补偿资金的使用主要分为以下几个方面：1)对森林所有者进行的营林、造林补贴，在现行的补助金基础上再增加 10%；2)当地政府的造林、营林支出；3)水源涵养和水源林科普知识的普及和教育。

·水源涵养资金的来源：1)生态补偿金；2)国家财政的转移支付；3)其他组织和个人的捐赠；4)民间自筹资金。

·林业生态建设内容的多样化：1)水源林、模式林的建设，让公民对水源涵养林的生态功能有一定的科学理解，正确评价水源涵养林的机能；2)企业的森林建设，企业以费用负担者的身份参与造林，与政府或者林业主管部门签订委托协议，按照协议进行造林、抚育；3)下游的政府、企业、个人自发组织的到上游进行造林、抚育活动。承德市应合理组织各方面力量进行林业生态建设，主要措施：1)加强林业生态建设的宣传，做好科学普及工作；2)充分发挥本地企业和个人的造林积极性；3)积极引导下游政府、企业、个人自发组织的到承德市进行的造林、抚育活动；4)设立相关的基金，由流域的各级政府部门引导，社会组织广泛参加。

·在林业生态建设过程中，充分考虑林业产业化建设的问题，在树种选择上，优先选择耐旱树种，同时考虑种植一定比例的经济树种如经济林果和用材林，采取适当的间伐措施，在水源涵养的同时保证当地居民和企业有一定的林业经济收入。

(2)提升水生态服务

1)增强对京津地区的水资源供给能力

承德市水资源负载指数分布(如图 8.4 所示)，承德市水生态服务规划目标如表 8.2 所示。水资源负载指数的高低反映一个地区是资源的可持续程度，水资源负载指数越高，表明该地区水资源的可持续性越差。

表 8.2　水生态服务规划目标

规划指标	现状	近期	远期
农业、工业节水量(亿 m^3)	2.98	3.64	5.63
生态用水量保证率(%)	14	>70	100

承德市水资源的服务功能定位为满足当地经济、社会、环境可持续发展的基础上，为京津下游提供水资源服务；为京津保水源是承德市水资源规划的目标之一。为了达到为京津保水源的规划目标，承德市进行了产业结构的调整，包括关停污染较严重的小淀粉加工等企业，丧失了自身的发展机遇，不利于当地经济、社会的发展。

为了更好地协调承德市当地经济、社会的发展对水资源的需求和京津下游的水资源需求，按照水资源负载指数对承德市水资源做如下规划：

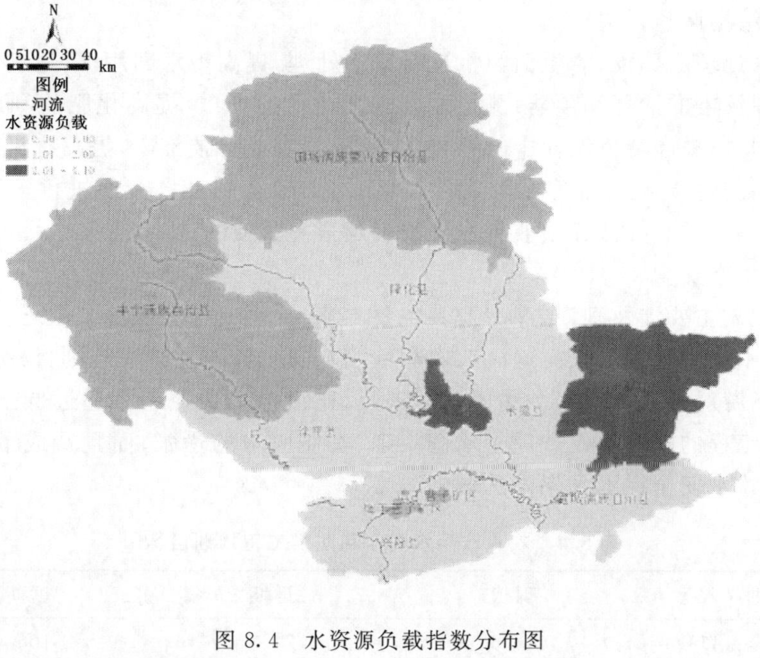

图 8.4　水资源负载指数分布图

· 对于水资源负载指数较高，水资源压力较大的承德市市区及平泉县，进行农业节水和产业结构的调整，大力发展节水型产业，节约有限的水资源。

· 对于水资源相对短缺的坝上丰宁、围场地区，进行水源涵养林建设，保证自身用水的前提下，为下游地区节约出更多的水资源；严格限制高耗水产业的发展，保证基本的生态蓄水；设立专门的湖泊、湿地自然保护区，保护湿地资源。

· 水资源承载力相对较高的其他地区，推行农业节水灌溉和工业节水，减少污染排放；规划为邻近缺水区域调水。

· 在辽河源、滦河源规划河流源头的水源林建设，对于已设立的河流源头自然保护区进行合理规划和管理，保障河流源头的水生态、水环境；

· 合理规划蓄水工程的建设，适当增加水资源控制率；确定自身用水与京津下游用水的合适比例，并以此作为水生态补偿的依据。

2)改善水环境质量

水环境整治和管理规划目标如表 8.3 所示。

表 8.3　水环境整治和管理规划目标

规划年限	现状	近期	远期
COD 排放量(万吨/年)	9.82	2.5	1.8
COD 排放强度(kg/万元)	23.1	3.7	1.0
COD 排放年削减量(%)	16	29	10

根据承德市水体主要污染物 COD 的排放强度和排放来源，以及主要河流滦河、武烈河的水质净化能力，承德市水环境治理规划主要侧重在以下几个方面：

· 滦河、武烈河、潮河等主要流域的水污染治理，包括企业减排任务的制定和清洁生产的推广、现有产业结构调整；

· 城市污水处理厂建设；对生活污水进行集中处理，提高中水回用率，达到国家标准；

· 农业面源污染的治理和预防：测土配方施肥技术的推广，提高化肥的利用效率，降低农田中化肥的使用量；提高特色农业中的科技含量，搞好农业科技推广；提高有机肥的用量，提倡绿色有机农产品的生产，建立特色农产品生产区；对养殖业的畜禽粪便进行资源化利用，发展农村沼气或用作有机肥，降低养殖业废水排放量及畜禽粪便的产生量。

(3)保障水生态安全

防洪设施规划主要涉及潮河、滦河及其主要支流；饮水安全主要涉及缺乏蓄水工程或地下水缺乏、饮用水水质不达标的农村地区。农村饮用水安全和防洪工程规划目标如表 8.4 所示。

由于京津下游对承德市水资源输出的需求，承德市水资源控制率远远低于河北省平均水平，水资源控制工程的缺乏不仅造成了承德市工、农业用水的紧张，而且造成了农村饮用水水源地缺乏，农村饮水安全得不到保障的现象。

表 8.4　农村饮用水安全和防洪工程规划目标

规划年限	现状	近期	远期
农村饮水安全人口比例(%)	48.6	74.3	100
防洪工程建设标准	市区及主要县城 10—20 年一遇，部分河段 10 年一遇	市区及主要县区城区、重要工业区 20 年一遇，主要河段 10—20 年一遇	市区及主要县区城区 50 年一遇，主要河段 20 年一遇

为保证承德市的水生态安全和保障对京津下游的供水，水生态安全做如下规划：

1)饮用水安全规划

主要是水资源缺乏、取水条件较差农村边远地区和人口密集、水质条件较差的城区：

· 优先考虑饮用水水质不达标的偏远农村地区，由村民和政府共同出资进行饮用水安全工程的建设；对于已建成的饮水安全工程，政府部门加强管理，做到施工完毕的工程都能够良好运行；在材料和施工质量上，水利局等主管部门严格审核，杜绝偷工减料现象，确保施工质量；在资金筹措上采用政府出资，村民以工代赈的方式，材料费由政府出资，当地村民投入劳力，共同完成工程建设。

· 在企业与当地居民争水严重的区域，采取由企业出资，村民投入劳动力的方式，共同完成饮用水安全保障工程，由水利等主管部门监督工程的施工质量；水质、水量不达标的地区，采用异地取水的方式，寻找合适的饮用水水源地，必要情况下可采用片区集中供水的模式。

· 饮用水水量不足的地区，除了开发利用辖区内地下水等水源外，可采用辖区外饮水的措施，上级主管部门必须做好统筹，采取受益者适当付费的制度，协调各方的利益关系，解决饮水困难地区的生活用水问题。

· 对于水质型缺水的区域，做好水环境治理和污染物减排措施；规划水源地保护区，优先保护饮用水水源地。

2)防洪工程规划

主要是潮河、滦河及其主要支流涉及的各县区城区和工业区

· 主要河流及其支流的防洪工程规划，将主要河流及其支流流经的市区及县区城区的防洪工程建设标准提高到20年一遇；

· 整治旱河河道，清理河道垃圾，禁止在河道内圈地搞工程建设，建设防洪工程，市区范围的旱河防洪工程建设标准为20年一遇，主要城镇范围内的旱河防洪工程建设标准10年一遇；

· 规范河道采砂企业的生产，采取边开采边回填的措施，对河道中的采沙坑及时进行回填，防止雨洪对河岸及其他防洪设施的冲刷破坏；

· 沿河重要工业区的防洪工程建设标准提高到50年一遇；

· 城市雨水泄洪能力建设，改造现有的下水道系统

· 增加河道治理的投资力度，将现有的单侧护村、护田河堤扩建为双侧护堤，不仅保护居民的财产安全、而且有效增加河流的泄洪能力，保护公路、农田等设施；

· 对流经主要城镇居民区的地上河，河堤建设过程中使用防渗设计，避免汛期河水渗透至居民区，影响河流两侧的居民建筑及其他工程、设施的安全；

· 小流域治理，优先治理坡度大、植被覆盖度差的区域，采取沟道治理与坡面治理相结合的方式进行治理，谷防坝建设与植被恢复同时进行。

(4)促进水生态管理

1)管理体制

加强水务、农业、环保、发改等各部门之间在水利工程建设、农业节水工程建设、环保法规制定等方面的协调；加强各县区之间的协调沟通，在水资源调配等方面统筹安排，实施水资源的优化配置；加强防洪工程的投资及建设标准。

发改委与环保部门发挥带头作用，结合产业结构升级、实施清洁生产技术推广，污水处理设施建设。

加强已有保护区的管理，严格保护水生生态系统。

积极争取生态补偿金，用于本地的水源地保护、产业结构调整、水生生态系统的保护与建设。

增加政府财政投入，建立国家、地方、集体、个人多层次的投资体制，形成以政府投资为主，适当争取生态补偿金，集体个人投资为辅的投资机制。保障水资源可持续发展，维持该区域的水安全、水环境优化和水景观和谐。

2)技术保障

加强水资源战略研究,研究承德市水资源控制率的适宜范围;通过水资源承载力的研究,规划承德市市区及各县区适宜的城市发展规模、经济发展规模及人口规模,实现水资源的可持续利用和经济、社会的可持续发展。

推广清洁生产和节水技术,引进和研究污水处理技术;设立水生态的专项研究课题,研究水环境容量及适合本地的水景观建设;加强相关专业技术人才的培养和引进。

(5)推进水生态补偿

承德市为京津下游提供了大量的水资源服务,自身经济、社会的发展受到一定的制约,因此争取水生态补偿资金,有利于承德市当地的经济、社会发展,有利于缩小与京津下游的差距,实现社会公平;从流域水资源的循环、开发、利用、建设与保护的动态全过程考虑,水生态补偿主要从一下几个方面着手:

1)水源涵养生态建设成本分担补偿

主要是承德市为了保障下游地区得到优质的水源而进行的生态建设投资分担,如为了涵养水源以及保证水质而进行的造林育林、绿色生态屏障建设、湿地修复等工程,应由国家或者下游受水区分担一部分。

2)水污染治理和水土流失防治的补偿

对于那些按照国家要求本来就必须采取的措施如工业点源治理、集污管道修建、城镇污水处理设施建设以及农业面源污染治理等,不应当进行补偿,而为了保障为下游供水占用了承德地区的环境容量,因此必须补偿承德市为保护京津下游水质安全而进行的水污染治理和水土流失防治的部分投资。

3)产业结构调整的补偿

主要是补偿为保证下游京津地区水质而放弃自身发展机会成本,补偿方式可以是资金、技术、政策等形式,通过补偿促进承德市产业结构的调整,缩小当地与下游地区经济发展的差距。

4)农村饮水安全工程和节水灌溉的补偿

主要是补偿为保证下游地区水资源供应数量而进行的农业节水灌溉工程和为保证下游供水而导致的农村饮水安全问题。

8.2.3.2 土地与土壤生态建设和管理

以生态服务功能为基础,维持区域农业用地、林业用地、建设用地数量的动态平衡,维系区域生态屏障、水源涵养等生态服务功能,保障区域生态安全和粮食安全,保障该区域的土壤生态环境质量不断改善,促进区域可持续发展。土地与土壤生态建设和管理规划目标如表 8.5 所示。

表 8.5 土地与土壤生态建设和管理规划目标

指标	现状	近期	远期
人均耕地面积(亩/人)	1.36	>1.36	>1.37
化肥施用量(kg/hm^2)	275.8	<250	<220
森林覆盖率(%)	51.7	55.8	59.5
水土流失治理率(%)	16	51	60

(1)深化土地生态建设

1)区域农业用地数量供需和空间布局设计

从承德市粮食安全和农业经济发展的需求出发,对比历史水平,预测承德市自产粮食量和农业作物产量发展趋势,核算农业用地数量和土地承载力,从整体发展、格局安全等角度,进行承德农业用地空间布局,如图 8.5 所示

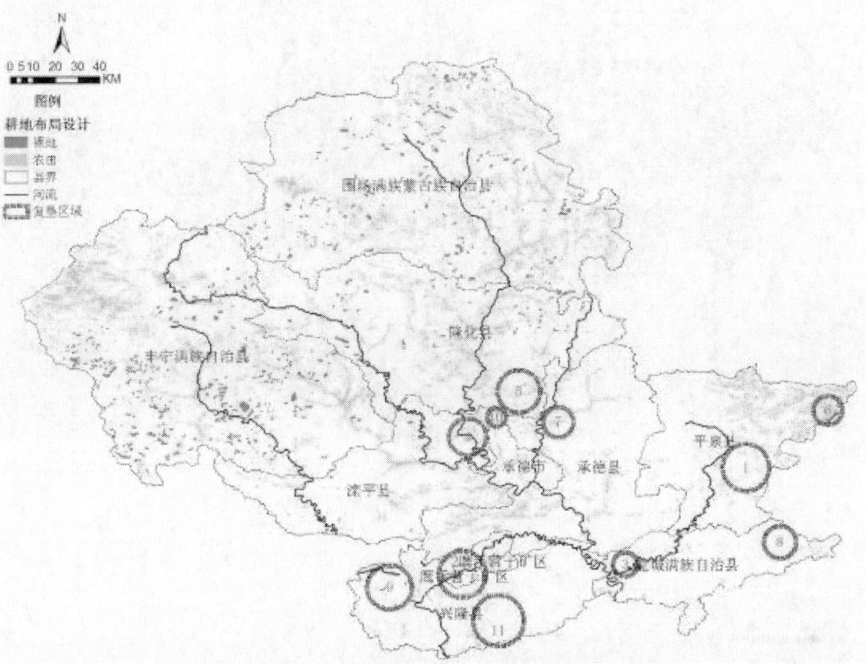

图 8.5 承德市耕地资源布局设计

北部牧区耕地面积广,土地生产力水平较低,必须严格限制土地面积的增减,保持现有耕地数量,同时,发展现代设施农业和生态农业,减少化肥施用量,提高土地生产力水平;南部在保持现有耕地数量的基础上,在条件适宜区域(坡度小于 25 度),积极复垦矿区开采废弃地和裸地(如图 8.5 所示),适度扩大耕地面积,减少化肥施用量。

2)区域林业用地数量需求和空间布局设计

为维持区域水源涵养和生态屏障功能,根据实际立地条件和建设现状,考虑未来发展的趋势,进行林业用地空间布局。承德市林业用地布局设计如图 8.6 所示。

严格保护现有成林区域,加强对疏林带的建设,引进先进的造林技术,加快荒山治理进程,对造林难度较大的区域实施严格的封禁制度。到 2020 年新增林地 4500km^2(图 8.6 中新增林地区域),森林覆盖率达到 60%。

3)草地数量和空间分布设计

承德市草场空间布局设计如图 8.7 所示。重点加强低盖度草场的生态治理,保护中、高盖度草场。在低盖度草场选择本地耐旱的优良草种进行人工种草,结合禁牧、舍饲喂养、自然封育等措施实施,至 2020 年完成全部低盖度草场的治理(图 8.7 中蓝色区域,2000km^2)。

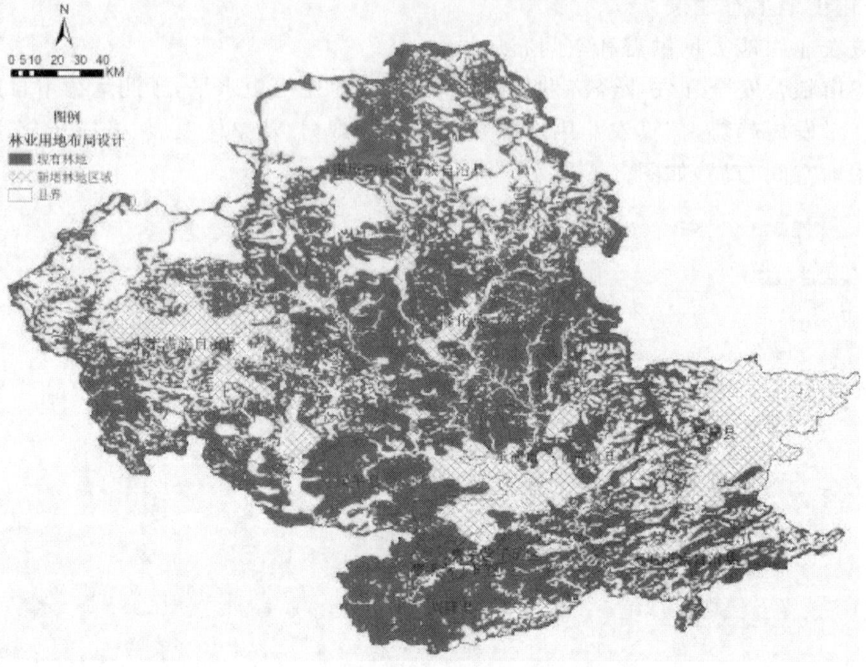

图 8.6　承德市林业用地布局设计

图 8.7　承德市草场空间布局设计

(2)加强土壤生态保育

1)保护耕地资源

保障农业用地数量,保护基本农田,维护农业用地、非农业用地数量的动态平衡。

2)提高土壤质量

重点加强南部区域的土壤改良工作,大力发展有机农业,减少农药、化肥施用量,保护地力,防止土壤退化。至2010年,重点治理区县(承德县、兴隆县和宽城县)化肥施用量降低至小于400kg/hm^2,一般治理区(市辖区、滦平县和平泉县)降低至小于260kg/hm^2,至2020年重点治理区县化肥施用量小于250kg/hm^2,一般治理区小于220kg/hm^2。承德市化肥施用控制分区如图8.8所示。

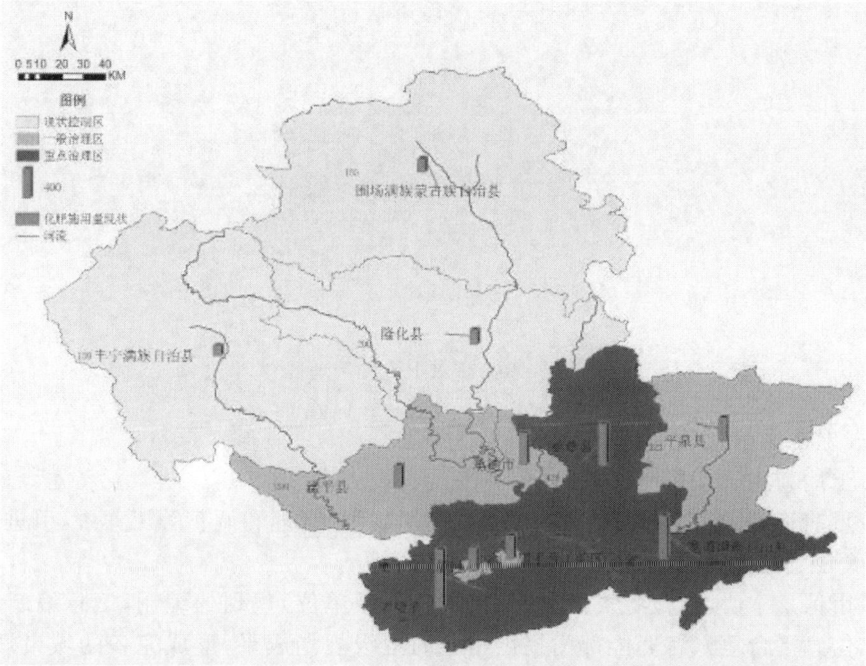

图8.8　承德市化肥施用控制分区

3)水土流失的生态防治

如图8.9所示,承德市水土流失按其严重程度分为以下三个区,治理方案分别如下:

①风蚀荒漠化土地治理方案

主要是分布于坝上农牧交错带。规划建设防护林带、网、片,严格实行封禁措施;部分耕地退耕还林、还草,实行轮牧制度;生态脆弱地区实施移民工程,有效保护生态环境。

②坝下农耕区治理方案

积极营造水源涵养林,适当开展人工种草,植被条件较差的荒山实行封育措施;在适宜地区修建水平梯田或坡式梯田;结合小流域治理工程,增加植被覆盖度,减少水土流失。

③丘陵重度水土流失区

丘陵中度水土流失区主要分布于东部平泉县,结合小流域治理、林业生态建设、草业生态建设,有步骤地实施治理。

图 8.9　承德市水土流失治理区划

(3)推进土地生态管理

1)城市土地利用管理机制、体制和信息平台建设方案。

承德市目前管理的科学水平不够，在土地利用规划、管理和调整等工作中，引进先进的3G技术，动态掌握土地利用的变化。

建立城市信息中心，规范各类(市批及市管各下级单位)规划的编制，汇总编制成果(矢量图件、文本、信息平台等)、各职能部门提供相应的上级规划成果，形成完备的城市规划信息系统，有利于资源共享和后续工作的延伸。

2)生态管理技术创新

政府发挥领导作用，各主管部门全力配合，国土、林业、发改、农业等部门发挥带头作用，在实施土地资源规划、退耕还林还草、耕地资源保护、发展生态农业等工作中协调一致，互为补充。目前国土部门对土地规划、管理、变更等情况的掌握都停留在数量上，对其空间分布把握不清，建立土地管理信息平台。

3)技术体制

加强农业科技推广，发展生态农业，既减少对土壤生态的破坏，充分发挥当地优势，增加农民收入。

加强林业科技项目的推广和林业产业化建设，积极引进项目、资金和林业科技人才，推进区域的植被恢复和生态环境改善。

加强相关的专业科技人才的引进和培养。

8.2.3.3　能源与大气生态建设与管理

改善现有能源结构，可再生能源和清洁能源利用的比例持续提高，农村沼气使用比例持续增加；改善环境空气质量。能源与大气生态建设规划目标如表 8.6 所示。

表 8.6　能源与大气生态建设规划目标

指标	现状	近期	远期
可再生能源比例(%)	3.16	40	>50

(1)改善大气生态建设

1)根据各市区及各区县常年风向、敏感生境分布、水资源分布等因素，调整区域工业布局，同时，调整区域产业结构，改造和搬迁现有的重污染企业和行业，提高能耗大、污染类型产业的准入门槛。

2)工业区和其他类型区域间建设绿地、生态隔离带或生态缓冲带建设，充分利用生态系统的自净能力。

承德市各区县工业建议调整位置如图 8.10 所示。

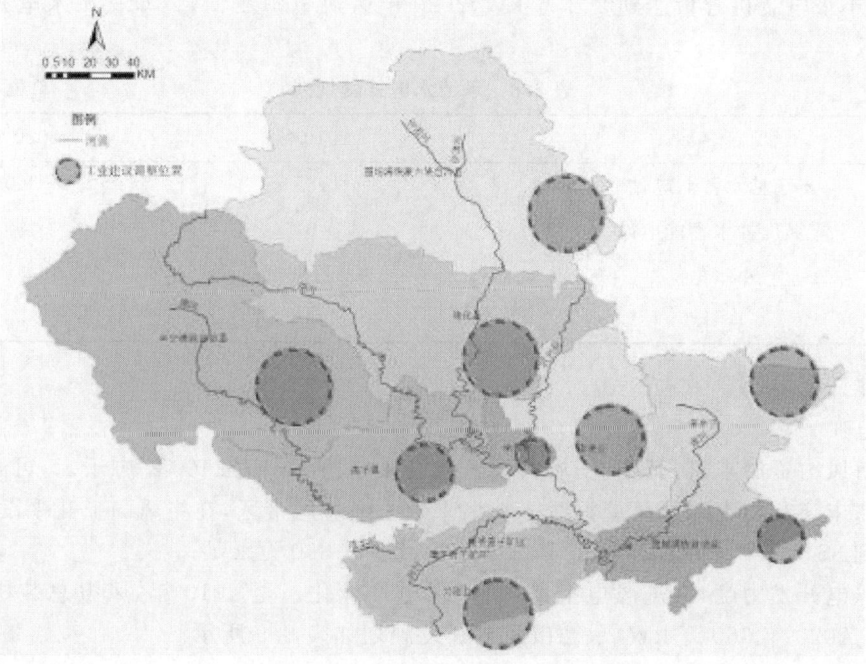

图 8.10　各区县工业建议调整位置

(2)优化能源结构调整

逐步调整承德市能源结构，关停污染大、效率低的小型电厂、供热锅炉，发展大型热电联供和环保电厂，大力开发可再生能源和清洁能源，规划内容如下。

1)火电开发

逐步拆除小型电厂和供热小锅炉，对现有大型电厂进行技术改造，扩建热电联产工程，严格控制新建火电厂，至 2010 年建成滦河电厂扩建热电联产工程、市区南郊环保热电厂。2020 年滦河热电厂达到 180 万 kW。承德市火电开发规划如表 8.7 所示。

表 8.7　承德火电开发规划　　单位:万 kW

项目名称	2010 年	2020 年
滦河热电厂	90	180
南郊环保热电厂	2	10
县区热电联供工程	0	40
合计	92	230

承德区域内有滦河、潮白蓟运河、辽河、大凌河四大水系,总流域面积约 40 万平方千米,全市水力资源理论蕴藏量 78 万 kW,可开发量为 57 万 kW,约占河北省可开发量的 37%,其中滦河水系理论蕴藏量 70 万 kW,可开发量 52 万 kW,约占全市可开发量的 91.2%。已开发 18.8 万 kW(含潘家口水库 15 万 kW),尚有 67%未开发。

加快水电开发进度,重点建设丰宁抽水蓄能电站、雾灵山抽水蓄能电站和小水电工程。计划至 2010 年水电装机容量达到 202 万 kW,2020 年达到 800 万 kW。承德市水电开发规划如表 8.8 所示。

表 8.8　承德水电开发规划　　单位:万 kW

项目名称	2010 年	2020 年
丰宁抽水蓄能电站	185	360
雾灵山抽水蓄能电站	0	400
小水电	17	40
合计	202	800

2)风能开发

①风电:

承德市风力资源丰富,其中,围场县适合建设风电场面积达 2400 平方千米,可开发量超过 300 万 kW;丰宁县自大滩至草原沿线 150 多千米为强势风带区,在主风向上几乎没有阻挡,可开发量达到 35 万 kW。承德市风电资源可开发量超过 360 万 kW。

加大风电开发力度,推进风电上网,实现风电产业化。至 2010 年,风电总装机容量达到 126 万 kW,2020 年 360 万 kW,承德市风电开发规划如表 8.9 所示。

表 8.9 承德风电开发规划　　单位:万 kW

风电场名称	2010 年	2020 年
红松风电	37.5	40
围场御道口牧场风电	20	80
围场御道口风电	20	30
围场姜家店风电	15	25
围场宝元栈风电	20	142
丰宁风电场	13.8	35
平泉风电场	3.8	8
合计	126	360

②风能提水

积极引进风能提水技术,结合水池、水窖等配套工程,充分利用小水源,进行农业节水灌溉和人畜饮水工程建设。至2010年,安装风能提水机1000台,2020年安装风能提水机2.5万台。

3)核电开发

积极配合河北省和国家在滦河上游开展核电建设工作,至2010年完成隆化核电工程的审批工作;至2020年在滦河上游区域累计建成核电装机容量至200万kW。

4)其他清洁能源发电

太阳能光伏发电:承德市太阳能利用主要为太阳能热水器和太阳能光伏发电。2008年已安装了16.3万台标准太阳能热水器;用于农村村路照明、居民楼道照明等约4万W的太阳能光伏发电设备。继续推进太阳能光伏发电的应用,农村道路新建照明系统采用太阳能光伏发电路灯,逐步改造旧楼的照明系统,新建的住宅建筑楼道照明、楼宇门对讲系统均采用太阳能光伏发电照明。

生物质能发电:逐步推进生物质能发电项目。在丰宁、围场、隆化、承德县等农业发达地区,利用农业秸秆和牲畜粪便等农业废弃物,建设沼气发电,至2010年,建成秸秆发电装机容量5万kW,2020年达到20万kW。

5)配套电网建设

目前承德市城乡配电网建设滞后,供电安全及稳定性差,新建的风电、水电、火电及核电并网落地条件也不具备,必须积极申报输变电线路和配电设备工程,保证全市供电能力和供电稳定性,保证大型电厂上网,实现发电产业化。

6)地热

承德市地下浅层潜水资源丰富,仅武烈河12道橡胶坝就可蓄水290万m^3,蓄能45万kW。全市已有24万m^2的建筑应用了地源热泵技术。有8个地热资源出水点,温泉日产热水18000 t,近6.5亿kW·h时电能,现主要用于洗浴疗养等服务业,而在农业和工业上使用仅为起步阶段。规划期内,加大地源热泵的应用,在条件适宜区域新建建筑采用地源热泵供热供水。

7)建筑节能

承德市新建建筑已经实现了50%节能设计标准,2007年5月1日后居住建筑首先在市区执行65%节能设计标准,2008年1月1日起在其他县、区开始全面执行。加强新建建筑节能监管,加快既有居住建筑供热计量、温度调控和改造步伐,积极推进可再生能源在建筑中的一体化应用,大力推广建筑节能新技术、新产品,加强节能宣传培训及节能统计工作等几方面进行了安排。到2010年,实现100万m^2建筑节能改造,至2020年实现市区建筑100%达到建筑节能设计标准。

(3)推进大气污染控制

1)主要污染企业污染治理方案

根据主要污染企业排污及其分布情况,结合目前技术水平,制定污染企业技术改造、节能减排方案。根据国家产业政策,制定针对技术落后、效益低的小型企业的关停计划。

①关停技术落后、效益低的中小型企业以及污染物排放无法达标的污染大户

对于技术落后、效益低的冶炼、水泥制造等小型企业,坚决按照国家产业政策予以关停,由市政府统一部署,市环保局监督和执行,市政府和地方政府签订责任书,严格奖惩措施,坚决杜

绝地方保护主义。对于污染物排放不达标的污染大户，限期进行停业整治，整治仍然无法达标的，坚决予以关停。

②大型企业的技术改造

加大对大型污染企业的技术力度和规模重组的进程，主要包括冶炼和水泥制造行业，制定主要行业的规模重组计划，对重点企业一些相对落后的工艺，限期进行工艺设备更新，积极引进清洁生产工艺，降低企业能耗，提高废水、废气和废热的循环利用率。

③严格新建企业的准入制度

对新上马的项目(企业)，严格执行国家相关规定，从工艺、设备、能耗、物耗、排污等环节提高准入制度，严格执行产业规划，不适宜建设的项目坚决不予上马。

2)采暖期污染控制方案

①逐步拆除分散的小锅炉，尤其是城市周边坡地上分散的小锅炉，以热电联产电厂为依托，实现城区和各县城集中供热，到2010年，城区集中供热率达到80%，各县城集中供热率达到30%，到2020年城区集中供热率100%，各县城集中供热率达到60%以上。

②提高燃煤品质要求

在城区和各县城实施煤炭管制，严格限制高硫煤的使用。

3)交通污染控制

①机动车排放控制

强化机动车年检、抽检和定点抽测，强化报废不合格车辆，逐步提高机动车排放限制要求；鼓励使用清洁燃料车和双燃料车，加快配套基础设施建设；有计划的推行减少机动车出行的政策和配套措施，限制公车的数量。

②完善公共交通网络

逐步完善公共交通网络，扩大公共交通服务半径。

③调整交通规划

合理规划道路交通网，及时调整和改造频繁拥堵路段的路段，合理疏散车流，人流，对必要的路段实施人车分流。

4)生活污染源控制

①规范餐饮业排放

规范餐饮业的无序排放，加强监管的力度，制定严格的惩罚措施。

②提高燃气普及率

提高城市燃气普及率，到2010年，市区燃气普及率到达60%，各县城达到30%；到2020年，市区燃气普及率达到100%，各县城60%以上。

(4)强化大气生态管理

1)管理体制

坚持政府负责环境质量的机制，增强各部门之间的协调能力，分层制定责任，层层落实到具体任务，形成分工明确、责任到位的政府管理机制；制定、完善符合地方实际的环境管理政策，加强环境执法力度；促进环境信息公开，保证公众参与的积极性；推进环境污染治理的市场化运营，推进其产业化建设；提高农村居民的生态意识，倡导沼气等新能源的使用。

政府积极引导可再生能源的产业化建设，以规模化引导产业化，重点发展技术成熟、开发潜力较大的风能、核能等新能源。

完善由环保局牵头，发改局、建设局等参与的大气污染控制工作机制。

2)技术体制

清洁生产关键技术、循环经济相关技术的研究；推广应用清洁能源方面的新技术；加强专业技术人才的引进与培养。

8.2.3.4　植被与景观生态建设与管理

为区域生态安全，发挥生态服务功能及其辐射效应提供保障，为区域产业转型，发展生态亲近型经济，建设青山绿水，提供自然基础，实现区域水欢、风畅、土肥、生茂的自然生态格局。通过宣传教育增加当地居民的生态知识，了解当地的基本生态条件，自觉成为生态产业的设计者，从务工谋生走向生态乐生。

(1)提升森林和草地生态建设

承德市林业生态建设规划目标如表 8.10 所示，林业生态建设分区如图 8.10 所示。

表 8.10　林业生态建设规划目标

规划年限	现状	近期	远期
森林覆盖率(%)	51.7	55.8	>59.5

图 8.10　林业生态建设分区

林业生态建设规划的目标即使公益林的面积达到合适的比例，适当发展林业经济，在保护生态环境的同时实现一定的经济、社会效益。

1)坝上沙化区和生态屏障重点建设区

针对坝上沙化严重，造林难度大的状况，建议进行封育措施，禁止散养放牧，进行舍饲圈养;进行林业产业化建设,发展林下产业和林业经济,提高农牧民的经济收入。在林木生产能力较高地区建立木材加工企业,对木材进行深加工,有利于创造一定的经济效益,有利于当地的林业生态建设和林业发展形成良性循环。

坝上沙化区域也是重要的风沙源,尤其是丰宁小坝子乡、围场县北部地区的沙带应作为京津风沙源治理的首要地区,恢复、增加这些地区的植被覆盖度对于缓解京津乃至华北地区的沙尘天气都具有十分重要的意义。增加该区域植被覆盖度,植树种草相结合,采用乡土抗逆性强的树种,乔、灌、草相结合,逐步恢复植被,实行严格的禁牧措施,必要时采取生态移民的措施。

2)丘陵重度水土流失区

山区立地条件较差,减少飞播造林力度,改为人工植树,采用容器苗等成活率高的造林技术;采取封山育林为主的恢复植被措施。

3)中度、轻度水土流失区域

主要是接坝地区和坝下农耕区,加大人工植树的力度。对已成林区域实施有效的管护体制,采取承包到户的管理形式,由林业等主管部门负责林业病虫害等管理工作,负责农药、肥料等的统一配给及林业生产的技术咨询;对栽植密度过高和飞播造林区密度过高的成年林采取间伐措施以改善林分,防止栽植密度过高造成树木不能正常生长;对于退耕地部分,适当选择栽植经济林果,成林后采用承包管理的方式由个人或集体集中管理,打破退耕以前的土地所有权状况。对新造林进行严格的管护,采取承包到户的措施,统一施肥、统一进行病虫害防治;严禁放牧,政府出资对舍饲圈养农户进行补贴,帮助落后地区的农户增加经济收入,同时保护造林成果。发展壮大苗圃,对于林业建设的重点区,鼓励发展苗圃,政府给与适当补贴,除满足本地林业苗木需求以外还可以供应外地的苗木需求,创造一定的经济效益。

(2)保育生物多样性

承德市自然保护区建设规划目标如表 8.11 所示,自然保护区建设规划如图 8.11 所示。

表 8.11 自然保护区建设规划目标

规划年限	现状	近期	远期
自然保护区和风景区占国土面积比例(%)	7.4	15	20

自然保护区的建设有利于有效保护野生动植物资源、退化生态系统,但如果保护区规划面积不合理会影响当地居民的生产、生活和保护区的建设效果:规划面积太大影响当地居民的生产活动,导致耕地数量减少,承载力降低,居民收入减少;规划面积太小则达不到保护效果。根据当地的野生动植物保护状况和自然环境对经济社会发展的承载能力,自然保护区建设做如下规划:

1)扩大滦河源自然保护区

主要是保护天然次生林及人工林生态系统、野生动植物资源。依托原有的御道口自然保护区、滦河源自然保护区、红松洼自然保护区,形成自然保护区的联合,更好地保护高原湿地资源和野生动植物资源;对不科学的建设措施(如,红松洼自然保护区的围栏设施可能会阻碍野生动物的迁徙)加以整改。

2)京北第一大草原保护区建设

主要是保护高山草场生态系统。在京北草原风景区设立自然保护区,保护草原退化的草原生态系统,调查草原生态系统的生物多样性,有针对性地加以保护;限制旅游开发强度,防止

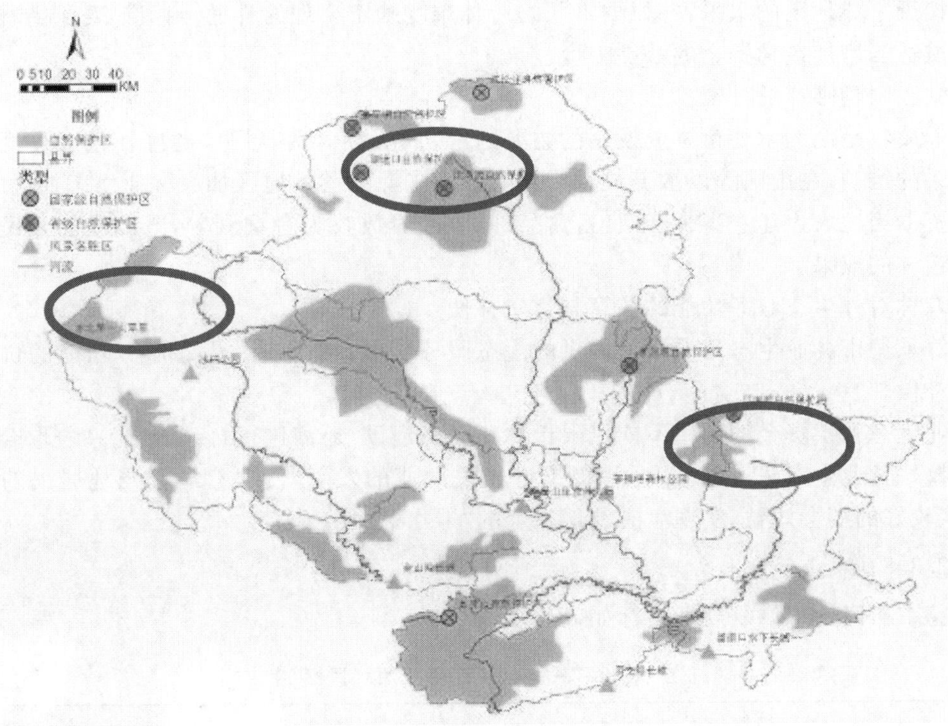

图 8.11　自然保护区建设规划

人类活动对草原生态系统造成破坏。

3)辽河源自然保护区建设

主要是保护辽河源自然保护区的天然次生林资源，对保护区进行科学管理，促进保护区升级，适度开发旅游，减少对植被的破坏。

(3)创新森林生态管理

1)林业生态建设以提供生态服务为主要目标，兼顾林业产品的生产，适当发展林下产业和木材加工、林果业；

2)造林项目在树种选择上注重乡土树种的选择，适当选择抗逆性强、成林速度较快的树种；在立地条件较好的地带适当发展经济林果和林下经济；

3)对于已成活的幼林加强管护，可实行承包到户的管护模式，由当地林业部门统一发放肥料、农药等农资，实行统一管护，对管护人员给予管理费；

4)对已承包到个人的林地，采取灵活措施：对采伐活动进行严格限制，鼓励发展林下经济和发展经济林果。

(4)建立林业生态补偿机制

对承德市为周边地区提供的森林生态服务功能进行合理评价，对承德市林业生态建设中的投资、收益进行合理评估，并与周边的京津地区进行比较，找出差距，积极争取生态补偿基金，补偿主要分以下几个方面：

1)林业生态建设补助的差价补偿

积极争取以国家财政转移支付为主要方式的造林补助资金，使承德市造林补助金的标准提高到接近京津地区的水平，并根据不同的造林难度确定合理的补助金标准，对于造林难度较大的区域适当增加造林资金的补贴力度。

2)禁牧舍饲推广的补偿

散养放牧是制约承德市林业发展的主要因素之一，舍饲圈养推广的好坏很大程度上影响造林成果的维护；在山区等以散养放牧为主要收入来源的落后地区加大林业生态补偿的力度，主要是资助当地农户建立畜舍、改良畜禽品种，改散养放牧为舍饲圈养，既能增加农民收入又能保护造林的成果。

3)森林对外生态服务功能的核算与生态补偿

核算承德市林业生态建设对外提供的生态服务功能，按照森林生态服务功能的价值量进行生态补偿。

林业生态补偿资金的使用不能仅限于林业生态建设，还需进行合理规划，在争取合理的补偿资金搞好林业生态建设的同时，积极推进相关产业的发展，使之有利于当地居民的增产增收，产生较好的社会效益，实现生态补偿资金的“造血”功能。

8.2.3.5 *矿山修复与管理*

承德市矿区生态修复规划目标如表 8.12 所示。

表 8.12 矿区生态修复规划目标

规划年限	现状	近期	远期
矿山环境问题治理恢复率(%)	12	30	70

(1)落实矿山修复治理保证金制度

落实已有的矿山恢复治理保证金制度，国土、环保等部门发挥主导作用，改变现有的由矿山企业交纳恢复治理保证金，然后由矿山企业自身进行矿山恢复治理的模式；由矿山企业出资，政府部门委托具有资质部门(可以是林业部门或相关的企业)进行矿山修复活动，最后由政府、企业共同负责验收的保证金制度。这样，不仅能减轻矿山企业的负担，而且矿山修复资质单位的参与更有利于搞好矿山治理、恢复工程的质量。

(2)开展露天采矿破坏严重地区的生态修复

主要集中在滦平、双滦、宽城、隆化、承德县。针对露天采矿对植被、土壤造成的严重破坏，主要修复措施包括：对已造成严重山体破坏的矿区，进行植被恢复，结合工程措施预防地质灾害的发生；对于已形成巨大矿坑的矿区，可设计规划作为人工湖或湿地，发挥其蓄水功能；对于正在开采的矿区，鼓励引进先进的生产技术，如，选矿过程采用尾矿砂回填矿坑工艺(承德市已有试点)等，最大程度地降低采矿活动造成的山体破坏，植被压埋，耕地占用等情况；规范尾矿的堆放标准，尾矿堆积较多的地区，应列为地质灾害隐患点，并进行辅助的工程设施建设，减少由尾矿滑坡而引起的生命财产损失。由政府引导，进行花园式矿山的示范推广工程，对于矿区环境恢复治理较好的企业给予适当的奖励，并通过花园式矿山的示范作用推进矿山的治理恢复。

(3)合理规划新开采矿区

对于计划开采的矿区应暂停京津风沙源、21 世纪工程等造林工程的实施，以避免采矿活动对造林工程的破坏；对分布于公路两侧可视范围以内的采矿点，予以关停；对于易引发地质灾害的区域禁止进行任何采矿活动。

(4)治理历史遗留矿区

成立由政府或国土部门牵头的历史遗留矿专管部门，查清遗留问题，制定遗留矿区修复治理方案及遗留问题解决方案。

对造成地质灾害隐患的区域，要加强宣传，为群众发放地质灾害明白书，减少由地质灾害引起的人员伤亡、财产损失等事故；争取各级政府的治理资金，实施土地复垦，恢复植被。

(5)实施与推广异地造林项目

对较难治理恢复的矿区，由采矿企业选取适当区域，进行异地造林，造林面积不小于采矿造成的破坏面积。

(6)推进矿山体制改革

加强矿山治理保证金制度，采取由矿山企业出资、政府奖励的制度，在国土、林业、安监局等政府部门监管下实施矿山环境的生态修复措施。矿山环境生态修复项目的立项、设计、施工必须由具有相关资质的单位承担，国土部门负责监管。

建立矿山环境监测制度，实施信息化管理。及时掌握矿山环境的动态数据，为政府提供一个完整的矿山环境信息监测网络，便于及时采取有效的防治措施。

8.2.4　交通主动脉与人类聚居地建设规划

利用京沈高速铁路的建设的契机，结合规划“一环八射”高速公路网络，构建市域交通主动脉网络，并使人类聚集地沿交通主动脉布置，同时调整城镇的人口与用地规模，从而为打造“区域人文生态休闲产业基地”提供发展空间。

8.2.4.1　区域交通主动脉网络构建

(1)加快构建区域交通主动脉网络

京沈高速铁路将在兴隆东、承德南以及平泉北设站(图 8.12)，到 2012 年通车后能够把京

图 8.12　拟建京沈高速铁路选线示意图

津环渤海区域大量的客流引入承德，承德市应加快建设规划中“一环八射”高速公路网络，使其基本于2020年全部建成，从而构建成市域交通主动脉网络（如图8.13），为打造“区域人文生态休闲产业基地”提供发展条件。

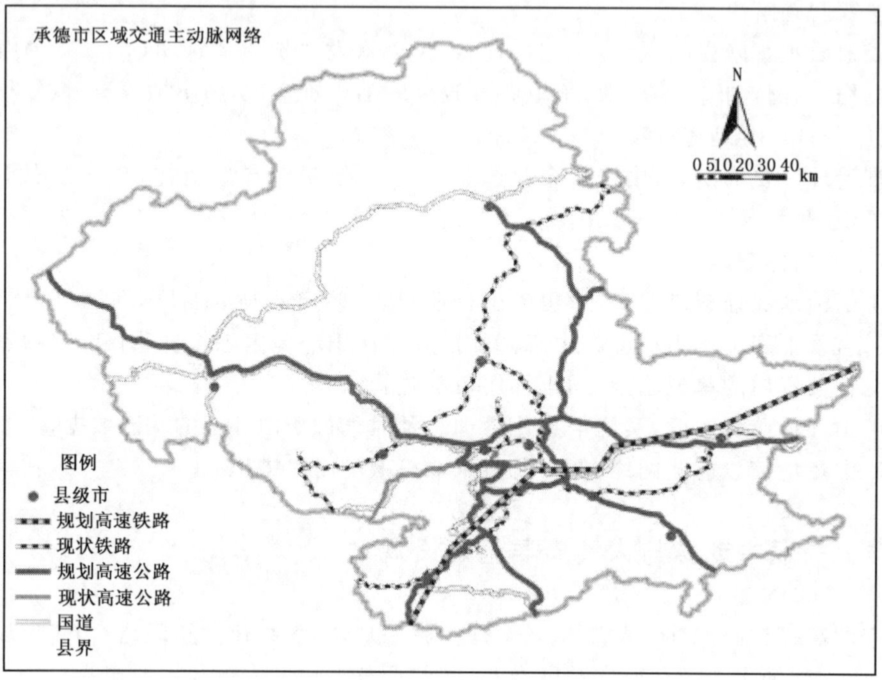

图8.13　承德市区域交通主动脉网络图

(2)协调交通网络与周边生态环境关系

1)打造“绿色高铁”，京沈高速铁路的选线与施工建设应特别注重生态环境保护。

京沈高速铁路的选线应绕避和远离重点文物保护区、环境敏感区、文化遗址、水源保护区和风景区等敏感区域。

施工建设时应制定科学严格的生态环保措施，做到环保措施与主体工程同步设计、同步施工、同步投产，使铁路与沿线环境相协调。

根据沿线地形、地质、交通、水利和建设规划等实际情况，京沈高速铁路建设应进一步优化梁场、无砟轨道轨枕板场布局和桥路设置，做到最大限度地节约土地。同时大力推广尾砂、灰渣等工业废弃物再利用等新技术和新材料、新工艺，节约大量地材。

京沈高速铁路的建设过程还需增强施工人员环保意识，需通过现场踏勘和核对，结合实际情况优化全线涵洞设置和设计，减少对农田的分割。

加强沿线城市区域施工噪声、扬尘控制和施工固体废弃物管理，大力推行文明施工，建设环境友好型工程。

2)建设“景观走廊”，高速公路的建设应与周边景观相协调。

把“一环八射”高速公路网建设成为集通行、服务、观赏、历史、景观、人文于一体的综合性公共空间环境，充分体现承德当地的风土、人情及地域文化，体现绿化、环保。形成具有独特风格的文化走廊、景观走廊、环保走廊。

8.2.4.2　人类聚居地体系建设规划

(1)打造人类聚居地新格局

以交通主动脉网络为依据，沿主动脉布置人类聚居地，打造成“一核、一带、五轴、五园”的人类聚居地新格局，如图 8.14 所示，为区域生态经济新节点、区域人文生态休闲产业基地提供发展条件。“一核”指依托京沈高铁承德南站，在承德中心城区建成生态休闲示范基地。“一带”指沿京沈高铁(承德段)形成生态经济与生态休闲产业发展带。“五轴”指依据“一环八射”高速公路网络，形成以“一核”向市域辐射的人文生态发展轴。“五园”是指依托现有自然保护区、风景名胜区形成市域的人文生态休闲产业示范园，分别是大滩京北第一草原、塞罕坝自然保护区、辽河源自然保护区、潘家口水库以及雾灵山森林公园。

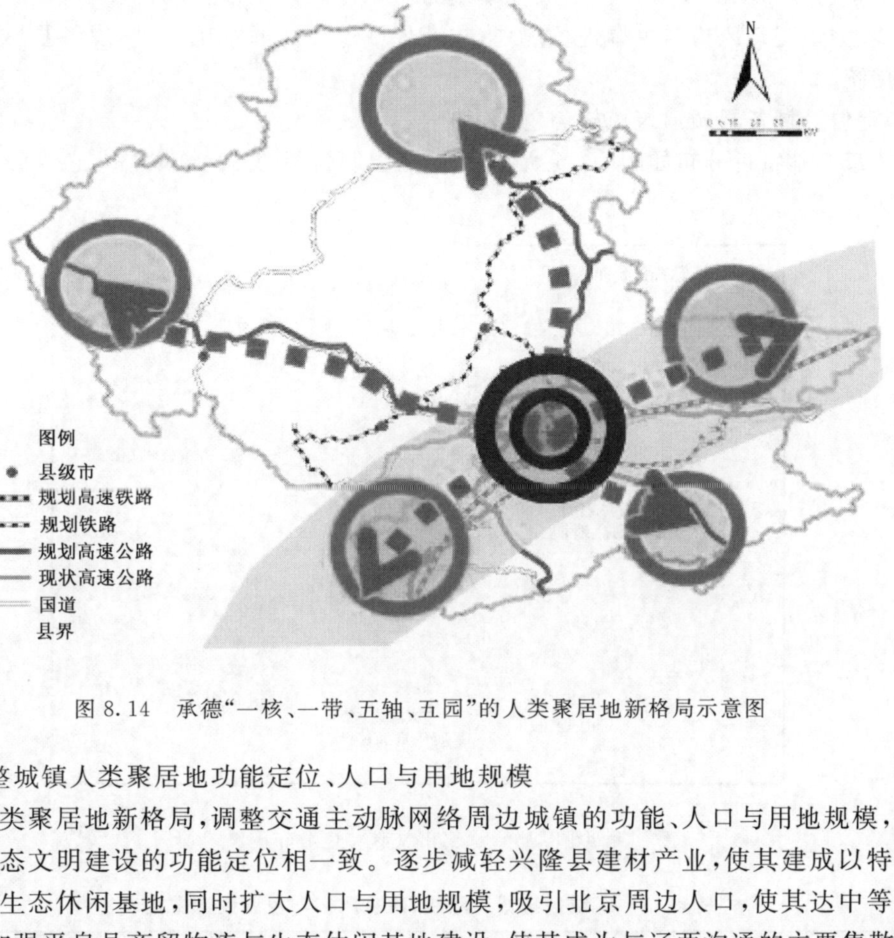

图 8.14　承德“一核、一带、五轴、五园”的人类聚居地新格局示意图

(2)调整城镇人类聚居地功能定位、人口与用地规模

依据人类聚居地新格局，调整交通主动脉网络周边城镇的功能、人口与用地规模，使其与承德区域生态文明建设的功能定位相一致。逐步减轻兴隆县建材产业，使其建成以特色农业种植加工与生态休闲基地，同时扩大人口与用地规模，吸引北京周边人口，使其达中等城市规模；进一步加强平泉县商贸物流与生态休闲基地建设，使其成为与辽西沟通的主要集散地。扩大上板镇区域人口与用地规模，使其以为生态经济发展的新节点核心。

(3)建立城镇规划实施的联动管理体系

具体实施时需协调的主体包括市一县一镇政府的发改委、建设与规划局、国土局、农业局、林业局等。具体措施主要是如何协调各功能主体之间的关系，制定上下级城镇规模宏观调控机制，达到规划的目的。

1)首先对非建设用地进行规划,需要依据区域的生态条件,先规划生态用地,并为城市规划留出空间,从而可以保证在新一轮城市总体规划通过之前,城市建设不会对环境形成高强的胁迫作用。

2)承德市政府应从区域经济发展角度出发,并与上一级政府利益相协调,对承德城市的发展进行功能定位,这样有助于确定城市总体规划人口与用地规模,加快城市总规划的审批过程。

3)对非建设用地规划,通过公众参与的方式进行公示,利用公众与媒体对该地方的开发建设行为进行监督。

4)加强当地企业的社会责任感等。

8.2.4.3 人类聚居地生态景观与生态标识规划

结合承德各区域的文化特色以及各城镇的产业发展定位以及功能要求,对区域内各县城的天际线、城镇建筑风格与色调进行规划,在满足城镇功能的基础上,体现各县城的当地特色及文化传统。

(1)定位区域各县城建筑风格与色调

承德市文脉特色分布如图 8.15 所示,区域各县城天际线、建筑风格与色调设计方案如表 8.13 所示。

图 8.15 承德市文脉特色分布图

表 8.13 区域各县城天际线、建筑风格与色调设计方案表

地区	当地文化特色	功能定位	天际线形态	建筑风格与色调
承德市区	清代皇家园林	历史文化名城	M 型	与山庄配合,力求古色古香
营子区	采矿	矿业	城区周围与山体交界处	以屋顶绿化抵消开矿山体秃斑
承德县	酿酒	轻工业	沿景观河畔	现代感强

续表

地区	当地文化特色	功能定位	天际线形态	建筑风格与色调
兴隆县	林果	旅游	柳河沿岸	古朴
平泉县	契丹	轻工、食用菌	精美建筑线	回式
滦平县	山戎	旅游	Z 型	清闲淡雅小高层
隆化县	红色	旅游、农业	沿景观河畔	
丰宁县	山戎	旅游	沿景观河畔	保持现有状态
宽城县	明、清	矿业、旅游	Z 型	仿清代民居
围场县	木兰秋狝	农、牧、林	城区周围与山体交界处	保持现有状态，小高层

(2)控制区域各县城天际线

承德县、丰宁县、隆化县天际线规划重点放在沿景观河畔。围场、营子天际线重点规划放在城区周围与山体交界处；宽城、滦平城区天际线应结合台阶式地势采取富有层次感的 Z 字形；作为承德名镇的平泉，应以精美建筑起伏线构筑天际线。承德市各县城镇天际线分布图 8.16 所示。

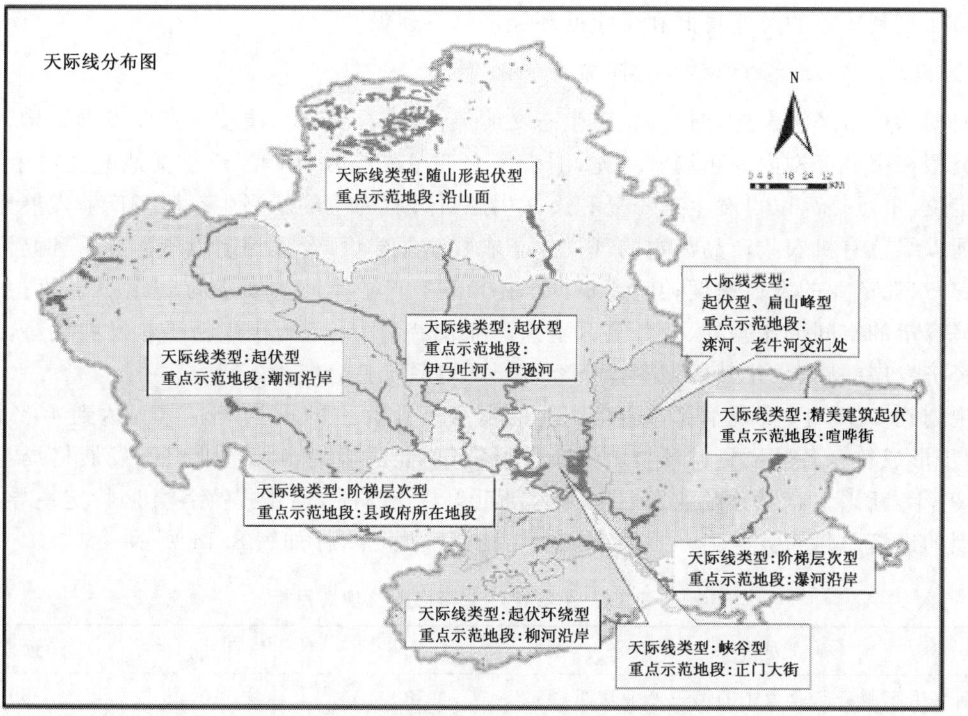

图 8.16　承德市各县城镇天际线分布图

(3)构建社会生态文脉传承与生态标识实施管理体系

具体实施时需协调的主体包括市规划局、国土局、建设局、文物局、房地产开发商以及当地居民等。具体措施包括：在“三年大变样”的城镇建设重要举措下，规划部门应联合文物部门加快制定城市天际线、建筑风格与色调控制性规划，使区域内各城镇建成为优美兼具特色的城镇。

8.2.5 经济生态文明建设规划

承德市区域背景特殊，从其区域自然地理背景来看，它处于京津地区的上风上水方向，为其提供了大量的自然生态服务功能；从其区域经济地理背景来看，它是我国京津冀及环渤海地区重要的农牧产品和金属矿产资源供给地；从其区域文化历史地理背景来看，它是我国“新石器时代山戎文化—宋辽时代游牧文化—清代皇家文化”的重要延续和历史遗存地区。因此，结合承德生态文明建设的功能定位，其产业经济的发展方向必须做出重大调整，通过产业生态文明建设最终将承德市逐步转为一种保证自身能够实现资源－经济－社会的高效可持续发展，同时为京津地区提供更多自然、经济、社会文化生态服务功能的更有效的区域经济统筹的社会经济发展模式。承德市产业生态文明建设内容包括：

1）产业结构调整与空间布局优化；

2)服务行业的功能升级和新兴生态“休闲”产业建设；

3)传统农牧业的生态转型和多层次自然资源产业体系建设；

4)加工制造业的产业集群和工业循环经济体系建设。

8.2.5.1 产业结构调整与空间布局优化

根据承德市经济发展背景及城市生态文明建设的功能定位，调整其产业发展结构，优化各产业类型在市域范围内的布局。首先，围绕作为京津冀地区“休闲”产业基地的经济生态文明功能定位，重点提高以自然生态修复和人文生态“休闲”为主的新兴生态服务产业发展比重，适当开展以绿色有机农牧产品为主的现代生态农牧产业建设，合理控制以资源开采和高污染、高能耗、高水耗产业的发展速度；其次，根据承德市现有产业空间发展格局、承德市自然生态资源和环境容量的空间分布差异、及各县区新兴产业发展潜力，突出其特色产业发展优势，缩小其城乡经济发展差距，强化其区域资源－经济－环境系统整合能力。

规划到 2010 年，实现承德市以新兴生态服务产业为主的第三产业比例达到 40%以上水平，初步形成符合各县区资源环境背景条件，经济功能明确的市域产业空间发展格局与态势；到 2020 年，新兴生态服务产业发展比例达到 50%以上水平，逐步提高各县区特定主导功能产业发展的经济总量与竞争力。承德市产业结构调整规划目标如表 8.14 所示。

表 8.14 承德市产业结构调整规划目标

规划指标	现状	近期	远期
以新兴生态服务产业为主的第三产业比重(%)	30	40	50
三次产业结构比例	18∶52∶30	19∶41∶40	20∶30∶50

(1)提高生态“休闲”服务产业比例，调整区域产业发展结构

根据产业生态文明的设计原则，农业、工业、服务业所组成的传统产业体系，将重新调整为以下三类产业组成的生态产业结构体系。生态文明框架下的承德市生态产业结构和发展体系分别见图 8.17 和图 8.18。

1)第一产业:以光合资源和矿产资源生产为目的的自然资源业

比如种植业、养殖业、捕捞业、矿产采掘业、能源开采业等。这类产业类似于自然生态系统中的初级生产者。

2)第二产业:以制造物质、能量产品为目的的有形加工业

如制造业、食品加工业、电力、冶炼、能源生产业等。这类产业类似于自然生态系统中的各级消费者。

3)第三产业:以自然生态修复涵养、人文生态修身养性、经济生态修整孵化为目的的生态"休闲"产业

具体包括以物资还原、环境保育和自然修复为目的的自然生态服务业,如物质循环企业、环保企业,植树造林、水土保持、生态修复等生态保育企业;以提供社会公共服务和人类身心愉悦为目的的人文生态服务业,如交通运输、医疗卫生、信用贷款等公共服务企业,休闲娱乐、康复保健、观光体验、餐饮住宿等旅游服务企业;以新兴产业策划和传统产业转型为目的的经济生态服务业,如各专业高校和研究院所、技术咨询服务公司等。这类企业类似于自然生态系统中的还原者。

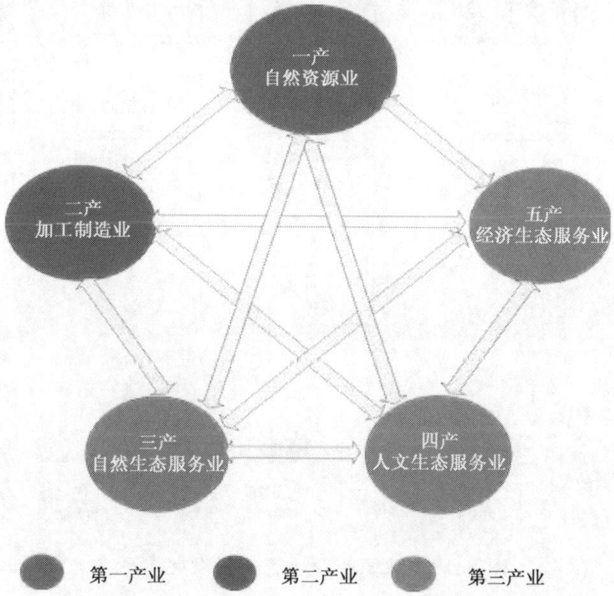

图 8.17 生态文明框架下的承德市生态产业结构图

综合分析《河北省承德市产业发展规划》确定的13大主要产业发展方向及目标,《承德钒钛制品基地总体发展规划》、《承德市风电"十一五"规划及2020年远景目标》等专项产业发展规划内容及目标,和《承德生态市建设规划》确定的承德市工业、农林牧业和旅游业生态转型策略及目标,重新确立承德市主导生态产业的结构如下图8.19所示。

·重点发展以集度假旅游、保健疗养、餐饮住宿、休闲娱乐、感悟体验人生为一体的人文生态休闲产业,集矿山生态修复、尾矿综合利用、工业及电子废物集散一回收一加工、生态经济林种植一采伐一经营为一体的自然生态服务产业,和以新型环保科技成果转化与生态产业孵化、专业生态产品物流为一体的经济生态服务产业;

·适当发展以粮食、林果、畜牧生物质产品的生产、加工，风、水、生物质等可再生资源的综合开发利用为一体的自然资源产业；

·控制发展以钒钛磁铁、稀有金属矿藏资源及非金属矿物开采、精选、提纯，以高耗水高污染火力发电产业为主的自然资源产业，和以特色钒钛钢铁、金、钼等金属冶炼、加工，新型材料及设备制造为一体的加工制造产业。

将承德市目前三种产业发展比例 18:52:30，逐步调整为 2010 年的 19:41:40，2020 年的 20:30:50(图 8.18)。

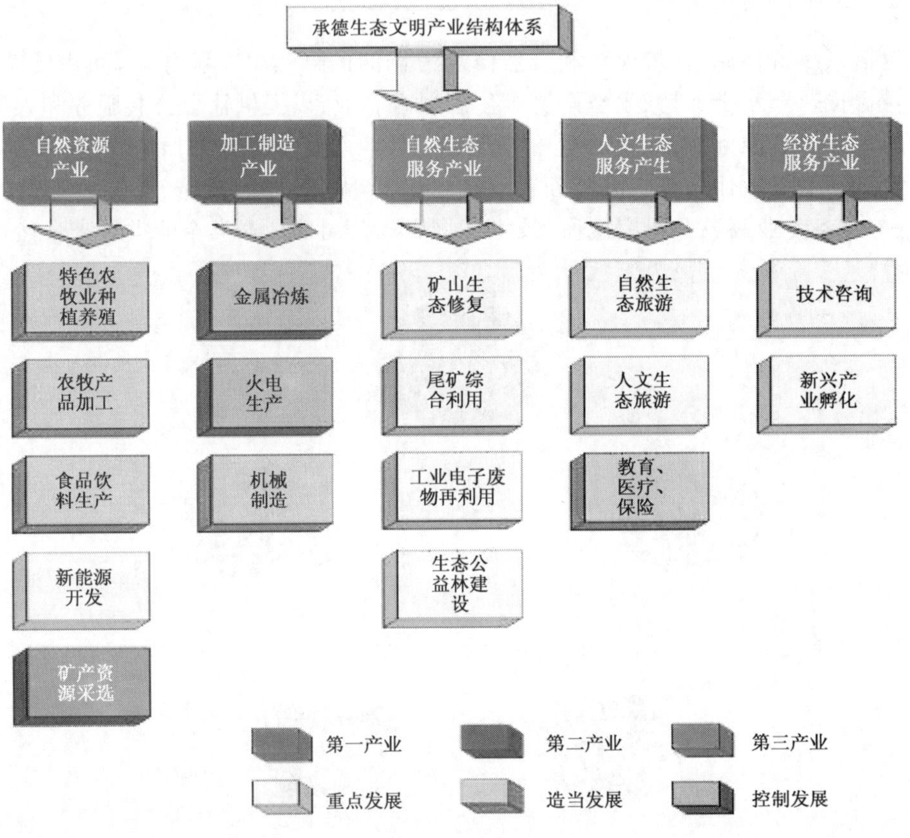

图 8.18　承德产业生态文明发展体系

(2)突出区县特色产业发展优势，优化区域产业空间布局

遵循承德市自然生态资源、经济生态资源和环境容量的空间分布差异，并依托承德市现有产业空间发展格局，为了突出其特色产业发展优势，和强化其区域资源一经济一环境系统整合能力，规划未来承德市各产业类型空间发展格局如下：

1)人文生态"休闲"产业空间布局

人文生态"休闲"产业是一种为人类提供修身养性、康复保健、清心宁神、休闲娱乐、观光体验、研修博览、银发夕趣等以人为本的服务于人类精神文明发展的产业类型。主要规划布局坝上人文生态"休闲"区、市区人文生态"休闲"区和坝下人文生态"休闲"区"三大人文生态"休闲"产业基地，

其中，坝上人文生态休闲区主要包括围场森林一草原景观及游牧文化生态"休闲"区和丰

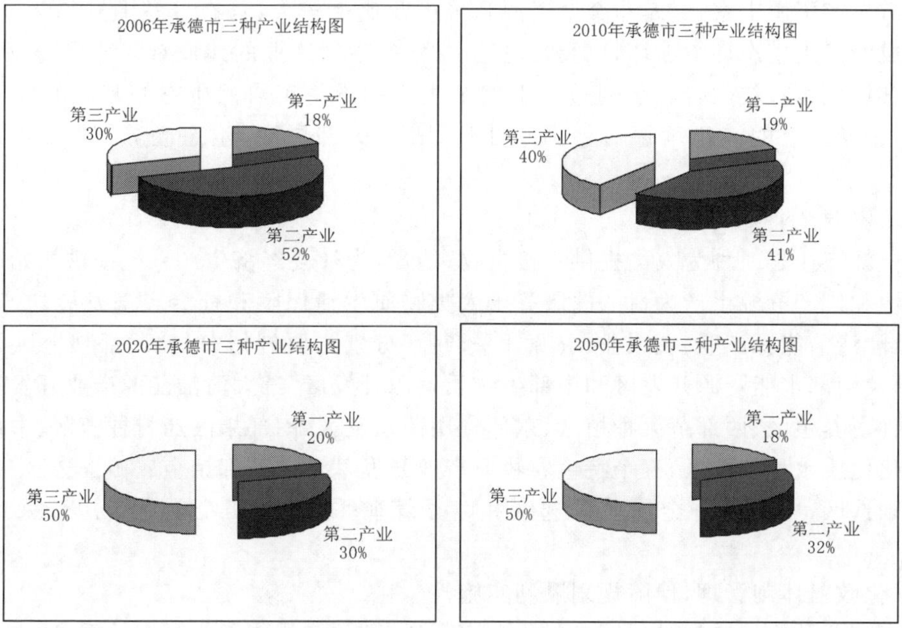

图 8.19　承德产业结构规划调整目标图

宁坝上草原景观及游牧文化生态“休闲”区两个，前者包括有红松洼国家级自然保护区、塞罕坝国家级自然保护区、御道口和滦河源省级自然保护区，及周边各景区和服务基地，后者包括京北第一大草原自然保护区和冰臼公园风景名胜区及周边各景区和服务基地；承德市区人文生态“休闲”区的主体是承德避暑山庄及外八庙国家级风景名胜区，另外也涉及市区周边的磬锤峰地质森林公园等其他景区和服务基地；坝下人文生态“休闲”区主要包括雾灵山国家级自然保护区、潘家口水下长城、罗文峪长城、金山岭长城等自然一人文生态“休闲”区。

承德市人文生态“休闲”产业市场的发展腹地广大，因此为其提供“休闲”目的的服务主体和范围也多样化，通过以上五个主要的承德市人文生态“休闲”区建设，其产业经济空间拉动作用势必会很明显，最终通过“休闲”产业建设，使承德市整体经济定位真正落实在京津唐大区域发展的目标之内。

2)自然生态修复产业空间布局

自然生态修复产业是一种为净化空气、水体、土壤环境，修复、绿化及美化人类破坏的大地景观等以自然为体的服务于自然生态系统功能完善的产业发展类型。主要规划布局“东南部大气环境修复区、东部瀑河上游及北部伊逊河上游水环境修复区和西部矿山生态环境修复区”三大自然生态修复产业基地。这样的空间分布格局既反映出了承德市目前所面临的自然资源生态环境压力，又突出了其作为京津地区天然屏障及水源涵养地特殊背景下的新型经济发展模式。

其中，东南部大气环境修复区主要包括平泉、滦平、兴隆 SO_2 空气污染修复区和平泉、宽城、丰宁粉尘污染修复区两个；东部瀑河上游及北部伊逊河上游水环境修复区则主要包括平泉、宽城瀑河上游水生态修复区，滦平县滦河中游水生态修复区和围场县伊逊河上游水生态修复区三个；西部矿山生态修复区的主体是丰宁、滦平两县，也包括平泉、宽城、营子在内。重点在以上几个区域针对特点生态环境问题布局所需的自然生态修复产业。

承德市矿产资源丰富，金属非金属资源开采产业比重较大，且有日益上升趋势，同时矿产开发所造成的矿山生态环境破坏，以及其洗选、加工等后续产业的建设对区域大气、水、土壤环境质量的破坏也相对较大，因此，通过以上四个主要的承德市自然生态修复区的修复产业建设，最终真正意义上的满足承德市做为京津唐地区"天然屏障、生态涵养"的城市功能定位目标。

3)自然资源产业空间布局

自然资源产业是一种为人类提供直接食物、能量，为社会经济生产系统提供初始原材料等以光合资源和矿产资源生产为目的的服务于人类物质生活保障和社会经济发展的产业类型。从三个领域"清洁能源产业、农牧业、资源开采产业"分别主要规划布局"北部坝上风能资源开发区、西部及南部水能资源开发区和中部生物质资源开发区"三大清洁能源产业开发基地；"北部坝上大牲畜养殖区、西部蔬菜种植区、东部食用菌繁殖区、南部果品药材种植区、中部畜禽养殖区和隆化优质水稻种植区"五个特色农牧业产业开发基地；"西部钼金属矿采选区、中东部黑色金属矿采选区、中南部非金属矿采选区和营子煤矿采选区"四个矿产资源开采产业开发基地。

(3)强化政府体制管理，保障规划顺利实施

承德市产业结构的转型必须明确强化政府责任、理顺各职能部门职责关系，这也是承德市政府机构改革的重要内容，是转变政府职能、优化组织结构的必然要求。

首先，要以承德市主导产业发展目标为首要任务，明确承德市各职能部门在大型产业项目选择时的侧重点，重点选择符合主导产业发展方向和产业带动力强的项目。

其次，对于拉动内需，带动城乡居民就业能力强的产业项目，应该积极培育，并逐步纳入到新型产业生态文明发展规划中来，尤其是符合本规划中划定的优先重点发展产业项目，政府应该划分部门职能，并明确各职能部门任务，积极培育新型生态"休闲"产业发展。

最后，对于本规划中提出的控制发展产业项目，政府应该通过积极引导其进行产品升级，对地区经济贡献能力大但不符合本规划要求的产业，政府应该帮助其进行产品的科技创新，继而对一些规模小、耗能排污大的资源型企业通过强制性指标将其主动退出。

8.2.5.2 服务行业的功能升级和新兴生态"休闲"产业建设

在人类物质生活水平不断提高、社会服务和生态服务需求不断强化的形势下，一类非物质生产的生态关系服务业正在脱颖而出。这是一类包括自然生态修复涵养、社会生态修身养性、经济生态修整孵化的多功能生态服务业。承德市新兴产业的生态孵化主要包括建设以矿山修复及废弃矿渣资源再利用和清洁能源及新能源开发为主的自然生态修复产业；建设以观光疗养、修身养性及康复保健等为一体的人文生态休闲产业。

适当发展提供社会生态建设服务、经济生态建设服务和自然生态建设服务的产业类型，并通过10～15年的时间，把自然生态服务产业推向市场化。实现服务型企业营业收入占到地区财政收入的50%以上，科技活动经费支出占地区全部财政支出的15%以上，各产业用于新产品研发支出的总额占全部支出总额的5%以上。同时，对传统旅游业实行重大改造，逐步形成大众参与式的人类生态旅游产业体系。通过深度挖掘旅游资源的自然价值和文化价值，引导人类积极正向的行为主动性，并实现整体生态旅游的发展，最终形成人地和谐的互动共生型旅游品位。利用10～15年时间，深度挖掘并修复承德皇家文化和草原游牧文化价值，在此基础上发展人文生态旅游业；通过城市带农村、三产带一产、公司带农户、共生带自生，集思广益，自

然保护区的自然生态旅游开发与乡村返朴旅游开发形成一定规模。承德市新型生态“休闲”产业建设规划目标如表 8.15 所示。

表 8.15　承德市新型生态“休闲”产业建设规划目标

规划指标	现状	近期	远期
服务型企业营业收入占到地区财政收入比例(%)	29.8	40	50
科技活动经费支出占地区全部财政支出比例(%)	——	8%	15%
各产业用于新产品研发支出总额占全部支出总额比例(%)	0.77	1	5

(1)提升自然生态服务产业

1)农牧业废弃物资源化再利用产业

2)矿山生态修复产业

3)城市园林绿色景观设计建设产业

4)环境污染防治与治理产业

5)工业固体废弃物资源化再利用产业

(2)发展经济生态服务产业

1)农村专业经济合作社的培育与发展

2)工业行业协会及各专业组织的建设与发展

3)生态农牧产业的孵化

4)高新技术研发基地的孵化与发展

5)绿色物流网络的构建

(3)培植社会人文生态服务产业

1)绿色建筑及人居建设产业

2)绿色商贸产业

3)生态旅游业(银发工程、宁心工程)

· 自然生态旅游

· 乡村生态旅游

· 人文生态旅游

(4)新兴生态“休闲”产业生态文明建设

生态服务产业的建设需要在发改局牵头下，商务局、旅游局、文化局提供服务，科技局提供支持，林业局、环保局提供监督服务下进行。

· 政府在制定相关规范的前提下，逐步放开对自然生态服务产业的控制权。目前大多数自然生态服务产业都是以政府部门为主要力量实施的，如何把其推向市场化是重点解决的问题。

· 鼓励企业内部污染防治技术、生态修复技术自主知识产权建设，并在同行业中进行推广示范。

· 组织强化与管理各类型农村经济合作组织和工业行业协会，发挥其专业合作的功能。

· 政府通过在引进一些产业孵化项目、高科技催化项目和生态建设与环境保护项目的基础上，由企业配合政府各管理部门形成合理的服务体系。

·强化承德市生态基础设施(自然、人文)的建设与保护,维护自身自然及人文生态特色和内涵。

·建立健全生态休闲产业相关的自愿者和员工服务培训体系,强化休闲产业服务型人才培训和信息网络建设。

·强化生态休闲园区内部营运组合,发展和优化广泛的外部共生体制,构建多种休闲产业融资渠道。

8.2.5.3　传统农牧业的生态转型和多层次自然资源产业体系建设

合理调整承德市农牧业结构、布局和生产、经营方式,建立规模化、多样化、特色化、绿色化的复合生态农牧业生产及加工体系,集约化、安全化、高效化的矿产资源采选体系,规模化、稳定化的清洁能源开发体系。满足为承德市和京津地区,及其他腹地提供安全、健康、充足的粮食、食品、冶金建材原料及能源的要求和生态服务功能,为承德市京津唐区域的定位提供重要保障。保证承德市在农牧业总产量和经济总量稳定增长的前提下,加大农牧业基地化建设,发展无公害绿色有机示范基地来带动农业产业转型,农牧业标准化生产率达到70%;绿色有机无公害农作物种植面积占到70%,产值占到农业总产值的80%;农业秸秆、牲畜粪便综合利用率达到90%,并通过技术改造实现农牧废物经济转化增长率的逐步提高;农业全部实现有机生产,农业面源污染得到全面有效控制;实现矿山开采行业的集约化发展,资源能源矿产资源开采行业综合能耗水耗达到国内先进水平。承德市自然资源产业生态文明建设规划目标如表8.16所示。

表8.16　承德市自然资源产业生态文明建设规划目标

规划指标	现状	近期	远期
农牧业标准化生产率(%)	38	50	70
绿色有机无公害农作物种植面积比例(%)	——	50	70
绿色有机无公害农作物产值比例(%)	——	60	80
农业秸秆综合利用率(%)	——	60	90
牲畜粪便综合利用率(%)	——	60	90

(1)提升农牧业产业化水平和建设绿色有机种植(养殖)基地

1)围绕承德市肉类、乳品、菌菜、果品、中药五大特色农业产业,强壮龙头,扩大基地规模。

引导农产品深加工企业对承德市本地农业种植业和畜牧业发展的拉动作用,逐步实现未来承德市农业的基地化发展。到2010年培育年产值1000万元以上特色农业产业化龙头企业100家(2006年为48家),种植业基地产值占其总产值的比例达到70%以上(2006年为52%),畜牧业基地产值占其总产值的比例达到50%以上(2006年为30%);到2020年分别达到85%和70%以上;到2050年达到95%和90%以上。

2)提升承德市肉类、乳品、菌菜、果品、中药五大特色农业产业的科技水平

鼓励引导农产品加工企业实施科技创新工程,与科研院所、高校紧密挂钩,建立企业产品研发中心等,同时建立起科技人员直接到户、良种良法直接到农到舍、技术要领直接到人的农技推广机制。到2010年,培育特色农业高科技产品研发及孵化中心50个,农业科技推广普及率达到40%(2006年为21%);到2020年达到60%以上;到2050年达到80%以上。

3)强化农村合作经济组织的建设,提升农民组织化水平,加快形成“龙头企业+农民专业合作经济组织+基地”等不同类型的产业化发展模式

建立各种各样的专业合作经济组织,以适应市场经济专业化程度越来越高、社会分工越来越细的要求。到 2010 年,全市农民专业合作组织达到 1000 家以上,农民专业合作组织辐射带动农民达到总农户数的 60%以上;到 2020 年达到 80%以上;到 2050 年达到 95%以上。

4)控制农药化肥的使用和农业面源污染,提高绿色有机农产品种植和畜禽养殖基地在农牧业基地的比例

严格控制农药、化肥的使用和普及有机化肥及饲料在承德市的使用,在基地内通过统一采购、统一管理、统一施肥(喂料)等一系列措施促进承德市绿色有机农业种植、畜禽养殖在承德市农业发展中的普及。到 2010 年,实现绿色有机无公害农作物种植面积占到 60%以上,产值占到农业总产值的 70%以上;到 2020 年分别达到 70%、80%;到 2050 年分别达到 90%和 95%。

5)从源头到过程严格控制农产品的质量与卫生安全标准,促进绿色有机及无公害食品的生产

监测农产品前端原料是否存在有毒有害物质的累积,并按照国家制定的有机食品、绿色食品生产要求及技术规范进行组织、生产与管理,严格监督与控制农产品生产过程中各种添加剂和辅助原料的使用,保障绿色安全无公害食品的生产。到 2010 年,实现具有绿色无公害食品标志的企业占所有农产品生产加工企业比例的 30%;到 2020 年达到 40%;到 2050 年达到 50%。

6)培育与提升具有承德市特色的农产品品牌

在生产出合格绿色安全的农产品基础上积极申报国家绿色食品、有机农产品认证,从源头环节实施品牌质量监控,争创中国驰名商标、中国名牌农产品等“国字号”品牌,提升品牌影响力;对于对外出口的农产品,要认真采用国际标准以及出口目标国和地区的标准来组织生产加工农产品,提高产品档次,在其基础上争创世界名牌特色农产品。到 2010 年,建设“国字号”农产品品牌 20 个,国际农产品品牌 5 个;到 2020 年分别达到 30 个和 10 个;到 2050 年分别达到 50 个和 20 个。

7)提高农业种植秸秆和畜禽养殖粪便的综合利用效率

建立承德市各县区分级农业秸秆回收网络,通过农用秸秆的气化供热、焚烧发电等技术的应用逐步提高承德市农用秸秆的资源化利用效率;完善各养殖基地畜禽粪便无害化及资源化处理体系,并促进带动养殖基地发展的畜禽产品加工企业粪便综合利用项目的上马,通过畜禽粪便沼气化、无机堆肥化等措施的建设,逐步提高承德市畜禽粪便的综合利用效率。到 2010 年,实现承德市农用秸秆资源化综合利用率达到 50%以上,畜禽粪便资源化利用率达到 40%以上;到 2020 年,分别达到 90%和 80%。

(2)多层次应用生态学原理,实现农牧产业的生态转型

承德市是一个以农村为主的山区城市,99%的土地面积为乡村用地,80%的人口为农业人口,因此从保护农村生态环境、发展农村经济、提高农业效益和农民收入入手,将绿色大农业、有机农林牧业作为未来承德市农村发展的主要方向是实施农业生态文明建设发展战略和做好京津唐生态屏障的基础。承德市农业生态转型要以生态规律为基础,以农业资源的高效循环利用和生态环境保护为核心,以“减量化、再利用、资源化”为原则,以“低消耗、低排放、高效率”

为基本特征，以“产业化、现代化、健康化”为目标，建设资源节约型、环境友好型，经济高效型农业，实现农业可持续发展的理念。

实现以传统种植业和家庭畜牧养殖业为主的第一产业向第二、第三产业的升级是承德市农业发展的首要任务。按照生态控制论自生、共生、竞争法则建立起来的现代农业体系，是符合可持续发展的高收益、高效率的生态型农业体系。政府决策者从规划角度应为农业产业结构转型提供一定保障，激发农民自觉投入到新型农业发展规划中来。

1)传统大宗农业种植向特色农业种植的结构转型

通过农业土地利用政策和土地所有权的改革，发展特色农业种植业，以有机蔬菜种植、果品种植、板栗种殖、中药种植和菌类种养植为主，大面积在北方围场、丰宁、隆化、平泉、滦平五县开展，特色农业种植的管理必须按照统一标准，严格进行。实现承德市农业发展由传统的粮食作物产品为主导的结构向以特色经济作物产品为主导的结构转化。

2)一元单向农业种植养殖业向多元网络化农业产业系统转型

在扩大特色农业种植及畜禽养殖业发展和产品结构改变的同时，还必须加大农业产业化力度和农产品结构的优化，从传统的一元单向作物栽培、牲畜饲养转为集种植、养殖、加工、生产、销售、服务为一体的产业网络综合体，尤其是猪、牛、鸡、鸭等畜禽养殖加工等农业产业的网络化配套产业集群更要进一步加强。根据当地资源条件和经济发展水平，合理组织农业生产和农村经济活动，延长农产品产业链，建立以“种植业－养殖业－加工业”或“种植业－加工业－休闲旅游业”等为主线的农业产业链(网)。

3)传统农业发展模式向“农林牧复合生态模式”转型

通过建立有效的生态农业发展模式和配套技术，来解决农业和农村经济可持续发展过程中遇到的资源短缺和生态环境恶化问题、农业和农村经济结构优化和农产品质量提高过程中遇到的环境污染问题、以及实施退耕还林还草和巩固生态建设成果过程中遇到的农村能源问题等等。

通过发展“农林牧复合生态模式”，借助接口技术(联结不同产业或不同组分之间物质循环与能量转换的连接技术：如种植业为养殖业提供饲料饲草，养殖业为种植业提供有机肥，其中利用秸秆转化饲料技术、利用粪便发酵和有机肥生产技术均属接口技术)或资源利用在时空上的互补性开展两个或两个以上农业相关产业或组分的复合生产模式。

4)农业发展体制改革与农村经济增长方式的转变

承德市农业产业化发展必须在孵化出新型特色农业产业和实现农业生态环境保护的基础上，培养更多的民营企业，吸引更多的大型食品加工或其他农业相关企业和科研机构，通过一系列发展体制的改革与应用，带动承德市生态型农业产业的大力发展和农民收入的显著增高。

以市场为导向，大力扶持生态农业龙头企业，组建生态农业产业链。发展“公司＋农户”、“公司＋基地”、“科－农－工－贸一体化”等不同类型的产业化体制模式，实现规模化生产和产业化经营。同时，要顺应国际经济和科技发展潮流，大力推进生态农业的标准化、信息化和现代化发展，创建农产品品牌，提高农业的整体效益，以此刺激和推动农业产业结构调整与优化升级，以及生态农业的转型，即实现从单纯追求数量型增长向质量效益型增长转变；从面向国内市场向国际和国内两个市场转变；从单一的生产功能向“生产－生活－生态复合功能”的转变；从单家独户的小规模生产向生态农业的产业化与标准化发展。

(3)严格矿山开采行业准入制度,限制非国营企业资源开发

承德市矿产资源丰富,资源开采业在整个国民经济发展中的比重较大,且优势明显,是经济发展的支柱产业。为实现承德市矿业经济又好又快地发展,有效解决矿山开采中对环境的负面影响,规划建议:

①整合矿产资源开采,优化矿山企业结构

②以“绿色”矿山建设为标准,按企业制定和落实绿色矿山建设计划

③提高各级政府对绿色矿山建设的控制力,确保绿色矿山建设见到实效

④加强对矿山环境综合整治工作的宣传和指导服务

(4)合理发挥潜在能源优势,建立清洁能源综合开发体系

利用承德市特有的地域清洁能源发展潜力和优势,发展新型能源产业建设,既符合生态文明建设要求,还能为地方经济发展提供保障。承德市清洁能源综合开发体系建设内容主要包括:

①水能发电

②矿物—垃圾—秸秆综合发电

③风能发电

④农村沼气综合利用

⑤太阳能综合利用

(5)保障自然资源产业的生态文明转型

光合资源产业建设需要在发改局牵头下,由农牧局具体操作、科技局提供支持、环保局提供监督下进行;资源开采业需要在发改局牵头下,由国土局具体操作、科技局提供支持、环保局监督下进行。

1)通过政府加强对农业产业化的领导,制定政府、市场和社会三方面力量紧密合作的有效机制和产业化运行、管理体系,促进与保障农业产业化稳步前行。

2)通过政府加强对矿山开采行业的监管,制定合理的资源开采规范及安全保障措施,保证矿山开采行业安全、有序、适量、节约的运行。

3)按生态产业要求,制定合理的农牧生态产业和自然资源开采生态产业规划设计,组织各级单位、多种力量和途径,制定区域的扩大自然资源产品加工、集散、营销产业策略。

4)维护和激励自然资源产业科技的创新、开发、普及和推广,尤其要鼓励符合生态学原则的产品研发技术和经营模式。

5)通过政府直接投资、农业产业企业投资、商业资本介入、银行贷款、公司加农户的企业投资和农户预付定金等多种方式,建立和完善稳固的农牧业投资体系。

6)鼓励和支持农业循环经济和生态农业园区的发展和扩大,通过税收、贷款、奖励等政策方面的支持,组织与建立示范点,引导和带动整个承德市农业产业化的生态转型;同时政策还应偏向于同性质的矿山开采行业。

7)通过各级政府和管理部门的服务,完善和健全农业产业化的社会化服务体系。

8.2.5.4　加工制造业的产业集群和工业循环经济体系建设

在不影响京津地区环境空气和水质量、为京津地区提供重要生态服务功能和区域生态安全格局的前提下,通过技术引进、项目支撑优先发展机械制造、设备制造等低水耗、低能耗、低污染行业,通过循环经济和产业升级改造现有冶金、化工等高污染、高消耗行业,为承德市在京津地区

的城市功能定位提供重要保障。保证在承德市工业总量和工业增加值持续增长的前提下，实现加工制造产业结构全面升级，布局进一步优化，价值链进一步提升，生态链进一步完善。高新技术产业比重占到全市加工制造业比重的40%以上；终端消费品制造产业比重达到60%以上；主导工业行业资源利用率、能耗水平、水耗水平、污染物排放水平达到国际先进水平；规模以上三高企业100%实现清洁生产审核，规模以下三高企业全部关停；所有传统工业园区80%向生态工业园区转型。承德市加工制造产业生态文明建设规划目标如表8.17所示。

表8.17 承德市加工制造产业生态文明建设规划目标

规划指标	现状	近期	远期
高新技术产业比重占到全市加工制造业比重(%)	——	25	40
终端消费品制造产业比重(%)	——	30	60
规模以上企业清洁生产审计比例(%)	——	80	100
生态工业园区占工业园区数量比例(%)	41.3	50	80
单位工业增加值能耗(吨标准煤/万元)	——	0.8	0.4
单位工业增加值水耗(m^3/万元)	——	10	7
单位工业增加值COD排放(kg/万元)	——	1.5	0.8
单位工业增加值SO_2排放(kg/万元)	——	1.3	0.9

(1)加强高能耗、高污染工业企业清洁生产审计

承德市目前存在的高能耗、高污染的加工制造行业主要包括黑色金属冶炼及压延加工业、电力生产及供电业、化工业、食品制造业。其中又以黑色金属冶炼及压延加工为主要的高能耗高污染对象。针对这些典型行业，必须建立起完善的企业清洁生产审核制度，在企业内部做到节能降耗的任务目标。

①钢铁冶炼企业清洁生产审核

②电力生产企业清洁生产审核

③化工行业清洁生产审核

④食品制造行业清洁生产审核

规划近期，承德市区规划清洁生产审核企业包括；承德县包括；兴隆县包括；滦平县包括；平泉县包括；隆化县包括；丰宁县包括；宽城县包括；围场县包括。

(2)建立规模以上工业企业环境管理体制

为了强化企业环境管理体制，必须加强对承德市大中型企业及典型工业区的ISO14000认证工作，把承德市各区县产业聚集区及聚集区内的各类型大中型企业ISO14000环境管理体系认证工作作为创建承德市加工制造产业生态文明建设的重要内容。

(3)发展循环经济，建立多尺度循环经济体系

1)企业内部的循环再利用

企业内部循环经济体系建设主要是针对不同行业类型进行不同类型的清洁生产审计，建立企业内部节能减排激励机制。承德市目标存在的高能耗、高水耗、高污染行业主要包括黑色金属冶炼及压延加工业、造纸及纸制品业、有色金属矿采选业、化学原料及化学制品制造业、木材加工业等。

· 钢铁行业清洁生产

钢铁行业主要原料为铁矿石，铁精粉，焦粉，煤粉，石灰等；产品一般包括生铁、碳钢、钢材、钢板、钢筋、特种钢等；废物主要为冶金废渣、废铁、废钢、煤渣、污泥等。从传统钢铁行业产业关联分析来看，其上游产业一般包括黑色金属矿采选业、有色金属矿采选业，下游产业一般包括专用设备制造业、金属制造业、通用设备制造业、交通运输设备制造业、电器机械及器材制造业等。但从废物流构建来看，建材行业、焦化行业等与其废物关联度较高。而从其能耗水耗来看，都是消耗大户，废热废水的排放也较高，为其他行业服务和利用的潜在综合价值也较高。

其生态循环体系的基本建设思路为（图 8.20）：

①通过建设大型钢铁行业生产加工基地和利用曹妃甸天然深水港口优势，强化并稳定海外铁矿石资源供给，保证基地主要原料供给的持续性；

②全面实施污染物“源头削减方案”，和不同工艺用水的重复梯级利用，大幅度提高水资源循环利用率，基本实现废水“零排放”，同时降低单位水耗；

③通过与工业区其他焦化企业、建材企业的合作开展高炉瓦斯泥、转炉泥、钢铁渣、石灰筛下料、粉煤灰等固体废弃物的回收循环利用和焦化副产品的深加工；

④通过与城市集中供热站、工业区热气转换系统回收高炉、焦炉、转炉煤气和余热资源，改造加热炉，实现燃料结构优化和企业间的能源梯级利用，降低单位能耗。

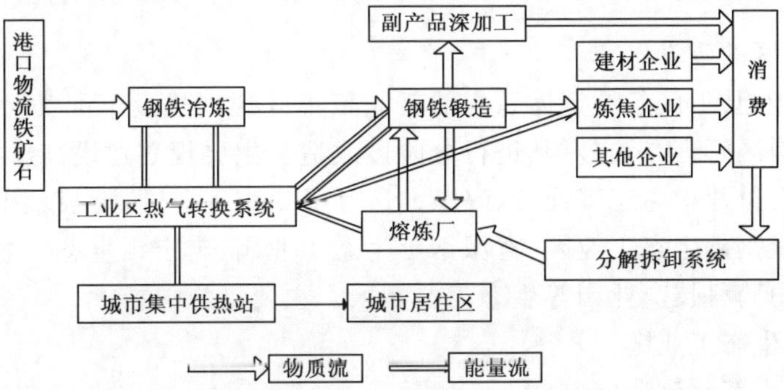

图 8.20　承德钢铁行业循环经济体系物质能量流动图

· 电力行业清洁生产

电力行业主要原料为煤炭、各种垃圾、秸秆等生物质燃烧，以及风、水、太阳等自然能的转化；废物主要为粉煤灰、炉渣等。从废物流构建角度来看，火力发电企业可以通过工艺改进燃烧部分秸秆、生物质、生活垃圾等上游废物，自己产生的废物还可以用于建材行业等原料的选择。其生态循环体系的基本建设思路为（图 8.21）：

①通过建立合理的煤炭供应及保障机制，保证发电厂燃煤供给的持续与稳定；

②改进工艺，采用循环流化床炉将城镇生活垃圾、农用秸秆等废弃物进行焚烧，有效利用；

③通过与污水处理厂联合，应用污水处理厂的中水用作电厂冷却用水，污水处理厂的污泥反过来用到电厂焚烧，进而实现二者的功能共生，提高资源利用效率，并节省资源能源；

④通过与工业区其他焦化企业、建材企业的合作开展高炉炉渣、转炉泥、粉煤灰等固体废弃物的回收循环利用；

⑤采用热电联产方式，改造加热发电锅炉，通过与城市集中供热站的联合，实现电厂的发电、供热、供气综合功能的实现，进而提高资源综合利用效率。

· 化工行业清洁生产

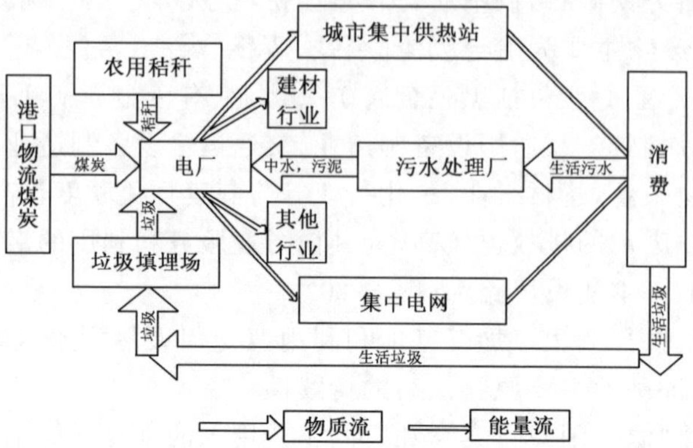

图 8.21 承德电力行业循环经济体系物质能量流动图

煤炭化工、石油化工行业主要原料为焦炭、原油等一次能源，通过深度提炼后的副产品或其他产品用于化学原料等的生产；化工行业的产品种类繁多，废物也同样繁多，且属于高能耗水耗，且高污染行业类型。作为基础行业，其产品与各行业类型关联度都很高，是承德市产业发展的重要环节。

2)生态工业园区的建设

针对承德市及八县三区各城镇体系中的工业聚集区规划建设不同类型生态工业园区，按照《国家生态工业园区管理办法》对其进行分阶段改造。主要规划建设高新技术产业开发区生态工业园区、甲山石材建材生态工业园、兴隆北区食品生态工业园、上板城生态工业园、双滦钢延生态工业园、兴隆钢延生态工业园、宽城钢延生态工业园、丰宁钼生态工业园、隆化阀门机械生态工业园、特色中药科技产业园等生态工业园区。主要措施包括：

· 延伸和补强生态工业链
· 工业集中区生态化改造
· 工业园区生态管理体系建设
· 加强工业固废园区内循环利用
· 建立园区内企业有效合作机制

(4)传统加工制造业的产业生态文明建设

加工制造产业的组织及空间结构优化和生态转型需要在发改局牵头下，城建局提供空间上的总体规划，科技局提供支持，环保局提供监督服务下进行。

①通过建立和完善科技研究体系，为加工制造企业的创新开发服务，重点是在工艺节能减排方面的重大科技研究项目的引进。

②通过初期典型示范企业、示范园区建设，鼓励并推动整体循环经济的发展与壮大。

③鼓励、吸引和培育现代制造业，以此拉动整个承德地区经济的升级。

④制定完善的环境达标及污染排放地方法律规定，限制高污染企业无序发展。

⑤完善加工制造企业社会化服务体系。

⑥重视培养中小企业，尤其是对乡镇企业的扶持。

8.2.6　城乡生态卫生服务体系建设规划

生态卫生的目标就是要污水、粪便、垃圾无害处理和循环利用，不仅保证人体健康，居住环境健康，也使人居环境中产生的生物质能循环再生需要，补充农业生产中的养分需求，从而保证农田健康和环境健康。在承德市建立城乡生态卫生服务体系，具体内容包括：

(1)全面推进城乡生态卫生建设：建立区域统筹和城乡统筹的生活垃圾管理系统、改善人居环境卫生，有效控制粪便和污水无组织排放。

(2)大力发展包括沼气、太阳能、风能等新能源。

(3)大力推进农村庭院经济，发展庭院经济文化。

(4)加强秸秆和禽畜粪便等农业废弃物资源化利用和无害化处理。

(5)改善城乡医疗卫生保障体系。

(6)统筹农村新能源、卫生、道路、容貌、文化生活等多项工作，积极推进水循环、沼气、太阳能、废物再生的管理、技术集成示范。

8.2.6.1　城乡生态卫生服务基础设施建设规划

建立和完善城乡生态卫生服务基础设施，提高生活垃圾、生活污水和粪便等生活污染物的收集和无害化处理率，促进生活源有机质、营养物的回收利用和可再生能源的利用，提高生态卫生服务的城乡统筹能力和管理水平。具体的规划目标如表8.18所示。

表8.18　承德市城乡生态卫生服务基础设施建设规划目标

规划目标	现状	近期	远期
城镇生活垃圾无害化处理率(%)	0	70	90
县区生活垃圾设施城乡统筹半径(km)	0	10	20
城镇生活污水无害化处理率(%)	0	50	80
农村沼气池普及率(%)	30	35	55
农村可再生能源利用比例(%)	9	15	40
农村生态卫生基础设施建设示范村(个)	0	80	160
生态卫生系统覆盖率(%)	14.9	50	82.5

(1)建设城乡统筹的废弃物无害化处理基础设施

1)建立城乡统筹的生活垃圾处理基础设施服务体系

经调查，承德市居民最关心的环境问题是生活垃圾管理问题，因此将城乡统筹的生活垃圾处理基础设施服务体系作为规划的重点内容，规划内容包括：

①建立以各县区生活垃圾无害化处理为核心的垃圾处理基础设施体系，各县主城区生活垃圾处理设施规划、建设情况如表8.19所示。各县区主城区的生活垃圾集中处理设施应兼顾周边农村的生活垃圾处理，通过建立农村生活垃圾“村收集一镇转运一县市处理”的城乡统筹生活垃圾管理系统，规划近期集中生活垃圾处理设施的覆盖范围为处理场周边10 km，远期覆盖范围提高至20km。承德市各县生活垃圾处理场规划及其统筹农村范围如图8.22所示。

②对承德市各乡镇的生活垃圾简易填埋场和堆放场进行清查，对简易填埋场和堆放场周边的大气和地下水环境进行定期监测，对于严重影响周边居民正常生活和饮用水安全的填埋

场应对其进行封场和地下水阻断管理。

③在农村生态卫生基础设施建设示范村（近期 80 个，远期 160 个）中示范农村生活垃圾有害垃圾和厨余垃圾分类管理。通过制定有害垃圾和厨余垃圾有偿回收标准，逐步实现有害垃圾和厨余垃圾同其他垃圾的分离。各县根据实际情况制定有毒有害垃圾定期收运管理方案，对灯管、电池、油漆等有害垃圾进行统一集中处理。大力发展农村厨余垃圾原位堆肥技术，以村为单位装配生活垃圾原位堆肥设施，堆肥产品建议用于苗圃栽植和风沙源治理区表面覆土。

表 8.19　承德市各县主城区生活垃圾处理设施规划

县区	建成年份	处理能力（吨/日）	设计库容（万 m^3）	使用年限	占地面积（hm^2）	投资金额（万元）
承德市	近期	500	230.6	15—20	20.8	5577
	近期	733	（焚烧）	—	9.18	32300
营子区	远期	100	72.4	15	3.3	2208
滦平县	远期	120	79.8	14	6.3	2754
丰宁县	近期	120	—	20	15.0	2500
围场县	近期	200	109.5	15	10.0	2391
隆化县	远期	150	—	—	—	4080
平泉县	远期	100	—	—	—	2750
宽城县	远期	200	—	20	10	3597
兴隆县	远期	150	—	10	4.48	2800
承德县	远期	150	—	50	—	1950

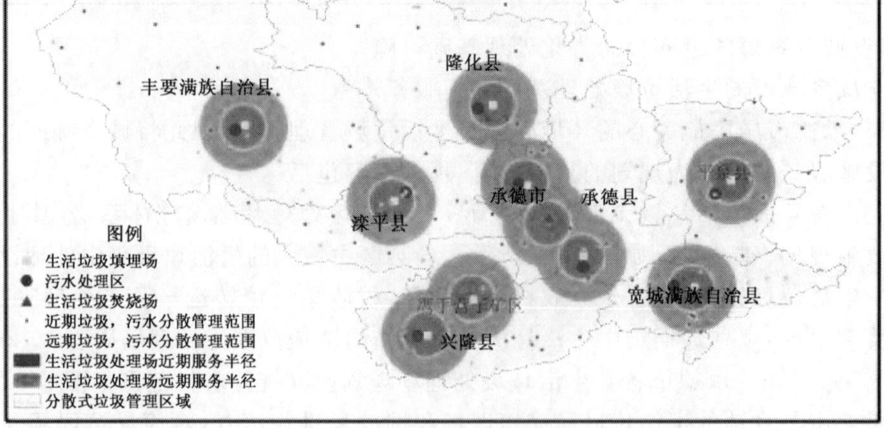

图 8.22　承德市城乡生态卫生服务设施规划及统筹范围

2)建立城乡统筹的生活污水无害化处理基础设施服务体系

①建立以各县区主城区生活污水集中处理为核心的生活污水处理基础设施体系,各县主城区生活污水集中处理设施规划和建设情况如表 8.20 所示,集中式生活污水处理厂分布如图 8.22 所示。各县主城区生活污水处理厂规划和设计时应考虑到周边农村生活污水的处理需求,并建设配套管网系统。

表 8.20　承德市各县主城区生活污水处理设施规划

县区	建成年份	处理能力(万 t/d)	处理工艺	占地面积(hm^2)	配套管网(km)	投资金额(万元)
承德市	近期	15				12000
营子区	远期	—				—
滦平县	远期	2	氧化沟	2.3	35.3	8128
丰宁县	近期	3				6000
围场县	远期	—				—
隆化县	远期	2		2.8		5290
平泉县	远期	3	氧化沟	4	20.7	5284
宽城县	近期	2	氧化沟	2.5	26.1	5600
兴隆县	远期	2	氧化沟	3.1		4249
承德县	远期	5			21	8000

②在农村生态卫生基础设施建设示范村(近期 80 个,远期 160 个)中示范并大力推广农村生活粪便单独收集和污水分散式处理技术,如生态卫生厕所技术和农村生活污水简易处理技术。如"厌氧－生物过滤－天然湿地"、"厌氧－生物过滤－浮游植物"、"厌氧－人工湿地"等模式,吨水投资仅为 500 元左右,吨水处理成本仅为 0.05 元,出水可达到国家一级排放标准。技术示意图如图 8.23 和图 8.24 所示。

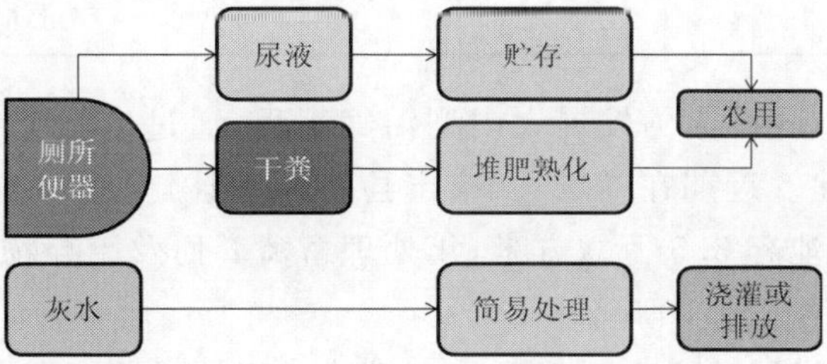

图 8.23　生态卫生厕所技术示意图

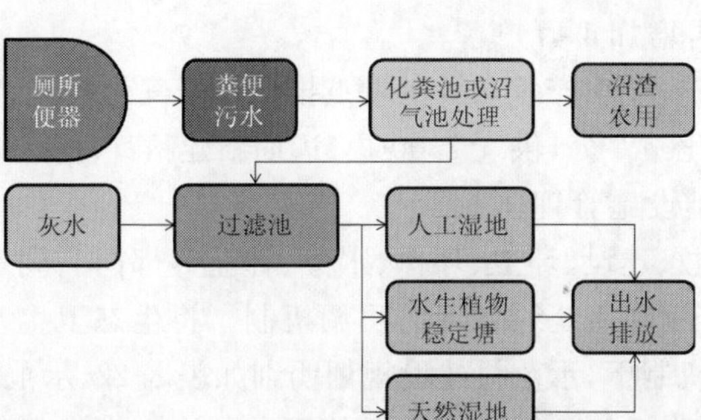

图 8.24　农村生活污水简易处理技术示意图

(2)推广以沼气技术为核心的农村新能源工程

示范和推广人居污粪、禽畜粪便、餐厨垃圾、沼气相结合的农村生物质能工程，在现有基础上总结新能源利用的经验和不足，在农村重点发展沼气和太阳能设施及管理维护体系。

1)开展以沼气综合利用为纽带的庭院经济系统，大力发展生态家园富民工程。近期新发展户用沼气池 4.5 万套，远期增加 21.3 万套。同时加强沼气池的管理，开展沼气、沼液、沼渣在农村大田作物、浸种、种菜、果树、农产品加工等方面的综合利用，发展庭院种植业、养殖业和加工业，增加农民收入。各县区沼气池建设规划如表 8.21 所示。

表 8.21　承德市各县区沼气池建设规划

县区	农业户数(万户)	沼气池套(万套)		沼气池覆盖率(%)	
		近期	远期	近期	远期
双桥区	1.94	0.6	1	30.9%	51.5%
双滦区	1.2	0.36	0.6	30.0%	50.0%
营子区	0.57	0.24	0.4	42.1%	70.2%
承德县	12.3	4.56	7.6	37.1%	61.8%
兴隆县	7.87	3.72	6.2	47.3%	78.8%
平泉县	11.56	3.6	6	31.1%	51.9%
滦平县	8.29	1.44	2.4	17.4%	29.0%
隆化县	10.84	3	5	27.7%	46.1%
丰宁县	9.72	2.52	4.2	25.9%	43.2%
宽城县	5.91	4.92	5	83.2%	84.6%
围场县	12.38	4.44	7.4	35.9%	59.8%
合计	82.58	29.4	45.8	35.6%	55.5%

2)在大牲畜养殖重点县区大力发展大中型沼气工程，通过生物工程技术实现生物质能的转化和生态环境质量优化。近期在围场县、丰宁县和滦平县建设大中型沼气池 9 处用于处理禽畜粪便和生活污水，总池容 3.5 万立方米，年处理畜禽粪便及废弃物 14.4 万吨，年处理污水 5 万吨；远期新增大中型沼气池 10 座。

3)开发利用太阳能，发展北方农村能源生态模式。规划近期新发展太阳能热水器 19 万平方米，远期新增太阳能热水器 30 万平方米；近期发展太阳能温室养殖和种植相结合的农村能源生态模式 1 万户，远期再增加 1 万户。

4)秸秆能源化工程：在农业生产重点县区重点推广秸秆气化技术，重点在承德县试点秸秆气化技术。近期新建秸秆气化站 9 处，供气 2300 户；远期新建秸秆气化站 20 座，供气 5000 户。

(3)推广生态卫生基础设施管理体系

1)建立农委、农业、畜牧、建设、环卫、环保、水务、林业等部门共同参与生活垃圾、生活污水、沼气池建设、有机物和营养物回用统筹管理的协调机制。将生态卫生基础设施示范村建设和示范工作纳入该合作和协调机制下，示范村建设规划明细如表 8.22，示范村分布如图 8.25 所示。

2)对农村生活垃圾中的部分回收价值较低的厨余垃圾和有毒有害垃圾制定分类收集补贴制度，降低村填埋场中的有机质、电池、油漆、农药、塑料袋等垃圾的数量。

3)建立农村生态卫生监督和评价体系,定期对村自备的填埋场所及周边环境,重点对周边饮水水源进行环境监测,并在全市进行通报,对存在安全隐患的填埋场应及时关停、阻隔和封场。

4)提高沼气池建设的补偿标准,完善镇、乡、村各级沼气池建管理和维护体系,保障沼气池使用安全、维修便利,提高沼气池的实际使用率。

5)通过重点村和农户的示范作用,辅以宣传和推广活动,提高农户的新能源意识。

表 8.22　承德市各县生态卫生基础设施建设示范村

规划期限	县区	生态卫生基础设施建设示范村
近期(80 个)	承德县	朝梁子村、大东营村、纪营村、六沟村、漫子沟村、牛旺沟村、旗杆沟村、跳沟村、苇子峪村、药王庙村、营房村
	丰宁县	白塔村、草原村、大滩村、岗子村、乐国窝铺村、偏道子村、千佛寺村、四岔口村、西黑山嘴村、下官营村
	宽城县	岔沟村、孤山子村、尖宝山、前庄村、任杖子村、西岔沟村、新甸村、熊虎斗村、药王庙村、张杖子村
	隆化县	东屯村、韩麻营村、河南村、碱房村、柳沟营村、茅荆坝村、南园子村、三十家子村、十八里汰村、石灰窑沟、西屯村
	滦平县	凡西营、火斗山村、蓝旗村、两间房村、滦河沿、三道河村、三道梁村、五道营子村、西沟村、小白旗村
	平泉县	八家、北五十家子村、大吉口村、嘎海沟村、后甸子村、金杖子村、狮子庙村、苏达营子村、银窝沟村、郑杖子村
	围场县	八顷村、大碾子村、广发永村、海字村、扣花营村、七座塔村、三义永、燕格柏沟门、银窝沟村、御道口村
	兴隆县	北营房村、桲椤台子、车道峪北沟、佛爷来村、蕲杖子村、柳河口村、偏岭子村、前苇塘村、王杖子村、榆木林村
	鹰手营子	跳沟村
远期(160 个)	承德县	大杖子村、磴西村、房身沟村、富裕村、干沟门村、龙潭村、山咀村、上五道河村、小营村、野猪河村
	丰宁县	波西村、官队营村、胡麻营村、凌营村、满堂村、平山村、哨虎营村、乌拉海营村、小辽东村、扎拉营村
	宽城县	绊马河村、北苇子沟村、大块地村、黄土坡村、姜杖子村、蒋杖子村、亮甲台村、石柱子村、篆字台村
	隆化县	大沈屯村、东阿超村、龙凤村、庙子沟、皮匠营村、千松沟、三间房村、少府村、太平庄村、姚吉营村、中关村
	滦平县	大屯村、东山、南大庙村、青松营村、三岔口村、石头沟门村、瓦房村、吴营村、西地村、庄头营村
	平泉县	白石庙子村、大地、东北沟、二道河子村、耿家沟、广兴店村、红山嘴村、烧锅营子、松树台村、薛杖子村
	围场县	敖包梁、宝元昌村、边墙山、大字村、朵石村、金矿村、石桌子村、万泉沟村、西龙头村、营房村
	兴隆县	北火道村、北三岔口村、楚榆沟村、石庙子村、四拨子、西窝铺村、眼石、杨家庄村、珍珠村、周家庄村
	鹰手营子	金扇子村、喇嘛沟门村

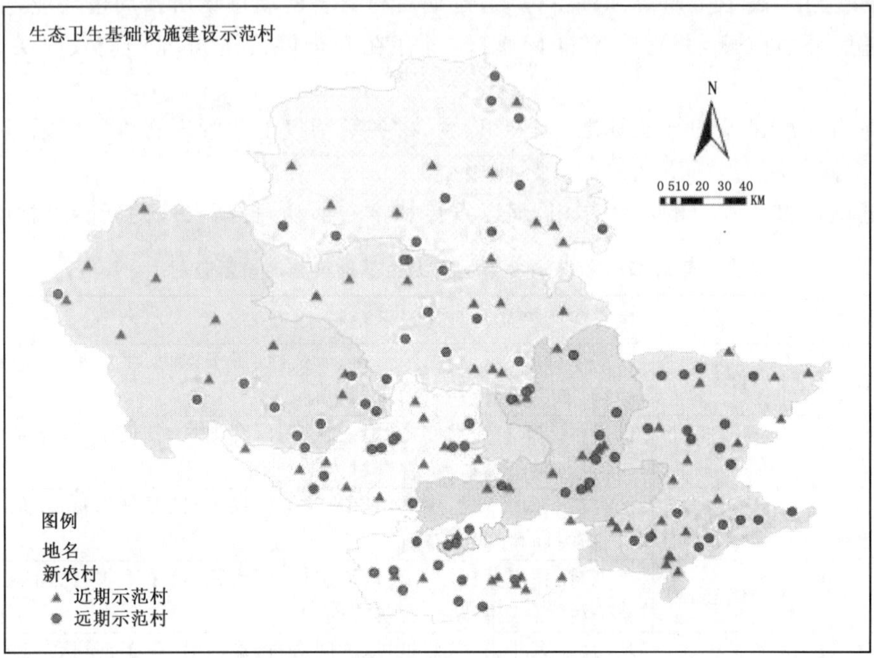

图 8.25　承德市生态卫生基础设施建设示范村

8.2.6.2　农业废弃物再生渠道和农田保育

从资源、环境、产业、消费循环经济的角度，探索无害化、减量化、资源化、产业化的农业废弃物再生渠道。农业废弃物处理各县应跨区域统筹规划，以市场化为导向，根据各县区农业废弃物产量平衡核算和理化特性的特点，确定不同类型县区农业废弃物处理与农田保育的措施。规划近期秸秆和禽畜粪便的综合利用率分别达到 50%，远期达到 80%。

(1)开辟农业废弃物再生渠道和农田保育管理

1)建立农工委、农业、畜牧、林业、环保等部门共同参与农业废弃物处理和农田保育的协调机制。对农业废弃物综合利用的重点工程进行政策扶持，同时严格监督、控制和处罚禽畜粪便污水无组织排放及秸秆焚烧等破坏环境的行为。

2)农业废弃物再生技术支撑体系建设：引进农业废弃物再生利用先进技术，在各县农业科技推广普及机构开展农业废物资源化技术推广工作；在平泉县、隆化县和承德县推广秸秆资源化利用新技术；在隆化县、丰宁县和围场县推广禽畜粪便资源化利用新技术；对示范成功的成熟技术，在其他县区进行推广。

3)大力发展农业废弃物再利用产业化体系：建议在隆化县、丰宁县和围场县建设利用禽畜粪便制沼气池填料的销售中心，在平泉县、隆化县和承德县建设秸秆资源化再生利用中心(近期配套 9 座秸秆气化站，远期配套 20 座秸秆气化站)，在平泉大力发展玉米芯栽培食用菌技术。

(2)开展农业废弃物区域统筹综合利用

承德市秸秆年产量为 118.9 万吨，包括玉米秆、玉米芯、稻草、麦秸秆、谷壳等；各类禽畜粪便 2.74 万吨。由于农业和畜牧业发展水平不同，农业废弃物产生类型和数量也不相同，建议根据各县农业废弃物生产实际情况制定区域统筹的治理规划，以秸秆和禽畜粪便为龙头，秸秆一禽畜粪便一沼肥一沼气的循环利用模式，包括：(1)在具有一定大牲畜(牛、羊)养殖规模的县区大力发展畜牧养殖业青贮饲料和禽畜粪便沼气池相结合的农业生态工程，疏通秸秆和沼肥的综合利用渠道。(2)在农、林、果业发达的地区大力发展破碎秸秆和各类禽畜粪便混合堆肥技术和秸秆气化等技术，以解决县区秸秆堆积、压占的问题。农业废弃物区域统筹综合利用规划见表 8.23，农业废弃物产量区域分布及治理如图 8.26 所示。

表 8.23　各县农业废弃物区域统筹综合利用规划

县区	规划治理措施
承德市区	秸秆纳入承德市生活垃圾和农业废弃物焚烧发电厂处理，养殖粪便污水处理后纳入城市污水处理厂深度处理
承德县	建立区域秸秆气化处理服务中心，服务半径 50km，部分秸秆纳入市区焚烧发电处理
兴隆县	大力推广服务县区的秸秆青贮和堆肥技术；大力发展玉米芯栽培食用菌技术
滦平县	
平泉县	建立区域秸秆气化处理服务中心，服务半径 50km；大力发展玉米芯栽培食用菌技术
隆化县	建立区域秸秆和禽畜粪便混合制有机肥服务中心，服务半径 50km，有机肥建议用于风沙源治理工程
丰宁县	
宽城县	大力推广服务县区的秸秆青贮和堆肥技术；大力发展玉米芯栽培食用菌技术
围场县	建立禽畜粪便沼气池填料销售网络，建立县禽畜粪便处理中心

图 8.26　承德市农业废弃物产量分布及区域统筹综合治理规划图

8.2.6.3 农村庭院经济建设规划

鼓励以户为单位的独立经营式庭院经济，大力发展具有地域特色的"一村一品"和"一乡一业"生产经营型庭院经济，统一收购产品和产品要求，形成产品批量和规模效益，在有基础的乡村推进"公司加农户"的规模经营形式，由公司制定生产计划及品种、规模要求，农户利用庭院生产，公司给予一定的技术指导和资金扶持，并负责产品的收购和运销。

(1)完善农村庭院经济服务保障体系

1)建立农工、农业、畜牧等部门共同参与农村庭院经济建设的协调机制，共同促进和保障农村庭院经济的发展。

2)保障农民在投资发展庭院经济的过程中降低风险，增强农民对发展庭院经济的信心与积极性。鼓励农民发展以沼气工程为中心的生态家园富民工程，适当调整沼气池建设补贴金，完善县、镇、村各级沼气池建设和维护服务保障体系。

3)依托现有产业特点，大力发展特色庭院经济，如禽畜养殖、珍稀蔬菜、水果、红果、观赏花卉盆景等，农村庭院经济模式示意如图 8.27 所示。

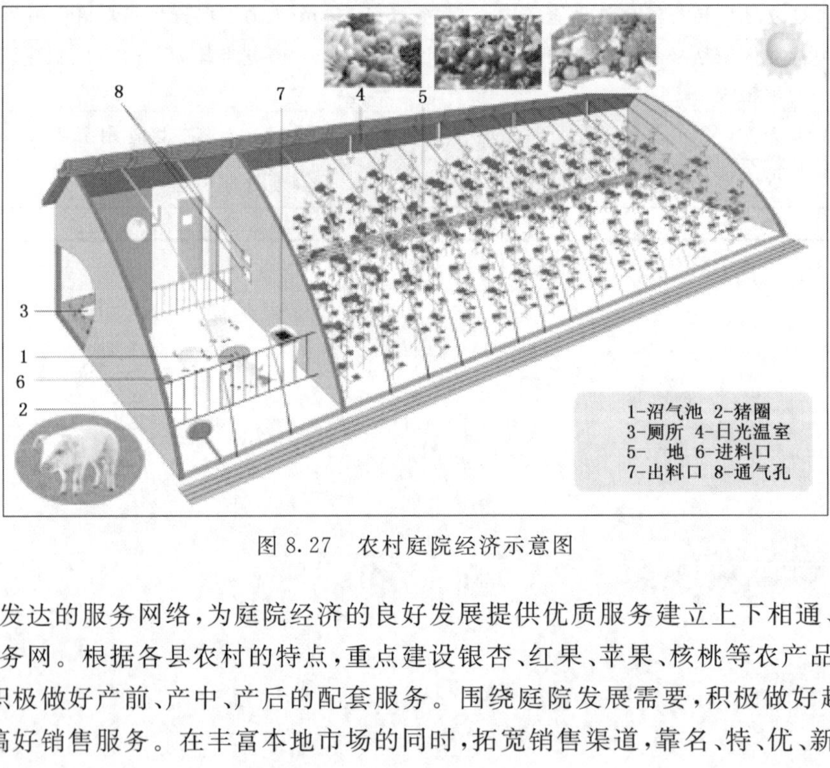

图 8.27 农村庭院经济示意图

4)建立发达的服务网络，为庭院经济的良好发展提供优质服务建立上下相通、左右相连的综合信息服务网。根据各县农村的特点，重点建设银杏、红果、苹果、核桃等农产品的综合信息服务网络，积极做好产前、产中、产后的配套服务。围绕庭院发展需要，积极做好超前物资、技术等服务，搞好销售服务。在丰富本地市场的同时，拓宽销售渠道，靠名、特、优、新产品占领外地市场。

5)在有条件的地方发展农村庭院服务业，包括餐饮、娱乐、幼儿园、养老院、保洁、资源再生等行业。

8.2.6.4 城乡环境整治与医疗卫生保障

整合节水与饮水安全、生态卫生、新能源、生活及农业废弃物代谢、农田保育、道路建设、村容村貌建设等各个方面的工作，全面示范和推进城乡环境整治工作。建设覆盖城乡的基本医疗卫生服务体系，解决目前农村的卫生发展滞后的问题。建立覆盖城乡居民的医疗保障体系，改革医疗卫生服务的体制和机制。建立覆盖城乡的药品供应保障体系，为群众提供安全、有效、廉价的基本药物，保证群众用药的安全。

(1)加强城乡环境整治管理

1)整合各项工作，推进以农村城乡环境综合整治

整合农村生态、文明、卫生创建的各项工作，如“道路硬化、村庄绿化、环境净化”建设等内容。在道路硬化方面，以村内主街道硬化为主，在有经济能力的乡村实行小街小巷的整体硬化。在绿化方面，主要抓好村庄周围、道路两旁及农户庭院前后的绿化。在净化方面，主要抓好主街道、小街小巷和农户庭院净化，突出治理“五乱”现象，建立长效卫生管理机制。依托“生态家园富民工程”，继续推行“一建四改”，提高文明生态村沼气建设的入户率，以沼气池建设带动庭院净化和农村环境治理。

2)继续深化城乡统筹的帮扶制度

规划继续深化市直部门、企事业单位帮建文明生态村示范村，以企业带农户的方式发展农村经济、改善农村环境。继续执行“一帮一”政策，充分发挥市直部门和企事业单位的人力、物力、财力优势帮助村庄改善生活环境，完成文明生态村创建工作。鼓励农牧业企业依托农村的天然优势，发动村民与企业签订稳定的原材料供给合同，保证农民的收入及企业的经济效益。

3)建立和完善激励制度，加大宣传和示范力度

加大政府对生态文明新农村建设的投入，新农村建设应在各自的承受范围内可持续推进。组织农村环境综合整治创优活动，对于规划合理、整治有效、环境和社会经济发展可持续的优秀农村给予财政奖励。投入力度搞好宣传发动工作，普及生态文明理念。充分运用各种会议、广播、电视、标语、文艺节日等形式，扎实做好创建生态文明村活动的再宣传再发动工作，为创建活动营造浓厚氛围，激发广大农民群众自主建设美好家园的热情。

(2)建立城乡医疗卫生服务保障体系

1)实行国家、社会和居民共同筹资的办法。政府要进一步加大对公共医疗卫生服务的投入，社会、企业、团体也要为职工筹集医疗保险资金。建立完善的城乡基本医疗服务体系，特别要加快农村卫生所建设。完善城乡居民医疗保障体系，包括城镇职工的基本医疗保险，城市居民的基本医疗保险，也包括农村的新型农村合作医疗制度。

2)积极开展以改善农村卫生环境和健康教育为主要内容的爱国卫生运动。采取多种形式，积极开展农村居民的健康教育工作。在城乡各级医疗卫生机构强化健康教育责任，完善健康教育措施，增强村卫生技术人员健康教育的责任，采取有效形式扩大对农村居民的健康教育覆盖面，提升农村居民的健康意识。强化县区防疫部门健康教育工作主导作用，强化相关部门健康教育的协调、指导、监督、管理，扩大健康教育场所，增强健康教育的效果。

8.2.7　城乡社会生态文明建设规划

8.2.7.1　体制与能力建设

规划目标：完善政府在生态保育与修复、生态产业发展、文明消费等领域的统筹管理机制，提高政府管理统筹兼顾的能力。政府体制与能力建设规划目标如表 8.24 所示。

生态文明建设的核心和关键是政府管理统筹体制与能力的建设，包括区域统筹、城乡统筹、人与自然关系统筹和社会经济发展统筹体制与能力建设。承德市社会经济发展过程中出

现的社会、经济、生态、环境问题，从根本上说同政府统筹体制和能力有直接关系。承德市统筹体制和能力建设同社会发展和生态环境问题的相互关系如图 8.28 所示。根据承德市特点，规划区域统筹、城乡统筹、人与自然关系统筹、经济社会发展统筹体制和能力建设的重点内容。

表 8.24　政府体制与能力建设规划目标

指标目标	现状	近期	远期
政府生态统筹能力评分(百分制)	—	80	90
参与各项环保自愿者活动和环境保护组织人数占总人口的比例(%)	0.07	0.5	1

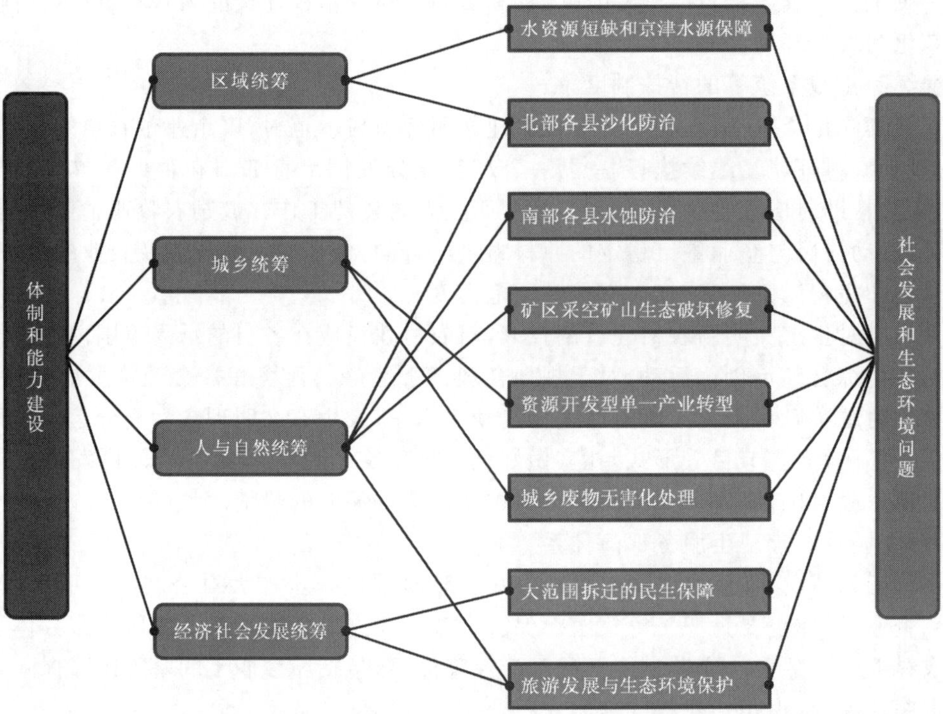

图 8.28　承德市体制与能力建设同社会一环境问题关系图

(1)区域统筹体制与能力建设

根据“21 世纪首都水资源可持续利用项目”和“京津风沙源治理工程”的相关要求，承德市发展的战略定位中明确了“京津生态屏障、水源涵养地”的生态服务功能。承德市作为全国主体功能区划中规划的“限制开发地区”，由中央政府、北京市和天津市政府共同承担相应生态补偿主体的责任。同时，生态补偿机制也是我国区域生态环境协调亟待研究的重要机制，因此在承德市生态文明示范区建设框架下，规划开展区域生态补偿体制改革和能力建设示范工程，其重点内容包括：

1)建立承德市生态环境评估体系，科学测度生态补偿标准

进一步明确承德市的生态保护职责，科学定量地测度首都水资源保护区、京津风沙源治理工程区内限制开发带来的生态环境价值、经济发展损失和生态补偿标准。

2)构建生态环境补偿基金使用效益评价体系

通过评估风沙源保护区、水资源保护区地方政府获得补偿资金后产生的社会、经济、环境综合效益,奖优罚劣,以实现生态保护职责和生态补偿收益的对称,提高补偿资金的使用效率。该评估体系中应特别注重完成生态环境目标和实现当地经济发展、提高人民生活水平之间的平衡。

3)生态管理体制改革试点工程

选择 2 个县区开展 1～3 年的生态管理体制改革试验,试验内容包括:生态环境税征收示范,对资源消耗型行业收取生态环境税以补偿生态保护区发展;政府绩效考核改革试点,改变过分注重 GDP 的考核体系,进行绿色国民经济审核示范。

4)积极推动京津冀地区生态服务协商机制

承德市作为京津冀地区具有重要生态服务功能的地区,积极推动和参与河北省同北京市、天津市的生态服务协商,大力开展生态环境保护、生态产业发展、大型基础设施(交通、水利、环保设施)区域统筹的全方面合作。

(2)城乡统筹体制与能力建设

1)建立特色农业和畜牧业的工农融合扶持机制

具体内容包括:1)对承德市红果、苹果、杏仁、核桃、大牲畜、牛奶等特色农牧业,建立工农融合扶持体系。对企业和农村合作社给予土地、资金、税收等多方面的扶持,对规模以上、具有一定带动作用的龙头企业给予重点扶持。2)建立农业、畜牧业、发改委和商务部门共同参与的信息交换平台,疏通农牧产品和加工企业之间的沟通渠道,以实现全市 80%的农产品实现就地加工转化,80%的农民参与农业产业化经营,实现农业产业化经营,促成城区企业将生产链条延伸到农村,形成城乡一体、联合互动的产业格局。3)推广杏仁、红果饮料加工的工农合作经验,逐步建立苹果、核桃、大牲畜养殖、牛奶等行业的工农融合实验区,积累经验。4)建立金融服务机制,鼓励金融机构加大对"三农"的信贷支持力度,加快推进农村合作银行股份制改革,健全城乡信用担保机制。

2)建立城乡基础设施规划和建设统筹机制

建立城乡基础设施规划和建设统筹机制,一方面,市政府和各县区政府的基础设施投入,如道路、供电、供水等公共设施规划和设计,要充分考虑到乡村发展的要求;各县正在谋划或新建的生活污水、生活垃圾处理设施应为周边一定范围内的乡村预留一定的处理容量;另一方面,应结合市域、县域城乡规划搞好村庄布局。

3)完善公共服务和社会事业城乡均衡共享的统筹机制

完善贫困地区教育和医疗辅助体系,加大农村学校建设投入,加快推进新型农村合作医疗制度建设试点工作,完善配套政策。完善农村科技推广普及系统,提高农业生产效率。

4)完善城乡社保体系,建立统一的劳动力就业市场

加快建立统筹城乡、多层次、全覆盖的社会保障体系,不断健全和完善城乡救助体系。完善农民工劳动合同管理制度,严厉查处拖欠克扣农民工工资等问题。进一步抓好农民培训和就业援助工作,不断拓展收入渠道。统筹推进进城务工经商农民向城镇居民转化。

(3)统筹人与自然和谐发展的体制与能力建设

1)建立防沙治沙和水蚀防治综合决策机制

将生态保护项目的"造血功能"建设作为综合决策的重点内容。建立治沙、治水蚀产业和

相关技术的交流平台，对可能产生经济效益的治沙和治水蚀生态环境项目，提供优惠的税收和土地政策，允许鼓励企业、社会团体、合法中介机构承担生态环境防护工程。县区政府应将生态防护工程纳入当地国民经济和社会发展的长远规划和年度计划，并保证资金投入。加强对生态防护工程资金的审计监督，杜绝非法挪用，保证专款专用。提供舆论宣传方面的支持，让更多的人了解、关心这项大型群众性公益事业。

2）完善矿山生态修复保证金制度

承德市开发枯竭的矿山大多面临着采矿企业自身经营困难，无力开展矿山修复的问题。因此需在批准新开发矿山之前，由采矿获利企业按矿区面积缴纳一定的生态修复保证金。保证金由政府相关职能部门负责保存，并在矿区开采枯竭、停产后用于山体生态修复。

3）建立旅游开发与生态环境保护协调机制

强化生境脆弱的草场、水源地等生态敏感区旅游开发活动的生态环境保护，加大对旅游区环境污染和生态破坏情况的检查力度，做好旅游规划中有关环境影响评价的审查、指导和督促。在围场草原、辽河源保护区、潘家口水库、雾灵山等著名的旅游景点开展生态旅游试点示范，广泛开展宣传、教育、培训等活动，提高公众的旅游生态环境保护意识。

（4）统筹经济社会发展的体制与能力建设

1）完善快速城市化中拆迁居民妥善安置管理体系

承德市目前正在响应河北省政府“三年大变样”的号召，极具魄力的大步开展以城市建设为主线的城乡风貌变革。根据国务院《城市住房管理条例》，完善承德市城乡拆迁安置管理体系，包括：①对全市房屋拆迁的管理体制和政策进行调整，加快修订、完善《承德市房屋拆迁安置管理办法》、《承德市房屋拆迁公安置补偿办法》、《承德市工业企业仓储企业搬（拆）迁暂行办法》、《承德市市区道路级别及区位补偿价格》，形成完整的房屋拆迁、安置的政策体系，平稳快速地推进拆迁工作。②建立“大拆大建”下的社会公平和拆迁居民基本生活保障体系，包括过渡房、廉租房和还建工程分配体系，做到分配公开、公证、合理。

2）在现有的政府协调机制下进一步建立统筹各政府管理部门的联动机制

承德市“六创联动”办公室和“三年大变样”办公室是各部门协调工作的重要的管理体制创新。应在现有协调办公室的基础上，积累宝贵经验，以“创优”、“变样”、“生态文明建设”等政府核心任务为主线，继续完善部门联动机制，统筹跨部门的各项工作。

（5）深化政府体制改革与能力建设

1）生态文明学习与宣传：在政府各部门开展生态文明和科学发展观的理论学习；建立有计划、有措施的理论宣传普及活动，基层党校应将生态文明理论与实践方法等内容作为面向基层理论宣传的重要内容。

2）干部教育：建立定期对干部进行生态、经济、法律、文化、科技和社会管理等方面知识与综合素质培训机制；生态教育工作经常化、制度化。

3）建立生态环境保护的科学民主决策制度：坚持科学民主决策，实行重大生态环境问题和重要事项集体决策制度；实行决策责任制、决策过错责任追究制；实行专家咨询制度、社会公示和听证制度。

4）政务公开：建立政务公开制度，编制政务公开的目录；利用政府网站有效开展公共服务，实现政务信息资源共享；政府网站运行绩效评估有显著提高；建立党政领导接待群众来访制度，提供为市民服务的热线电话等联系方式。

5)依法行政:按照法律法规严格制定政府规章和行政规范性文件;政府部门、执法单位严格按照法律法规公正、文明执行公务;规范行政行为,规范行政审批事项,简化办事程序。

6)行政监督:纪检、监察部门及时处理有关违规行政的投诉;各级政府自觉接受人大的监督,接受政协的民主监督;各级政府接受新闻舆论和社会公众的监督。

(6)筹建非政府组织(NGO)

鼓励、支持发展民间社团参与社会管理,发挥行业、专业社团的专业有事;鼓励民非机构的发展,发挥其巨大的社会效益,减轻政府投入的压力;完善民间组织的考核机制,实行"严进严管"的措施,积极引导民间组织的发展方向;完善志愿服务体制;采取有力措施,组织市民积极参加各种形式的社会志愿服务活动。全市万人拥有民间组织数提高到2.5个以上,注册志愿者人数比例上升到5%以上,达到文明城市及生态文明示范区的普遍标准。

8.2.7.2　认知文明建设

规划目标:(1)提高承德市基础教育水平,目前全市市民平均受教育年限为7.7年,规划近期提高到10年,远期提高到12年,促进社会活力与创造力,支持和鼓励一切有利于社会进步的创造愿望,合理竞争。(2)逐步增强承德市政府管理、企业、非政府组织、农村合作组织、市民等不同主体的生态意识。承德市认知文明建设目标见表8.25。

表8.25　认知文明建设规划目标

规划目标	现状	近期	远期
人均受教育年限(年)	7.7	9	12
生态知识统一抽样测试平均成绩(百分制)	18	60	80

(1)完善基础教育和职业教育

1)逐步普及高中和中专教育

承德市市民平均受教育年限达为7.7年(2000年),低于全国平均水平。目前,高中阶段教育属于非义务教育。加快普及高中阶段教育,既需要政府加大经费和政策支持,又需要坚持和不断完善成本分担机制,鼓励和规范社会力量兴办的普通高中和中职学校发展。经济发达县区(市辖三区、宽城县、滦平县)财政相对宽裕,不仅能保障免费义务教育,而且应在高中阶段教育上给予有力的财政支持;中等发达县区(兴隆县、承德县、平泉县、丰宁县)将优先保证义务教育投入,逐步增加高中阶段教育的财政投入;欠发达县区(隆化县、围场县)的首要目标是普及义务教育,适当增加高中阶段教育的财政投入。按照科学发展观的要求,不同县区的教育应当统筹协调发展,公共教育资源包括财政经费要继续向贫困县区、民族地区等倾斜,为加快普及高中阶段教育创造条件。

基础教育通过民营方式运作可以使更多的人受益,教育办学模式的多样化是必然趋势。办学模式的多样化对会形成教育行业的竞争机制,激励、促使公立学校不断改进。承德市自20世纪90年代中期开办民办教育以来,目前全市已发展了十几所民办学校,培养了一批有职业技能的专业人才。规划应逐步完善承德市民办教育的办学体制,促进民办教育发展。

2)高等教育和职业教育平衡发展

承德市共有医科、石油、师范、旅游等高等院校7所,在校生3.1万人。应根据承德市产业发展的特点,对亟需专业适当扩招以适应产业发展的需求。需注重高等教育和职业教育的平衡发展。一般而言，产业工人中有1/3是技术工人，其中初级工占到了60%，中级工36%，高级工为4%。目前承德市处于各类产业迅速发展的关键阶段，全市对专业技能型人才的需求十分迫切，需要大力发展职业教育以培养大批新型技术工人。企业作为技能培训方，其教学基础主要是职业培训条例和培训框架计划中所规定的职业培训内容和考试要求，其学习场所主要是企业的生产岗位、实习车间和企业内课堂。规划近远期重点发展采选矿、农牧业、生态环境保护、旅游、制造业等行业的高等专科和职业技能教育；规划期末高等院校招生人数扩大至15万人（平均每年扩招3%），职业技能教育招生人数扩大至26万人（平均每年扩招5%）。

（2）培养学生生态意识，推进绿色学校建设

1）教学开设生态环保类课程

编制3～5套针对承德市生态环境建设实际的、适宜于不同学龄的生态环保类教材。将生态环保教育课程纳入九年义务教育和高中、职教、大学教育中。根据各县区生态环境保护任务的特色，分别在各县区选取和建立2～5处生态环境教育实践基地，实践基地类型应包括退化林地和河道、生活垃圾和污水处理厂、废弃矿山及风沙源防护林等。聘请专业教师从事专职的环保课程，或者以年级为单位聘请市环保局、环科院所及高校的专业人员为校外辅导员，并定期举办科普讲座以及校外参观活动。

2）教学管理中的生态意识训练

在食堂、卫生间、教室、图书馆、电梯等教学、生活场所张贴宣传海报，培育学生逐步养成节约粮食、节水、节电的良好习惯。定期组织参与式的节能减排活动或者评比，组织环保摄影展、生态保护涂鸦等活动，将各班的耗电、耗水量作为年终考核指标。

3）青少年的文物保护意识教育

文物是无形的生态资源。作为历史文化名城，承德市应大力开展历史文物和文化保护的意识教育。规划将文物保护意识教育纳入各类学校的日常教育中，逐步普及承德市历史文化知识，增强历史文化认同感和文物保护责任心。

4）绿色学校创建和竞赛活动

由市环保局和教育局组织，定期举办绿色学校创建和竞赛活动，将绿色创建纳入学校管理的考核内容。对于荣获“绿色学校”称号的学校给予一定的政策扶持和资助；对于绿色创建水平较低的学校，应提出定期改进的措施建议。

（3）加强政府管理人员的生态意识教育

政府管理人员的生态意识程度则是生态文明建设的关键，具备生态意识的管理者在制定重大政策及日常的行政管理中才可能全面地做出生态合理的决策，根据承德市生态环境保护的迫切问题，有针对性的制定政府管理人员的生态意识教育规划：

1）党校学习普及生态教育

在制定党校学习年度计划时应纳入生态环境教育课程，每年安排1～2次各部门主要负责人参与的生态环境课程和专题讨论。生态环境课程应包括生态保育、生态经济、生态灾害、环境工程、生态补偿机制等内容，根据课程主题需求，邀请国内外知名专家赴承德讲学，并针对承德市的具体问题作专题论坛。

2）生态保护和破坏实地考察

组织各部门，对承德市的生态敏感地区以及遭到破坏的地区进行实地考察，如水蚀、风沙源保护区、废弃矿山、煤矿采空区、重点污染企业、生态农业示范区等，生态教育及实地考察能

够使领导干部接受生态理念，了解承德实际情况，在执政过程中运用科学方法全方位的思考和处理问题。

3)生态灾害、生态风险及应急意识培养

由于生态系统平衡改变带来的各种始料未及的不良后果就是生态灾害。承德市是京津风沙源治理的核心地区，全市水资源分布不平衡，矿产的采选、冶炼、尾矿贮存等生产环节均存在着一定的生态风险。2008 年山西襄汾县的尾矿库崩溃事故也为采矿业的安全作业敲响警钟。因此生态风险及应急机制的意识培养和学习对于承德市非常重要，对于承德市潜在的生态风险源，应组织政府管理者定期进行现场学习。对于其他地区的生态灾害突发事件，应派遣市组织协调机构和相关职能部门的管理人员赴现场考察学习灾害处理和应急体系运行，并及时总结、汇报。

(4)培育企业管理者的生态意识

在生态文明示范区的创建过程中，各企业在创造经济效益的同时会给生态环境带来一定的压力，规划逐步提高企业管理者的生态环境意识，以促进企业生产过程中的节能减排，促使生态产业的发展，规划通过如下渠道实现企业管理者的生态意识：

1)采选矿企业管理者的生态意识培育

矿业型经济(采矿、钒钛冶炼)为当地政府带来了丰厚的财政收入，带动地区相关产业的快速发展，但采矿业发展具有一定的不可持续性，因此在大力发展矿业经济的同时应加大对企业管理者的生态产业意识培育。定期对矿山管理者举办不同形式的开发、管理培训班，培训内容包括矿山安全管理、矿山修复技术等、采矿产业经济可持续发展等内容。

2)旅游开发企业的生态意识培育

以生态风光游开发为主的区县为丰宁县、围场县、平泉县，生态农业旅游以平泉县、兴隆县、承德县为主。生态风光旅游开发应充分考虑景区的生态承载力，做到合理开发。组织旅游开发企业负责人赴生态旅游开发成功的景点进行考察学习，总结景区开发过程中的经验与教训，以指导承德市的旅游开发。承德市 2006 年接待游人 702 万人，并呈逐年递增趋势，因此对外服务行业(宾馆、饭店、旅行社、公共汽车、公共厕所等)的生态意识宣传非常重要。规划在游客接待单位树立统一、醒目的环境保护标识，将宾馆和景区的水耗、能耗、物耗列为“绿色创建”考核标准，在宾馆推行水电、换洗床单、卫生用品有偿使用制度，促使游客减少不必要的旅行消耗。

(5)深入推进农村文化创建活动

继续开展“学科技、讲卫生、比村风、树形象”活动，重点引导农民学科学、学知识、学技能，普及文明生态知识，突出推广农村实用技术，拓宽农民致富本领。组织各创建村开展文化活动。可采取放映电影、举办民间花会、迎春文艺联欢、群众体育比赛、秧歌表演等群众喜闻乐见的形式，在农村掀起文化活动热潮。

8.2.7.3　消费生态文明

规划目标：大力倡导可持续消费理念，逐步建立和完善可持续消费的市场机制，加大政府采购的可持续消费比例，推进农村可再生能源的可持续消费。

(1)建立可持续消费的社会氛围

可持续消费是指一种既有利于社会，有利于提高生活质量，也是对生态环境破坏、对自然资源浪费最小的利己、利他、利后代的消费方式。建立可持续消费的荣辱观，可持续消费光荣，不可持续消费可耻。通过大众传媒舆广广播、电视、报纸、网络等媒体大力宣传可持续消费。注重教育引导青少年，在学校教育中有步骤地增加可持续消费相关内容。

(2)倡导可持续的消费观念

可持续消费机制是一系列有关可持续消费制度的总和，它至少包括控制、市场、生产、奖惩、宣传和教育机制。控制机制是可持续消费机制重要组成部分，科学的控制机制对可持续消费起到调控的作用。消费是在市场中进行的，市场机制既可对可持续消费起到促进作用，也可抑制作用，通过市场机制影响可持续消费，如通过市场准入制度，对那些影响环境的产品禁止进入市场，它是从一个角度来保障可持续消费。生产和消费是相互联系的一个统一体，消费促进生产，生产满足消费，通过清洁生产方式生产绿色产品，是对可持续消费的最大支撑。奖惩机制是对可持续消费的物质或精神刺激，通过不同的方式鼓励、表扬可持续消费者，对于不可持续消费方式给予适当的惩罚。教育和宣传机制从意识和知识等层次深化可持续消费，使可持续消费成为消费者自觉的行动。

(3)加大政府采购可持续消费推进力度

将可持续消费纳入法律的轨道，将其作为政府的重要工作内容加以推广和实施。法律是可持续消费的保障，具有强制性。政府采购要有利于环境保护，建立绿色消费、绿色采购制度；对政府采购产品规定产品的环境要求，优先选购获得环境标志的产品。

8.2.7.4 历史延续与文化传承

充分发挥承德市各类传统文化(皇家园林文化、红山文化、契丹文化、草原骑猎文化等)的优势和特色，实现历史的延续和传统文化的持续发展。

(1)传承皇家园林文化

以避暑山庄文化为依托，继续发展皇家园林文化产业与旅游。有计划的恢复避暑山庄及其周围寺庙，重现世界历史文化遗产的完整性，以此提高避暑山庄及避暑山庄文化的文物精品品牌的影响力。在完善文化产业硬件条件的同时，加大对承德山庄文化、皇家文化、红山文化的宣传力度。重现“木兰秋狝”的恢弘气势，发掘“红山”文化的深刻内涵，吸引更多的考古学家、文学家、画家、摄影家到承德采风、研究，进而对外宣传承德深厚的文化底蕴。

建立旅游、文化、建设等部门参与历史延续与传统文化的协调机制。

(2)弘扬新时代精神

以弘扬中华民族精神、培育新时期承德人精神、提高人的素质为核心，以文化体制改革为动力，以满足人民群众日益增长的精神文化需求和人的全面发展为目的，推出一系列展示时代风貌、体现承德特色、具有国家级水平的文艺精品。完善现代文化设施网络和以广播电视、新闻出版、文学艺术和科研教育为主体的文化服务体系。组织开展文化下乡，丰富社会文化生活，提高群众科学文化素养。在承德内部开展文艺创作、提升文化品位的同时，引进外地知名文艺作品到承德演出、参展，推进本地文艺界与外地文艺界的交流，拓展承德人民的视野，形成以现代科教为支撑、以丰富的文化和旅游资源为依托的文化产业发展格局。加强企业文化、机关文化、社区文化、校园文化和农村文化建设。

8.2.7.5 心态调理与心理健康

心态文明是人对待和处理其自然生态和人文生态关系的精神境界，通过规划达到如下心态境界：(1)生活康富，衣食无忧(温饱境界)；(2)爱岗乐业，勇于竞争与创造(功利境界)；(3)明辨是非，与人和睦（道德境界）；(4)有明确的超越物质需求的人生奋斗目标和精神追求（信仰境界）；(5)有超越自我、超越环境，融时间与空间、有限与无限于一体的生态整合观（天地境界）。

(1)引导心态建康建设

1)在政府部门、企事业单位和居民社区开展文化创建活动，增加同事、邻里之间的交流机会。

2)新建城区必需统筹规划一定的公共绿地和广场空间，对于新建社区和老社区，需要规划或拓展便于居民休闲、交流的场所。严格控制城乡居住区附近的垃圾、大气、水、噪声等可能引发人不快感的污染。

3)开发城镇周边的风光旅游、博物、疗养、拓展等休闲场所，疏通城镇与休闲场所之间的公共交通。

4)重点在学校和企业开展心理健康检查和知识普及宣教活动。

5)社区互动活动，社会组织与管理部门协作，共同帮扶弱势群体的心理健康问题。

6)完善失业、医疗、低保等社会保障制度。

7)建立建设、文化、环保、园林、旅游、卫生等各部门共同参与的协调机制

8.2.8　生态文明地图与建设支撑体系管理系统

8.2.8.1　生态文明地图的内容和功能

(1)定义

生态文明地图是人类活动的自然和谐度空间化与可视化的工具，它将人类活动的生态文明属性动态地表现在网络上，使人们能够直观了解社会各个角落、单位的生态文明程度。

(2)意义

生态文明地图将生态文明的行为和效果，包括正面的（绿色）和负面的（红色）反映到地图上，人们能通过网络在线观察、监督和评估到全市生态文明建设的积极和消极面貌，激励和诱导社会各界从政府职能部门、企事业单位到社会群体和个人的生态文明行为，宣传和普及生态知识、监督和评估管理部门的生态建设业绩。

就企事业单位而言，树立良好的企业形象是在市场竞争中立于不败之地的根本，而生态文明地图则是一个有效树立良好企业形象的途径。在地图中被标记为绿色的单位势必会引起更多人的关注，起到了正面的宣传甚至广告作用，而被标记有红色警示符号的单位则会主动检讨和改正自己的生态不文明行为，进而力争实现由红到绿的转变。

对于一般群众，生态文明地图可帮助他们更加真切地了解相关管理机构和产业部门的生态文明状况，激励他们争创绿色业绩而远离红色风险。同时群众可以利用生态文明地图反映各政府部门、企事业单位在环境保护和生态建设中存在的问题或做出的功绩，督促相关单位向着高效和谐、资源节约、环境友好的方向发展。

生态文明地图还可以为政府及相关管理机构提供管理依据和被监督的平台，一来可以为政府部门的决策提供生态文明的定性定量数据，二来在政府的政绩考核中可以充分和及时采纳群众意见，将社会评估自动化、规范化、公开化。

(3)生态文明地图系统实现的功能

生态文明地图系统实现的功能包括：显示信息、查询信息、更新信息、分析信息。生态文明

地图系统功能结构如图 8.29 所示。

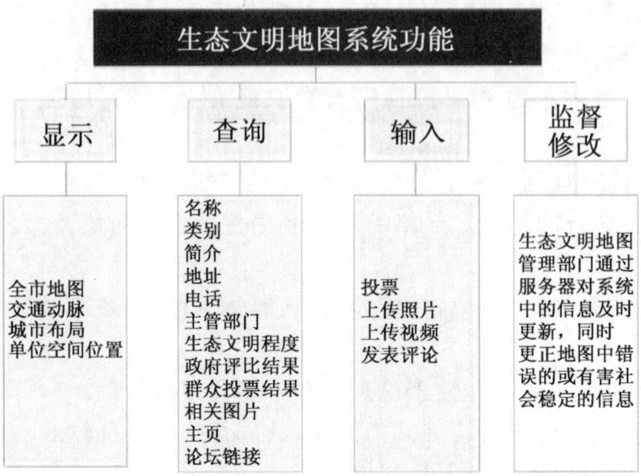

图 8.29　生态文明地图系统功能结构

(4)生态文明地图的显示内容和用途

生态文明地图中显示的内容：单位名称、类别、介绍、地址、电话、评比规则和结果、生态文明程度、群众投票的动态情况、相关图片、主页、论坛链接等。

生态文明地图系统的用途：普及生态知识、诱导生态文明，强化社会监督和公众参与、政府业绩考核和改进管理、诱导企业行为和宣传生态产品。

(5)生态文明地图系统的考核单位

生态文明地图系统的考核单位分类如图 8.30 所示，具体包括：

1)行政管理机关：各委办局、事业单位、民间组织；

2)企业：工厂、公司、商店；

3)科研教育机构：国营、私立的大、中、小学校、职业学校；

4)居民社区

5)服务行业单位：宾馆、饭店、娱乐场所等；

6)医疗卫生服务机构：医院、药店等。

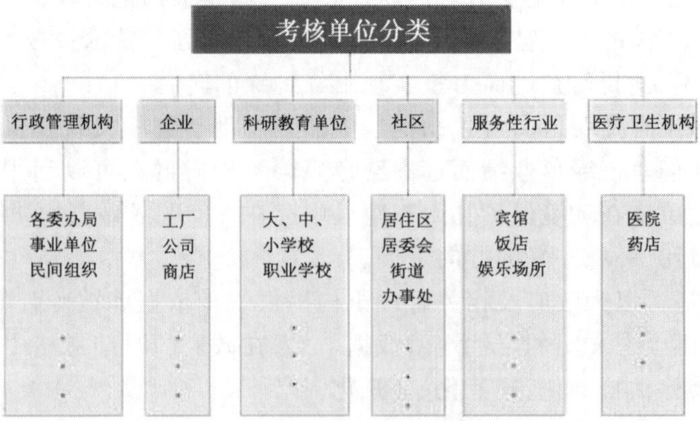

图 8.30　生态文明地图考核单位分类

8.2.8.2　生态文明地图的实现和演示

(1)生态文明地图系统的实现

建立空间信息数据库，利用 Arcgis 平台进行二次开发，得到一个新的地理信息操作系统。将新的操作系统与建成的空间数据库进行链接，实现数据库的空间显示、查询等功能。管理人员可以通过修改数据库来修改地图的空间信息，群众可以通过页面操作来添加相关信息，从而实现信息同步修改和人机对话功能。

(2)生态文明地图系统的操作步骤

1)启动应用程序，添加已经建成的数据库。

2)承德全景地图呈现在屏幕上，通过缩放功能找到用户的感兴趣区域。

3)利用鼠标点击感兴趣的地物进行信息查询，弹出对话框显示相关单位的各种信息(名称、地址、类别、评比结果等)。

4)通过空间查询时弹出的对话框对单位的相关信息进行修改、增删等操作。

5)在数据库中修改的信息在地图操作界面上能够及时显示。

生态文明地图的操作步骤如图 8.31 所示。

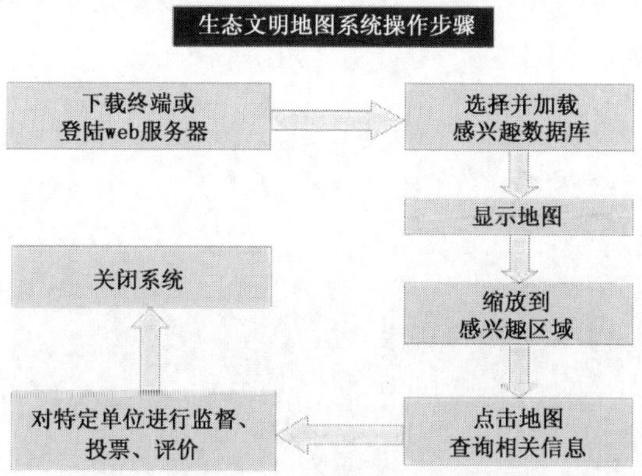

图 8.31　生态文明地图操作步骤

(3)生态文明地图系统的功能演示

1)显示功能(图 8.32)：

图 8.32　生态文明地图显示功能演示

2)缩放功能(图 8.33)

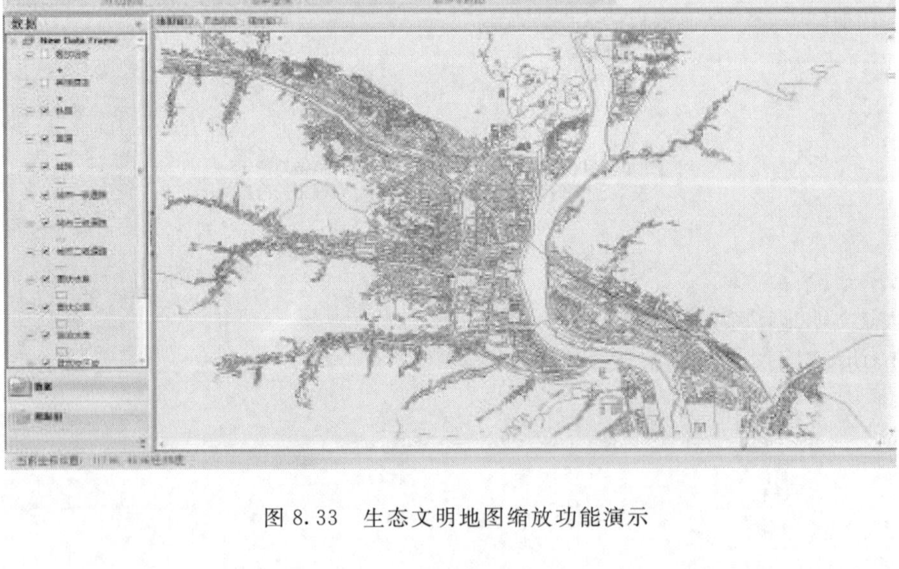

图 8.33　生态文明地图缩放功能演示

3)信息查询功能(图 8.34)

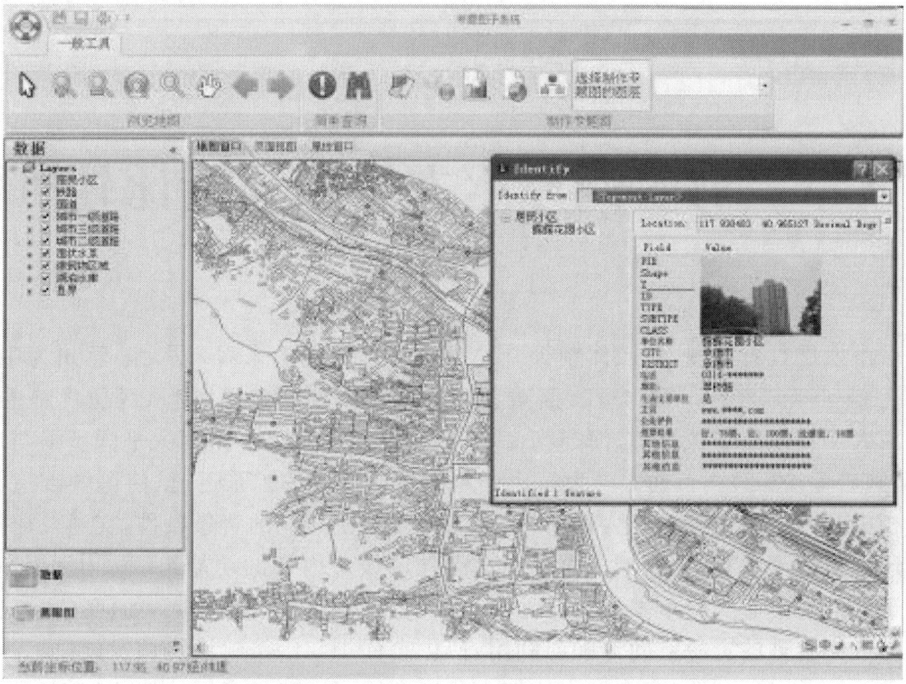

图 8.34　生态文明地图信息查询功能演示

第9章 海峡两岸生态城市建设比较研究

两岸城市发展具有地域、行政体制等差异。从地理位置上来看，以大陆兰州为中心点，台湾位于半径2000 km之外，与黑龙江、西藏和新疆等同属中国边陲，但从区位优势上来看，台湾岛地处西太平洋东亚岛弧，对东海与南海有一定的控制与影响，是西太平洋贸易与运输的交通要道(邓国雄等 2002)。目前大陆地区由于早先城市规模的扩张迅速，使得城市正面临着内部结构及相关基础设施完善的压力；相对于台湾地区地狭人稠的背景条件，交通及居住空间缺乏及生态环境被高度重视，使其城市生态优化更强调城市内部的功能组织及生态空间的适当配置。由于台湾岛生态与城市发展相对稳定，空间位置独立且资源有限，如何在生态保护的前提下就全岛进行合理的资源空间分配与利用，使生态保护与经济建设协调发展，成为当前可持续发展的重要议题，目前已就多个城市或较小尺度开展了多项具实用价值的工作，可为其他经济稳定发展地区进行城市生态建设时，提供重要参考。在近50年城市快速发展的过程中，两岸采用了不同的发展模式，并各自展现自身的优势与城市生态特征，基于城市化过程的规律性，及同样面临全球化及市场经济竞争的背景与生态环境问题，通过两岸城市发展历程、环境影响、现况及问题等的比较，可提供当前城市发展规划多重的参考依据。

9.1 两岸城市发展背景

自19世纪末城市化的面积即展现了几近指数的成长，而其影响范围甚至到达城市外围的乡村和郊区(Van Eetvelde等 2001)，城市化的过程于城市内部、城市边缘及相邻的郊区产生了一系列复杂的作用(Bryant等 1982，Geyer等 1993，Antrop等 2000，Champion 2001，Pacione 2001，Antrop 2005)。

9.1.1 全球城市概况

在城市化进程中存在集聚与扩散两种空间相互作用。通常情况下，城市形成与发展在地理空间上的表现，主要是集聚过程，吸引各种资源要素向城市集中，引起城市人口密度的增加。发展到一定程度后，经济辐射能力不断增强、范围不断扩大，其扩散效应将上升到主导地位，使城市范围得到扩展，导致城市区域化。在城市不断向周边地区扩张的过程中，便逐步形成了城市区域(周振华 2007)。

城市的历史可追溯到距今约6000年前，但全球城市人口数量和比例不可逆转的持续增加成则开始于工业革命，带来了人类聚落与生活方式的改变，这种变化首先出现在以英国为代表的欧洲国家，然后在其他发达国家中蔓延。直至20世纪20—30年代后，大多数的发展中国家才开始进入城市化，尽管其发展速度在战后显著加快，但这并不能改变起始时间所导致的进程上的差异（毛爱华等 2008）。

1800年，全世界只有1.7%的人口居住在城市，18世纪世界城市化水平也仅为3%左右。欧洲18世纪和19世纪早期工业革命造就了现代世界城市化格局，快速、规则、准确的标准化生产代替了人的技能和体力，改变了人类利用资源的方式，工业经济由此克服了土地和动力、能源的束缚，新生产组织形式的出现使城市由过去的商业中心变为生产中心，并由此引发城市人口的快速膨胀。与此同时，工业化也带来了食品保鲜技术、交通和通讯技术，使人们能在拥挤的城市里生活（成德宁 2004）。随着工业化在欧洲和北美的扩展，城市化进程也很快扩展到欧洲其他地区和北美地区，及除俄罗斯以外的整个欧洲。1900年城市人口比重上升到37.9%（成德宁 2004），这种快速增长的势头一直保持到20世纪80年代初期，之后增速有所减小。

1900年，世界10万人口以上的城市共301个，欧洲就占了148个（周一星 1997）。20世纪，人口聚集和城市化现象开始波及全球，首先是拉美，然后是亚洲和非洲。其中以阿根廷为代表的几个为数不多的拉美国家早在19世纪末就开始了较明显的城市化，其他多数国家则始于20世纪的20－30年代（毛爱华等 2008）。截至目前，全球主要城市的发展已具一定规模，为探讨其现况差异，本研究选择台北、香港、上海、新加坡、福冈、大阪、首尔、雅加达、胡志明市、悉尼、西雅图、柏林等12个城市，分别就其城市基本情况、人口结构、生活水平、社会安全、教育文化、医疗卫生、政府服务等方面进行比较。

首先，在基本情况方面（表9.1），土地面积最大的为悉尼（12144.6 km^2）、最小为西雅图（217 km^2），人口数最高为上海（1368.08万人）、最低为西雅图（56.21万人），人口密度最高为首尔（17108人/ km^2）、最低为悉尼（335人/km^2）。综合土地面积、人口数、人口密度3方面，城市基本情况最为相似的城市为台北和大阪，在台北、香港及上海三地的城市比较中，上海明显具有土地资源优势。

表9.1　全球主要城市基本情况(2006)

项目	单位	台北	香港	上海	新加坡	福冈	大阪
土地面积	km^2	271.8	1104.00	6340.50	704	340.6	222.11
人口数	万人	263.22	690.95	1368.08	360.85	136.39	263.63
人口密度	人/ km^2	9684	6259	2158	5126	4004	11869
项目	单位	首尔	雅加达	胡志明市	悉尼	西雅图	柏林
土地面积	km^2	605.33	661.52	2095.01	12144.60	217	891.02
人口数	万人	1035.62	896.17	642.45	431.18	56.21	340.4
人口密度	人/ km^2	17108	13547	3067	335	2590	3820

资料来源：2007台北市年鉴

在人口结构特征方面（表9.2），就现有数据分析，多数城市仍维持正向的社会增加率，但人口密度超过1万人/ km^2 的城市仅大阪仍维持将进3‰的社会增加率，首尔和雅加达皆出现3‰左右的下降趋势，而上海的社会增加率（6.86‰）则明显高于其他城市，显示其城市对于人口的承载能力相对较高。在性别比例上，除上海及雅加达，多数城市女性多于男性，香港和福冈更几乎达到女性与男性10∶9的比例。在非劳动年龄人口对劳动年龄人口数的依赖程度上，多数城市维持保持近2/3的劳动人口以维持1/3非劳动人口，但大阪和悉尼则出现近1/2的非劳动人口，显示其劳动人口的生活压力较大。在老化指数上，大阪65岁以上人口明显多于0—14岁人口，显示其城市人口趋向老年化发展；香港和福冈则趋向于二者相似的比例，人口结构较为稳定；其余城市0—14岁人口较65岁以上人口高，雅加达更达到近7∶1的比例。

表9.2　全球主要城市人口结构(2006)

项目	单位	台北	香港	上海	新加坡	福冈	大阪
社会增加率	‰	3.33	—	6.86	—	5.28	2.94
性别比例	男/女	95.05	90.76	100.77	98.18	91.03	94.77
扶养比[1]	%	39.17	35.27	—	38.58	42.9	49.67
老化指数[2]	%	70.55	92.41	—	43.89	114.38	175.27
项目	单位	首尔	雅加达	胡志明市	悉尼	西雅图	柏林
社会增加率	‰	−3.54	−2.02	—	1.81	—	3.14
性别比例	男/女	98.75	100.1	92.19	96.97	98.24	95.83
扶养比	%	30.94	37	—	45.32	25.74	—
老化指数	%	47.37	13.58	—	65.49	46.63	—

1 非劳动年龄人口对劳动年龄人口数之比，为依赖人口对工作年龄人口扶养负担的一种简略测度(又称依赖人口指数)＝((0—14岁人口＋65岁以上人口)÷15—64岁人口)×100

2 为衡量一地区人口老化程度之指标＝(65岁以上人口÷0—14岁人口)×100

资料来源：2007台北市年鉴

在生活水平上(表9.3)，就2006年现有数据而言，除雅加达外，多数城市已达近100%的自来水普及率，台湾和悉尼有高于西雅图的住宅自有率。在人均居住面积上，悉尼平均每人居住面积82.3 m^2明显高于台北(31.86 m^2)和上海(22.25 m^2)。在平均每人拥有公园绿地面积上，西雅图和福冈较高，分别为44.64 m^2和41.97 m^2，首尔和上海居次，虽与西雅图、福冈差距较大，仍维持15.92 m^2及10.5 m^2，台北和雅加达则明显较低。在交通方面，每千人拥有汽车数量以悉尼最高为每千人626辆，其他城市则多数在每千人280～380辆之间，香港则以每千人80辆居末，可推知其城市交通以公众交通为主；每千人拥有摩托车数辆则以雅加达最高为每千人593辆，台北每千人397辆居次，再其次为上海每千人179辆，其他城市皆不足每千人50辆，具有显着差距，可推知雅加达、台北及上海多数城市居民生活交通多为短距离，且在这方面的公众交通，仍有待提升；在每汽车享有道路面积上，上海以136.03 m^2，领先其他多数城市。在食品支出总额占个人消费支出总额的比重上，上海、大阪及雅加达较高，约占个人总消费支出的1/3，首尔及福冈约占个人总消费支出的1/4，台北及悉尼约为1/5，而西雅图约占1/7至1/8，由此推知上海、大阪及雅加达的生活成本较高。在近三年平均每年消费者物价指数上，雅加达有16.45%的回落，西雅图则有近5%的增长。

表 9.3　全球主要城市生活水平(2006)

项目	单位	台北	香港	上海	新加坡	福冈	大阪
自来水普及率	%	99.51	99.9	99.99	—	99.3	100
住宅自有率	%	81.02	—	—	—	—	—
平均每人居住面积	m^2	31.86	—	22.25	—	—	—
平均每人拥有公园绿地面积	m^2	5.03	—	10.5	—	41.97	3.52
每汽车享有道路面积	m^2	28.52	—	136.03	—	55.12	45.33
每千人拥有汽车数	辆/千人	278	80	115	142	384	338
每千人拥有摩托车数	辆/千人	397	5	179	40	12	19
恩格尔系数	%	21.05	—	35.74	—	23.67	29.86
近三年平均每年消费者物价指数上升率	%	1.83	0.87	1.46	1.05	−0.2	−0.36
项目	单位	首尔	雅加达	胡志明市	悉尼	西雅图	柏林
自来水普及率	%	99.99	30.46	—	100	100	—
住宅自有率	%	—	—	—	74.6	51.9	—
平均每人居住面积	m^2	—	—	—	82.3	—	—
平均每人拥有公园绿地面积	m^2	15.92	2.32	—	—	44.64	—
每汽车享有道路面积	m^2	28.55	15.63	—	—	—	—
每千人拥有汽车数	辆/千人	276	297	—	626	—	388
每千人拥有摩托车数	辆/千人	38	593	—	—	—	28
恩格尔系数	%	25.35	36	—	19.57	12.94	—
近三年平均每年消费者物价指数上升率	%	2.95	−16.45	—	2.75	5.1	1.95

资料来源:2007 台北市年鉴

从社会安全角度(表 9.4),刑案及窃案发生件数皆以胡志明市最低,分别为每十万人 103.38件及每十万人 58.89 件,柏林最高,分别为每十万人 14613.34 件及每十万人 5621.79 件,在火灾发生次数上台北、福冈及上海皆较低不达每千户 1 次,车辆肇事率也以台北较低。在城市安全的维护上,消防人员所占比重以西雅图最高福冈最低,分别为每万人 18.32 人、7.41人;警察人数所占比重以柏林最高为每万人 68.77 人,其次为香港每万人 46.69 人,可见其政府对社会安全的重视。传统观念中,离婚率与失业率为影响城市社会安全的重要因素,在离婚率方面以胡志明市最高为 7.51‰,雅加达最低为 0.06‰,在失业率上,以柏林最高为 20.1%,远远高于其他城市,其次为雅加达的 14.3%,但失业率与刑案、窃案的正向关系在柏林较为显著,雅加达虽有相对较高的失业率,但离婚率相对较低,可推知其家庭观念仍为保守,对刑案、窃案的发生具有一定抑制作用。

表 9.4　全球主要城市社会安全(2006)

项目	单位	台北	香港	上海	新加坡	福冈	大阪
刑案发生件数	件/十万人	2121.32	1169.34	1019.37	745	2564.20	3755.35
窃案发生件数	件/十万人	881.95	596.18	746.37	—	1990.88	2984.24
火灾发生次数	次/千户	0.38	14.77	0.91	—	0.73	1.06
车辆肇事率	件/万辆	0.46	255.21	16.98	155.74	290.15	208.01
消防人数	员/万人	11.36	13.39	—	—	7.41	13.14
警察人数	员/万人	28.32	46.69	—	—	16.13	24.63
粗离婚率	‰	2.64	—	3.45	1.43	2.39	2.66
失业率	%	3.7	4.4	4.4	3.5	6.9	—
劳动力参与率	%	55.2	61.3	—	65	62.9	—
项目	单位	首尔	雅加达	胡志明市	悉尼	西雅图	柏林
刑案发生件数	件/十万人	3358.41	735.09	103.38	1176.49	7699.55	14613.34
窃案发生件数	件/十万人	283.36	246.64	58.89	242.69	4213.00	5621.79
火灾发生次数	次/千户	—	12.85	—	4.3		
车辆肇事率	件/万辆	118.79	5.78	—	—	—	842.94
消防人数	员/万人	9.35	—	—	9.35	18.32	15.96
警察人数	员/万人	24.1	22.77	—	24.48	32.68	68.77
粗离婚率	‰	2.36	0.06	7.51	2.42	—	2.35
失业率	%	4.5	14.3	—	4.6	4.5	20.1
劳动力参与率	%	63	62.7	—	64.9	—	—

资料来源:2007 台北市年鉴

在教育文化方面(表 9.5),多数城市维持 95%以上的 15 岁以上人口识字率,并具有接近 100%的学龄儿童就学率,可知各城市的基础教育已相对完备。对教学资源而言,初中、小学师生比以西雅图最低,每 8 位学生即有一名教师,班级学生人数则以胡志明市最高,为每班 40 人。而家庭对教育的消费上,就现有数据可知以福冈所占比例较高。

表 9.5　全球主要城市教育文化(2006)

项目	单位	台北	香港	上海	新加坡	福冈	大阪
15 岁以上人口识字率	%	98.88	92.86	—	95.4	—	—
学龄儿童就学率	%	99.96	—	99.9	—	99.12	100
国中小师生人数比	人	15	13	14	21	18	16
国中小平均每班学生人数	人	30	—	—	—	32	29
书报杂志文具支出占家庭消费支出比率	%	0.67	—	—	—	3.49	1.38

续表

项目	单位	首尔	雅加达	胡志明市	悉尼	西雅图	柏林
15岁以上人口识字率	%	—	98.34	—	99.51	—	—
学龄儿童就学率	%	97.81	—	—	99.97	—	—
国中小师生人数比	人	23	22	27	15	8	—
国中小平均每班学生人数	人	33	—	40	—	—	—
书报杂志文具支出占家庭消费支出比率	%	0.77	—	—	0.42	0.29	—

资料来源:2007台北市年鉴

在医疗卫生上(表9.6),西雅图的生育率最低,新加坡、福冈、大阪的生育率较高;新生儿的死亡率以雅加达较高为13.7‰,故其政府相对迫切需要对医疗条件加以改善。在医疗资源分配上,就现有数据分析,每万人的病床数以西雅图较高,为每万人93.35床,其次为台北每万人82.78床;医护人员则以大阪最高达每万人251.32人,其次为西雅图每万人208.66人,综合病床与医护人员分配可知,西雅图的医疗资源较为充沛,而雅加达、胡志明市、悉尼都有较大的改善空间。在环境方面,多数城市垃圾皆妥善处理,但上海的二氧化硫污染相对较为严重,在未来城市环境工作上,应着重空气污染的降低与防治。

表9.6 全球主要城市医疗卫生(2006)

项目	单位	台北	香港	上海	新加坡	福冈	大阪
婴儿死亡率	‰	3.26	1.8	4.01	2.6	1.8	2.7
一般生育率	‰	29	—	—	38.1	37.8	38
每万人病床数	病床数/万人	82.78	72.36	68.99	31.94	—	—
每万人医护人员数	医护人数/万人	117	120.12	64.12	69.55	—	251.32
二氧化硫含量	ppm	0.003	—	0.019	0.003～0.006	0.004	0.006
垃圾妥善处理率	%	99.98	100	—	100	100	—
项目	单位	首尔	雅加达	胡志明市	悉尼	西雅图	柏林
婴儿死亡率	‰	—	13.7	—	4.85	5.5	—
一般生育率	‰	30.68	—	—	—	12.6	—
每万人病床数	病床数/万人	63.95	18.18	43.84	39.26	93.35	58.34
每万人医护人员数	医护人数/万人	55.2	17.01	19.79	26.56	208.66	—
二氧化硫含量	ppm	0.006	0.005	—	—	—	—
垃圾妥善处理率	%	100	97.96	—	—	—	100

资料来源:2007台北市年鉴

在政府服务方面(表9.7),每一政府员工服务市民数以首尔最高,为250.65人,最低为柏林25.14人;每一市民享有社会福利支出及教育科学文化支出皆以柏林较高,分别为2079.54

美元及 2580.31 美元，远高于其他城市。

表 9.7 全球主要城市政府服务(2006)

项目	单位	台北	香港	上海	新加坡	福冈	大阪
每一政府员工服务市民数	人	36.76	44.72	—	55.91	138.66	61.82
每一市民享有社会福利支出	美元	252.83	617.18	—	—	—	1502.87
每一市民享有教育科学文化支出	美元	605.45	—	—	—	—	436.77
项目	单位	首尔	雅加达	胡志明市	悉尼	西雅图	柏林
每一政府员工服务市民数	人	250.65	106.19	—	—	54.2	25.14
每一市民享有社会福利支出	美元	165.63	—	—	—	180.86	2079.54
每一市民享有教育科学文化支出	美元	237.88	—	—	—	26.02	2580.31

资料来源:2007 台北市年鉴

9.1.2 两岸近代城市发展

台湾地区的发展，最早可追溯至 17 世纪汉民移垦时期，但直至 20 世纪中叶才逐步发展为农村型态(刘克智等 2003)，1950 年代起工业化与城市化的快速成长，促使了人口大量地向大城市地区移入，使得台北，基隆、台中及高雄、台南成为台湾地区的三大主要城市群，1980 年代三大城市群已占全台湾地区城市化人口多数(徐淑连 1991，郭仲凌 1997，華国鼎 2002)，成为台湾城市体系发展的重心。

在城市的空间结构上，其深受经济发展策略影响。自 1950 年代起，经济政策几乎主导了城市区域的发展与土地利用结构的变化，也因此产生了一系列环环相扣的经济发展与生态保护问题。近来台湾以发展经济为主的土地管理政策，随着经济发展开始变化，于 1961—1971 年间，为消除传统农业发展出现的疲态，在农产品外销和农业多角化经营的目标下，水稻田转变为经济价值较高的旱作；1971—1981 年，随着工业快速发展与大型公共交通建设陆续兴建，林地面积快速减少，建设用地及其他用地则有近 77.22%增长；1981—1991 年，由于城乡发展差距日趋明显，农地释放及都市计划中公共设施等建设用地比例增加但随着环保意识受到重视，环境保护措施的颁布，土地利用变化主要表现在水稻田向旱作及建设用地转化；近年来由于强调区域均衡发展、生态保护及劳动密集产业外移，土地开发速度已趋于平稳，空间格局变化亦趋于稳定(表 9.8)。

表 9.8　台湾地区近代城市发展背景与演变

时间	背　景	经济发展策略	城市发展状态与政策
1950～	粮食生产、外汇短缺、通货膨胀及土地资源不足 1951 美援时期、公地放领[1] 1953 耕者有其田[2] 1957 美援发展性导向	土地改革 以农养工 策略性工业[3] 进口替代[4]	轻工业快速成长，促进台北、高雄、台中及台南周遭小型都市兴起。
1960～	市场内需有限、农业发展出现疲态 1964 修订都市计划法 1965 美援终止 1966 设立都市建设及住宅计划小组 1969 农业衰退	农产品外销与农业多角化经营 以农养工 奖励投资[5] 出口导向的工业化政策	加速基础建设并大量设置工业区及加工出口区。 扩大开发海埔新生地、河川地及山坡地。
1970～	世界性经济衰退及西方新保护主义影响出口贸易，城乡发展出现落差 1973 石油危机 1974 十大建设[6]、区域计划法 1976 非都市土地使用管制规则[7] 1978 第二次石油危机、十二项建设[8] 1979 台湾地区综合开发计划[9]	工业出口 保护农业 加强农村建设 乡村工业化[10] 第二次进口替代：扶持石化及半导体产业	农工二元化。 生产区位向都会空间聚集发展，形成台北、新竹、台中、台南及高雄 5 个都会区。 新市镇开发。
1980～	物价上涨、城乡失衡、都会区集中、农村山地落后及环境生态造受破坏 1983 颁布山坡地开发管理办法[11] 1984 美国贸易与关税法案促使台币升值十四项建设[12] 第二阶段农地改革[13]	资本密集的策略性产业：信息业 建立特殊工业区：科学园区 以工业发展农业 精致农业	区域经济发展[14]。 重化工业及中小型企业领导城乡空间结构变化。 受乡村工业化影响，虽未牛成大型工业都会区，农村生活圈却快速都市化与工业化。
1985～	区域主义兴起与政经体制转变 台币升值[15]、房地产上涨、投资环境恶化、产业外移及环保意识抬头 1985 广场协定 1987 解严[16] 1988 南向政策[17]	雁飞型经济发展模式主导的亚太分工体系[18] 高科技产业与劳力密集产业相互竞合	释放农地并增加都市计划中公共设施保留地、工业区及住宅区的比例。 南北及城乡发展出现高度落差。
1990～	全球化与区域化 城乡的区域失衡、农村人口外流、环境污染问题 1990 产业东移 1991 六年国建[19]、促进产业升级条例 1992 环境影响评估 1997 东南亚金融危机 1999 九二一地震	推动亚太营运中心[20] 产业升级与民营化 缩短南北差距 农地释出 奖励民间参与公共建设 均衡区域发展	新市镇开发及西滨快速道路、东西快速公路等大型交通建设扩大空间利用的向度。 开发新竹、台中、台南科技工业区及彰滨基础工业区 农地使用转变工业用地 西部走廊带状发展[21] 高雄成立境外航运中心，加强南部都会区发展
2000～	环保意识高涨与后工业时代 社会多元化与社区主义兴起	绿色矽岛[22] 知识经济[23] 均衡区域发展	新竹一台中都会区形成

资料来源：整理自马久惠 2001

1 台湾光复后，国民党政府自日本接收的农地，为配合经济发展需要，放租给佃农及台糖，以赚取外汇(农复会 1952，萧全政 1995)。

2 耕者有其田政策主要将地主超过保留限度的出租田及全部共有出租地，以农地价格的 2.5 倍收购，再将之转卖给佃农(刘进庆 1995)。

3 由于经济体系已由制糖业转向纺织工业为主，但工业原料和生产数据大部分仍需要依赖进口，为此政府选定纺织品与肥料作为策略性工业(尹仲容 1962)。

4 进口替代政策，政府是以关税或其它进口管制措施保护策略性工业(萧全政 1994)。

5 奖励投资目的在于奖励中小企业投资并有效的吸引外资。

6 十项建设内容包括下列重大工程建设：炼钢厂、造船厂、石化工业、南北高速公路、台中港、苏澳港、铁路电气化、北回铁路、桃园国际机场及核能发电厂。

7 非都市土地使用管制规则目的在建构农地转用至都市土地的使用秩序(毛育刚 1998)。

8 十二项建设包括扩建台中港与南回铁路外，并加入南部东西横贯公路、开发新市镇与国民住宅及促进农业现代化与发展社会福利。

9 台湾地区综合开发计划目的在解决因土地炒作带来的不动产不合理飙涨，并同时建构产业结构的配套措施(孙义崇 1988，张景森 1993)。

10 为提高农民所得，省政府推动客厅即工厂策略以增加农业副业，1977 年全台湾有近 11 万 6 千名妇女参与不仅使台湾农村成为劳力密集轻工业加工区的延长，也加速台湾外销工业的发展与传统劳动力的改变。

11 山坡地开发建筑管理办法使未经整体规划送请区域计划拟定机关核发杂项工程完成检验合格证明文件者，可受准核发，因此都市住宅用地急速扩增。

12 十四项建设包括中钢公司第三阶段扩建、电力发电、油气能源、电信现代化、铁路扩展、公路扩展、台北地区铁路地下化、台北都会大众捷运系统、防洪排水、水资源开发、自然生态保护及国民旅游、都市垃圾处理、医疗保健及.基础建设(经建会 1986)。

13 第二阶段农地改革希望以农地重划带动农业机械化，并透过农地转用以增加工业开发，目的在促进农村经济，减低城乡发展差距。

14 区域经济发展就是由政府整合各种硬件实施与管道等发展条件，使特定产业集中在一个特定园区内发展。

15 美国劳工联盟 AFL 及美国工会总会 CIO 认为台湾工会制度不健全损及劳工权益，使美国本土产业无法与之竞争，因而使美国政府要求台湾大幅降低关税、开放商品及银行、保险、运输等投资机会，并解除外汇管制，使新台币大幅升值(萧全政 1994)。

16 1987 年解严后，民间各部门对政治参与的强烈需求，而使得政府相继开放党禁、报禁及允许大陆探亲。

17 政府为降低产业于大陆地区大量投资的风险，将传统产业移往东南亚等国。

18 所谓雁飞型经济发展模式式是指以日本为东亚高科技与资金供给的龙头，结合居中的 NICs 以技术革新和产业高度发展趋势，配合大陆及东协丰富的人力资源，形成一种三级的垂直分工体系(萧全政 1996)。

19 以提高国民所得、厚植产业潜力、均衡区域建设、提升生活品质为主要目标，其内容涵盖经济、社会、文化、教育、医疗等各层面(经建会 1991)，期望超越四大区域窠臼。

20 亚太营运中心是利用营运、金融、电讯等中心的开设，使台湾经济不在仰赖于美、日资金和技术，转向结合与亚太地区的经济活动，借助投资、贸易、技术的流动使内产业发展具国际化。

21 随着高速公路和快速公路系统的建设及小汽车持有率的急速上升，已使西部走廊既存的都会区持续成长，形成北、中、南三大都会带，呈现一种 "巨带都会" 发展的空间特色。

22 绿色矽岛标榜无污染、永续性的科技发展。

23 识经济依靠技术与理念的创新所带来的专利、行销、商标等无形非物化的产品获取经济收益。

20 世纪 50 年代至今，大陆地区城市发展可分为 4 个阶段，其中，前两个时期主要为政治力量影响，而后两个时期则仰赖市场经济的推动(陈先枢 2002)。

首先是“一五”至“二五”期间，借助苏联援建 156 个建设项目，以重工业为导向的发展方式推动了当时城市的发展，特别是在东北及西北，初步形成了以西安、兰州和成都为中心的三个大的工业基地。第二阶段为 20 世纪 60 年代国民经济调整时期的三线建设，大量人力、物力、财力向三线投入，使西南地区成为工业发展的重心，带动了攀枝花等一批新兴工业城市的兴起。第三阶段则是进入 80 年代实行的沿海开放，先后成立了深圳、珠海、汕头、厦门、海南 5 个经济特区，开放了 14 个沿海港口城市，同时还将珠江三角洲、长江三角洲、福建沿海、广西沿海、辽东半岛和山东半岛也列为对外开放地区，形成了一系列发达的城市群。第四阶段则是 1992 年邓小平南巡讲话以后的多层次、全方位开放格局，批准长江沿岸 28 个城市和 8 个地区，东北、西南、西北地区 13 个边境城市对外开放，11 个内陆地区省会城市实行沿海开放城市的政策，形成了东部沿海开放地区，以上海浦东开发为龙头的长江沿岸地区、周边地区和以省会城市为中心的中西部地区的格局，大中型城市得到了较大的发展(陈先枢 2002)(表 9.9)。

表 9.9　大陆地区近代城市发展背景与演变

时间	背　景	经济发展策略	城市发展状态与政策
1950～	1950《中华人民共和国土地改革法》 1953 开展一五时期城市建设工作 1954 全国第一次城市建设会议 人民日报《贯彻重点建设城市的方针》 1958 大跃进运动	重工业优先发展战略；提出了钢产量、粮食产量的增产目标，决定在农村普遍建立人民公社。	明确城市建设和发展的路线与思路，城市发展环绕工业建设进行 强调“一四一”项所在地的重点工业城市建设 充分利用沿海、大力发展内地、平衡布置生产
1960～	连续自然灾害，苏援终止 1960 苏援终止 1961 中国共产党八届九中全会 1966 毛泽东“抓革命、促生产” 1968 上山下乡	缩短重工业及基本建设战线，延长农业及轻工业战线。	城市建设受挫 精简职工和减少城镇人口
1970～	1978 十一届三中全会：社会主义现代化 全国第三次城市工作会议，制定《关于加强城市建设工作的意见》 邓小平“四个现代化” 1979 改革开放 《关于加快农业发展若干问题的决定》	广东、福建的对外经济活动实行特殊政策及优惠措施，并设置深圳、珠海、汕头、厦门经济特区	初期缺乏对城市化的重视，城市化速度相对滞后，出现基础设施及住房不足的问题 控制大城市规模 限制大城市内部易燃易爆、污染严重和直接为农业服务的企业或事业单位
1980～	1980 国务院批转《全国城市规划工作会议纪要》 1982 邓小平“有中国特色的社会主义” 1984 十二届三中全会《关于经济体制改革的决定》 国务院《城市规划条例》 1989 实施《中华人民共和国城市规划法》	全面开展以城市为重点的经济体制改革 开放沿海 14 个港口城市； 开放长江、珠江及闽南三角洲为经济开放区 提出“三步走[24]”的发展战略	城市发展速度大幅提高，城市对于国民经济及社会发展的重要性受到重视，由法律形式确定城市发展方针 控制大城市规模，合理发展中等城市，积极发展小城市

续表

时间	背　景	经济发展策略	城市发展状态与政策
1990～	经济体制改革,社会经济健康发展,农村生产力提升 1992 邓小平南巡讲话 1998《中共中央关于农业和农村工作若干重大问题的决定》	确立社会主义市场经济原则; 全面强化经济建设,沿海地区开发区及加工业快速发展	城市化速度加快,出现污染、拥挤及住房紧张等问题 积极稳妥地推进城市化
2000～	2002 三个代表 2003 十六届三中全会"树立全面、协调、可持续的发展观"	社会主义现代化,全面建设小康社会	

资料来源:整理自李秉仁 2002,廖文燕 2004

24　"三步走":于 20 世纪 80 年代末解决人民温饱问题,20 世纪末使人民生活到达小康水平,21 世纪中叶人均国民生产总值达到中等发达国家水平,基本实现现代化。

由于幅员差距较大,两岸政府决策过程中采用不同的执行方式,台湾地区一直以来具有明确的产业发展和建设策略,大陆地区则是在中央确立的宏观思想前提下,由各地依据不同的方展方向与指标具体落实任务。

对照上述发展历程可知,在 1950 年代两岸城市发展皆首先进行土地政策的改革,将土地的管理权交由政府,并订定一系列不同类型土地的使用办法,以求有效确保土地资源利用的效益。外援对两岸近代城市的初期发展都相当重要,台湾地区仰赖美国的援助,使得农业快速发展,为后期的工业化奠定了基础,而大陆地区则在苏联的帮助下,开展工业城市建设。在时间上,台湾地区由 1960 年代起的快速成长至 1990 年代已逐步趋于稳定,大陆地区则于 1970 年代末期开始重视经济建设,目前许多大型城市以展现一定的区域影响力,但整体上仍处于快速城市化阶段。在空间上,受自然条件、基础设施建设与产业发展的影响,台湾地区的通过台北、高雄等城市的带头作用,逐渐形成岛上的西部城市带,大陆地区则受政策与对外交通等因素的影响,在沿海形成主要城市中心进而向内陆发展。

9.1.3　两岸城市发展驱动机制

城市发展受自然环境、行政区划、经济类型、移民等因素影响,对台湾地区而言,交通通达性是早期城市发展的主要驱动机制,近年来为提升竞争力,经济全球化下的空间定位亦成为未来发展的重心,但在快速的发展过程中地质与气候条件也导致部分区域的生态敏感与脆弱,限制了城市的空间拓展。

9.1.3.1　全球化的影响

全球化影响台湾区域发展的决策,并改变社会与土地的关系。在经济全球化的过程中全球尺度成为关键,不同尺度中经济全球化的建构、竞争与协调,皆必须基于全球尺度运作的趋势,整合跨疆界和区域的密集连接与流动(Yeung 2002)。对应台湾经济再重组的过程,台湾的城市及区域空间结构也显现了新的趋势和变迁,即台湾北部区域(或称为北部城市区域)为主的空间单元逐渐进入全球城际网络，空间结构在经济全球化过程中也出现所谓"分散化的专业集中"的新地理空间现象(周志龙 2000，金家禾 1999、2000、2001，林德福 2003)。

9.1.3.2　交通建设

城市化与交通建设二者相辅相成，区域城市化需基于便捷的交通，而交通建设的需求亦源自区域发展。近十年间台湾岛的城市化及相应的交通建设影响主要反映于农业用地上。以台中市为例，在城市范围逐渐向外扩张的趋势下，农业用地多转变为建成区与水利用地，其驱动因素则以交通为主，并受地形等自然因素的制约。例如，与高速公路距离越近，建成区的增加比例越高，原有的农业用地亦会转作其他的开发；铁路则主要带动外围其他交通用地的产生；地形对城市发展具有明显限制的区域，山区景观格局多为农地和林地(方梅萍 2002)。另外，交通节点包括高速公路出口、火车站及十字路口、公车站等交通节点也会引发一系列程度不等的变化。例如，商业中心、交通转运站均可带动外围土地开发。

9.1.3.3　自然灾害

在人口集中的区域及高强度土地利用区域，天然灾害的潜在危害与威胁程度也就越高。台湾地区主要的天然灾害来自地震和台风，自从经历 1999 年的"9·21"震灾与 2001 的台风"桃芝"之后，台湾地区的城市建设更强调水土保持、森林维护和灾地复旧等问题的重要性。由于台湾岛 70%面积属于 100～3000 m 以上之丘陵和高山等山地地形，不稳定的地质环境，加上梅雨与台风季节暴雨集中等不利气象条件。近数十年来，人口的增长及社会环境的变迁，促使开发行为沿着河谷向山地进行，亦加剧了崩塌、地滑、冲蚀及淘刷等地质灾害的危险(吴铭志 2000)。为了适应自然环境特殊性，降低天然灾害的危害，相关法规中明文规定了土地利用限制类型。其中，森林法指出需对冲蚀沟、陡峻裸露地、崩塌地、滑落地、破碎带、风蚀严重地及火灾迹地、水灾冲蚀地等脆弱环境进行必要的水土保持处理；台湾省保安林施业方法中指出溪流两岸及受其保护的铁路、公路等两侧森林，需保留 50 km 以上宽度林带等。基于法律的强制力，可于最小限度的开发范围内确保生态功能景观的存在及其功能延续。

9.1.3.4　政府政策

相对于台湾地区而言，大陆地区城市发展的内部影响明显大于外部因素的作用。当前的城市发展具有一定的行政体制基础，行政中心城市从省会、地区行署到县城形成完整的体系，加上近年来大力推动的经济策略与交通建设，成为推动近代城市发展的主要因素，另外，自然条件、资源分配、人口分布和政策因素对城市系统的演进也具有不同程度的影响(薛东前等 2000，薄占宇 2002)。

中国大陆城市化的过程与发展，各级政府对城市化的推动可表现于几个方面：(1)实行市管县制度，以行政中心为基础，强化区域聚集效应，提升城市的经济规模和功能，同时引导经济发展和城镇建设，有利于形成行政中心和经济中心二位一体的城镇网络；(2)通过制定相应的政策和城市设置及规划标准引导城市化发展，以行政协调的非经济手段，干预城市化发展的进程，使城市经济区域和行政区域相结合，同时也是区域不平衡发展的潜在因素之一。

9.1.3.5　市场经济

农业是城市系统存在和发展的基础，它不断向城市提供粮食、原料和能源，城市才能发展；工业化使人口和产业向城市进一步集聚，促进了城市系统的扩张。由于市场联系的密切，城市间物质、能量和信息的交流日益频繁，进一步强化了城市的集聚和扩散功能(于洪俊等 1983)。

改革开放以来，针对计划经济向市场经济转型的需求，城市化发展已成为中国大陆现代化社会经济全面发展的目标。

9.1.3.6 人口结构

由于1960—1980年代农村人口自然增长率相对高于城市，农村人口的基数太大延缓了城市人口比重上升的速度(姚士谋 1998)，使得现今大陆城市化要达到中等发达国家的水平，即城市人口至少要占总人口的50%以上的标准，在现有的人口基础上，大陆地区至少有5亿以上的农业人口走进城市(张鸿雁 2000)。

9.1.3.7 产业发展

城市产业结构发展及分布的区域差异直接影响了城市发展。以中西部城市与沿海城市为例，在中西部内陆城市中，有37%～45%的城市，依赖一级产业提供就业机会，而在沿海和特区城市中，仅6%～10%的劳动力，说明了中西部城市尚未完全进入工业化阶段，而沿海和特区城市，已经超速迈进工业化发展阶段的后期；另外，在产业结构上，大部分城市排在前四位的支柱产业都是汽车、机械、冶金、化工等传统产业，由于并未形成特色产业，加上轻重工业的比重、传统工业与高技术工业的比重失调，投资大、消耗大、效率低的传统工业较多，投资少、能耗省、效率高的高科技工业较少(张曾方等 2000)。

9.1.3.8 交通建设

交通设施加速了城市体系的形成和发展交通设施具有双重功能，一是服务功能。作为城乡间、产业间联系的纽带，产供销间联系桥梁的交通运输，在产业分类中属于第三产业，具有服务业的性质；二是引导功能，即由于交通设施的建设带来产业和城市的分布。城市沿河、沿江的发展，沿海地区或铁路、公路和航空港的建设，带动了城市的发展和城市体系的建立。

基于以上所述，在城市发展机制方面，城市规划与交通建设是两岸近来城市空间变化共同的主导因素，随着城市的建设由市中心向外逐步成熟，在经济因素推动下，部分城市功能被周边区域取代，而铁、公路交通的重要节点，亦提升该区域的人类活动强度，带动相关产业的发展。另外，因区位、资源与经济体制因素，台湾地区的城市发展定位受全球与周边影响相对强烈，而大陆地区由于城市腹地与内部市场较大，城市发展与政府政策具有相对较大的关系。

对照两岸城市发展的影响因素可以发现，台湾地区受环境、资源与面积限制，交通等基础设施建设仅在快速城市化时期起到一定的影响，城市的长远发展仍取决于区域乃至于全球经济体系中的定位，而其最大的发展限制来自于自然环境脆弱的特性，地震与台风的作用与海洋环绕使得台湾的城市开发不适宜采用高强度、大范围的方式，生态环境保护是在城市发展过程中，首先必须考虑的问题。大陆地区的城市发展过程中，早期主要受到政策影响，随着经济体系的健全与多个中心城市的影响力日趋明显，市场与产业对城市发展也开始起到决定性的因素，但由于多数区域仍处于快速成市化阶段，城市规划、交通基础设施建设直接引导城市空间格局变化。另外，快速城市化也带来贫富差距的问题，一级产业人口成为城市化过程中的弱势群体，农村建设与城乡关系协调逐渐成为城市可持续发展必须面临的问题。

9.2 两岸经济发展

两岸城市在过去五十余年来以不同的经济制度与政策，进行经济发展。前三十余年，台湾以私有制为基础加上计划经济，以出口导向赚取外汇吸引外资，经济快速起飞，达到均富与繁荣。大陆地区则相对发展较慢。近二十余年来台湾经历政治转型，政治问题大量浮现，导致公共政策的制订必须与各种利益妥协，经济发展计划缺乏前瞻性与执行力，经济成长脚步缓慢，贫富差距扩大。大陆则自改革开放以来，走向私有制与市场经济，大量出口与吸引外资投资，呈现高成长的经济发展(徐仁辉 2006)。

为比较两岸主要城市经济发展异同，本研究由政府、产业及居民三个层面进行分析。由于政府为城市主要的管理与维护者，在此分别由政府财政收入及支出两方面，说明维系各城市运转主要的经费来源，与其主要经费投入方向；通过产业结构比较各城市的产业组成及其经济发展主要方向；由居民的生活消费支出了解不同城市居民生活水平。

9.2.1 近年经济政策与现状问题

两岸的经济发展有许多相同之处(徐仁辉 2006)。首先两岸的政府在经济发展上皆扮演主导性，不断的推动总体经济发展计划与各种发展策略与政策，希望引领经济发展方向，提升社会的整体利益。因此有为的政府，具前瞻性与规划周详的经济发展计划与政策仍是必要的，两岸先后实施的市场经济皆非如西方资本主义国家放任自由的模式，政府对市场的管理仍扮演相当重要角色，这同时也体现专业行政官员的重要性。其二是对外贸易的依赖，台湾的发展是从进口替代到积极的出口导向，以外贸来带动经济发展，大陆改革开放后亦积极引进外资与对外出口，也出现了高经济成长。

在经济发展的问题上，也同样面临利益团体影响、贫富差距与环境污染的问题。随着资本的聚集，少数企业与个人凭借着专业技术与资本优势，相互间形成更大的利益团体，若进而影响政策的推行与公平性，则会对经济发展产生负面影响。台湾地区在过去二十年由于未能有效将利益团体与政治选举分离，造成公共政策制定背离专业技术，而大陆地区在改革开放后，私有企业的兴起，新兴的利益团体也对公共政策制定亦逐渐产生影响，如何减少利益团体的影响，是两岸共同迈向民主法治国家与公民社会应注意的课题。其次，台湾与大陆经济发展至今皆出现贫富差距扩大问题，如何透过平衡地区经济发展、社会福利措施、创造就业机会、租税政策等方式缩短贫富差距，皆是两岸政府应努力的方向。第三，则是环境污染问题，台湾地区在过去的经济发展过程中，曾经为了赚取外汇，投资各种污染性较高产业，至今日必须用更高的代价进行环境修复，大陆地区过去二十余年来的积极投资生产轻重工业，以赚取外贸，部分优良农地、森林减少，形成难以逆转的环境问题。

9.2.1.1 台湾地区近年经济政策与现状问题

扩大国内需求：1991 年推出“国建六年计划”，希望弥补台湾地区公共投资不足，同时创造就业机会。然而由于财政不足，在 1993 年选定其中 26 个子计划，再新增 12 个子计划，合计为十二项建设。1998 年因亚洲金融风暴推出扩大内需方案，加速国营事业民营化脚步，并推出各项 BOT 方案希望结合民间力量，进行公共建设，其中最大者为高速铁路的兴建。

促进产业升级："奖励投资办法"在 1990 年被废，改以促进产业升级条例替代，该条例对于企业投资、防治污染、自动化、人才培育等予以租税优惠，目的在促进产业升级。

亚太营运中心：1995 年台湾"行政院"通过发展台湾成为亚太营运中心计划，希望台湾成为亚太地区的制造、金融、海运、空运、电信及媒体等六大营运中心，具体做法系透过贸易投资自由化、放宽资金进出管制、减少人员进出障碍、与建立信息化社会所需法制环境为主。

绿色矽岛：2001 年民进政府推出绿色矽岛建设蓝图，以建设知识新经济、永续新环境、公义新社会为目标，期望发展知识经济以提升产业竞争力，维持生态平衡以保护自然资源、发挥小区力量以促进社会和谐。采用策略包括推动科技创新、加强环境保护、充实基础设施、稳定经济环境、促进产业升级、提升政府效能、落实生态保育、增进社会安全等。

台湾经济发展迄今，总体经济出现问题包括储蓄率持续下滑、失业率不断攀升、经济成长率递减、贫富差距逐年扩大等问题(吴中书 1999)。可以归咎的是政府行政效率不彰、立法脚步迟缓、政策整合困难、计划缺乏前瞻性、计划执行与政策推动无法贯彻等。

9.2.1.2 大陆地区近年经济政策与现状问题

建立混合经济：不再以公有制为主体，开放私营企业与个体户，从单一制转变为公私并存的混合经济。同时转换国营企业经营机制，希望国营企业自主经营，自负盈亏。

形成市场经济：减少计划命令，废除商品定价管制，扩大企业自购自销权限，产品与原料皆交由市场供需调节。在资本市场，成立股票与国债市场。

改为外向型经济：发展外贸，吸引外资，建立经济特区、开发区、保税区、工业园区等，为外商提供厂房场地。自此外贸占 GDP 比逐年攀升到 40%，外贸成为大陆经济成长的主要动力。

进行大规模基础建设：为改善投资环境，大量兴建铁路、公路、桥梁、港口、机场、邮电等。

宏观调控：改革开放以来共进行五次紧缩性的宏观调控，开始于 2003 下半年的宏观调控更引起国际注意。这次的宏观调控背景是因为粮食大幅减产与投资需求膨胀"双碰头"。这次调控主要政策包括严格控制新开工项目、加强金融调控与信贷管理、促进资本市场稳定发展、严格土地管理、查处重大违法违规经济事件、加强经济运行协调、加强农业与粮食生产、加强市场物价监督、大力、开发资源节约活动、加快结构调整(中国社会科学院公共政策研究中心 2005)。

二十余年来的改革开放，出现了一些新问题，包括产业结构失衡加深、地区差异扩大(郑竹园 2000)、贫富差距加剧等问题，这与追求快速的经济发展有直接的联系。

9.2.2 政府财政收入

本研究选择台湾地区台北市、基隆市、新竹市、台中市、高雄市、台南市及大陆上海市进行比较。台湾地区各城市政府财政收入可分为税课、工程受益费、罚款及赔偿、规费、信托管理、财产、公营事业盈余、补助及协助、捐赠等类型。由表 9.10 可知在台湾的 6 个主要城市中，以台北市政府的财政收入较高，约为 1532 亿元新台币，而基隆市、新竹市较低。就其财政收入结构来看，除基隆市外，其他城市政府主要财政收入皆来自税课，占政府财政收入五成以上，其中又以台北市最高，占台北市政府财政收入的 77.33%。除台北市外，来自中央政府的补助和协助款项，也成为维持城市运转的重要经费来源，其中基隆市的中央补助和协助占政府财政收入

47.00%，其次为台南市的 33.7%，与台北市仅 2.88%的比例相差较大。

除税课和中央补助外，来自政府机关提供了特定服务、设备或设定某种权利的规费，也是各政府重要的收入来源之一，占台北市、新竹市政府财政收入的 7%以上。另外，公营事业的盈余也是台北市政府财政收入的重要来源之一，占总财政收入的 5.85%。比较可知，台湾地区主要城市中，以台北市的经费来源较为多元，对中央政府的依存度较低。

表 9.10 台湾主要城市政府财政收入及其结构百分比(2006 年)

	台北市	基隆市	新竹市	台中市	高雄市	台南市
合 计(亿元新台币)	1532.38	153.08	131.77	302.12	761.49	208.87
税 课	77.33	40.03	56.57	62.85	56.87	57.79
工程受益费	0.00	0.00	0.01	0.00	0.00	0.00
罚款及赔偿	3.32	2.61	3.31	4.20	3.01	1.60
规 费	7.56	3.10	7.03	4.64	1.64	5.13
信托管理	0.21	0.00	0.00	0.00	0.00	0.00
财 产	2.05	2.38	1.11	1.39	1.26	0.57
事业盈余	5.85	1.31	0.00	1.38	2.38	0.11
补助及协助	2.88	47.00	29.65	21.94	28.24	33.27
捐 赠	0.00	0.64	0.07	0.03	0.00	0.18
其 它	0.79	2.93	2.26	3.57	6.59	1.35

资料来源："行政院"经济建设委员会(台湾) 2007

自 2007 年 1 月 1 日起大陆地区实施政府收支分类改革。将政府收入分为税收、社会保险基金收入、非税收入、贷款转贷回收本金收入、债务收入、转移性收入 6 类。其中税收包括增值税、消费税、营业税、企业所得税、企业所得税退税、个人所得税等 20 款；社会保险基金收入包括基本养老保险基金、失业保险基金、基本医疗保险基金、工伤保险基金、生育保险基金、其他社会保险基金等 6 款；非税收入包括政府性基金、专项收入、彩票资金、行政事业性收费、罚没收入、国有资本经营、国有资源(资产)有偿使用、其他收入等 8 款；贷款转贷回收本金收入包括国内贷款回收本金收入、国外贷款回收本金收入、国内转贷回收本金收入、国外转贷回收本金收入 4 款；债务收入包括国内债务收入、国外债务收入 2 款；转移性收入包括返还性收入、财力性转移支付收入、专项转移支付收入、政府性基金转移收入、彩票公益金转移收入、预算外转移收入、上年结余收入、调入资金 8 款。基于数据可对比性考虑，本研究在此仍选择 2006 年数据进行研究。

大陆地区上海市政府主要财政收入分为中央财政收入、地方财政收入，2001—2006 年，中央财政收入、地方财政收入维持约 2∶1 的比例，其中地方财政收入包括亏损补贴、地方附加税收、减税收入等(表 9.11)。在地方财政收入中，又以税收所占比例最高，于 2000、2001、2002、2004 年皆超过 90%，税收可以说是上海是地方财政的主要来源。

表 9.11 上海市政府财政收入(2000—2006 年) 单位:亿元人民币

年份	全市财政收入	其中		在地方财政收入中			
		中央财政收入	地方财政收入	税收	亏损补贴	地方附加收入	其他
2000	1752.69	1246.47	497.96	484	−37.23	12.73	38.46
2001	1995.62	1371.49	620.24	589.91	−36.23	10.79	55.77
2002	2202.25	1479.06	719.79	657.7	−35.52	10.84	86.77
2003	2828.87	1926.51	899.29	796.87	−36.19	13.06	125.55
2004	3591.73	2400.46	1119.72	1036.23	−27.51	13.52	97.48
2005	4095.81	2651.81	1433.9	1238.4	−17.99	16.5	196.99
2006	4798.93	3157.02	1600.37	1393.97	−4.84	24.29	186.95

资料来源:上海市统计局 2007

在上海市地方财政收入中,各项税收为其主要来源。由表 9.12 可知,上海市地方财政收入主要分为企业所得税、证券交易印花税、城市维护建设税、个人所得税、房产税等,其中营业税所占比重较高,于主要年份中皆占 30%以上,于 2006 年占主要地方财政收入 34.91%,其次为增值税及地方所得税,分别占主要地方财政收入 16.88%与 16.91%。通过主要年份的比较可知,营业税、房产税、企业所得税在地方财政收入所占比重较为稳定,城市维护建设税则逐年降低。

表 9.12 上海市主要年份地方财政收入及其结构百分比

年份	1995	2000	2005	2006
合计(亿元人民币)	227.3	497.96	1433.9	1600.37
市级财政收入(亿元人民币)	105.9	215.81	553.33	782.65
区县级财政收入(亿元人民币)	121.4	282.15	880.57	817.71
增值税	23.36	18.79	15.77	16.88
营业税	38.85	30.89	35.77	34.91
企业所得税	18.87	20.69	17.38	16.91
证券交易印花税	3.89	5.63	0.09	0.22
城市维护建设税	7.05	4.42	3.47	3.31
个人所得税	6.64	12.10	7.81	8.19
房产税	—	2.66	2.38	2.67
其他	1.33	4.83	17.34	16.91

资料来源:上海市统计局 2007

对比两岸政府财政收入可知，从类型上大陆地区上海市主要仰赖各项税收，台湾地区的政府财政收入则较为多元，除税收和“中央”补助外，规费也占相当重要的部分，另外由财政收入比重上也可以看出，上海市对中央的经济依赖相对台湾低，其由工商业发展带来的税收，足以支持城市功能运转。

9.2.3　政府财政支出

台湾地区各城市政府财政支出可分为行政权行使、行政、民政、财务、教育、文化、农业、工业、交通、其他经济、社会保险、社会救助、福利服务、国民就业、医疗保健、环境保护、退休抚恤、警政、债务、协助及补助等(表 9.13)。支出总金额上，台北市明显高于其他城市，在结构上，除高雄市外，5 个城市在教育方面的支出所占比重皆较其他方面高，其中台北市及台中市又较其他城市高，分别为 35.28%及 33.83%。6 个城市皆有相对较大比例的交通支出，高雄市甚至达到财政总支出的 28.98%，可推知交通建设为高雄市近期城市建设的主要项目。

在农业和工业的投入上，虽然所占比重相对较低，皆低于 3%，但各个城市仍有所不同，在 6 个城市中，以台中市、台北市对农业的投入相对较大，新竹市则偏重于工业。

在社会保险、社会救助、福利服务、国民就业、医疗保健等社会福利方面，以台北市的财政投入比例较高，占总政府财政支出的 14.29%，基隆市及新竹市虽然也有约 10%的支出，但主要偏重于对身心障碍者的福利服务方面。除台北市及高雄市外，其他 4 个城市对于社会保险、社会救助及医疗方面的经费投入的比重皆相对较低，是未来完善城市社会功能时需要重点研究的方面。

由于城市功能运转的经费主要来自城市居民，将各城市政府的支出除以城市人口则可概括表示居民对城市的投入。在台湾地区的 6 个城市中以高雄市的人均投入最高，其次为台北市，而台中市最低。

表 9.13　台湾主要城市财政支出及其结构百分比(2006 年)

	台北市	基隆市	新竹市	台中市	高雄市	台南市
合　计(亿元新台币)	1355.99	161.36	146.30	303.36	804.27	236.81
行政权行使	0.46	1.30	1.96	0.86	0.65	1.03
行　政	0.97	3.40	1.60	1.36	0.87	1.10
民　政	5.77	8.72	7.12	7.00	5.30	8.82
财　务	1.09	1.72	1.47	1.51	0.79	1.43
教　育	35.28	27.07	30.23	33.83	21.55	29.47
文　化	2.60	1.10	1.65	0.96	1.98	2.00
农　业	2.01	0.81	1.72	2.24	0.22	1.01
工　业	0.89	0.81	2.78	0.96	0.00	0.72
交　通	10.46	14.64	7.89	12.60	28.98	14.90
其他经济	2.94	1.67	1.55	1.81	0.71	2.96

续表

	台北市	基隆市	新竹市	台中市	高雄市	台南市
社会保险	3.96	0.06	0.18	0.17	3.08	0.27
社会救助	4.84	0.79	0.42	0.57	3.20	0.00
福利服务	3.84	9.36	9.27	5.77	2.37	5.06
国民就业	0.26	0.07	0.26	0.00	0.17	0.00
医疗保健	1.39	0.75	0.21	0.04	1.74	0.09
环境保护	2.92	1.67	0.79	0.72	1.66	1.09
退休抚恤	4.41	4.83	8.07	5.06	7.01	4.65
警　政	3.07	9.27	11.33	11.07	8.61	12.08
债　务	8.18	10.77	9.54	12.21	7.43	11.13
协助及补助	3.88	0.47	0.93	0.39	2.47	1.42
其他	0.00	0.00	0.00	0.00	0.00	0.00
每人岁出 (NT/per capital)	51515	41307	37061	29047	53097	31158

资料来源:"行政院"经济建设委员会(台湾) 2007

上海市政府财政支出主要分为基本建设、企业挖潜改造、城市维护、文体广播卫生事业、教育事业、科学支出、行政管理等方面(表 9.14),随着社会的进步与政府财政收入的提高,各方面的建设强度皆不断加大,经费的投入也呈现倍数的增长,1995—2006 年,上述各项支出总额已增长为原先 7.46 倍。在支出比例上则有不同的变化,其中增加的为基本建设、企业挖潜改造及行政管理,减少的则为文体广播卫生事业及教育事业。

表 9.14　上海市主要年份财政支出及其结构　　单位:亿元人民币

年份	1995	2000	2005	2006
地方财政支出	267.89	622.84	1660.32	1813.8
市级财政支出	123.13	291.67	542.18	608.64
区县级财政支出	144.76	331.15	1118.14	1205.16
基本建设支出	42.12	132.39	369.21	395.58
企业挖潜改造	28.46	77.59	237.92	251.99
城市维护	16.18	34.03	98.51	120.85
文体广播卫生事业	20.09	44.36	78.59	90.4
教育事业	37.05	84	182.94	205.46
科学支出	3.08	7.32	15.92	20.27
行政管理	9.21	22.52	68.99	80.75

资料来源:上海市统计局 2007

对比台湾地区 6 个城市与大陆地区上海市的政府财政支出，可知两岸政府对于教育事业的经费投入所占比重皆为最高，可见两岸城市政府对教育的重视，而其次台湾地区城市则将经费用于社会福利方面，上海市则主要用于城市基本建设与维护上，这一方面体现了上海市城市仍保持着空间上、硬件上的迅速发展，一方面也体现出社会福利在城市发展中相对滞后。

9.2.4　产业结构

产业结构可表征一个国家或地区的经济发展水平高低和发展阶段、方向，在此本研究选择大陆地区北京市与台湾地区城市进行比较。从台湾地区 6 个城市的就业人口与行业分中（表 9.15），可以看出其皆呈现以第三产业为主的结构，台北市更有高达 80.3%的第三产业从业人员，最低的新竹市第三产业的就业人口也达总就业人口的 55.9%。6 个城市的第一产业比重皆较低，其中第一产业比例最高的台南市，也仅占总就业人口的 1.5%。

表 9.15　台湾主要城市就业人口与行业分配(2006 年)　单位：千人

	总人数	第一产业	比例(%)	第二产业	比例(%)	第三产业	比例(%)
台北市	1143	2	0.2	222	19.5	918	80.3
基隆市	170	1	0.5	49	28.6	120	70.9
新竹市	177	2	1.0	76	43.1	99	55.9
台中市	454	2	0.5	127	28	325	71.5
高雄市	661	6	0.9	207	31.3	448	67.8
台南市	355	5	1.5	132	37.1	218	61.4

资料来源："行政院"经济建设委员会(台湾) 2007

北京市 2006 年的就业人口与行业分配与台湾城市呈现相同的结构，以第三产业的人数所占比重最高，占总就业人口的 68.9%。在产业结构的变化上，1978—2006 年，北京市的产业发展也由第二产业转向第三产业（表 9.16）。变化的过程中，首先是 1985 年第一产业从业人员比重的减少，1994 年以后第二产业就业人员比重也开始萎缩，城市社会经济结构偏向交通、服务、金融、科研等方面。

表 9.16　北京市近年就业人口与行业分配　单位：万人

年份	总人数	第一产业	比例(%)	第二产业	比例(%)	第三产业	比例(%)
1978	444.1	125.9	28.3	177.9	40.1	140.3	31.6
1979	470.5	121.4	25.8	195.2	41.5	153.9	32.7
1980	484.2	118.0	24.4	207.3	42.8	158.9	32.8
1985	574.8	97.1	16.9	254.3	44.2	223.4	38.9
1986	590.0	93.3	15.8	260.8	44.2	235.9	40.0
1987	598.2	91.8	15.3	264.1	44.2	242.3	40.5
1988	584.1	88.4	15.1	267.6	45.8	228.1	39.1

续表

年份	总人数	第一产业	比例(%)	第二产业	比例(%)	第三产业	比例(%)
1989	593.9	91.0	15.3	266.3	44.9	236.6	39.8
1990	627.1	90.7	14.5	281.6	44.9	254.8	40.6
1991	634.0	90.8	14.3	279.7	44.1	263.5	41.6
1992	649.3	84.5	13.0	281.6	43.4	283.2	43.6
1993	627.8	65.1	10.4	279.4	44.5	283.3	45.1
1994	664.3	73.2	11.0	272.2	41.0	318.9	48.0
1995	665.3	70.6	10.6	271.0	40.7	323.7	48.7
1996	660.2	72.5	11.0	260.1	39.4	327.6	49.6
1997	655.8	71.0	10.8	257.6	39.2	327.2	50.0
1998	622.2	71.5	11.5	226.0	36.3	324.7	52.2
1999	618.6	74.5	12.1	216.2	34.9	327.9	53.0
2000	619.3	72.9	11.8	208.2	33.6	338.2	54.6
2001	628.9	71.2	11.3	215.9	34.3	341.8	54.4
2002	679.2	67.6	10.0	235.3	34.6	376.3	55.4
2003	703.3	62.7	8.9	225.8	32.1	414.8	59.0
2004	854.1	61.5	7.2	232.8	27.3	559.8	65.5
2005	878.0	62.2	7.1	231.1	26.3	584.7	66.6
2006	919.7	60.3	6.6	225.4	24.5	634	68.9

资料来源:北京市统计局 2007

9.2.5 居民生活支出

台湾地区6个主要城市中平均每户的经常性收入以台北市最高,其次为新竹市,而支出上同样也以两市相对较高,将收支转换为百分比则可以看出,6个城市中以台北市和高雄市的支出较低,分别占总收入的74.27%及76.57%。进一步探究日常生活支出在总支出上的比例,可以发现6个城市中,以台中市的生活支出比例较高,占总支出的80.36%,新竹市的日常生活支出比例较低,占总支出的75.99%。

台湾地区对生活支出的统计包含食品、衣着及服饰、房地租及装修、水电燃料、交通运输及通讯、教育娱乐、其他、非消费性支出8个方面。由表9.17可知,6个城市居民的在衣食住行上的生活消费各有不同,在食品的消费上,以新竹市及台北市相对较低,分别占总生活支出的13.4%及15.8%,其余城市则约有不到两成的生活支出用于食品消费。在衣着服饰及水电燃料方面,各城市居民的消费比例接近,百分比上的差距小于或等于1%。而在居住方面,台北市居民在房地租及装修上的消费明显高于其他城市,占总生活支出的20.9%,而邻近台北市的基隆市与南部的高雄市相对较低，分别占生活支出的 13.4%及 14.4%，可知台北市的土地及居住空间较为紧张。在交通方面，6 个城市中以新竹市较高，占总生活支出 11.1%，台北市较低，占总生活支出 8%，这与台北市居民出行较多选择公共交通工具有关。而在教育娱乐方面，新竹市及台中市居民的消费比例较高，分别占生活支出的 12%及 11.3%。

表 9.17　台湾主要城市居民生活支出百分比(2006)

	台北市	基隆市	新竹市	台中市	高雄市	台南市
平均每户经常性收入(元新台币)	1627979	991806	1562736	1213164	1217332	1061486
平均每户总支出(元新台币)	1209167	836368	1278669	976632	932091	826637
生活支出(元新台币)	945344	670004	971643	784867	727640	652985
生活支出比例	78.2	80.1	76	80.4	78.1	79.0
食品	15.8	18.9	13.4	18.4	18.5	19.7
衣着及服饰	2.3	3.1	2.6	2.2	2.4	2.1
房地租及装修	20.9	13.4	15.5	16.5	14.4	15.2
水电燃料	1.8	2.4	1.6	2	2.1	2.4
交通运输及通讯	8	8.9	11.1	9.9	9.3	10.1
教育娱乐	10.6	8.9	12	11.3	10.4	10.2
其他	18.9	24.5	19.8	20.1	21.0	19.4
非消费性支出	21.8	19.9	24.0	19.6	21.9	21.0

资料来源:“行政院”经济建设委员会(台湾) 2007

大陆地区上海市居民生活支出统计包含食品、衣着、家庭设备、医疗保健、交通通信、教育娱乐、居住、杂项商品(表 9.18)。2006 年，上海市居民生活支出中，以食品所占比例最高，占总生活支出的 35.6%，其次为教育娱乐及交通通信上的支出，分别占总生活支出 16.5%及 15.8%，可知食品上的消费仍为上海市居民主要的生活支出。由 1980 年至 2006 年间，上海市居民在食品、衣着及家庭设备上的生活支出比例逐年降低，特别是在食品的消费比例上，由 1980 年的 56.1%降至 35.6%，而在交通通信及教育娱乐上的消费比例则逐年升高，可知上海市居民生活中城市内部、城际间的交通与日常通信是相当重要的部分。医疗保健与居住两个方面的生活支出在 2002 年及 2003 年出现较高的比例，而后开始下降，应与 2002 年以来，上海市城市社会保障功能的完善有关。

表 9.18 上海市近年居民生活支出百分比

年份	支出	食品	衣着	家庭设备	医疗保健	交通通信	教育娱乐	居住	杂项商品
1980	553	56.1	14.3	9.0	1.3	3.6	8.9	4.7	2.2
1985	992	52.1	15.2	11.9	0.5	3.0	9.2	4.3	3.7
1990	1937	56.5	10.7	10.1	0.6	3.0	11.9	4.6	2.5
1995	5868	53.4	9.6	10.9	1.9	5.5	8.7	6.8	3.3
1996	6763	50.7	8.7	9.1	2.2	7.3	12.2	6.2	3.6
1997	6820	51.7	8.1	7.7	2.9	5.8	12.1	8.9	2.8
1998	6866	50.6	6.9	6.6	3.8	5.9	13.0	9.8	3.3
1999	8248	45.2	6.7	9.4	4.2	7.1	13.3	10.2	4.0
2000	8868	44.5	6.4	7.7	5.6	8.6	14.5	9.0	3.7
2001	9336	43.4	6.2	6.2	6.0	10.3	15.2	8.5	4.2
2002	10464	39.4	5.9	6.2	7.0	10.7	15.9	11.4	3.6
2003	11040	37.2	6.8	7.2	5.5	11.4	16.6	11.6	3.8
2004	12631	36.4	6.3	6.2	6.0	13.5	17.4	10.5	3.8
2005	13773	35.9	6.8	5.8	5.8	14.4	16.5	10.3	4.6
2006	14762	35.6	7.0	5.9	5.2	15.8	16.5	9.7	4.4

资料来源：上海市统计局 2007

对照两岸城市居民生活支出可知，上海市居民的食品、衣着、教育娱乐及交通通信消费均高于台湾地区主要城市，可反映上海市的平均收入水平与日常生活支出相比，仍相对较低，且上海市居民较台湾地区城市居民花费更多精力在出行及与人交流上，另一方面也反映上海市的居民更重视教育方面的投入，同时教育成本所占的比重，仍比台湾地区的城市高。

9.2.6 经济管理建议

从两岸的产业结构演变过程中可以发现，大陆与台湾的产业结构调整的总体趋势是一致的，遵循了产业结构转换的一般规律：即资源和劳动密集型产业结构向资本密集型的重化工产业结构，而后向高新技术和服务业产品结构（李丽等 2006）。目前，大陆经济增长仍为需求导向型，要扩大内需来拉动经济增长。而大陆地区面积广大，整体工业化程度相对较低，工业生产多为加工制造，以劳动密集型工业为主，居民的生活水平不高，消费能力有限，因而大陆的经济增长与生产效率的提高和人民生活水平和消费结构的改善有密切关；台湾地区的工业化程度已接近发达国家水平，生产以科技研发产品为主，改变了原来的贴牌加工生产的模式（黄少敏 2006），将一些低附加值的工业加工品转移到东南亚一些拥有丰富资源和廉价的劳动力的国家（包括中国大陆），从而实现台湾岛内产业结构的升级（李丽等 2006）。在可持续发展的目标下，两岸皆必须调整过去侧重开发，追求快速高度经济成长的心态，改变产业发展方向；着重于良好质量且与环境兼容的经济发展。

以下结合生态城市研究相关理念，对两岸经济发展提出建议如下：

(1)调整产业结构，发展清洁能源产业

调整高耗水、高耗能、高污染的传统产业，朝向低耗水、低耗能、低污染的绿色产业发展；从低技术、资本密集的传统产业经济，迈向以高知识、高技术、高服务为基础的现代知识经济。建立以节约能源及发展洁净能源为核心的前瞻性能源政策，并创造洁净能源市场，以促进洁净能源产业之发展。洁净能源包括风能、太阳能、生质能、地热、海浪、潮汐、及海洋温差等再生能源，以及燃料电池与洁净能源技术。善用能源政策工具，修、制订相关法规，如电业法、再生能源发展条例等，并检讨能源价格及税费。

(2)发展农林渔牧休闲产业，推动正确的生态旅游服务业

积极开发具有地方性且具观光价值的作物，规划发展森林游乐事业，推动渔港功能多元化，推动落实畜牧管理及畜产现代化，并推动畜牧场减废与资源再利用，积极推动有利于生态保育的生态旅游活动。

(3)清洁生产，节约资源投入，废弃物减量，发展绿色科技

清洁生产在投入面是指节约资源投入与提高资源使用效率，以减少环境污染；对资源的使用价格，例如水价、能源价格(电价、油价)、垃圾处理费、污水处理费、土地开发影响费等均需重新检讨，充分反映环境外部成本，以促进节约水、土、能源等资源，并提升使用效率；推动反映全额环境成本的废弃物处理费用，厉行污染者付费并征收过度包装费，订定企业资源回收最低要求及回收目标、推广符合零废弃企业标章、强制定时提供环境报告。

(4)推动延长生产者责任制

加重生产者之环保责任，建立产品生命周期责任制，明确规定企业对其生产或提供之产品应有全面的责任；建立绿色审计环境，促使企业评估环境风险，进行环境管理，加强企业环保观念及应负之社会责任。

(5)推展绿色消费，推动绿色运输，营造绿色生活环境

积极推展环保标章制度，以促进节能、节水的绿色环保产品之生产，并增加消费者购买绿色产品之意愿；建立绿色产品认证与验证制度；定期检讨改进绿色环保标章制度之实施成效。推广省能源、低污染的大众运输系统，减少交通需求与壅塞，以降低运输活动所造成的环境污染。订定新兴建之建筑物之绿建筑规定，于建筑技术规则中增订绿建筑专章，并订定相关设计技术规范。

9.3　两岸社会文化差异

两岸社会发展历经了不同的转换历程，有其相同的现象，也有不同的地方。首先，两岸民众参与意识皆逐渐提高，台湾在 1970—1980 年代，社会政治运动勃兴，社会力量逐渐抬头；中国大陆则随着经济发展与改革开放，1990 年代末迄今，公民社会也逐渐明显。其次，传统文化对两岸社会发展的影响相当明显，例如对家庭伦理、家族企业、人情的重视，法治观念相对薄弱，公德心不足，都是两岸社会发展的共同现象(刘阿荣 2004)。

为探讨两岸城市社会文化差异，本研究选择台湾地区台北市、基隆市、新竹市、台中市、高雄市、台南市及大陆北京市及上海市进行比较，分别人口结构、教育文化及社会安全等 3 个层

面，进一步说明两岸城市的人口组成、教育程度及社会稳定现状。

9.3.1 人口结构

台湾地区对城市人口结构的统计包括户数、户量、人口密度、年龄、扶养比例及农户人口等方面。由表 9.19 可以看出，在人口数量上，台北市的总人口数，明显高于台湾地区其他 5 个主要城市，总人口数为 263 万余人，比次位的高雄市（151 万余人）高出约 112 万人，台湾地区超过 1/10 的人口聚居于此，但人口密度却以高雄市较高，为 9862 人/km^2。在户量上可以看出，台湾地区的主要城市皆以小家庭为基础，台北市、高雄市、台中市、基隆市的平均每户人口皆未达 3 人。在年龄比例上，6 个主要城市皆以 15～65 的劳动人口为主，占全市总人口 70%以上，而在 0～14 岁和 65 岁以上，各城市虽然都以 0～14 岁的孩童所占比例较高，但孩童与老年人的比重却各有不同，6 个城市中以台北市的比重差距较小，台中市较大。在扶养比例上，对于劳动人口来说，新竹市的劳动人口有相对较大的家庭压力，高雄市较低。

表 9.19　台湾主要城市人口结构差异(2006)

	台北市	基隆市	新竹市	台中市	高雄市	台南市
土地面积(km^2)	271.8	132.76	104.15	163.43	153.59	175.65
户　数	941317	140816	127731	353682	551009	252817
人口数	2632242	390633	394757	1044392	1514706	760037
户　量	2.8	2.77	3.09	2.95	2.75	3.01
人口密度	9684	2942	3790	6391	9862	4327
0—14 岁人数	434361	67198	82355	213294	261885	135810
比例(%)	16.5	17.2	20.9	20.4	17.3	17.9
15—64 岁人数	1891448	283153	276411	751877	1117355	556581
比例(%)	71.9	72.5	70	72	73.8	73.2
65 岁以上人数	306433	40282	35991	79221	135466	67646
比例(%)	11.6	10.3	9.1	7.6	8.9	8.9
扶养比例%	39.2	38	42.8	38.9	35.6	36.6
农户人口	30433	2939	25877	39327	35740	39363
非农户人口	2585942	388788	364815	993451	1474909	717496
非农户人口比例%	98.8	99.2	93.4	96.2	97.6	94.8

资料来源："行政院"经济建设委员会(台湾) 2007

在此，本研究选择大陆北京市与台湾地区城市进行比较。由表 9.20 可知，1990—2006 年，北京市人口数量一直不断增加，由 1086 万增至 1581 万，北京市城市的功能对区域乃至于整个大陆地区产生了一定的吸引，在男女比例上，以男性增加的幅度较大，由 1990 年约 101∶100至 2006 年约 104∶100。研究时间段内，城镇人口持续增加，而乡村人口则呈现先增后减，第一产业的比例与不断降低，其中又以 2005 年乡村人口减少比例最大，这与该阶段快速的城市化应有直接的关系。

表 9.20　北京市近年人口变化

年份	常住人口（万人）	男性	女性	城镇人口	乡村人口	常住人口自然增加率(%)	户籍人口	第一产业比例(%)
1990	1086	545	541	798	288	7.23	1032.2	14.5
1991	1094	547	547	808	286	2.21	1039.5	14.3
1992	1102	554	548	819	283	3.11	1044.9	13.0
1993	1112	559	553	831	281	3.19	1051.2	10.4
1994	1125	564	561	846	279	3.20	1061.8	11.0
1995	1251.1	627.0	624.1	946.2	304.9	2.80	1070.3	10.6
1996	1259.4	639.0	620.4	957.9	301.5	2.68	1077.7	11.0
1997	1240.0	628.7	611.3	948.3	291.7	1.89	1085.5	10.8
1998	1245.6	630.6	615.0	957.7	287.9	0.7	1091.5	11.5
1999	1257.2	636.4	620.8	971.7	285.5	0.9	1099.8	12.1
2000	1363.6	710.9	652.7	1057.4	306.2	0.9	1107.5	11.8
2001	1385.1	722.1	663.0	1081.2	303.9	0.8	1122.3	11.3
2002	1423.2	743.1	680.1	1118.0	305.2	0.87	1136.3	10.0
2003	1456.4	761.2	695.2	1151.3	305.1	−0.09	1148.8	8.9
2004	1492.7	779.9	712.8	1187.2	305.5	0.74	1162.9	7.2
2005	1538.0	778.7	759.3	1286.1	251.9	1.09	1180.7	7.1
2006	1581.0	807.4	773.6	1333.3	247.7	1.29	1197	6.6

资料来源:北京市统计局 2007

在年龄结构上，北京市采用的是抽样调查数据（表 9.21），15～65 岁劳动人口占总人口 78.8%，而在 0～14 岁和 65 岁以上孩童与老人的比例方面，北京市二者比例差异较小，扶养比例为26.9%。

表 9.21　北京市人口年龄比例(2006)

年 龄 组	抽样人口数(人)	占抽样人口数的比例(%)
人口数	29578	100.0
0—14 岁	2936	10.0
15—65 岁	23333	78.8
65 岁以上	3309	11.2

资料来源:北京市统计局 2007

对照两岸城市人口结构，可知大陆地区北京市的15～65岁劳动人口比例较台湾主要城市高，非劳动人口方面，台湾地区主要城市以0～14岁的孩童为主，北京市的孩童与老人的比例则接近1∶1。两岸城市中家庭结构以青壮年夫妻与孩童为主，但在扶养比例上，北京市的劳动人口压力，呈现低于台湾地区城市，推测与大陆地区的户籍制度有关，一部分劳动人口所抚养的老人与孩童并不居住在同一个城市。

9.3.2 教育文化

教育与文化是两岸城市政府的一个主要的资金投入项目，教育事业的完善关系着城市居民的素质与城市未来的发展，不同年龄段的教育方式与内容，加速了城市居民适应发展中的社会、进而提高城市整体运转的效益。

由于两岸城市在教育的统计口径上有所不同，但皆展现政府对于教育投入的成效，在此分别说明。台湾地区自1997—2006年的10年间(表9.22)，居民教育程度整体有明显的提升，不识字或自修的居民比例由8%降至4.4%，基础教育涵括的小学及初中学历居民所占比例也有所降低，小学学历的居民由21.8%降至16.9%，初中学历居民由17.5%降至14.2%。高中及高职学历居民所占比例大致维持稳定，高中学历居民约占全社会10%，高职学历居民约占23%。而大专以上学历的居民10年有明显的提升，由20.2%，上升至31.6%，一方面表明居民素质有所提高，另一方面也反映近年台湾大开大学教育之门的成效。

表9.22 台湾地区历年教育普及程度 单位：千人

年份	1997	1998	1999	2000	2001	2002	2003	2004	2005	2006
总计	16170	16448	16687	16963	17179	17387	17572	17760	17949	18166
不识字或自修	1300	1309	1160	1119	1089	1045	987	933	873	805
比例(%)	8	8	7	6.6	6.3	6	5.6	5.3	4.9	4.4
小学	3520	3412	3349	3327	3291	3253	3204	3156	3111	3064
比例(%)	21.8	20.7	20.1	19.6	19.2	18.7	18.2	17.8	17.3	16.9
初中	2827	2820	2866	2881	2797	2689	2646	2613	2589	2586
比例(%)	17.5	17.1	17.2	17	16.3	15.5	15.1	14.7	14.4	14.2
高中	1586	1671	1708	1746	1790	1825	1829	1827	1814	1818
比例(%)	9.8	10.1	10.2	10.3	10.4	10.5	10.4	10.3	10.1	10
高职	3664	3754	3878	3941	3999	4055	4095	4127	4137	4158
比例(%)	22.7	22.8	23.2	23.2	23.3	23.3	23.3	23.2	23.1	22.9
大专以上	3273	3481	3726	3948	4213	4520	4811	5104	5424	5735
比例(%)	20.2	21.2	22.3	23.3	24.5	26	27.4	28.7	30.2	31.6

资料来源："行政院"经济建设委员会(台湾) 2007

在台湾地区6个主要城市中(表9.23)，不识字或自修的居民比例以基隆市较高而台北市较低，分别为3.9%及1.7%。在基础教育的方面，同样也是基隆市的小学及初中学历的居民比例较高，分别为 16.5％和 14.5％，与台湾地区居民的教育程度比例分配较为接近，而台北市较低，分别为 7.2％和 8.2％。高中学历居民的比例上，以台北市较高(13.2％)，高职学历居民的比例则以高雄市(26.4％)及基隆市(26.2％)较高。而大专以上学历的居民比例，除基隆市外，其他 5 个城市皆高于台湾地区的平均水平，特别是台北市，有 53.9％的居民学历在大专以上。由居民整体素质来看，台北市及台中市聚集较多高学历的人力资源，城市发展的后备资源较强，竞争力也相对较高。

表 9.23　台湾主要城市教育普及程度差异(2006 年)　　单位：千人

	台北市	基隆市	新竹市	台中市	高雄市	台南市
总计	2149	316	304	808	1215	609
不识字或自修	35	12	10	15	38	18
比例(％)	1.7	3.9	3.4	1.9	3.1	2.9
小学	154	52	42	72	140	89
比例(％)	7.2	16.5	13.9	8.9	11.5	14.6
初中	176	46	38	88	143	76
比例(％)	8.2	14.5	12.4	10.8	11.8	12.5
高中	284	34	29	76	118	57
比例(％)	13.2	10.7	9.5	9.4	9.7	9.4
高职	340	83	66	201	321	139
比例(％)	15.8	26.2	21.8	24.9	26.4	22.8
大专以上	1158	89	119	357	454	230
比例(％)	53.9	28.2	39	44.2	37.4	37.8

资料来源："行政院"经济建设委员会(台湾) 2007

在大陆地区北京市的教育工作成效上(表 9.24)，各类学校招生人数亦逐年增加，配合学生人数的增加，学校建设及教师人数等软硬件配套措施亦不断完善，2002—2006 年，高等学校、普通中学及小学平均每一专任教师负担学生人数皆逐年下降，可推知教学质量亦获得一定的提升。在学龄儿童入学率上，北京市一直维持 99％以上的入学率，2005 年小学及初中的毕业生升学率亦大于 99％，可见北京市推展基础教育的成效。

表 9.24　北京近年教育工作发展情况

年份	各类学校招生人数	普通高等学校	普通中等学校		小学	升学率		学龄儿童入学率	平均每一专任教师负担学生人数(人)		
				高中		初中毕业	小学毕业		高等学校	普通中学	小学
1991	571685	37700	205107	28589	148300	86.40	98.80	99.72		10.2	18.0
1992	622142	41517	232765	25790	157145	88.50	99.60	99.65		11.3	17.4
1993	651729	52205	242274	26275	175853	93.50	98.70	99.88		12.1	17.4
1994	704933	51884	287642	34704	186315	86.70	99.40	99.92		13.1	16.9
1995	691972	52868	308786	40803	168903	87.30	99.50	99.93		13.6	16.5
1996	628772	55269	289612	42603	156898	88.10	99.30	99.93		13.7	16.1

续表

年份	各类学校招生人数	普通高等学校	普通中等学校		小学	升学率		学龄儿童入学率	平均每一专任教师负担学生人数(人)		
				高中		初中毕业	小学毕业		高等学校	普通中学	小学
1997	581091	56884	289719	49566	124231	92.30	98.60	99.95		13.2	15.7
1998	581786	62264	308157	52956	100415	92.20	98.70	99.96		12.8	14.9
1999	603332	78354	320731	56998	94358	94.70	98.30	99.95	12	13.2	13.7
2000	635328	99397	324862	65890	92002	93.92	98.99	99.95	14		12.8
2001	641432	116344	313257	69195	91230	97.84	99.46	99.62	17		12.1
2002	671956	128320	326835	84679	86406	98.90	99.60	99.63	19.0	14.0	12.0
2003	662877	143483	302071	94894	82631	99.79	100.00	99.95	19.0	14.0	11.0
2004	635842	147298	271396	93519	73577	99.80	100.35	99.92	17.1	12.9	11.0
2005	630515	156124	259133	88605	71020	99.23	99.53	99.90	17.0	12.0	10.0
2006	851808	154969	234524	76375	73138	98.00	—	99.96	17.0	11.0	10.0

资料来源:北京市统计局 2007

9.3.3 社会安全

社会安全涉及层面相当广泛,包含公众对社会安全状况的主观心理感受和评价,也包含政府对犯罪、意外事故的处理能力,对社会的和谐稳定有直接的指示意义。在此本研究选择刑事案件、交通事故及火灾等事件的相关统计,比较两岸城市政府在维护社会安全成效上的差异。

在台湾地区(表 9.25),2000—2006 年,刑案发生件数出现波动,除 2006 年外,少年犯的比率逐年下降,但 2006 年较 2000 年每万人刑案数却有明显上升,治安的问题并未得到较好的控制。在道路交通事故上,2006 年较 2000 年在件数上有所减少,死亡与受伤人数下降。而在火灾发生次数上,则出现明显的减少,对照消防车量及人员亦有明显增加,可推知台湾地区政府对于火灾的控制与防范工作有较大的投入,并获得较好的成效。

表 9.25　台湾地区各类社会安全事件统计

		2000	2001	2002	2003	2004	2005	2006
刑案	发生件数	414273	480598	494337	488410	515201	547667	505321
	嫌疑犯数	170311	167676	174102	150647	168685	198287	219690
	其中少年犯	17605	15949	14605	11992	10284	9321	10095
	每万人刑案数	187.2	215.7	220.7	217.1	228.2	241.8	222.2
道路交通事故	肇事件数	3086	3041	2657	2448	2354	2613	2850
	死亡人数	3246	3221	2780	2573	2468	2726	2966
	受伤人数	1444	1407	1211	1140	1107	1220	1184
	每万人交通事故件数	1.4	1.4	1.2	1.1	1	1.2	1.3
火灾	火灾发生次数	14949	12896	12542	8447	6434	4964	4177
	每万人火灾发生次数	6.8	5.8	5.6	3.8	2.9	2.2	1.8

续表

		2000	2001	2002	2003	2004	2005	2006
消防设备	车辆	1880	1926	1962	2002	2015	2035	2077
	人员	30830	34410	36522	38571	39440	39548	40535
	每万人消防车量	0.85	0.86	0.88	0.89	0.89	0.9	0.91
	每万人消防人员	13.9	15.4	16.3	17.1	17.5	17.5	17.8

资料来源："行政院"经济建设委员会(台湾) 2007

在台湾地区 6 个主要城市中(表 9.26),刑案发生件数以台北市较高,其次为台中市,若考虑到人口因素,则每万人刑案数以台中市(391.3 件)最高,较居于次位的台南市(260.7 件)高出 130.6 件,可推知台中市的治安问题相对严重,是政府管理工作需要重点加强的项目。在道路交通事故上,以高雄市的肇事件数最高,死亡人数也较多,若考虑人口数的影响,则每万人交通事故件数以新竹市较高,相对于其他 4 个城市,高雄市及新竹市较迫切需要进行交通的改造。在火灾发生件数上,台北市的发生次数较高,基隆市的每万人火灾发生次数较高,相对消防设备的投入上,基隆市在每万人消防车量与消防人员上都较高,却未收到较好的防治效果,需进一步对居民的防范意识加以提高。

表 9.26　台湾地区各主要城市社会安全事件统计(2006)

		台北市	基隆市	新竹市	台中市	高雄市	台南市
刑案	发生件数	55670	6887	9676	40644	38305	19776
	嫌疑犯数	30396	4351	4231	12855	18046	7264
	其中少年犯	1033	257	397	483	728	229
	每万人刑案数	212.1	176.1	246.4	391.3	253.2	260.7
道路交通事故	肇事件数	81	35	53	82	103	53
	死亡人数	81	35	55	84	105	53
	受伤人数	35	15	13	30	23	20
	每万人交通事故件数	0.3	0.9	1.3	0.8	0.7	0.7
火灾	火灾发生次数	360	131	73	155	151	76
	每万人火灾发生次数	1.4	3.3	1.9	1.5	1	1
消防设备	车辆	239	64	37	61	159	71
	人员	3272	1562	1023	1007	1638	2132
	每万人消防车量	0.91	1.64	0.94	0.59	1.05	0.94
	每万人消防人员	12.5	39.9	26	9.7	10.8	28.1

资料来源:北京市统计局 2007

大陆地区城市中,本研究选择北京市进行社会安全的探讨,在刑事案件数量上,2006 年较 2005 年有明显的增加,但相对破案的件数也有很大比例的增加(表 9.27)。在交通事故上(表

9.28)，2006年较2005年有明显的降低，伤亡人数也有明显降低，可推知北京市的交通在2006年有较大幅度的改善，其中机动车事故为北京市交通事故的主要类型，虽然在2006年有明显得下降，但经济损失却相对增加。

表 9.27 北京市刑事案件统计(2005—2006)

	2006	2005	变化率
立　案	120554	107988	111.6
破　案	66399	59035	112.5

资料来源：北京市统计局 2007

表 9.28 北京市交通事故统计(2006)

项目	单位	2006	2005	变化率
交通事故发生数	(起)	5808	6364	91.3
在交通事故中：				
受伤人数	(人)	6681	6888	97.0
死亡人数	(人)	1373	1515	90.6
机动车事故	(起)	4615	5112	90.3
在机动车事故中：				
受伤人数	(人)	5536	5708	97.0
死亡人数	(人)	1164	1289	90.3
直接经济损失	(万元)	2771.98	2609.49	106.2
每万辆机动车死亡人数	(人)	4.8	5.9	

资料来源：北京市统计局 2007

在火灾方面(表9.29)，北京市2005年与2006年两年的火灾发生次数相近，经济损失略为降低，在起因上面，电气与生活用火为主要的原因，但因吸烟与玩火所引起的火灾却有上升的现象，须对居民的火灾防范意识进行提高。

表 9.29 北京市火灾损失及起因统计(2006)

项目		数量		直接经济损失　(万元)
	2006	2005	2006	2005
合　　计(起)	8496	8498	1012.7	1028.1
#特大火灾				
重大火灾		1		93.6
起火原因				
#电　气	1926	1920	315.7	354.7
违章操作	218	221	56.2	56.3
吸　烟	1329	1218	24.4	27.6
生活用火不慎	1946	1800	117.1	110.9
玩　火	587	417	128.6	11.9
受伤人数(人)	90	114		
死亡人数(人)	49	50		

资料来源：北京市统计局 2007

9.3.4　社会管理建议

两岸社会发展不同之处在于发展程序与转变方面迥异，促动社会发展转向的力量不同：台湾地区由经济优先转向政治优先，其促动的力量大致上来自民间社会，与大陆地区政府主导的社会改革不同。另外，两岸也存在社会规模与发展条件不同，虽然本研究以两岸做比较，实际上不论人口、面积、社会规模都不成比例。因此台湾地区的政府与民众，很容易缔造出经济的实绩。反之，大陆幅员广大、人口众多，因此发展之初速度较慢，等到各省或各地区均发展起来，其规模就很容易在国际社会中举足轻重。

基于对可持续社会发展的追求，在此基于相关研究，提出建议如下。

(1)建立公民参与机制

强化地方政府与民众参与的互动；鼓励民众参与环保及社会活动，扮演推动发展的积极角色；由政府与民间合作推动民众参与相关之学校与社会教育。

(2)强化非政府组织合作

建立非政府组织有效参与永续发展行动的机制；促进政府与民间团体对于环境保护、自然保育以及永续发展相关议题进行教育、培训、活动办理等各项合作计划；促进科技界、人文社会科学界和决策者间的合作，扩大发展解决环境问题的范畴。

(3)信息公开

建立系统化、计算机化、一致化、标准化、透明化的环境数据库；确保环境信息的适时、清楚、易解与可得性；建置永续发展知识库，强化环境信息的国际交流和分享。

(4)建立生态小区，建构小区安全与照顾体系

透过小区、建筑的绿化以及推动各种符合生态原则的减量、循环与使用再生资能源，不但能够提高小区的居住与生活质量，更是一个社会集体走向永续的必要途径。小区的安全以及完善的照顾体系也是小区得以持续吸引人并活络化的最重要因素之一。

(5)落实文化保存及多样性维护

加强古物管理，鼓励私人设立文物馆；促进古迹遗址之再利用及维护，善用文化资产；保存、活络化善良民俗，赓续民族艺术传习。

(6)提高人口健康

传统传染性疾病危害将去未去，新产生的经济发展引发之环境性健康危害持续累积，和生活习性改变所导致个人性健康危害增加。因此，促进人口延续，增进弱势族群健康，排除危害健康的环境风险，降低危害健康的个人风险等项目对可持续的社会发展皆相当重要。

9.4　两岸资源利用与环境

城市的发展需要集聚大量的资源，同时也带来自然环境的变化。自然环境向城市的转变，不仅对野生动物的生存繁衍造成影响，由于道路系统对于景观水平自然过程的截断作用，将根本性地改变景观原有的生态流，包括地下水流动、地表径流、生物迁徙、土壤冲蚀及沉积作用等(Forman 等 1998)。城市化会改变该城市所在集水区的水文循环过程。由于城市不透水面积

的增加、人工化排水系统的延伸、地表植被减少以及人口增加等因素，降低了入渗率、土壤保水能力、森林植被截流能力，加速地表径流、加大洪峰流量以及缩短到达尖峰时间、加大径流系数并增强土壤冲蚀程度等。同时，由于地下水补给的减少，基流量预期将会减低，且洪水频率可能随之增加，暴雨来临时将会有更大的洪水流量(杨沛儒 2001)。森林的减少使全球暖化与温室效应更为严重，二氧化碳代谢速率降低，加上工业生产及城市机能运作产生的氟氯碳化物、甲烷等气体，加剧了温室效应(盛连喜等 2004)，而城市内部植被覆盖减少及硬铺面增加，使得城市区域产生热岛效应，不仅阻碍城市与周边区域的空气对流，同时使得城市区域夏季温度居高不下(许芳毓 2005)。

为探讨两岸城市资源利用现状与环境变化，本研究基于相关文献整理当前两岸城市的资源环境问题，分别由土地及水资源利用情况探讨资源利用现状，由空气、水质量及垃圾处理等方面说明城市的环境现状，而后由生态城市建设与资源可持续利用角度，提出两岸环境管理建议。

9.4.1 资源环境问题

在空间上，随着农地或森林向建成区的转变，人口增加及交通基础设施的建设，对原有的生态功能景观造成一定的负面影响，横越的交通路线会分隔区域生态系统，成为水平生态流动过程的障碍，造成生态空间破碎化，不仅生物栖息地丧失，更无法约束城市无续蔓延，严重将影响城市安全(肖笃宁等 1997，何念鹏等 2001，武正军等 2003)。以台北盆地为例，1956 至 1984 的 28 年内，其城市化过程由点向面、进而连成一体，尚未城市化地区则多为水体、沼泽等城市化障碍区或不具发展潜力的地区，山坡地因受地形及地质限制，城市发展型态属点状分布，河阶地、台地及缓坡地则可形成较大聚落，未来对于河川地、洪水平原的开发压力则不断增强(张石角 1986)。而众多大陆地区沿海的新兴城市，随着产业结构的转变，将原本的农田转变为城市建成区或交通用地，以深圳为例，1979—2004 年的 25 年间，增加了近 800 km^2 的建成区，其中，基于地形地貌条件的考虑，耕地往往成为城市建设用地扩展的主要来源。

两岸的环境问题也存在一定的空间联系，例如东北季风盛行时，台湾地区的空气质量受到大陆东北、华北、大陆沿海及韩国等大都会及工业区空气污染物(如酸性沉降)的影响。相反的，当西南气流盛行时，大陆地区的空气质量也会受到台湾工业区污染源的影响。

9.4.1.1 自然资源利用不当

自然资源包括大气、水、土地、动植物、矿藏等，由于两岸城市快速发展，沿海多数城市区域自然资源出现相对退化的现象，不仅环境质量下降，人为活动更造成了各类破坏，包括二氧化碳的大量排放、土地粗放利用、海岸资源丧失、矿藏开发殆尽及生物多样性的降低，为自然资源带来难以逆转的影响。在大气方面，主要城市中大量的能源消耗直接产生二氧化碳，对自然、气候带来明显的影响。而集水区森林资源的破坏，亦降低水资源的质量。部分沿海地区不当的土地开发与工程建设，使得海岸资源逐渐消失，加上过度猎捕，及以往破坏生物栖息地，使众多生物趋向绝灭，或族群急遽收缩，造成生物多样性降低。另外，由于近年气候环境的变化，自然灾害频传，大雨、洪水、土石流、地震、台风、旱灾、雪灾等也成为破坏自然资源的重要因素。两岸所面临的自然资源利用问题亦有不同，台湾地区地狭人稠，空间竞争激烈，土地资源较少出现粗放的开发方式，另外由于台湾地区降雨量丰沛，加上地形陡峻、河流短促、地质条件不稳定,保水功能不佳,因此在水资源的保护更是迫切受到重视。

9.4.1.2 环境污染

大气、水的污染是两岸城市面临的相同课题。大气质量与经济活动的类型关系密切,城市内部拥挤的交通、密集的人口为城市内部及外围的大气环境带来一定的负面影响,各类生产事业及生活排废都伤害了大气质量。能源的消耗更直接产生二氧化碳等,加速了地球暖化、臭氧层破坏、空气污染等。在水污染方面,来自工业、居民生活的污水降低了水资源质量。为了经济成长、兴建各类公共设施、改善生活环境等,伴生了某些环境污染。从上游集水区到下游河川入海之后,各种人类活动都持续污染水资源。伐木、高山果菜、修筑道路、坡地小区、兴建工厂、家庭废水排放等都成为水污染的祸首之一,点源和非点源污染共同造成水质恶化。另外,来自土壤的污染也会经由粮食作物进入人体,对居民健康带来影响。不环保的垃圾处理方式也会对环境带来威胁。沿海湿地遭到不当开发为养殖鱼塭、工业区、垃圾倾倒场,使得地层下陷、海水入侵、土壤盐化、自然生态遭到破坏。

除上述共同的环境问题外,台湾地区与大陆地区的城市亦存在特有的环境问题。

9.4.1.3 台湾地区环境问题

水资源不足,节约用水意识较低、中水及雨水回收再利用的比例偏低;山坡地过度开发、山林滥砍、滥伐严重—山崩、土石流严重、影响水资源的涵养—施行山林保育及水源保护政策;各产业的环保工作大多仅限于污染防治,未能进行企业环境管理及清洁生产;重要生态保育区出现游客、车辆过度拥挤的景象,严重超过环境承载量;城市内部生态空间有限、分布零散,不易发挥净化环境、完善城市型态的功能。

9.4.1.4 大陆地区环境问题

因工厂过度集中,未能有效管理,再加上地形因素,空气污染严重,连带产生酸雨问题;部分都市地区因人口过度集中、工厂密集、市镇污水未能有效处理,造成河川、湖泊的严重污染;环境污染防治相关产业尚在发展阶段,环境相关人才的培育亦较少,目前相关的产业及人才仍相对缺乏。

9.4.2 土地资源利用

9.4.2.1 沿海地区土地开发

中国的海岸线长达18000 km,如含岛屿岸线14000 km,共约32000 km,早在1960年代长江下游的沪宁杭地区已出现城市带现象,1990年代初,地理学家也证实长江、珠江三角洲都市连绵区的出现,而且正在逐步扩展(周一星 1991),同时辽中南和京津唐地区(赵永革 1995)也都相继朝向都市连绵区发展,根据2005年统计中国东部沿海的12省(市)(图9.1),面积129.6万 km^2,虽约占国土总面积的13.5%,但涵括城市297个,占全国总数的44.7%,其中超大城市17个,特大城市19个,大城市25个,中等城市105个,小城市131个,是研究中国区域与经济发展的重要的代表性地区(袁俊等 2007)。

沿海地区包含大陆地区辽宁省、河北省、天津市、山东省、江苏省、上海市、浙江省、福建省、广东省、广西壮族自治区、海南省及台湾岛。

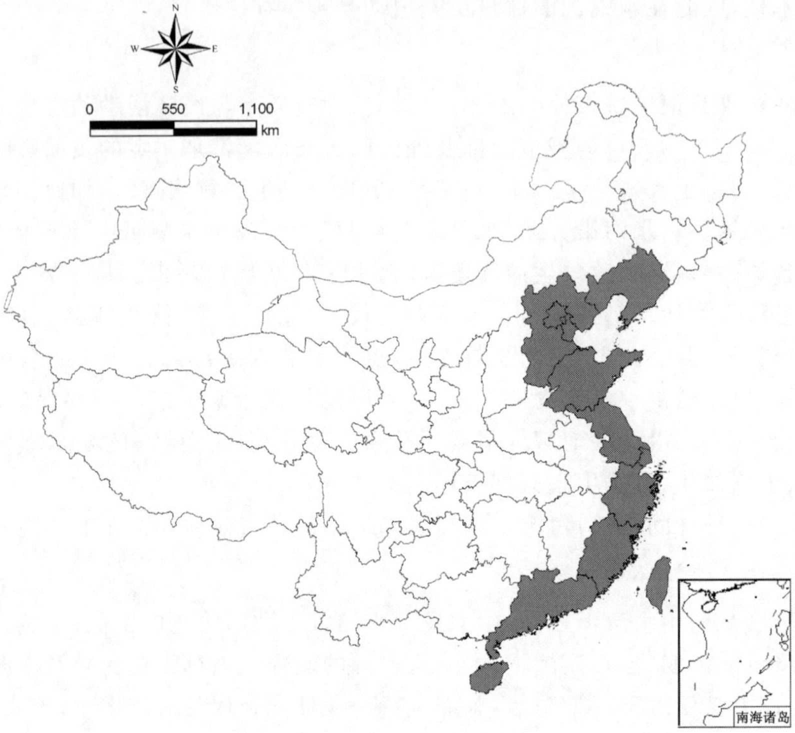

图 9.1　研究区位置示意图

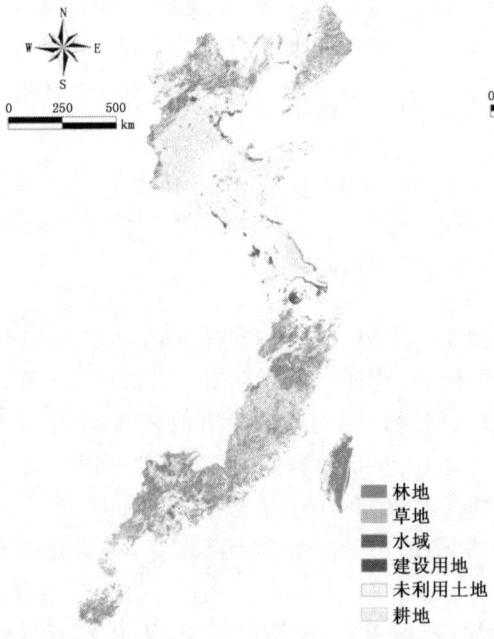

图 9.2　1995 年沿海地区土地利用

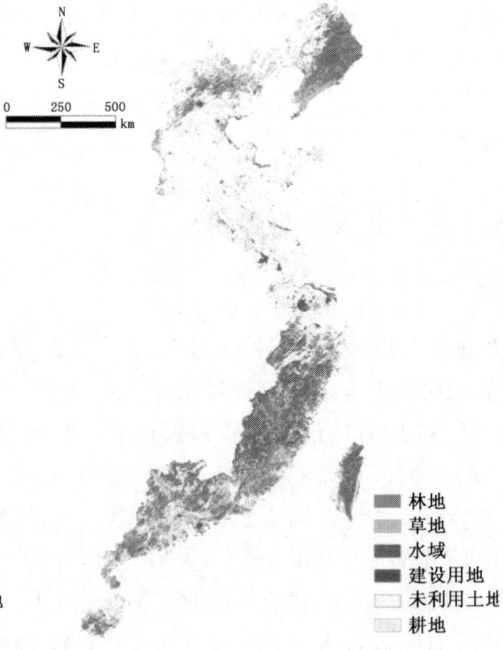

图 9.3　2005 年沿海地区土地利用

1995 年至 2005 年间两岸沿海地区的快速城市化，特别是大陆地区，其过程并不完全等同于资源、人口缓慢向中心城市集聚，而是在短暂的时间中，大、中、小城市和小城镇同时增长，共同形成了城市化的地区结构，其中沿海地带呈现出高密集、网络化、连绵化的特大城市地区特征。这其中又以长江三角洲、京津冀地区及珠江三角洲的空间变化及经济影响力最为受人注目(图 9.2—9.4)。在长江三角洲的发展变化上，于 2000 年长江三角洲地区便以占全国 1%的土地，5.9%的人口，产出 17.2%的 GDP，成为中国经济最发达、发展最活跃的核心地区之一。该区大中小城市密集，中小城镇发育充分，相继只有几千米，堪称“高密集、高城市化地区”。京津冀地区则以北京、天津两特大城市为核心，包括京津唐(山)、京津保(定)两个三角形地带，政治、经济、文化等发展在全国处于重要位置，但地区经济发展相对滞后，城镇间距比较宽松，是典型的、各自独立性较强的布局结构。如何加强区域联系，相互协调，正是规划中需要解决的问题(Jon Lang 1994)。珠江三角洲的广州—深圳、广州—珠海两翼总人口约 3000 多万，加上香港(约 670 万人)则接近 4000 万人，1996 年之后，城镇密集连绵，已成连片之势，共同面对经济全球化的冲击和国家改革开放的政策，城市之间应当积极开展区域合作，保持经济优势与发展潜力(吴良镛 2003)。

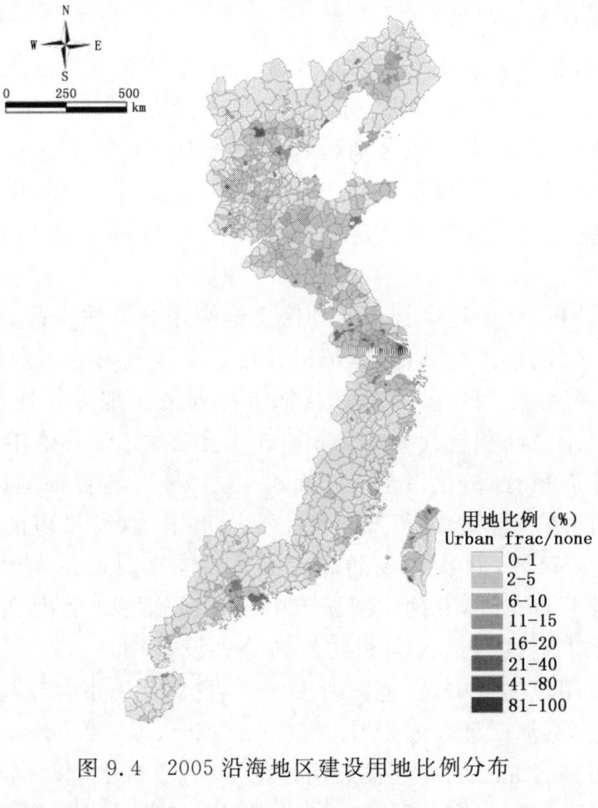

图 9.4　2005 沿海地区建设用地比例分布

沿海地区的快速发展带来土地利用的快速转变，但由于人口多、人均土地少，土地资源不足，人地的矛盾更加突出。2001 年全国建设占地耕地共计 16.37 万 hm^2，其中沿海地区建设占用耕地 9.78 万 hm^2，占全国的 59.7%。沿海地区建设占用耕地占耕地减少总量的 46.5%，大大高于全国 18.3%的平均水平，尤其是在长江三角洲地区，这一比例更高达 60%以上。此外，随着工业化与城市化进程的发展，人口由农村向城镇、由经济落后地区向经济发达地区流动的加快,沿海经济发达地区土地资源短缺矛盾将更加突出(金凤君等 2005)。

开放政策、城镇人口迅速增长、外资大量涌入和以房地产为主的第三产业的快速发展(史培军等 2000),农村人口向城镇转移和城镇人口迅速增长,推进乡村城镇化和中心村镇建设,各类产业园区的兴起与发展,也是促进沿海地区产业结构变动及其用地布局变化的重要驱动力量(刘彦随等 2005)。

田光进(2003)基于 TM 遥感影像的研究分析,指出 1990—1995 年,农村居民点用地扩展主要集中在东部沿海地区,尤其是华北平原、长江三角洲和珠江三角洲地区。华北平原、长江三角洲、珠江三角洲农村居民点用地增长占全国的 72.34%,其中,珠江三角洲、长江三角洲农村居民点用地分别增长 28.11%和 24.31%,前 5 年中国经济增长迅速,尤其沿海地区受到外资和乡镇企业发展速度较快的影响,农村居民点用地大规模扩张,广西丘陵平原、闽东沿海平原、胶东丘陵、海南等沿海地区农村居民点用地增长较快,这些地区农村居民点用地增长占全国的 3.34%。1996—2000 年,东部沿海地区农村居民点用地扩展大幅回落,在空间格局上表现为向西部转移的趋势,长江三角洲、珠江三角洲、华北平原农村居民点用地扩展明显放缓,这些地区农村居民点用地扩展占全国的 1.45%。

9.4.2.2 沿海城市土地利用

参照 2006 年《城市竞争力蓝皮书》可知,从城市综合竞争力角度来看目前城市发展现状,由强到弱依次是港澳台、东部沿海、中部、东北、西部,呈明显的雁阵格局。但从发展速度变化上,中国内地城市快速提升,而台湾地区则相对增长缓慢。基于上述报告,本研究选择两岸具有较高综合竞争力的北京、上海、深圳、广州、宁波、温州、苏州、天津、厦门、大连、无锡、沈阳及台北、高雄、新竹、台南、台中、基隆等大陆东部沿海与台湾岛主要城市,说明其发展概况与差异。

从土地利用角度分析,台湾地区都市计划区土地利用分为住宅区、商业区、工业区、公共设施用地、农业区、保护区、风景区及其他,非都市计划区土地利用分为乡村区、森林区、山坡地保护区、风景区、河川区、特定专用区及其他。就都市计划区土地进行比较(表 9.30),可知台湾地区主要城市中,台北市的面积较大为 271.80 km^2,但受盆地地形影响有 41.92%的面积为保护区,可供建设的土地面积有限,仅占全市总面积 46.10%。整合住宅区、商业区、工业区及公共设施用地 4 项建设用地进行比较,可知台湾主要城市中,以高雄市的建设用地比例较高,占总都市计划区面积 83.71%,其次为新竹市及台中市,分别占总都市计划面积 67.85%及 64.11%,在结构上,除新竹市外,其他主要城市中公共设施用地皆为主要的用地类型,占建设用地 5 成以上,而高雄市更具有最大面积比例的公共设施用地,占总都市计划区土地面积的 48.74%。在其他建设用地类型中,住宅区所占比例居次,台中市有较高的住宅区比例,其次为新竹市、高雄市,分别占总都市计划面积 24.83%、22.86%及 21.58%。通过工业及商业的发展用地面积比较上,可知台北市的商业发展明显优于工业,台中市及高雄市的商业与工业发展在用地分配上较为平均,而基隆市、新竹市、台南市则对工业的发展较为偏重,其中基隆市为 6 个主要城市中,最偏重于工业发展的城市。

在非建设用地中,台北市及基隆市(37.70%)有较高的保护区比例,台南市的非建设用地以农业区为主,占总都市计划面积 31.47%,台中市则为风景区,占总都市计划面积 16.69%。就将都市计划区内的农业区视为未来潜在的建设用地,6 个主要城市中,以台南市有较大的空间潜力,其次为台中市及新竹市,台北市及高雄市在空间利用上已趋近于饱和,基隆市尚可尝试向非都市计划区发展。

表 9.30　台湾主要城市都市计划区土地结构百分比(2006)

	总面积(km^2)	住宅区	商业区	工业区	公共设施用地	农业区	保护区	风景区	其他
台北市	271.80	14.05	3.37	1.66	27.01	2.40	41.92	0.56	9.03
基隆市*	74.75	16.54	1.66	7.47	26.34	0.31	37.70	—	9.98
新竹市	44.42	22.86	4.08	9.07	31.83	13.03	7.41	4.87	6.85
台中市	161.91	24.83	3.16	4.06	32.06	15.36	—	16.69	3.84
高雄市	145.55	21.58	7.17	6.23	48.74	2.06	8.53	—	5.70
台南市	175.64	17.04	2.44	5.17	29.61	31.47	4.62	—	9.65

* 基隆市另有 61.76 km^2 为非都市计划区

资料来源：都市及区域发展统计汇编．2007

2007 年 8 月，大陆地区由国家质量监督检验检疫总局和国家标准化管理委员会共同发布了由中国土地勘测规划院和国土资源部地籍管理司起草的《土地利用现状分类》国家标准(GB/T21010－2007)。为实施土地和城乡地政统一管理，依据土地的用途、经营特点、利用方式和覆盖特征等因素，对土地利用类型进行归纳、划分。在编码方法方面，该标准规定了土地利用现状分类采用一级、二级两个层次的分类体系，共分 12 个一级类、56 个二级类。12 个一级类分别为耕地、园地、林地、草地、商服用地、工矿仓储用地、住宅用地、公共管理与公共服务用地、特殊用地、交通运输用地、水域及水利设施用地及其他土地(陈百明等 2007)。由于本研究采用各城市 2006 年土地利用现状调查数据，故仍沿用农用地、建设用地及其他用地三大类的分类方法。

由表 9.31 可知，在大陆地区 10 个主要城市中，农用地皆为其主要的用地类型，其中大连市、宁波市更有超过 7 成的农用地，上海市、深圳市及无锡市虽然农用地比例较低，也保持近 5 成的农用地比例。农用地的内部结构各有不同，以耕地为例，深圳市的耕地所占比例最低，仅为全市总面积的 2.18%，而上海市、天津市、大连市的农用地结构比例中则有超过 6 成的耕地。在建设用地方面，10 个主要城市中，以温州市的建设用地比例最低，仅占全市总面积的 6.23%，而深圳市的建设用地比例最高，占全市总面积的 47.35%，其他城市中，北京市及广州市有近 2 成的建设用地比例，厦门市及无锡市有约 2 成五的建设用地面积，上海市及天津市有近 3 成的建设用地面积比例，皆低于深圳市。

表 9.31　大陆主要城市三类用地比例(2006)

	北京[1]	上海[2]	深圳[3]	广州[4]	宁波[5]	温州[6]	天津[7]	大连[8]	厦门[9]	无锡[10]
农用地	67.26	46.15	49.62	68.76	70.43	65.16	59.29	76.68	68.40	50.34
(耕地)	14.17	32.09	2.18	11.68	21.33	18.16	37.36	52.95	14.96	27.85
建设用地	19.94	28.78	47.35	20.59	14.24	6.23	29.26	16.14	24.58	24.63
未利用地	12.79	25.08	3.02	10.65	15.33	28.61	11.45	7.18	7.02	25.03

资料来源：1　北京市国土资源局网页 http://www.bjgtj.gov.cn/tabid/201/InfoID/1890/frtid/282/Default.aspx；

2　上海市房屋土地资源管理局网页 http://www.shfdz.gov.cn/tdgl/tdbgdc/；

3 深圳市国土资源和房产管理局网页 http://www.szfdc.gov.cn/xxgk/tdgl/tdbgdctj/200712/t20071203_21506.htm；

4 广州市国土资源和房屋管理局网页 http://www.laho.gov.cn/ywgg/tdgl/bgtj/；

5 宁波市国土资源局网页 http://www.nblr.gov.cn/pubpage/；

6 温州市国土资源局网页 http://www.wzgt.gov.cn/；

7 天津市国土资源和房屋管理局网页 http://www2.tjfdc.gov.cn/；

8 大连市国土资源和房屋局网页 http://www.gtfwj.dl.gov.cn/topic/inner.vm? go=1&sid=2227&id=2227&did=2213；

9 厦门市国土资源与房产管理局网页 http://www.xmtfj.gov.cn/zfxxgk/zdgk/；

10 无锡市国土资源局网页 http://gtj.wuxi.gov.cn/MainPage.aspx。

整合台湾地区城市土地利用分类为农用地、建设用地及其他用地三大类(表 9.32)，对比两岸主要城市用地结构，可知台湾地区除基隆市外，其余主要城市中建设用地皆为主要用地类型，远高于大陆主要城市建设用地比例，就比例上来说深圳市及台北市有相似的建设用地比例，且台湾地区主要城市农用地比例偏低，农业已非城市产业结构中重要部分。

表 9.32 台湾主要城市三类用地面积比例(2006)

	台北市	基隆市	新竹市	台中市	高雄市	台南市
农用地[1]	2.40	11.30	13.03	15.36	2.06	31.47
建设用地[2]	46.10	28.56	67.85	64.11	83.72	54.26
未利用地[3]	51.50	60.15	19.13	20.53	14.22	14.27

1 农用地包括农业区、森林区；2 建设用地包括住宅、工业、商业、公共设施；3 未利用地包括保护区、风景区、其他。

资料来源：都市及区域发展统计汇编. 2007

9.4.3 水资源利用

如何利用有限的水资源是两岸城市政府都面临的重要课题，其直接影响城市居民生活与产业发展。

台湾地区年平均雨量达 2510 mm，为台湾水资源之主要来源。台湾雨量虽然丰沛，约为世界平均值之 2.6 倍，但因地狭人稠，每人每年所分配雨量仅及世界平均值 1/7，且雨量在时间及空间上之分布极不均匀，5—10 月之雨量占全年之 78%，枯水期长达 6 个月，再加上河川坡陡流急、腹地狭隘，径流量被拦蓄利用的仅有 177.54 亿 m^3，约占年总径流量之 18%（“经济部水利署” 2005）。在水资源的开发利用上，由 1997 年至 2006 年间，台湾地区自来水普及率不断提高，由 89.5%上升至 91.9%，在利用上以生活用水为主，占总自来水配水量 8 成以上，但工业用水的比例也有所提高，由 13.09%上升至 16.61%(表 9.33)。

台湾地区 6 个主要城市中(表 9.34)，其新竹市外其他 5 个成市的自来水普及率皆达 99%以上，台南市更高达 99.9%，在利用上台北市所有的自来水皆为生活用水，基隆市及台中市也有近 98%的生活用水比例，而新竹市及高雄市则有较高比例的生活用水，分别为 56.43%及 41.58%，可知两城市水资源的利用偏重于工业发展。

表 9.33　台湾地区近年水资源利用情况

	自来水配水量				自来水年售水量（千 m³）	平均每人每日用水量（L）		
	普及率（%）	总配水量（千 m³）	生活用水比例（%）	工业用水比例（%）		总用水量	生活用水	售水量
1997	89.5	3159822	86.91	13.09	2369690	446	388	335
1998	90.0	3202809	86.29	13.71	2330123	446	385	324
1999	90.3	3408290	86.24	13.76	2392812	469	405	329
2000	90.5	3926999	86.09	13.91	2524180	535	461	344
2001	90.5	4005932	86.67	13.33	2574194	543	470	349
2002	90.8	3832266	85.94	14.06	2144300	515	443	288
2003	90.9	3905261	85.49	14.51	2228862	522	446	298
2004	91.3	3928991	84.56	15.44	2212019	521	441	294
2005	91.6	3958734	84.03	15.97	2304670	522	438	304
2006	91.9	4073630	83.39	16.61	2283124	533	445	299

资料来源：都市及区域发展统计汇编. 2007

表 9.34　台湾地区主要城市水资源利用情况(2006)

	普及率（%）	总配水量（千 m³）	自来水配水量（千 m³）生活用水比例（%）	工业用水比例（%）	自来水年售水量（千立方米）	平均每人每日用水量(L)
台北市	99.6	583605	100.00	—	370064	610
基隆市	99.3	101767	97.96	2.03	54388	719
新竹市	97.7	110468	43.57	56.43	33247	785
台中市	99.1	203151	97.98	2.02	114972	538
高雄市	99.0	352075	58.42	41.58	151763	643
台南市	99.9	118901	79.74	20.26	77766	429

资料来源：都市及区域发展统计汇编. 2007

大陆地区水资源总量为 2.81 万亿 m³，居世界第 6 位，按 13 亿人口计算，人均水资源仅为 2.251 m³，不及世界人均占有量的 1/4。从城市的状况看，由于人口密集、工业发达，用水需求过度集中，人均拥有的可利用淡水资源量就更加稀少。在空间上水资源分布极不平衡，西北内陆、长江以北、长江以南 3 个区域水资源量的比例大致为 5∶15∶80(张野 2008)。2001—2006 年，北京市水资源总量由 19.2 亿 m³ 上升至 24.5 亿 m³，而期间地下水资源皆为地表水资源的 2 倍以上，可知北京市的地表水资源相对较为缺乏，而人均水资源量在 2002 年出现下降之后，接下的时间内皆逐年升高。在用水量上，2001 年以后皆维持在 34.5 亿 m³ 上下，主要来源仍为地下水，自 2002 年以来，地下水占总用水量的 70%以上，在农业、工业及居民生活的利用上，2006 年约为 2∶1∶2 的比例，水资源主要用在农业及居民生活为主，其中居民生活用水的比例更是逐年提高，但平均每人每日用水量却有所下降，由 2001 年的每人每日 775 L 降至 2006 年的 602 L。万元 GDP 水耗也由 104.92 m^3，降至 43.58 m^3，其大幅的下降比率也体现对水资源利用效率的逐年提高(表 9.35)。

表 9.35 北京市近年水资源情况

项　目	2001	2002	2003	2004	2005	2006
全年水资源总量(亿 m^3)	19.2	16.1	18.4	21.4	23.2	24.5
地表水资源量(亿 m^3	7.8	5.3	6.1	8.2	7.6	6
地下水资源量(亿 m^3)	15.7	14.7	14.8	16.5	18.5	18.5
人均水资源(m^3)	139.7	114.7	127.8	145.1	153.1	157.1
全年用水总量(亿 m^3)	38.93	34.62	35.8	34.55	34.5	34.3
地表水(%)	30.05	29.98	23.27	16.53	20.29	18.54
地下水(%)	69.95	70.02	71.01	77.57	72.17	70.96
其　他(%)	—	—	5.73	5.90	7.54	10.50
农业用水(%)	44.96	45.86	39.20	39.71	39.52	39.14
工业用水(%)	23.77	22.19	23.86	22.65	20.36	18.96
居民生活用水(%)	31.27	31.95	36.93	37.65	40.12	41.90
平均每人每日用水量(L)	775	675	681	643	624	602
万元 GDP 水耗(m^3)	104.92	79.95	71.26	57.01	50.10	43.58
万元 GDP 水耗下降率(%)	13.74	20.25	6.84	15.41	10.84	11.9

万元 GDP 水耗按现价，下降率按可比价计算。

资料来源：北京市统计局 2007

对照北京市与台湾地区 6 个主要城市的平均每人每日用水量可知，北京市与台湾地区的台北市在数量上相近，但台北市主要为居民生活用水，北京市则涵括了 58.1%的农业及生活用水。

9.4.4 环境质量

环境质量涉及大气、水、生物等内容，对城市生态系统而言则涉及城市居民生活与产业发展等活动的废弃物代谢能力，在此本研究分别由垃圾处理、空气质量、水质三个方面对两岸城市环境质量进行比较。

在台湾地区 6 个主要城市中(表 9.36)，垃圾清运率皆近 100%，新竹市及台中市虽未达 100%亦高达 99%以上，在垃圾产生量上，以台南市最高平均每人每日垃圾产生量 1.42 kg，台中市最低平均每人每日垃圾产生量为 0.79 kg。在垃圾处理方式上，由于空间有限，各城市皆主要采用焚烧的方式，基隆市的垃圾焚化比例更高达 100%，高雄市及台中市也有分别高达

97.98%及 96.45%的垃圾焚化比例，台北市、新竹市及台南市有相对较高的卫生掩埋比例分别为 15.15%、11.16%及 9.84%。在厨余的回收处理上，主要分为养猪、堆肥及其他两类，除台北市外，其他 5 个城市皆主要将厨余利用于养猪，台北市则主要采用堆肥及其他的方式，这与台北市养猪产业较弱有关。在垃圾回收上，台南市有较高的资源回收率(42.73%)，而台中市的厨余回收率较高(9.95%)。

表 9.36　台湾地区主要城市垃圾处理情况(2006)

		台北市	基隆市	新竹市	台中市	高雄市	台南市
总人口数(千人)		2624	391	393	1039	1513	758
指定清除地区人口数(千人)		2624	391	393	1034	1513	758
垃圾清运率(%)		100	100	99.97	99.56	100	100
垃圾总量(t)		957721	146624	169436	298895	584629	392592
垃圾清运量	小计(t)	530732	87747	97665	148827	366969	199378
	焚化(t)	450105	87747	86762	143537	359562	179761
	焚化中的巨大垃圾(t)	8955	7605	6	2961	11680	13978
	卫生掩埋(t)	80422	—	10903	5289	7407	19618
	卫生掩埋中的巨大垃圾(t)	—	—	765	—	658	3022
	一般掩埋 堆置及其他(t)	205	—	—	—	—	—
	巨大垃圾回收利用(t)	10313	—	275	2667	387	710
厨余回收	小计(公吨)	74587	9387	16852	38037	25650	24734
	养猪(公吨)	21897	9385	13457	36631	24663	20920
	堆肥及其他(公吨)	52690	3	3394	1406	987	3814
资源回收(t)		342089	49490	54644	109365	191623	167770
平均每人每日垃圾产生量(kg)		1	1.03	1.18	0.79	1.06	1.42
平均每人每日垃圾清运量(kg)		0.55	0.62	0.68	0.39	0.67	0.72
垃圾妥善处理率		99.98	100	100	100	100	100
垃圾回收	合计(t)	44.58	40.16	42.36	50.21	37.23	49.21
	巨大垃圾回收再利用率	1.08	—	0.16	0.89	0.07	0.18
	厨余回收率	7.79	6.4	9.95	12.73	4.39	6.3
	资源回收率	35.72	33.75	32.25	36.59	32.78	42.73

资料来源：都市及区域发展统计汇编. 2007

大陆地区的北京市的垃圾处理能力于 2005—2006 年间亦有所提升(表 9.37)，2006 年垃圾产生量虽较 2005 年高，但无害化处理的比例却大幅提高，由 81.2%上升至 92.5%。而在工业固体废弃物的处理上，虽然产生量增加，但处置利用率亦大幅提高，达 96.46%。

表 9.37 北京市垃圾处理情况 (2006)

项　　目		2006	2005
清扫街道面积	(万 m^2/d)	10022	11248
垃圾产生量(清运量)	(万 t)	538.0	536.9
垃圾无害化处理量	(万 t)	497.7	436.0
垃圾无害化处理率	(%)	92.5	81.2
粪便清运量	(万 t)	175.7	171.7
工业固体废物			
产生量	(万 t)	1355.76	1229.02
综合利用量	(万 t)	1095.34	779.01
处置量	(万 t)	632.31	279.44
排放量	(万 t)	0.1	0.14
处置利用率	(%)	96.46	94.5

资料来源:北京市统计局 2007

在空气质量方面,台湾地区分别对城市大气中的总悬浮微粒与落尘量进行统计(表9.38)。城市空气中的悬浮微粒与落尘一部分来自自然环境,一部分来自城市居民生活与产业生产,烧香祭祀、汽机车尾气、锅炉加热皆会增加空气中的总悬浮微粒与落尘量。由 2002—2006 年的数据可知,在台湾 6 个主要城市中台北市及基隆市的空气质量是逐年提高的,在总悬浮微粒与落尘量两方面都有明显的降低,其余 4 个城市总悬浮微粒在 2003 年皆出现相对高值,而新竹市在落尘量上也出现逐年下降的现象,整体而言,北部城市台北市、基隆市及新竹市的空气质量有明显的好转。

表 9.38 台湾地区主要城市近年空气质量(2006)

	年	台北市	基隆市	新竹市	台中市	高雄市	台南市
总悬浮微粒 ($\mu g/m^3$)	2002	83	115	67	88	142	102
	2003	75	97	100	134	172	133
	2004	78	90	64	98	140	94
	2005	72	85	71	108	127	96
	2006	63	80	68	84	145	101
落尘量 ($t/km^2/Mon$)	2002	10.9	9.2	7.5	3.9	3.4	5
	2003	10.2	5.7	5.2	1.6	2.7	10.2
	2004	9.7	4.8	5	4.1	3	11.7
	2005	8.7	7.8	4.9	4.5	3.2	9.8
	2006	7.7	6.7	4.8	3.5	3.5	9.8

资料来源:都市及区域发展统计汇编. 2007

大陆地区北京市(表 9.39)及上海市(表 9.40)在 2000 年、2005 年及 2006 年内,空气质量相对较好的天数皆有所增加,但二氧化硫年日均值与二氧化氮年日均值则并未同时出现稳定的下降,上海市的酸雨频率出现相对的增加,由于空气质量的影响因素涉及整个区域的自然与产业变化,故在此仅就统计数值进行说明。

表 9.39　北京市主要年份空气状况

项　　目	2000	2005	2006
空气质量达到二级和好于二级天数(d)	177	234	241
可吸入颗粒物年日均值($\mu g/m^3$)	162	142	161
二氧化硫年日均值($\mu g/m^3$)	71	50	53
二氧化氮年日均值($\mu g/m^3$)	71	66	66

资料来源:北京市统计局 2007

表 9.40　上海市主要年份空气状况

指标	2000	2005	2006
中心城区二氧化硫年日均值($\mu g/m^3$)	45	61	55
中心城区二氧化氮年日均值($\mu g/m^3$)	90	61	51
中心城区可吸入颗粒平均浓度($\mu g/m^3$)	88	86	—
降水 pH 平均值	5.19	4.93	4.73
酸雨频率(%)	26	40	56.4
环境空气质量优良天数(d)	295	322	324
环境空气质量优良率(%)	80.8	88.2	88.8

资料来源:上海市统计局 2007

台湾地区河流总长度为 2933.9 km,其中末梢受污染的占 65.5%,轻度污染的占 9.0%,中度污染占 19.5%,严重污染占 6.0%。在淡水河、大甲溪、高屏溪及浊水溪 4 条主要的河流中,以中部地区浊水溪及大甲溪河川水质相对较佳,主要为末梢受污染,而北部淡水河系则污染较为严重,严重污染的河流长度占 8.6%(表 9.41)。

表 9.41　台湾地区河流污染情况 (2006)

	河流长度	末梢受污染		轻度污染		中度污染		严重污染	
	(km)	长度(km)	(%)	长度(km)	(%)	长度(km)	(%)	长度(km)	(%)
总计	2933.9	1922.7	65.5	263.3	9.0	573.2	19.5	174.7	6.0
淡水河系	323.4	168.3	52	51.3	15.9	76	23.5	27.8	8.6
大甲溪	140.2	140.2	100	—	—	—	—	—	—
高屏溪	170.9	101.1	59.2	18.8	11	46.4	27.2	4.6	2.7
浊水溪	186.4	186.4	100	—	—	—	—	—	—

资料来源:都市及区域发展统计汇编. 2007

在台湾的 6 个主要城市中污水处理的能力差距较大(表 9.42),基于污水管道与设施设置比例所计算的污水处理率以台北市及高雄市较高,分别为 89.15%及 74.48%,台北市的公共污水下水道普及率更是高达 83.12%,而基隆市的污水处理率仅达 14.96%,在污水处理的基础建设上,基隆市及台南市都有较高的进步空间。

表 9.42　台湾地区主要城市污水处理

	户数	污水处理户数	公共污水下水道普及率(%)	专用污水下水道普及率(%)	建筑物污水设施设置率(%)	污水处理率(%)
台北市	656813	585575	83.12	4.05	1.98	89.15
基隆市	97546	14592	4.84	2.56	7.56	14.96
新竹市	99318	29171	—	14.44	14.93	29.37
台中市	263027	98342	13.46	11.79	12.13	37.38
高雄市	379472	282610	47.76	8.08	18.64	74.48
台南市	190836	45178	9.64	7.36	6.68	23.68

资料来源:都市及区域发展统计汇编. 2007

2005 年及 2006 年,大陆地区的北京市污水处理率有较大幅度的提高(表 9.43),由62.4%上升至 73.8%,再生水的利用量也大幅增加,可见政府在污水处理与节水设施上的投入较大,但每日的污水排放量也同时升高,一方面体现北京是承载的人口有所增加,对水资源的消耗更大,一方面也体现有效利用水资源的重要性。

表 9.43　北京市污水处理

项　目		2006	2005
排　水			
处理能力	(万 m^3/d)	331	324
年处理量	(万 m^3)	93198	70158
处理率	(%)	73.8	62.4
每日污水排放量	(万 m^3/d)	354	308
下水道长度	(km)	7523	6475
# 污水管	(km)	3398	2521
再生水利用量	(万 m^3)	36087.6	25980.7
节　水			
节水量	(万 m^3)	13844.0	10435.2
完成节水措施	(项)	301	216

资料来源:北京市统计局 2007

9.4.5　环境管理现状与建议

对于大气、水等环境状态,两岸城市皆有明确的管理规定,相关的管理单位分别在重点区域进行实时的监测，并进行系统的管理绿地与水体的存在会对城市发展造成阻碍，在安全及投入成本的考虑下，住宅及交通建设需要耗费较大的金钱及资源，才得以跨越河流或山体界线。而基于生物多样性、城市安全等因素划定的保护区及禁止、限制开发区域，亦明确的约束了城市建设的空间范围。除了城市土地利用、规划相关政策，目前台湾地区相关环境保护法规尚包括“森林法”(1932)、“山坡地保育利用条例”(1976)、“野生动物保育法”(1989)、“国家公园或风景特定区内森林区域管理经营配合办法”(1990)、“台湾省保安林施业方法”(1991)、“特定水土保持区划定与废止准则”(1996)；大陆地区的《环境保护法》(1989)、《水土保持法》(1991)、《建设项目环境保护条例》(1998)、《环境影响评价法》(2002)等皆对特定的空间对象有明确的利用与保护措施，对城市区域的自然资源、文物与环境维护有正面的影响。上述的政策、法律、法规提供了城市景观规划、土地利用、资源保护有力的依据，但也对当前的城市空间形成一定的约束作用。特是在农业保护上，若仅遵循数量上的保护，使得部分地区产生规模狭小、分布零散的农地，不仅分割了城市土地利用，降低土地利用价值，对农民生产、生活亦有不利的影响。

两岸的环境管理也共同面临与世界接轨的问题，目前国际上对温室效应气体管制、石油等化石能源替代、清洁生产、生物多样性保护与生物安全、全球环境变迁预警、传染病防治等具有区域影响的环境问题的管理对策，不仅提供两岸环境管理的具体内容，也为两岸环境保护工作提供重要工作方向。而大陆地区的环境管理也必须就加强群众环保意识、政府管理机关正视环保抗争等方面努力。

以下就两岸环境管理所面临的共同问题，基于可持续发展目标整理相关建议如下。

(1)自然保育

大气：加强大气科学研究，气象观测及再生能源开发技术；保护森林植被净化空气的功能，加强平地造林；建立环境、生态基础数据库，了解热岛效应对城市环境及生态的影响；修订能源政策，调整产业结构，以降低空气污染。

水资源：严格管理水源保护区土地利用，加强森林保育经营、水土保持、污染防治，推动全面地下水资源调查与监测；切实管理地下水抽取行为；普及污水下水道，阻截污染水源；建立节流与开源并重的水资源政策，加强用水管理、废污水回收再利用。

生物多样性：评估现有保护区的实际功能，建立保护区系统，并排定保护之优先级；复育已遭破坏的自然环境资源；推广生态工法，落实公共建设兼顾生态环境保护目标。

海洋及海岸湿地：建立海洋及海岸监测系统，研拟海岸保护与防护计划；研订海洋生物资源利用与技术发展研究；保护海岸地区河口、沙丘、红树林、珊瑚礁及人文史迹等资源；设置海岸、海洋保护区。

土地资源：适时更新土地信息系统；从严管理山坡地、河川区域及海岸地区之开发；积极复育环境退化严重地区。

(2)污染预防及生态修复

大气：建立公平、合理且具经济诱因的污染者付费制度；落实工厂设置及操作许可证制度；建立环保单位实时查核系统，落实污染源自动监测、检册、遥测及申报制度；针对不同行业研订最佳可行控制技术，订定大型污染源污染物排放减量期程；逐期加严车量的排放标准，定期更换查验，鼓励使用干净能源；推广屋顶及阳台绿化，提升绿蔽率。

水资源：减少家庭污水负荷，加速兴建污水下水道系统，以提高污水下水道之普及率；水源水质保护区内达到完全禁养，并辅导养殖户妥善处理废水降低水体污染；加强工业区废水前处理管制，落实申报稽核、收费制度，以提升污水场营运管理绩效，减少工业污染；加强非点源污染排入水体造成污染之调查；推动河川流域整体规划及管制，以改善河川水质，规划足量的水作为生态用水。

土壤：强化土壤调查能力，建立完整土壤污染数据库；制定合理之土壤质量污染整治标准，收集本土气候、土壤、环境与暴露特性数据，并纳入生态风险评估观念；增加废弃物妥善处理率，以及倡导并管制农业用肥料及农药使用量，降低各种潜在性土壤污染来源；合理订定收取土壤及地下水整治费，并推动土地污染保险。

废弃物：整合环保相关法规，拟定规范标准及监督管理办法使废弃物资源得以再利用；加重生产者之环保责任，订定企业回收目标、推广符合零废弃企业标章、强制定时提供环境报告；出版环保设计手册及消费者绿色采购手册；推动进出口产品使用国际环境管制标准；加强国际、中央、地方政府和业界合作；提倡社会教育，建立小区废弃物回收利用基础建设。

(3)环境相关规划整合

从区域规划、城市规划到各项工程建设都善用环境规划的技术。掌握国土资源调动态变化；整体规划土地使用，加强区域合作，以实现土地资源永续利用；建立成长管理机制，并落实农地、坡地的管理；建立有效的环境监测系统，积极遏止各种违法、违规的土地利用；清查退化土地、闲置土地及畸零地等，厉行土地修复及再利用。修复采矿迹地，转化为地质公园或其他利用。

(4)农、渔、林业经营与生产保障

农业：保护优良农地，落实农地发展政策及坡地资源管理；保护优良农业生产地区，避免零星变更影响整体农业生产环境；调整坡地农业经营管理政策，维护坡地资源之永续利用；建立农地资源空间数据库，规划农业经营空间，兼顾农业发展与农地资源有效利用。

渔业：调查经济海域内渔业资源；消除非法渔捕行为；设置养殖渔业生产区，辅导纯海水养殖发展，改善供排水系统，减少水土资源污染，防止地层下陷；推动渔港功能多元化，发展休闲渔业及观光渔业；增加渔村文化、小区营造等方面之建设经费，强化公共设施经营规划管理。

林业：建立林业资源规划、管理、与长期监测制度；推行生态造林的林相改良；保育林地，修复退化土地。

(5)健全城市绿地系统

结合都市绿地、都市蓝带与都市生活动脉形成绿地系统网络、加强绿廊道建设、提高其可及性与安全性、考虑绿地开发与既有绿地空间之更新或再利用；落实绿地政策，整合串联绿色及蓝色廊道(如流域绿地、交通绿地)；防止绿资源系统破碎化、生态廊道断裂；绿化道路建设，作为河川缓冲及野生物迁移或栖息之廊道。

(6)城乡关系协调

依地方特色规划建设，积极营造城乡新风貌，创造循环型社会及生态都市，建设与自然和谐之城乡；都市成长管理必须配合区域综合发展计划并反映区域文化特色；检讨交通设施及工业用地计划，终止滥建不必要之交通网络及工业区；避免公共建设无限制膨胀。

(7)生态工业区构建

扩展区域市场机能，提升绿地率与资源回收率，节省水资源与能源耗用，具经济利益与环境利益；建立环境绩效指标，包括：零废弃愿景，符合国际环保公约及标准程序、能/资源回收率、生产环保/环境友善产品比率、污染减量率、二氧化碳减少率等总指标；加速推动环保科技园区并针对资源再生产品之市场性，协助企业申请公告，积极推动绿色采购，健全回收/再资源化产品拓展营销通路。

（8）自然灾害防治

加强防灾教育、宣传，深化全民防灾意识，落实防灾措施；持续搜集防灾数据，建置防灾数据库，推动防救灾科技研究，发展减灾、抗灾、救灾的新技术。

9.5　两岸城市生态系统功能评价

城市、区域、国家或人类整体究竟是可持续或不可持续（CEC 2001，UNEP 2002），乃至于景观格局的理想组成与结构，至今仍无明确的结论。在相关评价研究中，有些将工业化程度或国家、个人收入作为可持续评价单位（Pearce 等 1993）；其他亦有将资源消费视为不可持续的指标（Chambers 等 2001，Wackernagel 等 1996）；而城市发展评价指标中，其内容不仅包括经济成长，更包含其他经济社会特质，如工作机会、吸引人口、厂商及经济活动聚集的特性（黄文樱 2000）、制造和分配财货与劳务、改善民众生活品质的能力（Lever 1999）及兼顾自然环境且可持续发展（Lever 等 1999）。理想的城市状态需涉及经济、社会及资源环境等各方面的内容，而城市的建设必须符合人类对城市各个层面的需求，其评价亦应涉及环境、经济、社会文化等方面（表 9.44）。

表 9.44　城市生态系统评价内容

项目	目标	内容	评价方式	特征
1 生态（生态系统）	了解生态系统承载量与保护价值	生物量、能量、多样性、稀缺性、信息、时间、空间、持续等	稳定性（可恢复性、延续的价值）	位于系统底部 相对静态 脆弱
2 生产（生产系统）	提升资源型产业的产量，包括自然、技术的及经营系统	能量、物质、种子、收获、肥料及劳动力等	执行成效，资源与生产间的比例（投入产出比例）	生态与经济的中间媒介 产生资源及动力
3 经济（常规经济系统）	维持生活需要，包括金钱及金融系统	金钱：货币	收益性、投资收益比（所得）	相对优势 不稳定
4 文化	评价和维系文化遗产	文化景观：古迹、建筑、艺术和工艺等	创意、稀缺性、历史性	脆弱性 是生态、生产及社会系统间相互作用的结果
5 社会（社会系统）	确保人民的福利与生活健康，并达到基本需求	人类发展：社会整合、健康等	发展指标公平、利益的合理分配	受生态系统退化的影响及经济、文化机能障碍所牵制

修改自 Gómez Sal A 等. 2003

9.5.1 当前城市发展面临的问题

当前两岸的城市发展同样面临外部环境的约束与自身条件的限制，其中全球化的市场竞争、气候变化的影响、社会关系的不和谐与资源的匮乏是两岸城市共同面临的问题，另外台湾的城市受自然灾害的影响相对较大，而大陆地区的城市则面临相对较严峻的环境保护问题。

(1)全球化的市场分工与竞争压力

全球化不仅影响区域发展的决策，并改变社会与土地的关系。全球化市场对于生态系统亦有相当大的影响。城市发展不再依赖其周边资源与能源，其所需的物质、能源、信息甚至资金通过全球市场流通，使一个城市的“生态足迹”或生态占用不再局限于自然或行政界线(杨沛儒 2001)。面临全球化的竞争，农业、工业与文化产业的相关产品皆需要提高自身的市场价值与竞争力，产业发展必须确立在全球产业分工的基础上，通过区域的联盟保障自身权益，提高资源利用效益。

2007 年底出现的金融危机由美国蔓延至区域、全球，由两岸的股市、房地产及与外贸相关的各项产业皆受到打击，更进一步揭示全球经济联系的紧密性，两岸城市除积极进行产业转型与升级外，也应思考如何利用区位相邻的优势加强合作，在接下来的全球经济体系中争取更大的效益，共同抵御全球化市场带来的冲击。

(2)气候变化的影响

气候变化是指气候平均状态统计学意义上的巨大改变或者持续较长一段时间(典型的为 10 年或更长)的气候变动。气候变化的原因可能是自然的内部进程，或是外部强迫，或者是人为地持续对大气组成成分和土地利用的改变(中国气象局 2009)。相关研究指出气候变化对不同区域分别产生不同的正负效应，对脆弱的人类生态系统带来相对严峻的影响，在亚太地区干热缺水、海平面上升、洪灾和干旱等现象，降低了农业生产率并对生物多样性带来危害，部分沿海地区由于海平面上升，导致海岸带侵蚀，严重将造成土地和财产的损失，人口迁徙(张迎新 2002)。

对两岸近期的城市发展而言，沿海地区由于具有区位、交通及空间优势成为重点城市分布的主要区域，台湾岛的西部城市带与大陆的东部沿海地区，成为人口集中的社会、经济、文化中心，其中，大陆东部沿海的 12 个省市共拥有 297 个城市，占大陆城市总数 44.7%(袁俊等 2007)，并逐步整合为大型的城市带。面临气候变化的影响，两岸沿海地区面临更大的城市安全隐患，海岸侵蚀导致了沿海公路、建筑物及设施受损，湿地、珊瑚礁、红树林等脆弱生态系统逐渐退化，海水入侵加重地震、海啸的影响(刘锐 2008)，地下水与河口区域的盐渍化，近一步破坏沿海地区的饮用水水质(丁一汇 2008)。在上海市受到海水入侵的影响，崇明岛侵蚀岸线达 8.14 km，咸潮对城市供水带来破坏；另外，咸潮对珠江三角洲地区、长江三角洲地区的影响也在加重，珠江三角洲地区历史上最大的三次咸水上溯均发生在近 5 年，一次性受灾人数曾达 1000 多万，使得珠江沿岸许多城市连续 48 天无法正常取水(郑淑英 2007)。而对于台湾岛而言，西部的沙岸与部分存在地层下陷的地区也将面临更大的环境问题。因此气候变化所带来的影响，将对两岸沿海城市的未来发展造成较大的限制。

(3)社会阶层间的矛盾

城市的发展需要积累资源与金钱，资源相对的集中会造成利益分配的不均衡，进而在社会各阶层间产生矛盾。相对的贫困与利益的冲突是社会矛盾爆发的原因，而其历史背景则可能来自于经济体制改变、社会结构调整的过程中，部分人群既有的经济秩序受到冲击，经济增长的安全性和社会发展的稳定性受到影响(黄爱芳等 2008)，收入分配差距的扩大以及社会保障制度滞后(杨冬民等 2008)。

社会复杂性也是矛盾产生的原因之一(Funtowicz 等 1994，Funtowicz 等 1997，Wittmer 等 2006)，不同利益团体间也会因为自身的权益受到影响产生冲突。城市的转变与替换，并须经过综合效益的评价，城市发展的整体考虑，学者专家对于生态环境、开发可行性及经济利益的不同看法，及部分居民获利与受影响程度皆须列入综合评价体系之中，以较好的协调社会冲突。

以城市的经济发展与环境保护议题为例，环境限制或环保抗争不同程度地影响了城市总体发展。随着人类发现自然环境因现代化而受到破坏，而工业不再是人类文明的全部，目前传统以经济为主轴的思维受到严重的挑战。以台湾岛的核能电厂大型开发案为例，环境保护的思维与环保团体在其中的力量，已足以左右城市建设与区域发展(郭承天 2000)。由于当地居民对于核能安全的忧虑与核废料处理的争议，使得核电厂兴建的抗争运动持续了 20 多年，从兴建、停建至复工，效益尚未体现已带来庞大的经济损失。相关研究有强调环评制度与居民认知的差异来探讨问题根源(萧新煌 1999)，或提出以资源共管、议价、税制来解决纠纷(萧代基 1991，1998)，及对环保法规与制度的周延性的建议。

大陆地区由于城市快速发展，在城市空间中存留部分未经完善规划或改造的区域，城市中低收入人口或小型工厂为了降低居住与生产成本，通常选择这些廉价片区，进而引发的污染与治安、整改问题，同时又限制该区域的成长。多数城中村便由于当地居民改建时缺乏良好的下水道系统及卫生配套措施，违章乱建使得空间结构相对混乱，环境问题严峻，亦成为城市当前发展必须正视问题。

(4)资源匮乏与不当利用

城市化的过程聚集大量的人口，同时消耗大量的土地、水资源，空间紧张与水资源不足的困境是多数人口密集的大型城市皆面临的重要问题，其他不可再生资源的消耗，也将为未来的发展带来隐患，因此如何高效利用上述资源，亦成为城市可持续发展中的重要议题。由于台湾岛地小人稠、川短流急，水资源有限，水利设施的建设与节约水资源的使用方法必须同时并行；加上缺乏天然矿产，大部分(将近 96%)的能源仰赖进口，因此如何稳定供应能源，便成为台湾维持经济发展的关键因素，因此核能发电厂的兴建与产业结构调整成为解决能源问题的最佳方案；在土地资源方面，由于城市土地权属较为复杂，空间规划需要对用地的功能进行权衡，有些绿地仅能实现于规划中得畸零地，这也使得部分老城区缺乏大型或完整的开放空间。

在大陆地区，随着城市发展人口剧增，水资源与能源的供给量日益增加，使得大多数城市面临不同程度的水资源匮乏问题；对电、煤、石油、燃气等能源需求也不断增长，每生产 1 万元的 GDP 其能耗比发达国家高出 10～12 倍，如何节约利用资源，成为当前的重要议题(李双城等 2009)。由于资源相对较丰富，因此利用不当的问题较为突出，由于快速城市化与缺乏完善的城市规划论证过程，使得大陆城市土地利用出现结构不合理、效益低下的问题。一是由于先前政策强调工业发展，使得大陆城市工业用地比例偏大，住宅、交通、环境绿化和第三产业用地偏低；另外，城市形象工程占地面积过大、相邻区域机场、公路及港口的重复建设也影响区域协调发展，同时降低经济效益。因此大陆城市土地管理更强调集约利用的措施与监督机制。

(5)自然灾害的限制

城市为人口集中的区域，天然灾害的潜在危害与威胁程度也相对较高。台湾地区主要的天然灾害来自地震和台风，自从经历1999年的“9·21”震灾与2001的台风“桃芝”之后，台湾地区的景观建设更强调水土保持、森林维护和灾地复旧等问题的重要性。

大陆地区的自然灾害也对城市的发展带来破坏，长江流域、珠江流域一直是洪灾防范的重点区域，而气象灾害包括台风、暴雨、冰雹、大雾、高温高湿、雪灾、沙尘暴等也对不同的区域带来经济损失，另外因为人为活动的作用，也加剧了地质灾害、气候变化带来的风险。

(6)环境质量问题

环境污染是城市发展中难以避免的问题，由于人口过度集中与大量交通超过了区域的可承载量，工商业快速发展，加上缺乏对生态环境的重视，不仅破坏了自然生境同时也对居民健康带来负面影响。城市工农业生展产生的废弃物对城市环境的影响最为严重，工业油污、化学及金属物质将造成空气、土壤与水源污染，当这些污染随着空气、饮水与食物进入人体后，将引发急性或慢性中毒同时具有致畸、致癌和突变作用，对人体产生长期影响并危害后代健康(王振刚 2001)。

近年大陆地区的城市环境污染事故发生情况相对严重，水污染及大气污染仍时有所闻，重工业的发展、汽车尾气排放，降低城市空气质量，水污染易随水系蔓延，防治上皆相当困难。2005年11月吉林石化双苯厂发生爆炸事故，污染松花江水体，导致沿江1000多万居民生产、生活受到影响；2007年5月太湖水质因富营养化与气候影响，蓝藻大量繁殖，影响外围自来水水质，严重影响江苏省无锡市城区居民生活，目前水污染问题已对城市紧张的用水造成威胁，加重水资源匮乏问题。

台湾地区近年虽未爆发大型环境污染事件，但先前的城市化过程已对岛上的生态系统带来难以逆转的影响，珍稀的动植物资源受到威胁，生物多样性的丧失造成的冲击更是长远。

9.5.2 生态城市指标

9.5.2.1 国家生态市建设指标

为深化生态县(市、省)建设，国家环保总局组织修订了《生态县、生态市、生态省建设指标》(环发〔2007〕195号)。内容分为基本条件与建设指标两方面，其中建设指标包括经济发展、生态环境保护和社会进步三个主要内容。修订稿在原来的基础上，把生态市建设指标从原来的28项精简为19项，删掉了一些经济方面的指标，对环保方面等的指标也进行了修改完善，同时也对相关的指标值进行了调整。此外，还增加了3个新指标，即单位工业增加值新鲜水耗、农业灌溉水有效利用系数、环境保护投资占GDP的比重(表9.45)。

(1)制订了《生态市建设规划》，并通过市人大审议、颁布实施。国家有关环境保护法律、法规、制度及地方颁布的各项环保规定、制度得到有效的贯彻执行。

(2)全市县级(含县级)以上政府(包括各类经济开发区)有独立的环保机构。环境保护工作纳入县(含县级市)党委、政府领导班子实绩考核内容，并建立相应的考核机制。

(3)完成上级政府下达的节能减排任务。三年内无较大环境事件，群众反映的各类环境问题得到有效解决。外来入侵物种对生态环境未造成明显影响。

(4)生态环境质量评价指数在全省名列前茅。

(5)全市80%的县(含县级市)达到国家生态县建设指标并获命名；中心城市通过国家环

保模范城市考核并获命名。

表 9.45　国家生态市建设指标

	名　称	单　位	指　标	负责部门	说明
经济发展	农民年人均纯收入	元/人	≥8000	统计局	约束性指标
	第三产业占 GDP 比例	%	≥40	统计局	参考性指标
	单位 GDP 能耗	吨标煤/万元	≤0.9	统计局	约束性指标
	单位工业增加值新鲜水耗	m^3/万元	≤20	经贸局	约束性指标
	农业灌溉水有效利用系数		≥0.55	农业局	
	应当实施强制性清洁生产企业通过验收的比例	%	100	环保局	约束性指标
生态环境保护	森林覆盖率	%	≥15	林业局	约束性指标
	受保护地区占国土面积比例	%	≥17	林业局	约束性指标
	空气环境质量	—	达到功能区标准	环保局	约束性指标
	水环境质量 近岸海域水环境质量	—	达到功能区标准，且城市无劣 V 类水体	环保局	约束性指标
	主要污染物排放强度	千克/万元(GDP)		环保局	约束性指标
	化学需氧量(COD)		<4.0		
	二氧化硫(SO_2)		<5.0		
			不超过国家总量控制指标		
	集中式饮用水源水质达标率	%	100	卫生局	约束性指标
	城市污水集中处理率	%	≥85	建设局	约束性指标
	工业用水重复率		≥80	经贸局	
	噪声环境质量	—	达到功能区标准	环保局	约束性指标
	城镇生活垃圾无害化处理率	%	≥90	建设局	约束性指标
	工业固体废物处置利用率		≥90 且无危险废物排放	环保局	
	城镇人均公共绿地面积	m^2/人	≥11	建设局	约束性指标
	环境保护投资占 GDP 的比重	%	≥3.5	环保局	约束性指标
社会进步	城市化水平	%	≥55	统计局	参考性指标
	采暖地区集中供热普及率	%	≥65	建设局	参考性指标
	公众对环境的满意率	%	>90	环保局	参考性指标

由上述指标可以看出，国家环保总局修订的《生态市建设指标》内容涉及环境质量、资源利用、基础建设、收入等多方面内容，并由管理的角度具体落实到各个责任部门，对生态城市的建设，提供了根本性的保障与发展方向。但其订定指标的出发点，是拟定相关内容最低的标准，对两岸沿海城市而言，多数区域已超出上述水平，因而本研究在此基于上述指标，构建两岸城市生态系统功能评价指标体系，近一步对两岸城市生态系统功能差异进行分析。

9.5.2.2 国内外生态城市评价指标

本研究借助国内外相关生态城市评估指标系统的参考与比较，以其中使用率最高的评估指标因子，作为优先选取的生态城市评估指标因子，并基于指标的可行性、国际性、前瞻性、实用性及重要性(Sustainable Seattle 1993，Brink 1991，Anderson 1991，Liverman 等 1988，UN-DPCSD 1996，黄书礼 1996)选取原则进行筛选，分别以环境、社会及经济等层面整理生态城市评估指标系统。首先，收集国内外城市可持续发展及生态城市评价等相关指标(赖奕铮 2003，Sustainable Seattle 1993，OECD 1994，UK 1996，黄书礼 1996，周金柱等 1999，宋永昌等 1999，李永展 2000，盛学良等 2001，顾传辉、陈桂珠 2001，蔡勋雄等 2001，孙志鸿等 2002，谢政勋 2002，管莉婷等 2002，夏晶等 2003，袁兮等 2003，张丽平等 2003)，将其进行统一整理、比较，以作为候选指标(candidate indicators)；然后，基于城市可持续发展理念以及城市复合系统理念，考虑到生态城市的发展在于须兼顾环境、社会及经济的可持续性，三者间存在着相互依存、共生互惠的关系，若欲达到城市的可持续发展，则需达到三者间的平衡关系。因此将上述指标分为环境、社会及经济等三个层面进行比较(表 9.46)。

表 9.46 生态城市评价指标

第一级	第二级	第三级	操作定义	单位
环境	城市绿化	绿地覆盖率	(城市植栽正投影面积总和/城市总面积)×100%	%
		人均公共绿地面积	城市规划范围内已完成公园绿地面积/城市总人口数	m^2
		自然地区面积比	(自然地区总面积/城市总面积)×100%	%
		湿地面积比	(湿地总面积/城市总面积)×100%	%
		水田面积比	(水田总面积/城市总面积)×100%	%
		自然性河段长度比	(自然性河段长度/城市内河川总长度)×100%	%
	城市环境	城市化程度	(城市规划范围面积/城市总面积)×100%	%
		人均日垃圾量	平均每日垃圾清运量/城市总人口数	kg
		河川中度污染以上长度比	(城市内河川中度污染以上总长度/城市内河川总长度)×100%	%
		空气污染	(PSI>100 之日数/测定日数)×100%	%
		噪音污染	(不合格时段数/总时段数)×100%	%
	环境治理	污水处理率	(公共污水下水道接管户数+专用污水下水道接管户数+建筑物污水处理设施设置户数/总户数)×100%	%
		环境保护支出预算占总预算比	(环境保护支出/总预算)×100%	%
		资源回收率	(堆肥量+资源回收量)/(垃圾清运量/资源回收量)×100%	%
		城市透水面积比	(城市透水面积/城市总面积)×100%	%
		生态工法工程占总工程比	(使用生态工法工程数目/总工程数)×100%	%

续表

第一级	第二级	第三级	操作定义	单位
社会	人口结构	人口密度	城市总人口数/城市总面积	人/km^2
		人口自然增长率	(当年出生人数—当年死亡人数)÷当年年中人口数×1000	‰
		城市人口老化指数	(65 岁以上人口/14 岁以下人口)×100%	%
		大学以上教育程度占总人口比	(研究所毕业+研究所肄业+大学毕业/城市总人口数)×100%	%
	居住适宜性	人均居住面积	平均每户居住面积/户量	m^2
		人均公共设施面积	城市规划公共设施用地面积 /城市总人口数	m^2/人
		大众运输易行性	大众运输乘客人次/大众运输行驶里程数	人次/km
		汽、机车拥有率	汽、机车数量/城市总人口数	辆
		自来水普及率	(实际供水人口数/行政区域人口数)×100%	%
		自来水水质不合格率	(检验件数/不合格件数)×100%	%
	社会保障	失业率	(失业人口/劳动力人口)×100%	%
		刑事案件发生率	(刑事案件发生数/城市总人口数)/×100%	件/万人
		医疗区域	城市面积/医疗机构数 km^2	
		社会福利工作人员比率	(社会福利工作人员数/城市总人口)×100%	人/万人
		万人病床数	(病床数/城市总人口数)×100%	床/万人
	资源条件	人均日生活配水量	(每年自来水供生活用水/城市总人口数)/365 日	L/每人每日
		人均日生活用电量	(每用户全年平均用电量/户量)/365 日	度/每人每日
	文化	户均家庭娱乐教育和文化支出比	(娱乐教育和文化支出/消费支出总计)×100%	%
		文化支出预算占总预算百分比	(文化支出/总预算)×100%	%
		社会教育机构服务范围	城市面积/社会教育机构数	km^2
经济	产业结构	一级产业人口比例	(一级产业人口数/总就业人口数)×100%	%
		三级产业人口比例	(三级产业人口数/总就业人口数)×100%	%
		产业结构差异	$e=H/\log S;H=-\Sigma(n_i/N)\log(n_i/N)$ S:职业类别数;N:总就业人数;n_i:i 职业人口数	—
	生产效益	人均经常性收入	每户每年经常性收入总计/平均每户人数	元
		通过 ISO14001 之工厂比例	(通过 ISO14001 之工厂数目/工厂总数)×100%	%
		基本消费	(食品饮料费用/消费支出)×100	%

资料来源:薛怡珍等 2008

借助评估指标系统的参考与比较,以各指标的使用频率作为生态城市评估指标因子选取的依据,并透过指标选取原则的筛选,包括可行性、国际通用性、可应用或可评估性、前瞻性以及重要性等五项原则,建立生态城市评估指标系统,从而将生态城市理念转化为可调查的量化指标,以达到有效监测城市生态系统状况的目的。

(1)环境指标

在环境部分,着重于城市绿化、城市环境及环境治理三方面,主要目的是评估城市环境所拥有的自然生态资源及生存环境现况，借助生物栖息地保护与优化，有效提升城市生态稳定度与多样性，而其中由于生态城市的经营主体为政府部门，因此生态城市理念是否能有效宣传、政策是否能落实，尚需同时考虑政府经费预算与政策执行情况。

(2)社会指标

城市是由人类聚居发展而成，是人类生存的栖息地，生态城市为了满足生物栖息的需求，除了强调城市生态系统优化外，人类栖息地优化亦是其探索的重点，因此社会指标需包括人类居住的舒适性，故本文提出从人口结构、居住适宜性、社会保障、资源条件、文化教育等五个部分，探讨生态城市中的社会人文功能。

(3)经济指标

经济体系便是城市发展的动力，拥有完善的经济体系成为迈向生态城市的驱动力，因此本研究从城市产业结构与其生产效益两方面，分别对其产业人口比、产业结构差异、人均收入以及基本消费比等加以评估，以期能有效完善生态城市系统中的经济发展功能。

9.5.2.3 两岸沿海城市特色指标

由于两岸沿海区域属城市发展相对发达地区，具有人口集中、经济效益高且气候相对温和的特性，为进一步区分其内部差异，本研究于 2007 年 4—5 月对沿海城市深圳、广州、上海、天津、北京与台湾地区台北、台中等地的实地考察与当地学者专家交流，分别由经济、环境及社会三方面提出下述补充指标(表 9.47)。

经济方面包括恩格尔系数、人均日交通成本、单位土地 GDP 产出与环保投入占 GDP 的比例。恩格尔系数可用来反应城市居民的食品消费支出，可说明在已达温饱的情况下，对食品以外方面的花费；交通的通达性影响城市运转的效益，人均日交通成本越高，则说明城市居民实际用于生产的精力越低；单位土地 GDP 产出则用来指示目前城市大面积建设可能出现的浪费、低效利用的现象；环保投入占 GDP 的比例则用来概述政府对于环境保护的重视程度，可直接影响环境质量。

在环境方面，有鉴于城市发展对自然环境的负面影响，建议化肥使用强度、工业废水排放达标率等。由于两岸沿海城市多位于河流出口区域，农业发展上化肥的使用、工业废水的处理也是影响城市环境的重要问题。

由于沿海城市已具一定的经济基础，社会方面涉及的内容则显得更为复杂，在医疗与教育的两个主要内容中，其中医疗方面涉及医疗保险涵盖的比例与人均寿命，医疗保险覆盖的比例越高，则越大比例的城市居民生命受到基本保障，相应减少政府的财政负担，而人均寿命则综合体现城市生活、居住环境的健康程度；人均受教育年限可反应城市居民的基本素质，而每万人拥有高等学校数则反应高等教育资源的多寡。

表 9.47 两岸城市特色指标

类别	指标名称	单位	参考值
经济	恩格尔系数	%	<40
	人均日交通成本	时间×距离	
	单位土地 GDP 产出	万元/km^2	≥5000
	环保投入占 GDP 的比例	%	8

续表

类别	指标名称	单位	参考值
环境	化肥使用强度	千克/hm^2	≤300
	工业废水排放达标率	%	100
社会	医疗保险覆盖比例	%	
	人均受教育年限	年	≥14
	人均寿命	年	

9.5.3　城市生态系统功能评价指标体系

两岸城市具有地理区位、面积、管理等不同方面的先天差异，其城市生态系统功能也因内部环境、社会及经济子系统作用的差异而有所不同。本研究基于两岸沿海城市经济发展稳定、人口聚集度高、气候条件相对温和与资源多样性丰富等共通性，构建城市生态系统功能评价指标体系，进一步分析不同城市内部子系统功能结构的差异及其间的相互关系。

9.5.3.1　城市生态系统功能

城市是一类以人类活动为主导的社会－经济－自然复合生态系统（马世骏等 1984），城市发展过程与结构虽然因为各个城市自身特性与外在条件限制有所差异，但仍遵循着生态系统的基本动力学特性，通过人与环境关系的开拓、适应、回馈和整合过程不断检讨、调整，达到最佳的发展型态。

城市职能或功能（urban function）的定义依据学科领域而有所不同。在城市地理学中，是指城市对城市本身以外的区域在经济、政治、文化等方面的作用（孙盘寿等 1984），是从整体上看一个城市的作用和特点，指的是城市与区域的关系、城市与城市的分工（周一星 1997）；城市经济学界倾向于使用“城市功能”，指在一定区域范围内城市发挥功效和作用的能力（李耀武 1997）；城市规划学将“城市功能”置于“城市职能”的范畴之内（韩延星等 2005），《中华人民共和国国家标准城市规划基本术语标准》（1999）中，城市职能（urban function）指城市在一定地域内的经济、社会发展中所发挥的作用和承担的分工，城市功能则体现在土地利用功能分区（functional districts）中，将城市所须具备的生活、生产、社会、文化、环境保护等功能，转化为各种土地利用方式，通过住宅、工厂、公共设施、道路、绿地等利用方式，将城市中的各个功能单元组成相互联系的有机体。

从城市形成的历史来看，早期城市的发生主要具备精神上的认同、提供生活保障和完善的经济体系三方面的特征。其中精神上的认同来自宗教和政治影响；生活保障则涉及社会、经济状态与免于战争的危害；随着资本主义的兴起，经济的影响力成为近代城市兴起的重要因素（乔尔·科特金 2006）。其他人为的影响、资源的发现虽然也会为城市的发生带来新的契机，但若缺乏前述的三项特征，城市的安定与发展将受到相当大的局限。

由复合生态系统观点来看，系统的整体功能是尤其内部子系统各自与相互作用、物质能量流动所产生，同时对系统内部起到维系稳定的作用，并对系统外部产生影响。功能的内部作用与外部影响息息相关，不易分割，因此本研究仅就城市生态系统自身功能的健全进行讨论。无论于全球或区域尺度，城市朝向巨型、带状发展皆面临由于空间有限与人口高密度集中所带来的拥挤与污染等问题；科技的发展缩短了空间距离，未来的城市需要更明确、更多元的职能定位与更为完善的社会、经济与环境功能保障。

城市是人类赖以生存的环境，其功能可归类为环境、经济发展、社会安全与福利、文化等层面。其中，环境功能涉及环境服务与环境质量两类，目前评价多以环境质量的优劣为主；经济发展功能可通过实际的经济效益进行分析，另有依据商业投资环境、技术、空间等指标说明城市未来经济发展潜力；社会安全与文化则包括治安、医疗、地方居民的教育程度与文化建设等。由城市生态系统角度，城市的功能评价应涉及环境、经济、社会等方面，并具备稳定、协调社会、经济发展与生态保护三者所面临的冲突的能力。

(1)支持社会经济发展。城市的发展首重社会经济的功能的健全，具体展现为经济效益，城市发展的经济效益是指城市经济活动中，其劳动投入与其劳动成果之间的关系。反映于城市生态系统中，则呈现为城市经济子系统运营所需的物质循环、能量流动、信息传递等功能流的状态及价值形成过程；以及社会子系统提供的教育、就业、医疗等保障的健全。

(2)满足城市居民对自然生态服务和环境质量的身心需求。城市的自然子系统须注重为改善公共健康和提高城市居民生活质量的服务功能，包括改善空气质量、消减噪音、提供游憩机会等(Bolund 等 1999，宋治清等 2005)。生态格局和过程合理的景观具有上述的功能，可有效降低由于工业化、城市化所造成的大气、水及土壤等污染，保证城市生活环境的健康；在心理上，相关研究也证明，自然景观可刺激因为长期室内生活所弱化的感官功能，并进一步产生许多正面的情感。

(3)冲突协调。城市发展受人类的目的、愿望、资源环境条件和区域经济水平所控制，必须在一定的空间范围内聚集大量的物质和能量，以推动人口、交通、信息及资金的流动，同时也产生了大量的污染物，对原生的生态环境带来冲击(Forman 等 1998)，如何在发展经济的同时，维护城市生态系统功能，成为城市规划中面临的重要议题。另外，城市发展的冲突与矛盾也会出现在社会与经济系统之间，随着城市的发展，有限的资源、利益与机会引发了由区域到全球的政治、种族问题。两者皆突显出城市系统稳定协调功能的重要性。

除上述功能，面对当前全球化的市场竞争、气候变化的影响、社会关系的不和谐、资源的匮乏、自然灾害限制与环境保护等当前城市发展面临的问题，城市系统也比须具备相应的处理与适应能力。首先，产业结构必须健全，产品具有市场竞争力，足以适应全球化的经济环境；节能减碳，降低温室气体排放，减少对大气环境的影响，对针对海平面上升所产生的问题，尽早构建监测系统、订定应急处理预案；提高公众参与的比例，完善社会保障体系，维护社会与经济系统的公平性，避免少数利益团体利用宗教、政治方法，破坏城市稳定；节约能源，提高资源利用效益，同时开发新能源，降低对特定能源的依赖；严格控制污染源，实时监测，并保护环境质量。

9.5.3.2 指标选取原则

指标(indicator)是一可归纳特定现象或事物相关信息的度量工具(McQuenn 等 1988)。指标具备了简化复杂性与量化可持续性的功能，以助于达成沟通的任务，因此，一个好的指标是能在发生问题时提出警讯，并协助如何确认与解决问题之所在，即还须具备说明、预警、检讨回顾、决策导引的四种基本功能(Hart 1995)。

(1)综合性原则，城市生态系统功能评价是基于复合生态系统原理对城市所作的综合评价，要全面考虑城市经济、社会与环境三方面的功能，并选择适当的方法对众多因素加以有效的整合，得到城市生态功能的客观、系统评价。

(2)层次性原则，生态系统的众多要素在时空尺度和等级结构上都具有不同的层次，尤其非生物环境和生物物理过程之间既有明显差异，又存在相互作用。对城市而言，社会经济价值、生物物理过程和非生物环境是功能评价需要考虑的因素。

(3)区域特定性原则，城市生态系统功能评价是针对特定区域、特定生态系统进行的评价。不同区域，不同尺度上的资源环境条件、生物物理过程、社会经济、文化背景以及景观动态都存在差异。本评价是在遵从复合生态系统原理的基础上，针对沿海地区城市发展现状所构建的，目标是区分沿海主要城市生态功能差异，在其他区域需进行调整。

(4)兼顾科学性和可操作性，评价涉及全面了解系统特征、建立指标体系、指标量化与标准化、指标权重的确定和结果分析。指标的选择应以成熟的科学理论为依据，各类指标在反映城市生态系统功能的目标上有明确的含义，数据来源可靠，处理方法科学，指标量化与标准化规范，指标权重的确定合理，综合评价客观全面。但城市生态系统极其复杂，目前还没有能够全面反映系统功能及其变化的数据和标准，有时不得不把这个复杂系统作为黑箱处理，利用可观测的表象指标来推断系统的功能。因此指标的设置在很大程度上依赖于数据可获取性，同时还应具有可测性和可比性，这样才能保证评价的科学性，和对管理实践起到指导作用。

城市生态系统功能评价，具有生态系统功能评价的共性，需要遵循上文探讨的各种一般性原则、依据，与此同时，还需要强调与城市生态系统特征相关的特殊性。选择评价城市指标时，主要有两方面的考虑：(1)与评价方法有关，包括生态系统调查的手段、数据来源和资料获取方式等；(2)与五个关键因素有关：时空尺度、指标的意义和科学依据、指标的代表性、可操作性、政策制定者和公众对指标的接受程度。

9.5.3.3　评价指标体系构建

城市将各种社会的、经济的、环境的、文化的和系统的冲突融为一体，形成一类社会—经济—自然复合生态系统。城市生态系统功能评价的目的是基于复合生态系统理念，探讨城市对当前外部环境的适应能力与内部系统间的协调性，判断不同城市的发展现象与理想的城市生态功能间的差距。

本研究基于当前城市发展的问题、结合理想城市定义与国家生态城市建设标准，从两岸城市功能需求角度，构建城市生态系统功能评价指标。

(1)自然子系统功能评价指标

自然环境子系统由土壤、土地、矿物质和营养物、能源、大气、水、植物、动物和微生物等基本元素所组成，为生物地球化学循环过程和以太阳能为基础的能量转换过程所主导。子系统以生物结构和物理结构为主线，包括植物、动物、微生物、自然景观等，具备气候调节、水调控、控制水土流失、物质循环、污染净化、娱乐、文化等生态服务功能(宗跃光 1999)。由于两岸沿海城市的发展对维系自然子系统功能的生态空间依赖较大，本研究由生态空间为基础，通过量化其提供的服务与自身代谢能力，说明自然子系统功能。

生态服务：自然环境资源是城市发展与功能维系的基础，有鉴于城市建设对生态环境的负面影响日益严重，自然资源缺乏用以评估损失的市场价值，相关研究分别由各项服务功能的类型与民众愿意支付价格等角度进行系统服务功能度量。城市的发展由自然环境系统获得大量的效益，系统不仅为城市居民提供食品、医药及其他生产生活原料，并创造与维持了地球生命支持系统，形成人类生存所必需的环境条件，是人类生存与现代文明的基础。自然系统功能的存续与其在城市中所占的面积息息相关,在此本研究选择生态用地面积比例作为量化生态服务的代表性指标。

系统代谢力:城市系统的功能运转需要消耗大量的物质与能源,同时也产生相应的废弃物,包括废气、废水及垃圾等,对城市大气、水等环境的循环自净能力带来负担,由城市物质代谢功能的强弱可诊断城市环境的质量与城市生态系统整体的健康状况。

(2)社会子系统功能评价指标

社会子系统以人口为中心,包括基本人口、服务人口、抚养人口、流动人口等,以满足城市居民的就业、居住、交通、供给、文娱、医疗、教育及生活环境等需求为目标,并为经济系统提供劳力和智力(李锋等 2006)。两岸沿海地区城市社会子系统的功能已相对成熟,通过其人口承载能力、与安全保障相关的社会稳定性及城市文化延续性对其功能进行测定。

社会承载力:社会子系统主要承载因为城市化而集聚的人口,一个完善的社会子系统可提供居民较好的就业、生活、医疗、教育等机会,吸引外部居民进入,同时也为系统带来新的劳动力及更新的契机。城市人口规模(人口密度)的合理范围很难界定,它既与城市自然条件、发展水平等客观因素有关,同时还取决于当地的消费水平、文化背景等主观因素。事实上,很多国际性大都市都对人口具有世界范围的吸引力,人口规模和密度都很高,并同时保持着正向发展的发展势头。基于建设用地的人口密度测算可反映城市空间对人口的吸引能力和承载水平,建设用地是城市人口的主要载体,它在一定范围内是对高效利用城市环境、资源,实现规模效益起到积极的推动作用的,另一方面由于两岸城市空间规模差距较大,通过建设用地规模的调节,可使两岸人口密度更具可比性。

社会稳定性:社会稳定性是社会子系统持续正向发展的能力。社会稳定受许多因素影响,包括收入、医疗、就业、教育等层面。随着经济效益的不断积累,社会系统中的资源、机会分配不均,贫富差距逐渐加大,在大陆地区西部和东部,农业人口与非农业人口的年均收入便存在差距,也导致社会医疗保障、就业、教育需要不同的配套方案。2008 年下半年以来,世界经济危机对中国实体经济的影响逐渐显露,大批中小企业倒闭,大量农民工因无工可做,而即将毕业大学生也面临失业隐忧,没有工作同时也等于失去经济来源,进而导致社会治安问题的出现,因此失业不仅是劳动力资源的浪费,也是造成社会不稳定的重要因素。因此选择城市劳动力就业情况以评价两岸城市社会系统稳定性。

文化持续力:人是社会的主体,人类需要通过各种形式的教育获得知识、技能,了解社会规范,约束个人的行为,融入社会系统,并获得更全面的发展。学校教育是个体融入社会的重要方法之一,个人可通过学校教育学习基础知识、判断特长,进而评价自身价值,对城市而言,教育也是提供劳动力素质的首要方法,通过完善的教育,可为城市培养高知识、高技术人才,进而提升城市服务功能与影响范围。高等教育是学校教育的顶部,因此本研究以高等学校的学生数量反应城市文化教育的质量与普及性,同时说明两岸城市文化持续力的差异。

(3)经济子系统功能评价指标

经济功能的健全是城市发展过程中相当重要的一环,具体的展现则为经济效益,城市发展的经济效益是指城市经济活动中,其劳动投入与其劳动成果之间的关系。反应于城市景观系统中,则呈现为城市经济系统运营所需的物质循环、能量流动、信息传递等景观流的状态及价值形成过程。城市经济系统在能流、物流、信息流的同时还存在着资金流的循环与转移(沈清基 2001),其中又以资金流为影响城市经济发展的主导与指标性因素。有鉴于全球化市场的竞争压力，城市的经济系统的功能衡量需涉及当前的状态与未来的发展潜力，在此本研究分别由生活富裕度与产业竞争力两方面进行探讨。

生活富裕度：生活水平包含一系列满足居民物质生活需要和精神生活需要的内容，一般来说，生活水平的包含下述要素，首先以群体为标准；其次则是以实际的消费状况为标准，即直接衡量占用的社会产品和劳务的多少。对生活水平的测定也有主要使用某一单项指标，包括人均收入指标、实际收入水平、实际消费水平、人均寿命指标、恩格尔系数等，其中恩格尔系数是常用来体现消费结构的指标，是食品支出总额占个人消费支出总额的比重，生活越困难，支出中用于购买食物的支出所占比例就越大。

产业竞争力：城市竞争力的提升是综合能力体现的结果。不同于由规模、总量衡量 城市在经济、文化、科技等领域的综合力量，更强调质量、效用和功能上的潜在竞争实力，是需要与其他城市相互比较的一个相对概念，不仅着眼于城市现实状态，更包括未来城市的发展能力与增长后劲(李怀建等 2003)。在国际化与全球化力量的推动下，城市经济发展的竞争力，可由其对世界经济的影响来体现，主要涉及金融、物流、管理、服务等第三产业，因此城市第三产业的比重，可大概反应城市的性质及其对外围的影响。

(4)系统协调度评价指标

城市复合生态系统的结构体现了人的栖息劳作环境(包括地理环境、生物环境和人工环境)、区域生态环境(包括物资供给的源、产品废物的汇以及调节缓冲的库)，及文化社会环境(包括文化、组织、技术等的耦合)(李锋等 2006)。环境、社会及经济子系统共同构成城市生态系统，并存在一定的内在联系。三个子系统的功能相辅相成，连环耦合协调发展，不可有所偏废，本研究基于三个子系统标准化后的数值构建协调系数，借以量化子系统的协调发展情况(表 9.48)。

表 9.48　两岸城市子系统功能评价指标

	功能	指标	依据	参考值
自然子系统(Na)	生态服务	森林覆盖率	国家生态市建设指标	≥15%
		受保护地区占国土面积比例	国家生态市建设指标	≥17%
		人均公共绿地面积	国家生态市建设指标	≥11 m^2/人
		自然河段比例	国内外生态城市评价指标	—
	系统代谢力	生活垃圾无害化处理率	国家生态市建设指标	≥90%
		工业固体废物处置利用率	国家生态市建设指标	≥90%
		空气环境质量	国家生态市建设指标	—
		水环境质量	国家生态市建设指标	—
		噪声环境质量	国家生态市建设指标	—
		近岸海域水环境质量	国家生态市建设指标	—

续表

	功能	指标	依據	参考值
社会子系統（So）	社会承载力	人口密度	国内外生态城市评价指标	—
	社会稳定性	就业率	国内外生态城市评价指标	—
		医疗保险覆盖比例	两岸城市特色指标	—
		人均寿命	两岸城市特色指标	—
	文化持续性	高等学校教育程度居民比例	国内外生态城市评价指标	—
		人均受教育年限	两岸城市特色指标	≥14 年
经济子系統（Ec）	生活富裕度	恩格尔系数	两岸城市特色指标	<40%
		人均日交通成本	两岸城市特色指标	—
	产业竞争力	第三产业 GDP 比例	国家生态市建设指标	≥40%
		单位工业增加值新鲜水耗	国家生态市建设指标	≤20m^3 /万元
		单位 GDP 能耗	国家生态市建设指标	≤0.9 t 标煤/万元
		单位土地 GDP 产出	两岸城市特色指标	≥5000 万元/ km^2

在具体操作上，由于两岸城市具有统计口径的差异，因此对于部分指标本研究采用替代指标进行比较，说明城市间的差异。其中，环境服务功能中森林覆盖率、受保护地区占国土面积比例、人均公共绿地面积等指标含义，可以非建设用地比例替代；高等学校教育程度居民比例指标由于大陆地区城市并未进行统计，故采用两岸城市皆具备的万人高等学校数指标替代；第三产业 GDP 比例指标由于台湾地区城市并未进行统计，故采用用两岸城市皆具备的第三产业比重指标替代。

另外，由于两岸城市具有人口、面积等规模差异，因此为使得典型城市间更具有可比性，在操作上皆选取 2006 年地均或人均指标，通过常住人口、用地进行调节，最终获得两岸城市生态系统功能评价指标及其具体计算方式。其中，土地数据来自各城市国土局信息公开网页土地变更调查统计及台湾“行政院”经济建设委员会(2007)，统计数据来自国家统计局城市社会经济调查司(2008) 及台湾“行政院”经济建设委员会(2007)，大陆地区常住人口数据及恩格尔系数来自国家、各省及市统计网页或相关新闻网页，温州市及大连市 2006 年常住人口数据以 2007 年替代。具体操作指标见表 9.49。

表 9.49　城市生态系统功能评价操作指标

系统	功能	指标	计算方式	单位	方向
自然(Na)	生态服务(Se)	非建设用地比例	(非建设用地面积 / 市域总面积)×100%	%	+
	系统代谢力(M)	垃圾无害化处理率	(焚烧、卫生掩埋、回收垃圾量 / 垃圾清运量)×100%	%	+
社会(So)	承载力(Ca)	人口密度	全市常住人口 / 建设用地	人 / km^2	+
	稳定性(S)	就业率	(从业人口 / 劳动人口)×100%	%	+
	持续性(Ma)	万人高等学校数	高等学校数 / 全市常住人口	间 / 10 万人	+
经济(Ec)	生活富裕度(L)	恩格尔系数	(食品消费 / 总消费支出)×100%	%	−
	竞争力(Co)	第三产业比重	(第三产业人口 / 劳动人口)×100%	%	+
系统协调性(H)		协调系数	$H_i = 100 - STD(Na_i, So_i, Ec_i)$	—	+

9.5.4　两岸城市生态系统功能异同

两岸城市具有地理区位、面积、管理等不同方面的先天差异，其城市生态系统功能也因内部环境、社会及经济子系统作用的差异而有所不同。本研究基于两岸沿海城市经济发展稳定、人口聚集度高、气候条件相对温和与资源多样性丰富等共通性，构建城市生态系统功能评价指标体系，探讨不同城市内部子系统功能结构的差异及其间的相互关系。

9.5.4.1　自然子系统

通过量两岸城市统计年鉴与大陆城市国土局信息公开数据，可得沿海的 16 个典型城市非建设用地比例与垃圾完善处理率，进而获得各个城市自然子系统在生态服务与系统代谢量方面的相对值。其中非建设用地比例大陆城市相对高于台湾地区的城市，台湾地区的 6 个典型城市中，以基隆市的非建设用地比例较高，为 71.45%，其次为台北市 53.90%，高雄市较低，市域内具有环境服务功能的非建设用地仅占 16.28%。大陆地区的 10 个典型城市中，非建设用地皆可达到 50%以上，其中温州市较高为 93.77%，深圳市较低为 52.64%，这与大陆城市市域范围较大，并涵括大量的农业用地有关。

在垃圾完善处理率方面，两岸城市中以台湾地区的典型城市比例较高，除台北市外皆可达到 100%，而大陆地区的典型城市垃圾完善处理率则相对较低，其中较高者为宁波市 95.92%，其次为厦门市(94.26%)、深圳市(93.07%)，上海市则较低为 61.60%，可知在城市环境系统的代谢方面，台湾地区的城市废弃物有较好的处理成效。

自然子系统整体功能方面(表 9.50)，大陆的 10 个典型城市整体高于台湾的 6 个典型城市，其中环境子系统功能最佳者为宁波市，其次为基隆市，受服务功能较低影响，最低者为台湾地区的高雄市。由于台湾地区城市规模较小，建设用地比例偏高，而大陆城市市域范围较大，并涵括大量的农业用地，因而在服务功能上台湾地区城市得分较低；在系统代谢力方面，台湾地区城市的垃圾完善处理率相对较高，除台北市外皆可达到 100%，可知台湾地区的城市废弃物有较好的处理成效。基于上述分析，为强化城市自然子系统功能，台湾地区城市应于未来的城市更新过程中，应增加非建设用地面积比例，并结合三维绿化方法，突破空间规模限制；而大陆地区的城市则须加强对城市废弃物的完善处理，提高资源利用效率。

表 9.50 城市自然子系统功能评价指标值

	台北市	基隆市	新竹市	台中市	高雄市	台南市
生态服务	53.90	71.45	32.16	35.89	16.28	45.74
系统代谢力	99.98	100	100	100	100	100
子系统功能[1]	76.94	85.73	66.08	67.95	58.14	72.87

	北京	上海	深圳	广州	宁波	温州	天津	大连	厦门	无锡
生态服务	80.05	71.23	52.64	79.41	85.76	93.77	70.74	83.86	75.42	75.37
系统代谢力	74.57	61.60	93.07	85.06	95.92	74.30	85.06	84.44	94.26	90.10
子系统功能[1]	77.31	66.42	72.86	82.24	90.84	84.04	77.90	84.15	84.84	82.74

1 子系统功能值为环境服务及系统代谢力的均值

9.5.4.2 社会子系统

通过量两岸城市统计年鉴与大陆城市国土局、统计局信息公开数据，可得沿海的 16 个典型城市人口密度、就业率及 10 万人高等学校数，进而获得各个城市社会子系统在承载力、稳定性、持续性的值。在基于建设用地计算的人口密度计算中，可知台湾地区城市的人口密度整体高于大陆城市，其中台湾地区以台北市较高，为 21007 人/km^2，最低为台南市 7974 人/km^2，大陆地区以深圳市最高，为 9153 人/km^2，最低为大连市 2924 人/km^2，在两岸 16 个典型城市中以台北市的社会子系统承载力最高。

在就业率方面，两岸城市间较无明显差距，台湾地区 6 个典型城市的劳动人口就业率皆处在 95%～97%之间，大陆地区的 10 个典型城市则差距较大，最高为深圳市的 98%，最低为上海市的 92.3%，可知台湾地区城市的稳定性各个城市大致相近，大陆地区则以深圳市、北京市的稳定性较高。

在人均高等学校数方面，台湾地区城市的人均高等学校数整体高于大陆地区城市。以 10 万人为单位，台湾地区的基隆市、新竹市可达每 10 万人享有 2.05、2.03 间高等学校，大陆地区最高的广州市每 10 万人则享有 0.62 间高等学校，可知台湾地区的高等教育相对普及，对城市文化的维系有较高的持续力。

在社会子系统整体功能方面(表 9.51)，台湾的 6 个典型城市整体高于大陆的 10 个典型城市，其中社会子系统功能最佳者为台北市，其次为新竹市，大陆地区较高者为广州市。在承载力方面，以台湾地区台北市最高，大陆地区则以深圳市最高；在稳定性方面，台湾地区城市的稳定性各个城市大致相近，大陆地区则以深圳市、北京市的稳定性较高；在持续性上，台湾地区的高等教育相对普及，对城市文化的维系有较高的持续力。基于上述分析，为提高城市社会子系统功能，台湾地区城市应结合产业升级与开放旅游的契机，提高城市居民的就业率；而大陆地区城市相对常住人口而言，高等教育学校数量相对较低，不利人口素质提高，是未来城市发展须进一步加强的方面。

表 9.51　城市社会系统功能评价指标值

	台北市	基隆市	新竹市	台中市	高雄市	台南市
社会承载力	21007	10021	13098	10062	12431	7974
社会稳定性	96.3	95.8	95.9	95.9	95.8	96.2
文化持续性	1.82	2.05	2.03	1.72	1.45	1.45
子系统功能[1]	95.03	81.17	85.76	75.90	75.24	68.30

	北京	上海	深圳	广州	宁波	温州	天津	大连	厦门	无锡
社会承载力	4831	7655	9153	6321	4865	8857	3083	2924	5738	4953
社会稳定性	98.0	92.3	98.5	97.3	95.5	96.8	94.4	94.8	97.1	93.3
文化持续性	0.52	0.33	0.11	0.62	0.19	0.08	0.42	0.35	0.56	0.19
子系统功能[1]	48.79	48.28	49.15	52.54	42.64	47.62	43.19	41.93	50.58	42.05

1 子系统功能值为标准化承载力、持续力及稳定性的均值

9.5.4.3　经济子系统

通过两岸城市统计年鉴，可得沿海的16个典型城市恩格尔系数与第三产业比重，进而获得各个城市经济子系统在生活富裕程度与竞争力方面的相对值。在恩格尔系数方面，台湾地区的6个典型城市整体较大陆地区10个典型城市低，台湾地区城市居民在食品方面的生活支出比例皆低于20%，而大陆地区的10个典型城市皆高于30%，可知大陆地区的城市居民的基本消费相对较高。其中大连市为16个城市中食品消费最高的城市，为39.9%，虽然恩格尔系数会因为区域、生活习惯有所差异，但也可用于反应城市居民富裕程度的概况。

在产业竞争力方面，基于人口的产业结构统计中，16个城市中多数皆以第三产业为主导，其中台北市相对较高，第三产业比重为80.3%，其次为基隆市及北京市，分别占总劳动人口的70.9%和70.4%，可知3个城市对周围区域起到的物流、服务等经济功能较强。

在经济子系统整体功能方面(表9.52)，台湾的6个典型城市整体高于大陆的10个典型城市，其中子系统功能最佳者为台北市，大陆地区最佳者为北京市。在生活富足程度上，台湾地区城市居民在食品方面的生活支出比例皆低于20%，而大陆地区的10个典型城市皆高于30%，可知大陆地区的城市居民的基本消费相对较高。产业竞争力方面，台北市相对较高，其次为基隆市及北京市，可知3个城市对周围区域起到的物流、服务等功能较强。基于上述分析可知，大陆地区典型城市居民生活的基础消费相对偏高，虽然其中存在区域、生活习惯差异，如何结合产业结构调整、提高经济发展水平是大陆地区城市在经济子系统方面需要强化的主要工作。

表 9.52　城市经济系统功能评价指标值

	台北市	基隆市	新竹市	台中市	高雄市	台南市
生活富足度	15.8	18.9	13.4	18.4	18.5	19.7
产业竞争力	80.3	70.9	55.9	71.5	67.8	61.4
子系统功能[1]	82.25	76	71.25	76.55	74.65	70.85

续表

	北京	上海	深圳	广州	宁波	温州	天津	大连	厦门	无锡
生活富足度	30.8	35.56	33.3	37	36.9	35.22	34.89	39.9	35.46	36.9
产业竞争力	70.4	54.2	43.7	54.1	35.3	31.7	46.4	44.7	27.1	42.4
子系统功能[1]	69.8	59.32	55.2	58.55	49.2	48.24	55.76	52.4	45.82	52.75

1 子系统功能值为生活富裕度及产业竞争力标准化后的均值，由于衡量生活富足度的恩格尔系数为负向指标，在标准化时将其转为正向值。

9.5.4.4 协调度方面

通过子系统间的两两比较，分析其功能值间的协调度差异(表 9.53)。自然和社会子系统的协调发展程度以台湾地区的城市相对较高，其中基隆市最高、其次为台南市及深圳市；社会与经济子系统的协调发展程度两岸城市皆有较高水平；自然与经济子系统的协调发展程度则以台南市相对较高。

在三者的协调发展程度上，16 个城市中以台南市的城市功能协调度较高，其次为深圳市，可推知两市在平衡生态环境保护与社会经济发展有一定的成效。台湾地区城市中以新竹市差异较大，城市偏重于社会功能，而大陆地区的宁波市、温州市也因环境功能与社会经济功能不平衡，因而协调度较低。

表 9.53 城市功能协调度

	台北市	基隆市	新竹市	台中市	高雄市	台南市
自然与社会协调度[1]	92.88	98.12	91.18	96.39	91.78	97.84
社会与经济协调度[2]	94.97	97.87	93.50	99.71	99.72	98.80
自然与经济协调度[3]	97.91	95.99	97.68	96.10	92.06	99.05
子系统协调度	90.70	95.13	89.80	95.21	90.29	97.71

	北京	上海	深圳	广州	宁波	温州	天津	大连	厦门	无锡
自然与社会协调度[1]	84.26	87.17	97.78	85.90	75.72	75.66	83.76	76.47	85.54	80.42
社会与经济协调度[2]	89.42	93.83	96.15	96.85	96.31	99.67	92.59	94.12	97.23	93.71
自然与经济协调度[3]	94.84	93.34	98.37	89.05	79.41	75.99	91.17	82.34	82.77	86.71
子系统协调度	84.06	88.52	96.96	85.90	76.77	73.53	86.21	78.18	84.11	82.99

1 自然与社会协调度计算为$(1-\mathrm{ABS}(Na_i-So_i)/(Na_i+So_i+Ec_i))\times 100$

2 社会与经济协调度计算为$(1-\mathrm{ABS}(So_i-Ec_i)/(Na_i+So_i+Ec_i))\times 100$

3 自然与经济协调度计算为$(1-\mathrm{ABS}(So_i-Ec_i)/(Na_i+So_i+Ec_i))\times 100$

9.6 结论与讨论

城市生态系统承载全球主要人口，系统功能的健全与维系关系着人类未来的发展。其中系统功能的健全受城市生态系统自身结构、过程的影响；功能的维系则涉及外部环境对城市生态系统可持续的支持与自身内部结构抵御外来冲击的能力。在科技克服自然疆界和行政区域限制的今日，单独的城市已不再只是扮演个别整合及交流周边资源的角色，必须随着区域整体发展过程，成为一个随着时空转换的功能单元；在不同的空间尺度，随着周边子单元的自然环境与社会经济发展特性，展现出不同属性的复合功能，借助与相邻地区的竞争与协调，不断调整在大区域中的地位。

不同研究对理想的城市具有各自的定义，包括可持续的城市、生态城市、健康城市、绿色城市、紧密城市。归纳生态学、社会学及城市规划相关领域对城市的定义，未来理想的城市应实现在不破坏或最小影响环境基础上，对资源最高效益的利用与对不可更新资源的最低程度依赖，城市功能健全、结构高效，文化特色鲜明，经济结构稳定，社会和谐并展现公平、包容特性。由城市生态系统角度，城市的功能评价应涉及环境、经济、社会等方面，并具备稳定、协调社会、经济发展与生态保护三者所面临的冲突的能力。

城市问题同时具有共通性与区域差异。无论于全球或区域尺度，城市皆必须面临由于空间有限与人口高密度集中所带来的拥挤与污染等问题。两岸城市当前的发展，共同面临全球化市场竞争、气候变化的影响、资源匮乏与不当利用、社会矛盾、自然灾害威胁与环境质量下降等问题。另外先后的快速城市化过程也为两岸城市带来一定的社会、经济与环境问题，目前大陆地区由于早先城市规模的扩张迅速，使得城市正面临着内部结构及相关基础设施完善的压力；相对于台湾地区地狭人稠的背景条件，交通及居住空间缺乏及生态环境被高度重视，使其城市生态优化更强调城市内部的功能组织及生态空间的适当配置。

两岸近代城市发展背景不同，在城市生态系统功能的表现具有各自的特性。为分析其间差异，本研究基于对城市发展现状问题的认识，结合理想城市定义、国家生态城市建设标准及国内外生态城市评价指标，从两岸城市功能需求角度，构建两岸城市生态系统功能评价指标。在自然子系统方面，由生态空间为基础，通过量化其提供的服务与自身代谢能力，说明自然子系统功能；社会子系统则通过其自身基本的人口承载能力、安全保障相关的社会稳定性及城市文化延续性进行判断；经济子系统功能需涉及当前的状态与未来的发展潜力，在此分别由生活富裕度与产业竞争力两方面进行探讨。最后由于系统整体功能受子系统协调发展的影响，因此基于三个子系统标准化后的数值构建协调系数，借以量化子系统的协调发展情况。通过对大陆地区北京、上海、深圳、扬州、常州与台湾地区台北、台中、台南、高雄等沿海发达地区典型城市生态特征的认识，有助于探讨两岸城市化进程的生态规律；结合城市生态系统功能评价，可进一步认识两岸城市功能差异，相互比较、截长补短，可对城市可持续发展、生态城市建设提出具可操作性的建议。

9.6.1 两岸近代城市发展背景

台湾地区受环境、资源与面积限制，经济发展策略主导近50年的城市空间格局，交通等基础设施建设仅在快速城市化时期起到一定的影响。于1961—1971年间，为提升传统农业竞争力，水稻田转变为经济价值较高的旱作；1971—1981年间随着工业快速发展与大型公共交通建设陆续兴建，林地面积快速减少，建设用地及其他用地则有近77.22%增长；1981—1991年间由于城乡发展差距日趋明显，农地释放及都市计划中公共设施等建设用地比例增加但随着环保意识受到重视，环境保护措施的颁布，土地利用变化主要表现在水稻田向旱作及建设用地转化；近年来由于强调区域均衡发展、生态保护及劳动密集产业外移，土地开发速度已趋于平稳，空间格局变化亦趋于稳定。近50年大陆地区的城市发展可分为两个阶段，前半部分主要为政治力量影响，而后半时间则仰赖市场经济的推动。1980年代以前重工业、工业的建设成为城市发展的驱动机制，东北、西北及西南地区先后因为工业重心，带动了城市的兴起；1980年代以后沿海地区逐渐与全球市场接轨，京津冀、珠江三角洲、长江三角洲等地区逐渐形成一系列发达的城市群或城市带。由于幅员差距较大，两岸政府决策过程中采用不同的执行方式，台湾地区一直以来具有明确的产业发展和建设策略，大陆地区则是在中央确立的宏观思想前提下，由各地依据不同的方展方向与指标具体落实任务。

相较之下，台湾地区城市目前与长远发展仍取决于区域乃至于全球经济体系中的定位，而其最大的发展限制来自于自身腹地有限与自然环境脆弱的特性，地震与台风的作用与海洋环绕使得台湾的城市开发不适宜采用高强度、大范围的方式，生态环境保护是在城市发展过程中，首先必须考虑的问题。大陆地区的城市发展过程中，早期主要受到政策影响，随着经济体系的健全与多个中心城市的影响力日趋明显，市场与产业对城市发展也开始起到决定性的因素，但由于多数区域仍处于快速城市化阶段，城市规划、交通基础设施建设直接引导城市的空间格局变化。另外，快速城市化也带来贫富差距的问题，一级产业人口成为城市化过程中的弱势群体，农村建设与城乡关系协调逐渐成为城市可持续发展必须面临的问题。

9.6.2 两岸城市社会、经济、自然子系统现状

在城市经济子系统的发展过程中，两岸的政府皆展现其主导性，不断的推动总体经济发展计划与各种发展策略与政策，希望引领经济发展方向，提升社会的整体利益与西方的市场经济有一定的差异。在经济发展的问题上，两岸也同样面临利益团体影响、贫富差距与环境污染的问题。随着资本的聚集，少数企业与个人凭借着专业技术与资本优势，相互间形成更大的利益团体，若影响政策的推行与公平性，便会对经济发展产生负面影响。台湾地区在过去二十年由于未能将利益团体与政治选举分离，造成公共政策制定背离专业技术，而大陆地区在改革开放后，私有企业的兴起，新兴的利益团体也对公共政策制定亦逐渐产生影响，如何减少利益团体的影响，是两岸共同迈向民主法治国家与公民社会应注意的课题。其次，台湾与大陆经济发展至今皆出现贫富差距扩大问题，如何透过平衡地区经济发展、社会福利措施、创造就业机会、租税政策等方式缩短贫富差距，皆是两岸政府应努力的方向。第三，则是先前所提的环境污染问题，台湾地区在过去的经济发展过程中，曾经为了赚取外汇，投资各种污染性较高产业，至今日必须用更高的代价进行环境修复，大陆地区过去二十余年来的积极投资生产轻重工业，以赚取外贸，部分优良农地、森林减少，形成难以逆转的环境问题。在未来的城市经济发展上，两岸皆必须朝向优化产业结构发展清洁能源产业，清洁生产、节约资源投入、废弃物减量、发展绿色科技，推展绿色消费、推动绿色运输、营造绿色生活环境等方面努力。

在社会发展方面，两岸民众参与意识皆逐渐提高，台湾在1970—1980年代，社会政治运动勃兴，社会力量逐渐抬头；中国大陆则随着经济发展与改革开放，1990年代末迄今，公民社会也逐渐明显。传统文化对两岸社会发展的影响相当明显，例如对家庭伦理、家族企业、人情的重视，法治观念相对薄弱，公德心不足，都是两岸社会发展的共同现象。未来的两岸城市社会建设应强调建立公民参与机制、强化非政府组织合作、信息公开、建构小区安全与照顾体系、落

实文化保存及多样性维护、提高人口健康等方面。

在环境方面，城市的建设皆带来难以逆转的环境问题，城市建成区无续蔓延，生态空间破碎化，同时带来跨行政界线的污染，例如东北季风盛行时，台湾地区的空气质量受到大陆东北、华北、大陆沿海及韩国等大都会及工业区空气污染物（如酸性沉降）的影响。相反的，当西南气流盛行时，大陆地区的空气质量也会受到台湾工业区污染源的影响。两岸的环境管理也共同面临与世界接轨的问题，目前国际上对温室效应气体管制、石油等化石能源替代、清洁生产、生物多样性保护与生物安全、全球环境变迁预警、传染病防治等具有区域影响的环境问题的管理对策，不仅提供两岸环境管理的具体内容，也为两岸环境保护工作提供重要工作方向。而大陆地区的环境管理也必须就加强群众环保意识、政府管理机关正视环保抗争等方面努力。

9.6.3　两岸城市生态系统功能差异

通过城市生态系统功能评价分析，有助于对两岸16个典型城市生态系统功能进行探讨。自然子系统功能方面，大陆的10个典型城市整体高于台湾的6个典型城市，其中自然子系统功能最佳者为宁波市，其次为基隆市，受服务功能较低影响，最低者为台湾地区的高雄市。由于台湾地区城市规模较小，建设用地比例偏高，而大陆城市市域范围较大，并涵括大量的农业用地，因而在环境服务功能上台湾地区城市得分较低；在系统代谢力方面，台湾地区城市的垃圾完善处理率相对较高，除台北市外皆可达到100%，可知台湾地区的城市废弃物有较好的处理成效。为强化城市自然子系统功能，台湾地区城市应于未来的城市更新过程中，应增加非建设用地面积比例，并结合三维绿化方法，突破空间规模限制；而大陆地区的城市则须加强对城市废弃物的完善处理，提高资源利用效益。

在社会子系统功能方面，台湾的6个典型城市整体高于大陆的10个典型城市，其中社会子系统功能最佳者为台北市，其次为新竹市，大陆地区较高者为广州市。在承载力方面，以台湾地区台北市最高，大陆地区则以深圳市最高；在稳定性方面，台湾地区城市的稳定性各个城市大致相近，大陆地区则以深圳市、北京市的稳定性较高；在持续性上，台湾地区的高等教育相对普及，对城市文化的维系有较高的持续力。为提高城市社会子系统功能，台湾地区城市应结合产业升级与开放旅游的契机，提高城市居民的就业率；而大陆地区城市相对常住人口而言，高等教育学校数量相对较低，将不利于本地人才培养，是未来城市发展须进一步加强的方面。

在经济子系统整体功能方面，台湾的6个典型城市整体高于大陆的10个典型城市，其中社会子系统功能最佳者为台北市，大陆地区最佳者为北京市。在生活富足程度上，台湾地区城市居民在食品方面的生活支出比例皆低于20%，而大陆地区的10个典型城市皆高于30%，可知大陆地区的城市居民的基本消费相对较高。产业竞争力方面，台北市相对较高，其次为基隆市及北京市，可知3个城市对周围区域起到的物流、服务等功能较强。大陆地区典型城市居民生活的基础消费相对偏高，虽然其中存在区域、生活习惯差异，如何结合产业结构调整、提高薪资水平是大陆地区城市在经济子系统方面需要强化的主要工作。

在子系统协调发展的程度上，自然和社会子系统的协调发展程度以台湾地区的城市相对较高；社会与经济子系统的协调发展程度两岸城市皆有较高水平；自然与经济子系统的协调发展程度则以台南市相对较高。在三者的协调发展程度上，16个城市中以台南市的城市功能协调度较高，其次为深圳市，可推知两市在平衡生态环境保护与社会经济发展有一定的成效。台湾地区城市中以新竹市差异较大，城市偏重于社会功能，而大陆地区的宁波市、温州市也因偏重于环境功能，因而协调度较低。由于子系统间的协调发展有助于城市生态系统整体功能的提升，因此，大陆地区深圳市及台湾地区的台南市亦有另一方面的借鉴意义。

9.6.4　两岸城市统计的差异

由于两岸城市的区域定位及空间尺度不同，相应政府职能、面临的发展压力与环境问题问题亦有所不同，统计口径也有差异。因而通过统计数据类型的角度，可反映两岸城市差异的。

社会统计方面，主要表现在人口统计的差异。人口结构是城市运转、功能发挥的基础，由于两岸户籍管理不同，台湾地区城市人口更近似大陆地区城市常住人口的含义。因此在人口基础上进行的统计，大陆地区的多数城市便缺乏相关的数据，包括常住人口男女比例、教育程度、教育及医疗资源分配与普及程度。

经济统计方面，主要表现在GDP的统计上，台湾地区仅在全岛尺度上进行GDP的统计，而大陆地区由于面积广大，GDP的统计被运用的相当广泛，成为体现经济实力的主要指标，小至区、县、乡镇皆以此进行比较，容易产生由于GDP的竞争，无法统筹发展，产生资源或重复建设的浪费。

环境统计方面，台湾地区城市缺乏对环境达标天数的统计，对普通市民而言，大气中的悬浮微粒、落尘量并无法直观的反映大气质量的变化。在水质管理上，台湾地区是以流域为单元进行管理与监测，从生态系统角度，以流域为单元的管理，更有助于落实污染防治工作的进行。

9.6.5　研究存在的不确定性与后续研究建议

(1)统计口径的不统一。由于两岸城市统计口径有所差异，本研究在选择指标时仅选择具有可对比性的官方统计数据进行比较，研究结果对于城市生态功能反应有一定的局限，由于部分指标数据的缺失，无法精确反应城市生态的各项内容，因此城市生态功能评价差异仍有待商议。另外，在城市生态系统功能的评价上，本研究将其划分为个别的子系统进行分析，缺乏对子系统功能间关联性的讨论，对于完整的城市生态系统功能仍有不足，将于后续研究中进一步完善。

(2)评价指标反映城市功能的全面性与敏感性。城市功能存在多元与动态变化的特性，依据城市发展阶段不同，城市必须体现出不同的外部职能定位，并满足内部的功能需求，本从城市生态系统角度，将城市功能简化为社会、经济与自然三个主要内容，缺乏对子系统间两两相互作用或共同作用所产生的功能进行讨论，因此评价指标体系对城市功能的反映仍有不足。另外，两岸沿海城市皆属于相对发达地区，为衡量其间差异，评价指标需具有一定的敏感性，但在实际操作中，指标敏感性仍缺乏度量依据。

(3)长时间的城市生态系统功能变化。城市功能的度量需要长时间的数据分析支持，城市生态系统功能不仅是单一时间段的表现，也受长时间发展趋势的影响，当前两岸城市仍存在一定的背景差异，长时间的功能分析、对比有助于对其发展提出具有针对性的建议。

第 10 章　区域城市生态安全管理与生态修复工程

10.1　生态安全的理论框架和城市及区域生态风险

中国经济的崛起和人口引信的拔出是 20 世纪下半叶中华民族创造的两大世界奇迹。但高速的城市化、工业化过程在显著提高人民物质生活水平的同时,也给区域和人类生态带来了一定的负面影响。生态环境的退化和自然资源耗竭削弱了经济可持续发展的支撑能力,食物、饮水、空气和人居环境的污染威胁着人民生命财产的安全,使生活质量下降、环境诱发型疾病上升、甚至局部环境难民的产生,影响社会稳定。生态安全已经与国防安全、经济安全共同成为国家安全的重要组成基石(曲格平 2002)。

10.1.1　生态安全的共轭内涵与测度

生态安全的概念有多种阐释。国际应用系统分析研究所认为生态安全是指在人的生活、健康、安乐、基本权利、生活保障来源、必要的资源、社会秩序、人类适应环境变化的能力等方面不受生态环境退化的威胁(肖笃宁等 2002)。Westing(1989) 从人类安全角度把环境安全定义为不威胁政治安全的环境状态。曲格平认为生态安全包括两层基本含义,一是防止由于生态环境的退化对经济基础构成威胁,二是防止由于环境破坏和自然资源短缺引发环境难民的大量产生,从而导致国家的动荡。这些理念都是从环境破坏的负面效应对社会稳定性的威胁出发来定义的(曲格平 2002)。

Rogers(1997)定义生态安全为人们有意创造的一种环境共生状态,使其在不破坏自然资产存量的前提下为当地居民提供服务。陈国阶认为生态安全是指人类赖以生存和发展的生态环境处于健康和可持续发展状态。这些理念开始给生态安全赋以社会与自然、风险与机会的共轭内涵。但对其动力学机理、测度和调控方法尚缺乏系统的探讨。本文认为,生态安全的内涵不只是生存稳定性还有发展的支撑能力,不只是环境结构的安全还有生态关系的健全,不能只用自然生态风险和人类生态胁迫的负面威胁来测度,还要用自然生态服务和人工生态建设的正面调节来测度。

生态安全是对包括人在内的生物与环境关系稳定程度和生态系统可持续支撑能力的测度。一个安全的生态系统其结构、功能和过程处在良好的生存和发展状态并能支撑社会经济的持续发展。本文所讨论的生态安全主要指人类生态安全，是在自然生态（从个体、种群、群落到生态系统）和人类生态（从个人、集体、地区到国家甚至全球）双重意义上一定尺度人类生态系统生存和发展的风险与机会的大小，是对人与自然关系稳定程度和可持续支撑能力的测度，包括资源承载能力、环境容纳能力、灾害应变能力以及支持、缓冲、孕育、净化、调节等基本生态服务和建设能力。生态安全的主体是人，目标是人的生存和发展，范围是一定尺度的自然和人文生态关系，内涵则是负面的风险和正面的机遇。

发展总要改造环境、酝酿风险、破坏旧秩序、建设新秩序、不断地胁迫或强化安全。没有风险就没有发展，没有发展也就没有安全。贫困也是对生态安全的威胁，我国 80%以上的贫困县都属风沙区或生态脆弱带。风险越过一定的阈值，系统就会发生不可逆的变化，经济的繁荣和社会的稳定就会功亏一篑。问题在于如何在发展中掌握阈值、驾驭风险、化解风险。

生态安全具有强烈的目的性：安全是对生物主体而言的，涉及主体与其物理、生物和社会环境的关系；系统性：生态安全不等于环境安全，不是简单的因果关系，不由环境状态来唯一决定，而是生物与多维环境因子组成的关系网链的系统功能状态；层次性：生态安全是一定尺度生态系统的安全，从全球及区域生态安全、城市及人居生态安全、工矿及农场生态安全，到人群及人体生态安全；相对性：生态安全的程度由主体的主观满足程度和参照系来决定。

生态安全具有时间上的累积性（历史的开发行为决定现时的安全状态，而现时的开发行为又影响着未来的生态安全）、空间上的耦合性（流域上下游之间、上下风向之间、城乡、水陆、山区和平原之间都是相互影响、交叉作用的，一个地区的生态安全与邻近地区戚戚相关）、数量上的临界性（超过一定的临界值，系统就会发生不可逆的结构性变化和功能性退化）、结构上的多维复合性（由社会、经济、自然等多方面的生态关系交织而成）、以及序理上的共轭性（人为与自然、风险与机会、生存与发展）。

生态安全的动力学机制有客观和主观两方面。瘠薄脆弱的生态环境、僧多粥少的自然资源、积重难返的历史问题和超常规的经济增长是生态安全失衡的客观原因；还原论的思想方法和科学技术、条块分割的管理体制和考核指标、资本积累早期的暴发投机心理和社会主义初级阶段的口号文化是生态风险经久不下的人文土壤。

生态安全问题的科学实质是资源代谢在时间、空间尺度上的滞留和耗竭，系统耦合在结构、功能关系上的破碎和板结，社会行为在局部和整体关系上的短见和调控机制上的缺损。生态安全管理的宗旨不是单纯头痛医头地治理污染、强化控制，而是从深入了解风险的生态动力学机制出发，运用生态控制论方法调理系统结构、功能，诱导健康的物质代谢和信息反馈过程，建设和强化生态服务功能，把生态风险降到最低程度。

生态安全是动态、进取的而不是回归、保守的。生态安全不仅需要环境本身有一定的刚性和柔性，还需要生物主体有一定的开拓性、适应性和自组织性。生态安全要求环境的稳定与系统的发展，要求环境与经济的协同进化或可持续发展。其科学内涵，一是生态系统结构、功能和过程对外界干扰的稳定程度（刚性）；二是生境受破坏后恢复平衡的能力（弹性）；三是生态系统与外部环境协同进化的能力（开拓性）；四是生态系统内部的自调节自组织能力（自组织性）（图 10.1）。

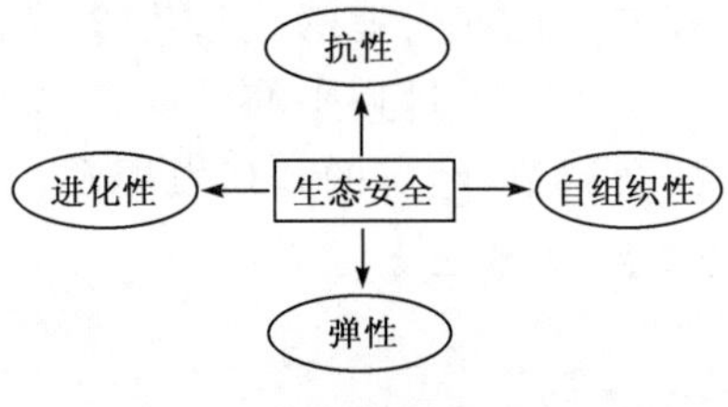

图 10.1　生态安全的科学内涵

人类生态安全＝资源承载能力(刚性)＋环境恢复能力(弹性)＋协同进化能力(开拓性)＋社会自调节能力(适应性)

10.1.2　生态安全与生态服务

生态风险是对生态安全危及程度的逆向测度，由自然退化和人工胁迫两部分原因造成。但生态安全不等同于生态风险，它还有正向测度，由自然进化和人工建设两部分结果组成，可以用生态服务和生态建设效果来衡量。

联合国秘书长安南 2001—2005 年发起组织了一个新千年全球生态系统评估研究，在世界范围内首次开展了生态系统与人类福址关系的现状与发展趋势、情景分析以及响应机制的系统研究。该研究报告指出，自然生态系统为人类提供生态服务，人类生产生活活动对自然生态系统的胁迫，同时生态系统在人类胁迫超过它的承载能力以后，往往以灾难的形式，对人类行为作出反馈和响应，人类又通过各种有意识的活动保育、恢复和建设生态系统，维系天人关系的持续发展 (图 10.2)。

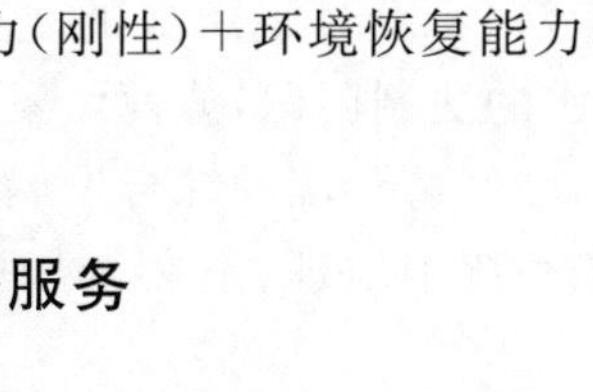

图 10.2　人与自然关系的生态安全状态

生态安全的核心正是对自然生态系统与人类福祉之间的胁迫、响应、服务、建设关系的评价。包括人工生态胁迫和自然生态响应的负面威胁以及自然生态服务和人工生态建设的正面发展。

生态服务功能是指自然生态系统为人类社会的生产、消费、流通、还原和调控活动提供有形或无形的自然产品、直接或间接的支撑生境以及缓冲或调节的环境条件的能力。新千年全球生态系统评估报告定义生态系统服务为:“人类从生态系统获得的效益，包括供给、调节、文化以及支持功能”。供给功能是指生态系统为人类提供各种产品如食物、燃料、纤维、洁净水，以及生物遗传资源等的效益;调节功能是指生态系统为人类提供诸如维持空气质量、调节气候、控制侵蚀、减缓疾病，以及净化水源等调节性效益;支持功能为社会发展、经济建设、科研教育、旅游休闲、文化生活等提供土地、景观和美学环境。

相应地，生态安全也包括稀缺性的生态资产供给安全(如淡水、能源、矿产、生物质等)，由资源过载程度表达；环境污染物容纳净化和生境的支撑安全（如水体、大气、土地、景观等），由环境负荷与恢复能力来表达；以及维系生态过程平衡的缓冲调节安全，包括自然调节（如碳氧平衡、气候调节、水文循环等）和社会调节（经济的开拓发展和社会自调节能力），由生态服务功能（自然对人和人对自然的双向服务）来表达。

10.1.3 生态安全的系统框架

人类生态安全是人与其自然、经济、社会环境组成的复合生态系统安全（图 10.3）。如淮河污染不止是一个沿河工厂偷排污水的法制问题，滇池污染也不是只靠户户截污、村村建污水处理厂就能见效的问题，而是流域社会经济环境的综合发展问题，点源、线源、面源和内源复合污染的科学技术问题，以及区域生态系统中地理、水文、物理、化学、生物以及社会经济关系的综合规划管理问题。

(1)生态安全是自然子系统为人类活动提供的承载、缓冲、孕育、支持、供给能力的安全，主要是人与水、土、能、生物、地球化学循环等五类生态因子相互耦合形成的生态过程的安全。包括环境容量是否溢出、战略性自然资源承载力是否超载、重大生态灾害是否得到防范等。其中第一是水，水资源，水环境，水生境、水景观，水灾害，有利有弊，既能造福，也能成灾；尤其是水多造成的洪灾、水少造成的旱灾、水脏造成的污染和水资源枯竭造成的一系列地质、生物和荒漠化等灾害以及对工农业生产和城乡建设的制约；第二是能，包括太阳能以及太阳能转化成的化学能，由于能的流动导致了一系列空气流动和气候变化，提供了生命生存的气候条件，也导致了各种气象灾害、环境灾害、沙尘暴和大气污染，有限的化石能储备以及其开采利用对环境的破坏是影响生态安全的重要因素；第三是土，我们依靠土壤、土地、地形、地景、区位等提供食物、纤维，支持社会经济活动，土是人类生存之本，但土壤侵蚀、湿地衰竭、荒漠化、盐渍化也给人类社会带来灾害；第四是生物，即植物、动物、微生物，特别是人与生物赖以生存的森林、草地、海岸带生态系统的退化，还有灾害性生物和生物入侵，比如病虫鼠害甚至人畜禽流行病的爆发，与我们的生产和生活都戚戚相关；最后是矿物质，即生物地球化学循环，人类活动从地下、山区、海洋开采大量的建材、冶金、化工原料，在开采、加工、使用过程中只用了其中很少一部分，大多数以废弃物的形式出现，产品用完了又都随意弃置造成污染。以上这些都是人类赖以生存的生态因子，其数量的过多或过少、过程的滞留和耗竭都会危及生态安全。

(2)是作为人类生存发展基础的经济子系统为人类提供的生产、流通、消费、还原和调控五类生态功能的安全，它们组成以物质能量代谢活动为主体的经济生态子系统。人们将自然界的物质和能量变成人类所需要的产品，满足眼前和长远发展的需要，就形成了生产系统，对自然资源产生耗竭并对周边环境产生污染效应；剩余产品多了、生产规模大了，就会出现交换和流通，包括金融流通、商贸物资流通、以及信息和人员流通，形成流通系统，交换流通的结果把盈利赚给了企业，亏损留给了环境；第三是消费系统，包括物资的消费，精神的享受，以及固定资产的耗费，由于一般产品不计环境成本，企业为追求最大利润而大批量单功能生产、廉价倾销，结果产品只有一小分部分有用，大多数物质以不可降解的形态弃置在环境中形成污染；第四是还原系统，城市和人类社会的物资总是不断地从有用的东西变成没用的东西，再还原到自然生态系统中去为生态循环所用，污水、垃圾处理和大气环境治理都是这种行为，但大多是被动的、义务的、循环不完全的；第五是调控系统，经济调控有几种途径，一个是政府的行政和法规调控；第二是市场的经济杠杆调控；第三是自然的响应和灾害，自然能通过各种正负反馈来进行强制性调控；第四是个体和群体人的行为调控。由于人的短期行为和局部利益导向，调控是经济子系统中发育最不完全和最不和谐的功能。

(3)社会生态关系的安全涉及个体和群体的生理、心理、生殖、发育以及社会关系健康的人口生态安全。社会的核心是人，人口、体制和文化构成社会生态子系统。首先是人口的数量、素质、结构、分布等；第二是体制，是由社会组织、法规、政策等形成生态安全的基础；第三是文化，是人在长期进化过程中形成的知识、伦理、信仰和文脉等，决定了生态安全的刚度，构成社会生态安全的核心控制系统。

这三个子系统相互之间是相生相克，相辅相成的(图 10.3)。生态安全管理的目的就是要掌握和调节好每一个子系统内部以及三个子系统之间在时间、空间、数量、结构、秩序方面的生态耦合关系。其中时间关系包括地质演化、地理变迁、生物进化、文化传承、城市建设和经济发展等不同尺度；空间关系包括大的区域、流域、政域、甚至小街区；数量关系包括规模、速度、密度、容量、足迹、承载力等量化关系；结构关系包括人口结构、产业结构、景观结构、资源结构、社会结构等；还有很重要的序理关系，包括竞争序，共生序，自生序，再生序和进化序，其序理关系决定了生态安全的态势(李文华等 2002)。

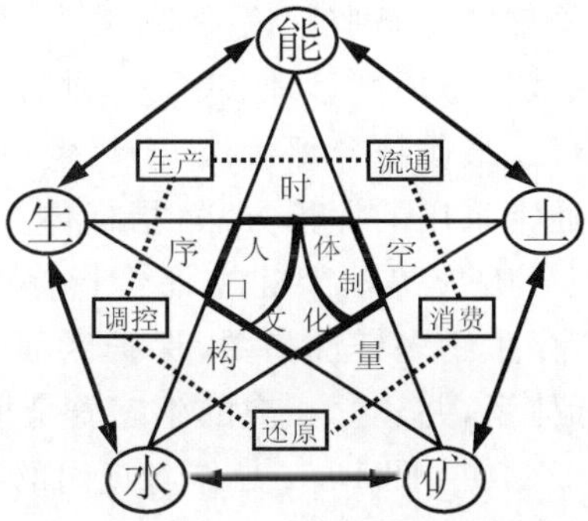

图 10.3　生态安全的复合生态系统框架

10.1.4　区域生态安全与生态系统管理

区域生态安全是国家安全和社会安全的基础。区域生态安全的客观属性有两个方面，一是生态风险，二是生态脆弱性。生态风险是指在一定区域内，具有不确定性的事故或灾害对生态系统及其组分可能产生的不利作用，包括生态系统结构和功能的损害，从而危及生态系统的安全和健康。生态脆弱性是指一定社会政治、经济、文化背景下，某一系统对环境变化和自然灾害表现出的易于受到伤害和损失的性质，这种性质是系统自然环境与各种人类活动相互作用的综合产物。对于生态安全来说，生态风险表征了环境压力造成危害的概率和可能后果；而通过脆弱性分析和生态服务功能评价，可以知道生态安全的威胁因子有哪些，他们是怎样起作用的，以及人类可以采取怎样的应对和适应战略。

环境污染与经济贫困交织，资源枯竭与发展滞后共轭，生态脆弱与素质低下孪生，这是所有生态退化地区的共同特征。淮河流域污染的反弹说明区域生态安全不能只从单个环境因子或单项控制措施出发去治标，而要同时从经济建设和社会调控出发实施复合生态管理，从根子上铲除生态破坏的土壤。

"生态系统方法"是近年来国际可持续发展领域大力提倡的一种人与自然复合的战略管理和系统综合方法，强调环境问题的各组成要素与人、社会、经济的关系，要求在资源环境管理中应更多地关注该生态因子所在的系统而不是单个的因子和因果链关系。新千年生态系统评估的主要特征就是采用了人与自然复合的生态系统分析方法：(1)广泛分析人类对生态系统功能及产出能力的影响；(2)重点分析整个生态系统，而不是依照传统方法局限于部门或管辖范围；(3)以长期意义上的生态健康为出发点；(4)考察的是一个生态系统的整体生产潜力；(5)强调各组成部分之间的相互联系，而不是单一部门或单一的产出。(6)把人类作为生态系统的一部分来考虑。"生态系统方法"提供了对生态安全进行综合管理的生态策略，在该策略中保护与可持续利用同等重要。

生态安全管理涉及生态资产管理、生态服务功能管理、生态代谢过程管理、生态健康状态管理以及复合生态关系的综合管理。生态建设模式应遵循资产的正向积累、经济的持续增长、环境的稳步改善、体制的公平合理、社会的和谐共生、传统文化的延续及自然活力的维系。要处理好生态资产与经济资产、自然服务与社会服务、生存能力与发展能力、工程建设与生态建设、硬件开发与软件开发和心件管理的生态控制论关系。

区域生态安全评价可以为区域生态环境管理、决策提供科学的依据。常用的区域生态安全评价方法有：比较法、部门产出法、最优综合评价法、千年生态系统评价等。由于对区域生态安全涵义理解的差异，不同学者通常采用的评价方法、指标体系也各有不同，大都基于区域生态条件和空间格局或压力—状态—响应等框架建立评价指标模型。如林彰平等利用土壤类型、风力、农药施用量、植被覆盖率、生物多样性指数、保护区面积率、水域面积率、农田灌溉率等作为镇赉县生态安全评估指标体系，并建立相应的生态安全模式决策分析模型，得出该区土地利用生态安全模式(林彰平等 2002)。图 10.4 是作者提出的区域生态安全评价指标体系。

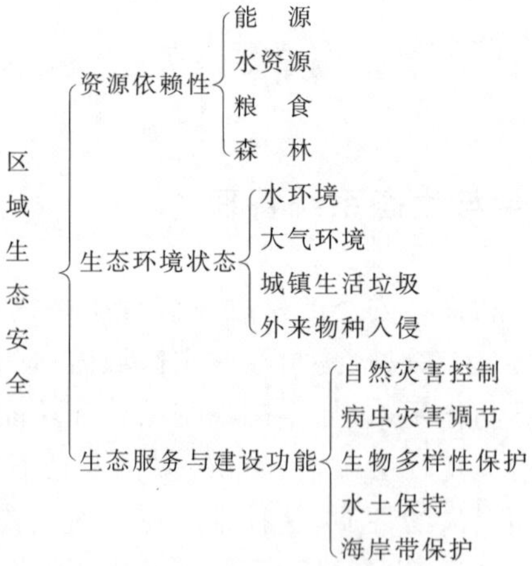

图 10.4　区域生态安全评价指标体系

10.1.5　城市生态风险与人口生态健康

10.1.5.1　城市与区域生态风险

经过20余年的快速发展，中国经济已到了事故高发、生态响应和环境还债阶段。进入“十一五”第一年的头六个月，我国环境污染总量不仅未按计划削减1%，主要污染物COD和SO_2总量反而增加了3.7%和4.2%。

现代城市的物理结构和生态过程是脆弱的，对外界的依赖性过大，现代工业的生态代谢链过长，危险环节过多，抵御各种自然和人为灾害的能力低下，而系统操作、管理者的风险意识、技术水平和应变能力又很弱，一旦系统链的某个环节失灵，整个系统就会无序甚至崩溃。以城市生态风险为例，城市是生态胁迫始作俑者的源和生态响应归宿报应的汇。当前我国大多数城市普遍遭遇水体富营养化的“绿”、气候热岛效应的“红”、沙尘暴或酸雨的“黄”、城市灰霾的“灰”四色效应的现实生态尴尬和水资源枯竭、化石能源短缺、气候变暖和海平面上升的长期生态威胁。

自然和人为灾难既是偶然的，也是必然的。灾难发生的具体时间和地点是随机的，但灾难迟早总会发生及其连环后果却是确定性的。现代技术在给人类带来福利的同时，也埋下了生态风险的定时炸弹。生态风险是各种自然和人为灾害导致人居环境和人类赖以生存的生态支持系统（水文、土壤、空气、气候、生物、地质）及人群生态健康损害的连锁反应型风险。这种风险引起的生态灾难是各类生态因子从量变到质变长期积累、集中爆发或慢性释放的结果，不只是直接的单因单果关系，它能跨越大的时间尺度（累积性）、空间尺度（区域性）、管理尺度（行业、部门），产生多种复合的生态效应（化学的、物理的、生物的、生理的、心理的、社会的、经济的）和多环节的链式反应，打破正常的生态平衡，最终导致生物和人的致病、致残、致畸、致癌，给区域、部门和行业的社会经济发展带来直接和间接的负面影响。其中作为人类活动密集区的城市和工矿的生态风险尤其令人担忧：

(1)有毒、有害、易燃、易爆化学物质生产、运输、储存、处置过程中突发事件引发的化学生态风险（如去年宋家庄地铁施工挖出毒气事件所反映出的北京市危险化学品、垃圾及其他有害废弃物堆置、掩埋的信息不清楚，修复方案和修复途径不落实的现状）；

(2)城市水、电、油、气、热开采、供应和动力系统失灵等突发事件引发的动脉生态风险；

(3)城市垃圾、污水、废气和工业固体废弃物排放、弃置和处理引发的静脉生态风险；

(4)重金属、持久性有机化学品、农药及各类激素在生物和人体富集的食物链生态风险

(5)汽车行驶、停放和恶性交通事故引发的对车内外人体健康和交通环境影响，以及交通堵塞通道上汽车尾气和极端气候条件复合形成光化学烟雾的交通生态风险；

(6)因地质、气象、人为灾害（如水火灾）和恐怖事件造成城市瘫痪间接引发的灾祸生态风险；

(7)人工环境和人体免疫功能下降导致的有害生物传播和疾病流行的生物生态风险；

(8)豆腐渣工程建设的结构性隐患和劣质建材的功能性污染间接引发的人体健康伤害的工程生态风险；

(9)科研、生产、医疗单位生物试剂、辐射品和危险废弃物管理不严、处置不当间接引起的管理生态风险；

(10)以上影响通过河流输送、大气扩散、生物传播、人员流动、物资贸易、交通运输等途径波及邻近地区甚至全球的区域生态风险。

10.1.5.2 人口生态健康

生态健康是指居民的衣食住行环境及其赖以生存的生命支持系统的代谢过程和服务功能的健康程度,包括居民的生理和心理生态健康,产业系统和城市系统代谢过程的健康;景观和区域生态系统格局和生态服务功能的健康;以及人类生态意识、理念、伦理和文化的健康。生态健康失调到一定阈值就危及生态安全。

生态健康是人与环境关系的健康,不仅包括个体的生理和心理健康,还包括人居物理环境、生物环境和代谢环境的健康,以及产业、城市和区域生态系统的健康。人居环境健康威胁主要来自室外和室内的空气污染、饮用水和食物的污染、过分拥挤和不安全的住房等。室内环境污染已经引起全球35.7%的呼吸道疾病,22%的慢性肺病和15%的气管炎、支气管炎和肺癌。全世界涂料和装修工业每年把1100万吨有机溶剂排到大气中,是空气中仅次于汽车尾气的第二大污染源。美国对建筑涂料的有机挥发物的限制作出了更为明确的限制,其有关法规从66项发展到现在的1133项。汽车排放是城市主要空气污染源之一,研究表明,城市平均污染水平与路边行人/骑自行车的人、公交车乘客和坐轿车的人对于接受挥发性有机污染物的比例为1∶2∶4∶6,车内污染物浓度可以比车外高2～10倍。公交车,自行车,私人小汽车人均占用的停车与行车空间比例为1∶2∶32平方米。近年来北京市的道路和停车场扩展倍数远远低于该比例,这就是当前北京市交通堵塞的土地症结。

人口性别比失衡、人口结构失调(老龄化)、人口区域分布失衡以及人口素质低下,以及与环境及生活方式有关的疾病发病率上升是我国人口生态安全面临的严峻挑战。由于环境污染导致的环境类雌激素已严重威胁男性生殖健康,成为男性健康的"新杀手"。Giwercman等(1993)曾经综合分析了1938—1990年间,全球21个国家近1.5万人的精液质量报告,结果发现,男性精子数在50年中降低了40%以上。其中,精液量降低了20%,精子密度则从1940年的每毫升1.13亿减少到1990年的6600万。国家人口和计划生育委员会科学技术研究所1998年曾对1981—1996年间公开发表的,来源于北京、上海、天津等39个市县、256份文献共11726人的精子分析数据进行研究后发现,我国男性的精液质量正以每年1%的速度下降,精子数量降幅达40%以上。而且,工业化程度越高的地区,精子质量下降速度越快。据新华社杭州2005年11月3日报道,浙江省每年有30多万对夫妻结婚,但每年新增的不孕不育家庭就有3万多个,其中约5000个是因为男方无精或少精导致的不孕。

人类社会是一个不断改造环境、适应环境、与环境协同进化,从必然王国走向自由王国的发展过程。发展总要改造环境、酝酿风险、破坏旧秩序、建设新秩序、不断地胁迫或强化安全。没有风险就没有发展。但风险越过一定的阈值,系统就会发生不可逆的变化,经济的繁荣和社会的稳定就会功亏一篑。问题在于如何在发展中掌握阈值、驾驭风险、化解风险。安全的本意是远离危险和灾难的自由程度,是一个时变过程和关系调整的动态概念。根据限制因子原理和耐性定理,任何生态因子过多或过少都不好,生态安全就是一种离过多或过少风险都较远的一种相对自由状态。

风险并不可怕,生态也不神秘。可怕的是对生态风险和系统反馈的麻痹、无知和失措。生态安全的强化需要全社会的观念转型、体制改革、技术创新和科学的生态系统管理。

10.1.6　区域生态安全及生态风险案例研究——以门头沟为例

门头沟区地处长安街延长线的西部端点上，是首都的上风上水地区（图 10.5）。该区具有得天独厚的生态条件，区内山地占全区面积的 98.5%，海拔最高 2303 m，最低仅 73 m，气候垂直分布明显，西部山区与东部平原气温相差 11℃，复杂的地貌类型和多样的小气候孕育了优质丰富的生物资源、地质资源、气候资源、人文资源等，对于经常遭受不良气候和环境影响的北京城，起着极其重要的生态屏障作用。

图 10.5　门头沟的地理位置

10.1.6.1　门头沟区北京市生态安全的贡献

根据对门头沟区生态系统的水源涵养功能、土壤保持功能、生物多样性保持功能、空气净化功能、区域气候调节功能、物质生产功能和旅游观赏功能等 7 类服务功能的研究*，门头沟区生态系统的综合服务功能为 79.78 亿元/年，而 2003 年门头沟地区生产总值为 33.42 亿元，生态系统服务功能价值为 GDP 的 2.38 倍。空气净化功能是门头沟区最主要的服务功能，其

* 引自北京市科技计划项目“门头沟区生态修复总体规划及技术方案研究与科技示范工程”《门头沟生态系统服务功能及辐射效应研究课题报告书》。

占总服务功能价值的比例为63.057%，其次为水源涵养保持功能，为23.751%；生物多样性保持和区域气候调节功能也占有重要的位置。门头沟生态系统各项服务功能价值如表10.1所示。

表10.1　门头沟生态系统各项服务功能价值表

功能		价值(万元)	所占比例(%)
水源涵养功能		189500	23.751
土壤保持功能		435.28	0.055
生物多样性保持功能		49608.22	6.218
空气净化功能	有机物生产	66884.13	8.383
	固定二氧化碳	228507.20	28.641
	释放氧气	203742.40	25.537
	吸收SO_2	634.97	0.079
	吸收NO_x	30.87	0.004
	对飘尘和降尘的滞留	3300	0.413
	空气净化功能合计	503099.57	63.057
区域气候调节功能		35000	4.386
物质生产功能		16703.6	2.093
旅游观赏功能		3500	0.438
综合服务功能		797843.7	100

门头沟区自然生态系统不仅为本地提供生态服务，还辐射北京及周边区域，对北京区域生态安全发挥着重要的作用，主要体现在：

(1)是首都西部的生态屏障

门头沟区森林、草地等植被的土壤保持功能可以防止土壤流失、减少土地损失，保持土壤肥力，防止泥沙滞留和淤积等，其中减少土地损失和保持土壤肥力的功能的受益者仅为门头沟当地，而减少泥沙淤积和滞留的功能则可以辐射到门头沟周边地区。门头沟区森林等植被每年可以减少泥沙淤积146730 t，减少泥沙淤积和滞留使永定河自官厅水库以下的区域受益，其辐射范围可以沿永定河至下游的丰台、大兴区直至到天津，惠及永定河门头沟以下河段。

门头沟位于北京的风沙季节上风向，是北京市的西大门，是北京市防御风沙的最后一道防线。境内海拔1500 m左右的山峰有160余座，植被覆盖率高，其中灵山海拔2303 m，是北京市第一高峰。高大的山体和高覆盖度的植被成为抵挡风沙的天然屏障。根据研究，人工林带降低风速的有效防护距离为林带高度的10～20倍，可以降低风速25%～35%，而山体对风沙的阻滞作用效果远大于人工防护林，按照人工防护林有效防护距离为其高度的20倍估算，门头沟高植被覆盖的山体的有效防护距离可以达到30 km，即在山后30 km之内的区域基本不受风沙影响，在此距离之外的区域由于风速的减缓，沙尘含量的减少，所受风沙危害也大大减弱。

(2)保障首都的水生态安全

门头沟区地处北京西部，森林覆盖率高，是北京市主要的水源涵养区之一。根据计算，门头沟生态系统水源涵养量为 3.65 亿 m^3，水源涵养量相当于门头沟年用水总量的 7 倍多，北京市总用水量的 10.5%，水源涵养功能不仅对于维持门头沟区生态功能和经济社会发展具有重要的意义，而且对于维持北京市及其周边地区的生态功能和经济发展具有重要的价值。

(3)保障首都能源安全

北京自产煤炭主要是无烟煤，分布在京西门头沟和房山区，门头沟煤矿的储藏面积近 700 km^2，占全区总面积的一半，是我国五大无烟煤产地之一，石灰石分布更广、储量也大，是钢铁、水泥生产的重要原料。另外，门头沟的黑色金属矿采选业和非金属矿采选业等也小有规模，我国特产的琉璃瓦，很大一部分就出在门头沟区琉璃渠附近的北京琉璃制品厂。保护门头沟的矿产资源，在常规时期少开采或尽量不开采，对保障首都的能源安全起到了重要的作用。

(4)保障首都粮食安全

门头沟生态系统物质生产功能的价值近年有逐渐增大的趋势，由 1990 年的 9047.7 万元增加到 2003 年的 16703.6 万元，而物质生产功能逐渐由粮食生产等维持基本生活的初级产品向肉制品、奶制品等高经济价值的产品转型。门头沟生态系统物质生产功能所提供的物质，对首都粮食安全起到了一定的作用。

(5)维持首都生物安全

门头沟区有各种天地昆虫 400 多种，它们对于本地及其周边地区害虫的防治具有重大意义；另外，门头沟有蜜蜂 120 余种，蜜蜂可以传播花粉，对于缺少花粉传播媒介的城区具有重要的作用。门头沟独特的地理、气候条件差异造就了丰富的物种和多样的生物群落，为北京乃至华北地区的绿化提供了巨大的种子库。门头沟有丰富的鸟类资源、多样的生态系统，是京西重要的鸟类繁殖地和迁徙的栖息地之一。门头沟山区鸟类数量众多，种类丰富，而野生鸟类的活动范围则很大，鸟类通过觅食活动，可以消除周边农田、森林、水域等害虫，维持生态系统物种数量的相对稳定；同时，由于生境类型丰富，也为周边区域鸟类提供了一个栖息和繁殖的基地，促进了鸟类数量的增加和物种的进化。

(6)区域气候调节

城市郊区及远郊的植被覆盖状况好于市区、水体的分布也多于市区，以上地物的物理特征决定了其吸收热量的能力高于市区的建筑物和硬化路面。将该热量值换算为日常生活中得到该热量所需要的费用，即得出最终的经济效益评估。根据以上原理计算出北京市周边地区削减城市热岛效应的功率为 2.40×10^6 kW，门头沟区域的功率为 2.5×10^5 kW，其每年削减北京城市热岛效应的总功为 7.29×10^8 kWh。由于北京市“摊大饼”式的环状扩散的城市布局模式，缺乏通风廊道，并且中心城区建筑高度低，正好是热岛效应的中心，周边建筑高度高，由于建筑物的阻挡和侧向反射等作用，城市热岛的热量很难扩散至郊区；同样郊区近地表的凉爽空气也难以到达城市中心，郊区对城市热岛的实际消减作用非常有限。因此，通过设计合理的通风廊道，引导郊区的凉爽空气进入城市中心，才能更好的发挥森林调节气候的效应，有效缓解城市中心的热岛效应。

另外，门头沟对北京市生态安全的贡献还表现在 CO_2 吸收、负氧离子扩散、大气污染物吸收、滞尘及空气过滤等功能上。

10.1.6.2 门头沟区生态退化的生态风险分析

本项研究的基本技术路线采用美国环境保护署 1998 年制定的思路，如图 10.6 所示，并在此基础上进行了一定的简化。风险评价的工作流程研究思路为：

①确定本项研究需要解决的核心问题，即研究人为、自然退化若不进行生态修复工作将产生何种负面生态效应；

②定性与定量的分析潜在的风险源种类；

③综合暴露分析研究各类风险源可能导致的灾害；

④通过风险因子分析研究导致灾害发生的各类因子，通过相关性分析、试验监测、历史灾害分析和经验数据研究等科学手段评述灾害发生的可能性；

⑤深入分析每一项潜在灾害可能带来的系统生态效应，在复合生态系统框架下研究其压力—响应机制，确定自然和人为生态退化带来的系统生态效应。

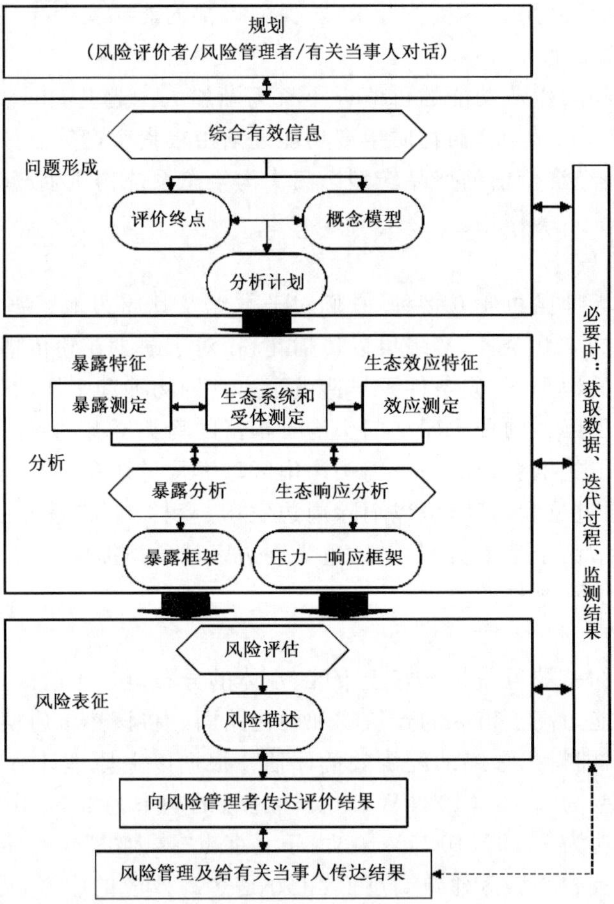

图 10.6　生态风险评价技术路线

(1)门头沟生态退化的风险源分析

①废弃煤矿

门头沟区煤矿分布面积约为 500 km^2，共有 6 个管理良好的大中型国有煤矿，其中 4 个煤矿已停产或关闭；另有近 270 个乡镇煤矿，96%以上已经停产或关闭。据测算，国有矿与乡镇煤矿所造成的废弃矿区总面积为 86.86 km^2。另外煤矸石压占地 257 处，压占带来的可耕地面积减少高达 2752.5 亩。

②道路及边坡破坏

对区境内的主要道路调查显示：G108 国道边坡破坏共有 29 处，总面积 63972 m^2；G109 国道边坡破坏共有 123 处，总面积 114314 m^2；通往妙峰山景区的道路（X002）边坡破坏共有 46 处；总面积 42370 m^2；通往东灵山景区的道路（X013）边坡破坏共有 41 处，总面积 39110 m^2；通往百花山景区的道路（X009）边坡破坏共有 52 处，总面积 60772 m^2。

③采砂废弃地

据实地调查，沿永定河、清水河流域及 109 国道两侧沿线共有采砂废弃地 55 处，计 10.7 km^2，其中 98%以上的采砂废弃地保持停采状态。55 处采砂废弃地中，采砂坑废弃地 29 处，占地 2.011 km^2，河道治理采挖 13 处，占地 7.320 km^2，砂坑群 6 处，占地 1.277 km^2，其中还有垃圾填埋采砂坑、混合采挖坑、采砂废弃物堆放地等采砂废弃地形式。

④采石矿场废弃地

据实地调查，门头沟区范围内共有 101 个采石矿场，共计约 4.3 km^2，其中废弃采石场有 58 处、面积约 1.4 km^2，按面积计算的关闭废弃率为 31.6%。矿区主要集中在 3000 至 1×10^5 m^2 范围内，达 57 个，占全部矿区数量的 81%，其总面积约占全部矿区面积的 36%。1 万 m^2 以内的小矿区有 23 个，基本都已废弃；面积达几十万平方米的大的复合矿区只有 8 个，且大多数都正在生产中。

⑤退化林地

2000—2005 年门头沟区主要的林地退化区域分布在东部的永定、潭柘寺、妙峰山、军庄、王平等镇，以及西部的原清水和斋堂两镇。在永定和清水镇的东部分布最为密集。退化的总面积为 53.95 km^2，占门头沟区总面积的 3.71%，年均退化 0.74%。

(2)复合生态系统潜在灾害及风险因子分析

门头沟区复合生态系统可能发生的风险事件及其诱因，及发生灾害的可能性分析如表 10.2 所示，该表描述了 6 种风险源可能带来的 13 种灾害。

(3)风险受体的生态效应分析

风险受体是区域复合生态系统，研究风险的生态效应，应包括复合生态系统结构的破坏和功能的损害。根据表 10.2 研究的生态退化背景下各风险源的潜在灾害分析，研究灾害发生后对生态系统结构和功能带来的各种改变，认为风险的直接和间接生态效应大致包括如下两大类，分 10 个小类：

①复合生态系统结构破坏效应：居民人身安全的威胁、居民身体健康的影响、区域生物多样性的下降、区域景观结构的破坏。

②复合生态系统功能损害效应：区域的交通运输功能受阻、农业生产能力下降、风景或人文旅游价值的减退、土地贬值、自然生态系统气候调节功能衰退、系统污染自然净化能力减弱。

研究区域是一类人为活动干扰下的复合生态系统，包括社会、经济、自然三类子系统，因此各类风险源潜在的生态破坏或损害效应也包括社会生态系统效应、经济生态系统效应和自然生态系统效应三类。各类生态效应之间并非孤立，而是相互影响，在一定条件下甚至还会产生连锁效应或乘和放大效应，使各类灾害的受损范围和强度进一步的扩大。

生态系统灾害和灾害诱发的复合生态系统效应如图 10.7 所示。

表 10.2 潜在生态灾害及其诱因

风险源	潜在灾害	风险因子				风险可能性
		前提因子	强度因子	诱发因子	敏感因子	
废弃煤矿	采空区塌陷	煤层顶板特性及管理、垂深、空间叠置层数、煤层倾角	地质构造、覆盖层厚度	降水及地表水浸透、地震等地质灾害	人口、经济密集程度;水、电、交通、通讯等生命线工程分布	深开采区的国有煤矿高于浅部小煤窑;降水与采空塌陷的相关性达 80%;区域地震高发;塌陷易发
	重金属迁移	煤矸石压占地与地下水、河流距离	煤矸石成分(重金属含量)	降水、地下水浸透	压占地农田分布、取水口分布	实测 Cu 和 Zn 基本无污染,Pb 和 Cr 在部分矿区呈偏低或中等污染
道路工程	下边坡冲沟	地质条件、植被条件	边坡材料、坡度	降水	道路等级与流通量、保护措施	下坡边松散堆积物较多、绿化差、路基破坏时有发生
	上边坡崩塌	地质条件、植被条件	边坡材料、坡度	风化、降水	道路等级与流通量、保护措施	风化严重、岩石裸露、除国道外无保护措施,坠石与滑坡时有发生
	山洪暴发	河床宽度	降水、河道水流量	降雨与融雪	堆放弃石地与居住点距离	河道水量较小,山洪可能性较低
	生物多样性骤减	道路地理位置、夜灯	与自然保护区距离、车辆流通量	道路与动物生活、迁徙区域重合	是否设有动物通道	缺乏保护措施,道路周边动物多样性明显下降
采砂废弃地	土壤侵蚀	废弃地类型(平原型、山谷型)	采砂废弃地面积与深度	人工开采、河流冲刷	作为林地或可耕地的可行性、原植被覆盖水平	采砂场建立后,对可耕地、林地破坏和水域破坏显著
采砂坑作垃圾简易填埋	人、畜垃圾污染物急、慢性中毒	采砂场地质条件(以砂土为主,易迁移)	垃圾有机物含量、有毒有害物质	降水、有机质降解、空气扩散	简易填埋场距地表、地下水、居民点或耕作地的位置	实测溶解性固体污染指数超标,渗滤液 COD 一般 $10^3 \sim 10^4$ mg/L,且可能含有病原微生物、重金属和 Pops,易溶于地下水或被农作物吸收,填埋气成分复杂,极有可能发生人、畜饮水或食物急、慢性中毒
	填埋场爆炸	垃圾有机物含量、填埋气输导设施	填埋量、温度	明火	居民区密集程度	采砂坑简易填埋场无导气设施,且无场地安全规范管理,有可能发生爆炸事故
采石废弃地	泥石流或山体滑坡	原植被覆盖情况	石矿开采量及开采深度	降水	人口、经济密集程度;水、电、交通、通讯等生命线工程分布	采石活动导致植被与地质结构破坏,雨季发生泥石流或山体滑坡风险增加数倍
	生物多样性骤减	山体原野生动植物存活状况	开采活动覆盖面积、破坏程度及噪声大小	开采地与生物栖息区域重合	生物分布密度	矿石开采对土壤植被的破坏造成栖息地的丧失和破碎化,工地噪声也直接干扰了野生动物生存
退化林地	泥石流	地质、地形、人为	林地破坏程度	降水	人口、经济密集程度	门头沟区泥石流沟有 74 条,泥石流分布范围达 100 km^2,灾害频发,7～8 月雨季,灾害概率 80%以上
	山体滑坡	地质、地形、人为	林地破坏程度	暴雨、人类工程活动	人口、经济密集程度	暴雨或大规模的工程活动提升灾害发生概率

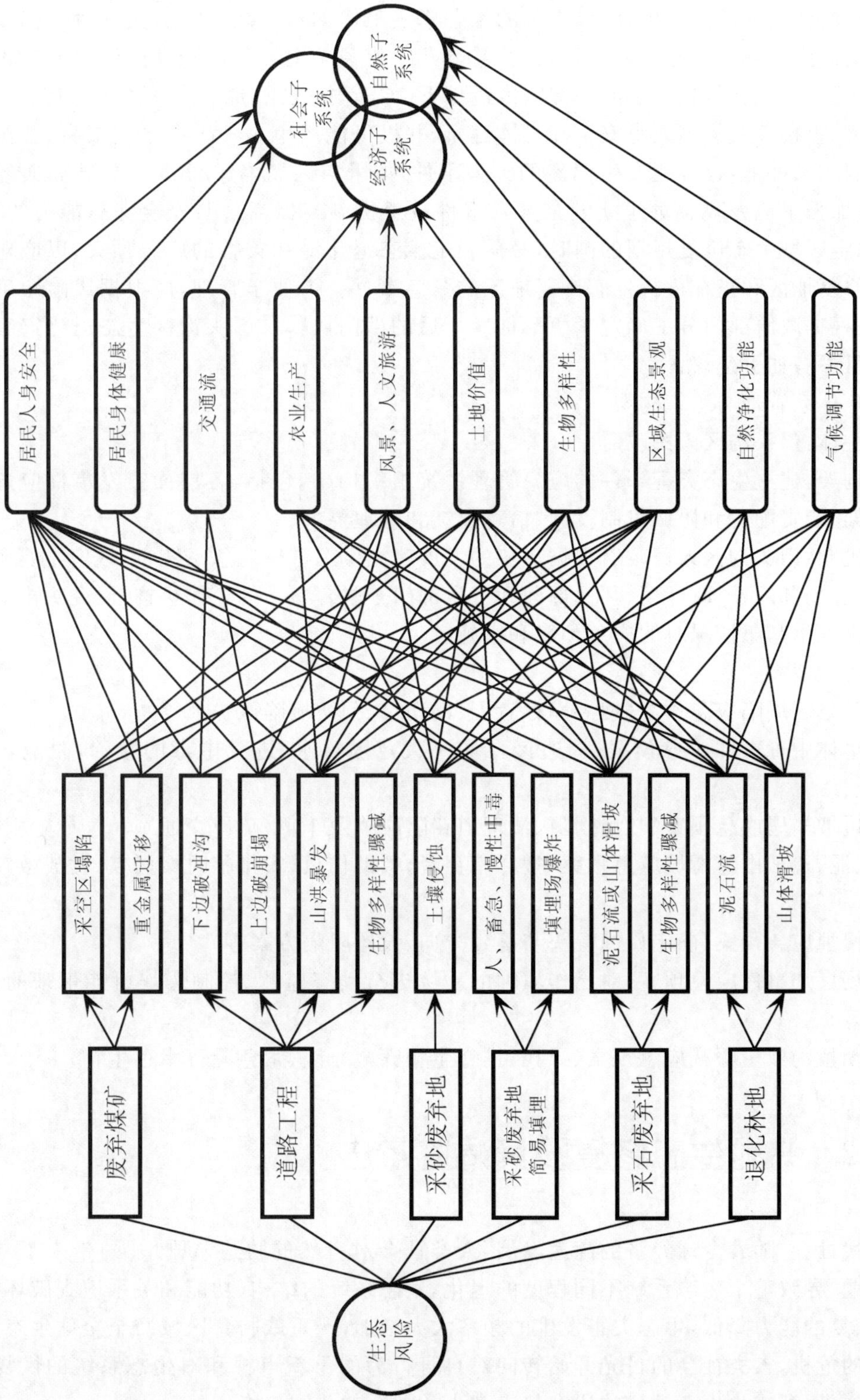

图10.7　生态灾害与复合生态系统效应

(4)生态风险应急机制与风险减缓措施

根据现状调查和监测分析,门头沟区的生态修复工作刻不容缓;然而,实施生态修复工程并产生一定的生态环境效益并非一日之功,需要几十年甚至上百年的长期的恢复和建设。生态退化的风险研究表明,在一定的外部因素诱导下(如降雨、地震、地表水渗透等),将有可能发生多种灾害,直接危及居民人身安全和身体健康,并极可能产生多种生态系统损害;甚至在没有明显诱因的条件下,也可能发生偶然的灾害事件,如采空区塌陷。2003 年总结非典经验教训后,中央加强了地方政府对建立健全突发事件应急机制与提高公共安全保障能力的要求。因此,在制定区域生态修复规划的同时,必需制定生态退化潜在灾害的应急预案,以应对暂未进行生态修复地区和正在进行生态修复地区的紧急事件。为便于管理,应根据风险源确定预案类型,并根据政府部门分工确定紧急事件发生后的部门协作。门头沟区生态退化灾害应急方案制定可参考如下建议:

①应急体系管理与组织构架

管理主体:门头沟区人民政府

组织构架:建立生态灾害事件的应急管理系统组织构架,包括:各层面突发事件应急管理的组织构架、职责配置和协调机制设计、信息反馈和处理要求。

协调机制:门头沟区人民政府根据形势的发展建立生态管理应急系统,市政府主要领导负责,组成有计划部门、财政部门、环保部门和卫生部门等联合参与的工作机构,研究提出应对生态灾害事件发生紧急情况时的应急预案和措施。

②应急预案

煤矿采空区塌陷应急预案(搜寻幸存者、救助伤员、预防塌陷区扩大等);

居民集体中毒事件应急预案(周边区域居民大范围饮水、进食中毒的救治,阻隔污染源等);

道路边坡崩塌应急预案(救治伤员、清理道路阻隔物及车辆、疏导交通);

山洪、泥石流、山体滑坡应急预案(搜寻幸存者、救助伤员、安排临时聚居点、发放救灾物资等)

土壤侵蚀应急预案(确定侵蚀源头与蔓延方向、设置阻隔方案等)

填埋场爆炸事件应急预案(对已作填埋的砂坑进行动态监测、控制爆炸可能带来的火灾、救治伤员等)

野生动植物数量骤减应急预案(寻找、排查生物骤减原因、紧急圈育幸存生物)

10.2 共轭生态修复及其调控方法

近现代社会,随着全球经济的高速发展,人类社会对自然的胁迫急剧增强,带来了一系列的环境问题,导致整个生态系统不同程度的退化,生态系统的结构、功能和关系遭到破坏,其自组织、自恢复的能力降低,生态灾害发生的频率大大增加,严重威胁着区域乃至全球生态安全。面临这样的危机,人类社会的目光开始转向对自身行为的重新审视和对生态系统的恢复重建上,生态修复逐渐成为生态学科的研究热点和人类社会的关注焦点。

10.2.1　生态修复及其发展

生态修复研究的时间和历史可追溯到 19 世纪 30 年代，但将生态修复作为生态学的一个分支进行系统研究，是 1980 年 Cairns 主编的《受损生态系统的恢复过程》一书出版以来才开始的。在生态修复的研究和实践中，涉及的相关概念有生态恢复(ecological restoration)、生态修复(ecological rehabilitation)、生态重建(ecological reconstruction)、生态改建(ecological renewal)、生态改良(ecological reclamation)等。虽然在涵义上有所区别，但是都具有"恢复和发展"的内涵，即使原来受到干扰或者损害的系统恢复后使其可持续发展，并为人类持续利用。

关于生态修复的内涵有很多种提法。Jordan 认为，使生态系统恢复到先前或历史上(自然的或非自然的)状态即为生态恢复(Jordan 1994)。Cairns 认为，生态恢复是使受损生态系统的结构和功能回复到受干扰前状态的过程(Cairns 1995)。美国自然资源委员会(The US Natural Resource Council)把生态恢复定义为：使一个生态系统回复到较接近于受干扰前状态的过程。国际恢复生态学会先后提出三个定义(Jackson 等 1995)：生态恢复是修复被人类损害的原生生态系统的多样性及动态的过程(1994)；生态恢复是维持生态系统健康及更新的过程(1995)；生态恢复是帮助研究生态整合性的恢复和管理过程的科学，生态系统整合性包括生物多样性、生态过程和结构、区域及历史情况、可持续的社会实践等广泛的范围(1995)。

生态修复是当今生态学科研究的热点之一，为众多国家生态学界所重视，已列入美国生态学会生物圈(Biosphere)持续发展计划以及我国生态学发展战略中，成为重要研究内容。其中，有关土地利用及土壤修复、森林修复、矿山和特殊污染环境的修复以及草地、河流、湖泊、湿地的生态修复的研究比较活跃。

10.2.2　共轭生态修复

生态指的是有机体与其周围环境之间的相互关系(Haeckel 1866)。早在 20 世纪 80 年代初，马世骏、王如松等就在总结中国古代自然保护、生态农业和生态工程经验的基础上提出人类社会是一类以人的行为为主导、自然环境为依托、资源流动为命脉、社会体制为经络的社会—经济—自然复合生态系统(马世骏等 1984，王如松 1988)。可持续发展问题的实质是以人为主体的生命与其栖息劳作环境、物质生产环境及社会文化环境间关系的协调发展。生态修复(ecological restoration)是相对于生态破坏(ecological destruction)而言的；而生态破坏就是生态系统结构、功能和关系的破坏。所以，生态修复最主要的任务就是恢复生态系统合理的结构、高效的功能与和谐的关系。前述关于生态修复的定义，较多的侧重于自然生态系统的修复，强调通过各种技术和手段，把受破坏的自然生态系统恢复到原生生态系统的状态。但是，任何事物的发展都是一个螺旋上升的过程。发展总要改造环境、破坏环境，我们需要对破坏的环境进行修复和保护。然而，自然生态系统的原状并不一定都是合理、高效、和谐、对人有利的。生态修复要同时兼顾人类和自然两方面的利益，在保障自然生态系统可持续的前提下为人类提供尽可能大的生态服务。从当代国际上生态修复发展的趋势看，生态修复包括了恢复自然生态和建设人工生态系统的共轭做法。

共轭指矛盾的双方相反相成、协同共生的关系，应用到生态学上就是指社会服务和生态服务的平衡、经济生产和自然生产的平衡、空间关联与时间关联的协调、物态环境和心态环境的和谐，如图10.8。其核心就是要调节好以水、土、气、能、生物、地球化学循环为主体的自然生态过程，以生产、流通、消费、还原、调控为主流的经济生态过程和以人的科技、体制、文化为主线的社会生态过程在时、空、量、构、序范畴的生态耦合关系，推进以整体、协同、循环、自生为基础的生态规划、生态工程与生态管理的技术体系，在保育生态活力的前提下，实现社会经济的高速发展。它包含了对自然生态、经济生态和人文生态三个方面的修复。其基本宗旨是从观念转型、体制改革和技术创新入手，恢复、涵养、强化区域社会生态、经济生态和自然生态服务功能，促进人与自然的协同进化，保证区域生态、城乡建设、产业发展和居民身心健康得到最大限度的保护与发展。

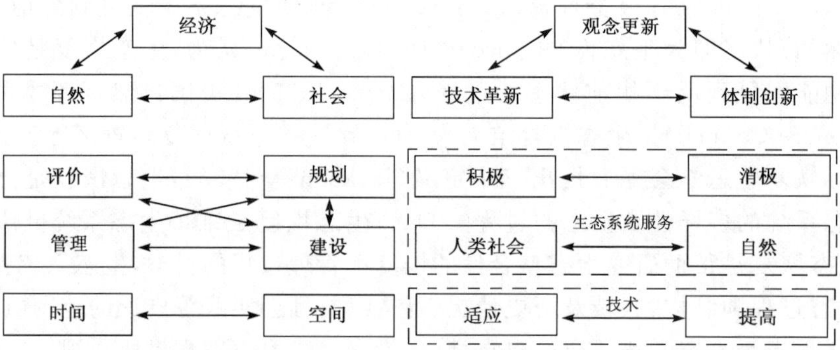

图10.8 生态修复中的共轭关系

生态修复从宏观上可以体现为生态系统服务功能的修复。生态系统服务功能具有双面性和双向性：既有自然为人类提供的有利于人类的空气涵养、生物质生产等积极服务，又有自然给人类带来的不利于人类的灾难、破坏等消极服务；既有自然为人类提供的自然生态系统服务，又有人类为自然提供的生态建设、改良等社会系统服务。衡量生态修复的度，就是要使自然得到持续而人类又能从中获益，生态系统服务功能得以进化，生态服务的两个方向和两个方面都达到损益的平衡。

因此，共轭生态修复包含了自然生态修复和人工生态修复，景观生态修复和产业生态修复，绿、蓝色空间生态修复和红、褐色空间的生态修复；山地生态修复和水脉生态修复；工矿点、居民点生态修复和水网路网的生态修复，政府主导的公益性修复和企业参与的回馈性修复，内部组织自调节修复和外部补偿性修复；空间秩序的修复和时间序理的修复，如图10.9。

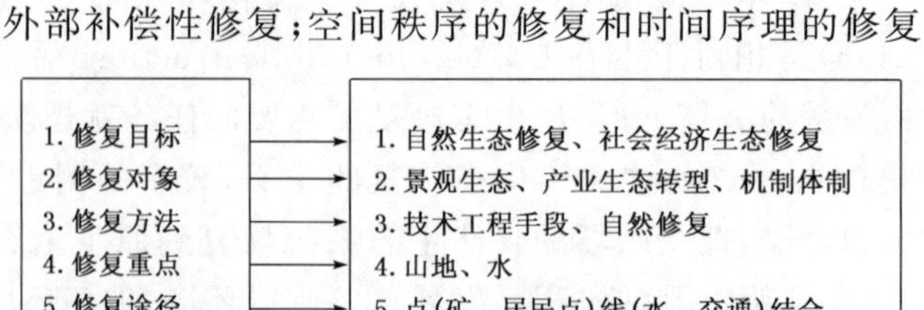

图10.9 共轭生态修复的内涵

10.2.3　共轭生态修复的规划方法

共轭生态修复包括三个方面：自然生态修复、经济生态修复和社会生态修复。每个子系统的修复，都需要综合考虑其对其他子系统的相互影响。

共轭生态修复规划的评价指标体系是一个满足某些原则的指标集合。这些原则包括：科学性、可行性、独立性、完备性、简洁性、层次性和稳定性。

按照前述共轭生态修复的尺度和内涵，本研究建立的生态修复规划指标体系分为 4 级，主要从发展和胁迫两个方面考量，包括了社会、经济、自然 3 个子系统。指标的选取采取专家和地方政府官员咨询博弈的方法，如果 1/2 以上的专家认为某项指标不重要，该指标即被淘汰；对于相关性强的指标归并或选择相对容易获取的指标。经过 3 轮专家咨询，80％以上的专家认同的指标列入指标体系，最后形成指标体系，见表 10.3。

表 10.3　共轭生态修复评价指标体系

<table>
<tr><th>一级指标</th><th>二级指标</th><th>三级指标</th><th>四级指标</th></tr>
<tr><td rowspan="16">生态修复
重要性指数</td><td rowspan="10">发展因子</td><td rowspan="4">自然服务</td><td>NDVI 指数</td></tr>
<tr><td>土壤营养元素含量</td></tr>
<tr><td>水资源量</td></tr>
<tr><td>矿产资源量</td></tr>
<tr><td rowspan="6">经济社会服务</td><td>交通可达性</td></tr>
<tr><td>区位优势度</td></tr>
<tr><td>基础设施完备度</td></tr>
<tr><td>经济发展度</td></tr>
<tr><td>资源开发度</td></tr>
<tr><td>人口密度</td></tr>
<tr><td rowspan="6">胁迫因子</td><td rowspan="3">自然胁迫</td><td>植被退化率</td></tr>
<tr><td>地质灾害发生度</td></tr>
<tr><td>水土流失率</td></tr>
<tr><td rowspan="3">经济社会胁迫</td><td>主要经济活动 1 破坏强度</td></tr>
<tr><td>……</td></tr>
<tr><td>主要经济活动 n 破坏强度</td></tr>
</table>

10.2.3.1　评价单元划分

采用网格法，计算各个网格内的指标值均值，运用 Matlab7.1 和 Arcgis9.2 软件进行数据处理。

10.2.3.2　指标综合方法

(1) 指标标准化

指标值标准化采用双曲线标准化函数：

$$F(x) = a\frac{x+b}{x+c} \quad a \neq 0, x \geqslant 0 \tag{10.1}$$

$F(x)$满足：

$$F(x)|_{x=L} = -1, F(x)|_{x=T} = 0, F(x)|_{x=U} = 1 \tag{10.2}$$

式中，U 为指标 x 的上限，L 为指标 x 的下限，T 为指标 x 的临界值。根据上面 3 个条件，可得：

$$F(x) = \frac{(U-L)(x-T)}{(U+L-2T)x+UT+LT-2LU} \tag{10.3}$$

当 $x \in [L,U]$时，$F(x)$有如下性质：

①$F(x)$有意义，即在定义区间无奇异值；

②$F'(x) \geqslant 0$；

③当 $x=(U+L)/2$ 时，$F'(x)=0$，这时 $F(x)$为线性函数；

④当 $x \in (T,U)$时，$F''(x)>0$；

⑤当 $x \in [L,T]$时，$F''(x)<0$；

⑥当 $x=T$ 时，$F''(x)=0$。

标准化函数 $F(x)$把位于区间$[L,U]$的指标值映射到$[-1,+1]$区间。且映射后的值改变了指标的增长速度，当指标值位于临界值以下时，标准化后的指标增长速度逐渐降低，当指标位于临界值以上时，标准化后的指标增长速度逐渐增加，即指标由没有标准化以前的沿 x 轴的线性增长变为标准化后的快—慢—快的非线性增长，临界值为指标增长速度的转折点。

对第 i 个指标，标准化计算公式为：

$$R_i = \frac{(U_i-L_i)(x_i-T_i)}{(U_i+L_i-2T_i)x_i+U_iT_i+LT_i-2L_iU_i} \tag{10.4}$$

利用 n 个指标可以作出一个中心 n 边形，n 边形的 n 个顶点为 $S_i=1$ 时的值，中心点为 $R_i=-1$ 时的值，中心点到顶点的线段为各指标标准化值所在区间$[-1,+1]$，而 $S_i=0$ 时构成的多边形为指标的临界区。临界区的内部区域表示各指标的标准化值在临界值以下，其值为负；外部区域表示各指标的标准化值在临界值以上，其值为正，见图 10.12。

(2)指标权重

指标权重采用层次分析法(Analytic Hierarchy Process，AHP)的群决策，选取 3～5 名专家进行综合评判(见图 10.10)。

(3)指标合成

采用全排列多边形的方法，进行指标的合成和综合评价。全排列多边形图示法具有以下有点：

①各个指标构成一个向量 $F(R_1, R_2, \cdots, R_n)$，该向量能够反映各指标的水平值；

②综合值 $F(R_1, R_2, \cdots, R_n)=R$，反映了综合值的水平；

③通过多边形图示，能够直观地了解各分指标及综合指标的水平，并能够进行多尺度、多情景模拟。

吴琼等在进行生态城市可持续发展评价采用的全排列多边形图示法对各个指标进行的是等权合成(吴琼等 2005，李锋等 2007，陈亮等 2007)，该方法存在一定的局限性。本文在原来方法的基础上，加入角度向量，以角度的大小表示权重的大小，构建方法如下：

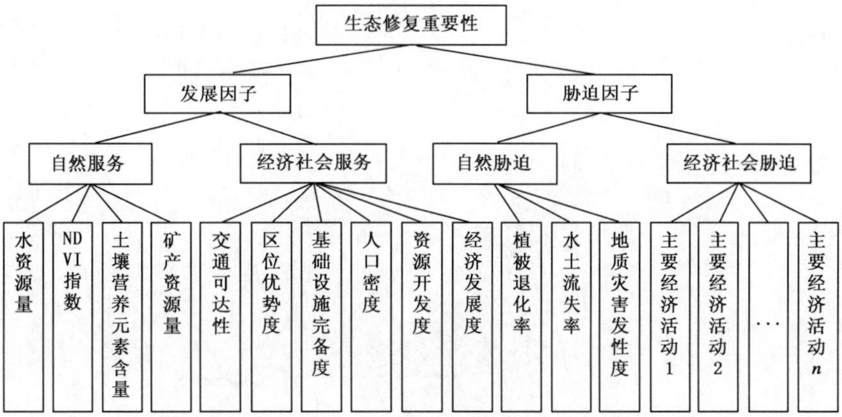

图 10.10　层次分析结构

指标 R_i，对应角度 α_i，α_i 的增减反映了指标 R_i 的增减情况，如图 10.11 所示。

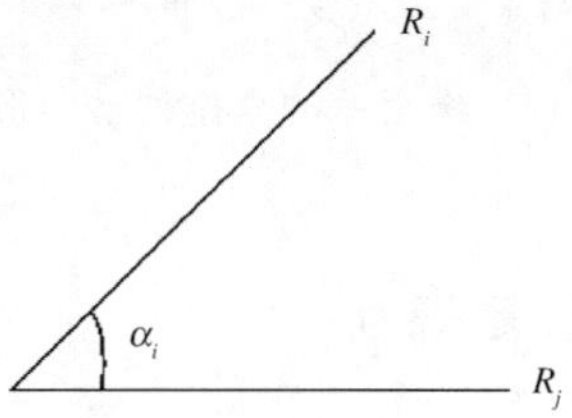

图 10.11　某个指标及其权重角度

要求：

①权重 $\omega_i=\alpha_i/2\pi$；

②$\alpha_i<\pi/2$，此时 $\sin\alpha_i$ 为增函数，权重增加，面积增加。

由此可得：

①此方法适用于五个以上指标的评价；

②单个指标的权重不大于 0.25。

n 个指标全排列形成的$(n-1)!$ 个多边形中，一共包含了 $n(n-1)$个不同的三角形，其总面积为：

$$S_\Delta=\frac{1}{2}\sum_{i\neq j}^{i,j}(R_i+1)(R_j+1)\sin\alpha_i \tag{10.5}$$

同时，$(n-1)!$ 个多边形形成的三角形的总数为 $n!$ 个，这些多边形的总面积为：

$$S_t=\frac{n!}{n(n-1)}\frac{1}{2}\sum_{i\neq j}^{i,j}(R_i+1)(R_j+1)\sin\alpha_i \tag{10.6}$$

而$(n-1)!$ 多边形对应的$(n-1)!$ 个标准不规则多边形(指极轴长度为 2 的多边形)的总面积为：

$$S_{st}=(n-1)!\times\frac{1}{2}\times 4\times\sum_{i=1}^{n}\sin\alpha_i \tag{10.7}$$

综合指数为：

$$R=\frac{S_t}{S_{st}}=\frac{1}{4(n-1)}\frac{\sum\limits_{i\neq j}^{i,j}(R_i+1)(R_j+1)\sin\alpha_i}{\sum\limits_{i=1}^{n}\sin\alpha_i} \tag{10.8}$$

修正后的多边形图示法如图 10.12。

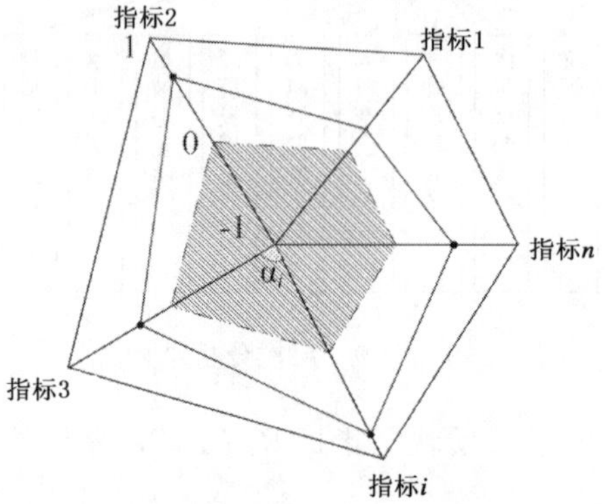

图 10.12 修正后的全排列多边形方法

10.2.4 门头沟共轭生态修复规划

门头沟区矿产资源丰富，历史上曾经是北京的主要能源基地，长期的矿业开采使部分地区地质状况发生巨大变化，尽管已关闭了大多数采矿场，但失去了植被覆盖的废弃矿区，严重破坏了整体景观，矿区的矿渣、矿灰成为扬尘的主要来源之一，严重影响门头沟区和北京市的空气质量，雨季有害物质将随着降水下渗，污染地下水源，因此废旧矿山和破坏山体的生态修复是区生态治理任务的重点与难点，表现为：①煤矿的开采，造成地下采空面积 45 km^2，危害面积达 255 km^2；②砂石矿的开采，在地表上形成了长约 8 km(门头沟段)的大砂石坑，危害面积达 4 km^2；③矿石的开采，造成山体裸露面积不断增加，仅潭柘寺一镇就超过 80 hm^2，大量矿渣和扬尘给本地区大气和水源造成严重污染；④废旧矿山和破坏山体严重威胁区内生态系统正常运转，部分区域出现严重的生态系统退化现象，多样性指数急遽下降。因此，对废旧矿山和破坏山体进行生态修复，恢复生态系统的健康运转，创建优良的生态环境，已经到了刻不容缓的地步。

10.2.4.1 门头沟生态修复的目标

(1)修复被人工破坏或者自然退化的自然生态序，主要包括对景观结构、生态服务功能和生态过程的修复。

(2)重建适宜门头沟区情的经济生态序，着重进行生态基础设施，产业支撑能力的建设，加大循环经济的发展力度。

(3)弘扬以人为本，天人合一的人文生态序，主要从技术、体制和行为方面进行修复和创新，强化能力建设，孕育生态文化。

10.2.4.2 门头沟生态修复的内容

门头沟生态修复是新一轮北京总体规划中，西部生态涵养带建设的重大战略部署，其目的是恢复、重建西部生态脆弱带的山水、植被、生态系统服务功能和社会生态可持续能力，为主城区的生态安全提供和谐稳定的生态服务，保障首善之都的持续发展。生态修复主要依靠生态系统的自我调节与自组织能力，或者利用生态系统的这种自我恢复能力，辅以人工措施，使在自然突变和人类活动胁迫下遭到破坏的生态系统逐步恢复或使生态系统向良性循环方向发展，包括自然、经济和社会人文等方面的生态修复，恢复受到破坏的自然生态系统的服务功能，同时考虑当地产业的生态转型与循环经济建设。

(1)门头沟区生态资产、生态服务功能及生态产业发展潜力调查

①生态资产调查

自然生态：土壤、地形地貌、小气候、水文地质、景观资源、矿产资源、植被及生物多样性。

人文生态：土地利用、经济状况、居民点、人口、农林业、工矿、交通、基础设施、旅游资源、文化。

②生态服务功能调查

水生态服务功能；土生态服务功能；景观生态服务功能；能源、矿产生态服务功能；生物质生产、观光生态服务功能；气候调节、水源涵养。

③生态产业发展的潜力与约束条件调查

国内外产业转型趋势、合作潜力和需求调查；京津冀、北京市域生态服务需求和生态产业发展潜力；门头沟区的生态产业发展潜力；门头沟区的生态产业孵化机制。

(2)景观结构修复

主要指对煤矿、石塘、沙坑、道路工程、水利工程、产业发展、人居建设等造成的景观结构破坏的修复。

①煤矿

主要内容包括：对门头沟区煤矿废弃地生态环境现状进行调查，完成煤矿废弃地生态环境评价(含损害评价、危险性评价和环境风险评价)；完成煤矿废弃地的分类及其立地条件的评价和分析；分析煤矿废弃地生态恢复和植被修复的主要限制性因素；分析评价国内外煤矿废弃地生态修复技术，提出修复技术方案。

②石塘

主要内容包括：①废弃采矿场(石灰矿、大理石矿、叶腊石矿等非煤矿)生态状况的调查，重点对废弃矿区的分布、地形地质状况、社会经济概况、生态系统退化状况及周边生物多样性现状进行调查和数据采集；对废弃矿区生态历史现状及生态修复对当地及北京地区的影响加以评价分析，明确其区域生态功能地位，对可能的生态修复技术路线加以研究评价；制定出在景观尺度上着眼于整个生态系统管理与社区可持续发展的生态修复规划方案。

③沙坑

主要包括：调查沿永定河、清水河主河道流域所形成的采砂废弃地的生态现状、沙石坑分布范围、分布地点、数量、大小，进行调查摸底、分类编号，并选点对土壤地质结构状况、坐标参数(长宽高)进行测量，综合评价；提出适合本地区的采砂废弃地的可利用方向。

④道路工程

主要包括：对国道和景区沿线公路等道路工程进行生态环境调查；研究符合交通、生态和美学要求的边坡防护结构形式及材料；研究生态道路工程生态建设施工验收标准，提出符合门头沟区生态道路工程建设的设计施工验收标准。

⑤水利工程

主要包括:对门头沟区水利工程和设施进行生态环境调查;对水利工程设施影响范围内的环境进行评价,研究水利工程造成的生态环境破坏的机理和解决环境问题的措施;分析评价国内外相应的生态修复技术,提出修复技术方案。

(3)服务功能修复

①水生态服务功能破坏现状调查与恢复途径研究

从水资源、水环境、水生境、水景观、水安全五个方面对门头沟水生态服务功能进行调查和评价。水资源调查包括生物质的生产与生态系统产品、水供应、生物蒸腾、土壤蒸发和地下水补给、水力发电、水文调节等方面;水环境调查包括水质污染状况、主要污染因子、调节气候、蓄、排水和净化作用等方面;水生境调查包括营养物质循环,为生物提供生境、维持生物多样性、科研、教育等方面需水;水景观调查包括怡神悦目、休闲娱乐、美学等方面;水安全调查包括旱灾、洪灾、水源性疾病、地下水位下降导致的地面沉降、盐渍化等方面。

②土生态服务功能破坏现状调查与恢复途径研究

城市中土壤的生态服务功能可以分为以下几类,一是继续承担土壤熟化的作用,二是作为城市用地起着空间承载的作用,三是仍起着一部分水源涵养的作用,四是为生物提供栖境。土对肥力的保持和更新、空气、水的净化以及废物的分解起重要作用。目前应特别重视人类活动对土生态服务功能的胁迫作用。土生态服务功能调查内容主要包括森林覆盖率、受保护地区占国土面积比例、退化土地恢复率、矿区生态环境恢复治理率、城镇人均公共绿地面积、城市建成区绿化覆盖率等方面。

③景观生态服务功能破坏现状调查与恢复途径研究

景观生态服务功能调查的内容包括景观多样性指数、景观均匀度指数、景观斑块的面积和形状、景观斑块的服务半径、景观密度指数、景观廊道密度指数、景观廊道的宽度与连通性等方面。景观生态服务功能的强弱取决于景观斑块的数量、组成结构、分布特征以及管理水平等。

④能源、矿产生态服务功能破坏现状调查与恢复途径研究

能源和矿产具有重要的正面服务功能,但由于使用不当或过度利用造成了目前的环境污染和能源危机等许多负面影响。为了评价能源生产和消费过程中对生态系统的干扰、破坏以及污染物的排放造成生态服务功能变化的正负效应,可以采用效应当量法进行测度。其目的就在于解决不同能源产生的污染物不同,对生态系统生态服务功能的损害程度不同这一难题,通过当量换算就可以获得能源消费对生态系统生态服务功能影响的定量评价。调查内容包括能源和矿产的资源量、开采量、对经济发展的潜力以及相应造成的环境污染等问题。

⑤生物质生产、观光生态服务功能破坏现状调查与恢复途径研究

生物质生产和观光不同于传统的农业生产和示范,它是指由太阳能转换而来的人工培育或野生生物质的生产、加工、存储、流通、消费及循环再生的系统产业。包括传统农、牧、渔、果、林、药业,食品、纤维、木材的生产、加工业,超市配送和生物质物资集散业,以及相关环境和生态资产的保育产业,即光合资源产业,它是以生态农业为基础的集生产、加工、存储、流通、消费和循环为一体的一类复合生态产业。调查内容包括农副产品的供应、生态调节功能、满足城市居民休闲旅游、科普求知的需求等方面。

⑥气候调节、水源涵养功能破坏现状调查与恢复途径研究

门头沟以山区为主,植被较好,具有重要的气候调节和水源涵养功能,为北京市整体生态

安全提供重要的保障。气候调查内容主要包括山区森林小气候的改善、降雨量变化、热岛效应的降低等;水源涵养调查的主要内容包括土壤水分养分、生物多样性的变化、农林复合生态系统生物生产力的提高等方面。

(4)生态过程修复

①自然修复过程

由于自然界中一些不可抗拒的自然力,比如风化、水蚀以及各种地质灾害等作用,水文、景观、植被和土壤等会受到一定程度的破坏。随着时间的积累,这种破坏作用会加剧,从而达到破坏自然生态的程度。因此,必须重视水文、景观、植被和土壤等的自然破坏,采取一定的工程和技术措施,进行相应的生态修复,以实现自然、经济和社会健康、可持续的发展。

②经济振兴过程

人类社会的发展,经济是第一位的,而这种经济的发展不能以破坏自然生态系统为代价。本研究力求在保育自然生态的基础上,寻找和发掘地区振兴经济的途径。主要通过技术创新、传统产业转型、新型产业孵化以及产业园、产业链和产业网的规划,实现地区的经济发展目标。

③社会转型过程

在复合生态系统中,人是最重要的一个环节,因为人的作用,可以破坏自然生态系统的平衡,导致整个复合系统处于恶性循环。同样,通过人的努力,也可以保证生态系统的良性循环。因此,人类自身的建设尤为重要。这里面包含了能力建设、社会的体制改革和社会参与。

(5)经济生态修复

自然和经济是相互制约和相互促进的两个方面。当经济水平比较落后,人们为了获得经济的发展,不断向自然进行索取,以期实现自身的利益最大化,这种无节制的索取会导致自然生态系统的破坏甚至崩溃,进而影响人类社会和经济的发展,形成恶性循环,凸显两者相互限制的一面;另一方面,当经济发展水平较高时,人对高品质的生活的需求加大,而高品质生活的一个重要方面就是一个洁净、优美的自然环境,这时,人会加大对自然的修复改造以便实现人的需求,而环境的改良又会促进经济社会的发展,两者相互促进。因此,为了整个系统可持续的发展,人类对自然的利用,应该控制在一个合理的度量范围内。本研究力求寻找生态资产转变成经济资产的合理途径和度量,通过资产的转变,实现地区的自身造血功能。

(6)人文生态修复

人文生态修复的内容主要包括人的观念转变、管理体制的改革创新和人类行为的调节。

(7)门头沟区生态服务功能评估和生态经济功能区划

从流域、区域、沟域和镇域等不同层次分析、评估门头沟区的水源涵养、气候调节、水土保持、土壤孕育、土地供给、生物质生产、空气清新、环境净化、景观怡悦、能源转换、生物地化循环、灾害减缓等生态服务功能。开展门头沟区生态敏感性分析(地质、水文、生物、采掘)和生态风险评估,根据门头沟区域自然生态本底、生态修复类型、生态经济发展潜力和国内外各种生态修复技术的经济可行性,结合社会经济发展情况和历史背景,提出生态经济功能区划方案和分区的共轭生态管理对策。

(8)面向循环经济的生态产业发展战略规划

在上述生态资产调查、生态服务功能评估、生态经济发展潜力和管理工具研究的基础上,通过请进来、走出去、专家咨询、科技催化等手段开展门头沟区域生态涵养规划(水源涵养、水土保持、矿山恢复、植被修复、景观整治)、经济结构调整和产业转型途径(传统矿业转型、农业转型、观光旅游业转型、资源型城市转型，以及有型向无型、有烟向无烟、动脉向静脉产业的转型)、基于北京市场需求和资源承载能力的新兴产业发展规划(如生态休闲业、生态咨询业、生态房地产业等)，和相应的保障措施(信息渠道、开放途径、技术手段、体制保障和政策支撑)研究，找出门头沟生态经济建设的新增长点、主攻方向和生态产业规划、策划、孵化途径，构筑生态涵养区可持续发展的新型经济模式，优化组合生态适宜、经济高效的系统技术，为门头沟循环经济建设的观念转化、体制活化和技术深化提供科学决策依据。

(9)门头沟区生态经济建设的管理信息平台和决策支持系统

在系统调查的基础上，应用遥感、GIS 等技术手段，建立生态现状和社会经济信息数据库，建立生态经济建设的信息管理平台和决策支持系统，为门头沟区社会经济发展和生态环境保护提供决策依据和招商引资手段。包括生态系统结构、生态服务功能、生态发展潜力的空间数据库，生产、流通、消费、还原、调控状态的经济生态数据库，以及技术、体制和文化的社会生态数据库；评价、模拟、调控的方法库和知识库，国内外相关产业发展的战略、案例和技术参照库。

10.2.4.3 研究方法

(1)研究单元

为便于生态修复的实施和管理，利用当地高程数据，通过 Arcgis 的流域分析功能，把门头沟划分成 375 个流域网格单元，如图 10.13 所示。

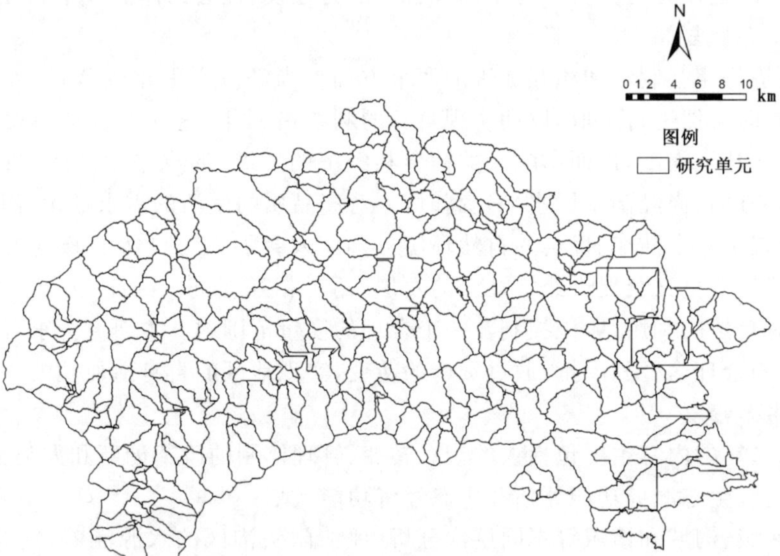

图 10.13 研究单元

(2)评价指标和权重

①指标确定、数据来源及分析方法

根据区域的破坏特点，按照 10.2.3 节的指标体系进行指标选取，并进行指标计算和数据的标准化，如表 10.4 所示。

表 10.4　指标数据来源及计算方法

指标	数据来源	指标原始值	标准化
矿产资源量	矿务局	根据矿务部门提供的基准年矿产资源分布情况，计算每个单元格内单位面积的矿产资源量。	按照 10.2.3.2 介绍的指标标准化方法进行指标标准化
土壤营养元素含量	农业局、农委	根据农业部门提供的土壤有机质(N、P、K)含量分布情况，计算每个单元格内单位面积土地的土壤营养元素含量。	
NDVI 指数	林业局、遥感	以基准年遥感数据为基础，利用林业部门提供的资料进行检验和修正，确定区域指标分布情况，计算每个单元格内单位面积土地的 NDVI 指数。	
水资源量	水务局、调研	以水务局提供的基准年水资源分布资料，结合调研情况，计算每个单元格内单位面积的水资源量。	
经济发展度	发改局、统计局	根据主管部门提供的基准年区域(县、乡、村)国民生产总值，计算每个单元格内单位面积经济产出值。	
资源开发度	发改局、旅游局	根据主管部门提供的基准年矿产资源、旅游资源等开发状况进行单元格内资源开发度的评级，确定其指标值。	
人口密度	统计局	根据统计部门提供的基准年县、乡、村人口数，计算每个单元格内单位面积人口数(人口密度)。	
基础设施完备度	建设局、发改局	根据建设局、发改局提供的基础设施(各类大型市政基础设施、交通站点和枢纽、电气暖等设施)，计算每个单元格内单位面积基础设施数量。	
区位优势度	计算	通过对经济、社会、文化等方面的考量，确定周边具有重大辐射效应的重点城市，利用 arcgis 软件的 spatial analysis 模块计算这些城市对区域的辐射等级，确定区域的区位优势指数分布情况，计算每个单元格的平均区位优势度指数。	
交通可达性	交通局	根据交通部门提供的道路分布情况(国道、省道、县道)，通过专家咨询，确定各级道路的权重，计算每个单元格内部单位面积等效道路里程。	
地质灾害发生度	地质局、地震局	根据地质部门提供的地质灾害发生频率和破坏程度，计算每个单元格内平均等效地质灾害发生度指数。	
水土流失率	水务局、遥感	根据水务部门提供的基准年水土流失分布图，计算每个单元格内平均水土流失面积。	
植被退化率	遥感	选择基准年和背景年同一期遥感影像，分别计算其植被覆盖状况，两者进行比较，确定区域植被退化分布状况，计算单元格内平均植被退化率。	
道路工程破坏度	调研、遥感	根据道路(国道、省道、县乡道等)分布情况，抽取一定比例的样方进行调查(按类型、区域等条件)，结合遥感影像判读，计算单元格内部道路工程平均破坏面积。	
采砂破坏度	调研、遥感	根据采砂分布情况，抽取一定比例的样方进行调查(按规模、分布区域等条件)，结合遥感影像判读，计算单元格内部采砂工程平均破坏面积。	

续表

指标	数据来源	指标原始值	标准化
采石破坏度	调研、遥感	根据采石矿场分布情况，抽取一定比例的样方进行调查（按规模、分布区域等条件），结合遥感影像判读，计算单元格内部采石平均破坏面积。	按照 10.2.3.2 介绍的指标标准化方法进行指标标准化
煤矿破坏度	调研、遥感	根据煤矿分布情况，抽取一定比例的样方进行调查（按规模、分布区域等条件），结合遥感影像判读，计算单元格内部煤矿平均破坏面积。	

②指标权重

通过 AHP 法对 3 名专家意见的群决策分析，得出关于生态修复重要性指数各指标的权重如表 10.5 所示。

表 10.5 指标权重

指标	权重	角度
矿产资源量	0.0188	0.1181
土壤营养元素含量	0.0486	0.3052
NDVI 指数	0.0690	0.4333
水资源量	0.0886	0.5564
经济发展度	0.0261	0.1639
资源开发度	0.0390	0.2449
人口密度	0.0270	0.1696
基础设施完备度	0.0460	0.2889
区位优势度	0.0377	0.2368
交通可达性	0.0492	0.3090
地质灾害发生度	0.0667	0.4189
水土流失率	0.0814	0.5112
植被退化率	0.0994	0.6242
道路工程破坏度	0.0641	0.4025
采砂破坏度	0.0641	0.4025
采石破坏度	0.0783	0.4917
煤矿破坏度	0.0957	0.6010

(3)生态修复重要性指数

依据前述的综合指标评价方法，运用全排多边形综合指标计算公式，对门头沟各个指标进行合成，运用 Arcgis9.0 软件的像原分类功能，门头沟区生态修复重要性指数分布如图 10.14 所示：

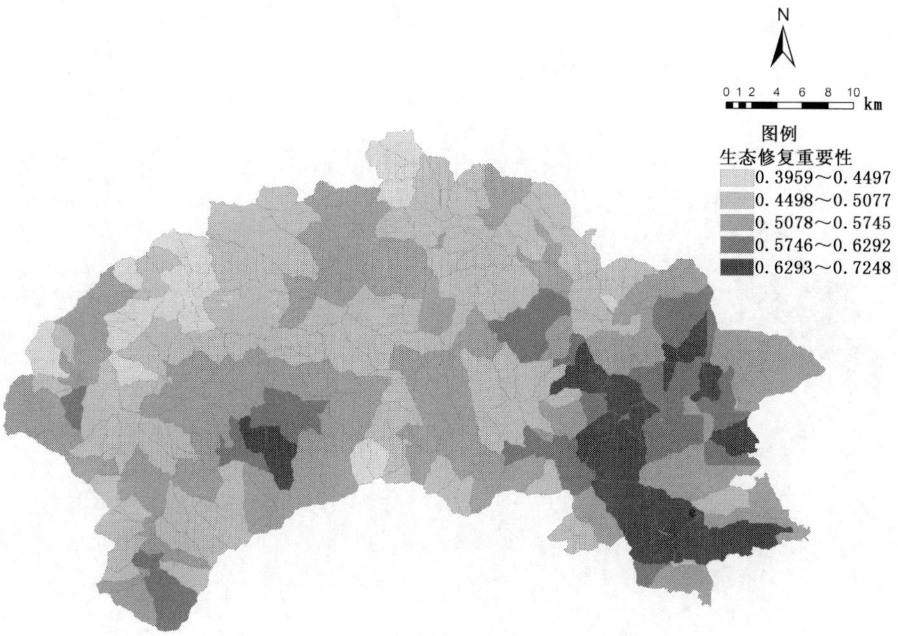

图 10.14 评价结果

由分析结果可以看出，门头沟生态修复重要性指数较高的区域主要分布于以下区域：

①东部矿产规模开采区，此区域具有悠久的矿产开采历史，矿产活动造成的破坏较为严重，同时，水资源较为丰富、地势相对平坦，交通与区位优势明显，基础设施较为完备，人口聚集，经济发展本底浓厚，生态破坏严重与经济发展潜力较大并举，具有较高的生态修复重要性；

②中部永定河沿岸及雁翅农业区，该区域土壤营养元素含量较高，水源条件较好，109 国道沿永定河通过该区，具有发展生态农业的天然优势，有利于其获得较高的指数；

③西部生态屏障区，主要为百花山和灵山区域，该区域具有较高的植被指数，是北京市的西部屏障；同时，由于近年旅游开发的不合理性，造成了一定的生态破坏，不利于其发挥生态服务功能，因此该区有优先修复的必要。

10.2.4.4 主要规划内容

(1)自然生态修复

根据综合分析的结果，结合行政管理的便利性和生态修复难易程度对门头沟按照近期(2007—2010 年)，中期(2011—2020 年)和远期(2021—2050 年)的修复时限制定生态修复规划，其时空分布如图 10.15 所示。

每个分区，根据综合分析的结果，设计修复方案，并制定修复后的土地利用方向。同时，综合考虑各个区域生态破坏的特点及指标现状，根据前期的实验结果经反复筛选，进行生态修复技术的设计和示范工程建设。修复技术和示范工程建设如表 10.6 和 10.7 所示。

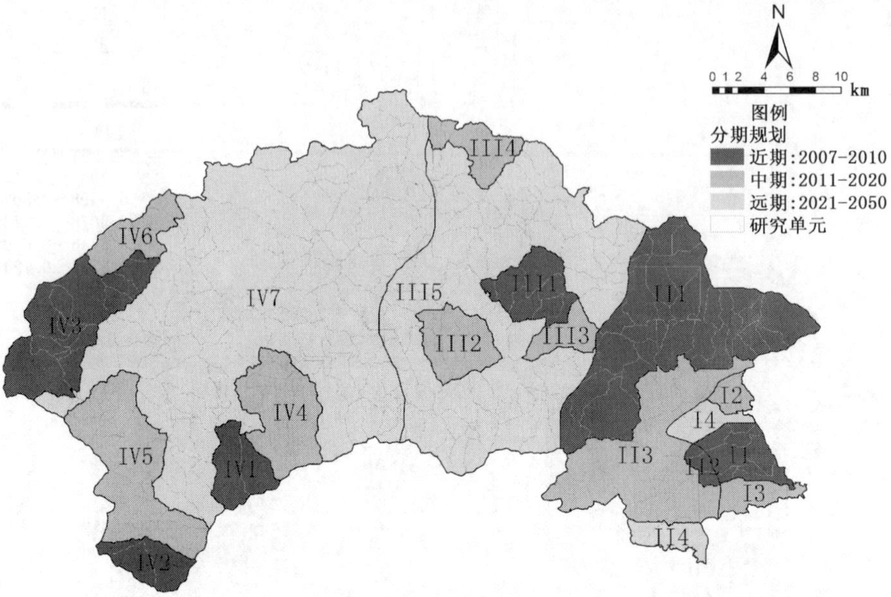

图 10.15　门头沟生态修复的时空安排

表 10.6　不同类型退化系统生态修复技术设计

破坏类型	修复技术	
采煤废弃地	煤矸石利用	煤矸石充填塌陷地
		煤矸石资源化技术
		煤矸石山绿化技术
	塌陷地治理技术	分层充填技术
		全厚充填技术
	植被恢复技术	
	废弃矿井利用技术	
采石场	生态植被喷播技术，生态植生袋技术，裸岩表层竖向绿化技术等 6 项技术	
采砂坑	生态植被毯铺植技术、植被恢复基材喷附技术、挂网＋植被恢复基质喷附技等 5 类绿化技术	
道路工程	蜂巢式网格植草绿化技术、植生袋技术、液压喷播技术等 13 项绿化技术	
自然退化	原位幼树抚育技术、土壤改良技术、土壤保水技术、养分添加技术、节水灌溉技术、人工种子库技术、乡土树种间植技术、地带性植被模拟技术	

表 10.7　生态修复示范工程

地点	名称	类型	修复面积(亩)
潭柘寺镇	南村、北村、鲁家滩	废弃石灰矿	57
妙峰山镇	大小河峪	采石场	340
	桃园	采石场	40
	黄土台	公路碎石型边坡	2
雁翅镇	砂石坑(芹峪口)	采砂废弃地	130
	镇 109 国道路段	公路边坡	4
斋堂镇	皇城峪	采煤废弃地	10
	青龙涧	采煤废弃地	45
	火村	采煤废弃地	20
	狼虎沟	采煤废弃地	230
	九龙头	废弃矿洞	1
清水镇	上清水	废弃矿洞	2
百花山	道路两侧	公路边坡	38
王平镇	湿地工程(镇政府门前)	生态退化湿地	150
	金银花试验	多种	4
龙泉镇	中门寺—赵家洼村	裸露岩石	1

(2)社会经济生态修复规划

根据门头沟区功能发展定位以及现有条件和产业状况，调整门头沟现有产业结构，选择以下产业为门头沟今后发展的主导产业：①生态修复地产业；②生态产品物流业；③生态技术交易业；④健康产品与健康服务产业；⑤生态休闲旅游业；⑥生态文化博览业；⑦生态建设咨询业；⑧特色生态农林业；⑨静脉资源回收业。

科学的生态管理是经济、自然生态修复方案得到有效实施的保障，针对当前门头沟区生态资产管理存在的问题，门头沟必须在生态修复体制、资金、政策、技术等外部支撑条件和人才引进、孵化机制及资产管理等能力建设制定一系列相关的措施，并制定出生态补偿的政策和管理机制。

10.2.4.5　生态修复情景分析

根据比较，生态环境管理、经济产业导向、区域生态风险、财政支持力度、市场融资政策、人才支持力度等 6 个方面的驱动因子对生态修复效果重要性较高，其中，生态环境管理和区域生态风险相对比较稳定，经济产业导向、财政支持力度、市场融资政策、人才支持力度不确定性高。情景驱动因子之间存在关联性，本研究从这些情景中综合出典型的 3 种情景，分别为：现实能力之下的渐进式生态修复、政府主导下的强势自然生态修复、基于复合生态理论的共轭生态修复。

(1)情景一：现实能力之下的渐进式生态修复

在现有体制、政策、规划框架指导下，门头沟严格执行环境管理政策，关停资源消耗型、环境不友好型产业，基于现实能力，北京市政府和门头沟区政府投入财政和人才力量对生态破坏程度高、生态风险大、恢复容易、潜在效益显著的地区进行生态修复。

(2)情景二：政府主导下的强势自然生态修复

继续强化现有体制、政策和规划框架，执行更为严格的环境管理政策，关停资源消耗型环境不友好型产业，适当在环境承载力高区域发展旅游服务业，重点发展门城和几个城市人群集中居住区。北京市政府和门头沟区政府投入巨额财政和强大工程技术人才力量分阶段、分区域、分步骤修复生态破坏地区。

(3)情景三：基于复合生态理论的共轭生态修复

调整现有体制、政策和规划框架，执行严格的环境管理政策，适当调整环境管理政策向引导型生态环境管理政策发展，关停资源消耗型环境不友好型产业，基于生态潜力适当引导发展生态型产业，在区域范围内综合进行生态建设。通过政策杠杆大量吸引外部投资发展基于生态修复的生态产业，与北京市和门头沟区财政相结合，协调组织包括社会经济和工程技术方面的人才，引导当地社会人群参与生态修复，分阶段、分区域、分步骤修复生态破坏地区。

设定5个等级，数值越小设定为不利于门头沟复合生态系统运行的负效益，数值越大设定为有利于门头沟复合生态系统运行的正效益，通过专家头脑风暴方法对三个情景的区域生态风险、经济发展水平、资源环境承载压力、自然生态效益、公共财政负担、市场资本动力和技术力量支撑等8个方面的后效进行打分，然后综合平均其讨论结果。

如图10.16所示，现实能力之下的渐进式生态修复，虽然其财政负担较轻，其区域生态风险和资源环境承载压力都处在一个比较危险的境地，区域经济发展虽能发展但会停滞，自然生态效益和社会经济效益均不理想，技术力量支撑和市场资本动力均将减弱。政府主导下的强势自然生态修复，虽然其区域生态风险和资源环境承载压力能处在一个比较好的境地，但其会严重制约门头沟的经济发展，社会生态效益不好，市场资本动力不足，政府财政负担过大。基于复合生态理论的共轭生态修复，资源环境承载力能保持在一个合理的水平上，区域生态风险降低，门头沟经济能够强劲发展，具有强有力的技术力量支撑和市场资本动力，公共财政负担相对也较轻，具有显著的自然生态效益和社会生态效益。

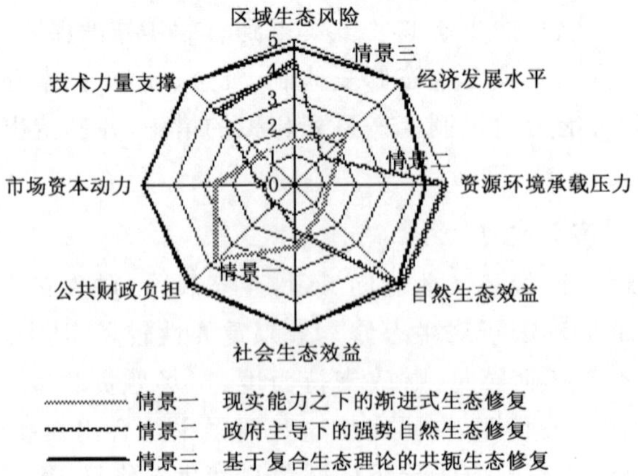

图10.16　情景分析结果

10.2.5 小结

研究表明，环境污染与经济贫困交织，资源枯竭与发展滞后共轭，生态脆弱与素质低下孪生，是生态破坏严重区域的显著特征。单一的环境保护或经济建设都不能保障区域的生态安全，贫穷、失业和经济欠发达是影响生态安全的重要原因。自然保育如果没有社会经济发展的支撑，生态修复和涵养的任务不可能完成。破坏区在修复、保育自然生态、建设生态屏障的同时也必须发展适合当地生态特点的循环经济。

生态修复的目的是改造、设计、规划、建设与管理好那些看不见的生态资产、经济潜力、社会行为和系统关系，从科学层次认识生态(科技)，从系统层次管理生态(政府)，从工程层次修建生态(企业)，从社会层次宣传生态(媒体)，从美学层次品味生态(民众)，强化完善生态规划、活化整合生态资产、孵化诱导生态产业、优化升华生态文化，典型示范重点突破，促进基于区域生态服务活力的社会经济的高效与和谐。

第 11 章　区域城市生态健康管理

生态系统健康的概念来源于有机体健康的隐喻，从生态学的角度来看，生态系统或整个地球被视为一个超有机体首先出现在著名苏格兰地质学家 James Hutton(1788)的文章中，他认为地球是一个具有自我维持能力的超有机体(superorganisms)。1881 年动物学家Semper和他的同时代人一起把有机体比拟扩大到物种之间的关系上，他认为群落是“一个庞大的有机体”。生态系统作为一个有机体的概念还应与 Clements(1916)的理论联系起来，他认为生态系统像所有的有机体一样出现、成长、成熟、繁殖，最终可能死亡……城市是地球表层一种具有高强度社会、经济、自然集聚效应和大尺度人口、资源、环境影响的微缩生态景观。与自然生态系统相比，城市是一类低效的、不健康的、反控制论的人类栖息地。城市人类活动和人工环境对生态健康的威胁主要包括建筑环境、交通环境、拥挤环境和代谢环境等。垃圾、废水、粪便的生态卫生保洁运动是生态健康建设的重要切入点。

11.1　城市生态系统健康与管理

11.1.1　生态健康

生态系统健康是人与环境关系的健康，不仅包括个体的生理和心理健康，还包括物理环境和生物环境的健康，以及产业环境和人居环境的健康。生态健康涉及城市和区域生态系统功能的科学、系统管理及经营，本质上是一种生态关系的健康(王如松等 2004)。从生态系统的角度考虑，健康的生态系统应包括通过自我调节对胁迫的恢复能力、稳定性和可持续性、组织多样性和新陈代谢活力(Costanza 等 1992，孔红梅等 2002)；从对人类生态服务的角度考虑，健康的生态系统应能够为人类提供洁净的食物、水和空气，保障稳定的气候、减少自然灾害，消纳和再循环人类排泄的垃圾、粪便等废物，并提供人类需要的审美和娱乐价值(Burger 2000)。生态健康与物质、能量的生态代谢，人居环境的生态卫生以及人的行为方式、生活习惯和文化习俗关系密切(王如松 2005)。生态健康的内涵如图 11.1 所示。

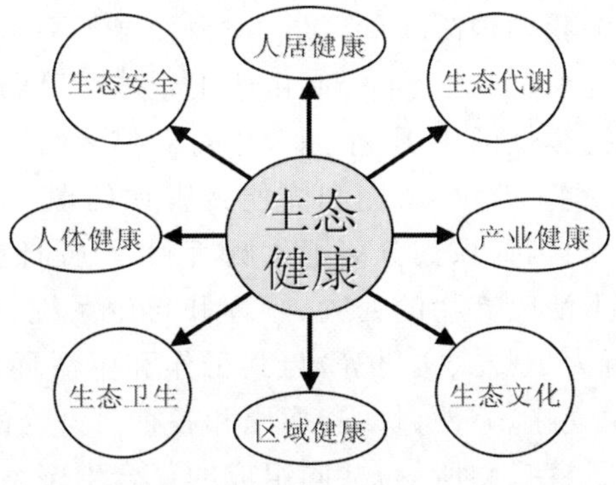

图 11.1　生态健康的内涵

11.1.2　生态卫生

生态卫生是由技术和社会行为所控制，自然生命支持系统所维持，生态过程给予活力的人与自然间一类生态代谢系统，它由相互影响、相互制约的人居环境系统、废物管理系统、卫生保健系统和农田生产系统共同组成。中国 13 亿人口中 25%没有自来水或充足的安全水源供应，62%没有卫生厕所，90%的垃圾是自然堆置。即使在城市里，也有 32%的居民没有合格的卫生厕所。

生态卫生系统的目标就是要使生活垃圾、废水、粪便得到无害处理和循环利用，进而实现人体健康、居室健康、农田健康和环境健康。其功能包括：(1)社会生态功能：健康、清洁、卫生、方便、私密、有利于减轻市政工程的处理负担；(2)经济生态功能：低投入、低运行费、节水、节土、节能、节省资源；(3)自然生态功能：使大气污染、地表和地下水污染、土壤施肥、蚊蝇和病原体、碳排放等最小化或零排放。

生态卫生是解决城乡环境、公共卫生和人体健康问题的一种有效途径，是循环经济、和谐社会和生态安全建设的初级目标，其本质在于尊重生态完整性，无害化处理和循环利用废弃物(Langergraber 等 2005，Winblad 等 2006)。生态卫生系统是人类与其工作、生活环境及其社会网络组成的生态复合体系。其首要任务是提供基本的卫生条件和清洁水源，保障贫困人口的基本生存需求。生态卫生系统的示意图如图 11.2 所示。

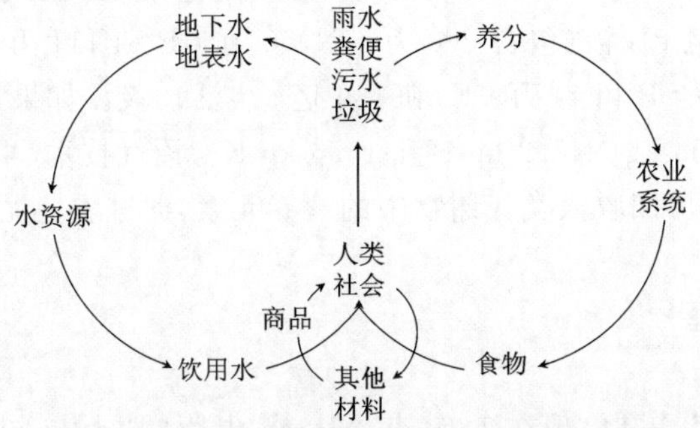

图 11.2　生态卫生系统示意图

发展生态卫生有助于缓解我国现阶段的区域、城乡发展不平衡矛盾;有助于解决人口基数大带来的水资源和粮食供给问题,同时也可控制由于卫生体系薄弱带来的生态环境安全隐患。在长期注重水一土关系的可持续性的中国,生态卫生有着悠久的历史。目前,我国生态卫生系统的实践主要集中在农村,偏重于改水、改厕和粪便无害化处理,在广西、山西、云南等地有一些具有示范意义的生态卫生项目,如尿粪分离卫生厕所和沼气国债项目等。

狭义的生态卫生指人的生活废弃物的处置、管理和再生系统。广义的生态卫生是一个由主体的人(包括技术、组织、行为、观念、文化等)与其工作和生活环境(包括提供食物、水、能量和其他物质的源,吸收或同化气味、粪便、蚊蝇、病原和各种污染物的汇,以及容纳、缓冲和维持这些活动的库,如居室、厨房、浴室、厕所等)共同组成的复合生态系统。生态卫生是硬件、软件和心件相结合的科学工具,其内核包括:硬件(基础设施、装置器件以及相关的资金和技术)、软件(规划、管理、服务和政策)和心件(使用、管理生态卫生系统的人的观念、习俗和行为),缺一不可。

11.1.3 生态代谢

生物圈形成的漫长历史,就是各种化学元素和化合物在不同层次、不同大小的生态系统中,沿着特定的途径从环境到生物体、再从生物体到环境的反复循环演替的历史。这一漫长历史的大部分时间里,物质代谢是良好的。人类物质代谢在数量上和质量上的种种问题打破了生物圈这一良好的进程。由于人类的使用和排放,氮、磷、碳在生物地球化学循环中受到严重干扰,与自然量相比人类的排放量已经达到相当大的规模。城市生活垃圾所引起的资源耗竭和环境污染问题,从本质上说,就是物质代谢不和谐所引起的问题。

生态代谢是资源从自然流向城市再回到自然的循环过程,以及能量从太阳能及其转化而来的矿物能的消费及耗散过程;产业过程是人类对自然资源的生产、加工、消费、流通、还原的一类复合生态过程,对物理环境及生命支持系统产生胁迫效应。生态产业是一类按照循环经济规律组织起来的基于生态系统承载能力,具有完整的生命周期、高效的代谢过程以及和谐的生态功能的网络型、进化型、复合型产业。

我国人均资源匮乏,人均土地和耕地面积均仅为世界平均的 1/3,人均水资源量不到世界平均水平的 1/4,化肥年使用量约为 4000 万 t,平均每公顷施用量达 400 kg 以上。人居环境是各类资源消耗的终端,可再生的水资源、营养元素资源大量排出人居系统,很难得到循环利用。经核算,我国年排放约 5 亿 t 尿液(包含 500 万 t N,50 万 t P 和 111 万 t K),3000 万～6000 万 t 粪便(包括 66 万 t N,22 万 t P 和 44 万 t K)和 1.5 亿 t 生活垃圾。如果这些营养元素全部回归农田,则每公顷农田可回用 56 kg N,7.2 kg P 和 15.6 kg K。沼气技术、生态旱厕技术、有机垃圾厌氧发酵和好氧堆肥技术都可回收人类代谢物中的营养元素,促进农业循环经济的发展。

11.1.4 生态管理

生态管理的思想萌芽最早出现在 1864 年 March 出版的"人与自然"中。20 世纪初,针对土壤侵蚀,生物多样性丧失等问题,Leopold 等提出将土地、森林等作为一个"完整有机体"进行管理的思想。第一部生态管理专著是 1988 年 Agee 和 Johnson 编写的《公园和野生地生态系统管理》，作者提供了生态管理的基本理论框架，认为生态管理需要有明确的系统边界、管理目标、利益相关者之间的协作及对管理结果进行监控和评估的体系。随着可持续发展概念的提出，90 年代后，生态管理的理念被广泛接受，人类由对生态系统变化的被动的适应，开始走向实施有意识的调节和管理的新阶段（于贵瑞等 2003）。

生态管理是指运用系统工程的手段和生态学原理探讨人类复合生态系统动力学机制和控制论方法的一种管理科学，目的是协调人与自然、经济与环境、局部与整体在时间、空间、数量、结构和序理上的复杂的系统耦合关系，促进物质、能量、信息的高效利用，技术和自然的充分融合，充分发挥人的创造力和生产力，维护生态系统的功能和人类的身心健康，促进社会、经济、自然的协调发展（王如松 2003b）。

生态管理是一种基于生态系统方法的管理行为，管理的目的是通过充分综合社会的、经济的和自然的目标，达到和维持生态系统健康、生产力和生物多样性以及生命整体质量的目的（马尔特比 2003）。从本质上讲，生态管理强调的不是生态系统过程本身，而是人类活动对这些过程和生态系统结构、功能结果的影响。有效的生态管理需要生态学家、经济学家和社会学家的紧密合作。

11.2　城市生活垃圾问题与生态系统健康

随着国民经济的发展、城市人口的增加、城区面积的扩大，我国城市生活垃圾清运量保持稳步增长的趋势。“十五”期间，全国城市生活垃圾年清运量从 2000 年的 11819 万 t 增长到 2005 年的 14857 万 t，平均每年增长约 5%，高于垃圾处理率的增长速率。因此，全国垃圾处理率从 2000 年的 61.38%下降到 2005 年的 52.54%（中国城市环境卫生协会 2006）。如果管理不善，城市生活垃圾可能影响人体的生理和心理健康、污染人居环境，损害城市和区域的生态服务功能，因此城市生活垃圾管理是维护城市生态健康的重要内容。

11.2.1　城市生活垃圾对人体健康的潜在影响

生活垃圾收运、处理和处置的每个步骤都和周边居民的身体健康有着直接和间接的关系：直接关系为生活垃圾相关从业人员及附近居民直接接触生活垃圾中的或由垃圾填埋场、焚烧厂排放的有毒有害物质，如害虫、病菌、恶臭和噪声；间接关系为通过大气、水、土壤等媒介将有害废物直接由呼吸道、消化道或皮肤摄入人体，影响人体健康（Giusti 2009），鸟类、昆虫和啮齿类动物也可能成为传播生活垃圾中病原体的途径（Ngoc 等 2009）。具体而言，生活管理过程中产生的影响人体健康的因素包括：

（1）恶臭。生活垃圾在厌氧环境下会产生硫化氢、二氧化硫、硫醇等恶臭气体，对人体的危害包括：①危害呼吸系统，妨碍正常呼吸功能；②危害循环系统，随呼吸变化，会出现脉搏和血压变化；③危害循环系统，进而发展到消化功能减退；④危害内分泌系统，功能紊乱，影响机体代谢；⑤危害神经系统，使嗅觉疲劳甚至丧失，导致大脑皮层兴奋和抑制的调节功能失调；⑥影响精神状态，使人烦躁不安，工作效率降低，判断力和记忆力下降，影响大脑的思维活动；⑦有机恶臭物质引起各类中毒，致癌，甚至死亡。

(2)苍蝇。生活垃圾是苍蝇的孳生地,它所包含的动植物等有机成分是苍蝇的最好食物来源。对垃圾的收集、储存、清运和处理等环节处理不当,不仅影响市容,而且导致苍蝇密度的提高,与腹泻性肠道病的发生有重要的关系。随着人们的生活水平的提高和生活燃料的改变,垃圾中的有机成分所占的比例越来越大。有研究表明,生活垃圾中有机物含量由24.9%上升为46.5%后,苍蝇密度由217上升为884,垃圾清运好的社区腹泻发病率为0.57%,而清运不好的社区达到1.2%(李士英2000)。因此阻隔垃圾中的有机物与环境接触,并做到垃圾及时清运,是控制苍蝇孳生的关键。

(3)重金属。生活垃圾中的电子废弃物(电池、灯管、墨盒等)中含有1000多种物质,其中很多是有毒重金属,如铅、铬、镉、汞等。重金属经雨水冲刷渗入地下水,会对人体健康造成威胁。铅含量超标,容易引起贫血,损害神经系统;长期摄入微量镉容易引起骨痛病;急性汞中毒,会诱发肝炎和血尿。

(4)餐厨垃圾。餐厨垃圾也被称为泔水或潲水,是指居民日常生活以外的食品加工、餐饮服务、单位供餐等活动中产生的剩菜、剩饭和废弃食用油脂等垃圾,具有水分、油脂、盐分含量高、容易腐烂和发臭的特点。在我国的很多城市,餐厨垃圾以生猪饲料和提炼后的"地沟油"的形式直接进入人类社会的食物链,会对人类健康带来不利影响(方国浩等2008)。

11.2.2 城市生活垃圾带来的人居环境污染问题

(1)水体。如果将城市生活垃圾和其他固体废物直接排入河流、湖泊等地,或是露天堆放的废物经雨水冲刷被地表径流携带进入水体,或是飘入空中的细小颗粒通过降雨及重力沉降落入地表水体,水体都可溶解出有害成分,污染水质、毒害生物。简易垃圾填埋场经雨水的淋滤作用,或生化降解过程产生的的渗滤液,含有高浓度悬浮固态物和各种有机与无机成分,COD浓度从几千到几万mg/L,渗滤液进入地下水或浅蓄水层,将导致严重的水源污染,而且很难得到治理。

(2)土壤。城市生活垃圾长期露天堆放,其有害成分在地表径流和雨水的淋溶、渗透作用下通过土壤孔隙向四周和纵深的土壤迁移,使有害成分在土壤固相中呈现不同程度的积累,导致土壤成分和结构的改变、无法耕种。1983年北京曾做过一次航空遥感观测,发现当时规划区750平方千米的范围内,大于16 m^2 的固体废弃物堆共有4699堆,占地9300亩。据估算,全国历年堆存的生活垃圾量已经达到70亿t,侵占了约80万亩的土地(张越2004)。

(3)大气。城市生活垃圾和其他固体废物在运输、处理过程中如缺乏相应的防护和净化措施,将会造成细末和粉尘随风扬散;堆放和填埋的废物以及渗入土壤的废物,经过挥发和化学反应释放出有害气体,都会严重污染大气并使大气质量下降。生活垃圾填埋后产生的填埋气中含甲烷气体,如果任其聚集会引发火灾和爆炸的危险。垃圾焚烧炉运行时会排放颗粒物、酸性气体、未燃尽的废物、重金属,垃圾燃烧不充分甚至会产生二噁英、呋喃等致癌物质。

11.2.3 城市生活垃圾对区域生态服务功能影响

(1)农业生产。生活垃圾中的病原微生物、重金属、有机污染物等物质可能通过渗入土壤中,破坏土壤的结构和理化性质,使土壤的农业生产能力下降或生产出被污染的食品。有机垃圾经过堆肥和厌氧发酵处理后可以作为有机肥料和土壤改良剂回用于农田，采用有机肥料替代化肥可缓解农田负荷、改善土壤质量、保障可持续的粮食供应。发达国家每公顷农田使用化肥的安全上限是 225 kg(Norse2003)，而目前我国的平均水平已超过了 1 倍左右。但是由于生活垃圾往往颗粒较大、且含有多种杂质，会导致土壤的保水、持肥能力降低。

(2)休闲旅游。生活垃圾填埋场往往选址在具有山谷和山沟地形的地区以节省挖掘土方的建设成本，而这类地区也往往也是风景秀丽、山水相宜、可作为休闲旅游的地区。生活垃圾堆放、处理、处置场不仅会产生恶臭和苍蝇，还会影响自然景观，会大大降低填埋场周边地区的休闲旅游价值。

11.3 城市生活垃圾综合管理生态工程的研究框架

生态工程是利用生态系统中物种共生与循环再生原理，结构与功能协调原则，结合系统最优化方法设计的分层多级利用物质的生产工艺系统。王如松等(1999)在总结各国生态工程研究的基础上，提出了目前在中国最活跃的十类生态工程，其中废弃物的循环利用生态工程被列为第一项。废弃物生态工程就是通过对生活垃圾、作物秸秆、人畜粪便及食品加工废物的深层利用和循环再生，为社会提供生态合理的饲料、燃料、肥料和工业原料等。

城市生活垃圾管理系统是一类具备社会、经济、自然要素的复杂系统，它包括产生丢弃、收集转运、回收再生和处理处置等子系统，生活垃圾全过程管理需要实现减量化、资源化、无害化、产业化和社会化的系统目标。城市生活垃圾管理系统的结构与功能如图 11.3 所示。

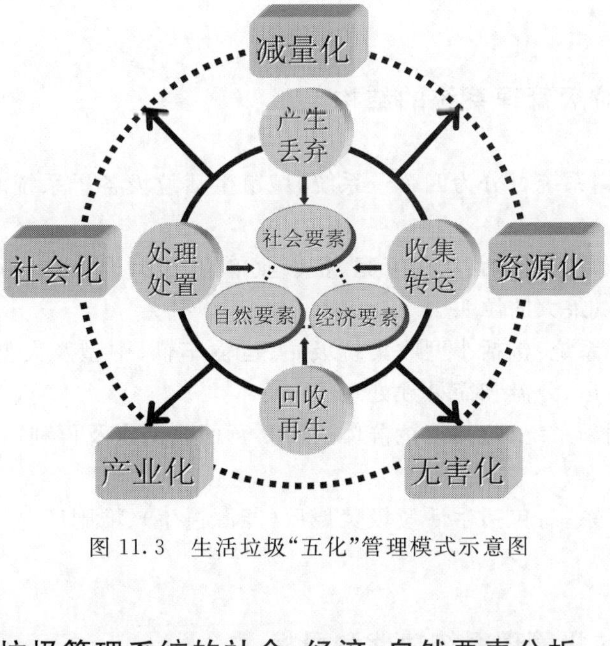

图 11.3 生活垃圾“五化”管理模式示意图

11.3.1 生活垃圾管理系统的社会、经济、自然要素分析

城市生活废弃物代谢系统是一类社会一经济一自然复合生态系统，因此它的各个子系统中都具有社会、经济、自然各方面要素(徐成 1999)：

(1)社会要素：首先，生活垃圾管理系统是居民、政府、企业、拾荒群体和社会团体等各主体之间关于利益和义务的博弈：居民需要清洁的居住环境，政府需要在控制管理成本的前提下维护城市的环境和卫生体系，企业需要在经营生活垃圾相关的事业中盈利，社会团体需要通过宣传、教育、激励等各种方式推动公众环境意识。其次，城市人口的数量也决定了城市生活垃圾的产生量，固定人口对城市生活垃圾的产生量起决定性作用。另外，由于流动人口(拾荒群体、农民工)承担了生活垃圾的收集、运输、处理、回收、保洁等环节的作业任务，因此流动人口还关系到城市环境卫生服务业的质量。

(2)经济要素：包括物资生产、信息生产、流通服务、各种功能的公/私营企业经营(垃圾清运、回收、再生、处理)、拾荒群体营生、居民参与垃圾交易与收费、行政管理等内容。经济的发达程度、产业结构、居民的消费水平及消费方式都将影响到城市生活垃圾的产生量及组成成分。经济发达、居民消费水平高的城市，人均生活垃圾的产生量大，垃圾成分复杂，可利用成分增加。

(3)自然要素：包括自然环境和人工环境两部分，自然环境包括气候、土壤、水文以及地形、地貌，人工环境包括生产、生活和基础设施。气温、降雨量、相对湿度、风速等自然气候要素关系到生活垃圾及其分解物在土地、空气、河流等载体中的迁移和转化，以及垃圾衍生的动物、病原微生物及病毒的繁殖和控制。城市的地形、地貌及土壤、水文条件在很大程度上与垃圾处理场的选择有关，对于沟壑地、地下水位低、且土壤质地为渗透系数小的黏土和具有岩石隔断层的荒地是作为垃圾填埋场的理想场所。人工环境主要是城市生活和基础设施，住宅区的密度、分布、住宅楼的设计都直接影响到生活垃圾的收集和运输。城市的能源结构决定该市生活垃圾的数量和成分。城市交通直接影响到城市垃圾的运输工作，畅通的交通可保证垃圾被及时运输至处理场。

11.3.2 生活垃圾管理系统的结构

城市生活垃圾代谢系统可分为四个子系统，城市生活垃圾各子系统之间的联系如图 11.4 所示。

(1)产生与丢弃子系统：包括：居民家庭、企事业单位、公共设施(市场、街道、公园等)，其中居民家庭是垃圾产生量最大的源头。

(2)收集与转运子系统：包括小型收集垃圾站、运输车辆、中型及大型垃圾转运站，主要负责生活垃圾的收集、转运、分流和简易预处理。

(3)回收与再利用子系统：包括拾荒群体、公/私营回收网点及再利用加工厂(钢铁厂、造纸厂、塑料及玻璃制品厂等)。

(4)处理与处置子系统：包括生活垃圾焚烧厂(能源再生)、堆肥厂(生物质再生)、生活垃圾卫生填埋场(安全处置)。

11.3.3 生活垃圾管理系统功能和目标

从系统功能分析，城市生活废弃物代谢系统具备的系统功能包括：(1)生产功能，废旧物资回收再利用、材料再生、能量和生物质生产；(2)生活功能，城市生活垃圾收集、清运、清洁，满足

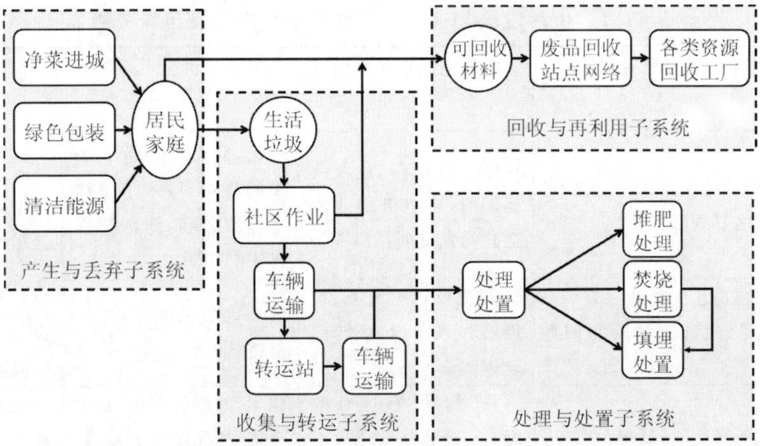

图 11.4　城市生活垃圾各子系统之间的联系示意图

城市居民的基本环境卫生需求;(3)还原功能,自然资源永续利用、垃圾分解物的自然、人工降解。评价城市生活废弃物代谢系统优劣的标准即衡量系统是否实现上述三种功能,将这三种功能指标化,提出"五化"的系统目标:

(1)减量化,减少系统物流、处理和处置负荷。从垃圾生命周期管理的源头至末端,包括从产品生产、流通、使用、废弃后的处理等过程采取一系列措施,包括政府的立法、企业的产品再设计和工艺技术的改革、居民环境意识培养等,减少垃圾的质量或体积,实现垃圾产生量和最终处置量的最小化。

(2)资源化:采取一系列技术措施回收利用垃圾中的物质和能量,包括对垃圾中可回收物质的回收、垃圾焚烧热能的回收利用、有机垃圾的堆肥及卫生填埋场甲烷气体的收集利用等。

(3)无害化:生活垃圾通过物理、化学、生物以及热处理等无害化处理技术,使其达到不损害人体健康、不污染周围环境,以满足居民的基本卫生和健康需求。无害化处理技术包括密闭式垃圾收集、运输;人工、机械分拣除去垃圾中含重金属元素的电池、灯管等有害物;高温堆肥杀灭病虫卵;清洁焚烧杀灭垃圾中的病原体和破坏有害物质的结构;卫生填埋控制垃圾分解时产生的温室气体和渗滤液。

(4)产业化:形成"物业－物流－物资－处理－处置"产业系统,是垃圾资源化得以实施的根本保证。包括以回收的废旧物品为原料的造纸厂、废塑料再生厂、玻璃纤维制造厂等;以有机垃圾堆肥为原料的有机复合肥生产厂;以垃圾焚烧热能为动力源的发电厂、供暖厂;以垃圾收集、清扫、贮存、运输、处理为对象的设备及机具制造厂;提供生活垃圾清运服务和咨询服务的公司等。

(5)社会化:形成"居民－企业－政府－社会团体"共同参与的全社会垃圾管理体系,以调动全社会的力量来实施垃圾的减量化、资源化、无害化和产业化。包括由政府制定政策来组织、协调各部门之间的关系,调动各方面的积极性;由企业承担垃圾的处理及资源化利用;科研部门提供先进、适用、经济、便捷的垃圾处理技术;民众参与垃圾分类收集、源减量化和资源的回收利用等。

需要说明的是,"五化"的系统目标既是整个废弃物代谢系统的目标,也是各个子系统的目标,贯穿生活废弃物代谢的各个环节。各子系统的系统要素及目标分析如表 11.1 所示。

表 11.1　生活垃圾“五化”管理模式系统要素及目标分析

子系统	产生与丢弃子系统	收集与转运子系统	回收与再生子系统	处理与处置子系统
系统要素				
社会	生产消费品的企业、丢弃废物的居民、社区管理部门	社区管理部门、垃圾清运部门（环卫部门或清运公司）、交通部门	居民、拾荒人员、私营小型回收网点、大中型物资回收公司、废旧物资再生利用企业	环卫部门、企业运营的大型处理与处置单位、处理设施周边居民
经济	垃圾排放收费、生产企业为产品包装处理付费、家庭废物回收变卖	社区垃圾管理服务、垃圾运输服务、垃圾转运设施运营	废旧物资回收、再生经济链	垃圾处理与处置的建设、运营成本、能量和生物质回收收益
自然	恶臭、病原微生物、蚊蝇	恶臭、病原微生物、蚊蝇、有毒有害物质、土壤、水体	飘尘、散落废弃物、有毒有害物质迁移、土壤、水体	恶臭、病原微生物、蚊蝇、有毒有害物质、二噁英、土壤、水体
系统目标				
减量化	·降低废弃物排放量； ·降低不可降解材料制成的垃圾袋的使用与丢弃量	·降低进入运输系统的垃圾（主要是体积）； ·降低垃圾水分和生物质含量	·回收物资的打包与转运（压缩体积）	·焚烧、生物处理减量； ·填埋压实与沉降
资源化	·废物在家庭内部的再利用（废物巧用、沤肥）； ·家庭之间的“易物”与“废品交易”； ·初步分类收集与可回收物资变卖	·进一步分类收集与再利用；	·废旧物资物流技术 ·废旧物资再利用（纸张、金属、塑料）	·焚烧与厌氧反应能量回收； ·生物质回收； ·填埋场土地再利用与矿化垃圾回收
无害化	·产生源的恶臭、病原体、蚊蝇控制； ·有毒有害物（灯管、电池、家电、机油等）的源分离； ·包装材料的无害化	·收集转运站的恶臭、病原体、蚊蝇控制； ·有毒有害物分离与专运管理； ·垃圾液下渗的控制 ·垃圾站房作业噪声控制	·回收过程规范化管理，控制飘尘和散落垃圾； ·再生过程中有毒有害物质的控制；	·垃圾制肥、饲料的安全控制； ·焚烧厂灰飞、二噁英、炉渣无害化处理； ·填埋场污染物渗漏与迁移； ·填埋及储蓄区恶臭、蚊蝇控制
产业化	·用料省、可再生、可降解包装物生产； ·“易物”信息平台产业 ·废旧物资回收信息化物流产业	·垃圾运输产业化； ·收集和转运站点运营产业化	·废旧物资物流产业； ·废旧物资再生产业	·企业参与大型处理处置设施的 BOT 运营
社会化	·消费品生产企业的社会责任； ·居民环境意识教育和相关培训； ·社区管理与信息化平台搭建	·形成环卫监管一企业主导一社区协助的收集、清运模式； ·垃圾运输交通疏导	·居民一拾荒一大小企业共同参与的垃圾回收再生事业	·企业参与垃圾处理处置； ·处理一处置系统与农、林、电、气等部门的耦合

11.4　城市社区生活垃圾管理的生态工程

11.4.1　社区生活垃圾管理现状

社区生活垃圾管理，也称为分散式生活垃圾管理，即从源头社区开始即对生活垃圾进行分选和初步处理，从而避免垃圾混合、减少运输成本、降低后续处理处置难度和生产堆肥产品(Zurbrugg 等 2004，Zurbrugg 等 2005，Colon 等 2006)。以北京市为例，2007 年全市已有 1700 个居住小区采用源头分类的分散式管理模式，社区安装小型餐厨垃圾处理装置 500 多台。本节以中科院生态中心家属区的生活垃圾管理为例，研究社区生活垃圾管理的生态工程模式。

(1)生活垃圾产生量与成分：社区共有总户数 198 户，常住人口 850～900 人，垃圾运至中心垃圾站后统一清运。对该社区进行调查的结果显示：总收集垃圾量为 290 kg/d，包括生活区和办公区垃圾，对成分进行了检测，厨余垃圾比例在 50%左右，厨余垃圾的主要来源是生活区，办公区无厨余垃圾排放。中心社区无其他垃圾来源，周边餐馆垃圾自行管理，建筑垃圾和渣土清运单独管理，未与生活垃圾混合。根据对社区居民的就餐习惯和办公用品废物排放量的分析估算，以下参数作为社区生活垃圾管理的设计参数：垃圾总产量 300 kg(峰值量 330 kg)，其中厨余垃圾 150 kg，其他生活垃圾 130 kg，办公区垃圾 20 kg。

(2)生活垃圾管理体系：社区居委会负责清洁工人招聘、管理及与垃圾清运公司的联络。社区垃圾站有 2 名清洁工负责垃圾收集、废品分拣及生活社区清扫。支付工资(2 人)450 元/月，预计其主要收入来源是分拣出的可回收物。生活垃圾基本日产日清，垃圾车费用 1 年 1 万元。

11.4.2　社区生活垃圾生态工程总体设计与设备研发

社区的生活垃圾经过社区居民和拾荒者两次分类过程，由拾荒者将其细化分拣为可堆肥垃圾、可回收材料和其他垃圾。试验设计的总体流程如图 11.5 所示。

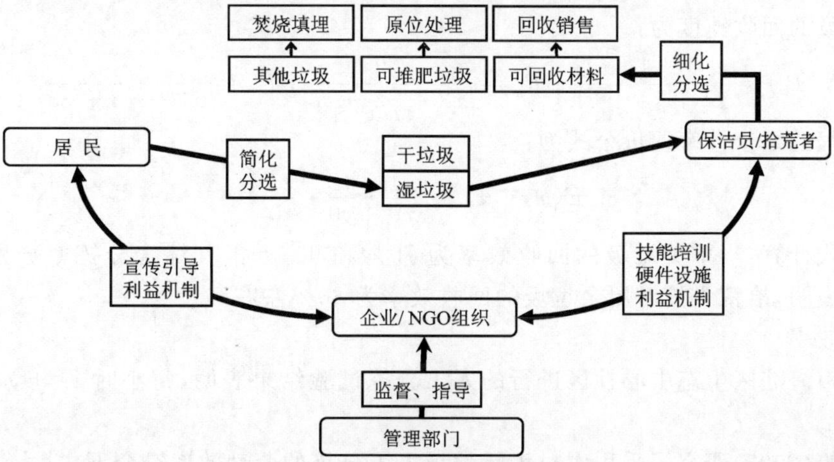

图 11.5　总体试验设计流程图

11.4.3 社区生活垃圾减量化生态工程

(1)人工分拣过程研究

社区生活垃圾中的可回收材料一般有拾荒人员或社区保洁员分拣,根据分拣作业人员的需求不同,生活垃圾分类的细致程度也不尽相同。一般而言,纸板、报纸、书本、塑料瓶、易拉罐、玻璃瓶、塑料餐盒、金属材料、小电器等都有可能在此环节被分拣出来。经调查,拾荒人员一般会将原本密封的垃圾袋拆开,分拣出可回收材料后,其他垃圾混合暴露在垃圾收集点。拾荒人员对社区生活垃圾的分拣破坏了混合垃圾的密封状态,使之更容易产生恶臭、孳生蚊蝇。虽然拾荒作业的初步分拣可以产生较高的资源回收效益,但是对生活垃圾减量化系统的贡献较小,试验结果显示每日的可回收材料的质量比仅占垃圾总质量的3.9%。

设计试验探讨在现有的可回收材料分拣的基础上,通过给予拾荒者适当的补贴,使之协助将混合垃圾分为可回收材料、厨余垃圾和其他垃圾三类,从而降低社区生活垃圾的混合外排量。试验社区为北京市海淀区生态中心居民社区,社区目前有2名固定的拾荒人员,拾荒分拣后厨余垃圾和可回收材料的再利用途径将在第5节中再作探讨。

1)分拣效率

Vesilind 和 Rimer(1981)维西林德最早研究了生活垃圾的分类效率问题,假设生活垃圾被分成3类(可回收垃圾、可堆肥垃圾、其他垃圾),每类垃圾分别用 x,y,z 表示;经过分选后的各类型垃圾中各成分的质量分别为:可回收垃圾($x1$,$y1$,$z1$);可堆肥垃圾($x2$,$y2$,$z2$);其他垃圾($x3$,$y3$,$z3$)。

可知每类垃圾实际的质量分别为:

可回收垃圾 $x0=x1+x2+x3$;

可堆肥垃圾 $y0=y1+y2+y3$;

其他垃圾 $z0=z1+z2+z3$;

每类垃圾的回收效率为:

$$R_x=\frac{x1}{x0};R_y=\frac{y2}{y0};R_z=\frac{z3}{z0}$$

每类垃圾的回收纯度为:

$$P_x=\frac{x1}{x1+y1+z1};P_y=\frac{y2}{x2+y2+z2};P_z=\frac{z3}{x3+y3+z3}$$

分拣过程的综合效率评价公式为:

$$E(x,y,z)=\frac{x1}{x0}\cdot\frac{y2}{y0}\cdot\frac{z3}{z0}$$

通过上式计算,当单类垃圾的回收效率为70%和90%时,其综合分拣率分别为34%和73%。试验表明,拾荒人员对厨余垃圾的回收效率为80%左右。

2)劳动效率

在北京市海淀区生态中心社区进行的人工分拣试验结果表明,每小时平均垃圾分拣量为38kg/h。

邵立明等(2007)研究了采用农村生活垃圾人工分拣的劳动效率符合下式:

$$T=0.0509X^2-0.0045X(r^2=0.998)$$

式中，X 为废品与可堆肥垃圾的有效分拣率，无量纲；T 为单位重量垃圾的分拣时间，h/kg。

根据上式，当有效分拣率达到 70%～90%时，计算的每小时垃圾分拣量为 27～46 kg/h，平均为 35 kg/h。因此按各类垃圾（厨余垃圾、可回收材料、其他垃圾）分拣劳动效率 38 kg/h 设计人工分拣系统是可行的。

3）减量化效果

据北京市环境卫生科学研究所的调查，北京市城八区的生活垃圾中厨余垃圾的比例为 54.6%，若厨余垃圾的分拣效率达到 80%，则可减少的垃圾量占总垃圾量的 43.7%，若计入可回收材料的减量比例 3.9%，则分拣减量效果为 47.6%。

4）劳动成本

根据《2007 年北京市劳动力市场指导价位与企业人工成本状况》，北京市社区保洁员（初级工）的平均工资为 15541 元/年，并在 8596～29628 元之间浮动。按每日工作 8 小时折算，每人每小时的劳动力成本为 4.9 元，并在 3.0～10.3 元之间浮动（郭克利 2007）。按此劳动力成本估算的平均分拣成本为 142 元/（t 垃圾）。社区试验表明：拾荒工人每日从每吨垃圾分选获得的废品价格平均为 66 元/（t 垃圾）；当支付分拣工资 20 元/d（67 元/t）要求其另外分拣出厨余垃圾，拾荒人员操作 1 周后觉得在该劳动强度下支付的工资过低；当工资调整为 30 元/d（100 元/t）时，拾荒人员劳动热情较高。因此，根据北京市的同类劳动力成本减去即得废品收益，可按 76 元/（t 垃圾）估算拾荒人员额外分拣厨余垃圾的劳动成本。

邵立明等（2007）认为分拣人员的决策应符合下式：

$$W_H \cdot (r+g) \cdot X \cdot b + w \cdot r \cdot d \cdot X \geqslant w \cdot T \cdot c$$

式中，W_H 为每日分拣的垃圾量，kg/d；r 为垃圾中可回收废品含量，无量纲；g 为垃圾中可堆肥垃圾含量，无量纲；b 为垃圾的平均处置（含运输）价格，元/kg；c 为当地劳动力平均工资，元/h；d 为当地市场废品回收的平均价格，元/kg；由废品单价和垃圾中可回收废品的组成决定；X 为废品与可堆肥垃圾的有效分拣率，无量纲；T 为单位重量垃圾的分拣时间，h/kg。

各参数对分拣效率的影响敏感性排序为：劳动力成本＞垃圾中可回收废品含量＞可回收废品单价＞垃圾处置成本＞垃圾中可堆肥垃圾含量。因此分析当地的拾荒人员人工分拣作业成本，首先应考虑当地的劳动力成本和垃圾中的可回收废品比例。由于高品质有机肥料生产的产业尚未形成，因此厨余垃圾堆肥目前仍作为一种产品收益较低甚至没有收益的处理方法，如销售堆肥原料能产生稳定的收益，预计分拣的劳动力投入成本会大幅下降。

（2）水分压缩减量

利用自主开发的垃圾压缩设备（图 11.6），可很大幅度的降低生活垃圾中的水分。夏季和冬季分类收集的厨余垃圾渗滤液产生总量大致相同，均为 0.5 kg（渗滤液）/kg（厨余垃圾）。垃圾水分压缩减量虽季节不同而异，夏季垃圾压缩出的水分高达渗滤液总量的 44%，而冬季仅为 6%。

根据工程力学原理，该装置的力学平衡符合下式：

$$(F_l + F_r) \cdot 2\pi R_1 = F \cdot \tan\alpha \cdot 2\pi R_2$$

式中：F_l 和 F_r 分别为左右手的力，根据人体工程学设计原理（Eggert 2005），在人的肘部弯曲角度为 150°时，左手平推的力为 133N，右手平拉的力为 249N；R_1 为转盘半径，为 0.37 m；R_2 为螺杆半径，为 0.023 m；α 为矩形螺纹的角度，为 10°；F 为施加在底部方形平板（面积为 0.58 m^2）上的力。计算得到施加在垃圾层上的压强为 10.36 MP。对比 NZ · LJZ8-5 Ⅱ 型垃

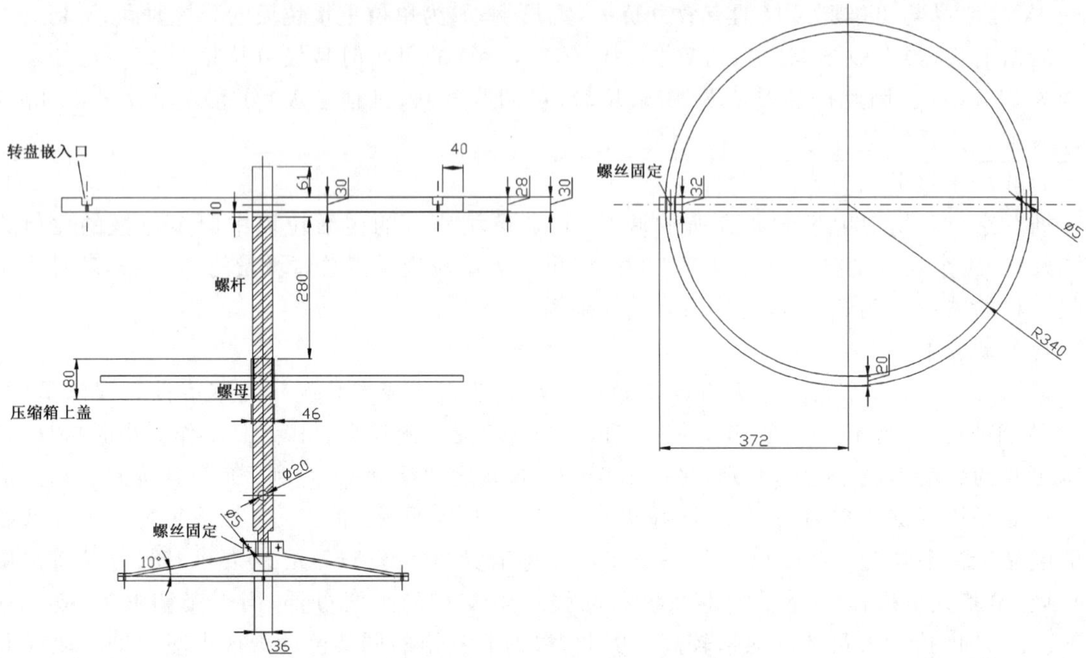

图 11.6　生活垃圾螺杆压缩装置设计图

圾压缩转运站设备，液压系统的平均压强为 16.50 MP，两者属于同一数量级水平。

试验获得的厨余垃圾各类水分的含量如图 11.7 所示。试验的厨余垃圾水分为 85.9%，在压强为 10.36 MP 下持续压缩垃圾堆体，直至没有明显渗滤液流出(约 1 h)，以渗滤液的形式压缩出的游离水和间隙水的质量占垃圾总质量的 28.0%；压缩后的垃圾堆体经过 1 周的生化反应后，以渗滤液形式移除的水分主要是吸附水和内部水，占 23.2%。

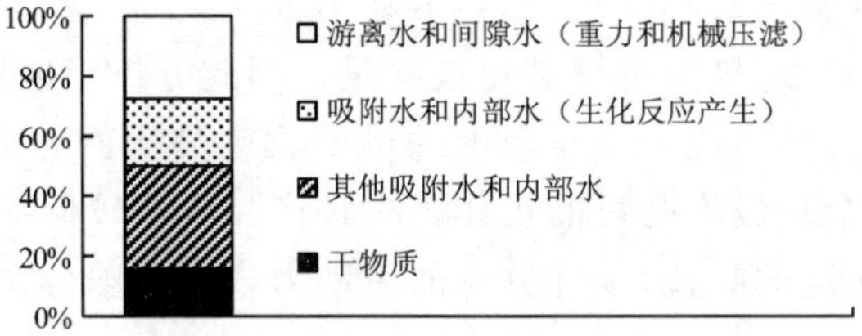

图 11.7　厨余垃圾中各类水分含量

(3)生物质减量

根据近 1 个月的连续监测，可通过人工可分拣出的厨余垃圾比例一般在 37%～47%，略低于经验评估的 55%左右。这是因为厨余垃圾有一部分和其他垃圾附着在一起，难以通过人工的方式分拣开。

设计 1 套用于生活垃圾压缩和生物处理的装置，如图 11.8 所示。其中：生物处理装置的尺寸为 600×600×600(mm^3)，配备垃圾压缩装置 1 套、鼓风装置(空气压缩机)1 台、增压污水泵 1 台。另外，用于本项目的设备还有磅秤 1 台、垃圾站清洁用具、分类收集垃圾箱 10 余个、垃圾站工作人员劳动保护设备等。测定分选出的生物质经过一段时间的反应后的残余量约为厨余垃圾的 40%。

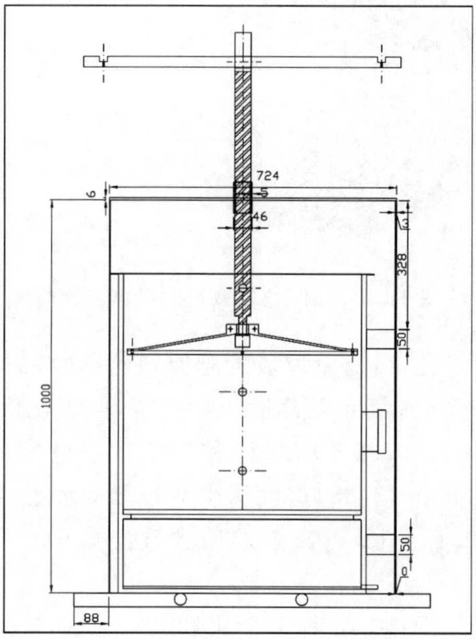

图 11.8　机械一生物处理设备设计图

(3)废旧物资减量

根据近 1 个月的连续监测，分拣回收的废旧物资的质量一般在当日垃圾总重的 2.8%～6.1%，总体而言每日回收物资带来的垃圾减量为垃圾总重的 3.9%。

根据 4.2.1～4.2.3 的核算，通过压缩水分、生化反应和废旧物资回收，社区生活垃圾总体减量为 47.6%，也就是说有 47.6%的垃圾可避免进入市政收集与处理系统，大大削减城市生活垃圾处理成本，尤其是垃圾收集与运输的成本。

(4)体积减量

因为生活垃圾的运输成本占其总处理成本的 40%～80%，因此对外运垃圾的体积减量对于缩减其运输成本而言有重要的作用。本项目装备的简易压缩设备的主要指标为：(1)厨余垃圾的压缩率＞1.5∶1；(2)其他垃圾的压缩率根据垃圾成分的不同具有一定的波动，大致在 2.6～3.2 之间。设备的压缩率虽然低于液压机械压缩的比例(一般为 3～4∶1)，但成本仅是液压设备的 2%，因此仍具有一定的经济优势。

社区生活垃圾减量的类型及比例如图 11.9 所示。

11.4.4　社区生活垃圾资源化生态工程

(1)可回收材料

调查市场回收废旧物资的价格(2007 年 12 月)：箱纸 1 元/kg、纸板 0.8～1.1 元/kg、报纸 1.1～1.4 元/kg、塑料水瓶 0.12 元/个、塑料餐盒 0.6 元/kg。据统计，社区每日回收物资收益为 20～25 元。

(2)生物质堆肥化

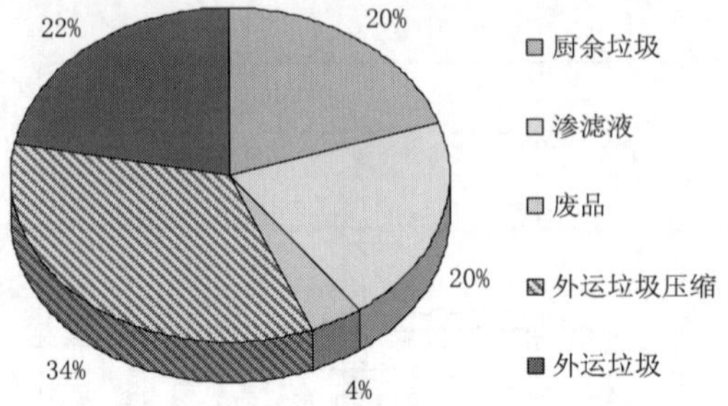

图 11.9　社区垃圾减量的类型及比例

1)堆肥原料和产品的营养元素:衡量垃圾堆肥原料营养物的指标主要是 C/N 指标。经测试,原料的 C/N 为 17.17～17.63,氮元素含量非常丰富,但生化反应理想的 C/N 值在 20～25 左右,可选择园艺垃圾(如树叶,36.96～37.12)和生活垃圾调配后进行堆肥操作。经过 10 d 的生化反应后,C/N 降至 13.35～13.38,这说明生活垃圾向腐熟化方向发展。另外,垃圾的磷和钾含量丰富,总钾含量为 9.15～12.0g/kg,总磷含量为 1.51～4.13 g/kg,符合《城镇垃圾农用控制标准》的要求。

2)堆肥原料的有害物质分析:对 13 种重金属和 200 余种有机污染物(芳香烃、卤代芳烃、有机氯农药、有机磷农药等持久性有机污染物 pops)。重金属分析如表 11.2 所示。测试结果显示,分选出作为堆肥原料的厨余垃圾符合《城镇垃圾农用控制标准》中对重金属的控制标准。该标准未对有机污染物做定量的指标控制,但持久性有机物污染物有可能造成对人体的损害。因此,对厨余垃圾中的持久性有机污染物也作了一定分析,分析结果显示,200 多种持久性有机污染物中,没有一种污染物的监测结果高于监测限,因此可以认为在源头进行分离的厨余垃圾基本没有持久性有机污染的风险。因此分离的厨余垃圾作为一种生物质资源,不仅具有较高的营养元素含量,而且基本不存在污染健康风险,具有较高的资源化潜力。

表 11.2　厨余垃圾重金属含量与标准值比较　　单位:mg/kg

重金属离子	最大值	标准值	重金属离子	最大值	标准值
银(Ag)	<0.1	—	铅(Pb)	5.69	100
砷(As)	1.58	30	锑(Sb)	0.42	—
铍(Be)	<0.1	—	硒(Se)	<0.1	—
镉(Cd)	0.22	3	铊(Tl)	<0.1	—
铬(Cr)	4.18	300	锌(Zn)	76.11	—
铜(Cu)	48.96	—	汞(Hg)	0.17	5
镍(Ni)	6.73	—			

(3)渗滤液资源化利用

1)研究方法

渗滤液来源是分选后的厨余垃圾压滤和生化反应过程中产生的。对于收集的渗滤液相应采用 3 种生物稳定方法:(1)添加菌剂稳定,在渗滤液中按 1∶20 添加调配的 EM® 菌剂(EM® 菌剂调配,浓缩菌剂∶红糖∶自来水=1∶1∶3),密封桶中静置 9 周,1#样品;(2)长时间自然生物稳定，将渗滤液注入密封桶中静置 36 周，2＃样品；(3)短时间自然生物稳定，将渗滤液注入密封桶中静置 9 周，3＃样品。将这 3 种经生物稳定后的渗滤液按 3 种不同稀释浓度(A：原液；B：稀释 5 倍；C：稀释 10 倍)调配成 9 种液肥浇灌植物，分别是 1A、1B、1C、2A、2B、2C、3A、3B、3C。同时选择营养液(营养成分：0.005％(N)，0.01％(P_2O_5)and 0.02％(K_2O))以及普通清水做对比试验，编号为 D 和 E，共 11 组。

选择凤仙花(*Impatiens balsamina*)作为浇灌植物。凤仙花于 6 月开始育苗，2 月后选择展度约为 10 cm 的植株移栽，并开始进行渗滤液液肥浇灌试验。凤仙花每种浇灌液 5 株植物做平行试验，共 55 株。试验时间为 9—10 月，植物在 24℃恒温和 75％湿度的温室中培育。每株凤仙花的渗滤液液肥或等量清水的浇灌量为 50 mL/d，营养液根据产品说明将 50 mL 管倒插入土壤表面，持续浇灌 18 d。

试验过程中，每 3 天测 1 次凤仙花叶片长度并观察开花数量和时间。18 d 后测量每株植物的高度和展度，并将植物从土壤里齐根挖出。将植株清洗后，剪下根，叶，茎，花，计算叶和花的数量后分装，在 75℃的烘箱内烘干 24±1 h 称量。叶绿素和胡萝卜素测定先将叶片洗净称重，用酒精浸泡 2 d 脱色，用紫外线分光光度法测定。

2)渗滤液浇灌对植物生长过程的影响

根据 1C、2C、3C、D、E 五组凤仙花叶片生长长度的连续监测，统计各组叶片的生长速率，如图 11.10 所示。3 日后 5 组的叶片平均生长速率大致相同，分别为 34.7％～44.2％，3C 的生长速率最快。9 日后仅有 1C 和 D 维持着较高水平的生长速度，分别为 11.2％和 13.1％，2C、3C 和 E 分别为 2.6％、5.2％和 2.8％远低于 1C 和 D 的生长速率。15 日后，除了 1C 和 D 仍维持 3.8％和 1.7％的生长速率外，其他 3 组几乎停止生长或开始有叶片出现萎缩。采用未稀释的渗滤液液肥浇灌的植物，在浇灌后的第 6—9 日时开始 15％以上的负增长，植物几乎完全枯死。对凤仙花花期的监测表明，采用 5～10 倍稀释的渗滤液浇灌的凤仙花在第 8 日时，每组均有 2 株以上的凤仙花开花，而同时 D、E 未见开花。第 9—12 日 1B、2C、3C 的每株累计开花数已达到 3.8、2.6 和 3.2，但同时 D、E 的累计开花数仅为 2.2 和 1。第 13—15 日 1B、2C、3C 的每株累计开花数已达到 5.2、4.6 和 4.4，同时 D 的每株累计开花数达到高峰 6.4，而清水浇灌仍为 2。采用渗滤液浇灌后凤仙花开花时间有所提前，这可能是因为渗滤液含有某种刺激植物开花的激素所致。

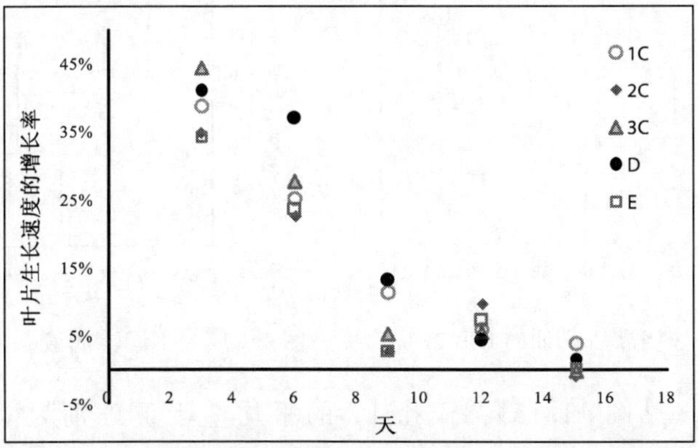

图 11.10　不同渗滤液浇灌后凤仙花叶片的生长速率

3)渗滤液浇灌对植物生长结果的影响

凤仙花生长18日后,对植株的形态、叶片和花数量、根茎叶花干重、光合色素含量进行了测定。采用静置9周的渗滤液原液(3A)浇灌的植株全部枯萎死亡,1A和2A虽然仅有1株植物完全枯萎,但部分植株呈现叶片损坏、枯黄现象。详细的检测结果为:

①植株形态(见图11.11和图11.12):凤仙花植株的高度与展度反映了植株的生长形态。从高度上看,D组平均高度最高,达到15.1±0.7 cm;渗滤液稀释样1B、1C、2C、3B、3C均高于13.0 cm,其中1B平均高度相对较高,为13.6±0.8 cm,远高于清水浇灌(E)的11.9±0.8 cm。从展度上看,D和1C的平均展度相对较大,达到30.0 cm以上;渗滤液稀释样1B、2B、2C、3B、3C的平均展度为25.5～28.9 cm;稀释10倍样1C、2C、3C均略大于稀释5倍样1B、2B、3B,同时渗滤液稀释样浇灌的展度都远高于清水浇灌(E)的20.4±1.0 cm。

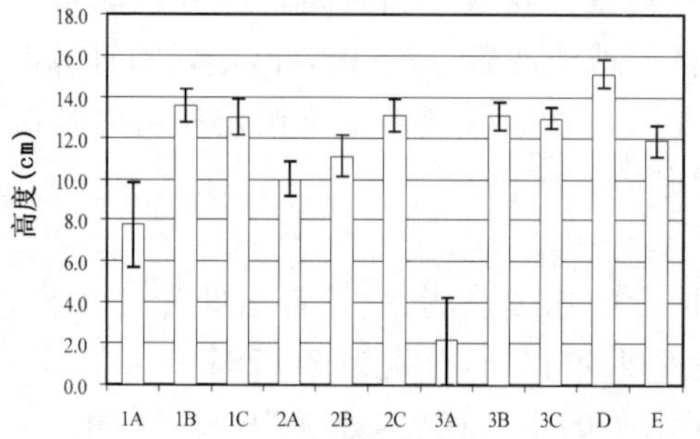

图11.11　不同渗滤液浇灌后凤仙生长的高度

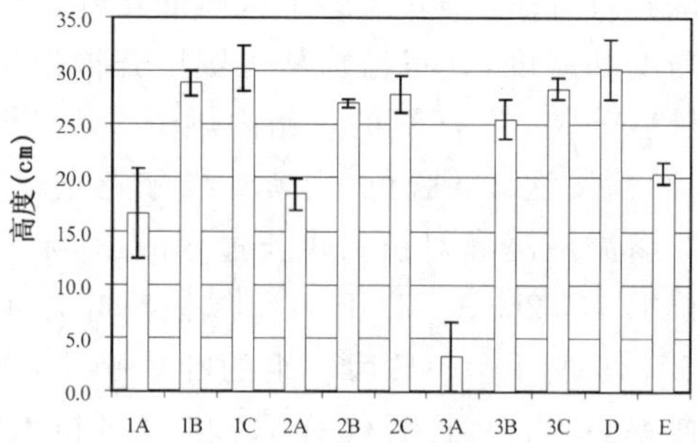

图11.12　不同渗滤液浇灌后凤仙生长的展度

②叶片和花数量(见图11.13和图11.14):1B的平均叶片数量最多,为175±22片,略高于D的161±9片,为清水浇灌(E)的2.1倍;1C、2B、2C、3C的叶片数为98～149片,为清水浇灌(E)的1.2～1.8倍;用原液浇灌的1A、1B、1C的叶片数为35～58,叶片基本枯萎死亡。开花数量与叶片数量呈现相同的特征,1B、1C、2C、3C、3C、D的平均开花数为11～14个,远高于清水浇灌(E)的6±1.5个;原液浇灌的1A、1B、1C的开花数仅为0～3个,基本枯萎死亡。

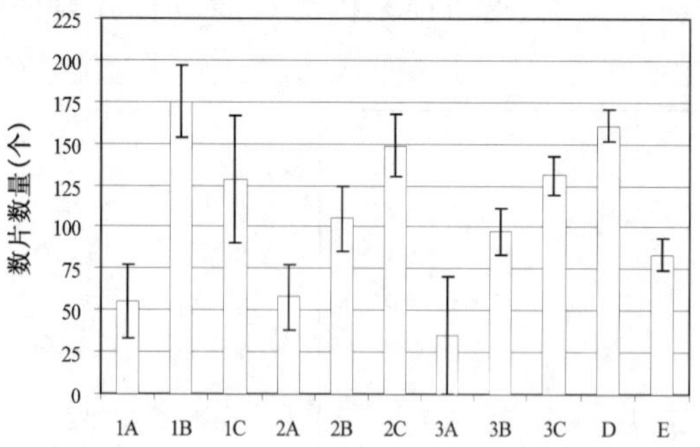

图11.13　不同渗滤液浇灌后凤仙的叶片数量

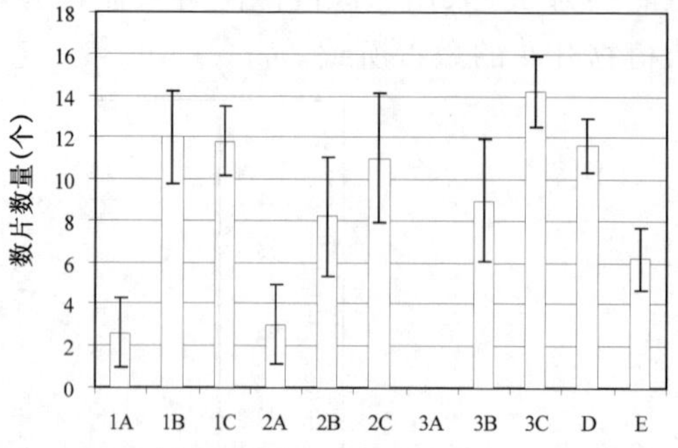

图11.14　不同渗滤液浇灌后凤仙的累计开花数

③根茎叶花干重(见图11.15):1B和1C的平均茎干重分别为0.7249±0.1913 g和0.5138±0.0373g,高于D的0.4721±0.0333 g;2B、2C、3B、3C的茎干重范围为0.3315～0.4381 g,都远高于E的0.1875±0.0203 g,说明采用稀释液浇灌可明显促进植物茎的生长。

同茎干重相似，1B 和 1C 的平均叶干重相对较高，为 0.6089±0.0693 g 和 0.5498±0.0879 g，高于 D 的 0.5146±0.0500 g；2B、2C、3B、3C 的茎干重范围为 0.2997～0.4822 g，高于 E 的 0.2354±0.0244 g。1B、1C、2C、3C、D 的花干重为 0.1631～0.1948 g，高于 E 的 0.0979±0.0214 g。从植株的总干重生物量看，1B 和 1C 分别为 1.5320±0.1883 g 和 1.2461±0.1938 g，高于 D 的 1.1498±0.0620 g。采用稀释 5～10 倍的渗滤液浇灌凤仙花，其植株干重是清水浇灌的 1.46～2.94 倍。

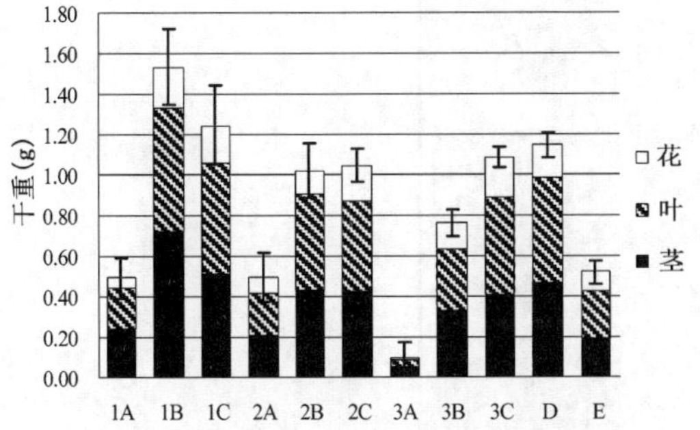

图 11.15　不同渗滤液浇灌后凤仙的干重

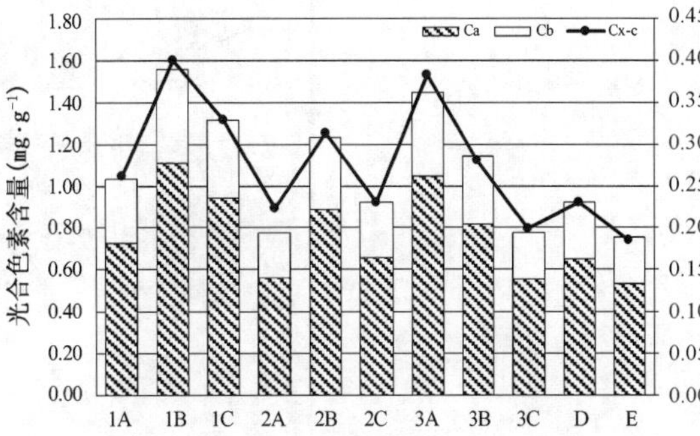

图 11.16　不同渗滤液浇灌后凤仙光合色素含量

④光合色素含量(见图 11.16)：1B 的叶绿素和胡萝卜素总量最高，分别为 1.56 mg/g 和 0.40 mg/g；渗滤液浇灌的各组均高于清水浇灌样(E)0.75 mg/g 和 0.19 mg/g。同营养液浇灌样(D)比较，仅有 2A 和 3C 的叶绿素和胡萝卜素含量低于 D(0.91 mg/g 和 0.23 mg/g)。在同样的光照、温度和水分的前提下，叶片中光合色素的含量主要取决于营养物质(主要是氮含量)的影响，渗滤液中的氮元素含量充足，因此其叶片中的光合色素含量较高。2A 和 3C 的光合色素含量相对较低，这可能是因为其浇灌渗滤液有机质含量较高，导致植株根部局部缺氧而影响叶绿素的合成。

11 组植株生长情况的照片对比如图 11.17 所示。通过综合分析各组植株外观形态、生物量及反应植物叶片健康程度的光合色素含量等指标发现：用 1B、1C、2C、3C 渗滤液浇灌凤仙花，其生长状况明显优于清水浇灌(E)。其中，1C 更是除了高度略低于营养液 D 外，其余 5 项指标都相对较高。直接用渗滤液原液浇灌会导致植株逐渐呈现枯萎、破损等病态症状。生活垃圾渗滤液浇灌可有效的促进植物生长。本项研究中，采用稀释 5～10 倍的渗滤液浇灌凤仙花，其植株高度、展度和干重分别是清水浇灌的 1.09～1.14 倍、1.25～1.42 倍，1.46～2.94 倍。稀释的渗滤液中含有 58.1～201.8 mg/L 的 NH_4^+，为植物生长提供了充足的营养元素。Gutierrez-Miceli 等(2008)使用垃圾蚯蚓堆肥(vermicompost)的渗滤液作为高粱(*Sorghum bicolor*)的肥料，用渗滤液培育的高粱总干重可达到 120～123 g，高于清水培育的 105～111 g。经测试，渗滤液中不仅含有丰富的 NKP 营养元素和微量元素，还有可以促进植物生长的腐殖酸和棕黄酸。Chen 的研究表明渗滤液浇灌黄槿(*Hibiscus tiliaceus*)和潺槁树(*Litsea glutinosa*)，它们的生长是清水培育的 3～12 倍(Cheng 等 2007)。因此，垃圾渗滤液可以作为制液态肥的原料。

但是，渗滤液原液中有机质和重金属浓度较高会造成植物枯萎。本试验中，用渗滤液原液浇灌的植株部分或完全枯萎，用贮存时间较短、有机质浓度高、pH 值低的新鲜渗滤液浇灌，凤仙花基本难以存活。Thian(2005)研究了 100%、50%和 25%渗滤液浓度对水葫芦(*Eichhor-*

图 11.17　不同渗滤液浇灌后凤仙花生长的照片

nia crassipes）生长的影响：试验 3 周后 100％浓度完全枯萎，50％浓度有 15 片叶子完全枯萎，而 25％浓度只有 3 片叶子完全枯萎，研究认为渗滤液中高浓度的有机质和重金属含量是叶片枯萎的主要原因。

11.4.5　社区生活垃圾无害化生态工程

（1）生活垃圾苍蝇和恶臭污染的生态位控制

1）苍蝇的危害：生活垃圾是苍蝇孳生和觅食的重要场所。苍蝇的体表及腹中携带着数以万计的细菌、病毒以及寄生虫卵。苍蝇飞落的食物、食具可能会受到细菌、病毒、虫卵的污染，当人们吃了被污染的食物或使用被污染的食具时，就可能感染肠道疾病或寄生虫病。研究表明，垃圾清运好的社区腹泻发病率为 0.57％，而清运不好的社区则达到 1.2％（李士英 2000）。

2）苍蝇的生活习性：苍蝇一生要经历四个生长发育阶段：卵一幼虫一蛹一成虫。在气温适宜的情况下，这一过程只需要 20 d 左右。每年 6 月和 10 月是苍蝇活动高峰期，因气候冷热适宜有利于苍蝇繁殖。苍蝇的繁殖力很强，1 只雌蝇一生可产卵 5～6 次，每次产卵 100～150 个（文硕锋等 2002）。苍蝇各个生长发育阶段受到的影响因素如表 11.3 所示，表 11.3 说明卵一幼虫一蛹的发育阶段，在最适发育温度 35℃下其繁殖速度会提高，而温度低于 8℃时苍蝇几乎不能生长发育。

3）活动规律：时间：苍蝇成虫的活动规律和时间、气温均有关系。一般每日 10—17 时是苍蝇活动最活跃、产卵最多的时间；夏季时其开始活动时间会提前到 7—8 时，栖息时间后延到 18—19 时，但午间温度高于 35℃时苍蝇一般喜荫而不飞行和觅食（文硕锋等 2002）。营养：生活垃圾中,苍蝇的主要营养来源是湿度适中、陈腐变质的厨余有机垃圾。有研究表明:生活垃圾中有机物含量由 24.9%上升为 46.5%后,苍蝇密度由 217 上升为 884(李士英等 2000);而陈腐垃圾的氨味对成蝇有引诱力(文硕锋等 2002)。

4)恶臭和苍蝇的生态位控制措施

生态位(niche)指自然系统中一个种群在时间、空间上的位置及其与相关种群之间的关系(孙儒泳等 2002)。生态位具有两层含义:一是生物个体或种群生存所必需的或可被利用的各种生态因子或生态关系的集合;二是各种生态因子或生态关系对该种生物的适宜程度(王如松 1988)。生活垃圾中臭气和苍蝇的污染,其实质是在生活垃圾处理环节中具备适宜产臭气菌落和苍蝇生长的生态因子。因此,在生活垃圾家庭产生、社区收集、转运、处理和处置的各过程中,可通过控制产臭气菌落和苍蝇的时间、营养和温度生态位,达到去除臭气和苍蝇的目的。生活垃圾恶臭气体和苍蝇的生态位控制措施见表 11.3。

表 11.3　生活垃圾恶臭气体和苍蝇的生态位控制措施

污染类型	生态位控制	各环节的控制措施			
		家庭	社区	转运站(车)	垃圾填埋场
苍蝇	时间生态位:每日 10～17 时是苍蝇成虫的活跃时间	无	10 点以前垃圾清运出社区或置于密闭环境	喷药灭蝇时间控制	喷药灭蝇时间控制
	营养生态位:苍蝇成虫一般只在陈腐有机垃圾表面觅食	无	有机垃圾分类收集或分拣,分选后置于密闭环境或立即处理	转运容器要密封,防治渗滤液渗漏,保持场所清洁	及时压实、覆土,注意覆土区边坡的隔离
	温度生态位:高于 45℃时苍蝇卵、幼虫和蛹都会死亡	无	对厨余垃圾作好氧高温堆肥(反应温度＞50℃)	无	无
恶臭	氧气生态位:好氧条件下基本不会产生恶臭气体	无	通风	通风	无
	营养生态位:有机垃圾厌氧发酵	微生态菌剂	微生态菌剂	微生态菌剂	微生态菌剂,吸臭覆盖材料

根据表 11.3,详细说明不同环节中恶臭气体和苍蝇的综合控制措施:

1)家庭:家庭垃圾桶中主要是新鲜垃圾,且城市家庭一般都有纱窗阻断苍蝇进入室内,因此家庭垃圾的苍蝇控制不作探讨。家庭中垃圾的恶臭控制主要可以通过添加微生态菌剂。微生态菌剂是抑蝇、除臭的有效方法,其机理是:①让有益菌占居产臭气菌落的营养和空间生态位,减轻腐败程度;②减少臭源物质,如乳酸菌或酵母菌成为优势菌后可减少大肠杆菌分解氨基酸产生氨气;③降低臭气以减少苍蝇的聚集的同时抑制苍蝇幼虫的变态过程(石磊等 2005,李维炯等 2008)。

2)社区:对于垃圾混合收集的社区,可在 10 点苍蝇活跃期以前将垃圾清运出社区。对厨余垃圾进行分类收集并实行密闭化后续处理可以阻隔苍蝇的主要营养源,对于厨余垃圾进行进一步的好氧堆肥处理其反应温度可持续达到 50～60℃以上,对苍蝇卵、幼虫和蛹可完全杀灭,同时好氧通风条件也可阻断恶臭气体的产生源。

3)转运站(车):掌握正确的消杀时间是灭蝇的重要环节。一般每日喷药时间应控制在 7—8时和 16—18 时,夏季应提前至 6—7 时。转运容器应保持密封,以防治渗滤液渗漏,同垃圾接触过的工具和场所应及时清洁。

4)填埋场:采用和转运站相同的灭蝇喷药时间。在雨天、刮风天苍蝇一般躲藏于避风处,应着重对温暖和背风地带进行灭杀。及时压实、覆土,注意覆土区边坡等单元暴露面的隔离(梁顺文 2008)。采用砂壤土混合石灰与细骨料混凝土制造的覆盖材料,以及腐熟堆肥、草炭、木纤维等覆盖材料对 H_2S 有较好的吸附作用(祝优珍等 2007,路鹏等 2008)。

(2)厨余垃圾及其渗滤液利用的无害化控制和健康风险

1)源分离渗滤液的污染控制和健康风险

垃圾渗滤液是一种成分复杂的有机废水,具有较高浓度的COD、BOD和N、P、K等营养物质。不同来源和类型的生活垃圾在填埋场充分混合后经雨水淋溶还可能产生持久性有机污染物(Pops)和重金属。目前渗滤液的生物、物理和化学处理技术研究得较多,如厌氧消化法、反渗透法、Fenton试剂法等。渗滤液处理往往需要综合不同技术以解决泵站腐蚀、出水水质不稳定、污泥膨胀等问题,其处理成本高昂(Dimitriou 等 2006,Deng 等 2007)。有研究表明,采用渗滤液浇灌植物不仅可以利用天然植物的修复作用转化渗滤液中有害的化学物质,还能利用土壤水分蒸发蒸腾损失减少渗滤液的体积,植物吸收渗滤液中的营养物质可促进生长、繁殖(Bialowiec 等 2007,Cheng 等 2007,Zalesny 等 2007,Zhang 等,2008)。

试验收集的原始渗滤液经生物稳定后1—3号样品的理化特性如表11.4所示。在原始渗滤液中添加EM? 菌剂并密封贮存9周后(1号样品),渗滤液无明显恶臭,COD较2号和3号下降了91.4%和90.4%,BOD_5 较2号和3号下降了94.3%和93.3%,pH值调节至9.31偏碱性,但1#样品的 NH_3-N 仍保持在824mg/L,略高于3次测试的平均水平。渗滤液经过36周贮存(2号样品),COD和 BOD_5 的水平虽与贮存9周的3号样品接近,但相对其原液的75700 mg/L下降了30.6%。2号样品的pH值为5.64,高于3号的3.69,其 NH_3-N 水平是3号的1.74倍。上述分析说明,通过添加菌剂或简单静置,引入的或原有的微生物种群会大量消耗渗滤液中的有机质并调节渗滤液的pH值,同时渗滤液仍维持较高的营养物含量。

表11.4 渗滤液理化特性

样品编号	贮存时间(周)	味道	颜色	COD mg/L	BOD_5 mg/L	NH_3-N mg/L	pH	浊度	色度
1	9	土腥	黑色	4500	2000	824	9.31	51	500
2	36	恶臭	浅棕	52500	35000	1009	5.64	69	1000
3	9	恶臭	土黄	47000	30000	581	3.69	85	2000

测定植株和土壤中的13种重金属含量:银(Ag)、砷(As)、铍(Be)、镉(Cd)、铬(Cr)、铜(Cu)、镍(Ni)、铅(Pb)、锑(Sb)、硒(Se)、铊(Tl)、锌(Zn),方法USEPA 200.8;汞(Hg),方法USEPA 7473。测定浇灌后土壤中的59挥发性有机物(VOCs)含量:包括单环芳烃(14种)、熏蒸剂(5种)、卤代脂肪烃(26种)、卤代芳烃(9种)、三卤甲烷(4种)、萘(1种),方法USEPA 8260C。

2)渗滤液浇灌的健康风险

因原液浇灌会造成植株枯萎甚至死亡,因此没有检测原液浇灌后土壤中的挥发性物质(VOCs)含量。选择稀释5倍的1B、2B、3B组土壤样品测试浇灌后土壤中59挥发性有机物含量，包括：单环芳烃（14 种）、熏蒸剂（5 种）、卤代脂肪烃（26 种）、卤代芳烃（9 种）、三卤甲烷（4 种）、萘（1 种）。对 VOCs 的全扫描分析均未发现土壤中含有高于检测限值（＜0.05 mg/kg 或＜0.5 mg/kg）的挥发性物质。因此可以认为，通过添加生物菌剂或静置稳定 9 周以上，再将渗滤液稀释 5 倍以上浇灌土壤，土壤中基本不会残存对人体有害的挥发性物质。

2B 浇灌后土壤和植株中的重金属含量如表 11.5 所示。将重金属检测值同中国《土壤环境质量标准（GB 15618—1995）》比较：一级标准值是为保护区域自然生态，维持自然背景的土壤环境质量限值；二级标准是为保障农业生产，维护人体健康的土壤限值；通过比较发现土壤中仅汞超过一级标准，但远低于二级标准。但是将植株中的重金属含量同农产品重金属限值标准比较发现植株中的砷、镉、铅、锌、汞等都超过安全限值，存在误食致毒风险。

表 11.5　渗滤液浇灌土壤和植株的重金属含量（mg/kg）

检测指标	土壤	植株	土壤环境一级标准	土壤环境二级标准	农产品限值标准	
银(Ag)	＜0.1	＜0.1	—	—	—	
砷(As)	7.1	1.5	15	30	0.5	GB 481094
铍(Be)	0.7	＜0.1	—	—	—	
镉(Cd)	0.12	0.34	0.20	0.30	0.05	GB 15201—94
铬(Cr)	19.5	1.0	90	200	—	
铜(Cu)	11.9	3.1	35	100	10	GB 1519994
镍(Ni)	13.5	0.5	40	50	—	
铅(Pb)	12.7	1.5	35	300	0.2	GB 14935—94
锑(Sb)	0.3	0.1	—	—	—	
硒(Se)	＜0.5	＜0.5	—	—	—	
铊(Tl)	＜0.1	＜0.1	—	—	—	
锌(Zn)	56.2	64.7	100	250	20	GB 13106—91
汞(Hg)	0.21	0.06	0.15	0.50	0.01	GB 2762—94

生物稳定方法和稀释方法都可以降低渗滤液对植物的负面影响：①添加菌剂可以在相同的时间更大的降低渗滤液的负面影响。渗滤液添加菌剂后贮存 9 周，然后稀释 5 倍和 10 倍后浇灌凤仙花，同不添加菌剂仅贮存 9 周的渗滤液相比，凤仙花的总干生物量是其 1.15～2.01 倍。其原因是引入高效生物菌剂 EM® 可以降低渗滤液有机质浓度，Ding（2002）的研究表明，在厌氧条件下向渗滤液中添加 EM® 菌剂并贮存 2 日可将 COD 削减 11.2%～18.2%。本试验中，添加菌剂并密封贮存 9 周的渗滤液，其 COD 仅为其余 2 组的 1/10 左右。②延长静置贮存时间也可以降低渗滤液对植物的负面影响。将渗滤液贮存一段时间，以利用渗滤液中的土著微生物降解有机质含量。本试验中，静置 36 周的渗滤液 COD 浓度是其原液的 69.4%。③稀释是另一种降低渗滤液对植物负面影响的方法。Wong 等（1989）将渗滤液按 5%～40% 稀释后浇灌大白菜（*Brassica*）和菜薹（*B. parachinensis*），其产量均高于清水浇灌。Bowman 等（2002）的研究表明只有在渗滤液稀释为 20% 后浇灌，土壤的盐度才能达到较为理想的范围。

本试验中，渗滤液稀释5倍以上没有出现植株枯萎现象；未添加菌剂的渗滤稀释10倍后浇灌凤仙花干重是稀释5倍的1.03和1.43倍；值得注意的是，渗滤液添加菌剂后稀释5倍浇灌凤仙花的干重是稀释10倍的1.23倍。这可能是因为1B中有机质和重金属含量已达到植物可接受的水平，而1B的NH_4^+浓度是1C的2倍。

渗滤液浇灌可能会带来致癌和致毒风险，主要通过皮肤接触、经呼吸摄入和经口摄入（Gray等2005），渗滤液作为观赏植物液态肥料，其主要的健康风险来自挥发性有机物（VOCs）。封场填埋场的渗滤液中已探明的VOCs有单环芳烃、卤代芳烃等70多种（Robert等2001）。本试验未检出1－3B土壤中的VOCs说明：在开敞的环境中，在渗滤中添加菌剂、密封静置并稀释5倍以上后用其浇灌观赏植物，土壤中不会残余对人有害的VOCs。但是，根据食品安全标准，植株和土壤中残余超标的重金属。这说明渗滤液浇灌后的土壤和植株存在误食致毒的风险。渗滤液用于浇灌室内观赏植物或农作物，以及长期浇灌下对土壤盐度提高和土壤板结的影响还有待进一步研究，同时也需根据植物种类对其环境风险做进一步的分析。

3）源分离对厨余垃圾堆肥重金属含量的影响

据研究，垃圾中不同组分的可溶性金属含量如表11.6所示（方满等1988，任福民等2003）。通过对比分析不同组分垃圾和混合垃圾的重金属含量发现：As的主要污染源是煤灰，Hg的主要污染源是灯管，Cu的主要污染源是电池和报纸，Zn的主要污染源是电池，Cd的主要污染源是电池、报纸和煤灰，Pb的主要污染源较多，分别是灯管、电池、煤灰、报纸。

表11.6　生活垃圾中重金属含量的典型值

垃圾组分	重金属浸出浓度(ppm)						
	As	Hg	Cu	Zn	Cr	Cd	Pb
煤灰	0.328	<0.0001	0.07	0.73	0.06	0.05	1.24
电池	<0.004	0.0046	5.91	394	0.05	0.26	2.34
灯管	<0.004	0.0896	<0.01	0.88	<0.01	0.003	2.78
报纸	<0.004	<0.0001	0.39	0.75	0.14	0.06	1.15
混合垃圾	0.102	0.02	0.193	1.553	0.359	0.021	0.057
垃圾组分	各组分的重金属浸出浓度同混合垃圾浸出浓度的比值						
煤灰	3.22		0.36	0.47	0.17	2.38	21.75
电池		0.23	30.62	253.70	0.14	12.38	41.05
灯管		4.48		0.57		0.14	48.77
报纸			2.02	0.48	0.39	2.86	20.18

荷兰“瓦姆”公司曾对4种工艺处理后的堆肥中的重金属含量进行比较（见表11.7），四种工艺分别为：①混合垃圾；②将混合垃圾筛分和磁选后，选用易发酵的有机物堆肥；③去除垃圾中的惰性玻璃、塑料等，并对垃圾进行破碎；④分类收集，居民将生活垃圾中的有机物单独分离出来。研究表明，厨余垃圾越早被单独分离出来，其堆肥产品中残余的重金属含量就会越低。源头分类的厨余垃圾堆肥的重金属含量比混合垃圾堆肥要低近一个数量级（杜金科夫等1987）。因此，通过源分离可以有效的控制生活垃圾中重金属的含量。

表 11.7　不同处理工艺的堆肥产品中重金属含量

重金属含量(mg/kg)	(1)	(2)	(3)	(4)
Zn	1700	800	520	230
Pb	800	700	420	160
Cu	600	270	100	50
Cr	180	70	40	30
Ni	110	35	25	10
Cd	7	2.5	1.8	1.0

11.4.6　社区生活垃圾产业化生态工程

(1)堆肥产品的再生利用

根据垃圾分散堆肥处理文献(社区应用规模),每日 300 kg 混合垃圾(厨余 50%左右)产生堆肥量为 45 kg。堆肥产品日产量在 40 kg 左右,年产 14～15 t。通过对北京市有机农肥厂的调研,访谈者对垃圾肥的安全性还不太放心,堆肥产品的农用需要进一步的作物试验研究或用于观赏性植物的用肥。但是北京市已有用废弃物做园林苗圃肥料的实践,有机垃圾堆肥用作苗圃肥料,并形成相关产业可进行进一步的探讨。

(2)拾荒工人的组织和培训

1)分拣作业:经研究发现保洁员对生活垃圾分拣作业的熟练操作有一个循序渐进的过程。通过持续培训和操作 1 周左右,垃圾分拣效率可以从 0.2～0.3 kg(垃圾)/min 提高到 0.6～0.9 kg(垃圾)/min,并基本达到稳定。因此,以每日工作 8 h 计,每个保洁员熟练操作之后每日可分拣生活垃圾 360 kg。据此,1 千人左右的社区需要配备保洁员 1～2 名。

2)拾荒民工的固定化作业:本项研究发现,采用 2 名拾荒民工对居民规模为 500～1000 人的社区产生的生活垃圾进行分选是可行的。

3)拾荒民工的规范化作业:操作过程需达到相应的安全与环保要求,包括地面无散落垃圾、无污水、污渍;墙面无粘附物,无明显污迹;垃圾日产日清;所有垃圾集中堆放在堆放点,做到合理、卫生、四周无散积垃圾;垃圾站应保持清洁无异味,每周应定时喷洒药水,防止发生虫害及污染;避免在垃圾站使用明火,注意防火;工作人员个人劳动保护。

(3)社区生活垃圾管理的产业链延伸

系统整合现有生活垃圾产业,设计城市生活垃圾静脉产业结构如图 11.18 所示。社区生活垃圾管理相关的静脉产业链延伸包括四个主要的方面。

1)厨余垃圾制肥产业

厨余垃圾制肥产业包括社区分选、预处理和有机复混肥生产等环节,按有机肥料价格为 800 元/t 计算产值。可堆肥的厨余垃圾比例取垃圾总量的 50%,肥料产出比例按 25%计算,年产有机复混肥 103.6 万 t,合 8.3 亿元。

社区人工分选和厨余垃圾预处理设施运行维护人员按 2 人/千人估算,需要 3.2 万人。

2)生活垃圾处理与机械加工产业

垃圾箱(桶)按 100 元/只计算。北京市生活垃圾收集箱(桶)按每 100 人设置 1 只,每年更

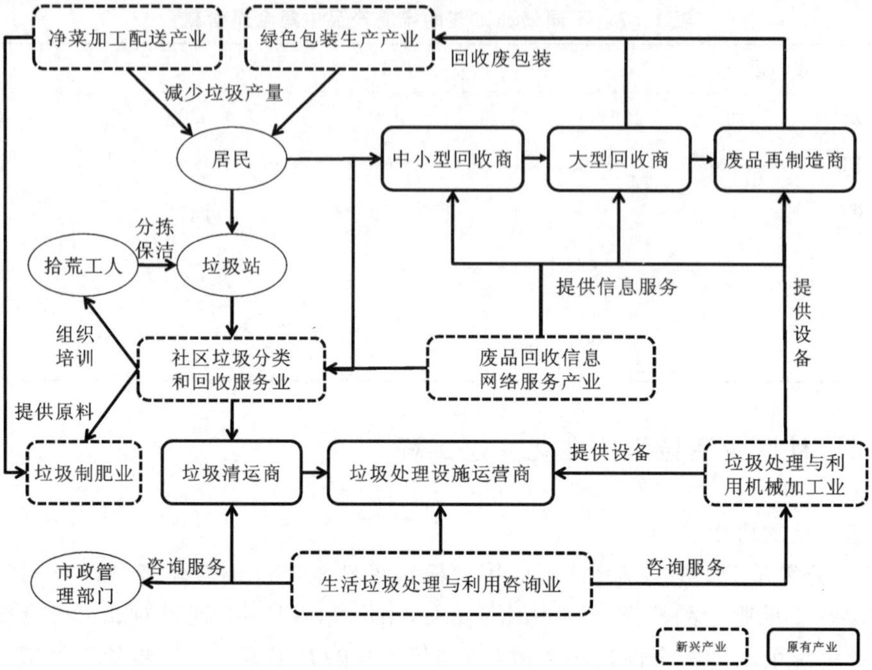

图 11.18　城市生活垃圾静脉产业系统结构

新率按 10％计算。生活垃圾箱(桶)生产企业的年产值为 0.02 亿元。生活垃圾转运、处理和处置设施所需的机械设备、设施的产值根据《北京市“十一五”时期环卫专业规划》的预计投资估算,每年的基础设施投资为 7.5 亿元。垃圾箱桶、垃圾处理设备的机械加工厂的劳动力需求按 1.0 万人估算。

3)生活垃圾咨询产业

按生活垃圾处理设施建设投资的 1.5％计算生活垃圾处理工程项目设计的咨询服务的产值,为 0.1 亿元;每年的生活垃圾相关技术攻关的咨询服务按 0.2 万元估算;每年规划编制、管理研究报告和产业发展咨询报告编制的费用按 0.5 万元估算,合计 0.8 亿元。咨询服务从业人员按 0.1 万人估算。

4)社区垃圾分类和信息化废品回收产业

目前北京市每年的废品资源价值为 39 亿元,随着生活垃圾分类收集程度的提高,生活垃圾中的废纸和塑料材料可以得到进一步的分拣,根据目前进入市政清运系统的生活垃圾中废纸和废塑料的比例,预计产值可增加 10％左右,因此北京市废品资源回收和再生利用产业的产值估计为 42.9 亿元。

11.4.7　社区生活垃圾社会化生态工程

(1)整合生活垃圾管理中不同主体的作用

生活垃圾的各项管理措施中各类主体的作用分别是:

1)分类收集:政府部门负责立法和制定管理条例促进分类收集,组织和监督居委会和 NGO 进行宣传和培训活动;企业生产分类收集专用器具和并引导进行后续资源化利用;科研单位研究居民的分类收集策略；居民培养了较好的环境素养和分类意识后，主动进行垃圾分类收集。

2)人工分拣：政府制定社区分拣计划并给予垃圾减量补贴，由企业组织拾荒民工并提供必要的设备和工具，居委会协调社区分拣场所并反馈居民意见，社区居民进行简单的干湿垃圾分类投放。

3)净菜进城：政府给予净菜加工和配送企业鼓励政策，企业负责净菜加工生产、配送、保证净菜品质并负责加工废料的堆肥处理。

4)社区垃圾原位处理：政府管理部门配置社区垃圾原位处理设施，或给予企业鼓励政策由其负责设施配置和运营，居委会协调社区分拣场所并反馈居民意见，科研单位负责实用性小型设备开发，拾荒工人负责简易设备运行和维护。

5)规范化废品回收市场建设和管理：政府负责规范化市场的用地审批和鼓励政策和监督管理，由正规注册的企业负责废品回收业务，拾荒民工参与公司制运营的废品回收行业。

6)废品回收和易物的信息化网络建设和管理：政府负责鼓励政策和监督管理，由正规注册的企业负责废品网络的运行并组织上门收运，拾荒民工参与公司制运营的废品回收行业，NGO 组织负责信息网络的宣传和监督。

(2)生活垃圾静脉产业对拾荒群体的影响

拾荒民工位于城市复合生态系统上的"流通、还原"的重要环节，为城市废品流通和再生产起到了关键的作用。结合北京市海淀区八家村的拾荒群体调查，分析拾荒群体的生存现状及主要特点：

拾荒人群大多是流动和受教育程度较低的人口。根据八家村的调查：1)据 2007 年统计，八家村共有人口 4.2 万人，其中流动人口占 90.0%，和拾荒作业的有关人口占 66.7%，直接从事拾荒作业的男性人口为 0.54 万人，占男性流动人口的 28%；2)拾荒民工的主要籍贯地依次是河南、河北、安徽、山东和四川等农村人均收入水平较低的省份(图 11.19)；3)受教育程度较低，低于初中文化水平的人口占 91.5%(图 11.20)。

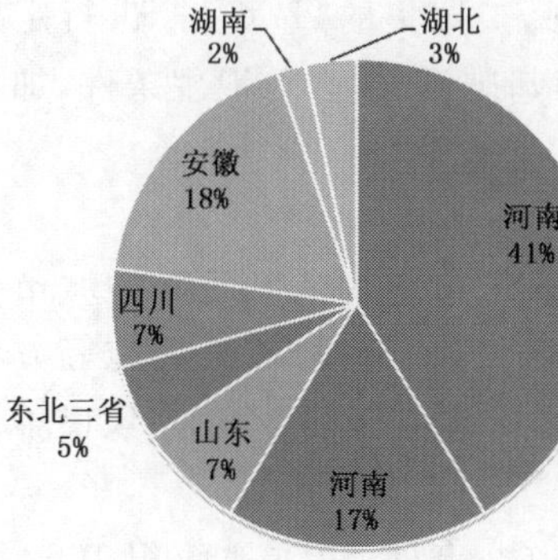

图 11.19　八家村拾荒民工的籍贯

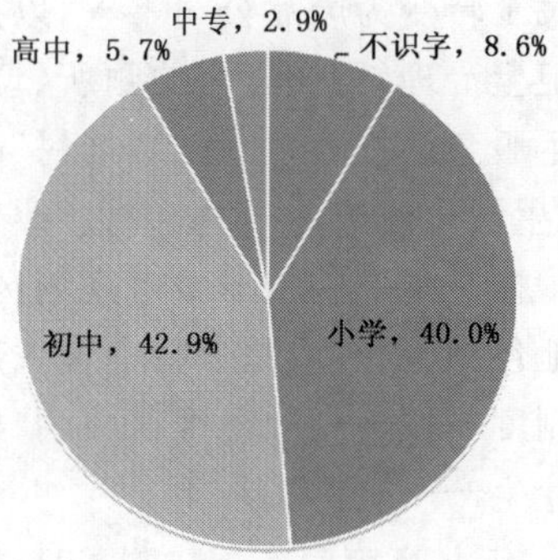

图 11.20　八家村拾荒民工的受教育程度

拾荒比许多不需特殊技能的正式工作收入都高。根据问卷分析，拾荒人群的家庭总收入估计可达到 2200 元/月。其中家庭平均支出为 1700 元/月，食物消费支出约为 850 元。除了基本的吃饭和住宿开销外，拾荒群体的收入主要用于赡养老人、抚养儿童的家庭负担，调查显示需要负担 2 位以上老年人的家庭占 64%，需要抚养 2 名以上儿童的家庭占 60%。

拾荒群体的住房、医疗保障条件较差：八家村拾荒群体人均住房面积仅为 3.4 m^2，其中有 76%的人平均住房面积小于 5 m^2（见图 11.21）。住房类型主要是平房院落。有 52.1%的人没有医疗保险或根本不知道医疗保险，另有 47.9%的人享受在老家农村的医疗保险，但是存在医药费报销难的问题。八家村内厕所卫生条件差，生活垃圾随意堆放，环境卫生体系不健全。

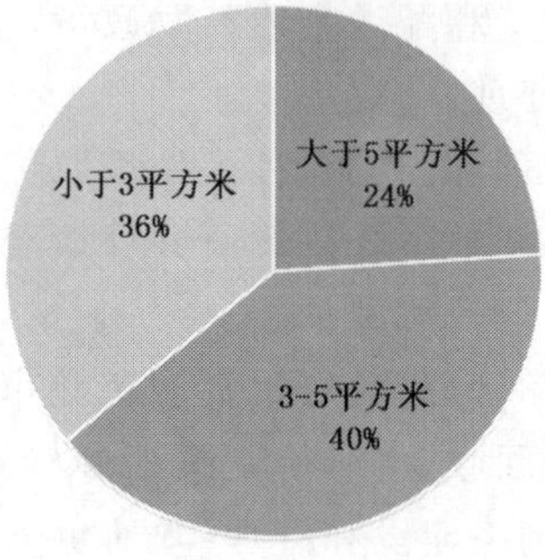

图 11.21 拾荒人群的人均住房面积

拾荒作业有极大的自由度，拾荒不受低教育水平或年龄（如老年人）等条件的制约（王羽等 2001）。正是因为拾荒具有稳定的收入、自由的工作形式和低入行门槛，即使拾荒者的生活环境恶劣、收入分配不公（有研究表明他们的收入仅占回收废品利润的 5%）（Medina 2000），拾荒现象仍将长期存在。

在八家村的拾荒人群中，认为自己幸福或非常幸福的占 48%，而且有 68%的人认为在北京的拾荒生活比在家乡农村的务农生活要更为幸福。

通过报纸、广播、电视等媒体，美化拾荒民工的社会形象、树立其应有的社会尊严。目前拾荒者处于自发状态，分拣和回收行为完全出于个人利益动机，应组织和引导他们扩大分拣范围，如暂时无回收价值的和有毒有害的垃圾（郭素荣等 2000）。可通过拾荒业的市场化运作，将拾荒民工转变为废品公司工人，以提升其社会地位。对拾荒民工聚集的“垃圾村”进行定期的环境卫生治理，增加必需的厕所、垃圾房、化粪池、下水管网等基础设施，改善卫生条件，加大医疗卫生服务的投入，加强“垃圾村”的治安管理。

(3)生活垃圾产业对“城中村”改造的影响

城中村是指那些位于城市规划区范围内或城乡结合部，由于城市化快速发展而被城市建成区用地包围、没有或是只有少量农用地的村落。主要表现为在户籍、行政、市政设施等方面的管理制度与城市相应制度存在明显的差异，在建筑景观上与城市建成区格格不如，农民不再从事农业生产（李俊夫 2004）。

2004 年北京市尚有城中村 231 个，分布在城八区 73 个街道办事处，总占地面积 1092 万 m^2，总建筑面积 273.5 万 m^2。城中村涉及到居民约 10 万户，其中常住人口 30 万人，流动人口 70 万～80 万（麻其勇 2005）。北京市城郊结合部现有 7 个规模较大的聚集了大量拾荒人群的城中村，包括海淀八家村、昌平东小口、大兴旧宫、丰台新发地、石景山八大处、通州八里桥和朝阳东坝，这些城中村不仅是拾荒人群的居住和生活地，也承担了北京市废品资源的交易、储存和外运的功能。

城中村通常存在诸多的社会和环境问题，如脏、乱、差、堵现象严重，基础公共卫生设施缺乏，私搭乱建现象普遍。废品回收集散地“城中村”存在较为严重的飘尘、噪声、飘散垃圾和拆卸废品带来的二次污染(刘京媛等 2004)。城市管理者一般更过于关注拾荒行为外部性的负效应的绝对值，如二次污染和社会治安等问题(周青 2007)，而往往忽视了其外部性的正效应。

调查研究了北京市海淀区八家村的城市管理现状。八家村属于典型的未经大规模改造的城中村，土地面积 160 hm^2，其中：集体所有土地面积 139 hm^2(宅基地 21 hm^2，建设用地 36 hm^2)，绿化用地 89 hm^2，道路 14 hm^2。清华大学征地面积为 44 hm^2，占用地面积的 27.5%。八家村总人口 4.2 万人，其中外来人口为占 90.0%。

1)饮水和卫生：自来水供水占 60%，其余为自备井供水，夏季用水高峰时期时常出现断水或供水不足的情况。村内公共厕所 27 座，但仅有 4 座是水冲公厕。大型垃圾清运站点 3 座，基本符合国家每 1～2 km^2 设施 1 座的标准，但居民社区的清运设施严重缺乏，垃圾篓仅有 2 座，按环境卫生设施规划标准，应按每 70 m 间距设置 1 座。

2)社会治安：八家地区是海淀区治安、刑事案件的高发区。2008 年因刑事案件拘留约 100 人，因违反治安管理条例拘留约 600 人。清华大学征地 44 hm^2 涉及的集体产权房屋面积为 17.7 万 m^2，集体房屋拆迁将造成至少 550 人失去原有工作岗位，考虑到拾荒人员无处居住的问题，失业人数可能远高于这个数值。失业将带来更为严峻的治安管理任务，目前该村的年治安管理费用高达近百万元。

3)违章房屋建设：大批涌入的外来人口是本地违章房屋建设增多的原因。根据 2008 年 5 月的统计，全村审批建设房屋 663 套，其中 351 套为明显违章建设，占 52.9%。违章房不仅涉及绿化用地被大量侵占，而且胡同道路宽度较宽的也只有 4～5 m，存在严重的消防隐患。

决定城中村改造的政策很多，如明确土地权属、制定合理的拆迁补偿方案、制定科学细致的土地出让政策、健全深化医疗和社会保障机制等等(陈洁 2009)，这些政策是我国城中村改造的关键和难点。但是上述政策的对象仅仅是丧失耕地而依靠房屋租赁谋生的城中村原有居民。以八家村为例，这部分居民仅占当地常住人口的 10%，真正占 90%流动人口在城中村改造过程中往往失去了最为基本的居住和生活场所，特别是长期遭受社会歧视的拾荒群体，其基本权益更是无从保障。

在我国大多数城市垃圾资源化体系尚不完善，拾荒群体的重要性不言而喻，因此城中村改造还应该为拾荒群体提供安居社区和就业机会。反之，由于拾荒收入对于我国大多数贫困省份的农村人口而言仍将具有较强的吸引力，因此拾荒带来的城中村问题不会消失，而只会从一个地区转移到另一个地区。这种转移可能会造成拾荒群体民生条件的进一步恶化。

本小节所研究的生活垃圾社会化生态工程对城中村改造的推动作用包括：

1)拾荒群体角色的转变

拾荒民工通过公司化或自发合作社的形式完成从无组织到有组织的转变，拾荒民工转变为生活垃圾清运、辅助分类、社区保洁、社区设备维护、废品上门回收等新兴静脉产业的职工。拾荒群体的收入水平会得到提高，这是因为原有废品产业链的暴利往往集中在少数大型企业或个人，拾荒群体的自组织机构形成后，会导致利益的重新分配。同时，随着信息化和更细化的分拣操作，生活垃圾分类收集效率较原来有较大提高，可再生资源将具备更高的价值。拾荒群体的收入提高后，会逐步增强对居住城市和居住地的认同感，也会关注其居住和卫生条件，因而会有改善居住地住房、卫生、交通条件的自发性需求。

2)废旧资源集散市场规范化运行

建立规范化、标准化的废旧资源集散市场会有效的改善目前城中村的景观和交通状况:在现有的城中村择址建设废旧资源集散中心,可以使拾荒群体的生活居住功能区和废品集散功能区分离,废品物流将不通过居住功能区,有效改善城市景观容貌。建立集中的集散中心和居住生活区,可以促进土地的集约化利用,城市绿地、商业用地和休闲娱乐用地可以得到保障。建立规范的回收拾荒、杜绝路边回收可以有效改善本地的交通状况。

3)以废旧资源静脉产业促城中村经济发展

城中村所在地的主要经济来源是地租,特别是平房地租。以八家村为例,2007 年村集体纯收入为 2857 万元,其中平房物业的出租管理收入为 960 万元,占 33.6%。如果八家村的城中村改造建设的同时形成新的静脉产业,并成为北京北部重要的废品集散物流市场,可以给当地带来 0.5 亿元以上的财政收入(分担北京再生资源集散物流的 10%,物流业收入占废旧资源价值的 50%,纳税比例按 20%计算)。城中村所在地的管理部门获得足够的财政收入后,才可能有充足的财力建设城中村的厕所、污水、垃圾站等公共环境卫生设施和交通、供热、供暖、绿化等市政公共设施。

11.5 生活垃圾生态工程的生态效益评价

11.5.1 生活垃圾管理效率评价概述

城市生活垃圾管理系统是一类包含社会、经济、自然要素的复杂系统(Banar 等 2009),它包括各类物质和能源相互转化的过程,具有无害化、资源化、减量化、产业化和社会化等系统目标。生命周期评价法(life cycle analysis,LCA)广泛应用于城市生活垃圾管理,该方法通过核算垃圾处理与处置过程的资源、能源消耗与各类污染物排放清单,评价其在全球气候变暖、酸化、富营养化及生态毒理性等环境影响潜值(Banar 等 2009,Xu 等 2000,Eriksson 等 2005,Chen 等 2008),也有将研究将经济分析和社会福利纳入清单的分析(Eriksson 等 2005)。近年来,有一些具有友好人一机界面的 LCA 模型相继用于生活垃圾管理决策,收到了较好的效果,如 Integrated Waste Management(IWM), Waste Reduction Model(WARM), Organic Waste Research (ORWARE) model 和 WASTED 模型(Diaz 等 2006, Oeler 等 2006)。同时,也有一些 LCA 模型与 AHP 分析、多目标决策模型、GIS 分析结合,以弥补 LCA 在时空分析等功能上的不足(Shmelev 等 2006, Contreras 等 2008)。LCA 方法虽然可以汇总全生命周期的多类污染物排放,在用权重法比较各类环境影响、经济成本、社会效益时,权重选取比较主观,综合后的环境影响指数往往没有物理意义,分析资源化效益也有一定的困难(Brown 等 2003)。

在完成系统生命周期清单分析后,能值分析和火用分析方法都可用于评价系统的资源转化效率及可持续性。能值分析法(emergy analysis, EA)被引入城市生活垃圾和建筑垃圾(construction and demolition waste)的再生系统研究。不同类型的能量、物质、劳力及费用都通过利用其能值转化率(transformity)转化为太阳能值焦耳(solar emergy joules,SEJ),以研究系统的能值转化效率(Lei 等 2009, Brown 等 2003, Marchettini 等 2007)。能值和火用都可以反应物质或能量中蕴含的能量品质,但能值分析较多的应用于较大尺度系统的研究,如生态系统、城市系统，而火用分析则较多的用于能源转化、资源利用等较小尺度过程的研究，如电厂、秸秆制酒精生产等(Sciubba 等 2005)。随着积累火用含量分析和扩展火用分析等方法学的改进(Sciubba 等 2005)，利用火用分析方法评价社会、经济、环境复杂系统的可持续性也成为可能(Dewulf 等 2000，Dewulf 等 2001)。Dewulf 等人就曾将火用分析应用于废物工业代谢系统，以定量化的评价该系统的可持续性(Dewulf 等 2002b，Dewulf 等 2005)。

本节建立了用于评价生活垃圾处理与处置系统资源化效率的火用分析模型，以北京市南城为例，通过计算该系统在不同发展阶段的物质、能量、劳力投入与资源性产品产出(甲烷、堆肥、电能)，分析了系统的火用转化效率，并评价了填埋、堆肥和焚烧等垃圾处理处置技术在不同分选条件下的能源转化效率，最后探讨了社会行为(拾荒)、政府管理(政策引导)等“软”要素对生活垃圾处理处置系统火用转化效率的影响。

11.5.2　生活垃圾综合处理系统的设计

生活垃圾综合处理首先是尽可能进行回收利用，其次是尽可能对可生物降解的有机物进行堆肥处理以回收利用营养物资源，再次是尽可能对可燃物进行焚烧处理以回收能源，最后是对不能进行其他处理的垃圾进行填埋处理。生活垃圾综合处理应以经济条件许可为前提，根据经济条件、垃圾成分以及资源条件不同，不同地区、不同阶段会选择不同组合作为城市垃圾综合处理的主要手段(徐海云 2007)。

生活垃圾末端综合处理系统一般属于市政部门管理，其输入因子包括：各类生活垃圾、能源和劳力；输出因子包括：甲烷、热能和堆肥。城市生活垃圾处理系统流程如图 11.22 所示。研究 3 种生活垃圾末端综合处理系统 S1，S2，S3，各系统的定义是：S1，无分选设施，垃圾直接填埋；S2，机械分选后堆肥与填埋处理相结合；S3，机械分选后堆肥、焚烧与填埋处理相结合。

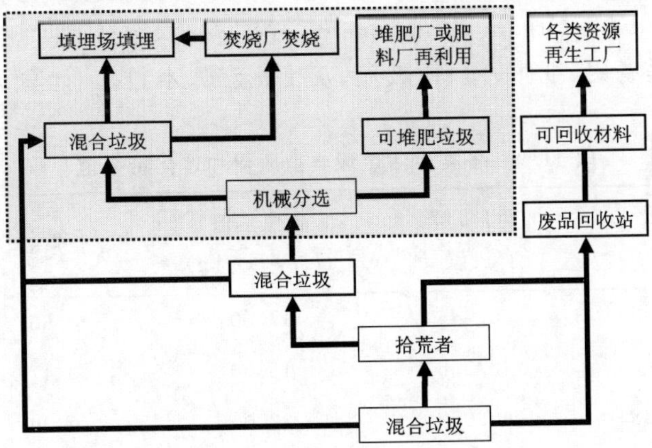

图 11.22　城市生活垃圾综合处理系统的流程图

以北京市南城的生活垃圾管理系统为例，说明各种生活垃圾处理技术相整合的末端综合处理利用途径。北京市南城的生活垃圾管理系统的服务范围是宣武区和丰台区。根据管理系统的发展年份不同，可看作 3 个不同系统：

S1：2002 年以前，生活垃圾运送至安定生活垃圾卫生填埋场处置；

S2：2002 年至今，该区域的主要处理设施包括马家楼转运分选站(处理能力 1100 t/d)、南宫堆肥厂(处理能力 600 t/d)和安定填埋场(处理能力 1300 t/d),马家楼转运分选站将进站混合垃圾按粒径尺寸分为 3 类:(1)<15 mm,主要为渣土和少量有机物;(2)15~60 mm,主要是有机物;(3)>60 mm,主要是塑料、纸张和有机物;分选的具体成分见表 11.8(荣波等 2004)。其中分选粒径为 15~60 mm 的垃圾作为南宫堆肥厂原料(226 t),其余进入安定填埋场处置(874 t)。

表 11.8　分选后各粒径混合垃圾的成分

生活垃圾	<15 mm	15~60 mm	>60 mm	<15 mm & >60 mm	完全混合
厨余	10.00%	91.40%	35.39%	31.07%	43.48%
纸张	0.00%	2.10%	1.82%	1.51%	1.63%
塑料	0.00%	1.85%	24.28%	20.15%	16.38%
玻璃	0.00%	2.40%	0.80%	0.66%	1.02%
灰土	90.00%	1.80%	34.20%	43.69%	35.09%
金属	0.00%	0.10%	0.47%	0.39%	0.33%
木竹	0.00%	0.00%	3.04%	2.52%	2.00%

S3:未来规划新建 1 座生活垃圾焚烧厂(处理能力 1000 t/d)。规划在建成焚烧厂后,分选粒径>60 mm 的垃圾焚烧处理(725 t),分选粒径为 15~60 mm 的垃圾作为南宫堆肥厂原料(226 t),分选粒径<15 mm 的直接填埋(149 t)。

W 为进入某处理环节的垃圾质量(W_0;生活垃圾总质量;W_H;人工分拣;W_T,运输;W_S,机械分选;W_L,填埋;W_C,堆肥;W_I,焚烧),c_i,d_i,HHV_i,w_i,C_i 分别为某类垃圾的质量比、可降解有机碳(DOC,Degradable Organic Component)、高位热值、水分和可燃物比例的典型值(i=1,2,3,4,5,6,7 分别是餐厨、纸张、塑料、玻璃、灰土、金属、木竹)。计算分析过程中采用的各项参数如表 11.9 所示。

表 11.9　各类生活垃圾典型质量和理化特征值

生活垃圾	质量比 c_i (%)	可降解有机碳 d_i	高位热值 HHV(kJ/kg)	水分 w_i	可燃物比例 C_i
厨余	43.48	0.444	17000	0.66	0.21
纸张	1.63	0.356	16000	0.47	0.47
塑料	16.38	0.000	33000	0.29	0.63
玻璃	1.02	0.000	0	0.03	0.00
灰土	35.09	0.000	0	0.10	0.00
金属	0.33	0.000	0	0.06	0.00
木竹	2.00	0.000	17000	0.35	0.60

11.5.3　各类末端处理技术的资源产出模型

(1)卫生填埋

生活垃圾卫生填埋的甲烷产量采用方程(11.1)(IPCC2000,IPCC2001)和方程(11.2)估算,约 80%的甲烷气可以被收集。

$$W_{methane} = W_L \times MCF \times DOC \times DOC_F \times F \times 16/12 \tag{11.1}$$

$$DOC = \sum c_i \cdot d_i \cdot (1 - w_i) \tag{11.2}$$

式中 W_L=总填埋量;MCF=甲烷修正系数(卫生填埋取 1.0);DOC=可降解有机碳;DOC_F=参与产甲烷反应的可降解有机碳(T=35 的时候取 0.77);F=甲烷占填埋气的比例(经验值取 0.5)。

(2)焚烧

焚烧的主要资源化产品是热量,采用方程(11.3)和方程(11.4)估算(Moy 等 2008):

$$E_{heat} = \varepsilon \cdot \sum W_I \cdot c_i \cdot LHV \tag{11.3}$$

$$LHV_i = HHV_i \cdot C_i - w_i \cdot 2445 \tag{11.4}$$

式中 E_{heat},焚烧过程再生的能量;ε=能量回收系统效率(按仅回收热能的系统估算,取 80%);LHV_i=垃圾的低位热值;HHV_i=垃圾的高位热值;C_i=垃圾的可燃物比例(%)。

(3)堆肥

堆肥过程的主要产品是肥料,采用方程(11.5)估算:

$$W_{compost} = \alpha \cdot W_C \tag{11.5}$$

其中:$W_{compost}$,堆肥产品的质量;α=堆肥转化率(根据经验取 25%)。

11.5.4　生活垃圾末端综合处理系统的火用分析

(1)各种不同综合处理系统的火用输入—输出分析

本小节所用的物质和能量的累积火用含量值及其参考文献如表 11.10 所示:

根据北京市南城生活垃圾处理系统的分选粒径、各类垃圾的质量比例、水分、DOC、高位热值等计算参数,对不同生活垃圾处理系统的火用输入、输出量进行计算(见表 11.12)。根据计算,系统输入的火用主要是各类生活垃圾,S1－S3 中垃圾火用输入占总火用输入量的 95.8%~99.6%。对于同样质量的生活垃圾,在改变了处理技术的组合方式后,系统 S1,S2,S3 的能源与劳力火用投入虽然逐步增加,由 65.4 GJ 提高到 236.4 GJ 和 1120.3 GJ,但同时系统的火用产出也大幅上升,由 743.2 GJ 提高到 1173.6 GJ 和 3699.8 GJ。在各类生活垃圾中,塑料的火用投入最大,为 15000 GJ 左右,其次为餐厨垃圾和纸张,为 7413.2 GJ 和 1240.9 GJ,玻璃、灰土、金属和木竹的火用投入相对较小,均在 500 GJ 以下。

(2)不同系统方案的火用效率

北京市南城生活垃圾处理系统由处理技术单一(S1,填埋),逐步转变为多种技术组合的综合处理(S2 和 S3,分选+填埋+堆肥+焚烧),处理系统的变化带来的系统火用效率变化如图 11.23 所示,其主要结论为:1)在没有分选设施的完全混合填埋系统 S1 中,系统的火用转化效率最低，仅为 2.92%；2)设置了分选设施的系统 S2 对分选粒径为 15～60 mm 的进行堆肥，而其他垃圾进行混合填埋，系统的火用转化效率增加至 4.57%；3)设置了分选设施的系统 S3 对分选粒径为 15～60 mm 的垃圾进行堆肥，对分选粒径为＜15 mm 的垃圾进行填埋，对分选粒径为＞60 mm 的垃圾进行焚烧，系统的火用转化效率大幅增加至 13.95%。

表 11.10　各类资源的累积火用含量参考值

输入/输出	物质或能量	CExC	单位	参考文献
输入	食品	15.5	MJ/kg	(Wall 1986)
	纸张	69.16	MJ/kg	(Finnveden 等 2000)
	塑料	86	MJ/kg	(Dewulf 等 2002)
	玻璃	33.4	MJ/kg	(Szargut 等 1988)
	石头和灰土	1.1	MJ/kg	(Dewulf 等 2001)
	金属	45.9	MJ/kg	(Szargut 等 1988)
	木头	13.3	MJ/kg	(Wall 1986)
	电	11.27	MJ/kWh	(Szargut 等 2002)
	煤	22.6	MJ/kg	(Szargut 等 2002)
	汽油	53.2	MJ/kg	(Wall 1986)
	运输	4.33	MJ/km	(Dewulf 等 2001)
	人力	52.7	$MJ\cdot(man^{-1}\cdot h^{-1})$	(Sciubba 2001)
输出	堆肥	4.36	MJ/kg	(Dewulf 等 2001)
	甲烷	51.98	MJ/kg	(Szargut 等 1988)
	电	11.27	MJ/MJ	(Szargut 等 2002)

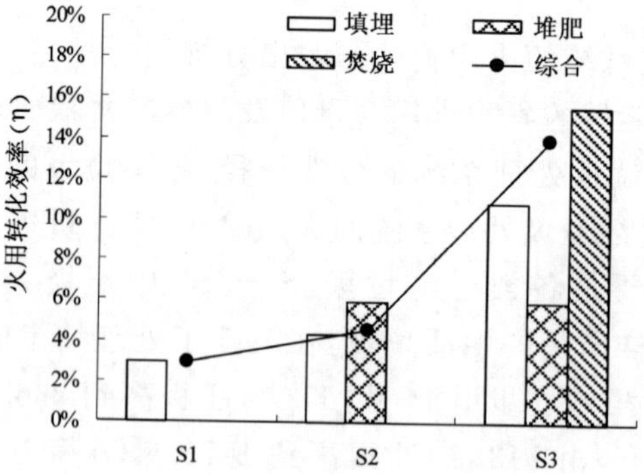

图 11.23　不同系统方案的火用转化效率

(3)不同处理技术的火用转化效率

填埋、堆肥及焚烧技术的火用转化效率受原料特性的影响显著。在北京市南城生活垃圾处理系统中，经过一定的机械分选程序后，对特定粒径的垃圾采用适宜的处理技术将大幅提高其火用转换效率(见表 11.11)。以填埋技术为例，混合垃圾填埋的火用转化效率仅为 2.92%，填埋分选粒径＜15 mm 和＞60 mm 的垃圾可将火用转化效率提高到 4.33%，如仅填埋分选粒径为 15 mm 的垃圾，其火用转化效率可大幅提高至 10.90%。各种技术之间的比较结果是，焚烧技术的火用转化效率高于堆肥和填埋技术。这可能是因为塑料的火用投入量高达 15000 GJ 左右，约占总火用投入量的 70%以上，而在现有的处理技术中，仅有焚烧技术可以使得塑料的火用投入能够转化为电能火用产出而得到充分利用。

表 11.11　生活垃圾处理系统的火用输入输出分析

输入/输出	资源	S1 的 CExC (GJ)			S2 的 CExC (GJ)				S3 的 CExC (GJ)				
		填埋 (874t)	运输 (1100t)	小计 (1100t)	填埋 (874t)	堆肥 (226t)	分选 (1100t)	小计 (1100t)	填埋 (149t)	堆肥 (226t)	焚烧 (725t)	分选 (1100t)	小计 (1100t)
输入	食品	7413.2			4209.6	3201.7			231.0	3201.7	3977.0		
	纸张	1240.9			913.1	328.2			0.0	328.2	912.6		
	塑料	15492.1			15147.3	359.6			0.0	359.6	15138.6		
	玻璃	375.1			193.8	181.2			0.0	181.2	193.7		
	石头和灰土	424.6			420.0	4.5			147.5	4.5	272.7		
	金属	166.7			156.5	10.4			0.0	10.4	156.4		
	木头	293.0			293.3	0.0			0.0	0.0	293.1		
	电	18.6			14.8	19.4	43.4		2.5	19.4	0.0	43.4	
	煤	0.0			0.0	0.0			0.0	0.0	819.3		
	汽油	29.3			23.2	0.0			4.0	0.0	69.4		
	运输	0.0	39.7		6.3	1.6	39.7		1.1	1.6	5.2	39.7	
	人力	17.5			13.9	15.9	58.2		2.4	15.9	38.2	58.2	
	合计	25470.9	39.7	25510.6	21391.8	4122.4	141.3	25655.5	388.4	4122.4	21876.2	141.3	26528.3
输出	堆肥	0.0			0.0	246.3			0.0	246.3	0.0		
	甲烷	743.2			927.3	0.0			42.3	0.0	0.0		
	电	0.0			0.0	0.0			0.0	0.0	3411.1		
	合计	743.2		743.2	927.3	246.3		1173.6	42.3	246.3	3411.1		3699.8

(4)资源回收的火用转化效率

北京市生活垃圾中的可再生资源的回收主要依靠分布在居民社区、转运站、垃圾处理厂的拾荒人员。根据北京市拾荒人口同比折算，北京市南城的拾荒人员按 0.62 万人估算。按每人每日工作 8 h 计算拾荒作业劳动力的火用投入为 326.7 GJ。

根据 Dewulf 等的研究结果，纸板、报纸和 PET 塑料的再生过程的火用转化效率分别为 36.1%，47.1%和 83.5%(Dewulf 等 2002)。即使是考虑了拾荒人员的劳动力火用投入，生活垃圾中纸板、报纸和 PET 塑料的回收再生过程的火用转化效率仍可达到 50.0%以上。相比较而言，而在处理末端能使纸板、报纸和塑料产生最大火用转化效率的过程为焚烧，分别为：纸板和报纸，7.1%；塑料 18.7%。因此我国的实情是城市拾荒人员的作业大幅提高了生活垃圾中可再生资源的火用转化效率，但是拾荒人员带来的环境二次污染、交通、城中村、社会治安等问题还需作进一步的探讨。

表 11.12 不同处理技术的火用效率

处理过程	分选粒径	CExC 投入(GJ)	CExC 产出(GJ)	η
填埋	混合	25470.9	743.2	2.92%
	<15 and>60 mm	21391.8	927.3	4.33%
	<15 mm	388.4	42.3	10.90%
堆肥	15～60 mm	4122.4	246.3	5.98%
焚烧	混合	26792.1	3812.3	14.23%
	>60mm	21876.2	3411.1	15.59%

11.6 生活垃圾“五化”生态管理及展望

11.6.1 全过程多环节发掘生活垃圾减量化潜力

(1)生活垃圾产生源的减量控制对策

1)工商、质检、商务部门和发改委制定限制过度包装的相关条例,减少包装垃圾的产生量。

2)鼓励科研部门开发替代塑料包装的可降解替代品。

3)在社区对生活垃圾进行压缩,以达到水分减量和体积减量的目的,鼓励采用生物技术对生活垃圾压缩水分进行稳定,作为社区观赏植物的液肥。

(2)生活垃圾收集和转运过程中打包与压缩

1)在生活垃圾转运站逐步配套压缩、打包装置,对于有条件的大中型转运站可配套机械分选设备,对于小型转运站组织保洁员进行简易人工分选,人工分选应注重保洁员的劳动保护、消减分选场所对周边居民区的影响。

2)开发垃圾转运站压缩渗滤液处理和资源化利用技术。

(3)发展综合处理的减量化集成技术

大力发展生活垃圾分选、焚烧、堆肥、填埋、餐厨垃圾生化处理相结合的综合减量化处理集成技术。通过技术的综合集成,达到生活垃圾多级利用、多步减量的目的。

生活垃圾焚烧技术是减量化效益比较明显的末端治理技术,但由于居民对焚烧二噁英污染的顾虑,国内某些城市(如北京市)生活垃圾焚烧厂建设缓慢。首先,应通过分类收集、人工或机械分选、机械和生物预处理等方法,提高焚烧垃圾中的可燃物比例和热值,降低水分;第二,应采用先进的生活垃圾焚烧炉及尾气控制技术;第三,应充分论证焚烧厂选址,选择对市民影响较小的厂址;同时,还应该加大宣传和知识普及,使居民对焚烧污染控制有正确的认识。

11.6.2 以社区为重点推进生活垃圾资源化管理

组织不同类型社区的生活垃圾“五化”综合管理示范,包括生活垃圾集成技术与管理模式创新等,并逐步将经验推广,具体示范内容是:

(1)由各社区居委会对回收废弃物的外来人员进行管理、培训,每个垃圾存放点固定专人收集有用废弃物，但他必须同时从剩余垃圾分出可堆肥垃圾、可燃烧垃圾和其他只能填埋的垃圾，随到随分。

(2)组织有关部门生产简易的社区垃圾压缩除水机械装置，由专职拾荒人员将可堆肥垃圾在未孳生蚊蝇前及时缩水减量 50%～80%，压缩水排入化粪池或经生化稳定后作为社区绿色植物的液态肥料。

(3)组织园林部门以及各小区绿化人员将压缩垃圾就近堆肥(或集中堆肥)，用作绿化肥料或家用花肥。

(4)环卫部门将剩下的可燃物送垃圾焚烧厂发电或供热，将其余必须填埋的运往卫生填埋场填埋。

(5)通过一段时间的典型示范和实验，逐渐将各小区合格的废弃物回收人员纳入社区物业管理和专业服务系统，将其余的拾荒人员组织起来发展各类传统和电子废弃物的回收、分解、利用的静脉产业，实施规模化管理，解决城郊结合部的环境、就业和社会安定和城中村改造问题。

11.6.3　提高垃圾无害化处理水平、保障市民健康

(1)社区生活垃圾恶臭和蚊蝇控制

1)社区配备密闭的生活垃圾收集容器，并及时收集和清运以防恶臭产生和蚊蝇孳生。社区生活垃圾分拣场所应与居住和休闲场所有一定的隔离，以隔断病原体的传播途径，降低市民健康风险。

2)对有毒有害物，如灯管、电池、家电、机油等，应在源头设立专门的分类收集容器并适当补贴，按危险废物对其进行集中、安全的处置。

(2)避免生活垃圾收集与转运过程扰民

1)严格控制居民区周边的生活垃圾收集点和转运站的恶臭、蚊蝇、渗滤液及噪声，以降低其对居民区的影响。

2)在垃圾转运站设立有毒有害生活垃圾的转运中心。

3)对于没有渗滤液收集系统的中小型转运站应新建收集、贮存和简易处理设施，以防止渗滤液下渗对地下水的污染。

4)对于生活垃圾收集和转运设施进行定期检查，及时反馈扰民事件，定期维护和更新生活垃圾收运车辆、防止渗漏和恶臭蔓延。

(3)垃圾回收再生过程中的二次污染防治

1)废品回收通道交通堵塞带来的粉尘、氮氧化物、噪声污染控制：就近提供一定规模的废品交易场所，严禁在交通干道边进行废品交易，分时段对收运废品的三轮车进行疏导。对废品交易场所内的摊位实行卫生责任包干制度，由摊主负责飘散垃圾的清扫。建议在北京市选择一处典型的“垃圾村”进行规范化改造示范。

2)对城市郊区餐厨泔脚养猪、炼油等再生资源企业进行严格的管理，清查无经营证、卫生条件恶劣的企业。

3)严格控制城市电子垃圾、废纸、废塑料、金属再生资源企业和转运中心的重金属污染和大气污染。

(4)加大无害化基础设施投入以拉动内需

根据国务院2008年11月发布的扩大内需“十项措施”,民生工程、基础设施和生态环境建设是拉动内需的重点产业。应以此政策为契机,加大生活垃圾无害化处理设施建造、设备生产的投入力度,以拉动机械制造等重点产业的发展。

11.6.4 以“静脉产业”带动生活垃圾管理可持续发展

(1)社区“易物”和“回收”信息服务产业

“易物”和“回收”信息服务产业是生活垃圾“静脉产业”建设的重要内容。可建立具有一定规模的“易物”和“回收”网络信息平台,一方面可以增加物品的使用次数,减少垃圾产生;另一方面也可以使居民在家里享受到便捷的废品回收服务。

(2)废旧物资回收再生产业的规范化与标准化

目前我国城市废旧物资回收和再生产业基本处于自组织状态,产业链虽然具有一定的效率,对废物资源化再生起到了至关重要的作用。然而由于废品回收产业的外部性,该产业积累了诸如“垃圾村”、二次污染、治安等一系列的社会和环境问题。因此,充分利用现有的产业链资源(拾荒大军、集散地、再生企业链),对其进行规范化和标准化改造,以“疏”为主,最大化消除其社会和环境影响。

(3)生活垃圾末端处理与利用的产业化运营

大型末端处理设施逐步实现产业化运营,以带动末端垃圾综合利用和垃圾收费管理。

11.6.5 构建多方参与的生活垃圾事业的合作平台

(1)构建政府、企业、居民、科研、NGO等共同参与的平台

由市政府的相关职能部门牵头,构建一个由政府、企业、居民、科研单位、居委会、NGO组织共同参与的平台,各方面所起的作用为:

1)政府:协调各方,统筹规划生活垃圾收集、运输、转运、处理、处置设施,统筹生活垃圾减量化、无害化、资源化、产业化和社会化管理。

2)企业:生产、运行和维护生活垃圾处理设施,承担生活垃圾收运与保洁任务,作为主体参与生活垃圾资源化再生事业。

3)居民:主动接受宣教并积极参与生活垃圾分类收集,减少家庭生活垃圾排放量并承担生活垃圾处理的费用。

4)科研单位:研究生活垃圾全过程“五化”管理所需的评价、设计和系统优化方法,开发生活垃圾管理系统中的关键技术。

5)居委会:负责社区生活垃圾管理,对社区居民进行宣传和引导。

6)NGO组织:监督生活垃圾管理各环节上存在的问题,组织社区居民参与垃圾分类宣传、引导和示范。

(2)发自社区“自下而上”的生活垃圾管理事业

统筹政府职能部门、企业、居民、科研单位、居委会和NGO等各方面的社会力量,开展“自下而上”的生活垃圾管理事业。社区应作为生活垃圾管理的重点和切入点,在社区开展生活垃

圾分类收集和原位利用的试点。

(3)树立拾荒民工的社会尊严、改善民生条件

拾荒民工位于城市复合生态系统上的“流通、还原”的重要环节，为城市废品流通和再生产起到了关键的作用。因此需通过报纸、广播、电视等媒体，美化拾荒民工的社会形象、树立其应有的社会尊严；同时可通过拾荒作业的市场化运作，将拾荒民工转变为废品公司工人，以提升其社会地位。

拾荒民工的民生条件有待改善，需对拾荒民工聚集的“垃圾村”进行定期的环境卫生治理，增加必需的厕所、垃圾房、化粪池、下水管网等基础设施，改善卫生条件，加大医疗卫生服务的投入，加强“垃圾村”的治安管理。

参考文献

包庆德，董华. 2003. 生态哲学维度:人口生态生产与可持续发展. 中国人口·资源与环境，**13**(4)：9-12.

北京市统计局. 2007. 北京海市统计年鉴. 北京:中国统计出版社.

薄占宇. 2002. 改革开放以来中共地级市体制行政区划发展之研究. 中国文化大学中国大陆研究所硕士论文.

蔡勋雄，张隆盛，陈锦赐，等. 2001. 都市永续发展指标的建立. 国政研究报告. [2006-10-05]. http://www.npf.org.tw/PUBLICATION/SD/090/SD-R-090-013.htm

常桂秋，潘小川. 2003. 北京市大气污染特点及变化趋势监测分析. 江苏预防医学，(3)：48-49.

陈百明，周小萍. 2007.《土地利用现状分类》国家标准的解读. 自然资源学报，**22**(6)：994-1003.

陈刚才，甘露，万国江. 2000. 土壤有机物污染及其治理技术. 重庆环境科学，22(2)：

陈家华，文宇翔，李大鹏. 2002. 有关区域合理人口规模定量研究方法的讨论. 人口研究，**26**(3)：26-32.

陈洁. 2009. 城中村改造的模式与对策初探. 江苏城市规划，(3)：19-22.

陈立新. 2002. 城市土壤质量演变与有机改土培肥作用研究. 水土保持学报，(3)：36-39.

陈亮，王如松，王志理. 2007. 2003年中国省域社会—经济—自然复合生态系统生态位评价. 应用生态学报，**18**(8)：1794-1800.

陈敏，王如松，张丽君. 2006. 中国2002年省域生态足迹分析. 应用生态学报，**17**(3)：424-428.

陈卫，孟向京. 2000. 中国人口容量与适度人口问题研究. 市场与人口分析，**6**(1)：21-23.

陈先枢. 2002. 试论中国城市发展的动力与机制. 现代城市研究，2：49-51.

陈效逑，乔立佳. 2000. 中国经济—环境系统的物质流分析. 自然资源学报，15(1)：17-23.

陈仲新，张新时. 2001. 中国生态系统效益的价值. 科学通报，**45**(1)：17-22.

成德宁. 2004. 城市化与经济发展—理论，模式与政策. 北京:科学出版社. 24-25;205.

程承旗，吴宁，郭仕德，等. 2004年城市热岛强度与植被覆盖关系研究的理论技术路线和北京案例分析. 水土保持研究，**11**(3)：172-174.

仇志军，姜达，陆荣荣，等. 2001. 基于核探针研究的大气气溶胶单颗粒指纹数据库的研制. 环境科学学报，**21**(6)：660-663.

邓国雄，张政亮，陈翰霖. 2002. 台湾地理. 台北:大中国图书股份有限公司.

邓莲堂，束炯. 2001. 上海城市热岛的变化特征分析. 热带气象学报，**17**(3)：273-280.

邓南圣，吴峰. 2002. 产业生态学——理论与应用. 北京:化学工业出版社.

丁一汇. 2008. 人类活动与全球气候变化及其对水资源的影响. 中国水利，**2**：20-27.

杜金科夫，扎伊采夫. 1987. 垃圾的处理和利用. 北京:中国环境科学出版社.

方国浩，杨海英. 2008. 浅析城镇餐厨垃圾收运处理系统建设. 城市管理技术. **10**：60-61.

方精云，徐嵩龄. 1996. 我国森林植被的生物量和净生产量. 生态学报，**16**(5)：497-508.

方满，刘洪海. 1988. 武汉市生活垃圾中重金属元素调查及防治对策研究 //全国城市环境卫生科技情报网中心站，全国城市环境卫生科学论文集. 北京:中国环境科学出版社，469.

方梅萍. 2002. 台中市景观格局的变迁及其影响因素之研究. 东海大学景观研究所硕士论文.

冯宗炜，等. 1999. 中国森林生态系统生物量和生产力. 北京:科学出版社.

顾传辉，陈桂珠. 2001. 生态城市评价指标体系研究. 环境保护，11:24-25，38.

管东生，何坤志，陈玉娟. 1998. 广州城市绿地土壤特征及其对树木生长的影响. 环境科学研究，**11**(4)：51-54.

管莉婷，李永展. 2002. 台南市永续性指标之评析. 2002 地区发展管理研讨会论文集. 台南：立德管理学院地区发展及管理研究所.

郭承天. 2000. 新制度论与政治经济学. 何思因，吴玉山主编. 迈入二十一世纪的政治学. 台北：中国政治学会，171-201.

郭克利. 2007. 2007 年北京市劳动力市场工资指导价位与企业人工成本状况. 北京：中国民航出版社.

郭素荣，陈宗团. 2000. 论拾荒人员在我国垃圾分类收集中的作用和意义. 环境保护. **3**：37-40.

郭志仪，曹建云. 2006. 甘肃省人口分布变化及其原因分析. 西北人口，(3)：13-16.

郭中伟，甘雅玲. 2003. 关于生态系统服务功能的几个科学问题. 生物多样性，**11**(1)：63-69.

郭仲凌. 1997. 台湾地区都市体系变迁之研究. 文化大学地学研究所硕士论文.

韩素芹，郭军，黄岁樑，等. 2007. 天津城市热岛效应演变特征研究. 生态环境，**16**(2)：280-284.

韩延星，张珂，朱竑. 2005. 城市职能研究述评. 规划师，68-70.

何念鹏，周道玮，吴泠，等. 2001. 人为干扰强度对村级景观破碎度的影响. 应用生态学报，**12**(6)：897-899.

何清，叶凤云. 1998. 北京市儿童血铅水平及相关因素的调查研究. 中华儿科杂志，**36**(3)：139-141.

華国鼎. 2002. 台湾地区都市体系等级变迁之研究. 中国文化大学建筑及都市计划研究所硕士论文.

黄爱芳，周精灵. 2008. 我国城市新贫困人口问题探析. 科技创业，**3**：77-79

黄少敏. 2006. 全球区域化趋势下海峡两岸经济一体化的必然性. 山东经济，**22**(3)：120-123.

黄书礼. 1996. 台北市都市永续发展指标与策略研拟之研究. 台北：台北市政府都市发展局.

黄文樱. 2000. 都市竞争力与制造业生产力关系之研究. 政治大学地政学系硕士论文.

金凤君，牛树海，刘毅. 2005. 长江流域交通发展问题探析. 长江流域资源与环境，**2**：125-130.

金家禾. 1999. 迈向世界都市之台北都会区产业结构与空间分布变迁. 都市与计划，**26**(2)：95-112.

金家禾. 2000. 台北迈向世界都市发展之产业用地政策检讨. 台湾土地科学学报，**1**：1-21.

金家禾. 2001. 全球化与台湾都会区生产者服务业之发展. 都市与计划(特刊)：全球化与地方发展，**28**(4)：495-518.

经济部水利署. 2005. 台湾水资源——台湾地区水资源调配及开发策略. http://www.wra.gov.tw/ct.asp?xItem=11733&ctNode=2314&comefrom=lp.

孔红梅，赵景柱，吴钢，等. 2002. 生态系统健康与环境管理. 环境科学，**23**：1-5.

赖奕铮. 2003. 以生态城市观点检视台湾城市发展之环境课题. 台北：台北大学都市计划研究所硕士论文.

李秉仁. 2002. 关于我国城市发展方针的回顾与思考. 城市发展研究，**9**(3)：325-29.

李锋，刘旭升，胡聃，王如松. 2007. 生态市评价指标体系与方法——以江苏大丰市为例. 应用生态学报，**18**(9)：2006-2012.

李锋，王如松. 2006a. 城市绿色空间服务功效评价与生态规划，北京：气象出版社.

李锋，王如松. 2006b. 大丰生态市可持续发展模式：上下 30 年. 中国人口·资源与环境(专刊)：841-846.

李锋，王如松. 2006c. 论城市生态管理. 中国城市林业，**4**(2)：8-13.

李广军，王青，顾晓薇，等. 2008. 生态足迹对比分析及研究——以深圳和苏州为例. 东北大学学报(自然科学版)，**29**(1)：121-124.

李怀建，刘鸿钧. 2003. 城市竞争力的结构与内涵. 城市问题，**112**：14-15，21.

李晶，孙根年. 2002. 植被对盛夏西安温度/湿度的调节作用及其生态价值实验研究. 干旱区资源与环境，**16**(2)：102-106.

李俊夫. 2004. 城中村的改造. 北京：科学出版社.

李丽，黄景贵. 2006. 两岸产业结构演变及其影响因素比较分析. 海南广播电视大学学报，**7**(3)：84-87.

李士英 2000. 城市生活垃圾对居民健康的影响. 职业与健康，**16**:74.

李双成，赵志强，王仰麟. 2009. 中国城市化过程及其资源与生态环境效应机制. 地理科学进展，**28**:63-70.

李维炯，倪永珍，李翎. 2008. 微生态制剂的应用研究. 北京：化学工业出版社.

李文华，王如松. 2002. 生态安全与生态建设. 北京:气象出版社.

李文华,罗天祥.1997. 中国云冷杉林生物生产力格局及其数学模型.生态学报，**17**(5):511-518.

李延明，张济和，古润泽.2004. 北京城市绿化与热岛效应的关系研究.中国园林，**20**(1):72-75.

李耀武. 1997. 城市功能研究—以湖北大中城市为例. 武汉城市建设学院学报，(1):5-11

李永展. 2000. 永续发展:大地反扑的省思. 台北:巨流图书公司.

李振京，冯冰，郭冠男. 2007. 主体功能区建设的理论、实践综述. 中国经贸导刊，(7):18-20.

梁顺文. 2008. 生活垃圾填埋场恶臭污染控制技术与对策. 环境卫生工程，**16**:56-61.

廖文燕. 2004. 建国 55 年发展观三大转折. 科技智囊,**5**:23-35.

林德福. 2003. 全球经济中浮现的北台都会区域. 台湾大学建筑与城乡研究所博士论文.

林鹏，卢昌义.1990. 海莲红树林的生物量和生产力.厦门大学学报(自然科学版)，**29**(2): 209-213.

林学椿，于淑秋.2005. 北京地区气温的年代际变化和热岛效应.地球物理学报，**48**(1): 39-45.

林彰平，刘湘南. 2002. 东北农牧交错带土地利用生态安全模式案例研究. 生态学杂志，**21**(6): 15-19.

刘阿荣. 2004. 两岸社会发展的比较:政治优先与经济优先，国父纪念馆馆刊，**14**:236-241.

刘进庆. 1995. 台湾战后经济分析. 台北：人间出版社.

刘京媛，徐海云 2004. 我国城市生活垃圾分类收集与收费方式探讨. 环境卫生工程，**12**:23-27.

刘晶茹，王如松，王震，杨建新，2003. 中国城市家庭代谢及其影响因素分析. 生态学报，**23**(12): 2672-2676

刘克智，董安琪. 2003. 台湾都市发展的演进——历史的回顾与展望. 人口学刊,**26**:1-25.

刘丽丽. 1994. 农村产业结构灰色系统分析与预测——以北京市怀柔县汤河口镇为例. 首都师范大学学报(自然科学版),(2):89-96.

刘丽丽. 1995. 北京市怀柔县汤河口镇生啊体经济协调发展研究. 首都师范大学. p942.1

刘锐. 2008. 长江三角洲海岸带的环境问题和综合管理策略. 海洋地质动态，**24**(1):33-36，41.

刘天星，胡聃，2006. 北京住宅建设的环境影响:1949-2003 年——从生命周期角度评价建筑材料的环境影响. 中国科学院研究生院学报，**23**(2):231-241

刘延国，彭培好，陈文德. 2006. 基于 GIS 的长江上游植被水源涵养功能评价研究.安徽农业科学，**34**(14): 3323-3325.

刘彦随，彭留英，王大伟. 2005. 东南沿海地区土地利用转换态势与机制分析. 自然资源学报，**20**(3): 333-339.

刘玉辉，李辉，王杰，等.2004. 图们江流域湿地空间格局变化与保护.吉林林业科技，**5**(3):21-24.

鲁奇，刘洋.2001. 中国湿地消失的因素及保护对策.环境保护，(10):21-23.

路鹏，程伟，张旭，等. 2008. 生活垃圾填埋场恶臭物质研究. 环境卫生工程，**16**: 9-13.

农复会. 1952. 中国农村复兴联合委员会工作报告书. 台北:农复会.

麻其勇. 2005. 城中村:艰难的融入城市. 北京规划建设，(3): 52-54.

马尔特比 E. 2003. 生态系统管理——科学与社会问题. 北京:科学出版社.

马久惠. 2001. 国家政策与台湾战后的城乡发展. 暨南国际大学公共行政与政策学系硕士论文. 220 页.

马世骏，王如松. 1984. 社会—经济—自然复合生态系统. 生态学报，**4**(1):1-9.

毛爱华，孙峰华，林文杰. 2008. 发达国家与发展中国家城市化若干问题的对比研究. 人文地理,**23**(4): 41-45.

毛育刚. 1998. 台湾农地变更使用政策之回顾与展望. 农业与经济，**21**:1-29.

穆光宗. 2008. 我国人口发展战略的反思和抉择. 社会科学论坛(学术评论卷)，(6 上): 97-113.

欧阳志云，王如松，李伟峰，等. 2005. 北京市环城绿化隔离带生态规划.生态学报，**25**(5): 965-971.

乔尔·科特金. 2006. 王旭. 等,译. 全球城市史. 北京:社会科学文献出版社.

曲格平. 2002. 关注生态安全之一:生态环境问题已经成为国家安全的热门话题. 环境保护,(5):3-5.

任福民,汝宜红,许兆义,等. 2003. 北京市生活垃圾中重金属元素的污染特性调查及对策. 中国安全科学学报,13.

任学慧,田红霞,刘瑜. 2006. 植被覆盖调节气候空间差异性的初步研究. 云南农业大学学报,**21**(6):806-810.

荣波,卫潘明,李彦富,等. 2004. 北京市生活垃圾成分分析及对应处理方式对策研究. 环保护境,(10):30-33.

上海市统计局. 2007. 上海市统计年鉴. 北京:中国统计出版社.

邵立明,何品晶,刘永德. 2007. 农村生活垃圾源头分流收集效果影响因素分析. 农业环境科学学报,**26**:326-329.

沈清基. 2001. 城市生态系统与城市经济系统的关系. 规划师,**17**(1):17-21.

盛连喜,等. 2004. 环境科学概论. 台北:五南出版社.

盛学良,彭补拙,王华,等. 2001. 生态城市建设的基本思路及其指标体系的评价标准. 环境导报,1:5-8.

石进朝,解有利. 2003. 从北京园林绿地植物使用现状看城市园林植物的多样性. 中国园林,**19**(10):75-77.

石磊,边炳鑫,赵由才,等. 2005. 城市生活垃圾卫生填埋场恶臭的防治技术进展. 环境污染治理技术与设备[J],**6**:6-9.

史培军,陈晋. 2000. 深圳市土地利用变化机制分析. 地理学报,**55**(2):151-160.

宋永昌,戚仁海,由文辉,等. 1999,生态城市的指标体系与评价方法. 城市环境与城市生态,12(5):16-19.

宋治清,王仰麟. 2005. 城市景观及其格局的生态效应研究进展. 地理科学进展,**23**(2):97-106.

苏伦·埃尔克曼. 1999. 工业生态学. 徐兴元译. 北京:经济日报出版社.

孙波,赵其国. 1997. 土壤质量与持续环境——Ⅲ. 土壤质量评价的生物学指标. 土壤,**29**(5):225-234.

孙盘寿,杨廷秀. 1984. 西南三省城镇的职能分类. 地理研究,(3):17-28

孙儒泳,李庆芬,牛翠娟,等. 2002. 基础生态学. 北京:高等教育出版社.

孙义崇. 1988. 台湾的区域空间政策. 台湾社会研究季刊,(1) **3**:33-96.

孙志鸿,陶翼煌,余政达,等. 2002. 地方永续发展指标系统之研发. 2002 地区发展管理研讨会论文集. 台南:立德管理学院地区发展及管理研究所.(光盘)

台北市年鉴编辑工作小组. 2008. 2007 台北市年鉴. 台北:台北市政府秘书处.

陶在朴. 2003. 生态包袱与生态足迹——可持续发展的重量及面积观念. 北京:经济科学出版社.

田光进. 2003. 基于遥感与 GIS 的中国城镇用地扩展特征. 地球科学进展,**18**(4):504-508.

汪恕诚. 坚持以科学发展观为统领,全面做好"十一五"水利工作——在全国水利厅局长会议上的讲话. 2005. 12. 17.

王虹扬,何春光,盛连喜. 2003. 人工湿地处理污水技术在吉林省城市生态建设中的展望. 中国环境管理,**22**(5):39-40.

王如松,胡聃,王祥荣,唐礼俊. 2004. 城市生态服务. 北京:气象出版社.

王如松,徐洪喜. 2005. 扬州生态市建设规划方法研究. 北京:中国科学技术出版社.

王如松,周启星,胡聃. 1999. 城市可持续发展的生态调控方法. 北京:气象出版社.

王如松,周涛,陈亮,等. 2006. 产业生态学基础. 北京:新华出版社.

王如松,迟计,欧阳志云. 2001. 中小城镇可持续发展的生态整合方法. 北京:中国科学技术出版社,气象出版社.

王如松. 1988. 高效和谐——城市生态调控原则与方法. 长沙:湖南教育出版社.

王如松. 2003. 资源、环境与产业转型的复合生态管理. 系统工程理论与实践,(2):125-138.

王如松. 2004. 强化城市生态服务功能的系统整合方法//王如松,王祥荣主编. 城市生存与发展的生态服务功能研究. 北京:气象出版社.

王如松. 2005. 生态健康的科学内涵和系统调理方法//蒋正华,李蒙. 生态健康与科学发展观. 北京:气象出版社.

王舜钦,张金良. 2004. 我国儿童血铅水平分析研究. 环境与健康杂志,**6**:355-360.

王文杰,申文明,刘晓曼,等. 2006. 基于遥感的北京市城市化发展与城市热岛效应变化关系研究. 环境科学研究,**19**(2):44-48.

王新华,徐中民,龙爱华. 2005. 中国 2000 年水足迹的初步计算分析. 冰川冻土,**27**(5):774-781.

王羽,陆雍森 2001. 居民生活垃圾分类收集的推动因素. 环境卫生工程,**9**:190-192.

王振刚. 2001. 环境医学,北京:北京大学医学出版社.

文硕锋,孙立明,陈国龙. 2002. 固体垃圾填埋场苍蝇防治的总结介绍. 医学动物防治,**18**:159-162.

吴良镛. 2003. 城市地区理论与中国沿海城市密集地区发展. 城市规划,**27**(4):12-16. .

吴铭志. 2000. 地质环境与土石流. (Online). Available:email. ncku. edu. tw/-em50190/ncku/196/b/b1. htm

吴琼,王如松,李宏卿,徐晓波. 2005. 生态城市指标体系与评价方法. 生态学报,**25**(8):2090-2095.

吴中书. 1999. 亚洲金融风暴后金融政策之审思,台湾经济预测与政策,**30**(1):127-140.

武正军,李义明. 2003. 生境破碎化对动物种群存活的影响. 生态学报,**23**(11):2424-2435.

夏晶,陆根法,王玮,等. 2003. 生态城市动态指标体系的构建与分析. 环境保护科学,116:48-50.

萧代基. 1991. 土壤环境保护政策之检讨. 农业金融论丛,**25**:299-308。

萧代基. 1998. 永续发展的意义与政策方向. 经济前瞻,**13**(2):44-49。

萧全政. 1994. 政治与经济的整合. 台北:桂冠出版社.

萧全政. 1995. 台湾新思维:国民主义. 时英出版社.

萧全政. 1996. 后冷战时代的两岸关系. 两岸四地的互动整合.

萧新煌. 1999. 台湾民众的环境意识的转变 1986—1999// 转引自边燕杰,涂肇庆,苏耀昌编. 2001. 华人社会的调查与研究——方法与发现. 牛津大学出版社.

肖笃宁,布仁仓,李秀珍. 1997. 生态空间理论与景观异质性,生态学报,**17**(5):453-461.

肖笃宁,陈文波,郭福良. 2002. 论生态安全的基本概念和研究内容. 应用生态学报,**13**(3):354-358.

谢绍东,张远航. 2000. 我国城市地区机动车污染现状与趋势. 环境科学研究,**13**(4):22-25.

谢政勋. 2002. 都市永续发展指标适用性评估——以高雄市为例. 高雄:中山大学公共事务管理研究所硕士论文.

徐成. 1999. 生活垃圾处理与利用生态工程. 中国科学院研究生院.

徐海云. 2007. 科学认识生活垃圾综合处理. 建设科技:(23)54-55.

徐仁辉. 2006. 经济发展与公共政策——两岸经验比较. 世新大学行政管理系主办,两岸四地公共政策与管理学术研讨会.

徐淑连. 1991. 台湾都市体系变迁之研究——重商主义模型与都市等级大小规则. 东吴大学社会学研究所硕士论文.

许芳毓. 2005. 都市植生破碎度与绿化策略之研究——以台南市为例. 成功大学都市计划学系硕士论文.

薛东前,姚士谋. 2000. 我国城市系统的形成和演进机制. 人文地理,**15**(1):35-38.

薛怡珍、赖明洲、张小飞、谢佩珊. 2008. 北京大学学报(自然科学版),44(2):243-248.

颜崇淮,沈晓明,章依文. 1998. 上海市儿童血铅水平及其影响因素的流行病学研究. 中华儿科杂志,**3**:142-144.

阳文锐,王如松,李锋. 2008. 废弃工业场地有机氯农药分布特征及风险评价,生态学报,**28**(11):5454-5460.

杨冬民,马鸿雁,潘圆圆. 2008. 产业结构调整中的城市贫困人口致贫因素分析. 西安邮电学院学报,**13**(6):110-114,122.

杨金玲,张甘霖,赵玉国,等. 2006. 城市土壤压实对土壤水分特征的影响——以南京市为例. 土壤学报,**43**(1):33-38.

杨立君,余波平,王永秀. 2008. 净化湖水的垂直流人工湿地的脱氮研究. 环境科学研究,**21**(3):131-134.

杨沛儒. 2001. 地景生态城市规划——基隆河流域 1980—2000 年的都市发展、地景变迁及水文效应. 台湾大学建筑与城乡研究所博士论文.

杨志峰,崔保山,刘静玲. 2004. 生态环境需水量评估方法与例证. 地球科学,**34**(11):1072-1082.

姚士谋. 1998. 中国大都市的空间扩散. 合肥:中国科学技术大学出版社.

尹仲容. 1962. 我对台湾经济的看法三编. 台北:美援运用委员会编印.

于贵瑞, 牛栋, 何洪林. 2003. 生态系统管理、生态信息科学与数据资源管理. 资源科学, **25**:48-53.

于洪俊, 宁越敏. 1983. 城市地理概论. 合肥:安徽科学技术出版社. 117-157.

袁俊, 谭传凤, 常旭. 2007. 中国沿海城市带研究. 城市问题, **147**:11-17.

袁兮,吴瑛,武友德,等. 2003. 生态城市的指标体系及创建策略. 云南地理环境研究, 15(1): 63-68.

张宝鑫. 2004. 城市立体绿化. 北京:中国林业出版社.

张甘霖. 2005. 城市土壤的生态服务功能演变与城市生态环境保护. 科技导报, **25**(3):16-19.

张光智, 王继志. 2002. 北京及周边地区城市尺度热岛特征及其演变. 应用气象学报, **13**(1):43-50.

张鸿雁. 2000. 侵入与接替——城市经济运行规律新论. 南京:东南大学出版社.

张晶, 陈宗良. 1998. 北京市大气小颗粒物的污染源解析. 环境科学学报, **18**(1):62-67.

张景森. 1993. 台湾的都市计划(1895—1988). 台北: 业强出版社.

张丽平, 申玉铭. 2003. 北京市建设生态城市的综合评价研究. 首都师范大学学报(自然科学版), 24(3): 79-83.

张石角. 1986. 台北盆地都市化程度与其自然灾害关系之研究一. 行政院国科会专题研究计划成果报告.

张伟新, 范晓秋, 姜翠玲, 等. 2005. 生态评价方法与区域生态足迹评价——以无锡市为例. 南京财经大学学报, **132**(2):24-28.

张小飞, 王仰麟, 吴健生, 等. 2006. 城市地域地表温度-植被覆盖定量关系分析——以深圳市为例. 地理研究, **25**(3):369-377.

张野. 2008. 从城市水资源的利用看我国水资源利用现状. http://www.lrn.cn/zjtg/academicPaper/200802/t20080219_198989.htm

张迎新,译. 2002. 30 年来全球土地状况的环境变化概况. 国土资源情报, **7**:10-16.

张越. 2004. 城市生活垃圾减量化管理经济学. 北京: 化学工业出版社.

张曾方, 张龙平. 2000. 运行与嬗变—城市经济运行规律新论. 南京: 东南大学出版社.

赵永革. 1995. 论中国都市连绵区的形成, 发展及意义. 地理学与国土研究 **11**(1):15-22.

郑淑英. 2007. 应对海平面上升灾难. 瞭望, **43**:112.

郑竹园. 2000. 大陆经济改革与两岸关系, 台北:联经出版社.

中国城市环境卫生协会. 2006. 全国城镇环境卫生"十一五"规划.

中国气象局. 2009. 中国气候变化网. http://www.ipcc.cma.gov.cn/background/index.php?lang=cn&NewsID=17

中国社会科学院公共政策研究中心. 2005. 中国公共政策分析——2005 年卷. 北京: 中国社会科学出版社.

周广胜, 王玉辉. 1999. 土地利用/覆盖变化对气候的反馈作用. 自然资源学报, **14**(4): 318-322.

周金柱,廖述良,陈亭玉. 1999. 水土资源永续指标体系及其评量与评价方法之建立. 中央大学环境工程学刊(台湾), 6:117-130.

周青. 2007. 浅论循环经济视野下的拾荒者与城市生活垃圾处理问题. 内蒙古环境科学, **19**: 16-19.

周一星. 1991. 中国的城市体系和区域倾斜战略探讨. 哈尔滨:黑龙江人民出版社.

周一星. 1997. 城市地理学. 北京:商务印书馆.

周振华. 2007. 全球城市区域:全球城市发展的地域空间基础. 天津社会科学, **27**(1): 67-71.

周志龙. 2000. 全球化过程中的台湾跨国信息城际网络:国际快递流动网络分析. 运输计划, **29**(3):529-556.

朱利中, 刘勇建. 2000. 城市道路交通 PAHs 污染现状及来源解析. 环境科学学报, **20**(2): 183-186.

祝优珍, 仇玉兰, 袁涛. 2007. 环境卫生生物学与监测技术. 北京: 化学工业出版社.

宗跃光. 1999. 城市景观生态规划中的廊道效应研究——以北京市区为例. 生态学报, **19**(2): 145-150.

A J P Carr. 1998. Choctaw eco-industrial park: an ecological approach to industrial land-use planning and design. *Landscape and Urban Planning*, **42**(2-4):239-257.

Aberle B L. 1990. The biology, control and eradication of introduced Spartina (cordgrass) worldwide and recommendations for its control in Washington. Washington. Washington: Reports to Washington State Department of Natural Resources.

Anderson V. 1991. Alternative Economic Indicators. Routledge.

Annaliese B. 1995. Greenways as Vehicles for Expression. *Landscape and Urban Planning*, **33**: 317-325.

Antrop M, Eetvede V V. 2000. Holistic aspects of suburban landscapes: Visual image interpretation and landscape metrics. *Landscape and Urban Planning*, **50**(1): 43-58.

Antrop M. 2005. Why landscapes of the past are important for the future. *Landscape and Urban Planning*, **70**:21-34.

Banar M, Cokaygil Z, Ozkan A. 2009. Life cycle assessment of solid waste management options for Eskisehir, Turkey. *Waste Management*, **29**(1):54-62.

Barredo J I, Kasanko M, McCormick N and Lavalle C. 2003. Modelling dynamic spatial processes: simulation of urban future scenarios through cellular automata. *Landscape and Urban Planning*, **64**:145-160.

Batty M and Xie Y. 1994. From cells to cities. *Environment and Planning B: Planning and Design*, **21**:s31-s48.

Bialowiec A, Wojnowska-Baryla I, Agopsowicz M. 2007. The efficiency of evapotranspiration of landfill leachate in the soil-plant system with willow Salix amygdalina L. *Ecological Engineering*, **30**:356-361.

Bolund P and Hunhammar S. 1999. Ecosystem services in urban areas. *Ecological Economics*, **29**:293-301.

Bonnard R. 2006. Common Errors in the Use of the CalTOX Model to Assess the Human Health Risks Linked to Industrial Emissions of Pollutants. *Human and Ecological Risk Assesonat* **12**(5):1000-1010.

Bowman M S, Clune T S, Sutton B G. 2002. Sustainable management of landfill leachate by irrigation. *Water, Air, & Soil Pollution*, **134**:81-96.

Brink B T, 1991. The Amoeba Approach as a useful tool for establishing sustainable development. In: In Search of Indicators of Sustainable Development. Edited by Kuik, O. & H. Verbruggen. Kluwer Academic Publishers, Dordrecht.

Brown J, Gross D, Wiggs L. 1997. The Match Maker! System: Creating Virtual Eco-industrial Parks. Yale F&Es bulletin, 103-136.

Brown M T, Buranakarn V. 2003. Emergy indices and ratios for sustainable material cycles and recycle options. *Resources, Conservation and Recycling*, **38**:1-22.

Bryant C, Russwurm L, McLellan A. 1982. The City's Countryside: Land and its Management in the Rural Urban Fringe. Longman, London.

Bullock P, P Gregory. 1991. Soil in the Urban Environment. Blackwell Scientific Publication. Great Britain: Oxford, 1-192.

Bunge J, Cohen-Rosenthal E. et al. 1995. Employee Participation in Pollution Reduction: Preliminary Analysis of the Toxics Release Inventory. CAHRS Working Paper Series, Cornell University ILR School.

Burger J. 2000. Biomonitoring and bioindicators for human and ecological health. http://www. cresp. org/dcwrkshp/posters/biomont2/biomont. html.

Burghardt W, Lu Y, Zhang G L, *et al*. 2000. The Stage of Soil Degradation by Compaction of Different Site Uses of Nanjing City, China, In: Proceedings of International Conference on Remade Lands, Fremantle, Western Australia, 30 November-2 December.

Cairns J Jr. 1995. Restoration ecology. In: Cairns J Jr, Encyclopedia of Environmental Biology, Vol. 3. Academic Press, New York, NY, USA, pp. 223-235.

CEC. 2001. A Sustainable Europe for a Better World: A European Strategy for Sustainable Development. Brussels, Commission of the European Communities (CEC), COM (2001) 264 final.

Chambers N, Simmons C, Wackernagel M. 2001. Sharing Nature's Interest, Ecological Footprints as an indicator of sustainability. Earthscan, London and Sterling, VA.

Champion T. 2001. Urbanisation, suburbanisation, counterurbanisation and reurbanisation. In: Paddison, R. (Ed.), Handbook of Urban Studies. Sage Publications, London. 143-161.

Chen T C, Lin C F. 2008. Greenhouse gases emissions from waste management practices using Life Cycle Inventory model. *Journal of Hazardous Materials*, **155**: 23-31.

Cheng C Y, Chu L M. 2007. Phytotoxicity data safeguard the performance of the recipient plants in leachate irrigation. *Environmental Pollution*, **145**: 195-202.

Cheng J and Masser I. 2003. Modelling urban growth patterns: a multiscale perspective. *Environment and Planning* A, **35**: 679-704.

Chertow M R. 2000. Industrial Symbiosis: Literature and Taxonomy. *Annual Review of Energy and the Environment*, **25**: 313-317.

Clements FE. 1916. Plant succession: An analysis of the development of vegetation. Washington: Carnegie Institute.

Cohen-Rosenthal E. 1997. 设计生态工业园:美国经验. UNEP产业与环境. **19**(4): 14-18.

Colon M, Fawcett B. 2006. Community-based household waste management: Lessons learnt from EXNORA's ' zero waste management' scheme in two South Indian cities. *Habitat International*, **30**: 916-931.

Contreras F, Hanaki K, Aramaki T, *et al*. 2008. Application of analytical hierarchy process to analyze stakeholders preferences for municipal solid waste management plans, Boston, USA. Resources, Conservation and Recycling, **52**: 979-991.

Costanza R, D'Arge R, Groot R D, *et al*. 1997. The value of the world's ecosystem services and natural capital. *Nature*, **387**: 253-260.

Costanza R, Norton B, Haskell B. 1992. Ecosystem Health: New Goals for Environmental Management. Washington, D. C. , Island Press.

Costanza R, Ruth M. 1998. Using Dynamic Modeling to Scope Environmental Problems and Build Consensus. *Environmental Management*, **22**: 183-195.

Cote R, Hall J. 1995. Industrial parks as ecosystems. *Journal of Cleaner Production*. **3**(1−2): 41-61.

Craul P J. 1994. The Nature of Urban Soils: Their Problem and Future. *Arborcultural Journal*, **18**: 275-287.

Daily G C, *et al*. 1997. Ecosystem services: Benefits supplied to human societies by natural ecosystems. Issues in Ecology, 2, the Ecological Society of America.

Daily G C, *et al*. 2000. Ecology--The value of nature and the nature of value. *Science*, **289**: 395-396.

David Gibbs, Pauline Deutz. 2005. Implementing industrial ecology? Planning for eco-industrial parks in the USA. Geoforum, (36): 452-464.

Deadman P, Brown R D and Gimblett H R. 1993. Modelling Rural Residential Settlement Patterns with Cellular Automata. *Journal of Environmental Management*, **37**:147-160.

Deng Y. 2007. Physical and oxidative removal of organics during Fenton treatment of mature municipal landfill leachate. *Journal of Hazardous Materials*, **146**: 334-340.

Desrochers P. 2004. Industrial symbiosis: the case for market coordination. *Journal of Cleaner Production*. (12):1099-1110.

Dewulf J, Van Langenhove H, Dirckx J. 2001. Exergy analysis in the assessment of the sustainability of waste gas treatment systems. *The Science of The Total Environment*, **273**:41-52.

Dewulf J, Van Langenhove H, Mulder J, *et al*. 2000. Illustrations towards quantifying the sustainability of technology. *Green Chemistry*, **2**:108-114.

Dewulf J, Van Langenhove H. 2002. Quantitative Assessment of Solid Waste Treatment Systems in the Industrial Ecology Perspective by Exergy Analysis. *Environmental Science and Technology*, **36**: 1130-1135.

Dewulf J, Van Langenhove H. 2005. Integrating industrial ecology principles into a set of environmental sustainability indicators for technology assessment. *Resources, Conservation and Recycling*, **43**:419-432.

Diaz R, Warith M. 2006. Life-cycle assessment of municipal solid wastes:Development of the WASTED model. *Waste Management*, **26**:886-901.

Dimitriou I, Aronsson P, Weih M. 2006. Stress tolerance of five willow clones after irrigation with different amounts of landfill leachate. *Bioresource Technology*, **97**:150-157.

Ding X M. 2002. Treating garbage leachate with EM microbial agent. *Chinese urban management and science*, **4**:24-27.

Eggert R. 2005. Engineering design. Prentice Hall Press, New Jork, USA.

Elmqvist T, Folke C, Nyström M, *et al*. 2003. Response diversity, ecosystem change, and Resilience. *Front Ecol Environ*, **1**:488-494.

Erb K-H. 2004. Actual land demand of Austria 1926-2000: a variation on Ecological Footprint assessments. *Land Use Policy*, **21**(3): 247-259.

Eriksson O, Carlsson Reich M, Frostell B, *et al*. 2005. Municipal solid waste management from a systems perspective. *Journal of Cleaner Production*, **13**: 241-252.

Ewel K. 1997. Water quality improvement by wetlands. In: Daily G. Nature's Services. Societal Dependence on Natural Ecosystems Washington: Island Press, 329-344.

Finnveden G, Johansson J, Lind P, *et al*. 2000. Life Cycle Assessments of Energy from Solid Waste. FOA Repro, Ursvik, Stockholm.

Forman R T T, Alexander L E. 1998. Roads and Their Major Ecological Effects. *Annual Reviews of Ecological System*, **29**:207-31.

Funtowicz S, O'Connor M, Ravetz J. 1997. Emergent complexity and ecological economics. In:Bergh J C, van der Straaten J(Eds.). Economy and Ecosystems in Change—Analytical and Historical Approaches. E. Elgar, Cheltenham, pp. 75-95.

Funtowicz S, Ravetz J. 1994. Emergent complex systems. *Futures*, **26**(6), 568-582.

Geyer H S, Kontuly T M. 1993. A theoretical foundation for the concept of differential urbanization. *Int. Region. Sci. Rev.*, **15**(12):157-177.

Giusti L. 2009. Areview of waste management practices and their impact on human health. *Waste Management*, **29**(8):2227-2239.

Giwercman A , Carlsen E, Keiding N, Skakkebæk N. 1993. Evidence for Increasing Incidence of Abnormalities of the Human Testis:A Review. *Environmental Health Perspectives*, **101** (Supplement 2):65-71.

Glorenneca P, Zmiroub D, Barda D. 2005. Public health benefits of compliance with current E. U. emissions standards for municipal waste incinerators: A health risk assessment with the CalTox multimedia exposure model. *Environment International*, **31**(5):693-701.

Gray D, Pollard S J T, Spence L, *et al.* 2005. Spray irrigation of landfill leachate: estimating potential exposures to workers and bystanders using a modified air box model and generalised source term. *Environmental Pollution*, **133**: 587-599.

Gregory K J. 2002. Urban Channel Adjustments in a Management Context: An Australian Example. *Environmental Management*, **29**(5): 620-633.

Grey G W. 1996. The Urban Forest: Comprehensive Management. New York: Wiley

Gutierrez-Miceli F A, Garcia-Gomez R C, Rincon Rosales R, *et al.* 2008. Formulation of a liquid fertilizer for sorghum (Sorghum bicolor (L) Moench) using vermicompost leachate. *Bioresource Technology*, **99**: 6174-6180.

Gómez Sal A, Juan-Alfonso B, José-Manuel N. 2003. Assessing landscape values: a proposal for a multidimensional conceptual model. *Ecological Modelling* **168**: 319-341.

Haeckel E. 1866. General Morphology of Organisms; General Outlines of the Science of Organic Forms based on Mechanical Principles through the Theory of Descent as reformed by Charles Darwin. Berlin.

Hahn T, Olsson P, Folke C and Johansson K. 2006. Trust-building, knowledge generation and organizational innovations: the role of a bridging organization for adaptive co-management of a wetland landscape around Kristianstad, Sweden. *Human Ecology*, **34**:573-592.

Hart M. 1995. Criteria and Ranking Scheme for Indicators of Sustainability. Draft Report.

He C, Okada N, Zhang Q, Shi P and Zhang J. 2006. Modeling urban expansion scenarios by coupling cellular automata model and system dynamic model in Beijing, China. *Applied Geography*, **26**: 323-345.

He C, Okada N, Zhang, Q, Shi P and Li J. 2008. Modelling dynamic urban expansion processes incorporating a potential model with cellular automata. *Landscape and Urban Planning*, **86**: 79-91.

IPCC. 2000. Good Practice Guidance and Uncertainty Management in National Greenhouse Gas Inventories (ISBN 4-88788-000-6).

IPCC. 2001. Climate Change 2001: Working Group I: The Scientific Basis[M].

Jackson L L, Lopoukine D, Hillyard D. 1995. Ecological restoration: a definition and comments. *Restoration Ecology*, **3**:71-75.

Jim C Y. 1998. Soil Compaction at Tree-planting Sites in Urban Hongkong. In: D Neely, G W Watson. The landscape below Ground: International Society of Arboricultrue, Champaign, Illinois, 166-178.

Jim C Y. 2000. Judith Y. Soil porosity and associated properties at roadside tree pits in urban Hong Kong. In: Burghardt W and Dornauf. First International Conference on Soils of Urban, Industrial, Traffic and Mining Areas Vol. I. University of Essen, Germany, July 12-18, 51-56.

Jon Lang. 1994. Urban Design: The American Experience. New York: Van Nostrand Reinhold.

Jordan W R. 1994. Sunflower Forest: ecological restoration as the basis for a new environmental paradigm. In: Baldwin A D J, Judith D L, Carl P, Beyond Preservation: Restoring and Inventing Landscape. University of Minnesota Press, Minneapolis, USA, 17-34.

Konijnendijk C C. 2000. Adapting forestry to urban demands-Role of communication in urban forestry in Europe. *Landscape and Urban Planning*, (52): 89-100.

Krauss M, Wilcke W. 2003. Polychlorinated naphthalenes in urban soils: Analysis, concentrations, and relation to other persistent organic pollutants. *Environmental Pollution*, **122**:75-89.

Laird A M, Miller P R, Kilgo P D, Meredith J W, Chang M C. 2004. Relationship of Early Hyperglycemia to

Mortaligy in Trauma Patients. *J Trauma*, **56**(5):1058-1062.

Langergraber G, Muellegger E. 2005. Ecological Sanitation-a way to solve global sanitation problems? *Environment International*, **31**:433-444.

Larsen L, Jenerette G D. 2005. Water and cities: Water footprints for the world's largest cities. University of Michigan: Working Paper Series.

Lei K, Wang Z. 2009. Municipal wastes and their solar transformities:An emergy synthesis for Macao. Waste Management, In Press, Corrected Proof.

Lever W F, Turok I. 1999. Competitive Cities Introduction to the Review. *Urban Studies*, **36**(5-6):791-793.

Lever W F. 1999. Competitive Cities in Europe. *Urban Studies*, **36**(5-6):1029-1044.

Li X and Yeh A G. 2000. Modelling sustainable urban development by the integration of constrained cellular automata and GIS. *International Journal of Geographical Information Science*, **14**:131-152.

Liu X, Li X, Shi X, Wu S and Liu T. 2008. Simulating complex urban development using kernel-based non-linear cellular automata. *Ecological Modelling*, **211**:169-181.

Liverman D M, Hanson M E, Brown B J, *et al.*, 1988. Global sustainability: Toward Measurement. *Environment Management*, **12**(2): 133-143.

Lowe E, Moran S, Holmes D. 1995. A field book for the development of eco-industrial parks. Report for the U. S. Environmental Protection Agency, Oakland (CA): Indigo Development International, 67-72.

Luck G. 2001. The demography and cooperative breeding behaviour of the rufous treecreeper, Climacteris rufa. *Australian Journal of Zoology*, 49(5):

López E, Bocco G, Mendoza M and Duhau E. 2001. Predicting land-cover and land-use change in the urban fringe: A case in Morelia city, Mexico. *Landscape and Urban Planning*, **55**:271-285.

Marchettini N, Ridolfi R, Rustici M. 2007. An environmental analysis for comparing waste management options and strategies. *Waste Management*, **27**:562-571.

Martin. et al. 1996. Eco-industrial parks: a case study and analysis of economic, environmental, technical and regulatory issues. Washington: Office of Policy, Planning and Evaluation. USEPA.

Martin-Vide J P. 2001. Restoration of an Urban River in Barcelona, Spain. *Environmental Engineering and Policy*, (2): 113-119.

McKone M J, Lively C M. 1993. Statistical analysis of experiments conducted at multiple sites. *Oikos*, 67: 184-186.

McQueen D, Noak H. 1988, Health Promotion Indicators :Current Status , Issues and Problems, Health Promotion, 3.

Medina M. 2000. Scavenger cooperatives in Asia and Latin America. *Resources, Conservation and Recycling*, **31**:51-69.

Mendoza G A, Prabhu R. 2000. Development of a Methodology for Selecting Criteria and Indicators of Sustainable Forest Management: A Case Study on Participatory Assessment. *Environmental Management*, **26**(6):659-673.

Millenium Ecosystem Assessment Board. 2005. Ecosystems and human well-being: synthesis. Washington: Island Press.

Monfreda C, Wackernagel M, Deumling D. 2004. Establishing national capital accounts based on detailed ecological footprint and biological capacity assessments. *Land Use Policy*, **21**: 231-246.

Mount H. 1999. Temperature Signatures for Anthropogenetic Soils in New York City. Classification, Correlation and Management of Anthropogenic Soils, Proceedings-Neveda and California, Sep. 21-Oct. 2, 137-140, USDA, National Soil Survey Center, Lincoln, NE

Moy P, Krishnan N, Ulloa P, *et al*. 2008. Options for management of municipal solid waste in New York City: A preliminary comparison of health risks and policy implications. *Journal of Environmental Management*, **87**: 73-79.

Muukkonen J. 2000. Material flow accouts, TMR, DMI and material balances, Finland, 1980—1997. Working Paper, 2/2000/B/1. Luxembourg: Eurostat.

Ngoc U N, Schnitzer H. 2009. Sustainable solutions for solid waste management in Southeast Asian countries. *Waste Management*, **29**: 1982-1995.

Norse D. 2003. Fertilizers and world food demand implications for environmental stresses//; City.

Odum E P. 1997. Ecology: A Bridge between Science and Society. Sinauer Associate Inc.

Odum H T. 1982. Systems Ecology: An introduction. New York, John Wiley & Sons.

Oeler D, Yetis U, Demirer G N. 2006. Life cycle assesment of municipal solid waste management methods: Ankara case study. *Environment International*, **32**: 405-411.

Organization for Economic Cooperation and Development (OECD). 1994. Environment Indicators: OECD Core Set. Organization for Economic Cooperation and Development.

Pacione M. 2001. Urban Geography: A Global Perspective. Routledge, London.

Palmer *et al*. 2004. Ecology for a Crowded Planet. *Science*. **304**: 1251-1252.

Paul H Brunner, Peter Baccini. 1992. Regional material management and environmental protection. *Waste Management & Research*, **10**(2): 203-212.

Pearce D, Atkinson G. 1993. Capital theory and the measurement of sustainable development. *Ecological Economics* **8** (2), 103-108.

Peck S, Ierfino L. 2002. Eco-Industrial Parks: An industrial development strategy for the 21st century, Retrived December 1, 2005, from www. peck. ca/nua/ies/ies03. html

Postel S, Carpenter S R. 1997. Freshwater ecosystem services in: Daily G. Nature's services. Washington: Island Press, 195-214.

President's Council On Sustainable Development. 1996. Eco-industrial park workshop Proceedings. Washington D. C.

Qin Z H, Karnieli A and Berliner P. 2001. A mono-window algorithm for retrieving land surface temperature from landsat tm data and its application to the Israel-Egypt border region. *Int. J. Remote Sens.*, **22**: 3719-3746.

Ranwell D S. 1967. World resources of Spartina townsendii (sensu lato) and economic use of Spartinamarshland. *Appl. Ecol.*, **4**: 239-256.

Rees W E. 1992. Ecological footprint and appropriated carrying capacity: What urban economics leaves out? *Environment and Urbanization*, **4**(2): 121-130.

Robert P, Eganhouse I M. 2001. Natural Attenuation of Volatile Organic Compounds (VOCs) in the Leachate Plume of a Municipal Landfill: Using Alkylbenzenes as Process Probes: 192-202.

Robert U Ayres. 1994. Industrial Metabolism: Restructuring for Sustainable Development. the United Nations University.

Rogers K S. 1997. Ecological Security and Multinational Corporations. *Environmental Change and Security Project Report*, (3): 29-36.

Sahle-Demessie E, Meckes M C, Richardson T L. 1996. Remediationg pesticide contaminated soils using solvent extraction. *Environmental Progress*, **15**(4): 293-300.

Schumacher J A, Feldban-Konhn S, Smith Slep A M, Heyman R. 2001. Risk factors for male-to female partner physical abuse. *Aggression and Violent Behavior*, **6**(2-3): 281-352.

Sciubba E, Ulgiati S. 2005. Emergy and exergy analyses: Complementary methods or irreducible ideological options? *Energy*, **30**:1953-1988.

Sciubba E. 2001. Beyond thermoeconomics? The concept of Extended Exergy Accounting and its application to the analysis and design of thermal systems. *Exergy, An International Journal*, **1**:68-84.

Shafer C. 1999. US National Park Buffer Zones: Historical, Scientific, Social, and Legal Aspects. *Environmental Management*, **23**(1): 49-73.

Shiklomanov I A. 1998. World water resources. A new appraisal and assessment for the 21st century. UNESCO

Shmelev S E, Powell J R. 2006. Ecological-economic modelling for strategic regional waste management systems. *Ecological Economics*, **59**:115-130.

Stevens D, Dragicevic S and Rothley K. 2007. iCity: A GIS-CA modelling tool for urban planning and decision making. *Environmental Modelling & Software*, **22**:761-773.

Stokstak E. 2005. Taking the pulse of earth's life-support systems. *Science*, **308**: 41-43.

Sustainable Seattle. 1993. The Sustainable Seattle 1993 Indicatprs for Sustainable Community: A Report to Citizens on Long-Term Trends in Our Community. U. S. A. : Sustainable Seattle.

Szargut J, Morris D R, Steward F R. 1988. Energy analysis of thermal, chemical, and metallurgical processes [M]. Hemisphere Publishing; USA:New York.

Szargut J, Ziebik A, Stanek W. 2002. Depletion of the non-renewable natural exergy resources as a measure of the ecological cost. *Energy Conversion and Management*, **43**:1149-1163.

Thian S H. 2005. Leachate treatment by floating plants in constructed wetland. Universiti Teknologi Malaysia.

UNEP. 2002. Global Environment Outlook 3. Past, present and future perspectives. United Nations Environment Programme (UNEP), Earthscan Publications, London.

United Kingdom (UK). 1996. Indicators of Sustainable Development for the United Kingdom. United Kingdom, London: HMSO.

United Nation Department for Policy Coordination and Sustainable Development (UNDPCSD). 1996. Indicators of Sustainable Development Framework and Methodologies. New York, U. S. : United Nation Department for Policy Coordination and Sustainable Development.

van Eetvelde V, Antrop M. 2001. Comparison of the landscape structure of traditional and new landscapes. Some European examples. In: Mander ü, Printsmann A, Palang H (Eds.), Development of European Landscapes. Conference Proceedings IALE European Conference 2001, vol. 2. Publicationes Instituti Geographici Universitatis Tartuensis, Tartu. 275.

van Vuuren D P and Smeets E M W. 2000. Ecological footprints of Benin, Bhutan, Costa Rica and the Netherlands. *Ecological Economics*, **34**(234): 115-130.

Vellinga Pier. 1998. Managing a Material World: Perspectives on Industrial Ecology, Kluwer, Dordrecht.

Venetoulis J. 2001. Assessing the ecological impact of a university: the ecological footprint for the university of Redlands. *International Journal of Susutainabiligy in Higher Education*, (2):180-197.

Verburg P H, Veldkamp A and Fresco L O. 1999b. Simulation of changes in the spatial pattern of land use in China. *Applied Geography*, **19**:211-233.

Vesilind P A, Rimer A E. 1981. Unit operations in resource recovery engineering. Prentice-Hall.

Vester F, et al. 1980. Sensitivitatsmodell, Regionale Planungsgemeinwchaft Untermain.

Vigar G, Healey P, Hull A and Davoudi S. 2000. Planning, governance and spatial strategy in Britain: an institutional analysis. Macmillan Press Ltd.

Wackernagel M and Rees W. 1996. Our Ecological Footprint, Reducing Human Impact on the Earth. New

Society Publishers, Gabriola Island, Philadelphia.

Wackernagel M, Lewan L and Hansson C B. 1999. Evaluating the use of natural capital with the ecological footprint. *Ambio*, **28**(7):604-612.

Wackernagel M, Monfreda C, Erb K-H, *et al*. 2004. Ecological footprint time series of Austria, the Philippines, and South Korea for 1961—1999: Comparing the conventional approach to an "actual land area" approach. *Land Use Policy*, **21**(3):261-269.

Wackernagel M, Silverstein J. 2000. Big things first: focusing on the scale imperative with the ecological footprint. *Ecological Economics*, **32**:391-394.

Walker B and Salt D. 2006. Resilience Thinking: Sustaining Ecosystems and People in a Changing World. Island Press.

Wall G. 1986. Exergy-a useful concept. Chalmers University of Technology; Sweden Göteborg.

Wallner H P. 1999. Towards sustainable development of industry: networking, complexity and eco-clusters, *Journal of Cleaner Production*, **7**(1):49-58.

Westing A. 1989. The Environmental Component of Comprehensive Security. *Bulletin of Peace Proposals*, **20**(2):129-134.

White R, Engelen G. 1993. Cellular automata and fractal urban form: a cellular modelling approach to the evolution of urban land-use patterns. *Environment and Planning A*, **25**:1175-1199.

Winblad U, Hebert M S. 2006. Ecological sanitation--principles, measures and applications, 2ed. China architecture and building press; Beijing.

Wittmer H, Rauschmayer F, Klauer B. 2006. How to select instruments for the resolution of environmental conflicts? *Land Use Policy* **23**:1-9.

Wolman A. 1965. The metabolism of the city. *Scientific American*, **213**(3):178-193.

Wong M H, Leung C K. 1989. Landfill leachate as irrigation water for tree and vegetable crops. *Waste Management & Research*, **7**:311-323.

Wu F. 1998. An experiment on the generic polycentricity of urban growth in a cellular automatic city. *Environment and Planning B: Planning and Design*, **25**:731-752.

WWF. 2005. Rivers at Risk: Dams and the future of freshwater ecosystems.

Xu C, Yang J X, Wang R S. 2000. Life cycle assessment for municipal solid waste treatment and utilization. *Journal of Environmental Sciences*, **12**:225-231.

Yang Y G, Paterson E, Campbell C. 2001. Accumulation of Heavy Metals in Urban Soils and Its Impacts on Soil Microbes. *Environmental Sciences*, **22**(3):44-48.

Yeung H W. 2002. The limits to globalization theory: A geographic perspective on global economic change. *Economic Geography*; *Worcester*, **78**:285-305.

Zalesny J A, Zalesny Jr R S, Coyle D R, *et al*. 2007. Growth and biomass of Populus irrigated with landfill leachate. *Forest Ecology and Management*, **248**: 143-152.

Zhang G L, Gong Z T, Zhao W J, *et al*. 2000. Features of Soils in Urban and Suburban Nanjing and Their Environmental Effect. In: Burghardt W and Dornauf C. First International Conference on Soils of Urban, Industrial, Traffic and Mining Areas. University of Essen, Germany, July 12-18, 39-44.

Zhang H H, He P J, Shao L M. 2008. N_2O emissions from municipal solid waste landfills with selected infertile cover soils and leachate subsurface irrigation. *Environmental Pollution*, **156**: 959-965.

Zurbrugg C, Drescher S, Patel A, *et al*. 2004. Decentralised composting of urban waste-an overview of community and private initiatives in Indian cities. *Waste Management*, **24**: 655-662.

Zurbrugg C, Drescher S, Rytz I, *et al*. 2005. Decentralised composting in Bangladesh, a win-win situation for all stakeholders. *Resources, Conservation and Recycling*, **43**:281-292.